Régimes matrimoniaux

HyperCours Dalloz

sous la direction de

- Dominique **Chagnollaud**
  Professeur à l'Université Panthéon-Assas (Paris II)
- Serge **Guinchard**
  Professeur émérite de l'Université Panthéon-Assas (Paris II)

Régimes matrimoniaux

3e édition 2012

Nathalie Peterka
Professeur à l'Université Paris-Est Créteil Val de Marne (UPEC)

DALLOZ

Éditions DALLOZ
31-35 rue Froidevaux,
75685 Paris Cedex 14

ISBN 978-2-247-12035-2

En un seul ouvrage, l'HyperCours Régimes matrimoniaux met à la portée des étudiants des moyens d'acquisition, de révision et d'entraînement performants. Il fournit en effet les connaissances théoriques indispensables, et propose les références, exemples, exercices et thèmes de réflexion qui permettent d'appréhender correctement la mise en application de ces connaissances.

• Le cours, complet, est décomposé en parties mais surtout en chapitres thématiques correspondant aux séances de travaux dirigés. La structure détaillée de chacun d'eux est annoncée en début de chapitre par un plan analytique.

– Parallèlement au cours, sur la même page, l'ensemble du texte est découpé en blocs d'idées homogènes, selon une numérotation située dans la marge. Cette numérotation permet d'accéder à des définitions (voir ci-dessous la rubrique « *Quid* »).

– Des mots ou expressions clés sont signalés par la lettre « Q » en exposant. S'ils ne sont pas définis dans le cours même, il faut se reporter là encore à la rubrique « *Quid* » pour en connaître la signification précise.

• Des rubriques pédagogiques (pages signalées par un bandeau de couleur), complètent le cours de chaque chapitre. Elles ont une double fonction : mieux faire comprendre et assimiler le cours, mais aussi préparer efficacement les étudiants aux épreuves des travaux dirigés et des examens.

– La rubrique « *Quid* » permet de disposer immédiatement de définitions extensives des mots clés du cours (signalés dans le cours par la lettre « Q » – pour « *Quid* » – en exposant). À chaque mot clé est accolé un ou des numéro(s) correspondant au découpage signalé en marge dans le cours afin de les repérer plus rapidement, le tout à la façon des liens hypertexte.

– La rubrique « *Biblio* », donne accès à une bibliographie sélective.

– La rubrique « *Quiz* » regroupe des tests de connaissances et de compréhension, et des sujets corrigés d'épreuves (commentaires d'arrêts, résolution de cas pratiques).

– La rubrique « *Documents* » offre une très large gamme de textes de référence.

• Présentant une synthèse de la matière, des éléments de pratique et de documentation viennent à la suite du cours et des compléments pédagogiques.

– Le *sujet terminal* propose un sujet d'examen corrigé correspondant à une épreuve type donnée en fin de semestre ou d'année et faisant appel à l'ensemble des connaissances acquises.

– La *bibliographie générale* présente les ouvrages essentiels de la matière.

• Pour s'orienter à l'intérieur de l'ouvrage, situés à la fin du manuel :

– L'*index alphabétique* des termes utilisés prend pour repères les blocs d'idées homogènes numérotés en marge du cours et permet de trouver une notion rapidement.

– La *table des matières* permet d'accéder facilement au cours et à sa structure.

– La *table des compléments pédagogiques* signale les « rubriques pédagogiques ».

– La *table des Quiz* répertorie les sujets corrigés par genre (tests de connaissances ou de compréhension, dissertations, commentaires d'arrêts, cas pratiques).

Principales abréviations

AJ fam.	*Actualité juridique famille (Dalloz)*
Al.	alinéa
Art. ou art.	article
Ass. plén.	Cour de cassation, Assemblée plénière
BICC	*Bulletin d'information de la Cour de cassation*
Bull.	*Bulletin des arrêts de la Cour de cassation*
C. assur.	Code des assurances
C. civ.	Code civil
C. com.	Code de commerce
CGI	Code général des impôts
COJ	Code de l'organisation judiciaire
C. pén.	Code pénal
C. pr. civ.	Code de procédure civile
C. trav.	Code du travail
C. rur.	Code rural et de la pêche maritime
Ch. mixte	Cour de cassation, chambre mixte
Ch. réun.	Cour de cassation, chambres réunies
Chron.	Chronique
Civ.	Cour de cassation, chambre civile
Com.	Cour de cassation, chambre commerciale
Comp.	Comparer
Concl.	Conclusion
Cons.	considérant
Cons. const.	Conseil constitutionnel
Crim.	Cour de cassation, chambre criminelle
D.	*Recueil Dalloz-Sirey ou Dalloz*
Décr.	Décret
Defrénois	*Répertoire du notariat Defrénois*
DH	*Recueil hebdomadaire de jurisprudence Dalloz (années antérieures à 1941)*
DP	*Recueil périodique et critique mensuel (années antérieures à 1941)*
Dr. fam.	*Droit de la famille*
GAJC	*Grands arrêts de la jurisprudence civile, par F. Terré et Y. Lequette, t. 1, 12e éd., Dalloz, 2007*
JCP	*JurisClasseur périodique (E, éd. Entreprise ; G, éd. Générale ; N, éd. Notariale)*
JO	*Journal officiel de la République française*
Jur.	Jurisprudence
LEFP	*L'Essentiel du droit de la famille et des personnes*
R	Rapport de la Cour de cassation

Réd.	rédaction
RJPF	*Revue juridique personnes et famille*
RLDC	*Revue Lamy droit civil*
S.	*Sirey (Recueil)*
Somm.	Sommaire
Sol. Notaires	*Solution Notaires*

Plan général de l'ouvrage

chapitre 1

Le domaine du droit des régimes matrimoniaux

Plan analytique

section 1

Un droit spécifique aux couples mariés

§ 1 La notion de régime matrimonial

§ 2 Le choix du régime matrimonial

A. Une pluralité et une liberté de choix

B. Les critères du choix

§ 3 L'évolution du droit des régimes matrimoniaux

A. De 1804 à 1965

B. La loi du 13 juillet 1965

C. La loi du 23 décembre 1985

section 2

Un droit exclusif des couples non mariés

§ 1 Le pacte civil de solidarité (PACS)

A. Les devoirs des partenaires

B. Les pouvoirs des partenaires

C. Les droits du partenaire survivant

§ 2 Le concubinage

A. Les relations des concubins entre eux

B. Les relations des concubins et des tiers

1

Le domaine du droit des régimes matrimoniaux

Si la vie en commun entraîne toujours la confusion des biens des personnes qui vivent ensemble, le droit des régimes matrimoniaux ne s'adresse pas, pour autant, à tous les couples. Cette branche du droit civil s'occupe spécifiquement des personnes mariées et d'elles seules. Les « couples célibataires » — c'est-à-dire les concubins — ainsi que les partenaires liés par un pacte civil de solidarité en sont exclus. Le droit des régimes matrimoniaux est ainsi tout à la fois un droit spécifique aux couples mariés (section 1) et un droit exclusif des couples non mariés (section 2). 1

section 1

Un droit spécifique aux couples mariés

La notion de régime matrimonial (§ 1) est liée au mariage. Si tous les couples mariés sont nécessairement placés sous un tel régime, ils bénéficient d'une marge de manœuvre importante dans le choix de leur régime matrimonial (§ 2). L'évolution du droit des régimes matrimoniaux (§ 3) va dans le sens d'une grande liberté en la matière. 2

§ 1 La notion de régime matrimonial

La communauté de vie résultant du mariage entraîne inévitablement une certaine confusion des patrimoines des époux. Ces derniers acquièrent des biens, contractent des obligations, commettent des délits ou quasi-délits, pendant la durée du mariage. Il importe de déterminer les conséquences de ces actes et faits juridiques à l'égard de l'autre conjoint mais aussi à l'égard des tiers, c'est-à-dire notamment des créanciers et des enfants des époux. 3

Ces conséquences s'apprécient pendant la durée du mariage et lors de sa dissolution. Le régime matrimonial fournit les directives nécessaires à cette appréciation. Il énonce les règles relatives aux relations pécuniaires des époux entre eux et avec les tiers, non seulement pendant le mariage mais aussi lors de sa rupture. 4

Les règles du régime matrimonial concernent, d'abord, la propriété des biens des époux. Tous les biens sont visés, non seulement ceux acquis pendant le mariage à titre onéreux ou à titre gratuit mais aussi ceux dont les époux étaient propriétaires avant de se marier. Le régime matrimonial détermine, ensuite, le sort des dettes des époux. Lorsqu'un conjoint contracte une dette, le droit des régimes matrimoniaux vient tracer les limites de l'étendue du droit de poursuite du créancier. C'est la 5 question de *l'obligation à la dette* de chaque époux. Le droit des régimes matrimoniaux résout pareillement la question de savoir si l'époux qui a effectué le paiement de la dette est autorisé à exercer un recours contre son conjoint. Ceci correspond, cette fois, à la question de la *contribution à la dette*.

■ 6 Le droit des régimes matrimoniaux entretient ainsi des liens étroits avec le droit des biens et le droit des obligations, mais il en perturbe les solutions traditionnelles. Ce bouleversement s'explique par le fait que le régime matrimonial régit les pouvoirs des époux sur les biens. Le droit des régimes matrimoniaux conduit parfois à dissocier le *droit de propriété* sur un bien et *le pouvoir de gestion* sur ce bien. Cette dissociation répond à un double impératif.

Il s'agit, d'une part, d'assurer l'indépendance des époux : le souci de garantir l'autonomie des époux conduit à leur accorder des pouvoirs concurrents sur les biens communs. Chaque époux doit pouvoir les gérer et en disposer seul. Le recours au droit commun de l'indivision — qui soumet à la règle de l'unanimité ou de la majorité des deux tiers des droits indivis les actes de disposition ainsi que les actes d'administration (C. civ., art. 815-3 et 815-5-1) — se révélerait le plus souvent inadapté à la gestion du patrimoine du ménage.

■ 7 Il s'agit, d'autre part, de protéger le conjoint contre les initiatives de l'autre époux qui seraient susceptibles d'être dangereuses pour la famille. Cette dernière préoccupation conduit à exiger le double consentement des époux pour la conclusion des actes les plus graves, quand bien même ils porteraient sur un *bien propre ou personnel*[Q] de l'un des conjoints. L'article 215, alinéa 3 du Code civil soumet ainsi au double consentement des époux les actes privant la famille de la jouissance de son logement (v. ss 148 et s.). Le texte ne distingue pas selon que le logement de la famille est un *bien propre ou personnel*[Q] ou un *bien commun*[Q]. Le droit des régimes matrimoniaux pose, en pareil cas, une limite à l'exclusivisme et à l'absolutisme du droit de propriété (C. civ., art. 544).

§ 2 Le choix du régime matrimonial

■ 8 Le Code civil laisse aux époux une pluralité et une liberté de choix, quant à leur régime matrimonial (A), qu'ils exercent en fonction de plusieurs critères (B).

A. Une pluralité et une liberté de choix

1. *Une pluralité de choix*

■ 9 Le Code civil offre aux conjoints le choix entre deux grandes variétés de régimes matrimoniaux. La première correspond au *régime de communauté*. Sous ce régime, les biens que les époux acquièrent, à titre onéreux, pendant le mariage, leur appartiennent conjointement. Ils forment la masse commune constituée des *biens communs*. Au contraire, les biens dont chaque époux avait la propriété ou la possession au jour du mariage et ceux dont chaque époux acquiert la propriété pendant le mariage à titre gratuit sont des *biens propres*[Q]. Quant aux dettes contractées en cours d'union, elles engagent en principe les biens communs (C. civ., art. 1413 et s. ; v. ss 466 et s.). Les dettes ayant pris naissance avant le mariage sont des dettes propres. Elles engagent, en principe, les biens propres (C. civ., art. 1410 et 1411 ; v. ss 457 et s. et 460 et s.).

La seconde variété de régime matrimonial s'identifie à *la séparation de biens*. Ici, l'enrichissement ou l'appauvrissement d'un époux pendant l'union ne profite ni ne préjudicie à son conjoint. Les biens acquis et les dettes nées pendant le mariage demeurent personnels à chaque époux.

Cette présentation binaire des régimes matrimoniaux n'est pas exempte de critiques. 10
Tout d'abord, elle passe sous silence le fait que le régime de communauté tolère la présence de biens propres de l'un des époux, y compris parmi les biens acquis à titre onéreux pendant l'union, et que le régime de la séparation de biens laisse souvent place à une copropriété entre époux, formée de biens indivis. Ensuite, les modèles de la communauté et de la séparation de biens ne sont pas univoques. L'un et l'autre connaissent plusieurs déclinaisons.

En régime de communauté, l'esprit communautaire peut être plus ou moins marqué. Il peut se limiter, selon les cas, aux biens acquis à titre onéreux, pendant le mariage (*communauté réduite aux acquêts*) ou s'étendre aux immeubles acquis après la célébration de l'union et à l'ensemble des meubles (*communauté des meubles et acquêts* ; v. C. civ., art. 1498 et s.). Il arrive encore que l'esprit communautaire embrasse l'ensemble du patrimoine des époux. La communauté absorbe alors tous les biens du couple (*communauté universelle* ; v. C. civ., art. 1526 et s.). De la même manière, dans les régimes de séparation de biens, l'esprit séparatiste peut être plus ou moins affirmé. Tantôt, il s'applique à la totalité des biens (*séparation de biens* ; v. C. civ., art. 1536 et s.). Tantôt, il en exclut certains pour les faire tomber dans une masse commune (*séparation de biens avec société d'acquêts*).

Enfin, les modèles de la communauté et de la séparation de biens se prêtent volontiers au jeu des hybridations. Ainsi, le régime de la participation aux acquêts combine-t-il à la fois un esprit séparatiste et un esprit communautaire (v. C. civ., art. 1569 et s.). Il s'identifie à une séparation de biens pendant sa durée et met en œuvre, à sa dissolution, une participation en valeur à l'enrichissement du conjoint. Le conjoint qui s'est le plus enrichi pendant le fonctionnement du régime matrimonial reverse la moitié de cet enrichissement à son époux, lors de la dissolution de la participation aux acquêts. Le choix de ce régime permet de faire échec aux conséquences extrêmes de la séparation de biens pure et simple.

2. *Une liberté de choix*

Le Code civil laisse aux époux le soin de choisir entre les différentes variétés de 11
régimes. Les époux sont libres d'apporter aux modèles du Code civil toutes les modifications conventionnelles qu'ils jugent utiles. L'article 1387 consacre, à cet égard, le *principe de la liberté des conventions matrimoniales*. À défaut de choix exprimé par les époux par contrat de mariage, les articles 1400 à 1491 font de *la communauté réduite aux acquêts le régime légal*. Ces textes ont vocation à s'appliquer à tous les couples mariés sans contrat de mariage ou ayant déclaré opter pour le régime de communauté sans plus de précisions (C. civ., art. 1400).

Si le principe de la liberté des conventions matrimoniales laisse aux époux une marge 12
de manœuvre importante dans le choix de leur régime matrimonial, cette liberté n'est pas sans limites. L'article 1387 prend soin de prohiber les conventions matrimoniales contraires aux bonnes mœurs, ainsi que celles qui contreviendraient aux

dispositions des articles 1388 à 1399. Les époux sont également tenus de respecter les articles 212 à 226 du Code civil. Ces textes sont applicables, par le seul effet du mariage. Ils s'imposent aux époux quel que soit leur régime matrimonial et forment *le régime primaire* ou *statut fondamental impératif* (v. ss 85 et s.).

B. Les critères du choix

13 Le choix du régime matrimonial est tributaire de multiples critères. Les uns sont subjectifs (1), en ce qu'ils résultent de la situation personnelle de chaque couple. Les autres sont objectifs (2) et découlent des liens qu'entretient le droit des régimes matrimoniaux avec les autres branches du droit.

1. *Critères subjectifs*

14 La profession et l'âge des époux sont, sans conteste, les critères subjectifs les plus déterminants du choix du régime matrimonial. L'époux dont la profession comporte un risque financier (par exemple, l'entrepreneur individuel, l'associé d'une société de personnes) va chercher à préserver son conjoint des poursuites de ses créanciers (sur les difficultés suscitées par l'articulation de l'entreprise individuelle à responsabilité limitée, consacrée par la loi n° 2010-658 du 15 juin 2010, avec les régimes matrimoniaux, v. I. Dauriac et C. Grare-Didier, « Projet d'EIRL : l'enjeu pour la famille », *Defrénois* 39096. 819 ; E. Dubuisson, « L'EIRL est adopté ! », *JCP N* 2010. 423). Dans le régime de communauté, toutes les dettes nées pour quelque cause que ce soit pendant le mariage sont communes. Les créanciers de l'époux débiteur pourront saisir les biens communs, sans que l'autre conjoint puisse s'y opposer (v. C. civ., art. 1413). Des difficultés se poseront également si le conjoint commerçant est engagé dans une procédure collective. Il faudra alors articuler les règles du régime de communauté avec celles du droit des entreprises en difficultés (v. ss 470 et s.). Pour ces raisons, les époux exerçant une profession à risque financier se tournent le plus souvent vers le régime de la séparation de biens. Ce régime permet de placer le conjoint du commerçant à l'abri des créanciers de ce dernier.

15 L'âge des époux constitue le second critère déterminant du choix du régime matrimonial. Les couples atteignant l'âge de la retraite aspirent à un régime matrimonial favorable au *conjoint survivant*[Q]. Le régime de la séparation de biens – qui pouvait convenir aux époux pendant leur vie active – se révèle souvent inadapté au moment du décès. Dans un couple où seul le mari exerçait une profession, les enfants hériteront de la plupart des biens. L'épouse ne pourra prétendre qu'à l'usufruit universel ou à la propriété du quart des biens de son époux prédécédé, selon que les enfants sont ou non issus du mariage (C. civ., art. 757). Au décès de son mari, elle risque d'être privée d'une partie de ses ressources. Pour éviter ce résultat, le Code civil autorise désormais les époux à changer de régime matrimonial pendant le mariage. Ces derniers optent, le plus souvent, pour le régime de la communauté universelle assortie d'une *clause d'attribution intégrale de la communauté au dernier vivant*[Q] (C. civ., art. 1524 et 1525 ; v. ss 654 à 673). Cette clause a pour effet d'éviter qu'au décès du *prémourant*[Q], la communauté universelle soit partagée entre le conjoint survivant et les héritiers. Au décès de son époux, le conjoint survivant recueille l'ensemble du patrimoine du couple, de telle sorte que la composition de ses biens et son train de vie demeurent intégralement préservés.

2. *Les critères objectifs*

Le choix du régime matrimonial repose aussi sur des critères objectifs. Il tient nécessairement compte des interférences de la matière avec les autres branches du droit. Le droit des régimes matrimoniaux se trouve, en effet, au carrefour de plusieurs d'entre elles, qu'il s'agisse du droit des affaires (v. ss 14 et v. ss 470 et s.) ou du droit des successions et des libéralités. C'est sans doute avec ce dernier que les régimes matrimoniaux entretiennent les liens les plus étroits. Les deux disciplines sont indissociables et *forment le droit patrimonial de la famille*. Les régimes matrimoniaux régissent le patrimoine du couple, tandis que les successions et les libéralités déterminent les règles de transmission de ce patrimoine, notamment aux enfants. 16

Mais le droit des régimes matrimoniaux interfère aussi avec d'autres branches du droit privé. Pendant très longtemps, il s'est ainsi opposé, au nom du principe de *l'immutabilité du régime matrimonial*[Q], à la validité de certains contrats entre époux (v. ss 247 et s.). 17

§ 3 L'évolution du droit des régimes matrimoniaux

L'évolution historique du droit des régimes matrimoniaux trace un long chemin vers l'égalité des époux. Il a fallu attendre près de deux siècles pour passer de l'omnipotence du mari sur les biens du ménage à des dispositions affirmant l'égalité complète des époux en ce domaine. Il est possible de distinguer trois grandes étapes : la période allant de 1804 à 1965 (A), la loi du 13 juillet 1965 (B) et celle du 23 décembre 1985 (C). 18

A. De 1804 à 1965

1. *Le Code civil de 1804*

L'Ancien droit distinguait deux grands types de régimes matrimoniaux. D'une part, le *régime de communauté* qui s'appliquait, au Nord de la France, dans les pays de coutume et, d'autre part, le *régime dotal* retenu par les pays du Sud de tradition romaine. Le régime dotal correspondait à un régime de séparation de biens. Lors du mariage, la femme apportait au mari une dot composée de biens dotaux. Ces derniers étaient administrés par le mari pendant le mariage et devaient être restitués à la femme lors de sa dissolution. Afin d'en garantir la restitution, les biens dotaux étaient inaliénables et insaisissables. Pendant le mariage, l'épouse conservait la jouissance de ses autres biens, appelés les « biens paraphernaux ». 19

En 1804, le Code civil mit fin à la dualité de régime légal. Les époux qui se marient sans contrat de mariage sont soumis au régime de la communauté des meubles et des acquêts. Sont communs tous les biens acquis à titre onéreux pendant le mariage ainsi que l'ensemble des meubles, quels que soient le mode et la date de leur acquisition. Dès 1804, le Code civil reconnaît aux époux la faculté d'opter pour un autre régime que le régime légal. Cette option revêt un caractère irrévocable. Les époux sont invités à choisir leur régime matrimonial une fois pour toutes, sans 20 pouvoir en changer au cours du mariage. C'est *le principe de l'immutabilité du régime matrimonial* dont la rigueur sera atténuée, par la suite, en 1965 (v. ss 245 et s.).

■ 21 S'agissant des pouvoirs des époux sur les biens, le Code civil consacre la toute-puissance du mari. En 1804, tous les pouvoirs sur tous les biens sont aux mains du mari. Ce dernier administre et dispose seul, non seulement des biens communs, mais aussi des biens propres de sa femme. Le régime de la communauté des meubles et des acquêts se conciliait, à cette époque, avec le statut juridique de la femme mariée. Cette dernière était frappée d'incapacité juridique. La privation de pouvoirs de la femme sur les *biens communs*[Q] et sur ses *biens propres*[Q] apparaissait comme la conséquence logique de cette incapacité.

■ 22 Le système du Code civil fut progressivement critiqué. On lui adressa pour l'essentiel un double reproche. On fit valoir que, pour les rédacteurs du Code civil, la justification du régime de communauté des meubles et acquêts résidait dans le souci de conserver dans les familles les biens économiquement les plus importants, c'est-à-dire les immeubles. En effet, ceux-ci étaient souvent des biens propres des époux, soit parce qu'ils les possédaient déjà avant le mariage, soit parce qu'ils les recevaient à titre gratuit. L'essor de la valeur économique des meubles a mis à mal ce raisonnement. L'inclusion dans la communauté de meubles de grande valeur permit de faire passer d'une famille à une autre des fortunes considérables.

Mais le reproche essentiel adressé aux dispositions de 1804 visait une autre cible, celle des pouvoirs du mari. C'est au premier chef la puissance maritale sur les biens qui fut décriée. L'abîme entre l'infériorité juridique de la femme mariée et l'évolution des mentalités se creusa lentement. Plusieurs réformes furent alors entreprises afin d'atténuer la dépendance de l'épouse à l'égard de son mari.

2. *Les réformes postérieures*

■ 23 Trois grandes lois ont marqué la période qui s'écoule de 1804 à 1965. La première est une loi du 13 juillet 1907 « sur le libre salaire de la femme mariée ». Cette loi avait vocation à s'appliquer à toutes les épouses, quel que fut leur régime matrimonial. Elle autorisait la femme mariée, qui exerçait une activité professionnelle séparée de son époux, à percevoir et à disposer librement des revenus de son travail, notamment à employer ses revenus, comme elle l'entendait, à l'acquisition de biens. Ceux-ci formaient la catégorie des biens réservés et étaient soumis à sa libre gestion et sa libre disposition. Sur le plan législatif, la loi du 13 juillet 1907 réalisa, sans conteste, une avancée capitale. Il reste qu'en pratique, elle ne permit pas une réelle émancipation juridique de la femme mariée. L'explication en est simple. Lorsque la femme voulait disposer d'un bien réservé, elle devait prouver qu'il avait été acquis à l'aide des revenus de son travail. Or, cette preuve s'avérait souvent difficile à rapporter.

■ 24 Le législateur intervint, ensuite, par une loi du 18 février 1938, pour supprimer l'incapacité juridique de la femme mariée. Cependant, à l'instar de la loi de 1907, la loi de 1938 réalisa une avancée plus symbolique que réelle. Là encore, l'explication est très simple. La loi de 1938 ne fut pas accompagnée d'une réforme d'ensemble des régimes matrimoniaux. Les pouvoirs sur les biens demeuraient concentrés entre les mains du seul mari. La loi de 1938 fit de la femme mariée une personne capable mais dépourvue de tout pouvoir.

La troisième loi fut une loi du 22 septembre 1942 (validée par une ordonnance du 9 octobre 1945), prise dans le contexte dramatique de la Seconde Guerre mondiale. La finalité première de la loi fut de permettre la gestion des biens du ménage par les femmes des prisonniers de guerre. Ce faisant, elle réalisa quatre avancées majeures qui allaient durablement marquer le droit des régimes matrimoniaux. La loi de 1942 consacra, d'abord, le *mandat domestique*. Cette notion avait été créée par la jurisprudence, afin de pallier l'absence de pouvoir de la femme mariée. Pour les actes usuels de la vie courante, l'épouse était présumée avoir reçu mandat tacite de son mari. La loi reprit cette idée à son compte, en conférant à la femme mariée un pouvoir autonome pour les actes ménagers. La loi reconnut ensuite expressément à la femme mariée sous un régime de séparation de biens, le pouvoir de disposer seule de ses biens personnels, conséquence de sa capacité nouvellement acquise. Enfin, la loi de 1942 apporta des modifications au régime de communauté. En ce domaine, elle amorça la restriction des pouvoirs du mari et, corrélativement, l'extension de ceux de la femme. Pour certains actes graves portant sur les biens communs, tels que les donations, le mari se vit contraint de recueillir le consentement de son épouse. La femme fut ainsi nécessairement associée aux décisions les plus importantes concernant le patrimoine commun. 25

La loi de 1942 se trouve à l'origine d'un trait majeur du droit contemporain des régimes matrimoniaux : l'intervention du juge dans le règlement des situations de crise conjugale. Celles-ci sont de deux sortes : l'*empêchement* d'un époux ou son *refus*, non justifié par l'intérêt de la famille, à l'accomplissement d'un acte soumis au double consentement des conjoints. Dans ces hypothèses, l'autre époux se voit reconnaître la faculté de saisir le juge, afin qu'il l'autorise soit à agir au nom et pour le compte de son conjoint empêché, soit à accomplir l'acte seul. En 1942, l'intervention du juge conduit indirectement à attribuer plus de pouvoirs à la femme mariée. Celle-ci peut être autorisée à passer seul un acte sur les biens communs, sur ses biens propres voire sur ceux de son mari, lorsque ce dernier est dans l'impossibilité d'agir. 26

La loi de 1942 posa les premiers jalons de la réforme des régimes matrimoniaux. Ce n'est toutefois qu'une vingtaine d'années plus tard que cette réforme intervint avec la loi du 13 juillet 1965. 27

B. La loi du 13 juillet 1965

L'adoption de la loi n° 65-570 du 13 juillet 1965 obéit à une méthode législative originale. La réforme fut précédée à la fois d'une enquête statistique quant aux choix du régime matrimonial des Français et d'une enquête d'opinion. Cette dernière fit ressortir l'attachement des Français au régime de communauté, ainsi qu'à la conservation des biens de famille dans le patrimoine de chaque époux. L'enquête montra également l'existence d'un large consensus en faveur de l'égalité des époux et, en particulier, pour reconnaître à la femme mariée le pouvoir de gérer ses biens propres. La loi du 13 juillet 1965 — qui fut l'une des nombreuses œuvres législatives du doyen Carbonnier — s'inspira des résultats de l'enquête d'opinion, sans pour autant les reproduire de manière systématique. 28

Pour l'essentiel, la loi du 13 juillet 1965 introduisit quatre innovations majeures. 29

Elle modifia, d'abord, le type de régime légal. Sous l'empire du Code civil de 1804, les époux mariés sans contrat de mariage étaient soumis à la communauté des meubles et des acquêts. La loi nouvelle remplace ce régime par un nouveau régime légal, également de type communautaire, celui de la communauté réduite aux acquêts. Désormais, les meubles dont les époux ont la propriété avant le mariage ou qu'ils reçoivent pendant le mariage, à titre gratuit, leur appartiennent personnellement. Ce sont des biens propres.

■ 30 La modification du régime légal devait aller de pair avec une modification des pouvoirs des époux, afin de répondre aux aspirations des Français. C'est sur ce terrain qu'intervint la deuxième innovation de la loi du 13 juillet 1965. Sans aller jusqu'à la placer sur un pied d'égalité avec le mari, la réforme accrut sensiblement les pouvoirs de l'épouse sur les biens. Elle conféra à l'épouse, mariée sous un régime de communauté, la libre disposition de ses biens propres. Par ailleurs, la loi de 1965 étendit le mécanisme de la cogestion amorcé par la loi de 1942. Pour les actes graves portant sur certains biens communs, le mari ne peut agir qu'avec le consentement de son épouse, ce qui contribue à instaurer une certaine égalité entre les époux. Pour les autres actes, le mari demeure, en revanche, l'unique administrateur de la communauté. C'est lui qui, en principe, gère seul les biens communs.

■ 31 La troisième innovation la loi de 1965 concerna le *régime primaire* ou *statut fondamental impératif*[Q]. La loi adopta, en ce domaine, de nombreuses règles applicables à tous les couples mariés (v. ss 85 et s.).

■ 32 La dernière innovation de la loi résida, enfin, dans l'assouplissement du *principe de l'immutabilité des conventions matrimoniales*[Q]. Le législateur autorisa les époux à changer de régime matrimonial en cours d'union, à la condition de soumettre ce changement à l'homologation du juge. Ce dernier veille à ce que la modification du régime ne heurte ni l'intérêt de la famille ni celui des créanciers. L'assouplissement du principe d'immutabilité du régime matrimonial s'accompagna de l'apparition d'un nouveau régime laissé au choix des époux : le régime de la participation aux acquêts. Ce dernier fit son entrée dans le Code civil, tandis que deux autres régimes en furent évincés : le régime dotal et le régime sans communauté.

■ 33 En dépit de ces avancées majeures, la loi du 13 juillet 1965 ne scella pas, pour avoir maintenu l'inégalité de principe des époux, l'état du droit positif. Or, le temps passant, celle-ci devint intolérable. D'un point de vue sociologique, d'abord : le décalage du droit et des mentalités se creusait de plus en plus, comme l'avait montré l'enquête d'opinion publique réalisée en 1979 (v. J. Flour, G. Champenois, *Les régimes matrimoniaux*, 2e éd., A. Colin, coll. « U », 2001, no 47). D'un point de vue juridique, ensuite : l'inégalité des époux heurtait les engagements internationaux de la France (Résolution 37 du Comité des ministres du Conseil de l'Europe du 27 sept. 1978 sur l'égalité des époux en droit civil ; Convention des Nations unies du 18 déc. 1979 sur l'élimination de toutes les formes de discrimination à l'égard des femmes, dont la ratification fut autorisée par la loi no 83-561 du 1er juillet 1983). Ce double facteur conduisit le législateur à préparer une nouvelle réforme qui déboucha sur la loi du 23 décembre 1985.

C. La loi du 23 décembre 1985

■ 34 La loi no 85-1372 du 23 décembre 1985 parachève l'évolution, amorcée par la loi de 1965, vers l'égalité des époux. L'intitulé en est d'ailleurs révélateur. La loi du

23 décembre 1985 prend le nom de loi « relative à l'égalité des époux et des parents dans la gestion des biens des enfants mineurs ». Elle répond à un triple objectif : l'égalité, la liberté et l'équité.

La loi du 23 décembre 1985 poursuit, tout d'abord, un objectif d'*égalité*. Le nouvel article 1421 affirme nettement l'égalité des époux dans la gestion des biens communs. Désormais, le mari ne détient plus le monopole de la gestion de la communauté. Il doit partager ses pouvoirs avec sa femme. Cette dernière peut, comme lui, agir seule sur les biens communs. Les époux ont sur ces biens des pouvoirs concurrents, d'où le nom de « gestion concurrente » donné à ce mode de répartition des pouvoirs. 35

La loi du 23 décembre 1985 recherche, ensuite, un objectif de *liberté*. Le législateur a entendu garantir l'indépendance des époux. La gestion concurrente est le meilleur moyen de parvenir à cette indépendance puisque chaque époux peut agir seul sur les biens communs, sans avoir à recueillir le consentement de son conjoint. La loi de 1985 a érigé la gestion concurrente en principe mais ce dernier est aussitôt assorti d'une double restriction. La première répond au souci du législateur de garantir l'indépendance professionnelle des époux. Il s'est agi d'éviter qu'un époux puisse s'immiscer dans la profession de son conjoint. Pour empêcher une telle immixtion, le législateur soumet à la *gestion exclusive*[Q] les actes d'administration et de disposition sur les biens communs, nécessaires à l'exercice d'une profession séparée (v. ss 389 et s.). La seconde restriction répond au souci du législateur de protéger un époux contre les initiatives solitaires de son conjoint. La loi du 23 décembre 1985 soumet à la cogestion les actes les plus graves relatifs aux biens communs ou à certains d'entre eux (C. civ., art. 1422, 1424 et 1425). 36

La liberté introduite par la loi de 1985 n'est pas limitée à la gestion des biens. Elle se manifeste aussi sur le terrain des contrats entre époux. La loi nouvelle reconnaît la licéité de certains contrats entre époux qui, jusque-là, étaient interdits (v. ss 17 et v. ss 247).

La loi du 23 décembre 1985 traque, enfin, un objectif d'*équité*. Le législateur apporta des améliorations à certains textes de la loi de 1965, dont le fonctionnement avait montré les imperfections. Ces améliorations devaient permettre de trouver des solutions plus équitables. Le régime de la participation aux acquêts fut ainsi réformé afin de parvenir à des solutions plus justes. 37

Aujourd'hui, le droit des régimes matrimoniaux a atteint sa pleine maturité. S'il est vrai qu'il a fait l'objet, depuis 1985, de réformes ponctuelles et que la doctrine appelle de ses vœux une réforme du passif de la communauté, il n'est pas question, actuellement, de modifier l'ensemble de la matière en profondeur. Si le droit des régimes matrimoniaux reste ainsi à l'abri du tourbillon des réformes, c'est sans doute parce que la nouveauté vient d'ailleurs. Le mariage subit la concurrence d'autres modèles d'unions, qu'il s'agisse du concubinage ou du pacte civil de solidarité. Or, ces unions ne tombent pas sous le coup du droit des régimes matrimoniaux, qui reste exclusif des couples non mariés. 38

section 2

Un droit exclusif des couples non mariés

39 Le mariage n'est plus aujourd'hui l'unique modèle d'union conjugale. Il subit la double concurrence du pacte civil de solidarité (§ 1) et du concubinage (§ 2).

§ 1 Le pacte civil de solidarité (PACS)

40 Pendant très longtemps, les couples non mariés ont été bannis de la sphère du droit. Aucune disposition spécifique ne réglait les droits et les devoirs des concubins ni leurs pouvoirs sur les biens. C'est désormais chose faite depuis la loi n° 99-944 15 novembre 1999 qui a inséré dans le Code civil les articles 515-1 et suivants. Ces textes ont été modifiés par la loi n° 2006-728 du 23 juin 2006 « portant réforme des successions et des libéralités ». Le législateur a saisi l'occasion de la réforme du droit successoral pour modifier le PACS. La loi renforce les devoirs (A) et les pouvoirs (B) des *partenaires*Q, ainsi que les droits du partenaire survivant (C).

A. Les devoirs des partenaires

41 Le Code civil définit le PACS comme un contrat. L'article 515-1 dispose, en effet, que « Un pacte civil de solidarité est un contrat conclu par deux personnes physiques majeures, de sexe différent ou de même sexe, pour organiser leur vie commune ». Mais si le PACS est un contrat, ses règles en font en réalité une union conjugale à mi-chemin entre le mariage et l'union libre. Les règles du PACS sont pour la plupart inspirées des règles du mariage. La loi du 23 juin 2006 renforce cette tendance, au point de transformer le PACS en un « quasi-mariage ». Les dispositions adoptées depuis la réforme du PACS ont encore accentué ce rapprochement (C. civ., art. 2236, réd. L. n° 2008-561, 17 juin 2008 pour la suspension de la prescription ; C.com., art. L. 121-4 à L. 121-8, réd. L. n° 2008-776, 4 août 2008 ; art. R. 121-6, R. 123-37 et R. 123-55, réd. Décr. n° 2008-1488, 30 déc. 2008, pour l'extension au partenaire des dispositions relatives au statut du conjoint du chef d'entreprise ; L. n° 2009-526, 12 mai 2009 en matière de droit judiciaire privé, v. ss 46 ; sur tous ces points, v. notam., J.-J. Lemouland et D. Vigneau, Pan. Droit des couples, *D.* 2010. 735 ; J.-J. Lemouland et D. Vigneau, Pan. « Droit des couples », *D.* 2012. 981), sans pour autant gommer certaines différences remarquables (v. par exemple, pour la constitutionnalité du bénéfice de la pension de réversion aux seuls conjoints, Cons. const. 29 juill. 2011, n° 2011-155 QPC, *JO* 30 juill. 2011. 13048 ; *AJ fam.* 2011. 436, obs. W. Jean-Baptiste ; *RTD civ.* 2011. 748, obs. J. Hauser ; *Dr. fam.* 2011. Comm. 143, note V. Larribau-Terneyre ; *D.* 2012. 982, obs. J.-J. Lemouland et D. Vigneau).

42 La loi du 23 juin 2006 confirme et renforce les devoirs réciproques des partenaires (1) ainsi que les devoirs des partenaires à l'égard des tiers (2).

1. Les devoirs réciproques des partenaires

Entre partenaires, le législateur pose trois séries de devoirs réciproques. Ces devoirs 43 résultent de l'article 515-4, alinéa 1er du Code civil. Ce texte a été modifié par la loi du 23 juin 2006. Il soumet, d'abord, *les partenaires*[Q] à une obligation de communauté de vie. L'article 515-4, alinéa premier énonce désormais que « Les partenaires liés par un pacte civil de solidarité *s'engagent à une vie commune* (...) ». L'obligation de communauté de vie entre partenaires n'est pas, à vrai dire, une innovation de la loi de 2006. Cette obligation résultait déjà implicitement de la loi de 1999, ainsi que l'avait souligné le Conseil constitutionnel dans sa décision du 9 novembre 1999 relative à cette loi (Cons. const. 9 nov. 1999, déc. n° 99-419 DC, Loi relative au PACS (cons. 26), sur laquelle, v. N. Molfessis, « La réécriture du PACS par le Conseil constitutionnel », *JCP* 2000. I. 210). L'obligation de communauté de vie soulève la question de *l'obligation de fidélité*. Le législateur ne soumet pas expressément les partenaires à un devoir de fidélité, ce qui différencie le PACS du mariage. Toutefois, une décision du tribunal de grande instance de Lille du 5 juin 2002 a déduit l'existence d'une obligation de fidélité entre partenaires du droit des contrats et, plus précisément, de l'obligation d'exécuter de bonne foi le devoir de communauté de vie (TGI Lille, ord., 5 juin 2002, *D.* 2003. 515, note X. Labbée ; *RTD civ.* 2003. 270, note J. Hauser). La sanction réside alors dans la résiliation du PACS aux torts du partenaire infidèle sur le fondement des articles 1134, alinéa 3 et 1184 du Code civil. La résiliation du contrat peut en outre être assortie du versement de dommages-intérêts au partenaire victime. Mais le droit des contrats n'est pas le seul fondement du devoir de fidélité entre partenaires. En effet, ce devoir constitue le corollaire de l'obligation de communauté de vie. Il résulte ainsi implicitement de la loi.

L'article 515-4, alinéa premier décide, ensuite, que les partenaires sont tenus d'un 44 *devoir d'aide matérielle réciproque*. Ce devoir oblige chaque partenaire à participer aux charges de la vie commune telles que, par exemple, les dépenses de logement, d'éducation des enfants, les frais de nourriture. La loi du 23 juin 2006 est venue préciser les modalités de répartition des charges de la vie commune entre les partenaires. L'article 515-4, alinéa 1er décide désormais que « Si les partenaires n'en disposent autrement, l'aide matérielle est *proportionnelle à leurs facultés respectives* ». Autrement dit, si les partenaires n'ont rien dit dans le contrat de PACS, ils participent chacun aux charges de la vie commune à hauteur de leurs moyens respectifs. Cette règle de répartition est calquée sur celle de l'article 214 du Code civil (al. 1er), qui impose à chaque époux de contribuer aux charges du mariage (v. ss 184 et s.).

L'article 515-4, alinéa premier[r] impose, enfin, aux partenaires un *devoir d'assistance* 45 *réciproque*. Il s'agit ici d'une innovation de la loi du 23 juin 2006. La loi ne précise pas le contenu de ce devoir mais il est possible de le définir par référence au *devoir d'assistance* entre époux (C. civ., art. 212). Le devoir d'assistance impose aux partenaires un devoir d'aide et de soutien moral ou psychologique dans les épreuves de l'existence, un devoir de sincérité dans leurs relations.

Les devoirs réciproques des partenaires sont *d'ordre public* : il leur est interdit d'y 46 déroger. Il reste que le législateur n'a pas prévu de sanction spécifique en cas de manquement à ces obligations. L'inexécution de ces devoirs relève ainsi du droit commun des contrats. Le partenaire peut exiger soit l'exécution de ses obligations par son compagnon (dans le cas d'un manquement au devoir d'aide matérielle, par exemple), soit la résiliation du PACS assortie, le cas échéant, de dommages-intérêts (C. civ., art. 515-7). Pour autant, le droit judiciaire conduit, sur le terrain procédural, à renforcer l'alignement du devoir d'aide mutuelle et matérielle des partenaires sur l'obligation des époux de contribuer aux charges du mariage. Modifiant le Code de l'organisation judiciaire, l'article 14 de la loi de simplification du droit et d'allégement des procédures du 12 mai 2009 confère, depuis le 1er janvier 2010, au juge aux affaires familiales compétence pour connaître non seulement des actions liées à la fixation de la contribution aux charges du mariage mais aussi de celles relatives à la « contribution aux charges (...) du pacte civil de solidarité » (COJ, art. L. 213-3, 3° ; v. A.-M. Leroyer, « Simplification du droit et allégement des procédures », *RTD civ.* 2009. 584, spéc. p. 587).

2. *Les devoirs des partenaires à l'égard des tiers*

47 Le législateur impose aux partenaires une solidarité à l'égard des tiers. L'article 515-4, alinéa 2 dispose que « Les partenaires sont tenus solidairement à l'égard des tiers des dettes contractées par l'un d'eux pour les besoins de la vie courante ». Il s'agit d'un texte *d'ordre public*, auquel les partenaires ne peuvent pas déroger, qui constitue le décalque de l'article 220 soumettant les dettes ménagères des époux à la solidarité passive (v. ss 171 et s.). L'article 515-4, alinéa 2 autorise, par exemple, le créancier d'un partenaire à se tourner vers son compagnon pour le paiement d'une dette de loyer, et cela même si le bail est au nom du seul partenaire.

48 Jusqu'à récemment, l'article 515-4, alinéa 2 ne prévoyait pas de limite à la solidarité des partenaires. Celle-ci jouait, sans restriction, pour toutes les dettes contractées pour les besoins de la vie courante. Cette situation était choquante car, dans le cadre du mariage, l'article 220 exclut de la solidarité passive les dépenses manifestement excessives, les emprunts immodestes et les achats à tempéraments (v. ss 177 et s.). La solidarité ménagère couvrait un plus grand nombre de dettes dans le cadre du PACS que dans celui du mariage, ce qui paraissait pour le moins curieux. La loi du 23 juin 2006 a remédié à cette situation en précisant à l''article 515-4, alinéa 2 *in fine* que la « solidarité n'a pas lieu pour les dépenses manifestement excessives ». Néanmoins, contrairement à l'article 220, la rédaction du texte, issue de la loi du 23 juin 2006, n'excluait ni les emprunts, ni les achats à tempérament du domaine de la solidarité passive. La différence de rédaction des deux textes était peu compréhensible et, en tout cas, critiquable. On comprenait mal, en effet, pourquoi les emprunts et les achats à tempérament étaient inclus dans le champ de la solidarité passive dans le cas du PACS et en étaient exclus dans le cas du mariage. Aussi, la loi n° 2010-737 du 1er juillet 2010 est-elle intervenue afin de remédier à la maladresse de rédaction de l'article 515-4, alinéa 2, en transposant aux partenaires les dispositions de l'article 220, applicables aux époux. Depuis le 1er mai 2011, la solidarité des partenaires est exclue pour les achats à tempérament et les emprunts conclus par un seul d'entre eux, sauf, s'agissant des emprunts, s'ils portent sur des sommes modestes nécessaires aux besoins de la vie courante (L. du 1er juillet 2010, n° 2010-537, art. 9).

B. Les pouvoirs des partenaires

49 La loi du 23 juin 2006 a profondément modifié les pouvoirs des partenaires sur les biens. La réforme a doté le PACS d'un véritable statut patrimonial. Celui-ci puise sa source d'inspiration dans le droit des régimes matrimoniaux. La loi du 23 juin 2006

prévoit ainsi une présomption de pouvoir en matière mobilière (1), un régime légal (2) pour les autres biens et la possibilité d'établir un régime conventionnel (3). Elle renforce également les droits des partenaires lors de la dissolution du PACS (4).

1. *La présomption de pouvoir en matière mobilière*

La loi du 23 juin 2006 introduit une disposition nouvelle au sein de la réglementation du PACS. L'article 515-5, alinéa 3 dispose que « Le partenaire qui détient individuellement un bien meuble est réputé, à l'égard des tiers de bonne foi, avoir le pouvoir de faire seul sur ce bien tout acte d'administration, de jouissance ou de disposition ». 50

Ce texte est la reproduction de l'article 222, alinéa 1er du Code civil applicable aux époux. Il pose une « présomption de pouvoir ». On entend, par cette expression, que lorsqu'un partenaire accomplit, sur un bien meuble qu'il détient individuellement, un acte de disposition (vente, par exemple) ou d'administration (dépôt, par ex.), il n'y a pas lieu de rechercher s'il a le pouvoir de faire cet acte sans le consentement de son compagnon. L'acte est valablement accompli, dès lors que le tiers contractant est de bonne foi. Le contractant est de mauvaise foi lorsqu'il connaît le défaut de pouvoir du partenaire. Il en est ainsi lorsqu'il sait que le meuble est un bien indivis, dont la vente requiert le consentement des deux partenaires (C. civ., art. 815-3). La présomption de pouvoir de l'article 515-5, alinéa 3 est une *présomption irréfragable*. Elle ne peut pas être écartée, dès lors que les conditions d'application du texte sont réunies (sur lesquelles, v. ss 108 et s.). 51

2. *Le régime légal*

La loi du 15 novembre 1999 avait placé les biens des partenaires sous un régime d'indivision généralisée. Elle décidait, en effet, que les biens acquis à titre onéreux après la conclusion du PACS étaient réputés indivis entre les partenaires. Cette présomption d'indivision ne pouvait être écartée que par une stipulation contraire. Les partenaires devaient exprimer leur volonté dans la convention de PACS, lorsqu'il s'agissait de meubles meublants. Pour tous les autres biens, la volonté contraire des partenaires devait être manifestée dans l'acte d'acquisition ou de souscription du bien (par exemple, achat d'un terrain, acte constitutif d'une société). Cette règle était très critiquée en raison tout à la fois de ses difficultés de mise en œuvre et de ses résultats. Elle conduisait le plus souvent à une indivision inconsciente entre les partenaires. Il suffisait que l'un d'eux achète un bien pendant la durée du PACS, sans écarter la présomption d'indivision, pour que son compagnon devienne propriétaire de la moitié de ce bien. La grande majorité des partenaires ignorait cette règle. 52

La loi du 23 juin 2006 revient sur ce système. Elle refond entièrement le statut des biens des partenaires. L'article 515-5, alinéa 1er dispose désormais que « Sauf dispositions contraires de la convention [établissant le PACS], chacun des partenaires conserve l'administration, la jouissance et la libre disposition de ses biens personnels. Chacun d'eux reste seul tenu des dettes personnelles nées avant ou pendant le pacte, hors le cas du dernier alinéa de l'article 515-4 ». La solution de la loi du 23 juin 2006 est l'exacte opposée de la solution ancienne. Aujourd'hui, chaque partenaire demeure le propriétaire exclusif de ses biens, à moins que le contraire n'ait été stipulé dans la convention de PACS. La loi nouvelle place les partenaires sous un 53 régime de séparation de biens. L'article 515-5, alinéa 2 précise que « Les biens sur lesquels aucun des partenaires ne peut justifier d'une propriété exclusive sont réputés leur appartenir indivisément, à chacun pour moitié ». Chaque partenaire peut prouver par tous moyens qu'il a la propriété exclusive d'un bien (C. civ., art 515-5, al. 2). Ces règles sont la transposition au PACS des dispositions relatives aux époux mariés sous le régime de la séparation de biens (C. civ., art. 1538, v. ss 673 et s.).

3. *Le régime conventionnel*

54 L'article 515-5-1 autorise les partenaires à opter pour *l'indivision des acquêts*. Il leur reconnaît la faculté de soumettre au régime de l'indivision les biens qu'ils acquièrent à titre onéreux, ensemble ou séparément, pendant la durée du PACS. Les acquêts appartiennent alors aux partenaires en copropriété. La décision de placer les acquêts en indivision peut intervenir soit lors de la conclusion du PACS, soit pendant sa durée au moyen d'une convention modificative. S'il ne fait pas de doute que les partenaires sont libres d'inclure tous les acquêts dans l'indivision, la faculté de moduler le périmètre de cette dernière à la baisse, en choisissant de n'y inclure que certains acquêts ou de l'augmenter, en stipulant par exemple une indivision universelle, est controversée (v., par ex., N. Lebeau, « Brèves remarques sur la nature de l'indivision d'acquêts des partenaires liés par un Pacs », *Defrénois* 2010. 39172. 2189).

Lorsqu'elle est sous seing privé, la convention doit être enregistrée au greffe du tribunal d'instance de la résidence commune des partenaires. Depuis la loi n° 2011-331 du 28 mars 2011, lorsque la convention est notariée, le notaire ayant instrumenté l'acte « procède à l'enregistrement du pacte » (art. 515-3, al. 3 et 515-5-1), ce qui semble vouloir signifier, à suivre l'interprétation du Conseil supérieur du Notariat, que la formalité d'enregistrement est accomplie par la mention de la conclusion, de la modification ou de la dissolution du PACS sur un registre spécifiquement dédié aux PACS reçus par le notaire (Sur ceci, v. W. Baby, « Réforme du Pacs authentique : aspects pratiques », *Defrénois* 2011. 40045. 1108 ; v. également, J.-F. Sagaut, « Notaires, à vos actes prêts... pacsez ! », *Defrénois* 2011. 40044. 1106 ; M. Lamarche, « Le greffier, l'officier de l'état civil ou le notaire ? L'enregistrement du PACS partiellement dévolu au notaire », *Dr. fam.* 2011. Focus 36 ; X. Labbée, « Enregsitrement par le notaire », *JCP* 2011. 1354 ; *D.* 2012. 982, obs. J.-J. Lemouland et D. Vigneau ; W. Baby et B. Beignier, « Le Pacs authentique, ou l'aventure à deux sans l'aventure en droit », *JCP N* 2012. 1207).

L'article 515-5-1 précise que lorsque les partenaires ont stipulé l'indivision des acquêts, ces biens « sont réputés indivis par moitié », sans que l'un des partenaires puisse exercer un recours contre l'autre au titre d'une contribution inégale. Si, par exemple, les partenaires décident de rendre indivis un immeuble financé avec les fonds d'un seul d'entre eux, celui qui a payé l'intégralité du prix ne peut pas exercer un recours contre son compagnon à hauteur de la moitié de la somme. Reste à déterminer si l'article 515-5-1 s'impose aux partenaires comme un texte d'ordre public.

55 L'article 515-5-2 énumère une liste de biens qui demeurent toujours la propriété exclusive de chaque partenaire. Il s'agit des « deniers perçus par chacun des partenaires, à quelque titre que ce soit, postérieurement à la conclusion du pacte et non employé à l'acquisition d'un bien » (par exemple, les salaires), des « biens crées et de leurs accessoires », des « biens à caractère personnel » (bijoux, vêtements, linge, etc.), des biens acquis au moyen de deniers appartenant à un partenaire antérieurement à

l'enregistrement de la convention de PACS ou de la convention par laquelle les partenaires ont opté pour l'indivision des acquêts, des biens acquis au moyen de deniers reçus par donation ou succession. Dans ces deux derniers cas, le bien acquis n'est personnel que si l'acte d'acquisition fait mention de l'emploi des fonds personnels d'un indivisaire. À défaut, le bien est réputé indivis par moitié et donne lieu à une créance entre partenaires, dont le règlement intervient à la dissolution du PACS (C. civ., art. 515-7, dernier al.). Enfin, les portions de biens acquises dans le cadre d'une indivision successorale demeurent également la propriété exclusive de chaque partenaire.

La portée de l'article 515-5-2 n'est pas aisée à cerner. La question se pose de savoir, d'une part, si le texte est d'ordre public et, d'autre part, s'il déroge seulement aux stipulations de la convention d'indivision ou également à la présomption d'indivision de l'article 515-5. Sur ce dernier point, le mot « toutefois » utilisé par le législateur au début de l'article 515-5-2 et la référence opérée par le 4° de cet article à la convention d'indivision laissent entendre — semble-t-il — qu'il déroge seulement aux stipulations de celle-ci. 56

Les biens compris dans la convention d'indivision sont l'objet de règles de gestion originales. La loi du 23 juin 2006 soustrait la gestion des biens indivis au droit commun de l'indivision (C. civ., art. 815-2 et 815-3). L'article 515-5-3 décide qu'à défaut de dispositions contraires de la convention, chaque partenaire a la gestion de l'indivision et peut exercer les pouvoirs reconnus par les articles 1873-6 à 1873-8 du Code civil, qui relèvent du régime de l'indivision conventionnelle. La référence à ces textes signifie que chaque partenaire a sur les biens indivis les mêmes pouvoirs que ceux dont disposent, sur les biens communs, les époux mariés sous le régime de la communauté (v. ss 371 et s.). Chaque partenaire peut ainsi, en principe, gérer seuls les biens indivis. Ce principe de gestion concurrente fait toutefois l'objet d'exceptions importantes qui seront étudiées lors du régime de communauté (v. ss 372 à 419). Par ailleurs, le législateur impose aux pouvoirs des partenaires une restriction supplémentaire à ceux des époux. Chaque partenaire ne peut disposer des meubles corporels que pour les besoins d'une exploitation normale des biens indivis ou s'il s'agit de choses difficiles à conserver ou sujettes à dépérissement (C. civ., art. 1873-6, al. 2). 57

L'article 515-5-3 alinéa 2 permet aux partenaires de conclure une convention relative à l'exercice de leurs droits indivis. Ils peuvent décider, par exemple, que la vente de certains biens indivis sera soumise à leur double consentement ou confier la gestion des biens indivis à un tiers. Cette convention est soumise aux dispositions des articles 1873-1 à 1873-15 relatifs aux indivisions conventionnelles et doit être publiée en cas d'acquisition d'un bien soumis à publicité foncière (v., pour la nullité d'une convention d'indivision, contraire à l'article 1873-3, par laquelle chacun des concubins s'était engagé à ne pas solliciter la vente de l'appartement indivis dans un délai minimum de 25 ans et qu'ils avaient omis de présenter à la publicité foncière, CA Paris, pôle 3, ch. 1, n° 08/15638, *Dr. fam.* 2010, comm. 1, note V. Larribau-Terneyre). 58

L'article 515-5-3 précise, en son dernier alinéa, que la convention par laquelle les partenaires ont décidé de placer leurs acquêts en indivision « est réputée conclue pour la durée du pacte civil de solidarité ». Toutefois, lors de la dissolution du PACS, les partenaires peuvent décider de prolonger les effets de la convention et de rester 59 en indivision. Cette décision obéit aux articles 1873-1 à 1873-15 relatifs aux indivisions conventionnelles.

60 La loi du 23 juin 2006 précise le domaine d'application dans le temps de ces règles nouvelles, par des dispositions transitoires. Les règles relatives au régime légal et au régime conventionnel des biens — c'est-à-dire les articles 515-5 à 515-5-3 du Code civil — sont applicables aux PACS *conclus après le 1er janvier 2007*. Mais les partenaires dont le PACS est antérieur à cette date, sont libres de se soumettre aux dispositions nouvelles au moyen d'une convention modificative.

4. *Le sort des biens à la dissolution du PACS*

61 La dissolution du PACS peut résulter de trois causes différentes. Elle est due, soit à la déclaration conjointe des partenaires ou à la décision unilatérale de l'un d'eux de mettre fin au PACS, soit au décès de l'un des partenaires, soit au mariage des partenaires ou de l'un d'eux (C. civ., art. 515-7).

62 Lors de la dissolution du PACS, chaque partenaire reprend ses biens personnels. Lorsqu'il existe des biens indivis ou lorsque les partenaires ont opté pour une indivision conventionnelle, les biens indivis sont partagés entre les partenaires ou leurs héritiers. L'article 515-7, alinéa 10 décide que « Les partenaires procèdent eux-mêmes à la liquidation des droits et obligations résultant pour eux du pacte civil de solidarité ». La loi reste silencieuse, en revanche, quant à la faculté des partenaires de stipuler dans la convention de PACS, des clauses de liquidation alternative conçues sur le modèle de celles admises par le droit des régimes matrimoniaux (v. ss 655), ce qui conduit non sans paradoxe, en l'état du droit positif, à refuser aux partenaires la liberté reconnue aux époux pour anticiper contractuellement leur rupture (Sur le sujet, v. P. Murat, « Les régimes matrimoniaux et les régimes « pacsimoniaux » à l'épreuve de la rupture des couples », *JCP N* 2011. 1206).

À défaut d'accord des partenaires sur la liquidation des droits et des obligations résultant du PACS, « le juge statue sur les conséquences patrimoniales de la rupture, sans préjudice de la réparation du dommage éventuellement subi » (C. civ., art. 515-7, al. 10 ; sur le caractère exceptionnel, résultant de la liberté de rupture du PACS, de l'allocation de dommages-intérêts laquelle implique la démonstration d'une faute commise à l'occasion de la rupture, v. Montpellier, 4 janv. 2011, n° 10/00781, *Dr. fam*. 2011. Comm. 89, obs. V. Larribau-Terneyre ; *D.* 2012. 983, obs. J.-J. Lemouland et D. Vigneau). Le législateur marque ainsi nettement sa préférence pour la liquidation et le partage amiables. Ce n'est qu'à défaut d'entente entre les partenaires que la liquidation et le partage judiciaires sont appelés à prendre le relais. Par le passé, la demande devait être portée devant le juge du contrat, c'est-à-dire le tribunal de grande instance, et non devant le juge aux affaires familiales (v. CA Douai, 27 févr. 2003, *RTD civ*. 2003. 684, obs. J. Hauser ; *D.* 2004. Somm. 2969, obs. J.-J. Lemouland). La loi n° 2009-529 du 12 mai 2009 a rompu avec cette solution. Elle confie désormais à ce magistrat, sauf en cas de décès ou de déclaration d'absence, compétence pour connaître non seulement des demandes relatives au fonctionnement, à la liquidation et au partage des régimes matrimoniaux mais aussi de celles relatives au fonctionnement des indivisions entre partenaires ou entre concubins ainsi qu'à la liquidation et au partage de leurs intérêts patrimoniaux. Elle contribue ainsi, sur un plan procédural, à l'émergence progressive d'un véritable droit commun du couple (COJ, art. L. 213-3, réd. art. 14, L. n° 2009-529, 12 mai 2009 ; V. Larribau-Terneyre, « Les apports de la loi du 12 mai 2009 de simplification du droit sur le contentieux familial et le droit des personnes et de la famille », *Dr. fam.* 2009 (n° 9), Étude 29 ; A. Caron-Déglise, « La loi du 12 mai 2009 modifie les règles de procédure applicables au droit des personnes et de la famille », *RJPF* juill.-août 2009, p. 12).

La loi du 12 mai 2009 soumet par ailleurs, sur le terrain du droit international privé, les causes et les effets de la dissolution d'un partenariat enregistré à l'étranger, ainsi que les conditions et les effets de sa formation, à la loi interne de l'État de l'autorité qui a procédé à l'enregistrement (C. civ., art. 515-7-1, réd. L. 12 mai 2009. La formule n'écarte pas la règle de conflit en matière successorale qui demeure applicable en tant que règle spéciale). Ainsi, un partenariat enregistré par une autorité étrangère relève de la loi de cette autorité, si bien que, par exemple, un partenariat enregistré entre un Français et un Belge au consulat de Belgique à Londres, est soumis à la loi belge. C'est cette loi qui régira leur partenariat, quand bien même le couple reviendrait, par la suite, s'installer sur le territoire français (v. N. Joubert et B. Morel, « Les partenariats enregistrés en droit international privé depuis la loi du 12 mai 2009 », *JCP N* 2009. 1285 ; S. Valory, « Les effets d'un partenariat étranger sont désormais reconnus en France », *RJPF* juil.-août 2009, p. 20 ; Pan. Droit des couples, *D.* 2010. 736, obs. J.-J. Lemouland et D. Vigneau). Les contours de la notion de « partenariat enregistré » n'étant pas précisément déterminés, les dispositions de l'article 515-7-1 permettront à des institutions très variées de produire leurs effets, en France (v. A.-M. Leroyer, « Simplification du droit et allégement des procédures », *préc.* n° 46). L'application du texte, ainsi que l'assimilation d'un point de vue fiscal des partenariats étrangers au PACS, doivent être toutefois écartés en cas de règle de conflit spécifique susceptible de résulter d'une disposition conventionnelle ou énoncée par le Code civil ou en cas de contrariété avec l'ordre public international français. Il en serait ainsi, par exemple, en cas de partenariat souscrit à l'étranger entre deux frères ou sœurs (Rép. min. n° 49494, *JOAN* 30 juin 2009, p. 6678, *JCP* 2009. Actu. 127 ; v. pour l'assimilation fiscale des partenariats étrangers au PACS, Rép. min. n° 53004, *JOAN* 1er déc. 2009, *JOAN Q*, p. 11428 ; *JCP N* 2009. Actu. 809 ; *Dr. fam.* 2010, comm. 14, obs. F. Douet ; *Defrénois* 2010. Actu. 145 ; Rép. min., n° 33742, *JOAN Q* 6 avr. 2010, *D.* 2010. 692 ; Instr. adm., 30 déc. 2009, *BOI* n° 6, 13 janv. 2010, 7 G-2-10 ; Instr. adm., 29 déc. 2009, *BOI* n° 6, 13 janv. 2010, 5 B-4-10 ; W. Baby, « Partenariats étrangers et droits de mutation à titre gratuit : une instruction bienvenue », *Defrénois* 2010. 39111. 1042, Rép. min. n° 10054, *JO* Sénat Q 27 mai 2010, *Dr. fam.* 2010, alerte 51 ; Rappr. Médiateur Rép., 23 févr. 2009, *Propositions de réforme du médiateur de la République (10e anniversaire du PACS)*, *JCP* 2009. Actu. 117 et, en réponse à ces propositions, Rép. min. n° 52901, *JOAN* 16 févr. 2010, p. 1808 ; *JCP N* 2010. 249 ; *RJPF* avr. 2010, p. 21, obs. S. Valory ; Rép. min. n° 10664, *JO Sénat Q* 18 févr. 2010, p. 839, *JCP N* 2010. 249 ; *RJPF* avr. 2010, p. 21, obs. S. Valory).

L'article 515-6 précise que le mécanisme de *l'attribution préférentielle*Q est applicable 63
entre partenaires d'un PACS, en cas de dissolution de celui-ci. Mais les dispositions relatives à l'attribution préférentielle ne bénéficient pas toutes aux partenaires. Seuls sont applicables les articles 831, 831-2, 832-3 et 832-4. En vertu de ces textes, le partenaire pourra par exemple réclamer, au décès de son compagnon, l'attribution préférentielle du logement indivis et du mobilier le garnissant (C. civ., art. 831-2, 1°). Lorsque le logement est assuré par un bail, le partenaire survivant peut réclamer l'attribution préférentielle du bail indivis. Lorsque le bail est au nom de l'un des partenaires seulement, l'article 14 de la loi n° 89-462 du 6 juillet 1989 prévoit que le

bail peut continuer au profit de l'autre partenaire, en cas d'abandon de domicile ou de décès du locataire.

C. Les droits du partenaire survivant

■ 64 Le partenaire survivant n'a pas de *vocation ab intestat*[Q] dans la succession du prédécédé. Il n'est pas l'héritier de son compagnon et ne bénéficie pas des droits au logement reconnus au conjoint survivant par le droit successoral (C. civ., art. 763 et 764 ; v. ss 162). Ce sont des différences fondamentales entre le PACS et le mariage. Cependant, la loi du 23 juin 2006 a considérablement amélioré les droits du partenaire survivant. Cette amélioration se manifeste sur le terrain du sort du logement au décès. Le législateur autorise le partenaire survivant à réclamer l'attribution préférentielle du logement indivis et du mobilier le garnissant. Mais cette faculté est très en retrait de celle qui est reconnue au conjoint survivant. En effet, ce dernier bénéficie de l'attribution préférentielle *de droit* du logement et du mobilier le garnissant (C. civ., art. 831-3 et 1751, al. 3). Cela signifie que le juge est *tenu* d'accorder l'attribution préférentielle du logement au conjoint, alors qu'il *peut* l'accorder au partenaire. Sur ce point, la loi du 23 juin 2006 opère la promotion des droits du partenaire survivant. L'article 515-6, alinéa 2 décide que l'attribution préférentielle du logement bénéficie de droit au partenaire survivant « lorsque le défunt l'a expressément prévu par testament ».

■ 65 L'article 515-6, alinéa 3 comporte une disposition très importante. Par ce texte, le législateur étend au partenaire survivant un mécanisme qui ne profitait jusqu'à présent qu'au conjoint survivant. Le partenaire survivant bénéficie, de plein droit, de la jouissance gratuite du logement et du mobilier le garnissant pendant un an à compter du décès de son compagnon. Il suffit que le partenaire survivant ait occupé ce logement à titre d'habitation principale jusqu'au décès. Peu importe que le logement soit un bien indivis ou un bien personnel du partenaire prédécédé. Lorsque le logement donne lieu au versement d'un loyer ou d'une indemnité d'occupation, ces sommes sont remboursées au partenaire survivant, par la succession, au fur et à mesure de leur acquittement. Le droit temporaire au logement du partenaire survivant n'est pas entièrement calqué sur celui du conjoint. S'agissant du partenaire, ce droit n'est pas d'ordre public. Il est ainsi possible de l'en priver notamment par testament. Le droit au logement du partenaire s'analyse, par ailleurs, comme un droit successoral, ce qui signifie qu'il s'impute sur les droits qui lui sont conférés par testament. Ces dispositions s'appliquent aux PACS en cours lors de l'entrée en vigueur de la réforme, c'est-à-dire le 1er janvier 2007.

■ 66 Les partenaires peuvent organiser la *dévolution volontaire*[Q] de leurs biens. Chaque partenaire est libre de consentir à l'autre une *libéralité*[Q]. Sur le plan du droit civil, les libéralités entre partenaires sont soumises au droit commun de la matière. Sur le terrain du droit fiscal, elles bénéficient, depuis la loi n° 2007-1223 du 21 août 2007 pour le travail, l'emploi et le pouvoir d'achat, de la même faveur que les libéralités entre époux (art. 796-0 *bis* et 790 F). Toutefois, à l'égard des partenaires, l'abattement de 80 724 euros effectué pour la perception des droits de mutation à titre gratuit entre vifs est subordonné à la condition que le PACS ne soit pas rompu au cours de l'année civile de sa conclusion ou de l'année suivante pour un motif autre que le mariage entre partenaires ou le décès de l'un d'eux (CGI, art. 790 F).

Les partenaires peuvent enfin recourir à l'assurance vie et à la *tontine* ou *clause d'accroissement*Q. Ces deux mécanismes s'analysent comme des contrats aléatoires, ce qui les fait échapper au régime juridique des libéralités (sur l'assurance vie, v. C. assur., art. L. 132-12 et L. 132-13 ; sur la tontine, v. Civ. 1re, 14 décembre 2004, *D.* 2004. 2263, note C. Le Gallou), sous réserve de leur disqualification et requalification en donation (Ch. mixte 21 déc. 2007, *Bull. Ch. mixte*, n° 13 ; *JCP* 2008. II. 10029, note L. Mayaux ; Civ. 1re, 10 mai 2007, *D.* 2007. 1510 et 2134, obs. M. Nicod). S'agissant de la tontine, il convient, par ailleurs, de ne pas sous-estimer les difficultés qu'elle peut susciter tant que la condition du prédécès de l'une des parties ne s'est pas réalisée (v. par ex., Civ. 1re, 9 nov. 2011, *Dr. fam.* 2012. Comm. 49, note A.-S. Brun-Wauthier ; *Dr. fam.* 2012. Comm. 10, obs. B. Beignier ; *D.* 2012. 980, obs. J.-J. Lemouland et D. Vigneau). 67

§ 2 Le concubinage

La loi n° 99-944 du 15 novembre 1999 a inséré dans le Code civil un chapitre — composé d'un article unique — relatif au concubinage hors PACS. L'article 515-8 définit le concubinage comme « une union de fait, caractérisée par une vie commune présentant un caractère de stabilité et de continuité, entre deux personnes, de sexe différent ou de même sexe, qui vivent en couple ». Par ce texte, le législateur a brisé la jurisprudence antérieure qui définissait le concubinage comme « la situation de deux personnes ayant décidé de vivre comme des époux sans pour autant s'unir par le mariage, ce qui ne peut concerner qu'un couple constitué par un homme et une femme » (Soc. 11 juill. 1989, *JCP* 1990. II. 21553, note M. Meunier). Le concubinage est une pure union de fait. Sa formation ainsi que sa rupture sont libres. Aucune disposition ne règle, ici, les relations des concubins entre eux (A) ni celles des concubins avec les tiers (B). C'est la jurisprudence qui, en la matière, a forgé les règles à partir des solutions du droit commun. 68

A. Les relations des concubins entre eux

L'absence de règles spécifiques se manifeste à la fois pendant la durée du concubinage (1) et lors de sa rupture (2). 69

1. *Pendant la durée du concubinage*

Pendant l'union, le concubinage se caractérise par l'absence de devoirs entre concubins. Ces derniers ne sont tenus ni d'un devoir de fidélité, ni d'un devoir de secours et d'assistance. Le concubinage n'implique pas davantage l'obligation de contribuer aux charges de la vie commune. Chaque concubin doit supporter les dépenses de la vie courante qu'il a exposées, sauf convention contraire (v. par ex., Civ. 1re, 17 oct. 2000, *D.* 2001. 497, note R. Cabrillac ; *RTD civ.* 2001. 111, note J. Hauser ; *JCP* 2001. II. 10568, note T. Garé ; *Defrénois* 2001. 93, obs. J. Massip). La Cour de cassation refuse au concubin le droit d'agir contre son compagnon sur le fondement de l'enrichissement sans cause (Civ. 1re, 28 nov. 2006, n° 04-15480, *JCP* 2007. IV. 1007 ; *Dr. fam.* 2007, comm. 32, obs. V. Larribau-Terneyre ; v. ss 75). 70

Chaque concubin conserve la propriété personnelle de ses biens (C. civ., art. 544). Il n'y a pas lieu de distinguer suivant que le bien a été acquis avant ou pendant l'union, à titre onéreux ou à titre gratuit. Les biens dont les concubins font l'acquisition 71 ensemble leur appartiennent indivisément par moitié, à moins que la convention ne stipule le contraire. Les biens indivis sont soumis aux règles des articles 815 et suivants du Code civil, si les concubins n'ont pas conclu de convention d'indivision. La loi de simplification du droit et d'allégement des procédures du 12 mai 2009 amorce, toutefois, sur le terrain du droit judiciaire privé, l'émergence d'un droit commun du couple en attribuant au juge aux affaires familiales compétence pour statuer sur les demandes relatives au fonctionnement des indivisions entre concubins (COJ, art. L. 213-3, 1°; v. ss 46 et 62).

2. *Lors de la rupture du concubinage*

■ 72 La jurisprudence a créé des règles afin de suppléer l'absence de protection du concubin délaissé (a) ou du concubin survivant (b), lors de la liquidation du patrimoine (c).

a. L'absence de protection du concubin délaissé

■ 73 Le concubin délaissé ne fait l'objet d'aucune protection légale spécifique. Le principe est ici la liberté de rupture. Celle-ci fait l'objet cependant de correctifs, destinés à assurer une protection minimum au concubin abandonné. La jurisprudence admet que la sanction d'une faute, commise à l'occasion de la rupture, puisse donner lieu à des dommages-intérêts sur le fondement des articles 1382 ou 1383 du Code civil. En effet, si le seul fait de rompre le concubinage ne suffit pas à caractériser une faute, les circonstances de la rupture peuvent, en revanche, se révéler fautives (Par exemple, v. Civ. 1re, 25 juin 2008, *Defrénois* 2008. 38871. 2420, obs. J. Massip ; *D.* 2010. 735, obs. J.-J. Lemouland et D. Vigneau : rupture à l'initiative du concubin pour épouser la fille de son ancienne compagne). La caractérisation d'une faute semble impliquer, d'après les juridictions du fond, que la rupture soit intervenue de manière brutale (v. CA Aix-en-Provence, 18 mai 2010, *JCP* 2010. Act 987, obs. C. Siffrein-Blanc ; CA Pau, 30 janv. 2012, *Dr. fam.* 2012. Comm. 76, note V. Larribau-Terneyre, jugeant non fautive la rupture intervenue à l'initiative du concubin, lequel entretenait une relation avec une tierce personne, alors que sa compagne était enceinte depuis quelques semaines, au motif que « rien ne permet[tait] d'exclure que le couple était depuis longtemps en crise »). Les juges décèlent parfois la faute en amont de la rupture. Le fait d'avoir créé la dépendance économique d'un concubin envers l'autre pendant l'union est souvent considéré comme fautif. La solution permet à la concubine ayant renoncé à toute activité professionnelle pour se consacrer au foyer et à l'éducation des enfants, de réclamer l'indemnisation de son préjudice (O. Gazeau, H. Lemaire, F. Vancleemput, « Les effets propres à la rupture volontaire du concubinage », *Defrénois* 2010. 39145. 1673).

■ 74 Lorsque les conditions de la responsabilité civile ne sont pas réunies, la jurisprudence a parfois recours à la notion *d'obligation naturelle*Q. Dans l'hypothèse où l'auteur de la rupture a versé une somme d'argent au concubin qu'il délaisse — ou qu'il s'est engagé à le faire — les juges admettent l'existence d'une obligation naturelle qui, par son exécution ou la promesse d'y procéder, s'est transformée en *obligation civile*Q. L'auteur de la promesse est alors tenu de l'exécuter et, si le paiement a déjà eu lieu, il ne peut pas réclamer la répétition de ce qu'il a versé (C. civ., art. 1235, al. 2 ; v., par ex., CA Pau, 24 févr. 2009, *JCP* 2009, n° 31-35, Actu. 149, reconnaissant l'existence d'une obligation naturelle entre concubins pour le règlement, par l'un d'eux seulement, de l'acquisition de l'immeuble indivis leur servant de domicile ; *Adde,*

O. Gazeau, H. Lemaire, F. Vancleemput, « Les effets propres à la rupture volontaire du concubinage », art. préc.).

Les juges appliquent également la théorie de *l'enrichissement sans cause*. Celle-ci est admise, de manière subsidiaire, toutes les fois que le concubin délaissé a permis à son compagnon de s'enrichir à ses dépens, soit par sa participation non rétribuée à la profession de ce dernier, soit par son activité au foyer, soit encore par sa participation à l'acquisition ou à la rénovation d'un bien lui appartenant. Pour que l'action prospère, il faut, selon la jurisprudence, que l'activité au foyer, la collaboration professionnelle non rétribuée ou le financement du bien ou des travaux excèdent largement la contribution aux dépenses de la vie courante. Il incombe au concubin exerçant l'action *de in rem verso* d'établir que les travaux et les frais qu'il a engagés « excédaient, par leur ampleur, sa participation normale (aux) dépenses (de la vie courante) » et qu'ils « ne pouvaient être considérés comme une contrepartie des avantages dont (il) avait profité pendant la période du concubinage » (Civ. 1re, 24 sept. 2008 (deux arrêts), *Bull. civ.* I, n° 211 et 212, *JCP* 2008, Actu. 597, H. Bosse-Platière ; *D.* 2008. 2430 ; *Defrénois* 2008. 38874. 2516, obs. E. Savaux ; *Defrénois* 2009. 38910. 545, obs. J. Massip). Cette condition peut paraître curieuse au vu de la jurisprudence qui refuse de reconnaître, en matière de concubinage, l'existence d'une obligation de contribuer aux dépenses de la vie commune (v. ss 70). Elle peut s'expliquer, en réalité, par l'existence d'un intérêt personnel du concubin à s'appauvrir, la vie commune fournissant, pour les dépenses de la vie courante, une cause à son appauvrissement (Comp., Civ. 1re, 20 janv. 2010, n° 08-16105, *D.* 2010. 323 ; *AJ fam.* 2010. 132, obs. S. Milleville ; *RJPF* avr. 2010 (1er arrêt), p. 16, note F. Vauvillé ; *Defrénois* 2010. 39133. 1361, obs. J. Massip, faisant référence à une « simple entraide ». Rappr. Civ. 1re, 20 janv. 2010, n° 08-13400, *D.* 2010. 325 ; *AJ fam.* 2010. 132, obs. S. Milleville ; *Dr. fam.* 2010, comm. 35 (2e arrêt), note V. Larribau-Terneyre ; *RJPF* avr. 2010 (3e arrêt), p. 16, note F. Vauvillé ; *JCP N* 2010. 238 ; *Defrénois* 2010. 39133. 1361, obs. J. Massip ; sur ces arrêts, v. F. Chénedé, « Pour un affinement de la théorie des quasi-contrats au service de la liquidation patrimoniale du concubinage », *D.* 2010. 718. Sur l'indemnité due à un concubin à la suite des travaux d'amélioration effectués sur un immeuble indivis avec son compagnon, Civ. 1re, 13 mars 2007, *Defrénois* 2008. 38770. 1093). 75

Le succès de l'action de *in rem verso* implique ainsi, dans le cas de la participation d'un concubin au financement ou à la rénovation d'un immeuble appartenant à son compagnon, la démonstration d'une triple preuve. Le concubin invoquant l'enrichissement sans cause doit établir que son appauvrissement n'est causé ni par une contrepartie matérielle (résultant, par exemple, de son hébergement dans l'immeuble affecté au logement à la famille : v., CA Metz, 19 févr. 2009, *D.* 2010. 735, obs. J.-J. Lemouland et D. Vigneau ; *Dr. fam.* 2009. comm. 69, obs. V. Larribau-Terneyre), ni par une intention libérale ni par sa contribution aux dépenses de la vie courante (Civ. 1re, 24 sept. 2008 (1er arrêt), *préc.*). La Cour de cassation reconnaît aux juges du fond, sur tous ces points, un pouvoir souverain d'appréciation. Dans le cas de la collaboration professionnelle non rémunérée, le demandeur doit démontrer que sa participation à l'activité professionnelle de son concubin excède la simple entraide.

Les constructions édifiées par un concubin sur le terrain appartenant à son compagnon sont gouvernées, quant à elles, par les règles du Code civil relatives à l'accession. Elles lui ouvrent le droit à une indemnité dans les conditions de droit commun, résultant de l'article 555 du Code civil relatif aux constructions et plantations sur le sol d'autrui (Civ. 3e, 2 oct. 2002, *RJPF* mars 2003, no 31, p. 19, obs. F. Vauvillé ; *Defrénois* 2003. 37657, no 9, obs. J. Massip ; *Dr. fam.* 2003, Comm. 141, note M. Farge ; sur l'application de l'article 555 aux concubins, M. Farge, « De l'application des règles relatives à la construction sur le terrain d'autrui de l'article 555 aux concubins », *Dr. fam.* 2002. Chron. 23 ; Civ. 3e, 29 avr. 2009, *Bull. civ.* III, no 97 ; *JCP* 2009. IV. 1906), calculée, le cas échéant, au prorata de l'intervention de chaque concubin dans les travaux (CA Orléans, 10 janv. 2011, no 09/02840, *Dr. fam.* 2011. Comm. 69 et 90, obs. V. Larribau-Terneyre ; *D.* 2012. 981, obs. J.-J. Lemouland et D. Vigneau ; Comp. CA Pau, 31 janv. 2011, no 08/04582, *Dr. fam.* 2011. Comm. 69 et 90, obs. V. Larribau-Terneyre ; *D.* 2012. 981, obs. J.-J. Lemouland et D. Vigneau, ayant écarté l'application de l'article 555 au motif, pour le moins contestable, que le concubin constructeur n'aurait pas la qualité de « tiers » au sens de ce texte).

C'est désormais, depuis le 1er janvier 2010, le juge aux affaires familiales qui connaît, sauf en cas de décès ou de déclaration d'absence, des litiges relatifs à la liquidation et au partage des intérêts patrimoniaux entre concubins (COJ, art. L. 213-3, 2o, v. ss 46 et 62).

b. L'absence de protection du concubin survivant

76 Le concubin survivant n'a pas de vocation *ab intestat* dans la succession du prédécédé. Le droit patrimonial de la famille fournit cependant des palliatifs à l'absence de droits successoraux. Les concubins peuvent ainsi recourir à la *tontine*[Q] ou à l'assurance vie. Il leur est également loisible de se consentir des *libéralités*[Q]. En ce domaine, la Cour de cassation a levé toutes les barrières. Elle décide désormais que les libéralités entre concubins - mêmes adultères - ne sont pas contraires aux bonnes mœurs. Peu importe que le motif déterminant de la libéralité ait été la rémunération, la reprise ou la continuation des relations (Civ. 1re, 3 févr. 1999, *D.* 1999. 351, chron. C. Larroumet ; *RTD civ.* 1999. 892, obs. J. Patarin ; *JCP* 1999. II. 10083, note M. Billiau et G. Loiseau ; *ibid.* I. 152, obs. L. Leveneur ; *Defrénois* 1999. 680, obs. J. Massip et p. 814, obs. G. Champenois ; Civ. 1re, 16 mai 2000, *Dr. fam.* 2000, no 102, note B. Beignier ; Civ. 1re, 29 janv. 2002, *Dr. fam.* 2002, no 64, note H. Lécuyer ; Ass. plén. 29 oct. 2004, *D.* 2004. 3175, note D. Vigneau ; *JCP* 2004. II. 10011, note F. Chabas ; Ph. Malaurie, « Libéralités, bonnes mœurs et relations adultères », *Defrénois* 2006. 38305. 38). Il reste que les libéralités entre concubins demeurent fiscalement très désavantageuses. Le gratifié devra s'acquitter des droits de mutation à titre gratuit et sera soumis au tarif applicable entre personnes non parentes, soit 60 % de la part nette taxable (v. CGI, art. 77).

c. La liquidation du patrimoine des concubins

77 Lors de la rupture du concubinage, chaque concubin reprend les biens dont il a la propriété personnelle. Les biens indivis sont partagés par moitié. Toute la difficulté réside dans la preuve de la propriété des biens. C'est à celui qui se prétend propriétaire d'un meuble ou d'un immeuble d'en rapporter *la preuve par tous moyens* (Civ. 1re, 11 janv. 2000, *JCP* 2000. I. 265, no 2, obs. H. Périnet-Marquet ; *D.* 2001. 890, note A. Donnier ; *Defrénois* 2000. 779, obs. C. Attias ; *RTD civ.* 2002. 121, obs. Th. Revet). En matière mobilière, les concubins pourront se retrancher derrière la présomption de titre de l'article 2276, alinéa premier du Code civil (anc. art. 2279, al. 1er). Néanmoins, le jeu de la présomption sera souvent bloqué du fait de la communauté de vie. Celle-

ci risque d'entacher la possession d'équivoque (C. civ., art. 2261 ; Req. 18 déc. 1894, *GAJC*, n° 131, obs. F. Terré et Y. Lequette). Lorsque la possession est infectée d'un vice, la jurisprudence autorise le concubin à prouver sa propriété par tous moyens et, notamment, par des factures d'achat établies à son nom (Civ. 1re, 11 janv. 2000, *préc.*). Si aucun des concubins ne parvient à prouver sa propriété exclusive, le bien suit le sort des biens indivis.

S'agissant du logement des concubins, les règles diffèrent selon qu'ils sont propriétaires ou locataires de leur logement. 78

Lorsque le logement est la propriété des concubins, il convient de distinguer suivant qu'il est ou non détenu en indivision. Dans l'hypothèse où le logement est la *propriété exclusive* de l'un des concubins, son compagnon ne dispose d'aucune protection particulière. Lorsque le local est la *propriété indivise* des deux concubins, celui qui conserve la jouissance du logement après la séparation est redevable d'une indemnité envers l'indivision pour son occupation privative (C. civ., art. 815-9, al. 2 et 815-10) sauf si cette dernière constitue une modalité d'exécution par l'autre compagnon de son obligation de contribuer à l'entretien des enfants communs (Civ. 1re, 6 juill. 2011, *AJ fam.* 2011. 548 ; *RTD civ.* 2011. 749, obs. J. Hauser ; *D.* 2012. 980, obs. J.-J. Lemouland et D. Vigneau). La Cour de cassation refuse de faire jouer l'*attribution préférentielle*[Q] entre concubins (v. Civ. 1re, 9 déc. 2003, *JCP* 2004. II. 10035, note A. Devers ; *D.* 2004. Somm. 2967, obs. D. Vigneau). En revanche, ceux-ci demeurent libres d'en convenir amiablement.

Dans l'hypothèse où le logement est assuré au moyen d'un bail, les concubins ne sont cotitulaires du bail qu'à la condition de l'avoir tous deux signé. Lorsque le bail est au nom de l'un des concubins seulement, l'article 14, alinéa 1er de la loi du 6 juillet 1989 prévoit qu'en cas d'abandon du domicile par le locataire, le contrat de location peut continuer au profit du concubin notoire qui vivait avec le locataire depuis au moins un an à la date de l'abandon de domicile. L'alinéa 2 du texte comporte une disposition similaire en cas de décès du locataire.

Les concubins invoquent souvent, au moment de la séparation, la notion de « *société créée de fait* »[Q]. Le recours à cette dernière permet de pallier l'absence de régime matrimonial entre concubins, par l'application des règles de liquidation des sociétés. Chaque concubin reprend ses apports. Le *boni de liquidation*[Q] est réparti entre les associés, en fonction de leurs apports respectifs. La société créée de fait est fréquemment invoquée dans l'hypothèse où l'un des concubins a participé au financement d'un bien appartenant à son compagnon ou à l'activité professionnelle de ce dernier sans être rémunéré, l'enrichissement sans cause étant souvent allégué, en pareils cas, à titre subsidiaire (v., Civ. 1re, 20 janv. 2010, n° 08-16105, *préc.* n° 75 ; Civ. 1re, 6 mai 2009, *D.* 2010. 735, obs. J.J. Lemouland et D. Vigneau ; *Dr. fam.* 2009. Comm. 68, note V. Larribau-Terneyre ; Civ. 1re, 5 mars 2008, *D.* 2008. 1786, obs. J.-J. Lemouland et D. Vigneau ; comp. CA Chambéry, 25 mars 2008, *D.* 2010. 735, obs. J.-J. Lemouland et D. Vigneau décidant, à vrai dire de façon surprenante, que « la subsidiarité de l'action *de in rem verso* ne peut permettre à un concubin de contourner le fondement invoqué à titre principal, tiré de l'existence d'une société créée de fait avec sa concubine ». Cette solution est, à juste titre, condamnée par la Cour de cassation, v. Civ. 1re, 6 oct. 2010, n° 09-68657, *RTD civ.* 2011. 107, obs. J. Hauser ; sur l'enrichissement sans cause, v. ss 75). Mais encore faut-il, pour que la notion de « société créée de fait » trouve à s'appliquer, que les éléments caractérisant la société se trouvent réunis. Il 79 faudra ainsi établir l'existence d'apports, l'intention de collaborer sur un pied d'égalité à la réalisation d'un projet commun et l'intention de participer aux bénéfices et aux pertes susceptibles d'en résulter (C. civ., art. 1832). La Cour de cassation se montre très stricte à cet égard. Elle censure les juges du fond qui, pour des motifs d'équité, font souvent preuve de souplesse dans l'appréciation de ces éléments. Ainsi, la société créée de fait ne saurait-elle découler de la seule constatation du concubinage et de la communauté de vie. La cohabitation, même prolongée, les services rendus dans le cadre de la vie commune ou la réalisation commune d'un projet, notamment la participation financière à la réalisation d'un projet immobilier, tel que l'acquisition du logement de la famille, sont à eux seuls insuffisants pour retenir l'existence d'une telle société (Civ. 1re, 20 janv. 2010, n° 08-13200, *D.* 2010. 323 ; *AJ fam.* 2010. 132, obs. S. Milleville ; *Dr. fam.* 2010. Comm. 35 (1er arrêt), note V. Larribau-Terneyre ; *RJPF* avr. 2010 (2e arrêt), p. 16, note F. Vauvillé ; *Defrénois* 2010. 39133. 1361, obs. J. Massip ; v. F. Chénedé, Pour un affinement de la théorie des quasi-contrats au service de la liquidation patrimoniale du concubinage, préc, n° 75). La Cour régulatrice exige une *participation réelle* dans la société en tant qu'*associé*, ce qui implique, notamment, une *participation effective aux bénéfices et aux pertes* ainsi qu'à la *gestion*. Elle précise que les *éléments* de la société créée de fait sont *cumulatifs*, qu'ils ne peuvent pas se déduire les uns des autres (Com. 23 juin 2004 (deux arrêts), *Bull. civ.* IV, nos 134 et 135 ; *D.* 2004. Somm. 2969, obs. D. Vigneau) et que l'intention de s'associer en vue d'une entreprise commune ne peut pas se déduire d'une série de comportements traduisant « la mise en commun d'intérêts inhérente à la vie maritale » (Civ. 1re, 12 mai 2004, *Bull. civ.* I, n° 131. Dans le même sens, Civ. 1re, 20 janv. 2010, n° 08-13200, *préc.*).

80 Les difficultés liées à la liquidation du patrimoine des concubins peuvent être évitées par la conclusion d'une convention de concubinage. Cette convention règle, à la manière d'un contrat de mariage, les rapports patrimoniaux des concubins pendant la durée du concubinage et lors de sa rupture. La convention peut par exemple mentionner les biens personnels et les biens indivis des concubins et aménager la répartition, entre ces derniers, des dépenses de la vie commune. Il est regrettable qu'il y soit très rarement recouru en pratique.

Dans le souci d'insuffler une plus grande sécurité et une plus grande justice à la liquidation des intérêts patrimoniaux des concubins, un auteur a proposé de faire revivre la distinction des quasi-contrats-échanges et des quasi-contrats-partages. Les premiers ont pour objet de compenser une perte patrimoniale résultant d'un transfert de valeurs injustifié, cependant que les seconds fournissent un instrument au service de la répartition de valeurs communes. Cette classification permettrait de guider les concubins, à l'heure de la rupture et de la liquidation de leurs intérêts patrimoniaux, dans le choix entre l'enrichissement sans cause et la société créée de fait. Relevant des quasi-contrats-échanges, « l'enrichissement sans cause permet d'assurer la *compensation* de la perte subie par le concubin en lui acccordant une indemnité équivalente à son appauvrissement (égalité arithmétique) dans la limite de l'enrichissement procuré à son partenaire. À l'inverse, comme tous les quasi-contrats-partages, la société créée de fait justifie la *répartition* de la masse commune en assurant au concubin une part proportionnelle à sa participation (égalité géométrique) ». Ainsi, dans le cas de la collaboration non rétribuée d'un concubin à l'activité professionnelle de son compagnon, l'enrichissement sans cause conduit au versement de la somme habituellement perçue pour le travail accompli, tandis que la reconnaissance d'une société créée de fait lui ouvre droit à une partie de la valeur du fonds de commerce et des bénéfices produits par celui-ci. Pour autant, faudra-t-il, pour que la société créée de fait soit retenue, qu'il y ait eu véritablement participation à une « entreprise commune » au sens de l'article 1832, ce qui semble exclure, par exemple, la participation à l'acquisition du logement de la famille (v. Civ. 1re, 20 janv. 2010, n° 08-13200, *préc.* n° 79). La collaboration professionnelle non rémunérée est susceptible d'être à l'origine d'un enrichissement sans cause ou d'une société créée de fait suivant le degré d'implication du collaborateur dans l'activité de son concubin (sur tout ceci, v. F. Chénedé, « Pour un affinement de la théorie des quasi-contrats au service de la liquidation patrimoniale du concubinage », préc, n° 75).

B. Les relations des concubins et des tiers

Il convient de distinguer les rapports des concubins avec les créanciers (1) et les rapports des concubins avec les autres tiers (2). 81

1. *Les rapports des concubins et des créanciers*

Que ce soit pendant la durée du concubinage ou lors de sa rupture, le droit de gage général des créanciers est limité au patrimoine de leur débiteur. Les créanciers ne sont pas autorisés à poursuivre les biens du concubin de ce dernier. La jurisprudence décide, de manière constante, que l'article 220 du Code civil, qui institue une solidarité de plein droit des époux pour les dettes ménagères, n'est pas applicable aux concubins (Civ. 1re, 2 mai 2001, *D.* 2002. Somm. 611, obs. J.-J. Lemouland ; *RTD civ.* 2001. 565, obs. J. Hauser ; *ibid.* 2002. 556 ; obs. B. Vareille ; *JCP* 2002. II. 10009, note M. Cabrillac ; *Defrénois* 2001. 1003, obs. J. Massip ; Civ. 1re, 27 avr. 2004, *D.* 2004. Somm. 2968, obs. D. Vigneau ; *JCP* 2005. II. 10008, note G. Cavalier ; Civ. 1re, 12 déc. 2006, *JCP* 2007. I. 142, n° 1, obs. G. Wiederkehr ; Civ. 1re, 23 mars 2011, *Dr. fam.* 2011. Comm. 91, obs. V. Larribau-Terneyre ; *D.* 2012. 980, obs. J.-J. Lemouland et D. Vigneau). Les dépenses engagées par un concubin pour les besoins du couple et des enfants restent à sa charge exclusive. Le concubin non débiteur est à l'abri non seulement d'une action en paiement dirigée à son encontre par les créanciers mais aussi d'un recours en contribution exercé par son compagnon. 82

2. *Les rapports des concubins et des autres tiers*

Les tiers, autres que les créanciers, sont au premier chef les héritiers du concubin prédécédé, c'est-à-dire ses descendants et, dans l'hypothèse d'un concubinage adultère, son conjoint. Les enfants peuvent agir, contre le concubin survivant, en réduction des libéralités consenties par le défunt, si ces dernières empiètent sur leur *réserve héréditaire*[Q]. Ils ont perdu en revanche la possibilité d'invoquer avec succès la nullité de la libéralité pour immoralité de la cause. La jurisprudence décide désormais que la libéralité est valable même si le mobile du testateur ou du donateur a été la rémunération, la poursuite ou la reprise de la relation adultère (Civ. 1re, 3 févr. 1999, *préc.* ; Civ. 1re, 16 mai 2000, préc. ; Ass. plén. 29 oct. 2004, *préc.*). 83

Enfin, les tiers responsables du décès d'un concubin sont tenus de réparer, sur le fondement des articles 1382 ou 1383 du Code civil, le préjudice subi par le survivant (Ch. mixte, 27 févr. 1970, *GAJC*, t. 2, 12e éd., 2008, n° 185-186). 84

Mémo

Règles générales

Art. 1388 : respects des devoirs et droits issus du mariage

Art. 1387 et 1388 : prohibition des conventions contraires aux bonnes mœurs et à l'ordre légal de succession

Art. 1396 et 1397 : modification/changement du régime matrimonial

↓

Devoirs issus du mariage applicables quel que soit le régime matrimonial des époux

(Art. 226, sous réserve de conventions matrimoniales)

Art. 212 : devoir d'assistance, secours

Art. 214 : contribution aux charges du mariage

Art. 215 al. 3 : actes nécessitant la cogestion (comp. art. 1421 et s.)

Art. 216 : pleine capacité des époux sauf dispositions prévues au régime matrimonial

Art. 217 : autorisation judiciaire (sous conditions)

Art. 218 : mandat

Art. 219 : représentation en justice (pouvoirs résultant du régime matrimonial)

Art. 220 : solidarité ménagère (exceptions)

Art. 221 : présomption de pouvoir pour l'ouverture et le fonctionnement d'un compte en banque

Art. 222 : présomption de pouvoir sur les actes de disposition, jouissance, administration (exception)

Art. 223 : libre disposition des gains et salaires

Art. 225 : gestion exclusive des biens personnels

↓ ↓

Communauté légale (régime légal L. 13 juill. 1965, mod.)

- **Actif de communauté**

Art. 1401 et 1402 : notions d'acquêts et de biens communs

Art. 1403 et s. : gestion exclusive des biens propres

- **Passif de communauté**

Art. 1409 : dettes solidaires (comp. art. 220)

Art. 1410 et s. : dettes propres

Art. 1411 : assiette des créanciers

Communauté et régimes conventionnels

- **Communautés conventionnelles**

Art. 1498 et s. : communauté de meubles et acquêts

Art. 1526 et s. : communauté universelle

- **Régimes conventionnels**

Art. 1536 et s. : séparation de bien

Art. 1569 et s. : participation aux acquêts

- **Administration de la communauté/biens propres**

Art. 1421 et s. : cogestion/pouvoirs exclusifs (comp. art. 215)

Quid

■ Attribution préférentielle n° 63, 78

Mode de règlement du partage qui consiste à attribuer à l'un des copartageants un bien en nature, à charge pour lui de verser à ses copartageants une indemnité, appelée « soulte », si la valeur du bien est supérieure aux droits de l'attributaire dans le partage.

■ Biens communs n° 7, 21

Biens étant la propriété conjointe des deux époux. Sous le régime légal de communauté sont, en principe, communs les biens que les époux acquièrent à titre onéreux pendant le mariage.

■ Biens personnels, biens propres n° 7, 9, 21

Biens étant la propriété exclusive de l'un des conjoints, sous un régime de séparation de biens ou un régime de communauté. Toutefois, sous ce dernier régime, on utilise de préférence le terme de « bien propre ».

■ Boni de liquidation n° 79

Fonds distribués aux associés d'une société lors de sa liquidation, après apurement du passif et reprise des apports.

■ Clause d'attribution intégrale de la communauté au dernier vivant n° 15

Clause du contrat de mariage aux termes de laquelle, au décès de l'époux prémourant, l'intégralité de la communauté sera attribuée au conjoint survivant. Les biens communs ne sont donc pas partagés entre ce dernier et les héritiers du conjoint prédécédé. La clause d'attribution intégrale de la communauté constitue un gain de survie : elle ne peut être stipulée qu'au profit d'un époux déterminé, sous la condition de sa survie, ou au profit de celui qui survivra quel qu'il soit (C. civ., art. 1524, al. 1er).

■ Conjoint survivant n° 15

Désigne celui des époux qui survit à son conjoint.

■ Conjoint prémourant n° 15

Désigne celui des époux qui décédera le premier.

■ Dévolution *ab intestat* n° 64

Désigne la transmission par succession des biens du défunt à ses héritiers, suivant un ordre établi par la loi (C. civ., art. 731 et s.).

■ Dévolution volontaire n° 66

Désigne la transmission des biens du défunt par testament.

■ Effet déclaratif du partage

Effet attaché par la loi au partage, par lequel chaque copartageant est censé avoir toujours eu la propriété des biens compris dans son lot et n'avoir jamais eu la propriété des autres biens compris dans l'indivision (C. civ., art. 883).

■ Gestion exclusive n° 36

Mode de répartition des pouvoirs conférant à un époux le monopole de gestion de ses biens propres ou personnels (C. civ., art. 225 ; C. civ., art. 1428 ; C. civ., art. 1536 ; C. civ., art. 1569) et des biens communs affectés à l'exercice d'une profession séparée de celle de son conjoint (C. civ., art.1421, al. 2).

■ Libéralité n° 66 et 76

Acte entre vifs ou à cause de mort par lequel une personne transmet à une autre tout ou partie de ses biens, à titre gratuit. Le Code civil en prévoit trois variétés : la donation entre vifs, le testament et, de manière exceptionnelle, la donation de biens à venir lorsqu'elle est consentie entre époux ou futurs époux ou au profit de ces derniers et des enfants à naître du mariage.

■ Obligation civile n° 74

Obligation assortie de la contrainte étatique, dont l'exécution forcée peut être poursuivie.

■ Obligation naturelle n° 74

Obligation reposant, selon la jurisprudence, sur un devoir impérieux de conscience dépourvu du pouvoir de contrainte, dont l'exécution ou la promesse d'y procéder la transforme en obligation civile exécutoire.

■ Partenaires n° 43

Terme désignant les personnes ayant conclu un pacte civil de solidarité.

■ Principe d'immutabilité du régime matrimonial n° 17 et 32

Souvent désigné sous le nom de « principe d'immutabilité des conventions matrimoniales », ce principe applicable sous tous les régimes, y compris sous le régime légal, interdit aux époux de modifier directement, en totalité ou en partie, leur régime matrimonial par le seul effet de leur volonté (C. civ., art. 1396, al. 3) et en dehors des conditions prévues par les articles 1396 et 1397. Il s'applique pendant la durée de fonctionnement du régime matrimonial, à l'exception de l'instance en divorce (C. civ., art. 1397-1, 265-2, 1451).

■ Régime primaire n° 31

Désigne les règles applicables à tous les couples mariés, du seul fait du mariage, auxquelles les époux ne peuvent pas se soustraire. Le régime primaire n'est pas un régime matrimonial mais un effet direct du mariage.

■ Réserve héréditaire n° 83

« La réserve héréditaire est la part des biens et droits successoraux dont la loi assure la dévolution libre de charges à certains héritiers dits réservataires, s'ils sont appelés à la succession et l'acceptent » (C. civ., art. 912, al. 1er). Le *de cujus* ne peut exhéréder les héritiers réservataires de leur part de réserve. La réserve héréditaire s'oppose à la quotité disponible dont le défunt peut disposer librement (C. civ., art. 912, al. 2). Le Code civil reconnaît aux héritiers réservataires le droit d'exercer l'action en réduction, afin de protéger leur réserve contre les libéralités excessives du défunt.

■ Société créée de fait **n° 79**

Groupement de personnes présentant les éléments caractéristiques du contrat de société mais auquel une condition de formation ou de validité fait défaut.

■ Tontine ou clause d'accroissement **n° 67 et 76**

Clause consistant à stipuler, lors d'une acquisition, que le bien acquis en commun (par exemple, le logement) appartiendra en totalité au survivant. L'acquisition de l'intégralité du bien est affectée, pour chacune des parties, de la condition suspensive de sa survie et de la condition résolutoire du prédécès de l'autre.

■ Vocation *ab intestat* **n° 64**

V. dévolution *ab intestat.*

Documents

1) Concubinage et enrichissement sans cause

Nécessité d'une dépense excédant la participation normale aux dépenses de la vie courante et de l'absence d'intention libérale

Civ. 1re, 24 sept. 2008
(*Bull. civ.* I,, n° 211 ; *JCP* 2008, Actu. 597, H. Bosse-Platière ; *D.* 2008. 2430 ; *Defrénois* 2008. 38874. 2516, obs. E. Savaux ; *Defrénois* 2009. 38910. 545, obs. J. Massip)

« Sur le moyen unique, pris en ses quatre branches :

Attendu que M. X... a vécu en concubinage avec Mme Y... de 1989 à 1999 ; qu'ils ont eu ensemble deux enfants nés en 1992 et 1997 ; qu'après leur rupture, M. X... a assigné Mme Y... en remboursement des sommes exposées pour financer les travaux de rénovation d'une maison appartenant à celle-ci ;

Attendu que Mme Y... fait grief à l'arrêt attaqué (CA Versailles, 28 octobre 2005) de l'avoir condamnée à payer une somme de 45 000 euros à M. X..., alors, selon le moyen :

1°/ que pour allouer à M. X..., sur le fondement de l'enrichissement sans cause, une somme de 45 000 euros, correspondant à la valeur de matériaux utilisés pour la réalisation de travaux dans la maison appartenant à Mme Y..., la cour d'appel a énoncé que ces travaux ne peuvent, par leur importance et leur qualité, être considérés comme des travaux ordinaires et que, par leur envergure, ils ne peuvent constituer une contrepartie équitable des avantages dont M. X... a profité pendant la période de concubinage ; qu'en statuant ainsi, tout en relevant que, pendant la période de concubinage, la maison dont la rénovation a été entreprise aux frais de M. X... constituait le logement du ménage, où vivaient les deux concubins et leurs deux enfants, ainsi que la domiciliation de la société dont M. X... assurait la gestion de fait, et en indiquant en outre que ces dépenses répondaient notamment au souci de ce dernier d'améliorer son propre cadre de vie pendant la poursuite de la vie commune, ce dont il résultait que l'appauvrissement lié à l'exécution et au financement des travaux litigieux n'était pas dépourvu de contrepartie, peu important à cet égard qu'elle fût ou non équivalente à la dépense engagée, la cour d'appel, qui

n'a pas tiré les conséquences légales de ses propres constatations, a violé, par fausse application, l'article 1371 du Code civil ;
2°/ que l'aveu extrajudiciaire exige de la part de son auteur une manifestation non équivoque de sa volonté de reconnaître pour vrai un fait de nature à produire contre lui des conséquences juridiques. Ainsi, en l'espèce, en se bornant à énoncer qu'un projet de courrier émanant de Mme Y... s'analysait en un aveu extrajudiciaire en ce qu'elle y déclarait reconnaître devoir à M. X... un pourcentage équivalent à la moitié du prix de la maison lors de son acquisition et proposer que la maison lui appartienne par moitié, quand Mme Y... faisait valoir dans ses conclusions devant la cour d'appel (p. 9) que M. X... avait tenté de lui faire écrire cela "à son départ et sous des larmes de déception" et que "cet écrit n'est ni daté, ni enregistré et n'a aucune valeur probante", la cour d'appel, en n'ayant aucun égard pour ces conclusions, a privé sa décision de base légale au regard de l'article 1354 du Code civil ;
3°/ qu'en toute hypothèse, le projet de lettre de Mme Y... se borne, d'une part, à admettre l'existence de travaux d'amélioration de sa maison, financés par M. X..., et, d'autre part, à envisager au profit de ce dernier soit un don, soit un rachat de l'emprunt contracté pour l'achat de la maison ; qu'ainsi, par un tel écrit, Mme Y... n'a en aucune manière reconnu que ces travaux exécutés et financés par M. X... auraient été pour lui source d'un appauvrissement dépourvu de cause, aucune référence n'étant faite dans cet écrit au profit retiré par M. X... du fait de l'amélioration de son cadre de vie, de la domiciliation dans la maison de la société dans laquelle il exerçait son activité professionnelle et de l'hébergement dont il bénéficiait dans cette maison pour lui-même et les enfants du couple. Dès lors, en estimant que cet écrit constituait de la part de Mme Y... un aveu extrajudiciaire de ce que les travaux réalisés et financés par M. X... avaient entraîné pour elle un enrichissement et pour lui un appauvrissement qui étaient dépourvus de cause légitime, la cour d'appel a dénaturé les termes clairs et précis de cet écrit, en violation de l'article 1134 du Code civil ;
4°/ que l'aveu extrajudiciaire n'est admissible que s'il porte sur des points de fait et non sur des points de droit. En l'espèce, en considérant que le projet de lettre de Mme Y... s'analysait en un aveu extrajudiciaire de ce qu'il y aurait eu un enrichissement pour elle et un appauvrissement corrélatif de son concubin dépourvus de cause légitime, c'est-à-dire de ce que les conditions de l'action de *in rem verso* étaient réunies, la cour d'appel, qui a considéré qu'il y avait un aveu sur ce qui constituait un point de droit, a violé l'article 1354 du Code civil ;
Mais attendu qu'après avoir justement retenu qu'aucune disposition légale ne règle la contribution des concubins aux charges de la vie commune de sorte que chacun d'eux doit, en l'absence de volonté exprimée à cet égard, supporter les dépenses de la vie courante qu'il a engagées, l'arrêt estime, par une appréciation souveraine, que les travaux litigieux réalisés et les frais exceptionnels engagés par M. X... dans l'immeuble appartenant à Mme Y... excédaient, par leur ampleur, sa participation normale à ces dépenses et ne pouvaient être considérés comme une contrepartie des avantages dont M. X... avait profité pendant la période du concubinage, de sorte qu'il n'avait pas, sur ce point, agi dans une intention libérale ; que la cour d'appel a pu en déduire que l'enrichissement de Mme Y... et l'appauvrissement corrélatif de M. X... étaient dépourvus de cause et a, par ces seuls motifs, légalement justifié sa décision ;
PAR CES MOTIFS :
REJETTE le pourvoi... ».

Civ. 1re, 24 sept. 2008
(*Bull. civ.* I,, n° 212 ; *JCP* 2008, Actu. 597, H. Bosse-Platière ; *D.* 2008. 2430 ; *Defrénois* 2008. 38874. 2516, obs. E. Savaux ; *Defrénois* 2009. 38910. 545, obs. J. Massip)

« *Sur le moyen unique, pris en ses trois branches* : Attendu que M. X… et Mme Y… ont entretenu une liaison de 1997 à 2003 ; que M. X… a financé des travaux de rénovation sur un immeuble acquis en 1998 par Mme Y… avec le projet, non réalisé, d'y habiter ensemble ; que le 8 juillet 2003, M. X… a assigné Mme Y… en paiement d'une somme principale de 129 119,04 euros sur le fondement de l'enrichissement sans cause ;

Attendu que M. X… fait grief à l'arrêt attaqué de l'avoir débouté de sa demande, alors, selon le moyen :

1°/ qu'en énonçant que "l'existence de la cause d'une obligation doit s'apprécier à la date à laquelle elle est souscrite, indépendamment des circonstances ultérieures" et que "la séparation ultérieure du couple est sans incidence particulière sur le fait qu'au moment de leur réalisation, les paiements et versements effectués (…) avaient bien une cause", laquelle résidait dans la volonté du couple de s'installer dans l'immeuble faisant l'objet des travaux de rénovation, la cour d'appel s'est déterminée par des motifs inopérants et a violé l'article 1371 du Code civil, ensemble les articles 1108 et 1131 du même Code ;

2°/ qu'en déduisant de la seule constatation selon laquelle Mme Y… et M. X… avaient l'intention de s'installer ensemble dans l'immeuble litigieux, que M. X… s'était appauvri dans son propre intérêt, sans caractériser l'avantage qu'il aurait effectivement retiré des travaux financés sur un immeuble, dont elle a constaté qu'il ne l'a jamais occupé, la cour d'appel a privé sa décision de base légale au regard de l'article 1371 du Code civil ;

3°/ qu'en jugeant que M. X… devait assumer la part de risque inhérente à la précarité possible et qu'il ne pouvait méconnaître de sa relation avec Mme Y…, la cour d'appel a violé l'article 1371 du Code civil par refus d'application ;

Mais attendu qu'ayant souverainement constaté que M. X… avait, dans son intérêt personnel, financé les travaux de rénovation litigieux avec l'intention de s'installer dans l'immeuble avec Mme Y…, la cour d'appel a, par ce seul motif, légalement justifié sa décision ;

PAR CES MOTIFS :

REJETTE le pourvoi… ».

Civ. 1re, 20 janv. 2010
(*D.* 2010, p. 325 ; *AJ fam.* 2010. 132, obs. S. Milleville ; *Dr. fam.* 2010, comm. 35 (2e arrêt), note V. Larribau-Terneyre ; *RJPF* avr. 2010 (3e arrêt), p. 16, note F. Vauvillé ; *JCP N* 2010, 238 ; *Defrénois* 2010. 39133. 1361, obs. J. Massip)

« Sur le moyen unique, pris en ses trois branches :

Attendu que M. X… et Mme Y… ont vécu en concubinage de 1997 à 2003 et ont eu ensemble un enfant né en 1998 ; que M. X… a réglé, en 1998, pour le compte de Mme Y…, la soulte de 31 110, 07 euros due par celle-ci à son ex-époux dans le cadre des opérations de liquidation de leur régime matrimonial lui attribuant le pavillon commun ainsi que le solde du crédit immobilier souscrit par sa compagne pour l'acquisition de cette maison d'un montant de 40 508, 40 euros et s'est porté caution solidaire d'un prêt de 15 245 euros contracté par Mme Y… afin de financer des travaux dans ce logement dont il a assuré le remboursement par des versements effectués sur un compte joint ; qu'après leur séparation, M. X… a assigné Mme Y… en paiement de la somme de 86 863, 47 euros sur le fondement de l'article 1371 du Code civil ;

que Mme Y... s'est opposée à cette demande et a sollicité, à titre subsidiaire, la condamnation de M. X... à lui payer une indemnité d'occupation pour la période allant de 1997 à 2003 et la compensation des sommes réciproquement dues ;
Attendu que M. X... fait grief à l'arrêt attaqué (CA Paris, 6 juillet 2007) de l'avoir débouté de sa demande, alors, selon le moyen :
1° / qu'il résulte des énonciations de l'arrêt attaqué que les paiements effectués par M. X... pour le compte de Mme Y... d'un montant global de 71 618, 47 euros ont permis le règlement du solde du capital restant dû sur l'emprunt contracté par elle pour acquérir son logement et de la soulte due à l'ancien mari de la concubine dans le cadre des opérations de partage de leur régime matrimonial ; qu'en déboutant M. X... de sa demande de remboursement de cette somme, au motif inopérant et erroné que ces paiements " s'expliquent " par la relation de concubinage qu'il entretenait par Mme Y..., la cour d'appel a violé l'article 1371 du Code civil et les principes gouvernant l'enrichissement sans cause ;
2° / qu'en estimant que les paiements effectués par M. X... en règlement du capital restant dû au titre de l'emprunt contracté par Mme Y... pour acquérir son logement et au titre du prêt souscrit pour financer des travaux sur ce logement, s'expliquaient par le fait qu'il était logé dans ce pavillon sans avoir à acquitter de loyer, sans rechercher, comme le lui demandait le concubin, si cet hébergement n'était pas déjà la contrepartie de sa propre contribution aux charges de la vie commune dont il avait prouvé la réalité et l'importance, la cour d'appel a privé sa décision de base légale au regard de l'article 1371 du Code civil et des principes gouvernant l'enrichissement sans cause ;
3° / qu'en estimant que le second paiement effectué par M. X... n'était pas en cause parce qu'il s'expliquait par le souci de dégager la mère de son enfant d'une dette envers son ancien mari et de lui permettre de bénéficier en toute sécurité d'un logement avec l'enfant né de leur union, sans caractériser en quoi ce " souci " constituait une cause légitime de l'enrichissement de Mme Y... au regard des principes gouvernant l'enrichissement sans cause, la cour d'appel a privé sa décision de base légale au regard de ces principes et de l'article 1371 du Code civil ;
Mais attendu qu'après avoir relevé que le paiement par M. X... du capital restant dû sur l'emprunt contracté par Mme Y... pour acquérir son pavillon ainsi que des échéances du prêt destiné à financer les travaux sur cet immeuble trouvait sa contrepartie dans l'hébergement gratuit dont il avait bénéficié chez sa compagne, la cour d'appel, qui n'était pas tenue de procéder à la recherche invoquée, a souverainement estimé que M. X... avait réglé le montant de la soulte due par Mme Y... à son ex-mari et le solde de l'emprunt destiné à financer l'achat du pavillon, dans le but de dégager sa compagne d'une dette envers son ex-mari et de lui permettre de bénéficier en toute sécurité d'un logement avec l'enfant issu de leur union, faisant ainsi ressortir que le concubin avait agi dans une intention libérale et qu'il ne démontrait pas que ses paiements étaient dépourvus de cause ; que la décision est légalement justifiée ;
PAR CES MOTIFS :
REJETTE le pourvoi... ».

2) Concubinage et société créée de fait

Civ. 1re, 12 mai 2004
(*Bull. civ.* I, n° 131)

« Sur le moyen unique, pris en sa deuxième branche :
Vu l'article 1832 du Code civil ;

Attendu que pour justifier l'existence d'une société créée de fait entre M. X… et Mme Y… et reconnaître au premier le droit de prétendre à la moitié de la valeur d'une maison et de biens mobiliers acquis pendant leur concubinage, l'arrêt attaqué relève que Mme Y…, qui s'occupait seule de la gestion du ménage, utilisait pour ce faire soit son propre compte bancaire que M. X… alimentait régulièrement par le versement de la moitié de son salaire mensuel, soit la procuration dont elle bénéficiait sur le compte de ce dernier, la situation ainsi créée correspondant à une totale mise en commun des revenus ; qu'en ce qui concerne l'immeuble litigieux, les concubins en avaient profité ensemble et avaient réalisé divers travaux à frais communs, jusqu'à ce que M. X… fût invité par sa compagne à quitter les lieux ; que si ce bien avait été acquis au nom de Mme Y…, M. X… s'était porté caution solidaire des deux prêts souscrits par elle à cette occasion, et qu'elle-même, inapte à financer personnellement un tel achat, avait effectué les remboursements selon la pratique ménagère susdécrite, suivie également pour payer les meubles acquis au cours de la vie commune ;
Qu'en se déterminant ainsi, sans relever aucun élément de nature à démontrer une intention de s'associer distincte de la mise en commun d'intérêts inhérente à la vie maritale, la cour d'appel n'a pas donné de base légale à sa décision ;
PAR CES MOTIFS, et sans qu'il soit besoin d'examiner les autres branches :
CASSE ET ANNULE… »

Com. 23 juin 2004 (*Bull. civ.* IV, n° 135)

« Sur le moyen unique, pris en sa deuxième branche :
Vu l'article 1832 du Code civil ;
Attendu que l'existence d'une société créée de fait entre concubins, qui exige la réunion des éléments caractérisant tout contrat de société, nécessite l'existence d'apports, l'intention de collaborer sur un pied d'égalité à la réalisation d'un projet commun et l'intention de participer aux bénéfices ou aux économies ainsi qu'aux pertes éventuelles pouvant en résulter ; que ces éléments cumulatifs doivent être établis séparément et ne peuvent se déduire les uns des autres ;
Attendu, selon l'arrêt attaqué, qu'après la fin du concubinage ayant existé entre elle et M. X…, Mme Y… a demandé le partage de l'immeuble édifié au cours de la vie commune sur un terrain appartenant à son concubin ;
Attendu que pour accueillir cette demande, l'arrêt, après avoir relevé que Mme Y… établissait sa participation financière aux travaux de construction, retient que celle-ci ayant ainsi mis en commun avec M. X… ses ressources en vue de la construction de l'immeuble qui assurait leur logement et celui de l'enfant commun, il est suffisamment établi qu'elle est à l'origine de la construction au même titre que son concubin, circonstance caractérisant l'affectio societatis, élément constitutif avec les apports de la société créée de fait ayant existé entre les parties ;
Attendu qu'en se déterminant ainsi, alors que l'intention de s'associer ne peut se déduire de la participation financière à la réalisation d'un projet immobilier et sans rechercher si les parties avaient eu l'intention de participer aux résultats d'une entreprise commune, la cour d'appel n'a pas donné de base légale à sa décision ;
PAR CES MOTIFS, et sans qu'il y ait lieu de statuer sur les autres griefs :
CASSE ET ANNULE… »

Civ. 1re, 20 janvier 2010, n° 08-13200
(*D.* 2010, p. 323 ; *AJ fam.* 2010. 132, obs. S. Milleville ; *Dr. fam.* 2010, comm. 35 (1er arrêt), note V. Larribau-Terneyre ; *RJPF* avr. 2010 (2e arrêt), p. 16, note F. Vauvillé)

« Sur le moyen unique, pris en sa première branche :

Vu l'article 1832 du Code civil ;

Attendu que l'existence d'une société créée de fait entre concubins, qui exige la réunion des éléments caractérisant tout contrat de société, nécessite l'existence d'apports, l'intention de collaborer sur un pied d'égalité à la réalisation d'un projet commun et l'intention de participer aux bénéfices ou aux économies ainsi qu'aux pertes éventuelles pouvant en résulter ; que ces éléments cumulatifs doivent être établis séparément et ne peuvent se déduire les uns des autres ;

Attendu que M. X... et Mme Y... ont vécu en concubinage et ont eu ensemble un enfant né en 1977 ; que le 13 novembre 1990, M. X... a acquis un terrain situé à Schoelcher ; qu'ils ont, en qualité de co-emprunteurs, souscrit un emprunt pour financer la construction d'un pavillon sur ce terrain ; que M. X... a vendu ce bien en 1999 ; que le 12 octobre 1999, Mme Y..., invoquant l'existence d'une société créée de fait, a assigné M. X... en paiement de la moitié du produit de la vente du pavillon ;

Attendu que pour dire qu'il a existé une société de fait entre M. X... et Mme Y... et que celle-ci devait supporter la moitié des charges et recevoir la moitié des produits de la vente de la maison, l'arrêt retient que la construction a été financée par un emprunt de 756 000 francs souscrit par les concubins en qualité de co-emprunteurs, remboursé à concurrence de 4 379, 64 francs par mois par Mme Y... et 4 500 francs par mois par M. X... ; que ceux-ci, en prenant la décision d'effectuer un emprunt pour financer un projet commun de construction d'une maison ont témoigné d'une *affectio societatis*, leur but étant de partager une vie de famille stable puisqu'ils avaient un enfant commun ; qu'il n'est pas contesté que Mme Y... a assuré l'entretien et les charges de l'immeuble ainsi que les impôts et taxes et que ces éléments établissent la volonté des concubins de participer aux bénéfices et avantages tirés de la jouissance du bien et aux pertes ;

Qu'en se déterminant ainsi alors que l'intention de s'associer en vue d'une entreprise commune ne peut se déduire de la participation financière à la réalisation d'un projet immobilier et est distincte de la mise en commun d'intérêts inhérents au concubinage, la cour d'appel n'a pas donné de base légale à sa décision ;

PAR CES MOTIFS et sans qu'il y ait lieu de statuer sur les autres branches du moyen :

CASSE ET ANNULE... ».

Civ. 1re, 20 janvier 2010, n° 08-16105
(*D.* 2010, p. 323 ; *AJ fam.* 2010. 132, obs. S. Milleville ; *RJPF* avr. 2010 (1er arrêt), p. 16, note F. Vauvillé)

« Attendu que Mme X... fait grief à l'arrêt confirmatif attaqué (CA Aix-en-Provence, 22 janvier 2008) de l'avoir déboutée de sa demande tendant à la reconnaissance d'une société créée de fait constituée avec son concubin, Salvatore Y..., alors, selon le moyen :

1°/ qu'en retenant, pour débouter Mme X... de sa demande tendant à la reconnaissance d'une société créée de fait, qu'elle ne démontrait pas que sa participation dans l'entreprise excédait la seule entraide familiale quand, d'après ses propres constatations, elle avait pourtant exercé une activité dans l'entreprise et s'était inscrite au registre des métiers comme chef d'entreprise, la cour d'appel a violé l'article 1832 du Code civil ;

2°/ que la cour d'appel, pour écarter l'existence d'une société créée de fait s'agissant de l'entreprise de maçonnerie, a considéré que Mme X... ne démontrait pas avoir exercé une activité excédant une simple entraide familiale, ni avoir investi des fonds personnels dans l'entreprise ; qu'en statuant à l'aune de ces seules constatations matérielles qui n'excluaient pourtant en rien l'existence d'un apport en industrie, fût-il limité, la cour d'appel n'a pas donné de base légale à sa décision au regard de l'article 1832 du Code civil ;
3°/ qu'en retenant, pour écarter l'existence d'une société créée de fait s'agissant de l'entreprise de maçonnerie, que Mme X... ne démontrait pas avoir exercé une activité excédant une simple entraide familiale ni avoir investi des fonds personnels dans l'entreprise, sans rechercher si de tels éléments excluaient l'intention de Mme Y... et de Mme X... de collaborer ensemble sur un pied d'égalité à la réalisation d'un projet commun ainsi que l'intention de participer aux bénéfices ou aux économies en résultant, la cour d'appel n'a pas donné de base légale à sa décision au regard de l'article 1832 du Code civil ;
4°/ que Mme X... fait valoir dans ses conclusions, sans être contredite, qu'elle avait abandonné son activité salariée pour se consacrer à l'entreprise de maçonnerie et qu'elle administrait l'entreprise dans ses relations avec les administrations, les fournisseurs, les avocats et les clients, eu égard à l'illettrisme de son concubin ; qu'en l'espèce, la cour d'appel a considéré que Mme X..., inscrite au registre des métiers en qualité de chef d'entreprise, avait par ailleurs exercé une activité de secrétaire de direction dans diverses sociétés, incompatible avec le plein exercice des responsabilités de chef d'entreprise quand il n'était pourtant pas contesté que Mme X... avait rapidement abandonné son activité salariée pour s'impliquer totalement dans l'entreprise, la cour d'appel a dénaturé les termes du litige en violation de l'article 4 du Code de procédure civile ;
Mais attendu qu'après avoir relevé que si elle était inscrite au registre des métiers comme chef de l'entreprise de maçonnerie, Mme X... avait exercé, dans le même temps, une activité de secrétaire de direction, d'abord auprès de la société Corege du 24 août 1978 au 15 août 1981 puis de la parfumerie Pagnon du 1er février 1985 au 31 mai 1989, difficilement compatible avec les responsabilités d'un chef d'entreprise qui apparaissaient avoir été assumées en réalité par M. Y... et que celui-ci avait acquis seul, le 26 juillet 1979, un bien immobilier alors que le couple vivait en concubinage depuis 1964, c'est dans l'exercice de son pouvoir souverain d'appréciation que la cour d'appel, qui a procédé à la recherche invoquée et n'a pas méconnu l'objet du litige, a estimé que l'intention des concubins de collaborer sur un pied d'égalité à un projet commun n'était pas établie ; qu'elle a, par ces seuls motifs, légalement justifié sa décision ;
Sur le second moyen :
Attendu que Mme X... fait grief à l'arrêt attaqué de l'avoir déboutée de sa demande fondée sur l'enrichissement sans cause, alors, selon le moyen, qu'en relevant cependant, pour considérer que l'enrichissement sans cause de M. Y... au détriment du patrimoine de Mme X... n'était pas démontré, que rien n'établissait que les emprunts de faibles montants avaient été utilisés, non pour les besoins de la famille, mais dans le seul intérêt de son concubin et qu'elle avait été hébergée dans l'immeuble acquis par celui-ci, autant de circonstances insusceptibles d'exclure un appauvrissement sans cause de Mme X..., né de la seule implication dans l'entreprise sans rétribution, la cour d'appel a violé l'article 1371 du Code civil ensemble les principes régissant l'enrichissement sans cause ;
Mais attendu qu'ayant souverainement estimé que l'assistance apportée sur le plan administratif par Mme X... à la bonne marche de l'entreprise artisanale de maçonnerie qu'elle avait constituée avec son concubin n'excédait pas une simple entraide, la cour d'appel a pu en

déduire que celle-ci n'était pas fondée à réclamer une indemnisation sur le fondement de l'enrichissement sans cause et a ainsi légalement justifié sa décision ;
PAR CES MOTIFS :
REJETTE le pourvoi… ».

Biblio

– R. Blough, « Le concubinage, dix ans après », *Dr. fam.* 2009. Étude 19.
– H. Bosse-Platière, « Indivision et communauté dans le régime des biens du Pacs aujourd'hui », *in Mélanges G. Goubeaux*, Dalloz-LGDJ, 2009, p. 57.
– S. Castagné, « Mariage, PACS, concubinage », *JCP N* 2008. 1325.
– 106e Congrès des notaires de France, *Couples, patrimoine : les défis de la vie à deux*, Propositions adoptées, Defrénois 2010. 1305.
– C. Coutant-Lapalus, « Pacs et logement », *Dr. fam.* 2010. Étude 9.
– F. Chénedé, « Pour un affinement de la théorie des quasi-contrats au service de la liquidation patrimoniale du concubinage », *D.* 2010. 718.
– Ph. Delmas Saint-Hilaire, Couples, patrimoine : les défis de la vie à deux. Rapport de synthèse du 106e Congrès des notaires de France, Defrénois 2010. 39130. 1319.
– H. Fulchiron, « les solidarités dans les couples séparés : renouvellement ou déclin ? », *D.* 2009. 1703.
– O. Gazeau, H. Lemaire, F. Vancleemput, « Les effets propres à la rupture volontaire du concubinage », *Defrénois* 2010. 39145. 1673.
– M. Grimaldi, « Réflexions sur le pacte civil de solidarité du droit français », *Defrénois* 2003. 37763. 813 s.
– X. Labbée, « L'aide matérielle a-t-elle un caractère alimentaire ? », *JCP* 2008. I. 197.
– X. Labbée, « La judiciarisation du PACS et du concubinage », *D.* 2009. 2053.
– N. Lebeau, « Brèves remarques sur la nature de l'indivision d'acquêts des partenaires liés par un Pacs », *Defrénois* 2010. 39172. 2189.
– J. Lemouland, « L'émergence d'un droit commun des couples », *in* H. Fulchiron (dir.), *Mariage-conjugalité, Parenté-parentalité*, Dalloz, coll. « Thèmes et commentaires », 2009, p. 33.
– « Contractualisation du PACS », Dossier in *AJ. fam.* 2011, n° 3.
– R. Le Guidec, « Le PACS et la transmission des biens entre concubins », in *Études offertes à J. Rubellin-Devichi*, Litec, 2002, p. 133.
– C. Malecki, « Conjoints, pacsés : que reste-t-il de leurs différences après la loi du 23 juin 2006 ? », *JCP* N 2007. 1332.
– L. Mauger- Vielpeau, « Le Pacs après la loi du 23 juin 2006 », *JCP* N 2007. 1201.
– Médiateur Rép., 23 févr. 2009, *Propositions de réforme du médiateur de la République (10e anniversaire du PACS), JCP* 2009. Actu. 117 et, en réponse à ces propositions, Rép. min. n° 52901, *JOAN* 16 févr. 2010, p. 1808 et en réponse Rép. min. n° 10664, *JO* Sénat Q 18 févr. 2010, p. 839, *JCP N* 2010. 249.
– P. Murat, « Les régimes matrimoniaux et les régimes « pacsimoniaux » à l'épreuve de la rupture des couples », *JCP N* 2011. 1206.
– Rép. min. n° 49494, *JOAN* 30 juin 2009, p. 6678 ; *JCP* 2009. Actu. 127.
– Ph. Simler, « Le "régime matrimonial" des concubins », in *Études offertes à J. Rubellin-Devichi*, Litec, 2002, p. 75.

– Ph. Simler, P. Hilt, « Le nouveau visage du Pacs : un quasi-mariage », *JCP* 2006. I. 161.
– F. Sauvage, « PACS : la protection du partenaire survivant », *RJPF* 2001-5/6.
– Ph. Van Steenlandt, « La soumission conventionnelle des partenaires pacsés au régime de l'indivision », *JCP N* 2009. 1251.

chapitre 2

Le régime primaire : les règles relatives aux pouvoirs des époux

Plan analytique

section **1**

L'indépendance des époux

§ 1 L'indépendance de gestion des biens personnels (C. civ., art. 225)

§ 2 L'indépendance ménagère (C. civ., art. 220)

§ 3 L'indépendance professionnelle

A. Les dispositions applicables à tous les époux(C. civ., art. 223)

B. Les dispositions spécifiques aux conjoints d'agriculteurs, d'artisans, de commerçants et de professions libérales

§ 4 L'indépendance mobilière (C. civ., art. 222)

A. Les actes couverts par la présomption

B. Les relations couvertes par la présomption

§ 5 L'indépendance bancaire (C. civ., art. 221)

A. L'indépendance pour l'ouverture du compte

B. L'indépendance pour le fonctionnement du compte

section **2**

La collaboration entre époux (C. civ., art. 215, al. 3)

§ 1 Le domaine de la cogestion

A. Le domaine quant aux biens

B. Le domaine quant aux actes

C. Le domaine dans le temps

§ 2 Les modalités de la cogestion

§ 3 La sanction de la cogestion

Le régime primaire : les règles relatives aux pouvoirs des époux

Le *régime primaire* ou *statut fondamental impératif* résulte des articles 214 à 226 du Code civil. Ces textes comportent des règles d'ordre public, applicables du seul fait du mariage à tous les couples mariés, quel que soit par ailleurs leur régime matrimonial. Les époux ne sont pas autorisés à déroger à ces règles, sauf dans les rares cas où la loi le prévoit expressément (v. C. civ., art. 226). Le régime primaire ne représente en aucun cas un régime matrimonial. Il constitue seulement un socle de règles qui s'ajoutent au régime matrimonial choisi par les époux. La place, dans le Code civil, des textes relatifs au régime primaire montre d'ailleurs qu'il s'agit d'effets directs du mariage et non de règles du régime matrimonial. Ces textes s'insèrent, en effet, dans un chapitre intitulé « Des devoirs et des droits respectifs des époux » (C. civ., chap. IV du titre V du Livre Ier) et non pas dans le titre consacré au contrat de mariage et aux régimes matrimoniaux (C. civ., titre V du Livre III). 85

Le régime primaire pose un certain nombre de règles visant à organiser les pouvoirs des époux sur leurs biens. Le dispositif mis en place par le législateur poursuit deux finalités distinctes. Il s'agit tantôt de garantir l'indépendance des époux (section 1), tantôt de leur imposer une collaboration entre eux (section 2). 86

section 1

L'indépendance des époux

Le régime primaire affirme, au premier chef, la pleine autonomie de gestion de son patrimoine personnel par chaque époux. L'écrasante majorité des règles du régime primaire vise, ensuite, à garantir aux époux une autonomie de gestion pour les actes de la vie quotidienne. Le législateur a voulu permettre à chaque conjoint de conclure, sans le concours de l'autre, les actes indispensables au bon fonctionnement du ménage et à l'entretien de la famille. Outre l'autonomie de gestion des biens personnels (§ 1), le Code civil consacre l'indépendance des époux dans quatre secteurs essentiels de la vie quotidienne : en matière ménagère (§ 2), professionnelle (§ 3), mobilière (§ 4) et bancaire (§ 5). 87

§ 1 L'indépendance de gestion des biens personnels (C. civ., art. 225)

L'article 225 consacre l'indépendance de chaque époux pour la gestion de son patrimoine personnel. Le texte dispose que « Chacun des époux administre, oblige 88 et aliène seul ses biens personnels ». Le monopole de gestion reconnu à chaque époux sur ses *biens personnels* est d'*ordre public*. Il s'oppose à l'insertion, dans le contrat de mariage, d'une *clause d'unité d'administration*[Q] (v. ss 623).

■ 89 Outre des aménagements judiciaires (v. ss 197 et s.), le régime primaire tolère des assouplissements conventionnels à la règle de la *gestion exclusive*[Q] des biens personnels. L'article 218 autorise chaque époux à « donner mandat à l'autre de le représenter dans l'exercice des pouvoirs que le régime matrimonial lui attribue ». Le mandat peut s'étendre non seulement aux actes relatifs aux biens propres, mais aussi aux actes sur les biens communs nécessaires à l'exercice d'une profession séparée du mandant (v. ss 389 et s. ; n° 442 et s. Sur les dispositions spécifiques aux conjoints d'artisans, de commerçants, d'agriculteurs et de professions libérales, v. ss 102 et s.). Ce dernier « peut, dans tous les cas, révoquer librement [le] mandat ». L'article 218 *in fine* interdit de stipuler l'irrévocabilité du mandat entre époux. Cette interdiction résulte directement de l'article 225 qui réserve à chaque époux la libre gestion de ses biens personnels.

■ 90 À défaut de mandat ou d'habilitation judiciaire, l'époux qui agit sans pouvoir sur les biens personnels de son conjoint peut se prévaloir des règles de la gestion d'affaires. L'article 219, alinéa 2 assigne à la gestion d'affaires un rôle subsidiaire : « À défaut de pouvoir légal, de mandat ou d'habilitation par justice, les actes faits par un époux en représentation de l'autre ont effet, à l'égard de celui-ci, suivant les règles de la gestion d'affaires ». Il faudra prouver, conformément au droit commun, l'utilité de la gestion d'affaires, sauf ratification de l'acte par l'autre conjoint. Il faudra également prouver l'intention de gérer l'affaire d'autrui, c'est-à-dire de rendre service au conjoint géré.

La gestion d'affaires peut jouer non seulement pour les actes relatifs aux biens personnels mais aussi pour ceux portant sur des biens communs. Toutefois, s'agissant de ces derniers, elle présente un faible intérêt. Les époux ayant en principe des pouvoirs égaux et concurrents sur les biens communs, le recours à la gestion d'affaires n'est utile que pour les biens communs soumis à la gestion exclusive d'un des conjoints.

Lorsque les conditions de la gestion d'affaires ne sont pas réunies, les actes accomplis sans pouvoirs sur les biens personnels de l'autre conjoint sont entachés d'une nullité sans texte qui joue sauf ratification (comp. C. civ., art. 1427 pour les dépassements de pouvoir sur les biens communs, v. ss 421 et s.).

§ 2 L'indépendance ménagère (C. civ., art. 220)

■ 91 L'article 220 du Code civil, issu de la loi du 13 juillet 1965, prévoit, dans son alinéa 1er, que « Chacun des époux a le pouvoir de passer seul les contrats qui ont pour objet l'entretien du ménage ou l'éducation des enfants : toute dette ainsi contractée par l'un oblige l'autre solidairement ».

■ 92 L'article 220 pose une règle de pouvoir, destinée à favoriser l'indépendance des époux. Il reconnaît à chacun d'eux le pouvoir de passer seul les actes ayant pour objet l'entretien du ménage ou l'éducation des enfants. De cette autonomie ménagère, l'article 220 tire une conséquence sur le terrain du passif, afin de renforcer le crédit du couple. Lorsqu'il contracte une dette ménagère, chaque conjoint engage la totalité des biens du ménage. L'article 220 organise la solidarité passive des époux pour le paiement des dettes ménagères (sur laquelle, v. ss 170 et s.).

§ 3 L'indépendance professionnelle

L'indépendance professionnelle est garantie par des dispositions applicables à tous les époux (A) et par des dispositions spécifiques aux conjoints d'agriculteurs, d'artisans, de commerçants et de professions libérales (B). 93

A. Les dispositions applicables à tous les époux (C. civ., art. 223)

Le régime primaire prévoit, à l'article 223, que « Chaque époux peut librement exercer une profession, percevoir ses gains et salaires et en disposer ». Le texte comporte deux règles différentes. Il affirme, d'une part, le libre exercice d'une profession par chaque époux (1) et, d'autre part, la libre perception et la libre disposition des gains et salaires (2). 94

1. *Le libre exercice d'une profession*

L'article 223 reconnaît à chaque époux le droit d'exercer la profession de son choix. La version actuelle du texte résulte de la loi du 23 décembre 1985. Elle est le fruit d'une longue évolution. 95

Sous l'empire des textes de 1804, le droit d'exercer la profession de son choix était le privilège du mari. La femme – juridiquement incapable – ne pouvait exercer une profession séparée de celle de son époux qu'à la condition d'y avoir été autorisée par lui. L'exercice d'une profession séparée par la femme mariée était donc soumis à l'autorisation maritale.

Par la suite, la loi du 18 février 1938 supprima l'incapacité juridique de la femme mariée. Cependant, cette loi maintint l'épouse sous la dépendance de son mari, en conférant à ce dernier le droit de s'opposer à l'exercice par sa femme d'une profession séparée. L'épouse se voyait reconnaître la faculté de s'adresser au juge, afin d'obtenir la mainlevée de l'opposition. Celle-ci devait être ordonnée toutes les fois que l'opposition n'était pas justifiée par l'intérêt du ménage ou de la famille.

Ce système perdura jusqu'à la loi du 13 juillet 1965. Cette dernière supprima le droit d'opposition du mari. L'ancien article 223, dans sa version issue de la loi du 13 juillet 1965, reconnaissait expressément à la femme « le droit d'exercer une profession sans le consentement de son mari ». La loi du 23 décembre 1985 lui substitue une formule bilatérale. Le texte énonce désormais que « Chaque époux peut librement exercer une profession ». L'article 223 place ainsi la femme et le mari sur un pied d'égalité, non seulement quant au fond du droit mais aussi quant à sa forme. 96

2. *La libre perception et la libre disposition des gains et salaires*

L'article 223 affirme que « Chaque époux peut librement [...] percevoir ses gains et salaires et en disposer après s'être acquitté des charges du mariage ». La notion de « gains et salaires » est extrêmement large. Elle englobe tous les revenus résultant d'une activité professionnelle. Les « salaires » désignent les revenus découlant d'une 97 activité subordonnée, salariée. Il s'agit des salaires proprement dits, mais aussi des substituts de salaires, tels que les indemnités de licenciement, les indemnités de chômage, de départ à la retraite, les indemnités de préavis, de congé, les indemnités et rentes pour accident du travail, ainsi que les arrérages des pensions de retraite (En ce sens, Civ. 1re, 8 juill. 2009, *Bull. civ.* I, n° 167 ; *D.* 2010. 2392, note J. Revel ; *AJ fam.* 2009. 405, obs. P. Hilt ; *JCP N* 2009. 1322, note J. Vassaux-Barège ; *JCP* 2009. 391, n° 13, obs. Ph. Simler ; *RTD civ.* 2010. 803, obs. B. Vareille ; *LEFP* nov. 2009. 7, obs. N. Peterka ; Civ. 1re, 29 juin 2011, *LEFP* oct. 2011. 6, obs. N. Peterka ; *RTD civ.* 2011. 577, obs. B. Vareille, *Dr. fam.* 2011. Comm. 128, note B. Beignier pour le pécule d'incitation au départ anticipé à la retraite versé à un militaire ; v. ss 313). Il faut également y inclure les compléments de salaires, c'est-à-dire les primes de salaires, mais non les *stock-options*[Q]. La jurisprudence décide qu'en régime de communauté, la valeur de ces dernières tombe dans la masse commune, sans relever de l'article 223, dès lors que les options ont été attribuées à leur bénéficiaire pendant la durée du régime et que l'option a été levée (CA Paris, 7 mai 2004, *RTD civ.* 2004. 539 et s., obs. B. Vareille ; *Defrénois* 2005. 38119. 421, note Th. Léobon). D'autres ont proposé d'analyser la différence entre le prix d'acquisition de l'action et sa valeur au jour de la levée de l'option comme une variété de prime de salaires soumise à l'article 223 (en ce sens, v. notam., B. Vareille, obs. *préc.* ; comp. CA Caen, 26 oct. 2006, *JurisData* n° 2006-316573 analysant l'épargne salariale comme un accessoire du salaire).

■ **98** S'agissant des « gains » visés par le texte, il faut entendre toutes les rémunérations résultant d'une activité non salariée : bénéfices, dividendes, droits d'auteur, honoraires des professions libérales, etc. Les juges du fond se livrent à une lecture très souple de l'article 223. Un jugement du tribunal de grande instance de Créteil du 19 janvier 1988 a ainsi qualifié une somme d'argent gagnée au loto de gain au sens de ce texte (TGI Créteil 19 janv. 1988, *Defrénois* 1988. 34337. 1244, obs. G. Champenois ; *JCP* 1989. II. 21385, note Ph. Simler ; Rappr. CA Orléans 12 mai 2009, *JCP* 2009.391, n° 11, obs. Ph. Simler, qualifiant les sommes gagnées au loto de biens communs). Cette décision prête le flanc à la critique. L'article 223 a vocation à garantir à chaque époux la libre perception et la libre disposition de ses revenus professionnels. Or, les gains du loto ne relèvent pas, à l'évidence, de cette catégorie de revenus (v. J. Flour et G. Champenois, *préc.*, n° 80).

■ **99** En régime de communauté, la notion de « gains et salaires » est affectée d'une certaine précarité. En effet, ces derniers ont souvent vocation à être économisés. Or, dans le régime de communauté, les économies sont des *biens communs ordinaires*[Q] (v. ss 261 et s.). Cela signifie que les gains et salaires, une fois économisés, obéissent non plus au régime spécifique de l'article 223, mais aux textes du régime de communauté. Ces textes font parfois obstacle à la libre disposition des biens communs. Ainsi, si tant qu'il y a gain ou salaire, un époux peut librement consentir une donation de somme d'argent sans avoir à recueillir le consentement de son conjoint, l'article 1422 du Code civil — qui soumet la donation de biens communs à la cogestion — lui impose d'obtenir ce consentement dès lors que la donation porte sur des gains ou salaires investis ou économisés (Civ. 1re, 29 févr. 1984, *GAJC*, n° 89 ; Civ. 1re, 25 janv. 2005, *Dr. fam.* 2005, n° 95, note V. Larribau-Terneyre ; CA Douai 26 janv. 2010, *Dr. fam.* 2010. comm. 116, note B. Beignier). Toute la difficulté est alors de cerner le critère de la notion d'« économie ».

L'article 223 soumet le droit de chaque conjoint de disposer librement de ses gains et salaires à une restriction. L'époux doit s'être préalablement acquitté des charges du mariage (v. ss 184 et s.). Sous cette réserve, le droit de disposer de ses gains et salaires est un droit absolu. Chaque époux est libre d'employer, comme il l'entend, ses gains et salaires, que ce soit à titre onéreux ou à titre gratuit. **100**

La loi du 23 décembre 1985 a entraîné la suppression de l'institution des *biens réservés*, qui était prévue jusqu'alors par l'article 224 alinéa 2 du Code civil et garantissait à la femme mariée une certaine indépendance dans la gestion des biens acquis avec ses revenus professionnels (v. ss 23). Cette suppression s'explique par la parité que réalise cette loi. Désormais, le mari et la femme ont des pouvoirs égaux sur les biens communs. Il n'est donc plus utile de réserver un sort particulier aux biens acquis avec les gains et salaires de la femme commune en biens. **101**

B. Les dispositions spécifiques aux conjoints d'agriculteurs, d'artisans, de commerçants et de professions libérales

Le législateur a prévu des règles de pouvoir spécifiques pour les époux qui collaborent ensemble dans une entreprise familiale. Ces règles sont parfois qualifiées de régime primaire « sectoriel » ou « catégoriel » car elles s'appliquent quel que soit le régime matrimonial du couple. Elles concernent, d'une part, les conjoints d'agriculteurs (1) et, d'autre part, les conjoints d'artisans, de commerçants et de professions libérales (2). **102**

1. *Les conjoints d'agriculteurs*

La loi n° 80-502 du 4 juillet 1980 a inséré dans le Code rural une présomption de mandat, afin de favoriser l'indépendance professionnelle des époux agriculteurs qui exercent en commun leur profession. L'article L. 321-1 du Code rural étend la *présomption de mandat* à l'ensemble des actes d'administration concernant les besoins de l'exploitation agricole. La formule recouvre les actes de disposition courants nécessaires à l'exploitation, tels que l'achat de semences, de matériels agricoles, la vente de récoltes. Chaque époux peut librement accomplir ces actes, sans qu'il y ait à tenir compte de la nature propre ou commune de l'exploitation. La présomption de mandat perturbe ainsi les règles traditionnelles de pouvoir sur les biens. S'agissant des biens propres ou personnels, elle conduit à neutraliser le pouvoir exclusif de chaque époux (C. civ., art. 225, 1428, 1536, 1569). S'agissant des biens communs, elle contredit la règle de la *gestion exclusive*^Q applicable aux biens affectés à l'exercice d'une profession séparée (1421, al. 2 ; v. ss 389 et s.). **103**

L'article L. 321-1 du Code rural distingue deux hypothèses, d'une part, celle dans laquelle les époux sont coexploitants et, d'autre part, celle dans laquelle l'un des époux collabore à l'activité de son conjoint. Dans la première hypothèse, les époux sont présumés s'être réciproquement donnés mandat d'accomplir les actes d'administration concernant les besoins de l'exploitation (C. rur., art. L. 321-1, al. 1er). Dans la seconde, la présomption de mandat est unilatérale (C. rur., art. L. 321-1, al. 2). Le conjoint collaborateur est présumé avoir reçu de l'exploitant mandat d'accomplir les actes d'administration concernant les besoins de l'exploitation. **104**

La distinction entre les deux variétés de mandat produit des conséquences importantes sur le terrain du passif. Dans le cas du mandat unilatéral, le mandataire agit au nom et pour le compte de son mandant. Seul ce dernier est engagé par l'acte. La solution diffère dans le cas de la présomption de mandat réciproque. En ce cas, le conjoint coexploitant agit en sa double qualité d'exploitant et de mandataire de son époux, de telle sorte que les deux époux sont engagés par l'acte.

La Cour de cassation admet la compatibilité du statut de collaborateur d'exploitation ou d'entreprise agricole avec l'existence d'une société créée de fait entre les époux et avec l'intention de créer une telle société (Com. 10 juill. 2007, *Dr. sociétés* 2008, comm. 24, note R. Mortier ; *JCP* 2009. I. 140, n° 18, obs. M. Storck). La solution est, à vrai dire, critiquable à l'aune de l'article L. 312-5, alinéa 3 du Code rural, lequel semble exclure le cumul du statut de collaborateur et d'associé de fait (En ce sens, v. M. Storck, obs. *préc.*).

105 Les articles L. 321-1 et L. 321-3 du Code rural précisent les causes de cessation de la présomption de mandat. Celle-ci cesse de plein droit d'être applicable en cas d'absence présumée de l'un des époux, de séparation de corps ou de séparation de biens judiciaire (sur laquelle, v. ss 524 et s.). Il en est de même lorsque les conditions d'application de la présomption ne sont plus remplies. Il en est ainsi, par exemple, lorsque l'époux collaborateur met un terme à sa collaboration à l'exploitation agricole. La présomption cesse par la volonté du mandant. Ce dernier a la faculté de révoquer le mandat. La révocation obéit à des conditions de forme dérogatoires au droit commun du mandat. Elle doit être faite en présence du mandataire ou, au moins, après convocation de ce dernier et revêtir, à peine de nullité, la forme notariée. La révocation ainsi effectuée devient opposable aux tiers trois mois après sa publication en marge de l'acte de mariage, sauf s'il est établi que les tiers en ont eu connaissance.

2. *Les conjoints d'artisans, de commerçants et de professions libérales*

106 L'article L. 121-4 du Code de commerce, impose au conjoint du chef d'une entreprise artisanale, commerciale ou libérale qui y exerce de manière régulière une activité professionnelle, d'opter pour l'un des trois statuts suivants : celui de conjoint *collaborateur*, de conjoint *salarié* ou de conjoint *associé*. L'option doit être publiée au registre du commerce et des sociétés ou au répertoire des métiers. L'article R. 121-1 du Code de commerce définit le conjoint collaborateur comme celui exerçant une activité professionnelle régulière dans l'entreprise sans percevoir de rémunération et sans avoir la qualité d'associé au sens de l'article 1832 du Code civil. Ce qui fait obstacle, semble-t-il, à la reconnaissance d'une société créée de fait entre les époux lorsque le conjoint a opté pour le statut de collaborateur (V. toutefois, en sens contraire, CA Grenoble 13 mai 2008, *JCP* 2009. I. 140, n° 18, obs. crit. M. Storck). L'article R. 121-2 ajoute qu'est présumé ne pas exercer une activité régulière dans l'entreprise le conjoint qui exerce à l'extérieur de celle-ci une activité salariée d'une durée au moins égale à la moitié de la durée légale du travail ou une activité non salariée. Le décret ne précise pas s'il s'agit d'une présomption simple que le conjoint peut renverser en apportant la preuve d'une participation régulière à l'entreprise. En cas d'exploitation de l'entreprise sous forme de société, le statut de conjoint collaborateur n'est autorisé qu'au conjoint du gérant associé unique ou du gérant associé majoritaire d'une SARL ou d'une société d'exercice libéral à responsabilité limitée (C. com., art. L. 121-4, II et R. 121-3). L'effectif de l'entreprise ne doit pas dépasser vingt salariés. Depuis la loi de modernisation de l'économie du 4 août 2008, ce dispositif déborde le cadre des couples mariés pour bénéficier également aux partenaires liés par un PACS (art. L. 121-8 et R. 121-6 ; v. ss 41).

L'article L. 121-6 du Code de commerce reconnaît, au profit du conjoint ayant opté pour le statut de collaborateur, une présomption de mandat unilatéral. Cette dernière couvre les actes d'administration concernant les besoins de l'entreprise. Sa cessation intervient pour les mêmes causes qu'en matière agricole et devient opposable aux tiers trois mois après que mention en a été faite au registre du commerce et des sociétés ou au répertoire des métiers. En l'absence de cette mention, la cessation de la présomption n'est opposable aux tiers que s'il est établi que ceux-ci en ont eu connaissance (v. C. com., art. L. 121-6, al. 2). La présomption de mandat de l'article L. 121-6 comporte une originalité par rapport à sa consœur du Code rural. Elle ne profite qu'au conjoint collaborateur mentionné dans les registres de publicité légale à caractère professionnel. Par ailleurs, le Code de commerce a pris soin, ici, de régler expressément le sort des actes accomplis par le conjoint collaborateur, sur le terrain du passif. L'article 121-7 dispose que « Dans les rapports avec les tiers, les actes de gestion et d'administration accomplis pour les besoins de l'entreprise par le conjoint collaborateur sont réputés l'être pour le compte du chef d'entreprise et n'entraînent à la charge du conjoint collaborateur aucune obligation personnelle ». Les biens personnels du collaborateur restent ainsi à l'abri des poursuites des créanciers professionnels de son époux. 107

§ 4 L'indépendance mobilière (C. civ., art. 222)

L'indépendance mobilière de chaque époux est garantie par l'article 222 du Code civil. Issu de la loi du 13 juillet 1965, le texte contient une disposition capitale du régime primaire : « Si un époux se présente seul pour faire un acte d'administration, de jouissance ou de disposition sur un bien meuble qu'il détient individuellement, il est réputé, à l'égard des tiers de bonne foi, avoir le pouvoir de faire seul cet acte ». L'article 222 formule une *présomption de pouvoir*. Il dispense les tiers de réclamer à l'époux contractant une quelconque justification quant à ses pouvoirs sur le bien. Le texte fournit ainsi à chaque époux le moyen de tenir en échec les règles de son régime matrimonial, en lui permettant de disposer de biens qui échappent normalement à ses pouvoirs. Il reste que le domaine de la présomption est doublement limité quant aux actes (A) et quant aux relations (B). 108

A. Les actes couverts par la présomption

Le jeu de l'article de l'article 222 est soumis à deux séries de conditions. Les unes ont trait à l'objet de l'acte (1), les autres à sa nature (2). 109

1. *L'objet de l'acte juridique*

L'article 222, alinéa 1er limite le domaine de la présomption de pouvoir aux biens meubles (a). Qui plus est, tous les meubles ne sont pas inclus dans la présomption (b). 110

a. Les meubles inclus dans la présomption

111 L'article 222 s'applique *aux meubles par nature* visés par l'article 528 du Code civil, tels que les sommes d'argent (Civ. 1re, 5 avr. 1993, *Bull. civ.* I, n° 136 ; *RTD civ.* 1994. 403, obs. B. Vareille ; *Defrenois* 1993, art. 35578, p. 803, obs. G. Champenois ; *JCP* N 1993. II. p. 375, note M. Henry ; *JCP* 1994. I. 3733, n° 14, obs. Ph. Simler ; CA Lyon, 30 mai 1973, *Gaz. Pal.* 1974. 1. 34, note D. Martin ; *RTD civ.* 1974. 397, obs. R. Nerson ; *JCP* 1974. II. 17681, note F. Boulanger ; *D.* 1974. Jur. 264, note J. Massip), les titres au porteur, les véhicules automobiles. Le domaine de l'article 222 coïncide avec celui de la présomption de titre de l'article 2276, alinéa 1er du Code civil (L. 2008-561 du 17 juin 2008). Les deux textes ont pour finalité commune de garantir la sécurité juridique des tiers, lorsqu'ils ont acquis un meuble d'une personne qui a, en apparence, le pouvoir d'en disposer.

112 La présomption de l'article 222 a vocation à s'appliquer à tous les meubles incorporels, quels qu'ils soient (F. Terré, Ph. Simler, *Droit civil. Les régimes matrimoniaux*, Dalloz, coll. « Précis », 2005, n° 103). *Contra*, J. Flour, G. Champenois, *préc.*, n° 109). Cette analyse s'appuie tout à la fois sur les travaux préparatoires de la loi de 1965, favorables à l'extension de l'article 222 aux meubles incorporels, sur la lettre du texte, qui vise les biens meubles sans autre précision, et sur son esprit. En 1965, la finalité poursuivie par le législateur fut de permettre à la femme mariée de gérer librement un portefeuille de valeurs mobilières, sans distinguer entre les titres au porteur (*meubles corporels*) et les titres nominatifs (*meubles incorporels*).

113 La présomption mobilière de l'article 222 s'applique, sans conteste, aux *biens scripturaux*[Q]. L'époux qui procède seul, par chèque ou par virement, à un paiement en monnaie scripturale ou à un virement de titres est réputé, à l'égard des tiers de bonne foi, avoir le pouvoir de faire seul cet acte.

b. Les meubles exclus de la présomption

114 Il existe, ici, une incertitude et deux certitudes. La première a trait à l'application de l'article 222 aux *meubles immatriculés*[Q] ainsi qu'aux fonds de commerce. En la matière, la difficulté provient de l'article 1424 du Code civil qui, sous le régime de communauté, impose la *cogestion*[Q] pour la cession des meubles corporels dont le transfert est soumis à publicité (cession d'aéronef, de navire de mer ou de bateau des rivières) et celle de fonds de commerce, lorsque ces biens sont en communauté. Selon l'opinion communément admise, l'article 1424 n'a pas pour conséquence d'exclure ces meubles du domaine de la présomption mobilière au motif que, d'une part, les exceptions sont de droit strict et, d'autre part, les règles du régime primaire doivent prévaloir, en cas de doute, sur les règles des divers régimes matrimoniaux (F. Terré, Ph. Simler, préc., n° 102). Une partie de la doctrine critique la suprématie de l'article 222 sur l'article 1424, en faisant valoir qu'elle conduit à anéantir la protection des conjoints voulue par le législateur. C'est pourquoi, ces auteurs excluent de la présomption mobilière les meubles visés à l'article 1424 (en ce sens, v. J. Flour, G. Champenois, préc., n° 109). En réalité, pour ces meubles, les conditions de l'article 222 feront le plus souvent défaut. Le meuble étant immatriculé au nom de l'un des conjoints, l'autre époux n'en a pas la détention individuelle, et le tiers ne pourra pas être considéré de bonne foi, ce qui constitue autant d'obstacles à la mise en œuvre de la présomption (v. ss 121 et s.).

Passons maintenant aux certitudes. 115

L'article 222, alinéa 2 du Code civil exclut du domaine de la présomption mobilière « les meubles meublants visés à l'article 215, alinéa 3 ». L'expression désigne les meubles meublants qui garnissent le logement de la famille. L'exclusion de la présomption repose ici sur un double fondement. D'une part, la détention des meubles meublants n'est pas individuelle, ce qui constitue un premier obstacle au jeu de la présomption mobilière (v. ss 123). D'autre part, l'article 215, alinéa 3 soumet l'aliénation de ces meubles au double consentement des époux (v. ss 153). La présomption de l'article 222 redevient applicable dès l'instant où les meubles meublants ne garnissent plus le logement de la famille.

L'article 222, alinéa 2 exclut également du domaine de la présomption « les meubles corporels dont la nature fait présumer la propriété de l'autre conjoint conformément à l'article 1404 ». Ce dernier texte définit, sous le régime de communauté, la catégorie des *biens propres par nature*[Q] (v. ss 310 et s.). Bien que l'article 1404 soit issu du régime de communauté, il est admis que l'exclusion des biens propres par nature du domaine de l'article 222 joue sous tous les régimes. Les biens correspondant à la définition de l'article 1404 échappent à la présomption, même lorsque les époux sont mariés sous un régime séparatiste. Ainsi, le mari qui procède à la vente du manteau de vison de son épouse n'est couvert, sous aucun régime, par la présomption. 116

Rappelons que les dispositions de l'article 222 ont servi de modèle d'inspiration à la règle, posée au sujet des partenaires liés par un PACS, par l'article 515-5, alinéa 3 (v. ss 50 et s.).Le domaine de celui-ci n'est pas, pour autant, entièrement calqué sur celui-là. Contrairement à l'article 222, l'article 515-5, alinéa 3 n'exclut de son domaine ni les meubles meublants garnissant le logement de la famille – ce qui s'explique par l'absence de protection spécifique accordée au cadre de vie des partenaires – ni la liste des biens visés par l'article 515-5-2 dont certains évoquent pourtant la catégorie des biens propres par nature. 117

2. *La nature de l'acte juridique*

Le législateur fait bénéficier de la présomption de pouvoir toutes les catégories d'actes juridiques, qu'il s'agisse des actes de disposition (par exemple, vente, échange), des actes de jouissance (par exemple, location) ou des actes d'administration (par exemple, dépôt, prêt). De la même manière, l'article 222 peut être invoqué par le tiers qui procède à des travaux de transformation, à la demande d'un époux, sur un bien que ce dernier détient individuellement. 118

On considère parfois que la présomption de pouvoir de l'article 222 ne joue qu'au profit des opérations de gestion courante et non au bénéfice des actes à titre gratuit et, notamment, des donations. La majorité de la doctrine est cependant favorable à la soumission de celles-ci à la présomption mobilière. La jurisprudence se prononce en ce sens (CA Paris, 2 mai 2001, *JCP* 2002. I. 103, obs. G. Wiederkehr, procédant au sauvetage d'un don manuel de parts de SICAV communes, par le jeu de l'article 222). Cette interprétation conduit à vider d'une partie de sa substance la règle de la *cogestion*[Q], prévue par l'article 1422, pour les donations de biens communs (v. ss 397 et s.). Mais il est vrai que ce risque peut être conjuré par une appréciation plus rigoureuse de la bonne foi du tiers (J. Flour, G. Champenois, *préc.*, n° 110, note 3). 119

B. Les relations couvertes par la présomption

120 La présomption de pouvoir de l'article 222 du Code civil a vocation à régir les relations des époux et des tiers (1). Il est plus délicat, en revanche, de répondre à la question de savoir si elle couvre également les relations entre époux (2).

1. *Les relations des époux et des tiers*

121 L'article 222 déploie ses effets dans les rapports des époux et des tiers. À l'égard de ces derniers, la présomption de pouvoir est irréfragable. Le conjoint de l'époux contractant n'est pas pour autant complètement désarmé. Il peut faire échec au jeu de la présomption, en prouvant que les conditions de l'article 222 ne sont pas réunies.

122 Ces conditions sont doubles. Les une sont relatives aux tiers, les autres à l'époux contractant.

S'agissant des *tiers*, l'article 222 s'applique non seulement au contractant du conjoint qui détient le meuble (par exemple, acquéreur, bénéficiaire d'un paiement par chèque ou par virement) mais aussi à l'intermédiaire qui reçoit l'acte juridique portant sur le meuble. Le notaire sera ainsi protégé par la règle de l'article 222. Il importe peu que le tiers ne soit pas en possession du meuble litigieux, ce qui distingue la présomption de l'article 222 de celle de l'article 2276 alinéa 1er. La mise en œuvre de la présomption mobilière requiert la bonne foi du tiers. Le tiers de mauvaise foi — qui aurait connaissance du défaut de pouvoir du conjoint — est exclu du bénéfice de la présomption. Conformément au droit commun, la bonne foi est présumée (C. civ., art. 2274). L'époux du conjoint contractant peut rapporter la preuve de la mauvaise foi du tiers par tous moyens. Celle-ci peut résulter, notamment, de circonstances de nature à rendre patent le défaut de pouvoir (v. CA Bordeaux, 14 nov. 2002, *Dr. fam.* 2003, n° 149, note B. Beignier : donation d'une automobile immatriculée au nom d'un seul époux mais dont le gratifié sait qu'elle constitue un bien commun pour avoir été acquise durant le mariage). Par ailleurs, la mauvaise foi du tiers est établie si l'autre conjoint a lui notifié, avant la conclusion de l'acte, son opposition à ce dernier en invoquant l'absence de pouvoir de son époux. La forme de l'opposition est indifférente.

123 S'agissant de l'époux contractant, le jeu de la présomption mobilière est subordonné à la condition que ce dernier ait la détention individuelle du meuble. Cette exigence constitue la clef de voûte de l'article 222. Elle montre que la règle édictée par ce texte repose sur une apparence de pouvoirs propres de l'époux détenteur du bien. Cette condition conduit à écarter la présomption mobilière toutes les fois que la détention est équivoque ou commune aux époux. Il en sera ainsi, par exemple, de la détention des meubles meublants garnissant une résidence secondaire. La détention individuelle ne s'oppose pas à une détention par l'intermédiaire d'un tiers, dès lors qu'elle a lieu pour le compte exclusif de l'un des conjoints. Aussi, la détention de fonds ou de titres par le biais d'un compte ouvert au nom d'un seul époux satisfait-elle à l'exigence de l'article 222.

124 Lorsque les conditions tirées de la bonne foi et de la détention individuelle du meuble font défaut, l'époux du contractant peut agir contre le tiers qui a conclu l'acte avec son conjoint. Si le bien lui appartient en propre, il peut agir en revendication entre

les mains du tiers dans les termes du droit commun. Si le meuble est un bien commun et si son aliénation est soumise à la cogestion, le conjoint du disposant peut demander la nullité de l'acte dans les conditions prévues par l'article 1427. Si, en revanche, le bien commun est soumis au principe de la gestion concurrente, l'acte demeure valable (v. ss 373 et s.).

2. *Les relations entre époux*

Il s'agit ici de savoir si l'article 222 est applicable dans les relations des époux entre eux. Cette question fut controversée sous l'empire de la loi du 13 juillet 1965. L'exclusion des rapports entre époux du domaine de l'article 222 conduisait à mettre à néant l'indépendance de la femme mariée. Elle avait en effet pour résultat de placer les relations entre époux sous la *présomption de communauté*[Q] (C. civ., art. 1402 ; v. ss 364 et s.). Le mari étant l'unique administrateur des biens communs, la femme devait prouver que le bien lui appartenait en propre ou constituait un bien réservé. L'article 222 était ainsi vidé de sa substance. C'est pourquoi, une partie de la doctrine s'était montrée favorable à l'application du texte dans les relations entre époux, en lui attribuant toutefois ici la valeur d'une présomption simple. **125**

En 1985, le législateur est venu mettre un terme à la controverse. Le nouvel article 1421 confère désormais à chaque époux des pouvoirs concurrents sur les biens communs. L'extension de l'article 222 aux relations entre époux a ainsi perdu sa raison d'être. Pour démontrer que le conjoint a dépassé ses pouvoirs, l'autre époux doit établir, contre la *présomption de communauté*[Q], que le meuble litigieux lui appartient en propre, ce qui lui permet alors d'agir en indemnisation contre le conjoint contractant (v. J. Flour, G. Champenois, *préc.*, n° 110). **126**

§ 5 L'indépendance bancaire (C. civ., art. 221)

L'article 221 du Code civil dispose que « Chacun des époux peut se faire ouvrir, sans le consentement de l'autre, tout compte de dépôt et tout compte de titres en son nom personnel ». Le souci du législateur est ici de garantir l'indépendance bancaire des époux. À cette fin, il formule une présomption de pouvoir affranchissant chaque époux des règles ordinaires du régime matrimonial, que ce soit pour l'ouverture (A) ou pour le fonctionnement du compte (B). **127**

A. L'indépendance pour l'ouverture du compte

1. *La portée*

L'article 221, alinéa 1er permet à chacun des époux de se faire ouvrir un compte bancaire en son nom personnel, sans l'autorisation de son conjoint. Cette liberté d'ouverture d'un compte bancaire appartient à tout époux, quel que soit son régime matrimonial. Il s'agit d'une *liberté d'ordre public*. **128**

L'article 221 conduit à dispenser le banquier, et mieux encore à lui interdire, de demander à son client une quelconque justification quant à son régime matrimonial ou quant à l'origine des fonds ou des titres déposés. Dès l'ouverture du compte, l'époux déposant est réputé, à l'égard de la banque, avoir la libre disposition des **129** fonds et des titres en dépôt, sans égard pour leur qualification (v. néanmoins pour la conciliation de l'article 221 et de l'article 1415, Civ. 1re, 18 févr. 2003, *JCP* 2003. IV. 1673 ; cassation de CA Paris, 5 sept. 2000, *JCP* 2002. I. 103, n° 6, obs. G. Wiederkehr. v. ss 493).

2. *Le domaine*

130 Le domaine de l'article 221 est triplement délimité : quant aux comptes, aux personnes et aux opérations.

131 S'agissant des comptes, l'article 221, alinéa 1er prévoit que chaque époux peut se faire ouvrir, sans le consentement de son conjoint, « tout compte de dépôt ». L'expression désigne les comptes-chèques, qu'ils soient postaux ou bancaires, les comptes courants, ainsi que les comptes spéciaux sur livret (livret de caisse d'épargne) et les comptes à terme (plan d'épargne logement). L'article 221, alinéa 1er vise expressément le compte personnel. Ce compte relève sans conteste du domaine la présomption de pouvoir. Cette dernière s'étend également au compte joint entre époux et au compte ouvert par un époux avec des tiers (par exemple un compte indivis ou un compte ouvert pour la nue-propriété au nom d'une personne et pour l'usufruit au nom d'une autre). L'article 221, alinéa 1er vise « tout compte de titres ». L'expression est suffisamment large pour englober toutes les variétés de compte-titres. La nature des titres importe peu. Il peut s'agir aussi bien de titres au porteur que de titres nominatifs (pour une application de l'article 221 à un virement de parts de SICAV, lesquelles peuvent être au porteur ou nominatives, v. Civ. 1re, 3 juill. 2001, *Bull. civ.* I, n° 198 ; *RTD civ.* 2001. 941, obs. B. Vareille ; *JCP* 2002. I. 103, n° 17, obs. Ph. Simler ; *Dr. fam.* 2001, n° 120, note B. Beignier ; *D.* 2002. 1102, note L. Comangès ; *JCP* N 2002. 1206, note V. Brémond ; *Defrénois* 2002. 37508. 397, obs. G. Champenois ; *JCP* E 2003. I. 396, n° 5, obs. J. Stoufflet). Peu importe aussi qu'il s'agisse d'un compte personnel, d'un compte-joint entre époux ou d'un compte ouvert avec un tiers.

132 S'agissant des personnes, l'article 221 alinéa 2 décide que l'époux est réputé avoir la libre disposition des fonds ou des titres « à l'égard du dépositaire ». Cette expression désigne les institutions aptes à recevoir des fonds du public, c'est-à-dire les banques, les établissements financiers, les sociétés financières, la Banque de France, le Trésor public, la Banque postale. Pour ce qui est des comptes-titres, l'article 221 recouvre les comptes tenus par les sociétés émettrices et par les intermédiaires financiers habilités. En revanche, les comptes ouverts auprès de simples particuliers ou de notaires sont exclus du domaine de l'article 221. Pour ces comptes, les dispositions de l'article 222 prennent le relais de la présomption bancaire (v. ss 108 et s.).

133 S'agissant des opérations, l'article 221 s'applique au premier dépôt effectué. L'époux qui veut ouvrir un compte n'a pas à prouver, lors du premier dépôt, qu'il a le pouvoir de disposer des fonds ou des titres. En dépit de la lettre de l'article 221, alinéa 2 qui vise les « fonds et titres en dépôt », il est aujourd'hui admis que la présomption bancaire bénéficie non seulement aux opérations portant sur les actifs financiers et monétaires inscrits en compte, mais aussi sur *l'acte initial de versement*, c'est-à-dire sur l'opération de dépôt elle-même. La présomption bancaire couvre, ensuite, les opérations de dépôt postérieures à l'ouverture du compte (Com. 21 nov. 2000, *Bull. civ.* IV, n° 177 ; *D.* 2001. 231 ; *D.* 2001. 2932, obs. V. Brémond ; *RJPF* 2001-2/28, note F. Vauvillé ; *Defrénois* 2001. 1127, obs. G. Champenois ; *RTD civ.* 2001. 941, obs.

B. Vareille ; *RTD com.* 2002. 199, obs. M. Cabrillac ; *RD banc. fin.* 2001, n° 1, p. 10, obs. F.-J. Credot et Y. Gérard).

B. L'indépendance pour le fonctionnement du compte

L'indépendance de chaque époux, lors du fonctionnement du compte, est garantie par l'alinéa 2 de l'article 221. Le texte dispose qu'« À l'égard du dépositaire, l'époux est toujours présumé, même après la dissolution du mariage, avoir la libre disposition des fonds et titres en dépôt ». 134

1. *Les relations couvertes par la présomption de pouvoir*

La présomption de pouvoirs de l'article 221 couvre les relations des époux et du dépositaire (a). Dans les rapports entre ces derniers, la durée de la présomption (b) se prolonge au-delà de la dissolution du mariage. 135

a. Les relations entre les époux et le dépositaire

C'est dans les rapports entre, d'une part, le déposant et son conjoint, et d'autre part, le dépositaire, que la présomption de pouvoir de l'article 221 développe tous ses effets. Le déposant peut faire fonctionner le compte, sans avoir à prouver la réalité de ses pouvoirs sur les fonds ou titres déposés. La présomption s'applique à toutes les opérations effectuées par le truchement du compte : dépôts, virements de compte, paiements, ventes et acquisitions de titres, retraits de fonds. En revanche, cette même liberté ne bénéficie pas au conjoint du titulaire du compte, quand bien même les fonds versés à ce dernier s'analyseraient comme des biens communs (Civ. 1re, 8 juill. 2009, n° 08-17300, *Bull. civ.* I, n° 163 ; *D.* 2009. 1790, obs. V. Egéa ; *D.* 2010. 734, obs. J.-J. Lemouland et D. Vigneau ; *D.* 2010. 360, note F. Chénedé ; *AJ fam.* 2009. 404, obs. F. Chénedé ; *JCP* 2009, n° 43, 353, note E. Naudin, *JCP* 2009, n° 44, 391, n° 5, obs. G. Wiederkehr ; *JCP N* 2009. 1329, note Th. Douville ; *LEFP* juin 2009, obs. N. Peterka pour un compte d'épargne alimenté par les arrérages d'une pension de retraite). La banque engage ainsi sa responsabilité civile si elle exécute un ordre de virement, émis à son profit, par l'époux du déposant en l'absence de procuration (Civ. 1re, 3 juill. 2001, *Bull. civ.* I, n° 198 ; *RTD civ.* 2001. 941, obs. B. Vareille ; *JCP* 2002. I. 103, n° 17, obs. Ph. Simler ; *Dr. fam.* 2001, n° 120, note B. Beignier ; *D.* 2002. 1102, note L. Comangès ; *JCP* N 2002. 1206, note V. Brémond ; *Defrénois* 2002. 37508. 397, obs. G. Champenois ; *JCP* E 2003. I. 396, n° 5, obs. J. Stoufflet). Mais la Cour de cassation lui accorde le bénéfice de la subrogation et, par suite, la faculté d'exercer, contre l'auteur du retrait, les droits de l'époux titulaire du compte dans ses rapports avec son conjoint (Civ. 1re, 8 juill. 2009, *préc.* ; CA Lyon, 20 sept. 2001, *JCP N* 2003, 1008, note V. Brémond). La solution laisse, à vrai dire, perplexe. Limitée aux seules relations entre, d'une part, le déposant et son conjoint et, d'autre part, la banque, la présomption bancaire de l'article 221 laisse place, dans les rapports entre les époux, au principe de la gestion concurrente. Or, ce dernier confère à chaque époux des pouvoirs égaux sur les biens communs, sauf à répondre de ses fautes de gestion (C. civ., art. 1421, al. 1er ; sur la gestion concurrente, v. ss 373 et s.). Si bien que le recours subrogatoire de la banque impliquerait, en bonne orthodoxie juridique, la démonstration d'une faute du conjoint du titulaire résultant, par exemple, de la dissipation des fonds prélevés dans des dépenses somptuaires (sur ce point et les autres fondements envisageables du recours de la banque, v. E. Naudin, note *préc.* ss Civ. 1re, 8 juill. 2009). Conjuguée avec le recours subrogatoire, la présomption de 136 l'article 221 conduit, en définitive, à faire prévaloir le pouvoir bancaire sur la logique matrimoniale, « fût-ce au détriment de l'harmonie des rapports à l'intérieur de la sphère conjugale », et à ériger cette disposition du régime primaire en un véritable « contre-régime matrimonial » (M. Beaubrun, « L'autonomie bancaire des époux ou le droit matrimonial de demain », *Defrénois* 2010. 39102. 913).

137 L'article 221 interdit au conjoint du déposant de rechercher la responsabilité du banquier, même s'il est établi que le titulaire du compte n'avait pas de pouvoir sur les fonds ou titres déposés. La preuve du défaut de pouvoir ne permettrait pas davantage d'obtenir l'anéantissement des opérations effectuées. Dans les relations entre les époux et le dépositaire, la présomption de pouvoir est *irréfragable*.

138 Cela ne signifie pas pour autant que l'époux du déposant soit privé de tout moyen face aux excès de pouvoir que commettrait son conjoint. En premier lieu, il peut empêcher le titulaire du compte de conserver les fonds ou les titres et d'en disposer. S'agissant des titres, l'époux doit exercer une *action en revendication*. Le succès de cette action suppose que le revendiquant rapporte la preuve que les titres lui appartiennent en propre. S'agissant des fonds inscrits en compte, le conjoint du titulaire peut exercer une saisie-attribution dans les conditions du droit commun. L'exercice d'une telle saisie n'offre néanmoins au conjoint qu'une protection limitée. Elle ne met pas obstacle au paiement par la banque des chèques émis antérieurement à la saisie ni à l'exécution des virements déjà ordonnés. Restent pareillement à l'abri les opérations effectuées postérieurement au blocage du compte, telles que l'émission de chèques et les virements au profit de tiers après la saisie. En ce cas, la présomption de l'article 222 permet, en effet, de valider l'acte (v. J. Flour, G. Champenois, *préc.*, n° 118). En second lieu, l'époux du titulaire peut intenter une action en responsabilité civile à l'encontre de la banque, lorsque cette dernière s'est rendue complice de la fraude du titulaire ou que sa mauvaise foi est manifeste et caractérisée. L'application de l'article 221 est alors écartée en application de la maxime *« Fraus omnia corrumpit »* (en ce sens, Com. 21 nov. 2000, *préc.*).

b. La durée de la présomption

139 La question de la durée de la présomption se pose en cas de décès du conjoint du titulaire du compte. Il s'agit alors de déterminer si elle prend fin avec le mariage ou si elle lui survit. Cette question a donné lieu à un feuilleton judiciaire animé, auquel la loi du 23 décembre 1985 est venue mettre un terme.

140 Les juridictions du fond et la Cour de cassation furent amenées à se prononcer sur la durée de la présomption de l'article 221 dans l'affaire *Edberg*. Dans cette célèbre affaire, la cour d'appel de Paris se prononça pour la survie de la présomption au décès du conjoint du titulaire du compte « jusqu'à la demande de blocage du compte faite par un notaire ou un héritier du conjoint qui justifierait de sa qualité et des droits de son auteur sur tout ou partie des valeurs en compte » (CA Paris, 6 juillet 1977, *Defrénois* 1978. 31828. 1138, obs. G. Champenois). Cette solution pouvait se prévaloir tout à la fois de la pratique bancaire et de l'intérêt des veufs dont le blocage systématique du compte, au moment du décès de leur conjoint, risquait de les placer dans une situation délicate.

En dépit de ces solides arguments, la cour d'appel de Paris fut censurée par la Cour de cassation dans un arrêt de la chambre commerciale du 5 février 1980. La

Haute juridiction décida que la « présomption [de l'article 221] cesse de produire ses effets lors de la dissolution du mariage, la présomption de communauté prévue par l'article 1402, alinéa 1er c. civ. redevenant applicable » (Com. 5 févr. 1980, *D.* 1980. Jur. 510, note D. Martin ; *D.* 1980. Somm. 380, obs. M. Vasseur ; *JCP* 1980. II. 19474, note F. Boulanger ; *RTD com.* 1980. 584, obs. M. Cabrillac et J.-L. Rives-Lange ; *RTD civ.* 1981. 419, obs. J. Patarin ; *Defrénois* 1981. 32513. 61 s.).

La cour d'appel de renvoi ayant refusé de se rallier à la position de la chambre commerciale (CA Reims, 11 oct. 1983, *Defrénois* 1983. 33180. 1588, obs. G. Champenois ; *JCP* 1984. II. 20264, note F. Boulanger ; *D.* 1985. Jur. 306, note *préc.* G. Parléani), l'affaire fut portée devant l'Assemblée plénière de la Cour de cassation. Dans un arrêt du 4 juillet 1985, celle-ci adopta une solution de compromis. Elle décida que « si la règle de l'article 221 cesse d'être applicable après la dissolution du mariage, les effets qu'elle a produit antérieurement doivent être respectés ; [...] s'il n'a pas reçu opposition des héritiers, le dépositaire ne peut donc prendre aucune initiative en ce qui concerne le fonctionnement du compte » (Ass. plén. 4 juill. 1985, *JCP* 1985. II. 20457, rapport A. Ponsard ; *D.* 1985. Jur. 421, concl. J. Cabannes et note D. Martin ; *Defrénois* 1985. 33599. 1130, obs. G. Champenois ; *GAJC*, n° 88, obs. F. Terré, Y. Lequette). Cela signifiait que la cessation de la présomption ne permettait pas de revenir sur les opérations faites avant le décès. Pour ces opérations, la dispense de vérification du banquier restait acquise. Pour les fonds déposés du vivant du conjoint, la présomption devait continuer à produire ses effets après la dissolution du mariage. 141 ■

La solution de l'Assemblée plénière allait être contrée quelques mois plus tard par l'intervention du législateur. La loi du 23 décembre 1985 vint modifier les termes de l'alinéa 2 de l'article 221. Celui-ci dispose désormais qu'« À l'égard du dépositaire, le déposant est toujours réputé, même après la dissolution du mariage, avoir la libre disposition des fonds et titres en dépôt ». Le législateur s'est nettement prononcé en faveur de la survie de la présomption au-delà de la dissolution du mariage. La présomption bancaire est dotée de la *même force* après comme avant la dissolution du mariage. Les héritiers du conjoint prédécédé ne peuvent pas se contenter d'une *simple opposition* pour faire obstacle au fonctionnement du compte. Ils sont désormais contraints de recourir aux *procédures judiciaires de droit commun* que sont la *revendication* et la *saisie-attribution* (J. Flour, G. Champenois, *préc.*, n° 121). Par ailleurs, le maintien de l'article 221, après la dissolution du mariage, conduit à faire jouer la présomption bancaire aussi bien pour les dépôts antérieurs que pour ceux qui lui sont postérieurs. 142 ■

L'article 221, alinéa 2 se contente d'affirmer que la présomption continue à déployer ses effets, « même après la dissolution du mariage ». Le législateur a eu principalement en vue l'hypothèse du décès du conjoint du titulaire du compte. On admet toutefois que la présomption survive également à la dissolution du mariage par divorce, conformément à la maxime *« Ubi lex non distinguit »*[Q]. 143 ■

2. *Les relations exclues de la présomption de pouvoir*

Il convient ici de distinguer les relations entre époux (a), d'une part, et les relations entre le conjoint du déposant et les tiers (b), d'autre part. 144 ■

a. Les relations entre époux

145 Sous l'empire de la loi du 13 juillet 1965, l'application de la présomption bancaire dans les relations entre le déposant et son conjoint fut controversée. Une partie de la doctrine se montrait hostile au jeu de l'article 221 dans les relations entre les époux, au motif que le texte vise le seul dépositaire. Cette thèse conduisait à appliquer les règles de preuve ordinaires du régime matrimonial. Ainsi, dans le régime de communauté, le mari pouvait se retrancher derrière la *présomption de communauté*[Q] (v. ss 364 et s.) pour réclamer à son épouse la restitution des fonds ou des titres en dépôt. Pareille interprétation conduisait, en pratique, à mettre à néant l'indépendance bancaire de la femme mariée. C'est pourquoi, une autre partie de la doctrine se montrait favorable à l'application de l'article 221 dans les relations entre époux, tout en lui conférant en ce cas la valeur d'une présomption simple.

146 La loi du 23 décembre 1985 vint mettre un terme à la controverse. L'article 1421 énonce, désormais, que « Chacun des époux a le pouvoir d'administrer seul les biens communs et d'en disposer ». Dans les relations entre époux, il y a aujourd'hui une cohérence entre la présomption de pouvoir de l'article 221 et la règle de la gestion concurrente. Sur le terrain des biens communs, la présomption bancaire est devenue inutile. C'est pourquoi, la doctrine en restreint généralement le domaine aux seules relations des époux avec le dépositaire (*contra*, F. Terré, Ph. Simler, préc., n° 92).

b. Les relations entre le conjoint du déposant et les tiers

147 Les rapports entre le conjoint du déposant et les tiers – autres que le dépositaire – sont exclus du domaine de la présomption bancaire. L'article 221 alinéa 2 en limite, en effet, le jeu « À l'égard du dépositaire ». Cela ne signifie pas pour autant que les tiers soient à la merci d'une action du conjoint du déposant. Ils sont protégés par la présomption mobilière de l'article 222. Ainsi, le bénéficiaire d'un chèque ou d'un virement bancaire est-il couvert, tant que sa mauvaise foi n'est pas démontrée, contre le défaut de pouvoir du titulaire du compte (CA Paris, 2 mai 2001, *JCP* 2002. I. 103, obs. G. Wiederkehr, procédant au sauvetage d'un don manuel de parts de SICAV communes, par le jeu de l'article 222).

section 2

La collaboration entre époux (C. civ., art. 215, al. 3)

148 Le régime primaire organise la collaboration entre époux à propos du logement la famille. Afin de protéger le conjoint et les enfants contre les initiatives solitaires d'un époux qui conduirait à priver la famille de son cadre de vie, l'article 215, alinéa 3 soumet le logement de la famille à une *cogestion*[Q], dont le domaine (§ 1), les modalités (§ 2) et la sanction (§ 3) méritent d'être précisées.

§ 1 Le domaine de la cogestion

Le domaine de l'article 215, alinéa 3 est triplement délimité : quant aux biens (A), aux actes (B) et dans le temps (C). 149

A. Le domaine quant aux biens

L'article 215, alinéa 3 vise le « logement de la famille » et les « meubles meublants dont il est garni ». Le « logement de la famille » est une notion concrète. Il s'agit de la résidence, du lieu d'habitation effective de la famille et non du domicile (Civ. 1re, 22 mars 1972, *Bull. civ.* I, n° 93). Le logement de la famille désigne la résidence principale. Les résidences secondaires sont exclues du domaine de l'article 215, alinéa 3 (en ce sens, Civ. 1re, 9 oct. 1999, *Bull. civ.* I, n° 284 ; *Defrénois* 2000. 37145. 437, obs. G. Champenois). Il convient de souligner que la restriction de la protection issue de l'article 215, alinéa 3 à la seule résidence principale contribue à distinguer les dispositions du statut fondamental impératif du droit commun de la protection juridique des majeurs. Ce dernier prévoit, en effet, un dispositif spécifique bénéficiant à la résidence du majeur protégé, et aux meubles meublants qui la garnissent, qu'il s'agisse de sa résidence principale ou secondaire (C. civ., art. 426). L'ensemble de ces textes n'en fait pas moins écho à la protection croissante du logement en droit privé et en droit public. C'est ainsi qu'après avoir été érigé en un droit fondamental par la loi « Quillot » n° 82-526 du 22 juin 1982, aujourd'hui remplacée par la loi n° 89-462 du 6 juillet 1989, le droit au logement accède désormais, aux termes de la jurisprudence du Conseil constitutionnel, au rang d'objectif de valeur constitutionnelle. 150

La détermination du logement de la famille ne soulève pas de difficultés tant que la famille est unie. Il se trouve alors au lieu que les époux choisissent d'un commun accord (C. civ., art. 215, al. 2). Elle est, en revanche, plus délicate lorsque les époux sont séparés de fait ou sont l'objet d'une procédure de divorce ou de séparation de corps. Le logement de la famille correspond, en ce cas, à la résidence originairement choisie par les deux conjoints où demeurent l'un des époux et les enfants, voire à la nouvelle résidence choisie par les époux d'un commun accord et dans laquelle un époux habite avec les enfants (CA Paris, 29 sept. 1972, *D.* 1975. Jur. 540 (1re esp.), note C.-I. Foulon-Piganiol ; *JCP* 1974. II. 17620, note R. Théry). 151

Une particularité se rencontre au sujet du logement de fonction. Celui-ci constitue le logement de la famille dès lors qu'il est son lieu de résidence effective et principale. L'époux qui exerce les fonctions donnant accès au logement ne peut en disposer seul. Il doit obtenir le consentement de son conjoint, conformément à l'article 215, alinéa 3. Mais le texte n'empêche pas l'époux de démissionner de ses fonctions. La décision de démissionner est laissée à la seule appréciation de l'époux qui exerce la fonction, bien qu'elle entraîne la perte du logement de la famille. Sur ce point, la protection du cadre de vie familial s'efface devant le respect de l'indépendance professionnelle des époux (C. civ., art. 223). 152

L'article 215, alinéa 3 s'applique aux meubles meublants qui garnissent le logement de la famille. Il s'agit, des « meubles destinés à l'usage et à l'ornement des appartements » : tapisseries, lits, sièges, glaces, tableaux, etc. (C. civ., art. 534). Ces biens sont 153 exclus de la présomption mobilière de l'article 222 (v. ss 114). Ici, la volonté de protéger le cadre de vie de la famille prime sur l'indépendance des époux et la sécurité juridique des tiers.

154 L'article 215 alinéa 3 est un texte d'*ordre public* qui régit tous les époux, quel que soit le mode de détention du logement de la famille. Le texte s'applique que les époux soient propriétaires du logement ou titulaires d'un droit d'usufruit. L'article 215, alinéa 3 a également vocation à s'appliquer lorsque les époux sont locataires du logement de la famille. Dans cette hypothèse, le texte interdit à un époux de mettre fin unilatéralement au bail. Mais, en la matière, l'article 215, alinéa 3 est concurrencé par l'article 1751, alinéa 1er du Code civil. Ce dernier pose le principe de la cotitularité du bail qui sert effectivement à l'habitation des deux époux. Pour autant, la Cour de cassation déconnecte le jeu du texte de la cohabitation des époux. Amorcée dans une affaire où la communauté de toit des conjoints faisait défaut en raison de l'hébergement de l'un d'eux dans un établissement de soins, la solution a été réaffirmée depuis à propos d'époux autorisés à résider séparés dans le cadre d'une instance en divorce (v. Civ. 3e, 31 mai 2006, *Bull. civ.* III, n° 135 ; *D.* 2006. 2777, note N. Damas ; *D.* 2006. Pan. 1568, obs. J.-J. Lemouland et D. Vigneau ; *RTD civ.* 2006. 812, obs. B. Vareille ; *Dr. fam.* 2006. comm. 147, note V. Larribau-Terneyre : époux hébergé dans un établissement de soins en raison de l'impossibilité pour lui de réintégrer le logement de la famille par suite de son handicap ; Civ. 3e, 1er avr. 2009, *Bull. civ.* III, n° 72 ; *AJ fam.* 2009. 221, obs. I. Gallmeister ; *RTD civ.* 2009. 567, obs. B. Vareille ; *Dr. fam.* 2009, comm. 70, note V. Larribau-Terneyre). L'article 1751, alinéa 1er s'applique dès lors que le logement de la famille a servi effectivement à l'habitation des deux époux avant leur séparation. La cotitularité du bail conduit alors à imposer le double consentement des conjoints pour sa résiliation ou la délivrance du congé, à peine d'inopposabilité de ces actes à l'autre époux, et cela, en raison du caractère indivis du bail (Civ. 3e, 1er avr. 2009, *préc.*). La règle de la cotitularité du bail profite, notamment en cas de commandement de payer délivré par le bailleur puis d'assignation en résiliation du bail, à la nouvelle épouse par l'effet du remariage du locataire, dès lors que le bailleur n'a pas demandé à bénéficier des dispositions de l'article 9-1 de la loi n° 89-462 du 6 juillet 1981 qui prévoit que « Nonobstant les dispositions des articles 515-4 et 1751 du Code civil, les notifications ou significations faites en application du présent titre par le bailleur sont de plein droit opposables au partenaire lié par un pacte civil de solidarité au locataire ou au conjoint du locataire si l'existence de ce partenaire ou de ce conjoint n'a pas été préalablement portée à la connaissance du bailleur » (Civ. 3e, 9 nov. 2011, n° 11-12034 et n° 10-20287, *JCP N* 2012. 1212, note L. Mauger-Vielpeau). L'article 1751, alinéa 1er aboutit ainsi à un résultat comparable à celui de l'article 215, alinéa 3. Néanmoins, les domaines respectifs des deux textes ne se confondent pas (sur la sanction de l'article 215, al. 3, v. ss 166 et s.). Contrairement à l'article 1751, alinéa 1er, l'article 215 alinéa 3 est applicable lorsque le logement est assuré par un bail mixte. Ce dernier texte vise, en effet, sans distinction, « les droits par lesquels est assuré le logement ». Son domaine est ainsi plus vaste que celui de l'article 1751, alinéa 1er, ce qui lui permet de prendre le relais toutes les fois que les conditions de celui-ci ne sont pas réunies.

155 L'article 215, alinéa 3 s'applique quel que soit le régime matrimonial du couple. Le double consentement des époux est toujours exigé, que le logement soit un bien

propre, un bien commun ou un bien indivis. Toutefois, lorsque le logement de la famille est un bien commun, l'article 215, alinéa 3 fait double emploi avec les articles 1422 et 1424 qui soumettent à la cogestion la donation de biens communs ainsi que l'aliénation et la constitution de droits réels sur les immeubles communs (v. ss 394 et s.).

B. Le domaine quant aux actes

La liste des actes soumis à la cogestion en vertu de l'article 215, alinéa 3 est relativement longue. Elle recouvre tous les actes qui privent la famille de la jouissance de son logement. Il s'agit, au premier chef, des actes de disposition de la propriété, tels que l'échange, la donation, la vente ou la promesse de vente. 156

Sont pareillement soumis à la cogestion les actes qui privent la famille de la seule jouissance de son logement, tels que le bail (Civ. 1re, 16 mai 2000, *Bull. civ.* I, n° 144 ; *RTD civ.* 2001. 416 et 418, obs. B. Vareille ; *Dr. fam.* 2001, comm. 2, note B. Beignier ; *Defrénois* 2001. 37341. 460, obs. G. Champenois) et la cession ou la constitution d'usufruit. En revanche, l'article 215, alinéa 3 est inapplicable en cas de cession de la nue-propriété du logement avec réserve d'usufruit au profit du disposant et réversion de l'usufruit au profit du conjoint survivant (Civ. 1re, 16 juin 1992, *Bull. civ.* I, n° 185 ; *Defrénois* 1992. 35349, obs. G. Champenois ; *RTD civ.* 1993. 636, obs. B. Vareille. Comp. pour la soumission à l'article 215, alinéa 3 de l'hypothèque de la nue-propriété du logement de la famille, Civ. 1re, 20 janv. 2004, *Bull. civ.* I, n° 21, *D.* 2004. 2178, note F. Bicheron ; *Défrénois* 2005. 710, obs. G. Champenois). 157

La jurisprudence a étendu le domaine de la cogestion à des actes qui ne privent pas directement la famille de la jouissance de son logement mais qui lui font courir le danger de la perdre. Il en est ainsi de l'hypothèque — qui risque de conduire à la saisie et donc à la privation du logement —, du gage portant sur les meubles meublants et, même, de la résiliation du contrat d'assurance garantissant le logement familial. L'application de l'article 215, alinéa 3 tient, en ce dernier cas, à ce que la prime d'assurance est destinée à procurer un nouveau logement à la famille en cas de survenance du sinistre (Civ. 2e, 10 mars 2004, *Bull. civ.* I, n° 100 ; *D.* 2004. 2257, obs. V. Brémond et 2257, obs. J.-J. Lemouland ; *AJ fam.* 2004. 188, obs. F. Bicheron ; *Defrénois* 2004. 1462, obs. G. Champenois ; *JCP* 2004. I. 176, n° 3, obs. G. Wiederkehr ; *RTD civ.* 2004. 270, obs. J. Hauser, et 538, obs. B. Vareille ; Civ. 1re, 14 nov. 2006, *D.* 2007. 349, note G. Raoul-Cormeil et 3010, obs. J.-J. Lemouland et D. Vigneau ; *RTD civ.* 2007. 376 et 378, obs. B. Vareille ; *AJ fam.* 2007. 89, obs. F. Chénedé ; *JCP* 2007. I. 142, n° 7, obs. G. Wiederkehr ; *RJPF* 2007-2/15, note F. Vauvillé). L'article 215, alinéa 3 ne s'applique pas, en revanche, à l'inscription d'hypothèque judiciaire. La mise en œuvre du texte n'aurait ici aucun sens puisque, d'une part, il vise à protéger un époux contre les initiatives volontaires de son conjoint et, d'autre part, il ne rend pas le logement de la famille insaisissable. 158

Le législateur est toutefois intervenu pour tempérer la règle de la saisissabilité du logement familial. La loi n° 2003-721 du 1er août 2003 « pour l'initiative économique » autorise l'entrepreneur individuel à déclarer insaisissable sa résidence principale (C. com., art. L. 526-1 à L. 526-4). La déclaration d'insaisissabilité doit revêtir la forme notariée et être publiée au bureau des hypothèques. Elle protège alors le 159 logement de la famille contre les créanciers professionnels de l'entrepreneur dont la créance est née après la publication (sur les difficultés suscitées par l'articulation de ce dispositif avec le droit des procédures collectives, v. Ph. Delmotte, « Les vertiges de l'insaisissabilité : de quelques problématiques nées des effets de la déclaration d'insaisissabilité en matière de procédures collectives », *JCP E* 2009. 1506).

C. Le domaine dans le temps

160 L'article 215, alinéa 3 s'applique tant que le mariage n'est pas dissous ou que la séparation de corps n'a pas été prononcée. En revanche, la séparation de fait des époux ou l'ouverture d'une instance en divorce ou en séparation de corps ne conduisent pas à écarter le texte. Un époux doit recueillir le consentement de son conjoint s'il souhaite vendre, pendant l'instance en divorce, le logement familial qui lui appartient en propre. Il en est ainsi même si les époux ont été autorisés à résider séparément et si la jouissance du logement a été attribuée, à titre provisoire, à l'un d'eux pour la durée de l'instance en divorce (v. Civ. 1re, 26 janv. 2011, n° 09-13138, *LEFP* mars 2011, obs. N. Peterka ; *D.* 2011. 2624, obs. J. Revel ; *AJ fam.* 2011. 261, obs. S. David ; *RTD civ.* 2011. 330, obs. J. Hauser ; *Dr. fam.* 2011. Comm. 52, obs. V. Larribau-Terneyre ; *D.* 2012. 979, obs. J.-J. Lemouland et D. Vigneau ; *JCP* 2011. 503, n° 5, obs. G. Wiederkehr ; *JCP N* 2011. 1240, note J. Massip ; CA Aix-en-Provence, 22 févr. 1982, *JCP* N 1983. II. 58, note Ph. Rémy; CA Colmar, 11 juin 1974, *D.* 1975. Jur. 540, note C.-I. Foulon-Piganiol ; *RTD civ.* 1975. 293, obs. R. Nerson ; CA Limoges, 9 nov. 2004, *JCP* 2005. I. 163, n° 4, obs. Ph. Simler). Pour autant, l'attribution, à titre provisoire, de la jouissance du domicile conjugal à l'un des époux par le juge du divorce ne fait pas obstacle, à cet égard, à une autorisation judiciaire de vente du logement familial à la demande de l'autre époux, en application de l'article 217 (Civ. 1re, 30 sept. 2009, *Bull. civ.* I, n° 196 ; *D.* 2009. 2489, obs. V. Egéa ; *AJ fam.* 2009. 451, obs. S David ; *RTD civ.* 2009. 703, obs. J. Hauser ; *JCP* 2010. 487, n° 5, obs. G. Wiederkehr ; v. ss 218). La protection de l'article 215, alinéa 3 ne cesse qu'avec le prononcé définitif du divorce ou de la séparation de corps (CA Aix-en-Provence 22 févr. 1982, *préc.* ; CA Colmar 11 juin 1974, *préc.*). S'agissant de cette dernière, l'éviction de l'article 215, alinéa 3 apparaît comme le corollaire de la cessation du devoir de cohabitation (C. civ., art. 299). La cotitularité du bail, prévue par l'article 1751, alinéa 1er, ne s'éteint, quant à elle, qu'avec la transcription du jugement de divorce en marge des registres de l'état civil (Civ. 3e, 31 mai 2006, *préc.* n° 154).

161 La protection de l'article 215, alinéa 3 prend fin en cas de dissolution du mariage par décès. Le texte n'interdit pas à un époux de disposer du logement, par testament, sans requérir le consentement de son conjoint (Civ. 1re, 22 oct. 1974, *D.* 1975. Jur. 645, note C.-I. Foulon-Piganiol ; *JCP* 1975. II. 18041, note Y. Chartier ; *RTD civ.* 1975. 266, obs. R. Nerson). La solution repose sur le principe de la liberté testamentaire.

162 La loi n° 2001-1135 du 3 décembre 2001 « relative aux droits du conjoint survivant et des enfants adultérins et modernisant diverses dispositions du droit successoral » a néanmoins inséré dans le Code civil plusieurs dispositions protectrices du logement, au cas de dissolution du mariage par décès. L'une des innovations majeures de la loi a été de créer, au profit du conjoint survivant, un droit temporaire à la jouissance gratuite du logement et du mobilier le garnissant au décès de son époux (C. civ., art. 763 ; v. ss 65). Ce droit — qui dure un an à compter du décès — est un *effet direct du*

mariage et un droit d'*ordre public*. Le conjoint survivant ne peut pas en être privé par le défunt et il n'est pas autorisé à y renoncer du vivant de ce dernier. L'article 763 vient ainsi compléter l'article 215, alinéa 3, au point de constituer une projection *post-mortem* du régime primaire. Il reste que l'article 763 n'interdit pas un époux de léguer le logement de la famille à un tiers. Le caractère d'ordre public de cette disposition permet toutefois au conjoint survivant d'opposer son droit au logement au légataire pendant le délai d'un an. À l'expiration de l'année qui suit le décès, le droit temporaire est relayé par un droit viager au logement (C. civ., art. 764 et 1751, al. 3). À la différence du premier, le second ne constitue pas une projection *post-mortem* du régime primaire. Étant subordonné à une manifestation de volonté du conjoint survivant (C. civ., art. 765-1), il n'est ni un droit d'ordre public ni un effet direct du mariage, mais un droit de nature successorale qui s'impute sur la part du conjoint survivant dans la succession et dont ce dernier peut être privé par le défunt au moyen d'un testament notarié (C. civ., art. 764, al. 1er).

§ 2 Les modalités de la cogestion

La cogestion implique que les deux époux consentent à l'acte de disposition relatif au logement de la famille. Le consentement doit porter non seulement sur le *principe* de la cession mais aussi sur ses *conditions* (Civ. 1re, 16 juill. 1985, *Bull. civ.* I, n° 223). 163

La jurisprudence fait preuve de souplesse et de pragmatisme dans la mise en œuvre de la cogestion. Elle décide que l'article 215, alinéa 3 ne requiert pas que les deux époux concourent à l'acte. Le consentement du conjoint peut résulter d'un acte distinct, tel qu'un mandat donné à son époux ou la signature d'un mandat de vente au profit d'un agent immobilier (CA Lyon, 5 nov. 1980, *D.* 1982. IR. 238). L'acte de vente peut alors être signé par l'autre époux seul (Civ. 1re, 20 mars 1996, *JCP* 1996. I. 3962, n° 1, obs. G. Wiederkehr). Il en va différemment, en revanche, lorsque le conjoint n'a consenti ni au mandat de vente ni au compromis signé par son conjoint (Civ. 1re, 28 nov. 2006, n° 05-17757, *RTD civ.* 2007. 375, obs. B. Vareille ; *JCP* 2007. I. 142, n° 7, obs. G. Wiederkehr ; Civ. 1re, 3 mars 2010, *AJ fam.* 2010. 189, obs. S. Milleville ; *JCP* 2010. 487, n° 24, obs. M. Storck ; *JCP N* 2010. 331 ; *Dr. fam.* 2010, comm. 72, note V. Larribau-Terneyre ; *RTD civ.* 2010. 367, obs. B. Vareille ; *Defrénois* 2010. 39163. 2021, obs. J. Massip ; *Defrénois* 2011. 39206. 368, obs. G. Champenois). 164

Le texte n'exige pas davantage que le consentement soit constaté par écrit. Il suffit qu'il soit *certain* (Civ. 1re, 13 avr. 1983, *Bull. civ.* I, n° 120 ; Civ. 1re, 7 avr. 1998, *Dr. fam.* 1998, n° 113, note H. Lécuyer). Tel n'est pas le cas lorsque l'un des époux conclut seul un contrat de vente, en se portant fort de la ratification de la vente par son conjoint. En ce cas, l'acte de vente, et non pas seulement la promesse de porte-fort, est entaché de nullité (Civ. 1re, 11 oct. 1989, *JCP* 1990. II. 21549, note Henry ; *Bull. civ.* I, n° 315 ; *D.* 1990. Jur. 310, note R. Le Guidec). 165

§ 3 La sanction de la cogestion

L'article 215, alinéa 3 *in fine* du Code civil dispose que « Celui des deux [époux] qui n'a pas donné son consentement à l'acte peut en demander l'annulation : l'action en 166 nullité lui est ouverte dans l'année à partir du jour où il a eu connaissance de l'acte, sans pouvoir jamais être intentée plus d'un après que le régime matrimonial s'est dissous ».

167 La nullité de l'article 215 est une nullité de droit. Le juge est tenu de la prononcer s'il constate que l'un des conjoints n'a pas consenti à l'acte. Il s'agit d'une nullité relative, fondée sur le souci de protéger le conjoint victime du dépassement de pouvoir contre les initiatives solitaires de son époux, celui-là ayant seul qualité pour invoquer la nullité. Cette dernière prive l'opération de tout effet, y compris dans les rapports entre l'auteur de l'acte et son cocontractant, ce qui la distingue, de manière au demeurant très orthodoxe, de l'inopposabilité sanctionnant la cotitularité du bail édictée par l'article 1751, alinéa 1er. La nullité infecte non seulement la promesse synallagmatique de vente signée par l'époux sans son conjoint mais encore, conformément aux prescriptions de l'article 1227 du Code civil, la clause pénale qu'elle contient (Civ. 1re, 3 mars 2010, *préc.* n° 164 ; v. ss 154). La Cour de cassation soumet, sur le fondement de l'article 31 du Code de procédure civile, l'exercice de l'action en nullité à la justification par l'époux demandeur d'un intérêt actuel à demander l'annulation de l'acte. Les juges du fond disposent, à cet égard, d'un pouvoir souverain d'appréciation. C'est ainsi qu'il a pu être jugé que le conjoint victime du dépassement de pouvoir ne justifie pas d'un intérêt à agir lorsqu'il ne réside plus dans les lieux à la date de l'assignation (Civ. 1re, 3 mars 2010, *D.* 2010.1608, note L. Mauger-Vielpeau, *AJ fam.* 2010. 187, obs. F. Chénedé ; *JCP* 2010. 487, n° 3, obs. G. Wiederkehr ; *JCP N* 2010, 332 ; *Dr. fam.* 2010, comm. 61, obs. B. Beignier, *Defrénois* 2010 39137. 1466, note J. Massip ; *Defrénois* 2011. 39206. 364, obs. G. Champenois ; *RTD civ.* 2010.365, obs. B. Vareille). Il serait pour autant excessif d'en déduire, d'une façon générale, que l'époux doit résider dans le logement familial lors de l'introduction de sa demande en justice. Tout dépendra, en ce domaine, des circonstances de fait (Comp. Civ. 1re, 16 mai 2000, *préc.* n° 157, où une épouse avait obtenu l'annulation du bail consenti par son mari sur le logement, que le couple avait quitté à la date de la conclusion de la location).

L'article 215, alinéa 3 écarte le délai de droit commun de l'action en nullité (C. civ., art. 1304, al. 1er). Celle-ci est ici enfermée dans un délai d'un an et ne peut jamais être intentée plus d'un an après la dissolution du régime matrimonial, si bien que la prise de connaissance tardive de l'acte, plus d'un an après la dissolution du régime matrimonial, rend l'action irrecevable comme étant prescrite (Civ. 1re, 12 janv. 2011, n° 09-15.631, *LEFP* mars 2011. 4, obs. N. Peterka ; *AJ fam.* 2011. 271, obs. P. Hilt ; *D.* 2011. 1040, obs. J.-J. Lemouland et D. Vigneau ; *D.* 2011. 2624, obs. J. Revel, V. Brémond, C. Bourdaire-Mignot et M. Nicod ; *Dr. fam.* 2011. Comm. 31, note V. Larribau-Terneyre ; *JCP* 2011. 503, n° 4, obs. G. Wiederkehr ; *JCP N* 2011. 1155, note J. Massip). Le délai de l'article 215 alinéa 3 est un *délai de prescription* et non pas un délai préfixe. Il est interrompu par une assignation régulièrement délivrée. Conformément au droit commun, l'exception de nullité est imprescriptible. Cette dernière peut être ainsi invoquée à titre d'exception même après l'expiration du délai d'un an (Civ. 1re, 8 févr. 2000, *Dr. fam.* 2000, n° 89, note B. Beignier ; *RTD civ.* 2000. 888, obs. B. Vareille ; Civ. 1re, 28 nov. 2006, n° 04.19058, *JCP* 2007. I. 142, n° 24, obs. Ph. Simler ; *RTD civ.* 2007. 379, obs. B. Vareille ; *JCP* 2007. I. 142, n° 24, obs. Ph. Simler ; Civ. 1re, 4 mars 2009, *JCP* 2009. I. 140, n° 12, obs. Ph. Simler, rendus à propos de l'article 1427 ; v. ss 424).

Sous les régimes de communauté, le délai d'un an est parfois supplanté par un délai de deux ans. Lorsqu'il est un bien commun, la donation, la vente ou la constitution d'un droit réel sur le logement de la famille sont soumis à la cogestion (C. civ., art. 1422 et 1424 ; v. ss 394 et s). L'irrespect de la règle est sanctionné par la nullité pour dépassement de pouvoir inscrite à l'article 1427. Ce texte enferme l'action en nullité dans un délai de deux ans à partir du jour où le conjoint a eu connaissance de l'acte fait par son époux et précise qu'elle ne peut jamais être intentée plus de deux ans après la dissolution de la communauté. Mais encore faut-il, pour que le délai de deux ans soit ici applicable, que l'acte accompli par un époux sans le consentement de son conjoint figure dans la liste des actes limitativement énumérés par l'article 1424 (ce qui n'est pas le cas, par exemple, de la résiliation du contrat d'assurance relatif au logement de la famille : Civ. 1re, 14 nov. 2006, *préc.* n° 158). 168

Mémo

Le régime primaire vise tout à la fois à garantir l'indépendance des époux et à leur imposer une collaboration.

L'indépendance des époux est assurée par cinq séries de disposition. L'article 225 pose *la règle de la gestion exclusive des biens propres ou personnels de chaque époux.* Cette règle peut faire l'objet d'aménagements conventionnels (art. 218) ou judiciaires (art. 217 et 219). Les actes accomplis par un époux sur les biens propres de son conjoint peuvent être validés sur le fondement de la gestion d'affaires.

Chacun des époux a le pouvoir de passer seul *les contrats qui ont pour objet l'entretien du ménage ou l'éducation des enfants* (art. 220, al 1er).

L'article 223 garantit l'indépendance professionnelle de chaque époux, en lui permettant d'exercer librement la profession de son choix et de percevoir librement ses gains et salaires, après s'être acquitté des charges du mariage. Sont des salaires non seulement les salaires proprement dits mais aussi les substituts et les primes de salaires, mais non les stock-options. Les conjoints d'agriculteurs, d'artisans, de commerçants et de professions libérales qui collaborent à l'activité de leur époux bénéficient d'une présomption unilatérale de mandat pour les actes d'administration concernant les besoins de l'exploitation ou de l'entreprise. La présomption joue de manière réciproque lorsque les époux coexploitent l'exploitation agricole.

L'article 222 du Code civil édicte une *présomption de pouvoir en matière mobilière.* L'époux qui effectue seul un acte d'administration, de jouissance ou de disposition sur un bien meuble qu'il détient individuellement est réputé, à l'égard des tiers de bonne foi, avoir le pouvoir de faire seul cet acte. L'application de la présomption aux meubles incorporels ainsi qu'aux meubles soumis à la cogestion, en régime de communauté, est controversée. Elle joue, de manière irréfragable, dans les relations des époux et des tiers. Elle n'interdit pas, en revanche, à l'époux victime d'agir en responsabilité civile contre son conjoint.

L'article 221 prévoit une *présomption bancaire*. Chaque époux peut librement ouvrir un compte de dépôt ou de titres et le faire fonctionner sans avoir à justifier de la réalité de ses pouvoirs. La présomption joue exclusivement dans les relations du conjoint déposant et de la banque. Celle-ci engage sa responsabilité civile si elle exécute un ordre de virement émis à son profit par le conjoint du titulaire du compte. La Cour de cassation autorise néanmoins la banque à exercer un recours subrogatoire à l'encontre du conjoint indélicat. La présomption survit à la dissolution du régime matrimonial (art. 221, al. 2).

La collaboration des époux leur est imposée à propos du logement de la famille. Les actes de disposition volontaires relatifs à la résidence principale de la famille requièrent, à peine de nullité relative, le double consentement des conjoints. La règle s'applique jusqu'au prononcé du divorce. Elle trouve un renfort à l'article 1751 qui édicte la cotitularité du bail servant à l'habitation des deux époux.

Quid

■ Biens communs ordinaires n° 99

Par opposition aux gains et salaires. Biens communs qui perdent leur caractère spécifique de gains et salaires et ne relèvent plus du régime particulier de ces derniers mais de celui applicable aux biens communs.

■ Biens propres par nature n° 116

Biens qui, en raison de leur caractère personnel marqué, présentent la particularité, sous les régimes de communauté, d'appartenir toujours en propre à l'un des époux quels que soient leur date et leur mode d'acquisition (par exemple, vêtements et linges à l'usage personnel de l'un des époux, actions en réparation d'un dommage corporel ou moral ; v. C. civ., art. 1404).

■ Biens scripturaux n° 113

Droits matérialisés au moyen d'une inscription en compte (monnaie scripturale, valeurs mobilières).

■ Clause d'unité d'administration n° 88

Stipulation du contrat de mariage, interdite par la loi du 23 décembre 1985, attribuant l'administration des biens propres de la femme à son époux (v. C. civ., anc. art. 1505, réd. L. du 13 juillet 1965).

■ Cogestion n° 114

Mode de répartition des pouvoirs soumettant au double consentement des époux les actes de disposition et les constitutions de droits réels relatifs aux biens communs — ou à certains d'entre eux (v. C. civ., art. 1422 et 1424) — ainsi qu'au logement de la famille (v. C. civ., art. 215, al. 3).

■ Gestion exclusive n° 89 et 103

Mode de répartition des pouvoirs conférant à un époux le monopole de gestion de ses biens propres ou personnels et des biens communs affectés à l'exercice d'une profession séparée de celle de son conjoint (C. civ., art. 1421, al. 2).

■ Meubles immatriculés n° 114

Meubles dont le transfert de propriété est soumis à publicité.

■ Présomption de communauté n° 125 et 145

Sous les régimes de communauté, présomption légale réputant les biens communs jusqu'à ce que la preuve de leur caractère propre soit rapportée suivant les modes de preuve prévus par la loi (v. C. civ., art. 1402).

■ Stock-options n° 97

Mode de rémunération des cadres supérieurs des entreprises consistant dans la promesse consentie à ces derniers, par une société par actions, de leur céder des actions de la société moyennant un prix et durant un délai d'option fixés à l'avance. La rémunération résulte de la différence entre le prix des actions et leur valeur au jour de la levée de l'option.

■ *« Ubi lex non distinguit, nec nos distinguere debemus »* **n° 143**

Maxime d'interprétation de la loi suivant laquelle il n'y a pas lieu de distinguer là où la loi ne distingue pas.

Documents

1) Portée et sanction de l'autonomie bancaire

Civ. 1re, 8 juill. 2009, n° 08-17300

(*Bull. civ.* I, n° 163 ; *D.* 2009. 1790, obs. V. Egéa ; *D.* 2010. 734, obs. J.-J. Lemouland et D. Vigneau ; *D.* 2010. 360, note F. Chénedé ; *AJ fam.* 2009. 404, obs. F. Chénedé ; *JCP* 2009, n° 43, 353, note E. Naudin, *JCP* 2009, n° 44, 391, n° 5, obs. G. Wiederkehr ; *JCP N* 2009. 1329, note Th. Douville ; *LEFP* juin 2009, obs. N. Peterka)

« Sur le moyen unique :

Attendu que M. et Mme X... se sont mariés sans contrat le 10 juin 1967 ; qu'à compter de juillet 1997, le mari a fait verser les arrérages de sa pension de retraite sur un compte épargne ouvert à son seul nom à la Société générale (la banque) ; que Mme X..., qui ne disposait d'aucune procuration sur ce compte, a procédé à des retraits et virements pour un montant de 19 165,05 euros ; que, poursuivie par M. X..., la banque l'a indemnisé et a fait assigner son épouse en restitution des sommes versées ;

Attendu que Mme X... fait grief à l'arrêt confirmatif attaqué (CA Rouen, 31 janvier 2008), de l'avoir condamnée à payer à la banque, sous bénéfice de la subrogation, la somme litigieuse avec intérêts au taux légal à compter du 20 avril 2005, correspondant aux retraits et virements opérés par elle sur le compte de son mari alimenté par ses pensions de retraite alors, selon le moyen, que les pensions de retraite de M. X... ne constituaient pas un bien propre ; qu'elles faisaient partie de l'actif de la communauté en tant que biens communs, de sorte que son épouse pouvait effectuer des prélèvements sur le compte alimenté par les pensions de retraite du mari, qui constituent des revenus différés ; que l'arrêt attaqué, en estimant que les pensions de retraite du mari constituaient un bien propre a violé l'article 1401 du Code civil ;

Mais attendu, d'une part, que l'article 221 du Code civil réserve à chaque époux la faculté de se faire ouvrir un compte personnel sans le consentement de l'autre, d'autre part, que le banquier dépositaire ne doit, aux termes de l'article 1937 du même Code, restituer les fonds déposés qu'à celui au nom duquel le dépôt a été fait ou à celui qui a été indiqué pour les recevoir ; que la cour d'appel a relevé que si les opérations effectuées par Mme X... ont été rendues possibles par les négligences de la banque, celle-ci était fondée à se prévaloir du bénéfice de la subrogation dès lors que l'épouse n'avait pas le pouvoir de disposer des fonds déposés sur le compte ouvert au seul nom du mari ; que, par ce motif de pur droit, suggéré par la défense, l'arrêt se trouve légalement justifié, abstraction faite du motif erroné mais surabondant critiqué par le moyen ;

PAR CES MOTIFS :

REJETTE le pourvoi [...] »

2) Primauté de la protection du logement de la famille sur l'indépendance ménagère

Civ. 2e, 10 mars 2004
(*Bull. civ.* I, n° 100 ; *RTD civ.* 2004. 538, obs. B. Vareille ; *Defrénois* 2004. 38043. 1462, obs. G. Champenois)

« Sur le premier moyen :

Vu l'article 220 du Code civil, ensemble l'article 215 du même Code ;

Attendu que le domicile conjugal des époux X... a été attribué en jouissance à Mme X... par arrêt du 20 octobre 1995 dans le cadre de la procédure de divorce en cours ; que cet immeuble avait été assuré auprès du Groupe des populaires d'assurances au titre d'une garantie multi-risques, le 20 juillet 1982, par M. X... qui a résilié ce contrat le 29 novembre 1996 pour le remplacer par un contrat Grand toit, souscrit en sa qualité de propriétaire non occupant ; que l'immeuble ayant été en partie détruit par un incendie, le 2 février 1997, Mme X... qui avait accepté sous réserve le montant des indemnités versées par l'assureur a assigné ce dernier afin de le voir condamner à lui verser une somme de 1 108 125 francs à titre de dommages-intérêts en soutenant que la police d'assurance avait été résiliée à la seule demande de M. X... qui n'ayant plus la jouissance du domicile familial ne disposait plus du droit d'agir ainsi ;

Attendu que pour rejeter cette demande, la cour d'appel énonce que le contrat d'assurance portant sur le logement familial était un contrat que chacun des époux pouvait passer seul en application de l'article 220 du Code civil et que sa résiliation par un seul des époux était opposable à l'autre ;

Qu'en statuant ainsi alors que l'époux ne pouvait pas résilier sans le consentement de son conjoint le contrat d'assurance garantissant le logement familial, la cour d'appel a violé les textes susvisés ;

PAR CES MOTIFS :

CASSE ET ANNULE... »

3) Étendue de la protection du logement de la famille

Civ. 1re, 20 janv. 2004
(*Bull. civ.* I, n° 21)

« Sur le moyen unique, pris en sa seconde branche :

Vu l'article 215, alinéa 3, du Code civil ;

Attendu que ce texte institue un régime de protection du logement familial visant les droits de toute nature de l'un des conjoints sur le logement de la famille ;

Attendu que, par acte notarié du 22 janvier 1992, Gilberte Z..., depuis décédée, aux droits de laquelle vient M. À..., a prêté à M. Y... une certaine somme garantie par une hypothèque sur un immeuble appartenant en nue-propriété à l'emprunteur sous l'usufruit de sa mère, Mme B..., veuve Y... ; que le 15 juin 1993, faute de paiement des intérêts, Gilberte Z... a fait délivrer à l'emprunteur un commandement de saisie immobilière, la vente judiciaire étant intervenue le 24 février 1994 au profit de M. C... ; que, le 12 septembre 1994, Mme X..., épouse Y... a assigné son mari, Gilberte Z..., et M. C... aux fins d'annulation de l'acte de prêt et de l'adjudication, soutenant que, l'immeuble constituant le domicile de la famille, l'hypothèque ne pouvait être donnée sans son consentement ;

Attendu que pour débouter Mme X..., épouse Y..., de sa demande en nullité de l'hypothèque, l'arrêt attaqué retient que le logement familial était assuré, non par les droits de M. Y... en nue-propriété sur l'immeuble, mais par l'existence de l'usufruit de Mme B..., veuve Y... dont celle-ci prêtait manifestement la jouissance à son fils et à la famille de celui-ci et qu'en conséquence, M. Y... n'avait pas disposé des droits par lesquels était assuré le logement de la famille ; qu'en statuant ainsi, après avoir relevé l'existence d'un droit d'usage de M. Y... sur l'immeuble litigieux, la cour d'appel a violé, par refus d'application, le texte susvisé ;
PAR CES MOTIFS, et sans qu'il y ait lieu de statuer sur la première branche du moyen :
CASSE ET ANNULE... ».

4) Protection du logement de la famille et intérêt à agir

Civ. 1re, 3 mars 2010

(*D.* 2010. 1608, note L. Mauger-Vielpeau ; *AJ fam.* 2010. 187, obs. F. Chénédé ; *JCP* 2010. 487, n° 3, obs. G. Wiederkehr ; *JCP* N 2010. 332 ; *Dr. fam.* 2010. comm. 61, obs. B. Beignier ; *Defrénois* 2010. 39137. 1466, note J. Massip)

« Attendu que M. X... et Mme Y... se sont mariés le 4 novembre 1989 sous le régime de la séparation de biens ; que par acte du 12 décembre 1991, la SCI du Stand a acquis un immeuble au moyen d'un prêt dont M. X... s'est porté caution solidaire ; qu'à titre de garantie, M. X... a consenti une hypothèque conventionnelle sur un immeuble situé à Champforgeuil constituant le logement de la famille ; que par acte du 20 juin 1994, M. X... a donné à son fils Thomas la nue-propriété de cet immeuble ; que le 26 mai 1998, l'UCB aux droits de laquelle se trouve la société BNP Paribas PF a délivré un commandement de saisie immobilière à la SCI du Stand et M. X... qui l'ont assignée en nullité du commandement ; que le 14 septembre 1998, Mme Y... divorcée X... a assigné l'UCB en nullité de l'acte d'affectation hypothécaire, sur le fondement de l'article 215 du Code civil, en faisant valoir que l'immeuble concerné constituant le logement de la famille, l'hypothèque ne pouvait être donnée sans son consentement ; que le 26 novembre 1999 l'UCB a assigné M. Thomas X... en nullité de la donation ; que les instances ont été jointes ;
Sur la recevabilité du pourvoi en ce qu'il est formé à l'encontre de la société UCB Entreprise :
Attendu que le pourvoi formé contre la société UCB Entreprise, qui n'était pas partie à l'instance d'appel, est irrecevable ;
Sur le premier moyen :
Attendu que Mme Y... fait grief à l'arrêt attaqué (Dijon, 31 janvier 2008) d'avoir déclaré sa demande irrecevable, alors, selon le moyen :
1° / que l'article 215, alinéa 3, du Code civil ouvre une action en nullité au profit de l'époux qui n'a pas donné son consentement à l'acte concernant l'immeuble qui abritait le logement familial à la date à laquelle il a été conclu. Dans la mesure où une action, qui peut être considérée comme attitrée, a été réservée au conjoint qui n'a pas donné son consentement, la seule circonstance qu'un acte ait été passé, sans que son consentement soit requis et obtenu, suffit à l'autoriser à agir en nullité, sans qu'aucune autre condition soit exigée ; qu'en déniant l'intérêt à agir de Mme Y... au motif qu'à la date de l'introduction de la demande elle n'habitait plus l'immeuble, les juges du fond ont violé les articles 30 et 31 du Code de procédure civile ensemble l'article 215 du Code civil ;

2° / qu'en fixant très précisément les conditions d'exercice de l'action, qui doivent être regardées comme exhaustives et en prévoyant que l'action en nullité pouvait être engagée dans le délai d'un an suivant la dissolution du régime matrimonial et donc à une époque où l'époux demandeur peut ne plus résider dans le logement familial, le législateur a implicitement mais nécessairement exclu que l'exercice de l'action soit subordonné à l'existence d'un intérêt impliquant que l'époux demandeur réside dans l'immeuble en cause à la date d'exercice de l'action en justice ; qu'en décidant le contraire, les juges du fond ont violé les articles 30 et 31 du Code de procédure civile ensemble l'article 215 du Code civil ;
Mais attendu que si l'article 215 du Code civil désigne l'époux dont le consentement n'a pas été donné comme ayant seul qualité pour exercer l'action en nullité de l'acte de disposition, par son conjoint, des droits par lesquels est assuré le logement de la famille, cet époux doit justifier d'un intérêt actuel à demander l'annulation de l'acte ; qu'ayant relevé qu'à la date de son assignation du 14 septembre 1998, Mme Y... ne résidait plus dans l'immeuble litigieux qu'elle avait quitté depuis le 21 juin 1997, au cours de l'instance en divorce, la cour d'appel a souverainement estimé que celle-ci n'avait plus d'intérêt à agir en nullité de l'acte d'affectation hypothécaire et a déclaré à bon droit sa demande irrecevable... ».

Biblio

– M. Beaubrun, « L'autonomie bancaire des époux ou le droit matrimonial de demain », *Defrénois* 2010. 39102. 913
– V. Brémond, « Le rôle de l'article 222 du Code civil dans le régime de communauté depuis la loi du 23 décembre 1985 », *Defrénois* 1993. 35527. 465 ; « Protection du logement de la famille. La conformité de l'action en nullité de l'article 215, alinéa 3 du Code civil aux intérêts du conjoint demandeur », *JCP* N 2010. 1226.
– S. Castagné, « Le statut du conjoint collaborateur du chef d'entreprise après la loi du 2 août 2005 en faveur des PME », *JCP* N 2005. 1498.
– A. Chamoulaud-Trapiers, *Les fruits et les revenus en droit patrimonial de la famille*, thèse, PU Limoges, 1999, préface B. Vareille.
– G. Champenois, « La protection du logement du majeur vulnérable par les régimes matrimoniaux », Dr. et patrimoine, janv. 2011, n° 199, p. 42.
– A. Colomer et G. Champenois, « La loi du 23 décembre 1985 relative à l'égalité des époux dans les régimes matrimoniaux », *Defrénois* 1986. 33705. 481.
– M.-P. Champenois-Marmier, M. Faucheux, *Le mariage et l'argent,* Travaux et recherche de l'Université Paris II, PUF, 1981, préf. J. Carbonnier, p. 89.
– C. Coutant-Lapalus, « Le sort du logement de la famille en cas de séparation du couple », in *Dossier. Logement et famille*, *AJ fam*. 2008. 364.
– M. Dupuis, « Une institution dérogeant aux règles des régimes matrimoniaux : le compte joint entre époux », *D.* 1988. Chron. 39.
– M. Grimaldi, « Le logement et la famille », *Defrénois* 1983. 33120. 1025.
– A. Karm, *L'entreprise conjugale,* Defrénois, coll. « Doctorat & notariat », tome 5, 2004, préface P. Catala.
– D. Martin, « L'indépendance bancaire des époux », *D.* 1989. Chron. 135.
– E. Naudin, « La sanction de l'autonomie bancaire des époux » (note ss. Civ. 1re, 8 juill. 2009), *JCP* 2009, n° 43, p. 353.

– J. Rubellin-Devichi, « La famille et le droit au logement », *RTD civ.* 1991. 245.
– F. Sauvage, « Communauté, succession et "stock-options" », *Dr. et patr.* nov. 1998, n° 65, p. 38.
– Ph. Simler, « Le conflit des présomptions en régime de communauté », *RTD civ.* 1970. 478.
– F. Terré, « Le compte joint entre époux », in *Mélanges M. Cabrillac*, Litec, 1999, p. 529.
– F. Vauvillé, « L'autonomie mobilière des époux », *Dr. et patr.* sept. 2000, n° 85, p. 56.
– C. Watine-Drouin, « Les comptes bancaires des époux », in *Clés pour le siècle,* Dalloz, 2000, p. 1479.
– C. Watine-Drouin, « Le statut du logement familial », in *Études offertes au Doyen Philippe Simler*, LexisNexis Litec, Dalloz, 2006, p. 253.

Quiz

1) Sujet corrigé

Cas pratique

Énoncé

M. Oscar Appatte a épousé, en 1990, sans contrat de mariage, Mlle Olga Lopade dont il a trois enfants, Thomas, Antoine et Lucie. Le couple a emménagé avec ses enfants, en décembre 2010, dans une maison à La Varenne qu'Olga a recueillie par voie de succession de sa tante maternelle, décédée sans autre postérité. Olga a procédé à l'aménagement de la maison ainsi qu'à sa décoration. Elle a acquis, à cette fin, divers œuvres d'art et bibelots auprès de galeristes réputés du Quai Voltaire, à Paris, et orné la maison de tableaux de maître lui étant échus de la succession de sa tante. De son côté, Oscar a procédé à plusieurs actes dont il a laissé Olga dans l'ignorance. Il a consenti un prêt de 30 000 €, qu'il a ensuite transformé en donation, au profit de Pierre, un ancien camarade d'université, pour l'aider à faire face à des difficultés financières. Cette somme a été prélevée du compte-titres d'Oscar, lequel était régulièrement alimenté avec une partie de son salaire. Oscar a profité de ce prélèvement pour clôturer ce compte. Il a, par la suite, reconstitué ses liquidités par la vente d'un Daumier provenant de la succession de la tante d'Olga, lequel était accroché au mur du vestibule de la maison. Ces liquidités ont été versées sur le PEL d'Oscar.

Aujourd'hui, Olga, qui a appris l'existence de ces actes et envisage de divorcer, vient vous consulter. Elle voudrait savoir si elle peut remettre en cause les opérations passées par Oscar. Olga vous indique, par ailleurs, que ce dernier a déménagé depuis quelques semaines pour aller vivre avec sa nouvelle amie, qu'elle envisage de faire de même et qu'elle a déjà signé un mandat avec un agent immobilier en vue de la mise en vente de la maison. Elle souhaiterait que vous lui confirmiez que cela ne pose aucun problème.

2) Corrigé

Cas pratique

I. Les actes passés par Oscar

Oscar a conclu trois séries d'opérations sans le concours ou le consentement d'Olga : une donation de 30 000 € ; la vente d'un tableau de Daumier et le versement des sommes provenant de cette vente sur son PEL.

A. Sur la donation de 30 000 €

En l'espèce, Oscar a consenti à Pierre une donation de somme d'argent. Cette dernière provient de la vente d'instruments financiers acquis avec ses gains et salaires. Oscar et Olga étant mariés sans contrat, le couple est soumis au régime légal de la communauté réduite aux acquêts. Aux termes de l'article 1401 du Code civil, « La communauté se compose activement des acquêts faits par les époux ensemble ou séparément durant le mariage, et provenant tant de leur industrie personnelle que des économies faites sur les fruits et revenus des biens propres ». En vertu de ce texte, les titres acquis par Oscar avec son salaire forment des acquêts de communauté (en ce sens, v. Civ. 1re, 22 oct. 1980, *JCP* 1982. II. 19157, note R. Le Guidec ; Civ. 1re civ., 14 janv. 2003, *Dr. fam.* 2003, n° 48 (2e arrêt), note B. Beignier ; *Defrénois* 2003. 544, obs. G. Champenois ; *JCP* 2003. II. 10019, concl. J. Sainte-Rose ; *JCP* 2003. I. 124, n° 4, obs. Ph. Simler ; *RTD civ.* 2003. 339, obs. B. Vareille). Lors de leur cession, leur prix est tombé en communauté. L'article 223, qui réserve à chaque époux la libre disposition de ses gains et salaires après s'être acquitté des charges du mariage, se trouve ainsi écarté au profit des dispositions de l'article 1422 du Code civil. Celui-ci dispose que « les époux ne peuvent, l'un sans l'autre, disposer entre vifs, à titre gratuit, des biens de la communauté ». Le texte soumet la donation entre vifs de biens communs à la cogestion, c'est-à-dire au double consentement des époux. Cette exigence est sanctionnée par la nullité relative de la donation. Selon l'article 1427, « Si l'un des époux a outrepassé ses pouvoirs sur les biens communs, l'autre, à moins qu'il n'ait ratifié l'acte, peut en demander l'annulation ». Olga peut ainsi invoquer la nullité de la donation de somme d'argent consentie par son mari au profit de Pierre. L'article 1427, alinéa 2 enferme l'action en nullité dans un délai de prescription de deux années à partir du jour de la connaissance de l'acte, sans en autoriser l'exercice plus de deux ans après la dissolution de la communauté.

Néanmoins, Olga pourra se voir opposer par Pierre la présomption mobilière de l'article 222 du Code civil. Ce texte dispose que « Si l'un des époux se présente seul pour faire un acte d'administration, de jouissance ou de disposition sur un bien meuble qu'il détient individuellement, il est réputé, à l'égard des tiers de bonne foi, avoir le pouvoir de faire seul cet acte ». Le texte pose une présomption de pouvoir irréfragable, dont le jeu repose sur trois séries de conditions, tenant aux actes juridiques (1°), à l'époux contractant (2°) et au tiers (3°).

1. Les actes juridiques

L'article 222 s'applique aux actes de disposition, d'administration ou de jouissance portant sur des meubles par nature, à l'exception des meubles meublants garnissant le logement de la famille et des biens propres par nature. Il bénéficie, notamment, aux paiements de sommes d'argent (Civ. 1re, 5 avr. 1993, préc. ; CA Lyon, 30 mai 1973, préc.).

La donation correspond à la catégorie des actes de disposition visés à l'article 222, alinéa 1er. La doctrine est, toutefois, partagée sur l'application de ce texte aux donations. En la matière, le jeu de la présomption mobilière conduit, en effet, à vider de sa substance la règle de la cogestion prévue à l'article 1422, alinéa 1er. C'est pourquoi, certains auteurs limitent le jeu de la présomption aux seules opérations de gestion courante. La jurisprudence ne se rallie pas à cette opinion. Elle a ainsi validé, sur le fondement de l'article 222, un don manuel de parts de SICAV communes (CA Paris, 2 mai 2001, préc.).

2. L'époux contractant

L'article 222 exige que l'époux contractant ait la détention individuelle du meuble. Cette condition conduit à écarter la présomption de pouvoir toutes les fois que la détention est équivoque ou commune aux époux. Il en serait ainsi si les fonds ou les titres étaient détenus sur un compte joint entre les époux. En revanche, il y a détention individuelle lorsque les fonds ou les titres figurent sur un compte personnel. Rien ne permet, en l'espèce, d'affirmer qu'Oscar n'ait pas eu la détention individuelle des titres, puis de la somme d'argent résultant de leur cession.

3. Le tiers contractant

Le tiers contractant ne peut se prévaloir du bénéfice de la présomption mobilière qu'à la condition d'être de bonne foi. Celle-ci étant toujours présumée (C. civ., art. 2274), c'est à Olga de démontrer la mauvaise foi de Pierre. Cette preuve peut être rapportée par tous moyens et, notamment, à l'aide d'indices de nature à rendre manifeste le défaut de pouvoir. Les juges ont retenu, par exemple, la mauvaise foi du donataire d'un véhicule automobile immatriculé au nom de l'époux contractant, au motif que le gratifié savait que le véhicule avait été acquis à titre onéreux pendant le mariage et constituait un bien commun (CA Bordeaux, 14 nov. 2002, préc.). En matière de donation, une conception plus stricte de la bonne foi peut se justifier par le souci de protéger le conjoint de l'époux contractant.

En l'espèce, il incombe à Olga de démontrer la mauvaise foi de Pierre, en prouvant que ce dernier savait que les deniers ayant servi à la donation provenaient de titres acquis à titre onéreux au cours du mariage et qu'ils constituaient des biens communs ou, à tout le moins, des biens couverts par la présomption de communauté (C. civ., art. 1402). Si Olga parvient à rapporter cette preuve, la condition tirée de la bonne foi étant défaillante, la présomption mobilière est écartée. La donation consentie à Pierre est alors entachée de nullité pour dépassement de pouvoirs (C. civ., art. 1422 et 1427).

B. Sur la vente du Daumier

Olga a recueilli un tableau de Daumier par voie de succession. Ce bien lui appartient en propre en vertu de l'article 1405. L'article 225 du Code civil dispose que « chacun des époux administre, oblige et aliène seul ses biens personnels ». Reprise sous le régime légal de communauté à l'article 1428 du Code civil, cette règle de pouvoir consacre le monopole de la gestion de ses biens propres ou personnels par chaque époux. Elle reçoit toutefois une restriction en ce qui concerne les meubles meublants qui garnissent le logement de la famille. L'article 215, alinéa 3 précise, en effet, que

« les époux ne peuvent l'un sans l'autre disposer des droits par lesquels est assuré le logement de la famille, ni des meubles meublants dont il est garni. Celui des deux qui n'a pas donné son consentement à l'acte peut en demander l'annulation : l'action en nullité lui est ouverte dans l'année à partir du jour où il a eu connaissance de l'acte, sans pouvoir jamais être intentée plus d'un an après que le régime matrimonial s'est dissous ».

En l'espèce, la maison de La Varenne correspond au logement de la famille. Elle constituait la résidence principale, le lieu d'habitation effectif du couple et de leurs enfants à l'époque où la vente du Daumier a été passée par Oscar. Le Daumier correspond, quant à lui, à la notion de « meubles meublants » visée à l'article 215, alinéa 3. Ces derniers désignent, aux termes de l'article 534 du Code civil, les « meubles destinés à l'usage et à l'ornement des appartements », tel que les tapisseries, les lits, les sièges, les glaces et les tableaux (C. civ., art. 534). Ces biens sont par ailleurs exclus de la présomption mobilière de l'article 222 par souci de protéger le cadre de vie de la famille (C. civ., art. 222, al. 2).

En conséquence, Olga pourra poursuivre la nullité de la vente du tableau, sur le fondement de l'article 215, alinéa 3, dans la double limite du délai d'un an à compter du jour de la connaissance de l'acte, et du délai d'un an à compter de la dissolution du régime matrimonial. Pour autant, si le tiers acquéreur ou sous-acquéreur ne peut pas lui opposer la présomption mobilière de l'article 222, il peut se retrancher derrière la présomption de propriété de l'article 2276, alinéa 1er, laquelle demeure ici applicable sous réserve que la condition tirée d'une possession de bonne foi se trouve réunie.

C. Le versement des liquidités sur le PEL

L'article 221 du Code civil énonce que « Chacun des époux peut se faire ouvrir, sans le consentement de l'autre, tout compte de dépôt et tout compte de titres en son nom personnel [al. 1er]. À l'égard du dépositaire, le déposant est toujours réputé, même après la dissolution du mariage, avoir la libre disposition des fonds et des titres en dépôt [al. 2] ». L'article 221 pose une présomption de pouvoir irréfragable, qui dispense le banquier de réclamer à son client une quelconque justification quant à son régime matrimonial et quant à ses pouvoirs sur les fonds ou titres en dépôt. La présomption bancaire joue non seulement lors de l'ouverture du compte, mais aussi lors de son fonctionnement. Elle couvre toutes les opérations effectuées, à cette occasion, par le titulaire du compte, qu'il s'agisse de retraits, de cessions ou de versements de fonds. L'article 221 interdit au conjoint du déposant de démontrer le défaut de pouvoir de ce dernier pour obtenir l'anéantissement des opérations faites sur le compte ou engager la responsabilité civile du banquier.

En l'espèce, Olga ne peut pas agir en responsabilité civile contre la banque de son mari pour avoir procédé à l'encaissement des deniers provenant de la vente du Daumier sur le PEL d'Oscar. Elle peut en revanche agir en responsabilité civile contre son mari, lequel a procédé sans pouvoir à la vente d'un bien propre de son épouse. Olga pourra également faire valoir une récompense au profit de la communauté, si elle démontre que celle-ci a tiré un profit de la vente du tableau qui lui appartenait en propre (sur tout ceci, v. ss 565 et 570).

II. La vente de la maison de La Varenne

Aux termes de l'article 215, alinéa 3, « les époux ne peuvent l'un sans l'autre disposer des droits par lesquels est assuré le logement de la famille, ni des meubles meublants dont il est garni. Celui des deux qui n'a pas donné son consentement à l'acte peut en demander l'annulation : l'action en nullité lui est ouverte dans l'année à partir du jour où il a eu connaissance de l'acte, sans pouvoir jamais être intentée plus d'un an après que le régime matrimonial s'est dissous ». La protection conférée par ce texte est doublement encadrée, quant aux actes, d'une part, et dans le temps, d'autre part.

S'agissant des actes visés par le texte, la liste des opérations soumises à la cogestion en vertu de l'article 215, alinéa 3 recouvre tous les actes qui privent la famille de la jouissance de son logement. Il s'agit, au premier chef, des actes de disposition de la propriété, tels que l'échange, la donation, la vente ou la promesse de vente.

La protection du logement de la famille, issue de l'article 215, alinéa 3 s'applique tant que le mariage n'est pas dissous ou que la séparation de corps n'a pas été prononcée. En revanche, la séparation de fait des époux ou l'ouverture d'une instance en divorce ou en séparation de corps ne conduisent pas à écarter le texte. Un époux doit recueillir le consentement de son conjoint s'il souhaite vendre, pendant l'instance en divorce, le logement familial qui lui appartient en propre. Il en est ainsi même si les époux ont été autorisés à résider séparément et si la jouissance du logement a été attribuée, à titre provisoire, à l'un d'eux pour la durée de l'instance en divorce (v. Civ. 1re, 26 janv. 2011, n° 09-13138, *LEFP* mars 2011, obs. N. Peterka ; *D.* 2011. 2624, obs. J. Revel ; *AJ fam.* 2011. 261, obs. S. David ; *RTD civ.* 2011. 330, obs. J. Hauser ; *Dr. fam.* 2011. Comm. 52, obs. V. Larribau-Terneyre ; *D.* 2012. 979, obs. J.-J. Lemouland et D. Vigneau ; *JCP* 2011. 503, n° 5, obs. G. Wiederkehr ; CA Aix-en-Provence, 22 févr. 1982, *JCP N* 1983. II. 58, note Ph. Rémy ; CA Colmar, 11 juin 1974, *D.* 1975. Jur. 540, note C.-I. Foulon-Piganiol ; *RTD civ.* 1975. 293, obs. R. Nerson ; CA Limoges, 9 nov. 2004, *JCP* 2005. I. 163, n° 4, obs. Ph. Simler). L'attribution, à titre provisoire, de la jouissance du domicile conjugal à l'un des époux par le juge du divorce ne fait pas obstacle à une autorisation judiciaire de vente du logement familial à la demande de l'autre époux, en application de l'article 217 (Civ. 1re, 30 sept. 2009, *Bull. civ.* I, n° 196 ; *D.* 2009. 2489, obs. V. Egéa ; *AJ fam.* 2009. 451, obs. S.David ; *RTD civ.* 2009. 703, obs. J. Hauser ; *JCP* 2010. 487, n° 5, obs. G. Wiederkehr ; v. ss 218). La protection de l'article 215, alinéa 3 ne cesse qu'avec le prononcé définitif du divorce ou de la séparation de corps (CA Aix-en-Provence, 22 févr. 1982, préc. ; CA Colmar, 11 juin 1974, préc.).

La cogestion implique que les deux époux consentent à l'acte de disposition relatif au logement de la famille. Le consentement doit porter non seulement sur le principe de la cession mais aussi sur ses conditions (Civ. 1re, 16 juill. 1985, *Bull. civ.* I, n° 223). La jurisprudence décide néanmoins que l'article 215, alinéa 3 ne requiert pas que les deux époux concourent à l'acte. Le consentement du conjoint peut résulter d'un acte distinct, tel qu'un mandat donné à son époux ou la signature d'un mandat de vente au profit d'un agent immobilier (CA Lyon, 5 nov. 1980, *D.* 1982. IR. 238). L'acte de vente peut alors être signé par l'autre époux seul (Civ. 1re, 20 mars 1996, *JCP* 1996. I. 3962, n° 1, obs. G. Wiederkehr). Il en va différemment, en revanche, lorsque le conjoint n'a consenti ni au mandat de vente ni au compromis signé par son conjoint (Civ. 1re, 28 nov. 2006, n° 05-17757, *RTD civ.* 2007. 375, obs. B. Vareille ; *JCP* 2007. I. 142, n° 7, obs. G. Wiederkehr ; Civ. 1re, 3 mars 2010, *AJ fam.* 2010. 189, obs.

S. Milleville ; *JCP* 2010. 487, n° 24, obs. M. Storck ; *JCP N* 2010. 331 ; *Dr. fam.* 2010, comm. 72, note V. Larribau-Terneyre ; *RTD civ.* 2010. 367, obs. B. Vareille ; *Defrénois* 2010. 39163. 2021, obs. J. Massip ; *Defrénois* 2011. 39206. 368, obs. G. Champenois).

Sur le terrain de la sanction, l'article 215, alinéa 3 *in fine* dispose que « Celui des deux [époux] qui n'a pas donné son consentement à l'acte peut en demander l'annulation : l'action en nullité lui est ouverte dans l'année à partir du jour où il a eu connaissance de l'acte, sans pouvoir jamais être intentée plus d'un après que le régime matrimonial s'est dissous ». La nullité de l'article 215 est une nullité de droit et d'une nullité relative. Néanmoins, la Cour de cassation soumet, sur le fondement de l'article 31 du Code de procédure civile, l'exercice de l'action en nullité à la justification par l'époux demandeur d'un intérêt actuel à demander l'annulation de l'acte. Les juges du fond disposent, à cet égard, d'un pouvoir souverain d'appréciation. C'est ainsi qu'il a pu être jugé que le conjoint victime du dépassement de pouvoir ne justifie pas d'un intérêt à agir lorsqu'il ne réside plus dans les lieux à la date de l'assignation (Civ. 1re, 3 mars 2010, *D.* 2010.1608, note L. Mauger-Vielpeau, *AJ fam.* 2010. 187, obs. F. Chénedé ; *JCP* 2010. 487, n° 3, obs. G. Wiederkehr ; *JCP N* 2010. 332 ; *Dr. fam.* 2010. Comm. 61, obs. B. Beignier ; *Defrénois* 2010. 39137. 1466, note J. Massip ; *Defrénois* 2011. 39206. 364, obs. G. Champenois ; *RTD civ.* 2010. 365, obs. B. Vareille). Il serait pour autant excessif d'en déduire, d'une façon générale, que l'époux doit résider dans le logement familial lors de l'introduction de sa demande en justice. Tout dépendra, en ce domaine, des circonstances de fait (Comp. Civ. 1re, 16 mai 2000, préc., n° 157, où une épouse avait obtenu l'annulation du bail consenti par son mari sur le logement que le couple avait quitté à la date de la conclusion de la location).

L'article 215, alinéa 3 écarte le délai de droit commun de l'action en nullité (C. civ., art. 1304). Celle-ci est ici enfermée dans un délai d'un an et ne peut jamais être intentée plus d'un an après la dissolution du régime matrimonial, si bien que la prise de connaissance tardive de l'acte, plus d'un an après la dissolution du régime matrimonial, rend l'action irrecevable comme étant prescrite (Civ. 1re, 12 janv. 2011, n° 09-15.631, *LEFP* mars 2011. 4, obs. N. Peterka ; *AJ fam.* 2011. 271, obs. P. Hilt ; *D.* 2011. 1040, obs. J.-J. Lemouland et D. Vigneau ; *D.* 2011. 2624, obs. J. Revel, V. Brémond, C. Bourdaire-Mignot et M. Nicod ; *Dr. fam.* 2011. Comm. 31, note V. Larribau-Terneyre ; *JCP* 2011. 503, n° 4, obs. G. Wiederkehr).

En l'espèce, la maison de La Varenne constitue le logement de la famille. À la date où elle vient vous consulter, Olga réside toujours dans cette maison avec ses trois enfants. La vente est un acte d'aliénation volontaire du logement couvert par les dispositions de l'article 215, alinéa 3. Olga devra donc se munir du consentement d'Oscar pour la signature de la promesse de vente ou de la vente. Il peut à cet effet lui consentir une procuration. Peu importe que le logement familial appartienne en propre à Olga (C. civ., art. 1405) et que la vente intervienne pendant l'instance en divorce. Pour autant, si Oscar ne consentait pas à la vente, et si Olga ne prenait pas la précaution de se munir d'une habilitation du juge aux affaires familiales pour y procéder seule (C. civ., art. 217 ; v. ss 217 et s.), non seulement il serait loisible à Oscar de ratifier la vente après sa conclusion, mais encore Olga pourrait opposer à l'action en nullité intentée par son mari son absence d'intérêt à agir. En effet, Oscar ayant quitté le logement famililal pour s'installer avec sa concubine, il n'a plus aucun intérêt à contester le principe de la vente de la maison de La Varenne. Il conserve en revanche, le cas échéant, un intérêt à en contester le prix, lequel a vocation à tomber en communauté, à charge de récompense au profit d'Olga, sous réserve que la vente intervienne avant la date de la dissolution de la communauté dans les rapports entre époux (C. civ., art. 265-2 ; v. ss 519 ets.) et qu'Olga ne procéde pas à un remploi du prix de vente (v. ss 354 et s.).

chapitre 3

Le régime primaire : la solidarité conjugale

Plan analytique

section 1

La solidarité conjugale à l'égard des tiers (C. civ., art. 220)

§ 1 Le principe de la solidarité ménagère

- **A.** La notion de « dette ménagère »
- **B.** La durée de la solidarité ménagère

§ 2 Les exceptions à la solidarité ménagère

- **A.** Les dépenses manifestement excessives
- **B.** Les achats à tempérament
- **C.** Les emprunts

section 2

La solidarité conjugale entre époux (C. civ., art. 214)

§ 1 L'étendue de la contribution aux charges du mariage

- **A.** La notion de charges du mariage
- **B.** Le montant de la contribution aux charges du mariage

§ 2 La durée de la contribution aux charges du mariage

- **A.** La séparation des époux
- **B.** La sanction des époux

3

Le régime primaire : la solidarité conjugale

Le régime primaire place les relations conjugales sous le signe de la solidarité. Celle-ci revêt une double facette. Elle joue à la fois dans les relations des époux à l'égard des tiers (section 1) et dans les relations entre époux (section 2). 169

section 1

La solidarité conjugale à l'égard des tiers (C. civ., art. 220)

L'article 220 du Code civil pose le principe de la solidarité ménagère (§ 1) et y apporte des exceptions (§ 2). 170

§ 1 Le principe de la solidarité ménagère

Après avoir énoncé à leur sujet une règle de pouvoir (v. ss 91 et s.), l'article 220, alinéa 1er soumet les dettes contractées pour l'entretien du ménage ou l'éducation des enfants au mécanisme de la *solidarité passive*. Le texte édicte, afin de renforcer le crédit du couple, une solidarité *de plein droit*. Les dettes contractées pour l'entretien du ménage ou l'éducation des enfants engagent les époux *solidairement*. Le paiement de la dette souscrite par l'un des conjoints peut ainsi être poursuivi, en totalité, à l'encontre de l'autre époux. L'article 220 règle la question de *l'obligation aux dettes ménagères*[Q]. Il laisse, en revanche, de côté celle de la *contribution à la dette*[Q] (v. Civ. 1re, 17 juin 2003, *D.* 2004. 1118, note D. Lefranc ; *Defrénois* 2004. 67, obs. G. Champenois : éviction des articles 1213 et 1214 au profit de l'article 214 sous le régime de la séparation de biens). Encore faut-il, pour que la solidarité s'applique, que l'on soit en présence d'une dette ménagère (A) et que la durée de la solidarité (B) ne soit pas expirée. 171

A. La notion de « dette ménagère »

La notion de « dette ménagère » englobe toutes les dépenses ordinaires de la vie courante, telles que les dépenses courantes de nourriture, d'habillement, de loyer (Civ. 1re, 9 oct. 1991, *Defrénois* 1991. 1126, obs. G. Champenois ; *JCP* N 1991. II. 57, obs. Ph. Simler), d'installation d'une salle de bains (CA Douai 28 juin 2007, *JCP* 2008. I. 144, n° 2, obs. G. Wiederkehr), celles résultant d'un contrat d'abonnement d'eau (CA Nîmes 10 mars 2009, *JCP* 2009. 391, n° 2, obs. G. Wiederkehr) mais aussi les dépenses de soins médicaux (Civ. 1re, 10 juill. 1996, *Bull. civ.* I, n° 204 ; *JCP* 1997. I. 4008, n° 1, 172 obs. G. Wiederkehr; Civ. 1re, 10 mai 2006, *D.* 2006. IR. 1484; CA Toulouse 23 avr. 2009, *JCP* 2009. 391, n° 2, obs. G. Wiederkehr, pour un contrat destiné à assurer l'accueil d'un époux atteint d'une maladie dégénérative au sein d'un établissement de soins), voire celles de loisirs familiaux (CA Paris 5 juill. 1996, *Dr. fam.* 1997, n° 50, note B. B. : dette contractée pour un voyage d'agrément effectué par l'un des conjoints).

Bien qu'il vise les seuls « contrats [ayant] pour objet l'entretien du ménage ou l'éducation des enfants », la jurisprudence n'a pas hésité à étendre l'article 220, alinéa 1er aux dettes non contractuelles, telles que l'indemnité de licenciement due à une employée de maison, le paiement des cotisations de retraite afférentes à une telle employée (Soc. 8 juin 2005, *D.* 2005. 2509, note J. Mouly; Soc. 11 mars 2009, *D.* 2010. 733, obs. J.-J. Lemouland et D. Vigneau; *JCP* 2009. 391, n° 1, obs. Ph. Simler; *Dr. fam.* 2009, comm. 51, obs. V. Larribau-Terneyre; *RTD civ.* 2010. 802, obs. B. Vareille) et, d'une manière générale, les diverses cotisations obligatoires au profit d'organismes sociaux (v., par exemple, Civ. 1re, 10 mars 1998, *Dr. fam.* 1998, n° 71, 2e esp., note B. B. ; *Defrénois* 1998. 1462, obs. G. Champenois. Civ. 1re, 12 mai 2004, *D.* 2004. 2886, note G.-A. Likilimba; *ibid.* 2966, obs. D. Vigneau. Civ. 1re, 28 oct. 2003, *Defrénois* 2004. 821, obs. G. Champenois rendus en matière de cotisations d'assurance vieillesse).

La Cour de cassation précise qu'il n'y a pas lieu de distinguer, pour l'application de l'article 220, entre l'entretien actuel et l'entretien futur du ménage (Civ. 1re, 4 juin 2009, *D.* 2009. 1610; *D.* 2010. 733, obs. J.-J. Lemouland et D. Vigneau; *JCP* 2009, 10; *AJ fam.* 2009. 303, obs. F. Chénedé; *JCP* 2009. 391, n° 1, obs. G. Wiederkehr; *Defrénois* 2009. 39033. 2184, obs. J. Massip; *Defrénois* 2010. 39069. 333, obs. G. Champenois; *JCP* 2009. 228, n° 1, obs. M. Billiau; *Dr. fam.* 2009. comm. 100, note V. Larribau-Terneyre; *RTD civ.* 2010. 800, obs. B. Vareille; Civ. 1re, 17 nov. 2010, n° 09-11979, *LEFP* janv. 2011, obs. L. Mauger-Vielpeau; *JCP* 2011. 503, n° 2, obs. G. Wiederkehr; *Dr. fam.* 2011. Comm. 2, note B. Beignier; Civ. 1re, 29 juin 2011, *JCP* 2011. 1697, note A. Zelcevic-Duhamel; *D.* 2012. 976, note J.-J. Lemouland et D. Vigneau). Elle qualifie ainsi de dettes ménagères les cotisations à un régime légal obligatoire d'assurance vieillesse, à la condition, toutefois, que ce dernier « institue, à la date où les cotisations sont dues, le principe d'un droit à réversion au profit du conjoint survivant » (Civ. 1re, 4 juin 2009, *préc.*; Civ. 1re, 29 juin 2011, préc. ; v. antér. dans le même sens, Civ. 1re, 23 mai 2006, *Bull. civ.* I, n° 259; *D.* 2006. 1634; *RTD civ.* 2008. 141, obs. B. Vareille; *JCP* 2006. I. 193, n° 11, obs. Ph. Simler; Civ. 1re, 31 oct. 2007, *Bull. civ.* I, n° 333; *D.* 2007. 2879; *RTD civ.* 2008. 141, obs. B Vareille; *AJ fam.* 2007. 483, obs. P. Hilt pour l'affiliation à un régime de retraite complémentaire). L'existence d'un droit à réversion au profit du conjoint, à date du versement des cotisations, incarne ici le postulat de la notion de « dette ménagère ». La restriction laisse, à vrai dire, sceptique, tant il est vrai que la pension de retraite — fût-elle non réversible — est un acte de prévoyance visant à pourvoir à l'entretien du ménage à l'heure de la retraite (En ce sens, B. Vareille, obs. *préc.* et Ph. Simler, obs. *préc.* Ss. Civ. 1re, 23 mai 2006; G. Wiederkehr obs. *préc.* ss. Civ. 1re, 4 juin 2009). La solution laisse d'autant plus dubitatif qu'elle emporte de lourdes conséquences sur le terrain de la contribution à la dette (v. ss 507).

■ **173** Se trouvent *exclus* de la solidarité ménagère les *contrats relatifs à l'activité professionnelle* d'un époux, même si les revenus qui en résultent contribuent indirectement à l'entretien du ménage ou à l'éducation des enfants (Civ. 1re, 10 mai 1995, *JCP* N 1996.

II. 794, obs. G. Wiederkehr ; CA Poitiers 22 janv. 2002, *Dr. fam.* 2002, n° 129 (3e arrêt), obs. B. Beignier ; CA Bourges, 7 déc. 1999, *Dr. fam.* 2000, n° 80, note B. Beignier (1er arrêt) ; *JCP* 2000. I. 245, n° 5, obs. G. Wiederkehr). La solution contraire est parfois retenue par les juridictions du fond qui décident d'étendre la solidarité ménagère aux dépenses professionnelles, dès lors que l'activité d'un époux est la seule source de revenus de la famille. La solution repose sur l'idée selon laquelle les dépenses professionnelles sont nécessaires aux besoins du ménage (CA Montpellier 8 févr. 2006, *JCP* 2007. I. 142, n° 4, obs. G. Wiederkehr).

Se trouvent, également, *exclues* du domaine de la solidarité les *dépenses d'investissement*, telles que les acquisitions immobilières et les dépenses de construction du logement de la famille (v. en ce sens, Civ. 1re, 11 janv. 1984, *Bull. civ.* I, n° 13 ; *Defrénois* 1984. 933, obs. G. Champenois. Civ. 1re, 4 juill. 2006, *RJPF* 2006-11/21, obs. F. Vauvillé. Comp. Civ. 1re, 28 sept. 2004, *RTD civ.* 2004. 170, obs. B. Vareille semblant admettre l'application de l'article 220 aux emprunts immobiliers). Seules les *dépenses d'entretien* déclenchent le jeu de la solidarité légale. La jurisprudence précise, à cet égard, qu'une dette de dommages-intérêts due par un époux pour avoir détourné des fonds au préjudice de la banque qui l'employait, ne s'analyse pas comme une dette ménagère et cela, quand bien même les fonds détournés auraient profité à toute sa famille (Civ. 1re, 9 janv. 2008, *AJ. fam.* 2008. 128, obs. P. Hilt ; *RJPF* mai 2008, obs. F. Vauvillé). Une telle dette vise, en effet, non pas à pourvoir à l'entretien du ménage ou à l'éducation des enfants, mais à réparer le dommage subi par un tiers. C'est dire que c'est bien l'objet de la dette – et non pas l'affectation des fonds – qui lui imprime son caractère ménager. 174

B. La durée de la solidarité ménagère

La solidarité ménagère prévue à l'article 220 s'applique à toutes les dettes domestiques nées pendant le mariage y compris à celles nées durant la séparation de fait ou la procédure de divorce ou de séparation de corps. Elle s'étend ainsi aux dettes de loyers nées après l'ordonnance de non-conciliation attribuant la jouissance exclusive du domicile conjugal à l'un des époux et, cela, quelles que soient les circonstances ou les causes de la séparation (CA Amiens 8 nov. 2007, *JCP* 2008. I. 144, n° 4, obs. G. Wiederkehr). Le caractère ménager des dettes nées pendant l'une de ces périodes est cependant plus aisément contestable. La solidarité légale peut alors être écartée par la preuve que la dette a été souscrite au *bénéfice exclusif de l'un des conjoints* (Civ. 2e, 15 nov. 1994, *Bull. civ.* I, n° 333 ; *RTD civ.* 1995. 421, obs. B. Vareille : absence de solidarité pour un contrat d'abonnement téléphonique souscrit par un époux à son seul nom pendant la séparation de fait ; Civ. 1re, 27 avr. 2004, *RTD civ.* 2004. 763, obs. B. Vareille : bail conclu par le mari pour son usage exclusif après l'ordonnance de non-conciliation ; rappr. Civ. 1re, 14 oct. 2009, *JCP* 2010. 487, n° 1, obs. G. Wiederkehr reprochant aux juges du fond de n'avoir pas recherché si des virements effectués après l'ordonnance de non-conciliation, en vertu d'une ouverture de crédit antérieurement consentie au mari par sa banque, étaient destinés à l'entretien du ménage ; Civ. 3e, 4 mars 2009, *D.* 2010. 733, obs. J.-J. Lemouland et D. Vigneau ; *Dr. fam.* 2009, comm. 34, note V. Larribau-Terneyre, reprochant aux juges du fond d'avoir appliqué la solidarité ménagère à l'indemnité due, après la résiliation du bail, en raison de l'occupation des lieux par un époux séparé de fait de son conjoint, sans avoir constaté que cette indemnité était destinée à l'entretien du ménage ou à l'éducation des 175 enfants). La dette conserve, en revanche, son caractère ménager dès lors que, bien qu'ayant été souscrite alors que les époux vivaient déjà séparés de fait, elle est destinée à profiter aux deux conjoints (v. par exemple, Civ. 1re, 29 juin 2011, préc. à propos de cotisations dues par un époux au titre d'un régime légal obligatoire d'assurance maladie et d'assurance vieillesse ouvrant droit à une pension de réversion au profit du conjoint survivant). Seule la transcription du jugement de divorce ou de séparation de corps sur les registres de l'état civil met fin à la solidarité des époux (v., par exemple Civ. 2e, 3 oct. 1990, *Bull. civ.* II, n° 117 ; *D.* 1992. Somm. 219, obs. F. Lucet ; Civ. 3e, 2 juin 1993, *Bull. civ.* III, n° 74 ; *Defrénois* 1993. 1443, obs. G. Champenois ; CA Chambéry 6 nov. 2007, *JCP* 2008. I. 144, n° 4, obs. G. Wiederkehr). Étant un avantage pour le créancier, cette dernière subsiste, à son égard, pour les dettes souscrites avant la transcription du jugement sur les registres de l'état civil, sans qu'il importe que le divorce produise ses effets entre les ex-époux avant cette date (CA Paris 2 oct. 2008, *JCP* 2009. I. 140, n° 2, obs. G. Wiederkehr ; Civ. 1re, 24 sept. 2008, *AJ fam.* 2008. 482, obs. P. Hilt, *D.* 2010. 733, obs. J.-J. Lemouland et D. Vigneau, pour le paiement de l'indemnité née, durant la procédure de divorce, de l'occupation du logement de la famille par l'épouse et les enfants après l'ordonnance d'expulsion).

176 Dans les rapports entre époux, la solidarité ménagère prend fin, en revanche, à une date antérieure à la publication du jugement de divorce, toutes les fois que ce dernier prend effet, dans les relations entre les conjoints, à la date de l'ordonnance de non-conciliation ou à celle à laquelle les époux ont cessé de cohabiter et de collaborer. Les dettes souscrites par un époux après cette date échappent alors à la solidarité légale de telle sorte qu'il ne peut appeler son conjoint en garantie (C. civ., art. 262-1 ; Civ. 1re, 28 juin 2005, *JCP* N 2006. 1066, note F. Fruleux, *Dr. fam.* 2005, n° 215, note V. Larribau-Terneyre).

§ 2 Les exceptions à la solidarité ménagère

177 Toutes les dettes ménagères ne bénéficient pas de la solidarité légale de l'article 220. Le texte comporte, en effet, plusieurs exceptions qui sont destinées à prémunir le conjoint contre les initiatives solitaires de son époux, susceptibles de mettre en péril le crédit du couple. À défaut de solidarité, seul l'époux contractant est tenu de la dette ménagère. Il reste qu'en régime de communauté, les biens communs seront susceptibles d'être saisis, à l'exception des gains et salaires de l'époux non débiteur (v. C. civ., art. 1414 ; la référence faite par ce texte à l'obligation contractée « pour l'entretien du ménage ou l'éducation des enfants conformément à l'article 220 » semble viser les seules dettes ménagères solidaires : Civ. 2e, 28 oct. 1999, *RTD civ.* 2000. 386, obs. B. Vareille ; *RJPF* 2000-1/14, note S. Valory ; v. ss 479).

178 L'article 220 apporte trois séries d'exception à la règle de la solidarité légale. Celles-ci concernent les dépenses manifestement excessives (A), les achats à tempéraments (B) et les emprunts (C).

A. Les dépenses manifestement excessives

La première exception figure, depuis 1965, à l'article 220, alinéa 2. Ce dernier soustrait de la solidarité les « dépenses manifestement excessives, eu égard au train de vie du ménage, à l'utilité ou à l'inutilité de l'opération, à la bonne ou mauvaise foi du tiers contractant ». Même si l'acte est ménager, la solidarité légale est exclue toutes les fois que la dette est disproportionnée au regard du train de vie du ménage. Cette disproportion s'apprécie non seulement eu égard au train de vie du ménage, à l'utilité ou à l'inutilité de l'opération, à la bonne ou à la mauvaise foi du tiers contractant, comme le prescrit le Code civil, mais aussi en considération de l'origine et de l'importance de la dette. C'est ainsi que le caractère excessif d'une dépense mensuelle de 1 200 euros, liée à l'hébergement d'un époux dans un établissement de soins, pour des revenus mensuels de 1 400 euros, a été écarté en raison de son origine fautive liée à la carence du conjoint n'ayant pas fourni les documents nécessaires à l'accueil de sa demande d'aide sociale. De la même façon, si l'utilité d'un contrat d'abonnement d'eau n'est pas contestable, le caractère excessif d'une dépense de près de 7 000 euros ne peut être retenu dès lors qu'elle est le résultat du défaut d'entretien des canalisations par les époux (CA Toulouse 23 avr. 2009 et CA Nîmes 10 mars 2009, *préc.* n° 172). Le comportement fautif des époux à l'origine de la naissance et du montant de la dette participe ainsi des éléments d'appréciation de l'excès. 179

B. Les achats à tempérament

La deuxième exception — pareillement prévue depuis 1965 — résulte de l'alinéa 3 de l'article 220. Elle concerne les *achats à tempéraments*. Pour qu'il y ait solidarité légale, il faut que ces derniers aient été conclus du consentement des deux époux. L'exigence s'étend à l'ensemble des actes de cette catégorie. Peu importe ici l'importance de la dépense eu égard au train de vie du ménage. L'éviction des achats à tempéraments de la solidarité légale s'explique par la dangerosité de ces actes pour le crédit du couple. Le législateur a voulu protéger le couple contre la spirale du surendettement. Il reste que le domaine de l'exception est parfois délicat à cerner. Il n'est pas toujours aisé de savoir si l'on est en présence d'un achat à tempérament ou d'un emprunt. Ainsi, dans l'hypothèse d'achats financés moyennant une ouverture de crédit consentie par un organisme financier rattaché à un grand magasin (système des cartes BHV, Bon Marché, Galeries Lafayette, Printemps, etc.), la jurisprudence retient tantôt la qualification « d'achat à tempérament », tantôt celle « d'emprunt » (Civ. 1re, 13 nov. 2008, n° 07-19284, *D.* 2010. 733, obs. J.-J. Lemouland et D. Vigneau ; *JCP* 2009. I. 140, n° 4, obs. G Wiederkehr ; CA Paris, 2 sept. 1997 [1er arrêt] ; CA Bourges, 30 avr. 1996 [2e arrêt], *Dr. fam.* 1998, n° 70, note B. B. ; CA Grenoble, 11 sept. 1996, *Dr. fam.* 1997, n° 51, note B. B. analysant l'achat à crédit-bail d'une automobile comme une dette ménagère solidaire et non comme un achat à tempérament). Cette incertitude préjudicie à la sécurité juridique car le choix de la qualification peut se révéler lourd de conséquences. 180

C. Les emprunts

La loi du 23 décembre 1985 est venue ajouter, à l'article 220, alinéa 3, une dernière exception à la solidarité légale. Les emprunts ménagers y échappent, en principe, 181 *sauf* s'ils ont été conclus du *consentement exprès des deux époux* (C. civ., art. 220, al. 3 ; v. Civ. 1re, 17 déc. 2002, *D.* 2003. 1863, obs. V. Brémont ; Civ. 1re, 6 déc. 2005, *Dr. fam.* 2006, no 13 (1re esp.), obs. B. Beignier) ou s'ils « portent sur des sommes modestes nécessaires aux besoins de la vie courante » (Civ. 1re, 13 nov. 2008, *préc.* no 180), ces deux conditions étant alternatives. Un double point important mérite ici d'être souligné. D'une part, le consentement des époux doit être exprès. C'est dire que la seule connaissance qu'aurait un époux de l'emprunt souscrit par son conjoint ne suffit pas pour déclencher le jeu de la solidarité légale (Civ. 1re, 14 avr. 2010, *JCP* 2010. 1220, no 2, obs. G. Wiederkehr ; *Defrénois* 2011. 39206. 369, obs. G. Champenois). D'autre part, le *consentement des deux époux* ou la *modestie de l'emprunt* ne suffisent pas pour entraîner la solidarité. Il faut encore que l'emprunt (ou l'achat à tempérament, v. ss 180) ait un *caractère ménager* (Civ. 1re, 28 nov. 2006, no 05-14412, *JCP* 2007. I. 142, no 5, obs. G. Wiederkehr). Ce qui ne peut résulter du seul fait qu'il s'agisse d'un crédit à la consommation (Civ. 1re, 1er juill. 2009, *JCP* 2009. 391, no 3, obs. G. Wiederkehr).

182 La modestie de l'emprunt, qui relève du pouvoir souverain des juges du fond (Civ. 1re, 3 janv. 2006, *JCP* 2006. I. 141, no 2, obs. G. Wiederkehr), s'apprécie eu égard aux revenus du couple et de la somme globale objet du contrat (CA Caen 13 sept. 2007, *JCP* 2008. I. 144, no 3, obs. G. Wiederkehr). Sa constatation ne suffit pas, toutefois, à engager les époux solidairement. Il faut encore que les sommes empruntées aient été nécessaires aux besoins de la vie courante. La modestie et la nécessité de l'emprunt représentent deux conditions *distinctes* et *cumulatives*, qui doivent être chacune caractérisées par les juges du fond (Civ. 1re, 27 nov. 2001, *D.* 2002. Jur. 2910, note M.-P. Baudin-Maurin ; *RTD civ.* 2002. 558, obs. B. Vareille ; *Defrénois*. 37583, obs. G. Champenois ; Civ. 1re, 3 juin 2003, *D.* 2003. 1863, obs. V. Brémond. Civ. 1re, 22 févr. et 4 juin 2007, *JCP* 2007. I. 207, no 3, obs. G. Wiederkehr ; Civ. 1re, 1er juill. 2009 (deux arrêts), *préc.* no 181 ; CA Chambéry, 9 déc. 2008, *JCP* 2009. I. 140, no 4, obs. G. Wiederkehr ; Civ. 1re, 14 avr. 2010, préc. v. ss 181). Le versement des sommes sur un compte commun des époux n'établit ni le consentement du conjoint de l'emprunteur ni le caractère modeste et nécessaire de l'emprunt contracté par l'un des conjoints (CA Toulouse 13 janv. 2009, *JCP* 2009. I. 140, no 4, obs. G. Wiederkehr). Un crédit *revolving* souscrit par un époux avant le mariage relève de la solidarité ménagère, dès lors que le contrat s'est renouvelé tous les ans pendant le mariage et que l'emprunt a été utilisé pour effectuer des achats de petits montants pour les besoins vestimentaires et mobiliers du ménage et, notamment, pour l'enfant commun. Pareilles « dépenses [...] ne sauraient », selon la Haute juridiction, « de par leur objet, montant et utilité échapper à la solidarité entre époux » (Civ. 1re, 13 nov. 2008, no 07-19281, no 07-19286 et no 07-19289, *D.* 2010. 733, obs. J.-J. Lemouland et D. Vigneau).

183 Le consentement des deux époux dispense de rechercher si l'emprunt porte sur des sommes modestes nécessaires aux besoins de la vie courante. Il suffit alors que la dépense soit conforme au train de vie du ménage, c'est-à-dire qu'elle ne présente pas un caractère manifestement excessif, ce qui vise des sommes plus importantes (Civ. 1re, 3 juin 2003, *Bull. civ.* I, no 134 ; *Defrénois* 2003. 1355, obs. G. Champenois).

section 2

La solidarité conjugale entre époux (C. civ., art. 214)

L'article 214, alinéa 1er instaure une solidarité conjugale entre époux, en leur imposant l'obligation de contribuer aux charges du mariage. Le texte énonce que « Si les conventions matrimoniales ne règlent pas la contribution des époux aux charges du mariage, ils y contribuent à proportion de leurs facultés respectives ». Le texte définit l'étendue de la contribution (§ 1) de chaque époux aux charges de la vie quotidienne et permet de déterminer la durée de cette contribution (§ 2). 184

§ 1 L'étendue de la *contribution aux charges du mariage*

L'obligation de contribuer aux charges du mariage est doublement délimitée, quant aux charges visées (A) et quant au montant de la contribution (B). 185

A. La notion de charges du mariage

La notion de « charges du mariage » est très large. Il est possible, en la matière, d'opérer un rapprochement avec les dettes ménagères visées à l'article 220. Les charges du mariage recouvrent toutes les dettes ayant pour objet l'entretien du ménage ou l'éducation des enfants (v. ss 172 et s.). Mais la notion déborde le cadre des dettes ménagères. Les charges du mariage incluent, d'une manière générale, *l'ensemble des dépenses entraînées par le train de vie du ménage*. Constituent, ainsi, des charges du mariage les pures dépenses d'agrément, telles que l'acquisition d'une résidence secondaire (Civ. 1re, 20 mai 1981, *Bull. civ.* I, n° 176 ; *JCP* 1981. II. 19665, note R. Jambu-Merlin), et les opérations d'investissement conformes à l'intérêt de la famille, telles que l'acquisition du logement familial (Civ. 1re, 3 mars 2010, n° 09-11005). Peu importe que la dépense excède le train de vie habituel du ménage. En revanche, l'impôt sur le revenu ne figure pas au nombre des charges du mariage (sur le régime fiscal de la contribution aux charges, laquelle n'est déductible du revenu global d'un conjoint que si son versement résulte d'une décision de justice et si les époux font l'objet d'une imposition séparée, Rép. min. n° 56066, *JOAN* Q 13 avr. 2010, p. 4623 ; *JCP N* 2010. 396). Sous le régime de la séparation de biens, chaque époux doit y contribuer *au prorata* de l'impôt dont il aurait été redevable s'il avait fait l'objet d'une imposition séparée (Civ. 1re, 30 oct. 2006, n° 03-19317, *AJ fam.* 2006. 487, obs. P. Hilt ; *RTD civ.* 2008. 529, obs. B. Vareille ; *JCP* 2007. I. 143, n° 31, obs. M. Storck ; *RJPF* 2007, 1/23, obs. F. Vauvillé ; Civ. 1re, 26 oct. 2011, n° 10-24214, *D.* 2011. 2656 ; *AJ fam.* 2012. 111, obs. P. Hilt ; *D.* 2012. 976, obs. J.-J. Lemouland et D. Vigneau), cependant que, sous les régimes communautaires, cet impôt intègre, en tant que charge des revenus, le passif définitif de la communauté pour exclure le jeu des récompenses (Civ. 1re, 17 sept. 2003, *RTD civ.* 2004. 134, obs. B. Vareille ; sur la notion de « passif commun définitif », v. ss 498 et s.). 186

187 La notion de « charges du mariage » est indépendante de l'état de besoin de l'époux demandeur. La jurisprudence décide que chacun des époux est tenu de contribuer aux charges du mariage selon ses facultés, même si son conjoint n'est pas dans le besoin (Civ. 1re, 23 juin 1970, *D.* 1971. Jur. 162, note C. Larroumet ; *RTD civ.* 1971. 822, obs. R. Nerson ; Civ. 1re, 24 oct. 1977, *Bull. civ.* I, n° 383 ; CA Douai, 8 janv. 2009, *JCP* 2009. I. 140, n° 1, obs. G. Wiederkehr). De ce point de vue, la contribution aux charges du mariage se distingue du *devoir de secours* entre époux qui a un caractère alimentaire marqué et se limite ainsi aux seules *dépenses d'aliments* (v. C. civ., art. 212).

B. Le montant de la contribution aux charges du mariage

188 L'article 214, alinéa 1er précise que « Si les conventions matrimoniales ne règlent pas la contribution aux charges du mariage, [les époux] y contribuent à proportion de leurs facultés respectives ». Le texte présente incontestablement une originalité au regard des autres règles du régime primaire. L'article 214 est un *texte supplétif*, qui laisse aux conjoints le soin de fixer leur part contributive aux charges du mariage. C'est seulement à défaut de volonté contraire exprimée dans le contrat de mariage que les époux contribuent aux charges du mariage à proportion de leurs facultés respectives. La Cour de cassation admet, par ailleurs, que la contribution soit réglée au moyen d'un engagement extérieur au contrat de mariage (Civ. 1re, 3 févr. 1987, *Gaz. Pal.* 1987. 2. 384, note J. M. ; *JCP* N 1988. II. 65, note Ph. Simler).

189 La portée du caractère supplétif de l'article 214, alinéa 1er doit être bien comprise. Elle autorise seulement les époux à *fixer un autre mode de répartition* que celui prévu par le texte, mais elle ne leur permet en aucun cas de se dispenser de toute contribution. Une telle clause se heurterait, en effet, à l'article 1388 du Code civil qui interdit aux conjoints de « déroger [...] aux devoirs [et] aux droits qui résultent pour eux du mariage ».

190 En l'absence d'accord entre époux, l'article 214, alinéa 1er décide qu'ils contribuent aux charges du mariage « à proportion de leurs facultés respectives ». Les facultés de chaque époux s'apprécient en tenant compte de l'ensemble de ses revenus : gains et salaires, revenus des biens propres. Dans un ménage où le salaire de la femme correspond à la moitié du salaire de son mari, ce dernier doit contribuer aux charges du mariage à hauteur de $^2/_3$ et son épouse à hauteur d'$^1/_3$. Si un époux n'exerce pas d'activité professionnelle, l'article 214 l'autorise à s'acquitter en nature de sa contribution. Il pourra s'agir, par exemple, de l'affectation d'un immeuble propre au logement de la famille, de l'activité au foyer ou de la collaboration non rémunérée d'un époux à la profession de son conjoint.

§ 2 La durée de la contribution aux charges du mariage

191 La contribution aux charges du mariage ne soulève pas vraiment de difficultés tant que le couple entretient une vie commune. L'article 214 prend, en revanche, tout son relief en cas de séparation des époux (§ 1). Le législateur organise alors la sanction de celui qui manque à son obligation de contribuer aux charges du mariage (§ 2).

A. La séparation des époux

L'obligation de contribuer aux charges du mariage dure tant que dure le mariage. Les époux en sont tenus même lorsqu'ils vivent séparés de fait. L'explication tient à ce que la contribution aux charges du mariage est liée au devoir de vie commune – dont la séparation de fait est une violation – et non à l'existence effective d'une vie commune entre les époux (Civ. 1re, 1er juill. 1980, *Bull. civ.* I, n° 206). La Cour de cassation affirme, de manière constante, que la contribution aux charges du mariage « n'implique pas l'existence d'une communauté de vie entre les conjoints » (Civ. 1re, 6 janv. 1981, *Bull. civ.* I, n° 6). 192

Il reste que la *séparation de fait* n'est pas dépourvue de toute incidence sur la contribution aux charges du mariage. La Cour de cassation laisse aux juges du fond la faculté de tenir compte des « circonstances de la cause » (Civ. 1re, 6 janv. 1981, *préc.*). Les juges refusent le bénéfice de l'article 214 à l'époux auquel la séparation de fait est imputable. Ainsi, l'époux entretenant une relation adultère ne peut pas exiger de son conjoint qu'il contribue aux charges du mariage (v. Civ. 1re, 1er juill. 1980, *préc.*). Cette solution jurisprudentielle est critiquable en droit. Elle conduit à faire de la contribution aux charges du mariage une mesure d'indemnisation de l'époux délaissé, alors que l'article 214 vise seulement à obliger les époux à participer ensemble au paiement des charges de la vie courante. Cette jurisprudence semble d'ailleurs aujourd'hui condamnée. Elle n'est plus conforme à l'esprit du droit matrimonial qui, depuis la loi n° 2004-439 du 26 mai 2004, dissocie les torts et les conséquences patrimoniales de la rupture, en matière de divorce et de séparation de corps (v. CA Douai 8 janv. 2009, *préc.* n° 187 : le fait que l'époux demandeur ait volontairement quitté le domicile conjugal ne justifie pas le refus de lui verser la contribution). 193

Plus délicate est la question de savoir si l'obligation de contribuer aux charges du mariage continue à s'appliquer pendant la *procédure de divorce* ou de *séparation de corps*. Dans la mesure où cette obligation est liée au devoir de communauté de vie, elle doit prendre fin avec lui. La contribution aux charges du mariage s'éteint ainsi lors du prononcé de l'ordonnance de non-conciliation qui autorise les époux à résider séparément. La Cour de cassation décide que la pension alimentaire fixée au titre des mesures provisoires se substitue d'office à la contribution aux charges du mariage, dès le prononcé de l'ordonnance de non-conciliation (Civ. 2e, 30 nov. 1994, *Bull. civ.* II, n° 245). 194

B. La sanction des époux

L'article 214, alinéa 2 dispose que « Si l'un des époux ne remplit pas ses obligations, il peut y être contraint par l'autre dans les formes prévues au Code de procédure civile » (C. pr. civ., art. 1070 à 1074-1 et 1137 à 1142). Le conjoint qui réclame la contribution aux charges du mariage doit saisir le juge aux affaires familiales. Ce dernier fixe souverainement le montant de la contribution (Ch. mixte 29 janv. 1971, *D.* 1971. Jur. 626). Le juge peut en déterminer le montant pour l'avenir. Il apprécie alors le bien-fondé de la demande au jour où il statue (Civ. 1re, 18 févr. 1976, *Bull. civ.* I, n° 77. Civ. 1re, 14 févr. 1984, *Bull. civ.* I, n° 63). Le juge peut également fixer le montant de la contribution pour une période antérieure à sa décision (par exemple, pour la période allant du début de la séparation de fait à l'ordonnance de non-conciliation. V. Civ. 1re, 195

8 nov. 1989, *Bull. civ.* I, n° 341 ; *Defrénois* 1990. 296, obs. J. Massip). La règle « *aliments n'arréragent pas* » ne s'applique pas à la contribution aux charges du mariage.

196 L'ordonnance du juge aux affaires familiales confère un titre exécutoire à l'époux demandeur. Ce dernier peut alors recourir aux voies d'exécution forcée et, notamment, à la procédure de paiement direct des pensions alimentaires (L. n° 73-5 du 2 janv. 1973 relative au paiement direct de la pension alimentaire). Les dispositions de la loi n° 75-618 du 11 juillet 1975 relative au recouvrement public des pensions alimentaires et celles de la loi n° 84-1171 du 22 décembre 1984 relatives à l'intervention des organismes débiteurs des prestations familiales pour le recouvrement des créances alimentaires impayées (CSS, art. L. 581-2 et s.) sont applicables au recouvrement de la contribution aux charges du mariage. L'époux qui n'exécute pas la décision le condamnant à contribuer aux charges du mariage encourt des sanctions pénales pour abandon de famille (C. pén., art. 227-3). Les peines du délit d'organisation ou d'aggravation de l'insolvabilité sont, en la matière, également applicables (C. pén., art. 314-9).

Mémo

La solidarité conjugale joue tout à la fois dans les relations des époux et des tiers et dans celles des époux entre eux.

Dans les relations des époux et des tiers, l'article 220 dispose que les époux sont tenus solidairement des dettes contractées pour l'entretien du ménage ou l'éducation des enfants. Le texte édicte une solidarité passive qui joue de plein droit. La notion de « dette ménagère » vise les dépenses ordinaires de la vie courante. Elle englobe les dettes contractuelles et les dettes non contractuelles. Peu importe que la dette soit souscrite pour l'entretien actuel ou futur du ménage. Les dépenses relatives à l'activité professionnelle d'un époux et les dépenses d'investissement ne sont pas regardées comme des dettes ménagères.

La solidarité joue dès lors que la dette est née pendant le mariage, et, cela, jusqu'à la transcription du jugement de divorce ou de séparation de corps sur les registres de l'état civil. Toutefois, le caractère ménager de la dette née pendant l'instance en divorce ou en séparation de corps, ou durant la séparation de fait, peut être écarté par la démonstration qu'elle a été souscrite au bénéfice exclusif d'un conjoint.

L'article 220 apporte un triple tempérament au principe de la solidarité ménagère. En sont exclus les dettes manifestement excessives, les achats à tempérament et les emprunts. La distinction entre ces deux notions est délicate toutes les fois que l'acquisition est financée à l'aide d'un crédit consenti par un organisme financier rattaché au vendeur. Les achats à tempérament sont écartés de la solidarité ménagère, dès lors qu'ils n'ont pas été souscrits du consentement exprès des deux époux. Peu importe ici le montant de la dépense. Exclus de la solidarité, les emprunts ménagers y sont réintégrés lorsqu'ils sont conclus du consentement exprès des époux ou portent sur des sommes modestes nécessaires aux besoins de la vie courante.

Dans les relations entre époux, l'article 214 leur impose l'obligation de contribuer aux charges du mariage. Sont ici visées toutes les dépenses liées au train de vie du ménage. Le Code civil laisse aux conjoints le soin de régler dans leur contrat de mariage la contribution aux charges du mariage. À défaut, ils y contribuent à proportion de leurs facultés respectives. L'obligation de contribuer aux charges du mariage dure aussi longtemps que subsiste le devoir de communauté de vie. L'époux qui ne contribue pas aux charges du mariage peut y être contraint, à la demande de son conjoint, par le juge aux affaires familiales.

Quid

■ « Aliments n'arréragent pas » n° 195

Adage signifiant que le créancier d'une pension alimentaire qui n'en réclame pas les termes échus ne peut être considéré comme étant dans le besoin. Il ne peut donc exiger le versement des arriérés de la pension.

■ Achat à tempérament n° 180

Vente dans laquelle le paiement du prix, entre les mains du vendeur, est fractionné en plusieurs échéances échelonnées dans le temps.

■ Contribution à la dette n° 171

Terme désignant le fait de supporter, après paiement, la charge définitive d'une dette à défaut de pouvoir exercer un recours contre un tiers.

■ Contribution aux charges du mariage n° 184 à 196

Devoir du mariage imposant aux époux de participer aux dépenses entraînées par le train de vie du ménage, à proportion de leurs facultés respectives, à défaut d'une autre répartition fixée par le contrat de mariage ou un engagement extérieur à celui-ci (C. civ., art. 214).

■ Dettes ménagères n° 171 à 176

Dettes ayant pour objet l'entretien du ménage ou l'éducation des enfants, c'est-à-dire les dépenses ordinaires de la vie courante et entraînant la solidarité des époux à l'égard du créancier. Ce dernier est autorisé à poursuivre le paiement de sa créance à l'encontre de l'un ou l'autre des époux sur ses biens propres et sur leurs biens communs (C. civ., art. 220).

■ Obligation à la dette n° 171

Terme désignant l'obligation de procéder au paiement d'une dette. S'oppose à la contribution à la dette.

Documents

1) Solidarité ménagère et emprunt : nécessité d'un consentement exprès de l'autre conjoint

Civ. 1re, 6 déc. 2005
(*Dr. fam.* 2006, n° 13 (1re esp.), note B. Beignier)

« Mais sur le second moyen, pris en ses trois dernières branches :

Vu l'article 220 du Code civil ;

Attendu que la solidarité légale entre époux, édictée pour les dettes relatives à l'entretien du ménage, n'a pas lieu pour les emprunts, s'ils n'ont été conclus du consentement des deux époux à moins qu'ils ne portent que sur des sommes modestes nécessaires aux besoins de la vie courante ;

Attendu que pour condamner M. X... solidairement avec son ex-épouse à rembourser à la société Finaref la somme principale de 30 941,37 francs correspondant au montant de l'ouverture de crédit, l'arrêt retient que M. X... ne peut sérieusement prétendre qu'il n'a pas donné son consentement à ce crédit dont les mensualités étaient prélevées sur son compte, que si le crédit d'un montant originaire de 10 000 francs n'était pas affecté, il ressort des pièces versées aux débats que le couple a acquis divers appareils électroménagers et appareils qui ont servi à la famille et que rien n'indique que les dépenses de voyance, qui ne concernent qu'une période de quinze jours en 1998, aient été assurées par des prélèvements Finaref ;

Qu'en se déterminant ainsi, sans relever le consentement exprès de M. X... à l'emprunt et sans rechercher alors si les fonds empruntés portaient sur des sommes modestes nécessaires aux besoins de la vie courante du ménage, la cour d'appel n'a pas donné de base légale à sa décision ;
PAR CES MOTIFS, et sans qu'il y ait lieu de statuer sur la première branche du moyen :
CASSE ET ANNULE... »

2) Solidarité ménagère et emprunt : sommes modestes nécessaires aux besoins de la vie courante

Civ. 1re, 6 déc. 2005 (*Dr. fam.* 2006, n° 13 (2e esp.), note B. Beignier)

« Sur le moyen unique :
Vu l'article 220, alinéas 1 et 3 du Code civil ;
Attendu qu'aux termes de ce texte, toute dette contractée par l'un des époux pour l'entretien du ménage oblige l'autre solidairement, mais la solidarité n'a pas lieu pour les emprunts qui n'ont pas été conclus du consentement des deux époux, à moins qu'ils ne portent sur des sommes modestes nécessaires aux besoins de la vie courante ;
Attendu que pour condamner Mme X..., solidairement avec son ex-époux, M. Y..., à rembourser à la société S2P, le solde d'un prêt de 75 000 francs contracté par M. Y... pendant le mariage, l'arrêt retient que les fonds ont été versés sur un compte joint des époux sur lequel étaient effectués les prélèvements afférents au remboursement du prêt et qu'il appartenait à Mme X... de s'assurer du bon fonctionnement du compte dont elle était titulaire au même titre que son mari ;
Attendu qu'en se déterminant ainsi, sans rechercher si l'emprunt portait sur des sommes modestes nécessaires aux besoins de la vie courante du ménage, la cour d'appel n'a pas donné de base légale à sa décision ;
PAR CES MOTIFS :
CASSE ET ANNULE... »

Biblio

– C. Alleaume, « Achat à crédit et solidarité des époux », *Dr. fam.* 1999, n° 5.
– N. Rzepecki, « Les opérations de crédit et la solidarité ménagère de l'article 220 du Code civil », *JCP* 1999. I. 148.
– H.-P. Baudin-Maurin, « L'avènement de la notion de dette ménagère "à crédit" », *RRJ* 2000. 1471.
– Dossier. Couples et solidarité, *AJ fam*. 2004. 8.
– I. Dauriac, « Les couples à l'épreuve de la solidarité ménagère », in *Le couple à l'épreuve du passif. 4e États généraux du droit de la famille*, *Gaz. Pal.* 10-11 déc. 2008, p. 18.

Quiz

1) Sujets corrigés

A) Test de connaissances

Énoncé

1. La solidarité ménagère s'étend :

a. aux dettes contractuelles ayant pour objet l'entretien du ménage ou l'éducation des enfants ;

b. aux dettes extra-contractuelles ayant pour objet l'entretien du ménage ou l'éducation des enfants ;

c. aux dettes ayant pour objet l'entretien du ménage ou l'éducation des enfants, quelle que soit leur source.

2. Les dettes ménagères sont :

a. les dépenses de la vie courante ;

b. toutes les dépenses résultant du train de vie de la famille ;

c. uniquement les frais de scolarité et de loyers.

3. L'obligation de contribuer aux charges du mariage s'impose :

a. pendant la séparation de fait ;

b. pendant la séparation de corps ;

c. pendant la procédure de divorce ou de séparation de corps ;

d. jusqu'à l'ordonnance de non-conciliation.

4. Sont exclus de la solidarité ménagère :

a. les emprunts excessifs ;

b. les achats à tempérament ;

c. les achats à tempérament excessifs ;

d. les emprunts ;

e. les dépenses manifestement excessives.

5. La notion de « charges du mariage » correspond :

a. aux dépenses relatives à l'entretien du ménage ou à l'éducation des enfants ;

b. à l'ensemble des dépenses entraînées par le train de vie du ménage.

6. La solidarité ménagère s'applique :

a. pendant la séparation de fait ;

b. pendant la procédure de divorce ou de séparation de corps ;

c. après la séparation de corps.

7. La solidarité ménagère bénéficie aux :

a. emprunts modestes *et* nécessaires aux besoins de la vie courante ;

b. emprunts modestes *ou* nécessaires aux besoins de la vie courante.

8. Le juge aux affaires familiales peut fixer le montant de la contribution aux charges du mariage :

a. pour l'avenir ;

b. pour la période antérieure à sa décision.

9. L'article 214 autorise les époux à :

a. se dispenser de l'obligation de contribuer aux charges du mariage ;

b. fixer la répartition des charges du mariage.

10. La règle « Aliments n'arréragent pas » :

a. s'applique à la contribution aux charges du mariage ;

b. ne s'applique pas à la contribution aux charges du mariage.

11. Les époux peuvent contribuer aux charges du mariage :

a. en nature ;

b. en argent seulement.

Voir le corrigé en fin de rubrique.

B) Cas pratique

Énoncé

Gérard et Olga se sont mariés, sans établir de contrat de mariage, le 1er avril 2000 à la mairie de Créteil. Gérard, ancien étudiant en droit de l'université Paris-Est Créteil, a ouvert son cabinet d'avocat le 1er juillet 2000 et Olga sa boutique de prêt-à-porter en septembre de la même année. Le couple s'est installé, aussitôt après son mariage, dans un appartement situé près du Bois de Vincennes dont Gérard avait fait l'acquisition en 1998. Cet appartement étant devenu trop exigu à la suite de la naissance de leur troisième enfant, Maxime, le 28 juillet 2010, Gérard a procédé à sa vente en janvier 2011 pour un prix de 750 000 €. Le couple a ensuite utilisé cette somme pour acquérir un appartement plus spacieux, situé dans le 12ème arrondissement de Paris, pour un prix de 1 000 000 €. La différence de prix a été réglée à l'aide d'un emprunt contracté par Gérard auprès de la Société Générale.

L'emménagement dans l'appartement parisien a nécessité plusieurs travaux, réalisés par l'entreprise Kloutou et, notamment, l'installation d'une cuisine équipée ainsi que l'aménagement d'une nouvelle salle de bains, pour un montant total de 15 000 €. Souhaitant prendre un repos bien mérité à la suite du déménagement, le couple et ses enfants sont partis en vacances aux Maldives en août 2011. Le voyage et le séjour se sont élevés à un prix de 10 000 euros.

Aujourd'hui, le couple traverse une période de crise. Olga vient vous consulter et vous expose qu'elle a découvert que Gérard, qui a quitté le domicile conjugal en décembre 2011 pour s'installer dans un appartement qu'il loue à Neuilly sur Seine, a offert à sa nouvelle secrétaire – qu'elle soupçonne être la maîtresse de son mari – le dernier modèle coupé « BMW ». Elle vous indique que cette acquisition a été financée à l'aide d'un emprunt souscrit par Gérard. Elle vous indique également que l'organisme de retraite complémentaire de Gérard lui demande le paiement de ses arriérés de cotisations d'un montant de 5 000 euros.

Olga voudrait que vous lui précisiez si elle doit payer la somme de 15 000 € réclamée par l'entreprise Kloutou et celle de 7 000 € restant due à l'agence de voyages pour le séjour aux Maldives. Elle voudrait également que vous lui indiquiez si elle pourrait être tenue de payer les loyers de Gérard, si son bailleur lui en faisait la demande, ainsi que le montant des emprunts contractés pour l'acquisition du coupé « BMW » et pour le solde du prix de l'appartement. Enfin, elle souhaiterait que vous lui confirmiez qu'elle n'a pas à payer le montant des arriérés de cotisations dues au titre du régime légal obligatoire de retraite de son mari.

Voir le corrigé en fin de rubrique.

2) Corrigés

Test de connaissances

1. c ; 2. a ; 3. a et d ; 4. a, b et e ; 5. b ; 6. a et b ; 7. a ; 8. a et b ; 9. b ; 10. b ; 11. a

Cas pratique

I. Le paiement des sommes dues à l'entreprise Kloutou ainsi qu'à l'agence de voyages

Aux termes de l'article 220 du Code civil, « chacun des époux a le pouvoir de passer seul les contrats qui ont pour objet l'entretien du ménage et l'éducation des enfants : toute dette contractée par l'un oblige l'autre solidairement [al. 1er]. La solidarité n'a pas lieu, néanmoins, pour des dépenses manifestement excessives, eu égard au train de vie du ménage, à l'utilité ou a l'inutilité de l'opération, à la bonne ou mauvaise foi du tiers contractant [al. 2]. Elle n'a pas lieu non plus, s'ils n'ont été conclus du consentement des deux époux, pour les achats à tempérament ni pour les emprunts à moins que ces derniers ne portent sur des sommes modestes nécessaires aux besoins de la vie courante [al. 3]. ».

La notion de « dette ménagère » englobe toutes les dépenses ordinaires de la vie courante, telles que les dépenses courantes de nourriture, d'habillement, de loyer (Civ. 1re, 9 oct. 1991, *Defrénois* 1991. 1126, obs. G. Champenois ; *JCP N* 1991. II. 57, obs. Ph. Simler), d'installation d'une salle de bains (CA Douai, 28 juin 2007, *JCP* 2008. I. 144, n° 2, obs. G. Wiederkehr), celles résultant d'un contrat d'abonnement d'eau (CA Nîmes, 10 mars 2009, *JCP* 2009. 391, n° 2, obs. G. Wiederkehr) mais aussi les dépenses de soins médicaux (Civ. 1re, 10 juill. 1996, *Bull. civ.* I, n° 204 ; *JCP* 1997. I. 4008, n° 1, obs. G. Wiederkehr ; Civ. 1re, 10 mai 2006, *D.* 2006. IR. 1484 ; CA Toulouse, 23 avr. 2009, *JCP* 2009. 391, n° 2, obs. G. Wiederkehr, pour un contrat destiné à assurer l'accueil d'un époux atteint d'une maladie dégénérative au sein d'un établissement de soins), voire celles de loisirs familiaux (CA Paris, 5 juill. 1996, *Dr. fam.* 1997, n° 50, note B. B. : dette contractée pour un voyage d'agrément effectué par l'un des conjoints).

En l'espèce, les sommes facturées par l'entreprise Kloutou ont servi à l'installation d'une cuisine équipée et d'une salle de bains. Il s'agit donc d'une dette ménagère au sens de l'article 220 du Code civil. Il en est de même de la créance de l'agence de voyages, laquelle correspond à une dépense engagée pour les loisirs de la famille.

La question se pose de savoir si chacune de ces dettes est manifestement excessive eu égard au train de vie du ménage, à l'utilité ou a l'inutilité de l'opération, à la bonne ou mauvaise foi du tiers contractant (C. civ., art. 220, al. 2). Ce caractère conduit, en effet, aux termes de l'article 220, alinéa 2, à exclure l'acte ménager du champ de la solidarité. En l'espèce, rien ne permet d'affirmer que les deux dépenses présentent un caractère excessif au regard du train de vie du ménage, lequel paraît aisé. Quant à l'utilité de l'opération, si elle est incontestable s'agissant des travaux facturés par l'entreprise Kloutou, elle est revanche moins évidente s'agissant du voyage aux Maldives. Si, pour cette dernière dette, la solidarité ménagère n'était pas retenue, il conviendrait d'appliquer les règles de passif du régime légal de la communauté réduite aux acquêts (C. civ., art. 1413 ; v. ss 454 et s.). Le jeu de la solidarité ménagère permet à l'entreprise Klouton et, le cas échéant, à l'agence de voyages de poursuivre le paiement de la totalité de leur créance à l'égard de chacun des deux époux et, notamment, d'Olga, tant sur les biens communs que sur ses biens propres.

II. Le paiement des loyers de Gérard, du montant de l'emprunt contracté par ce dernier pour l'acquisition du coupé « BMW » et pour le solde du prix de l'appartement

A. Les loyers

L'article 220 s'applique à toutes les dettes domestiques nées pendant le mariage, y compris à celles nées durant la séparation de fait ou la procédure de divorce ou de séparation de corps. C'est ainsi que la solidarité ménagère s'étend notamment aux dettes de loyers nées après l'ordonnance de non-conciliation attribuant la jouissance exclusive du domicile conjugal à l'un des époux et, cela, quelles que soient les circonstances ou les causes de la séparation (CA Amiens, 8 nov. 2007, *JCP* 2008. I. 144, n° 4, obs. G. Wiederkehr), ainsi qu'aux cotisations dues par un époux au titre d'un régime légal obligatoire d'assurance maladie et d'assurance vieillesse, ouvrant droit à une pension de réversion au profit du conjoint survivant, nées pendant la séparation de fait (Civ. 1re, 29 juin 2011, *JCP* 2011. 1697, note A. Zelcevic-Duhamel ; *D.* 2012. 976, note J.-J. Lemouland et D. Vigneau). Seule la transcription du jugement de divorce ou de séparation de corps sur les registres de l'état civil met fin à la solidarité des époux (v., par exemple Civ. 2e, 3 oct. 1990, *Bull. civ.* II, n° 117 ; *D.* 1992. Somm. 219, obs. F. Lucet ; Civ. 3e, 2 juin 1993, *Bull. civ.* III, n° 74 ; *Defrénois* 1993. 1443, obs. G. Champenois ; CA Chambéry, 6 nov. 2007, *JCP* 2008. I. 144, n° 4, obs. G. Wiederkehr). Étant un avantage pour le créancier, cette dernière subsiste, à son égard, pour les dettes souscrites avant la transcription du jugement sur les registres de l'état civil, sans qu'il importe que le divorce produise ses effets entre les ex-époux avant cette date (CA Paris, 2 oct. 2008, *JCP* 2009. I. 140, n° 2, obs. G. Wiederkehr ; Civ. 1re, 24 sept. 2008, *AJ fam.* 2008. 482, obs. P. Hilt ; *D.* 2010. 733, obs. J.-J. Lemouland et D. Vigneau, pour le paiement de l'indemnité née, durant la procédure de divorce, de l'occupation du logement de la famille par l'épouse et les enfants après l'ordonnance d'expulsion). Pour autant, si la solidarité ménagère subsiste en principe en cas de séparation, il n'en demeure pas moins que le caractère ménager des dettes nées dans ces circonstances est plus aisément contestable. La solidarité légale peut être alors écartée par la preuve que la dette a été souscrite au bénéfice exclusif de l'un des conjoints (Civ. 2e, 15 nov. 1994, *Bull. civ.* I, n° 333 ; *RTD civ.* 1995. 421, obs. B. Vareille ; rappr. Civ. 1re, 14 oct. 2009, *JCP* 2010. 487, n° 1, obs. G. Wiederkehr ; Civ. 3e, 4 mars 2009, *D.* 2010. 733, obs. J.-J. Lemouland et D. Vigneau ; *Dr. fam.* 2009, Comm. 34, note V. Larribau-Terneyre). Il a été jugé, par exemple, que le bail conclu par le mari pour son usage exclusif après l'ordonnance de non-conciliation ne revêtait pas un caractère ménager au sens de l'article 220 du Code civil (Civ. 1re, 27 avr. 2004, *RTD civ.* 2004. 763, obs. B. Vareille).

En l'espèce, Gérard a souscrit le bail de l'appartement de Neuilly, après avoir quitté le logement de la famille, en décembre 2011. Ce bail est, de toute évidence, souscrit pour son usage exclusif. Les loyers n'ayant pas un caractère ménager, échappent à la solidarité de l'article 220. Le bailleur ne pourra pas réclamer le recouvrement de la totalité de sa créance à Olga. Néanmoins, cette dernière étant mariée sous le régime légal de la communauté réduite aux acquêts, le bailleur pourra exercer son droit de poursuite sur les biens communs, dans les conditions prévues aux articles 1413 et 1414 (v. ss 466 et s.), puis après la dissolution et le partage de la communauté, sur les anciens biens communs et les biens propres d'Olga, à hauteur de la moitié de la dette et de son émolument dans le partage (C. civ., art. 1483 ; v. ss 600). Olga pourra le cas échéant, faire valoir un droit à récompense au profit de la communauté (C. civ., art. 1416 et 1437) ou exercer un recours en contribution à l'encontre de Gérard (C. civ., art. 1487 ; v. ss 603).

B. L'emprunt contracté pour l'acquisition du coupé « BMW »

L'emprunt a été soucrit par Gérard afin de lui permettre d'offrir à sa secrétaire un véhicule automobile. La dépense n'a pas été effectuée pour l'entretien du ménage ou l'éducation des enfants, si bien qu'il n'y a pas lieu de s'interroger sur le point de savoir si l'emprunt porte sur des sommes modestes nécessaires aux besoins de la vie courante. Ce dernier ne correspond pas à une dette ménagère, son régime relève des dispositions de l'article 1415 du Code civil (v. ss 482 et s.).

C. L'emprunt contracté pour le paiement du solde du prix de l'appartement

La solidarité ménagère prévue à l'article 220 ne recouvre pas les dépenses d'investissement, telles que les acquisitions immobilières et les dépenses de construction du logement de la famille (v. en ce sens, Civ. 1re, 11 janv. 1984, *Bull. civ.* I, n° 13 ; *Defrénois* 1984. 933, obs. G. Champenois ; Civ. 1re, 4 juill. 2006, *RJPF* 2006-11/21, obs. F. Vauvillé). Seules les dépenses d'entretien déclenchent le jeu de la solidarité légale.

En l'espèce, l'emprunt de 250 000 € a été contracté par Gérard pour l'acquisition du logement de la famille. Il s'agit d'une dépense d'investissement qui ne relève pas du domaine de l'article 220 mais de l'article 1415 du Code civil. Le paiement de l'emprunt ne pourra être poursuivi que sur les biens propres et les revenus de Gérard, à défaut de consentement exprès d'Olga à l'acte (v. ss 482 et s.).

III. Le paiement des arriérés de cotisations de retraite

L'article 220 fait entrer dans le domaine de la solidarité ménagère les « contrats [ayant] pour objet l'entretien du ménage ou l'éducation des enfants ». Néanmoins, la jurisprudence retient une interprétation souple du texte en y incluant les dettes non contractuelles, telles que l'indemnité de licenciement due à une employée de maison, le paiement des cotisations de retraite afférentes à une telle employée (Soc. 8 juin 2005, *D.* 2005. 2509, note J. Mouly; Soc. 11 mars 2009, *D.* 2010. 733, obs. J.-J. Lemouland et D. Vigneau ; *JCP* 2009. 391, n° 1, obs. Ph. Simler ; *Dr. fam.* 2009. Comm. 51, obs. V. Larribau-Terneyre ; *RTD civ.* 2010. 802, obs. B. Vareille) et, d'une manière générale, les diverses cotisations obligatoires au profit d'organismes sociaux (v., par exemple, Civ. 1re, 10 mars 1998, *Dr. fam.* 1998, n° 71, 2e esp., note B. B. ; *Defrénois* 1998. 1462, obs. G. Champenois. Civ. 1re, 12 mai 2004, *D.* 2004. 2886, note G.-A. Likilimba ; *ibid.* 2966, obs. D. Vigneau. Civ. 1re, 28 oct. 2003, *Defrénois* 2004. 821, obs. G. Champenois, rendu en matière de cotisations d'assurance vieillesse). Mieux encore, la Cour de cassation décide qu'il n'y a pas lieu de distinguer, pour l'application de l'article 220, entre l'entretien actuel et l'entretien futur du ménage (Civ. 1re, 4 juin 2009, *D.* 2009. 1610 ; *D.* 2010. 733, obs. J.-J. Lemouland et D. Vigneau ; *JCP* 2009. 10 ; *AJ fam.* 2009. 303, obs. F. Chénedé ; *JCP* 2009. 391, n° 1, obs. G. Wiederkehr ; *Defrénois* 2009. 39033. 2184, obs. J. Massip ; *Defrénois* 2010. 39069. 333, obs. G. Champenois ; *JCP* 2009. 228, n° 1, obs. M. Billiau ; *Dr. fam.* 2009. Comm. 100, note V. Larribau-Terneyre ; *RTD civ.* 2010. 800, obs. B. Vareille ; Civ. 1re, 17 nov. 2010, n° 09-11979, *LEFP* janv. 2011, obs. L. Mauger-Vielpeau ; *JCP* 2011. 503, n° 2, obs. G. Wiederkehr ; Civ. 1re, 29 juin 2011, *JCP* 2011. 1697, note A. Zelcevic-Duhamel ; *D.* 2012. 976, note J.-J. Lemouland et D. Vigneau). Elle qualifie ainsi de dettes ménagères les cotisations à un régime légal obligatoire d'assurance vieillesse, à la condition, toutefois, que ce dernier « institue, à la date où les cotisations sont dues, le principe d'un droit à réversion au profit du conjoint survivant » (Civ. 1re, 4 juin 2009, préc. ; Civ. 1re, 29 juin 2011, préc. ; v. antér. dans le même sens, Civ. 1re, 23 mai 2006, *Bull. civ.* I, n° 259 ; *D.* 2006. 1634 ; *RTD civ.* 2008. 141, obs. B. Vareille ; *JCP* 2006. I. 193, n° 11, obs. Ph. Simler ; Civ. 1re, 31 oct. 2007, *Bull. civ.* I, n° 333 ; *D.* 2007. 2879 ; *RTD civ.* 2008. 141, obs. B. Vareille ; *AJ fam.* 2007. 483, obs. P. Hilt pour l'affiliation à un régime de retraite complémentaire).

En l'espèce, les arriérés de cotisations de retraite dus par Gérard correspondent à des dettes non contractuelles, puisqu'ils sont afférents à un régime de retraite obligatoire. Il n'en demeure pas moins qu'ils s'analysent comme une dette ménagère, tombant sous le coup de la solidarité légale, dès lors que le régime de retraite institue un droit à réversion au profit d'Olga. Sous cette réserve, l'organisme de retraite pourra recouvrer sur les biens communs et les biens propres de chaque époux le paiement de la totalité des arrières de cotisations. Si le régime légal d'assurance-vieillesse n'instituait pas, à la date de l'exigibilité des cotisations, un droit à réversion au profit d'Olga, la dette ne serait pas solidaire. Cette dernière ne pourait être alors exécutée que sur les seuls biens communs et les biens propres de Gérard (C. civ., art. 1413), à l'exclusion des gains et salaires d'Olga (C. civ., art. 1414 ; Décr. n° 92-755, 31 juill. 1992, art.48). En pareille hypothèse, la question se poserait de savoir si, pour le cas où les cotisations seraient payées à l'aide de deniers communs, Olga pourrait faire valoir un droit à récompense au profit de la communauté, dans le cadre de la liquidation de celle-ci consécutive au divorce (sur ce sujet, v. ss 507).

chapitre 4

Le régime primaire : l'intervention du juge en cas de crise

Plan analytique

section 1

L'empêchement d'un époux

§ 1 La représentation judiciaire (C. civ., art. 219, al. 1er)

- **A.** Les conditions de la représentation judiciaire
- **B.** Le domaine de la représentation judiciaire
- **C.** Les effets de la représentation judiciaire

§ 2 L'autorisation judiciaire (C. civ., art. 217)

- **A.** Le domaine de l'article 217
- **B.** Les effets de l'article 217

section 2

Les conflits entre époux

§ 1 Le refus non justifié par l'intérêt de la famille (C. civ., art. 217)

§ 2 La sauvegarde des intérêts de la famille (C. civ., art. 220-1)

- **A.** Les conditions de l'intervention judiciaire
- **B.** Les effets de l'intervention judiciaire

4

Le régime primaire : l'intervention du juge en cas de crise

Les crises conjugales sont susceptibles d'entraîner le blocage du régime matrimonial, soit parce que les époux ne sont pas d'accord sur la conclusion d'un acte, soit parce qu'un époux n'est pas en mesure de consentir à un acte. Le régime primaire prévoit ainsi diverses mesures de nature à remédier à deux séries de crises conjugales : l'empêchement d'un époux (section 1), d'une part, et, les conflits entre époux (section 2), d'autre part. 197

section 1

L'empêchement d'un époux

L'hypothèse où un époux est dans l'impossibilité d'agir est envisagée par deux textes du régime primaire : l'article 219, alinéa 1er (§ 1) et l'article 217 du Code civil (§ 2). 198

§ 1 La représentation judiciaire (C. civ., art. 219, al. 1er)

Lorsqu'un époux est dans l'impossibilité d'agir, l'autre conjoint peut être habilité par le juge à le représenter. L'article 219, alinéa 1er met en place un système de représentation judiciaire, afin d'éviter que la gestion du patrimoine du couple soit bloquée par l'empêchement d'un époux. L'époux habilité pourra agir sur les biens au nom et pour le compte du conjoint empêché. Encore faut-il déterminer précisément les conditions (A), le domaine (B) et les effets (C) de la *représentation judiciaire*[Q]. 199

A. Les conditions de la représentation judiciaire

L'article 219, alinéa 1er pose une condition essentielle pour qu'il y ait *représentation judiciaire*[Q]. Il faut que « l'un des époux se trouve hors d'état de manifester sa volonté ». La formule du texte fait l'objet d'une interprétation souple. Elle recouvre des situations aussi variées que la maladie du conjoint (par exemple maladie d'Alzheimer : CA Paris, 16 déc. 1999, *JCP* 2000. I. 309, n° 1, obs. G. Wiederkehr), son éloignement, son emprisonnement et son absence. 200

L'article 219, alinéa 1er l'emporte sur le droit des majeurs protégés. La maladie du conjoint peut justifier, dans certains cas, l'ouverture d'une mesure de protection des majeurs. L'article 219 fait alors double emploi avec cette mesure. L'article 428, alinéa 1er du Code civil, dans sa rédaction issue de la loi du 5 mars 2007, résout le conflit en accordant la préférence au régime primaire et, plus généralement, au droit des régimes matrimoniaux ainsi qu'au droit commun de la représentation (Pour une 201 application du principe de subsidiarité des mesures de protection juridique des majeurs par rapport au droit des régimes matrimoniaux, v. Civ. 1re, 1er févr. 2012, n° 11-11346, *D.* 2012. 921, note G. Raoul-Cormeil ; *AJ fam.* 2012. 229, obs. Th. Verheyde). L'article 219, alinéa 1er est applicable même si le conjoint dont la représentation est demandée aurait pu, en raison de son état de santé, être placé sous tutelle ou sous curatelle. Par ailleurs, le bien-fondé du recours à l'article 219 doit être apprécié en soi, et non par rapport à l'ouverture d'un tel régime (Civ. 1re, 9 nov. 1981, *Bull. civ.* I, n° 333 ; *JCP* 1982. II. 19808, note J. Prévault ; *Defrénois* 1982. 433, obs. G. Champenois ; *RTD civ.* 1982. 137, obs. R. Nerson). Il appartient ainsi au juge des tutelles, saisi d'une requête aux fins d'ouverture d'une tutelle ou d'une curatelle, de vérifier si le régime primaire ne suffit pas à assurer la protection de l'époux empêché et, le cas échéant, d'inviter son conjoint à formuler une demande sur le fondement de l'article 219 (En le combinant, au besoin, avec une mesure de sauvegarde de justice, v. J. Massip, *Tutelle des mineurs et protection des majeurs*, Defrénois 2009, n° 267). Plus encore, le juge pourrait mettre fin à une mesure de protection déjà ordonnée en se référant au principe de subsidiarité. La compétence du juge des tutelles pour prononcer les mesures de représentation judiciaire fondées sur l'article 219 (C. pr. civ., art. 1286, al. 2 et 1289 à 1289-2) ainsi que la faculté qui lui est reconnue d'ordonner que l'examen de la requête donne lieu à un débat contradictoire — notamment lorsqu'il est fait application des articles 217 et 219 (C. pr. civ., art. 1213) — facilitent cette passerelle (J. Massip, *ibid.*). L'article 219 reste applicable concurremment à l'ouverture d'un régime de protection (Civ. 1re, 18 févr. 1981, *Bull. civ.* I, n° 60 ; *JCP* N 1981. II. 155, obs. Ph. Rémy ; *RTD civ.* 1982. 140, obs R. Nerson et J. Rubellin-Devichi : curatelle). Toutefois, le recours à la *représentation judiciaire*[Q] ne présente, dans cette hypothèse, un intérêt que si l'époux n'a pas été nommé tuteur, ce qui correspond — tant que la communauté de vie persiste — à un cas marginal (v. C. civ., art. 449, al. 1er). Il conserve, en revanche, tout son intérêt sous la curatelle, laquelle n'investit pas le protecteur d'une mission de représentation (Sur le sujet, v. N. Peterka, « Les dispositifs alternatifs de protection de la personne mariée », *AJ fam.* 2012. 253).

■ 202 L'article 219, alinéa 1er l'emporte également sur le régime de l'absence (C. civ., art. 112 et s.). L'article 121, alinéa 2 prévoit, que ce régime n'est pas applicable « si le conjoint peut pourvoir suffisamment aux intérêts en cause par l'application du régime matrimonial et, notamment par l'effet d'une décision obtenue en vertu des articles 217 et 219, 1426 et 1429 ».

B. Le domaine de la représentation judiciaire

■ 203 Le domaine de l'article 219, alinéa 1er doit être délimité quant aux pouvoirs (1) et quant aux actes (2).

1. *Quant aux pouvoirs*

■ 204 L'article 219, alinéa premier dispose que la représentation judiciaire s'étend à « l'exercice des pouvoirs résultant du régime matrimonial ». Cette formule a suscité des difficultés d'interprétation. Elle peut vouloir signifier que l'article 219, alinéa 1er s'étend à l'ensemble des pouvoirs qu'un époux tient de sa qualité de propriétaire ou, au contraire, qu'il est limité aux pouvoirs résultant exclusivement du régime matrimonial. Si on admet que l'article 219 s'étend aux pouvoirs résultant du droit de propriété, cela revient à inclure dans le champ de la représentation judiciaire les biens propres ou personnels d'un époux. Si on considère que le domaine de l'article 219 est restreint aux pouvoirs résultant du régime matrimonial, cela revient, en revanche, à en exclure ces biens. La représentation judiciaire ne peut alors fonctionner que pour les seuls biens communs.

Cette dernière thèse est indéfendable, pour une double raison. D'une part, elle conduirait à réduire le domaine de l'article 219 au régime de la communauté et à en bannir le régime de la séparation de biens. Or, l'article 219, alinéa 1er est un texte du régime primaire qui a donc vocation à s'appliquer sous tous les régimes matrimoniaux. D'autre part, tous les pouvoirs résultent du régime matrimonial, y compris ceux qu'un époux détient sur ses biens propres ou personnels. Aussi, la jurisprudence décide-t-elle que *l'article 219 est applicable sous tous les régimes matrimoniaux, y compris sous la séparation de biens* (Civ. 1re, 18 févr. 1981, *préc.* Civ. 1re, 1er oct. 1985, *JCP* N 1986. 249, note Ph. Simler). Le régime de l'indivision comporte, par ailleurs, des dispositions jumelles à celles de l'article 219, alinéa 1er, applicables, notamment, aux biens indivis des époux séparés de biens, ainsi que des partenaires liés par un PACS et des concubins. L'article 815-4, alinéa 1er dispose que « Si l'un des indivisaires se trouve hors d'état de manifester sa volonté, un autre peut se faire habiliter par justice à le représenter, d'une manière générale ou pour certains actes particuliers, les conditions et l'étendue de cette représentation étant fixées par le juge ». 205 ■

L'article 219, alinéa 1er permet à un conjoint d'agir sur les biens propres ou personnels de son époux. C'est d'ailleurs pour ces biens que le texte a le plus d'intérêt, du fait de leur soumission à la gestion exclusive de l'époux propriétaire (C. civ., art. 225). Pour les biens communs, l'intérêt de l'article 219 est plus résiduel. L'article 1421, alinéa 1er soumet, en effet, les biens communs au principe de la gestion concurrente. Chaque époux peut agir seul sur ces biens, sans le concours de son conjoint, ce qui prive l'article 219 d'intérêt. Il n'en va différemment que pour les biens communs soumis à la gestion exclusive d'un époux (C. civ., art. 1421, al. 2 ; v. ss 389 et s.) ou à la cogestion (C. civ., art. 215, al. 3, 1422 et 1424 ; v. ss 148 et s. et v. ss 394 et s.). Mais cette dernière est, comme on le verra, le domaine d'élection de l'article 217 (v. ss 210 et s.) 206 ■

2. *Quant aux actes*

Le conjoint peut être habilité par le juge, sur le fondement de l'article 219, alinéa 1er, à passer tous types d'actes juridiques, qu'il s'agisse d'actes de disposition, d'actes d'administration ou d'actes conservatoires. L'étendue de la représentation est fixée par le juge. Ce dernier peut autoriser la représentation d'une manière générale, c'est-à-dire pour un nombre indéterminé d'actes et pour tout type d'actes, ou seulement pour certains actes particuliers. Lorsque la représentation est générale, on considère que son domaine est limité, sauf décision contraire du juge, aux seuls actes d'administration (en ce sens, F. Terré, Ph. Simler, *préc.*, n° 132). 207 ■

C. Les effets de la représentation judiciaire

Les effets de la représentation judiciaire sont ceux du mandat. L'acte est effectué par le représentant au nom et pour le compte du représenté. C'est ce dernier qui est seul engagé par l'acte. 208 ■

209 Le représentant est tenu de rendre compte de ses actes. Sa responsabilité peut, le cas échéant, être engagée suivant le droit commun du mandat.

§ 2 L'*autorisation judiciaire*ᵠ (C. civ., art. 217)

210 L'article 217 est la seconde mesure du régime primaire destinée à remédier à l'empêchement d'un époux. Le texte dispose qu'« Un époux peut être autorisé par justice à passer seul un acte pour lequel le concours ou le consentement de son conjoint serait nécessaire, si celui-ci est hors d'état de manifester sa volonté... ». Si l'article 217 répond à une condition commune avec l'article 219, alinéa 1er, il en diffère quant à son domaine (A) et quant à ses effets (B).

A. Le domaine de l'article 217

211 Le domaine de l'article 217 diffère sensiblement de celui de l'article 219, alinéa 1er. L'article 217 vise les actes pour lesquels le concours ou le consentement du conjoint est nécessaire. Le domaine du texte est tracé par celui de la *cogestion* (v. ss 148 et s. et v. ss 394 et s.). Pour les actes qui y sont soumis, l'époux du conjoint empêché pourra être autorisé par le juge à agir seul, ce qui permettra, à l'instar du mécanisme de la représentation judiciaire, d'éviter, le cas échéant, l'ouverture d'une tutelle ou d'une curatelle à l'égard du conjoint empêché (C. civ., art. 428, al. 1er ; v. ss 201). Les biens propres ou personnels sont en principe exclus de l'article 217. Ce dernier ne permet pas à un époux d'obtenir du juge l'autorisation d'agir sur un bien qui relève de la gestion exclusive de son conjoint. Pour se prévaloir du texte, l'époux doit avoir un *début de pouvoir, un demi-pouvoir*.

212 Il faut néanmoins réserver le cas particulier du *logement de la famille* (C. civ., art. 215, al. 3 C ; v. ss 148 et s.). Il reste qu'en la matière, l'article 217 ne permet pas toujours au conjoint valide de se faire autoriser à agir seul. Il convient, en effet, d'opérer une distinction suivant que le logement est sa propriété personnelle ou celle de l'époux empêché. Dans la première hypothèse, l'article 217 est applicable. Dans la seconde, il doit être en revanche écarté. L'explication tient alors à ce que le conjoint valide n'a pas de début de pouvoir sur le logement puisque, par hypothèse, il n'en est pas propriétaire. L'article 215, alinéa 3 lui confère seulement un *droit d'opposition*. Il serait, par ailleurs, paradoxal que des dispositions restreignant les droits du propriétaire sur son bien aboutissent, par le jeu de l'article 217, à autoriser son conjoint à céder le logement sans son consentement. Aussi, lorsque le logement de la famille est la propriété du conjoint empêché, l'époux valide est renvoyé à l'article 219, alinéa 1er. Il doit se faire habiliter par le juge à conclure la vente du logement au nom et pour le compte de son conjoint, puis y consentir en son nom personnel (CA Paris, 16 déc. 1999, *JCP* 2001. I. 309, n° 1, obs. G. Wiederkehr).

213 Le juge compétent, pour statuer sur le fondement de l'article 217 lorsqu'un époux est hors d'état de manifester sa volonté, est le *juge des tutelles*. Ce magistrat est également compétent pour les demandes habilitation judiciaire fondées sur l'article 219, alinéa 1er (art 1286, al. 2, réd. Décr. n° 2009-1591, 17 déc. 2009 et C. pr. civ., art. 1289 à 1289-2).

B. Les effets de l'article 217

Les effets de l'article 217 sont définis par le second alinéa du texte. Celui-ci précise que « L'acte passé dans les conditions fixées par l'autorisation de justice est opposable à l'époux dont le concours ou le consentement a fait défaut, sans qu'il en résulte à sa charge aucune obligation personnelle ». Les effets de l'article 217 diffèrent ainsi radicalement de ceux de l'article 219, alinéa 1er. Ce dernier organise un système de *représentation judiciaire*. L'acte est accompli par le représentant au nom et pour le compte du représenté qui est seul engagé. L'article 217 instaure, au contraire, un système d'*autorisation judiciaire*[Q]. L'époux demandeur est autorisé par le juge à accomplir seul un acte pour lequel il n'a qu'un demi-pouvoir. Le conjoint autorisé agit en son nom personnel et se trouve seul engagé par l'acte. 214

Par ailleurs, l'autorisation de l'article 217 est une autorisation spéciale qui ne peut être accordée que pour un acte déterminé (v. C. civ., art. 217, al. 1er). 215

section 2

Les conflits entre époux

Deux sortes de conflits sont susceptibles de naître entre les époux. La première résulte d'un *refus non justifié* par l'intérêt de la famille à un acte qui requiert le consentement des deux époux (§ 1) ; la seconde conduit à prendre des *mesures de sauvegarde* de l'intérêt de la famille (§ 2). 216

§ 1 Le refus non justifié par l'intérêt de la famille (C. civ., art. 217)

L'article 217 envisage l'hypothèse dans laquelle un conjoint oppose un *refus, non justifié par l'intérêt de la famille*, à un acte qui requiert le double consentement des époux. La formule recouvre, comme précédemment (v. ss 211 et s.), les actes soumis à la cogestion (v. ss 394 et s. Comp. art. 815-5 applicable, sous la séparation de biens aux biens indivis). Les biens propres ou personnels demeurent, en principe, exclus de l'article 217. Tel est le cas du logement de la famille appartenant en propre à l'époux récalcitrant. La raison de cette exclusion est ici la même qu'à propos de l'empêchement du conjoint (v. ss 212). Pour être autorisé à agir seul, le demandeur doit avoir un demi-pouvoir, un commencement de pouvoir sur le bien. Or, un tel pouvoir ne lui est pas reconnu sur les biens propres ou personnels de son conjoint. 217

L'article 217 précise que le demandeur peut être autorisé à agir seul, si le refus de son conjoint « n'est pas justifié par l'intérêt de la famille ». Le refus, visé par l'article 217, n'est pas nécessairement exprès. Un époux peut être autorisé à accomplir seul un acte, lorsque son conjoint « fait le mort », par exemple en ne répondant pas aux courriers de l'autre époux sollicitant son accord et en n'accomplissant aucun acte positif manifestant son consentement (CA Nancy, 16 oct. 2006, *JCP* 2007. I. 142, n° 11, 218 obs. G. Wiederkehr). L'« intérêt de la famille » est une notion floue, qui relève de l'appréciation souveraine des juges du fond (Civ. 1re, 22 nov. 2005, *D.* 2006. 1421, obs. J.-J. Lemouland et D. Vigneau ; *JCP* 2006. I. 141, n° 5, obs. G. Wiederkehr ; *Dr. fam.* 2006, comm. 21, note V. Larribau-Terneyre). Il est évident que le refus fondé sur la seule intention de nuire au conjoint n'est pas conforme à l'intérêt de la famille (CA Paris, 29 sept. 1972, *D.* 1975. Jur. 540, note C.-I. Foulon-Piganiol ; *JCP* 1974. II. 17620, note P. Théry) Mais les situations sont rarement aussi tranchées. Le plus souvent, le conflit résulte d'une divergence d'appréciation de l'intérêt de la famille par les époux (v. par exemple, pour un refus, jugé non justifié par l'intérêt de la famille, de vendre une résidence secondaire, Civ. 1re, 31 janv. 1974, *Bull. civ.* I, n° 37 ; Civ. 1re, 19 oct. 1999, *Bull. civ.* I, n° 284 ; *RJPF* 2000-2/32, obs. F. Vauvillé ; *Defrénois* 2000. 37145. 437, obs. G. Champenois ; ou le domicile conjugal, CA Bordeaux 27 mai 2008 et CA Toulouse 26 févr. 2008, *JCP* 2008. I. 202, n° 2, obs. Ph. Simler ; ou les parts sociales communes d'un notaire dans la SCP titulaire de l'office notarial, CA Lyon 29 mai 2009, *JCP* 2010. 487, n° 4, obs. G. Wiederkehr). Cela explique que la notion fasse l'objet ici, comme en d'autres domaines, d'une appréciation d'ensemble prenant en compte l'utilité familiale de l'opération projetée (Civ. 1re, 30 sept. 2009, *préc.* n° 160). Il s'agit, en définitive, de faire obstacle au refus du conjoint récalcitrant dès lors qu'il détourne la cogestion de son esprit, c'est-à-dire de sa finalité protectrice de la famille (B. Vareille, *in* M. Grimaldi (dir.), *Dalloz Action Droit patrimonial de la famille*), 2008/2009, n° 116.51). On relèvera que les biens soumis au régime légal de l'indivision bénéficient de dispositions similaires à celles de l'article 217, susceptibles de profiter notamment aux époux séparés de biens, mais aussi aux partenaires liés par un PACS et aux concubins. L'article 815-5 prévoit, dans son alinéa 1er, que « Un indivisaire peut être autorisé par justice à passer seul un acte pour lequel le consentement d'un coindivisaire serait nécessaire, si le refus de celui-ci met en péril l'intérêt commun ».

■ **219** L'autorisation de l'article 217 est une *autorisation spéciale* qui ne peut être donnée que pour un acte déterminé. Le texte prévoit, en effet, qu'« un époux peut être autorisé par justice à passer seul un acte... ». Cela s'explique par le fait que l'article 217 envisage, outre l'hypothèse de l'empêchement d'un conjoint, celle du refus non justifié par l'intérêt de la famille. Or, l'appréciation de cet intérêt ne peut se faire qu'au cas par cas, c'est-à-dire pour chaque acte contesté.

■ **220** Les effets de l'article 217 sont ici les mêmes que dans le cas de l'empêchement d'un conjoint (v. ss 214). L'époux autorisé *accomplit l'acte en son nom personnel*. Cet acte est opposable à son conjoint sans entraîner aucune obligation personnelle à la charge de ce dernier (v. C. civ., art. 217, al. 2 ; v. également, art. 815-5, al. 3 en matière d'indivision).

Depuis le 1er janvier 2010, lorsqu'elle tend à passer outre le refus du conjoint, la demande d'autorisation est formée par requête devant le juge aux affaires familiales. Elle est instruite et jugée comme en matière gracieuse et obéit aux règles gouvernant cette procédure devant le tribunal de grande instance. Toutefois, les dispositions du Code de procédure civile, relatives à la procédure à jour fixe, sont applicables. En ce dernier cas, le juge entend le conjoint à moins que celui-ci, régulièrement cité, ne se présente pas. L'affaire est instruite et jugée en chambre du conseil (C. pr. civ., art. 1286, al. 1er et 1287, réd. Décr. n° 2009-1591, 17 déc. 2009).

§ 2 La sauvegarde des intérêts de la famille (C. civ., art. 220-1)

L'article 220-1, alinéa 1er énonce que « Si l'un des époux manque gravement à ses devoirs et met ainsi en péril les intérêts de la famille, le juge aux affaires familiales peut prescrire toutes les *mesures urgentes*° que requièrent ces intérêts ». Issu de la loi du 13 juillet 1965, le texte organise la sauvegarde des intérêts de la famille au moyen d'une intervention judiciaire dont il convient de cerner les conditions (A) et les effets (B). 221

A. Les conditions de l'intervention judiciaire

L'article 220-1 subordonne le recours au juge à une triple condition : le *manquement grave* d'un époux à l'un de ses devoirs, la *mise en péril* des intérêts de la famille et l'*urgence*. 222

1. *Le manquement grave à un devoir*

L'article 220-1 exige que « l'un des époux manque gravement à ses devoirs ». La formule utilisée par le législateur est suffisamment large pour englober tous les devoirs du mariage. Sont ainsi visés les devoirs personnels, tels que le devoir de communauté de vie et le devoir de fidélité. Un jugement du tribunal de grande instance de Saint-Brieuc du 1er juin 1967 a admis le jeu de l'article 220-1, dans l'hypothèse d'un mari alcoolique, pour sanctionner le manquement à un devoir personnel (TGI Saint-Brieuc, 1er juin 1967, *D.* 1967. Somm. 89). L'article 220-1 permet également de sanctionner le manquement à un devoir pécuniaire, comme celui de contribuer aux charges du mariage (C. civ., art. 214 ; v. ss 184 et s.). Plusieurs décisions ont admis le recours à l'article 220-1, afin de priver le mari de ses pouvoirs sur les biens communs, en cas de dilapidation de la communauté par ce dernier (TGI Digne, 1er juill. 1972, *D.* 1973. Jur. 259, note C.-I. Foulon-Piganiol ; *RTD civ.* 1974. 391, obs. R. Nerson ; *JCP* 1973. II. 17443, note D. Mayer ; TGI Chambéry, 16 mars 1967, *JCP* 1967. II. 15184 *bis* ; CA Orléans, 25 mars 1987, *JCP* N 1988. II. 66, note Ph. Simler). 223

L'article 220-1, alinéa 1er précise que le comportement de l'époux fautif doit correspondre à un *manquement grave* à un devoir du mariage. Cette exigence peut être rapprochée de l'article 242 du Code civil, d'après lequel le divorce pour faute peut être demandé par un époux en cas de « violation grave ou renouvelée des devoirs et obligations du mariage » par son conjoint. Le recours à l'article 220-1 apparaît ainsi souvent comme l'antichambre du divorce. Le texte permet au juge aux affaires familiales de prescrire des mesures urgentes, avant la mise en œuvre d'une procédure de divorce. Pendant le déroulement de celle-ci, l'article 220-1 pourra se cumuler avec les mesures provisoires prononcées par le juge aux familiales (C. civ., art. 257). L'article 220-1 demeure applicable pendant la procédure de divorce (CA Nancy 12 déc. 1968, *D.* 1969. Jur. 300, note C.-I. Foulon-Piganiol) ou de séparation de corps (TGI Dignes-les-Bains 1er juill. 1972, *D.* 1973. Jur. 259, note C.-I. Foulon-Piganiol ; *JCP* 1973. II. 17443, note D. Mayer ; *RTD civ.* 1974. 391, obs. R Nerson). 224

2. *La mise en péril des intérêts de la famille*

225 L'article 220-1, alinéa 1er soumet l'intervention du juge à une deuxième condition : la mise en péril des intérêts de la famille. Cette dernière doit découler du manquement grave de l'un des époux aux devoirs du mariage. Le lien de causalité est nettement mis en exergue par le législateur. L'article 220-1 exige que l'un des époux manque gravement à ses devoirs et mette « ainsi » en péril les intérêts de la famille. Il n'est pas nécessaire que le péril se soit produit ni même qu'il soit imminent. Sa *probabilité* suffit à justifier le recours au juge pour qu'il prescrive des *mesures urgentes*Q. Ainsi, le fait pour un époux de contracter des emprunts inconsidérément élevés, et donc dangereux, peut-il justifier le prononcé de mesures urgentes, même si son comportement n'a pas encore ruiné la famille (J. Patarin et G. Morin, *La réforme des régimes matrimoniaux,* t. 1, 4e éd., Defrénois, 1977, n° 85, p. 88).

226 La notion d'« intérêt de la famille » est suffisamment floue pour laisser au juge une grande marge d'appréciation (comp. C. civ., art. 217 et 1397 ; v. ss 217 et v. ss 537 et s.). Elle fait l'objet d'une appréciation d'ensemble, prenant en compte tout à la fois l'intérêt du conjoint de l'époux fautif et celui des enfants, sans se réduire pour autant à la somme de leurs intérêts individuels.

3. *L'urgence*

227 L'article 220-1, alinéa 1er pose une dernière condition justifiant le recours au juge. Pour que celui-ci intervienne, il faut qu'il y ait *urgence* à conjurer le péril qui guette la famille. L'article 220-1 apparaît ainsi comme une *mesure de sauvegarde des intérêts de la famille.* Le législateur qualifie d'ailleurs expressément les mesures judiciaires de « *mesures urgentes*Q ». L'urgence signifie qu'on ne peut pas attendre le temps nécessaire à la mise en œuvre des autres mesures du régime primaire (C. civ., art. 219 et 217) ou du régime matrimonial (C. civ., art. 1426, 1429 et 1443 – Sur lesquelles, v. ss 428 et s. ; n° 450 et s. ; n° 524 et s.) et, cela, en raison de l'importance du dommage qu'il s'agit d'endiguer.

228 L'urgence se traduit sur le terrain de la procédure. Cette dernière doit être rapide afin de prévenir le péril qui menace les intérêts de la famille. C'est pourquoi, le législateur a recours à une *procédure d'urgence.* L'article 1290 du Code de procédure civile énonce que « Les mesures urgentes prévues à l'article 220-1 du Code civil sont prescrites par le juge aux affaires familiales statuant en référé ou, en cas de besoin, par ordonnance sur requête », c'est-à-dire, dans ce dernier cas, sans débat contradictoire.

B. Les effets de l'intervention judiciaire

229 Le juge aux affaires familiales se voit reconnaître de larges pouvoirs quant au contenu des *mesures urgentes*Q (1) qu'il peut prescrire. En revanche, la durée des mesures (2) et la sanction de leur violation (3) sont davantage réglementées.

1. *Le contenu des mesures urgentes*

230 L'article 220-1 laisse au juge une marge de manœuvre importante quant à la nature des mesures qu'il a la faculté de prescrire. Le texte décide que « le juge aux affaires familiales peut prescrire toutes les *mesures urgentes*Q que requièrent » les intérêts de la

famille. Les alinéas 2 et 3 fournissent une liste de ces mesures. Il s'agit d'une *liste non limitative* qui n'a que valeur d'exemple.

Le texte prévoit, d'abord, que le juge peut interdire à l'époux fautif de faire, sans le consentement de l'autre, des actes de disposition sur ses biens propres ou sur les biens communs, meubles ou immeubles. Autrement dit, le juge peut soumettre au double consentement des époux, les actes qui relèvent, en principe, du pouvoir exclusif de l'un d'eux ou des pouvoirs concurrents de l'un et de l'autre. L'article 220-1, alinéa 2 reconnaît, ensuite, au juge le pouvoir d'« interdire le déplacement des meubles, sauf à spécifier ceux dont il attribue l'usage personnel à l'un ou l'autre des conjoints ». 231

Ainsi que le montrent ces exemples, l'article 220-1 organise la *restriction des pouvoirs d'un époux*. Il s'agit de retirer à un époux ses pouvoirs, ou une partie de ses pouvoirs, sur les biens afin d'éviter le péril qui menace les intérêts de la famille. De ce point de vue, les *mesures urgentes*[Q] de l'article 220-1 se distinguent des mesures des articles 219, alinéa 1er et 217, qui conduisent, au contraire, à accroître les pouvoirs d'un époux sur les biens. Il reste que les mesures de l'article 220-1 ne sont pas nécessairement des mesures restrictives de pouvoirs. Il ne s'agit pas forcément d'interdictions. Le juge aux affaires familiales peut aussi prescrire des *mesures positives* dès lors qu'elles sont justifiées par l'urgence, telles que la nomination d'un administrateur provisoire auquel est confiée la gestion de la communauté (Civ. 1re, 5 nov. 1996, *Bull. civ.* I, no 374 ; *JCP* 1997. I. 4047, no 11, obs. G. Wiederkehr ; *Defrénois* 1997. 814, obs. G. Champenois ; *RTD civ.* 1997. 725, obs. B. Vareille) ou d'une SARL entre époux (CA Bordeaux, 9 déc. 2010, no 10/00100 ; *Dr. fam.* 2011. Comm. 92, note. V. Larribau-Terneyre ; *D.* 2012. 977, obs. J.-J. Lemouland et D. Vigneau, dans une affaire où un époux s'était livré, à des fins personnelles, à une gestion abusive de la société qu'il détenait avec son conjoint), l'habilitation de l'épouse à recouvrer des créances de la communauté (TGI Nevers, 9 nov. 1973, *JCP* 1974. IV. 6420, note J.A.), l'immatriculation au nom de l'épouse de la moitié des actions de la communauté (TGI Dignes-les-Bains, 1er juill. 1972, *préc.*). 232

Dans le cas où un époux exerce des *violences* à l'encontre de son conjoint et/ou de ses enfants, l'article 220-1, alinéa 3 autorisait le juge, dans sa version issue de la loi du 26 mai 2004, à statuer sur la résidence séparée des époux en précisant lequel des deux continuera à résider dans le logement conjugal. Sauf circonstances particulières, la jouissance du logement était attribuée au conjoint qui n'était pas l'auteur des violences. Mais encore fallait-il que les violences fussent établies (v. Civ. 1re, 6 févr. 2008, *D.* 2008. 1786, obs. J.-J. Lemouland et D. Vigneau ; *JCP* 2008. I. 144, no 5, obs. G. Wiederkehr ; *RJPF* mai 2008, p. 18, note A. Leborgne). Le texte permettait aussi au juge de se prononcer sur les modalités d'exercice de l'autorité parentale et sur la contribution aux charges du mariage. Il est aujourd'hui abrogé par la loi no 2010-769 du 9 juillet 2010 relative aux violences faites spécifiquement aux femmes, aux violences au sein des couples et aux incidences de ces dernières sur les enfants (J. Massip, « Loi du 9 juillet 2010 et protection des victimes de violences : dispositions intéressant le notariat », *Defrénois 2010.* 362. 1856). Celle-ci renforce le dispositif de l'ancien article 220-1, alinéa 3 et en étend le bénéfice non seulement à l'ensemble des couples, qu'ils soient unis par le mariage ou un PACS ou qu'ils vivent en union libre, mais aussi aux couples désunis (ancien conjoint, ancien partenaire, ancien concubin ; sur la proposition de loi, v. *D.* 2010. 568, obs. S. Lavric). Issue des travaux de la mission d'évaluation de la politique de prévention et de lutte contre les violences faites aux femmes, la loi nouvelle insère dans le livre Ier du Code civil un titre XIV consacré aux « mesures de protection des victimes de violences ». Applicable à compter du 1er octobre 2010, l'article 515-9 du Code civil autorise le juge aux affaires familiales, « lorsque les violences exercées au sein du couple ou par un ancien conjoint, un ancien partenaire lié par un pacte civil de solidarité ou un ancien concubin mettent en danger la personne qui en est victime, un ou plusieurs enfants », à « délivrer en urgence à cette dernière une ordonnance de protection ». Celle-ci peut statuer, notamment, sur la résidence séparée des époux, sur l'attribution de la jouissance du logement ou de la résidence du couple non marié, ainsi que sur les modalités d'exercice de l'autorité parentale (C. civ., art. 515-11, 3° et 4°). Unifiant la protection des victimes de violences conjugales, la loi du 9 juillet 2010 marque une étape supplémentaire dans le rapprochement des différentes variétés d'unions et l'émergence d'un droit commun du couple. Ce dont on ne peut, sur ce point, que se féliciter, même si cet alignement a pu éveiller la critique, sur un plan de pure technique juridique, dans la version intiale de la proposition de la loi (v. en ce sens, à propos de la version initiale de la proposition de loi, M. Lamarche, « Éviction du domicile familial du concubin ou du pacsé violent : l'analogie entre mariage et concubinage est-elle toujours possible ? », *Dr. fam.* 2010. Alerte 12 ; sur la proposition de loi, v ; notamment, *Rapport d'information n° 553* (2009-2010) de Mme Françoise Laborde, fait au nom de la délégation aux droits des femmes, déposé le 10 juin 2010 ; *Rapport n° 564* (2009-2010) de M. François Pillet, fait au nom de la commission des lois, déposé le 17 juin 2010 ; *Avis n° 562* (2009-2010) de Mme Muguette Dini, fait au nom de la commission des affaires sociales, déposé le 16 juin 2010). S'agissant du couple marié, la loi du 9 juillet 2010 reconduit la règle suivant laquelle la jouissance du logement est attribuée, sauf circonstances particulières au conjoint qui n'est pas l'auteur des violences (art. 515-11, 3°).

2. *La durée des mesures urgentes*

■ 233 Les mesures urgentes de l'article 220-1 présentent un double caractère. Elles sont tout à la fois temporaires et provisoires.

■ 234 Les mesures urgentes présentent, d'abord, un *caractère temporaire*. Ce caractère s'explique par la finalité de ces mesures. Il s'agit ici de remédier aux crises conjugales. Or, de deux choses l'une. Soit la crise est passagère et les mesures de l'article 220-1 perdent leur intérêt après la réconciliation des époux. Soit la mésentente entre époux est définitive, et c'est alors au divorce ou à la séparation de corps de prendre le relais. L'article 220-1, alinéa 4 dispose ainsi que la durée des *mesures urgentes*[Q] « doit être déterminée par le juge et ne saurait, prolongation éventuellement comprise, dépasser trois ans ». Cependant, dans le cadre de la lutte contre les violences conjugales, les mesures mentionnées à l'article 515-11 du Code civil sont prises pour une durée maximale de quatre mois. Elles peuvent être prolongées au-delà si, durant ce délai, une requête en divorce ou en séparation de corps a été déposée. Le juge aux affaires familiales peut, à tout moment, à la demande du ministère public ou de l'une ou l'autre des parties, ou après avoir fait procéder à toute mesure d'instruction utile, et après avoir invité chacune d'entre elles à s'exprimer, supprimer ou modifier tout ou partie des mesures énoncées dans l'ordonnance de protection, en décider de nouvelles, accorder à la personne défenderesse une dispense temporaire d'observer certaines des obligations qui lui ont été imposées ou rapporter l'ordonnance de protection (C. civ., art. 515-12).

Les mesures urgentes présentent, ensuite, un *caractère provisoire*. Celui-ci signifie que le juge peut à tout moment mettre fin ou modifier les mesures qu'il a prescrites, même avant l'expiration du délai pour lequel elles ont été prononcées. 235

3. *La sanction des mesures urgentes*

L'époux fautif, qui ne respecte pas les mesures urgentes, encourt deux types de sanctions : des sanctions civiles et des sanctions pénales. 236

Les *sanctions civiles* sont prévues par l'article 220-3, alinéa premier. Le texte opère une distinction suivant que l'acte a été passé sur un bien dont l'aliénation est ou non sujette à publicité. Si l'acte porte sur bien dont l'aliénation est soumise à publicité, il est annulable s'il a été accompli après la publication de l'ordonnance du juge. Si l'acte a porté, au contraire, sur un bien dont l'aliénation n'est pas sujette à publicité, l'acte est annulable à la condition d'avoir été passé avec un tiers de mauvaise foi. L'article 220-2, alinéa 2 précise que la signification au tiers de l'ordonnance portant interdiction de disposer des meubles corporels ou de les déplacer, constitue le tiers de mauvaise foi. 237

Il s'agit d'une *nullité relative*, ouverte au conjoint requérant dans un délai de deux ans à compter du jour où il a eu connaissance de l'acte. L'action en nullité ne peut jamais être intentée plus de deux ans après la publication de l'acte, si ce dernier est sujet à publicité.

Le conjoint fautif, qui ne respecte pas les mesures urgentes, encourt également des *sanctions pénales*. L'article 6 de la loi du 13 juillet 1965 (mod. L. n° 92-1336 du 16. déc. 1992) dispose que « Sera puni des peines de l'abus de confiance prévues par les articles 314-1 et 314-10 du Code pénal », l'époux qui aura détruit, détourné ou tenté de détruire ou de détourner les objets après que lui aura été signifiée l'ordonnance du juge aux affaires familiales. 238

Mémo

Le régime primaire prévoit deux séries de mesures applicables en cas de crise conjugale.

Les premières sont destinées à remédier à l'empêchement d'un conjoint. Celui-ci peut donner lieu tantôt à la représentation judiciaire tantôt à l'autorisation judiciaire. L'article 219 autorise l'époux valide à saisir le juge des tutelles afin qu'il l'habilite à représenter son conjoint dès lors que celui-ci se « trouve hors d'état de manifester sa volonté ». Le texte permet d'éviter l'ouverture d'une tutelle ou d'une curatelle à l'égard du conjoint empêché. La représentation peut couvrir tous les actes et tous les biens du ménage, en particulier ceux soumis à la gestion exclusive du conjoint empêché. Elle peut être accordée pour un acte déterminé ou une série d'actes. L'opération est accomplie par le représentant au nom et pour le compte du représenté.

L'article 217 permet à l'époux valide de saisir le juge des tutelles afin qu'il l'autorise à passer seul un acte pour lequel le concours ou le consentement de son conjoint serait nécessaire, si celui-ci est hors d'état de manifester sa volonté. L'habilitation porte sur les biens pour lesquels le demandeur bénéficie d'un demi-pouvoir, ce qui exclut le logement de la famille appartenant en propre à son conjoint. L'habilitation est ici donnée pour un acte déterminé. L'acte accompli par le conjoint habilité est opposable à l'autre époux, sans entraîner à la charge de celui-ci aucune obligation personnelle.

Les conflits entre époux sont susceptibles de résulter du refus, non justifié par l'intérêt de la famille, opposé par un conjoint à un acte soumis à la cogestion. En ce cas, le juge aux affaires familiales peut autoriser le demandeur à passer outre le refus de l'époux récalcitrant (art. 217). Le domaine et les effets de l'autorisation sont les mêmes qu'en cas d'empêchement (art. 217). L'article 220-1 permet au juge aux affaires familiales de prescrire toutes les mesures urgentes que requièrent les intérêts de la famille, si l'un des époux manque gravement à ces devoirs et met ainsi en péril ces intérêts. Contrairement aux mesures d'habilitation judiciaire, le texte permet d'organiser la restriction des pouvoirs d'un époux sur les biens, avant ou pendant la procédure de divorce. Le Code civil fournit une liste non limitative des mesures susceptibles d'être ordonnées par le juge. Celles-ci sont cantonnées à une durée de trois ans, renouvellement compris, et peuvent être, à tout moment, modifiées ou rapportées.

Quid

■ Représentation judiciaire n° 199 à 209

Désigne la mesure par laquelle le juge des tutelles (C. pr. civ., art. 1286) autorise un époux à représenter son conjoint, hors d'état de manifester sa volonté, pour l'accomplissement de certains actes juridiques ou d'une série d'actes indéterminés sur les biens propres ou personnels de ce dernier et/ou sur les biens communs. Le conjoint empêché est seul engagé par l'acte. La représentation judiciaire (C. civ., art. 219, al. 1er) est préférée aux mesures de protection juridique des majeurs et à l'ouverture d'une procédure d'absence, dès lors qu'elle suffit à pourvoir aux intérêts en cause (C. civ., art. 428 ; C. civ., art. 121, al. 2).

■ Autorisation judiciaire **n° 210 à 215 et n° 217 à 220**

Désigne la mesure par laquelle le tribunal de grande instance ou le juge des tutelles (C. pr. civ., art. 1286) autorise un époux à accomplir seul un acte soumis à la cogestion, en raison de l'empêchement de l'autre conjoint ou du refus de ce dernier, non justifié par l'intérêt de la famille, à l'acte. L'autorisation judiciaire n'est donnée que pour un acte déterminé. Celui-ci est opposable à l'autre conjoint, sans entraîner aucune obligation personnelle à sa charge. L'autorisation judiciaire (C. civ., art. 217) est préférée aux mesures de protection juridique des majeurs et à l'ouverture d'une procédure d'absence, dès lors qu'elle suffit à pourvoir aux intérêts en cause (C. civ., art. 428 ; art. 121, al. 2).

■ Mesures urgentes **n° 221 à 238**

Mesures prononcées par le juge aux affaires familiales, sur le fondement de l'article 220-1 du Code civil, afin de prévenir le péril qui guette les intérêts de la famille, en raison du manquement grave de l'un des époux aux devoirs du mariage. Les mesures urgentes sont restrictives des pouvoirs ou positives. Elles ne peuvent pas dépasser une durée de trois ans, prolongation éventuellement comprise. L'article 220-1 demeure applicable pendant la procédure de divorce ou de séparation de corps.

Documents

1) Appréciation d'ensemble de l'intérêt de la famille et autorisation judiciaire de vente du domicile conjugal dont la jouissance est attribuée à titre provisoire à l'autre époux pendant l'instance en divorce (C. civ., art. 217)

Civ. 1re, 30 sept. 2009

(*Bull. civ.* I, n° 196 ; *D.* 2009. 2489, obs. V. Egéa ; *AJ fam.* 2009. 451, obs. S David ; *RTD civ.* 2009. 703, obs. J. Hauser)

« Attendu que M. X... et Mme Y... se sont mariés le 8 décembre 1978 sous le régime de la séparation de biens ; que, par un arrêt du 23 novembre 2004, statuant sur les mesures provisoires ordonnées par une ordonnance de non conciliation, la jouissance du domicile conjugal, bien propre du mari, a été attribuée à l'épouse à titre gratuit en complément d'une pension alimentaire versée au titre du devoir de secours ; que M. X... a assigné sa femme sur le fondement de l'article 217 du Code civil aux fins d'être autorisé à procéder à la vente du domicile conjugal sans son consentement ;

Sur le moyen unique, pris en ses deux premières branches :

Attendu que Mme Y... fait grief à l'arrêt attaqué (CA Metz, 9 janvier 2008) d'avoir autorisé son mari à procéder à la vente de la maison d'habitation constituant le domicile conjugal sans son consentement, alors, selon le moyen :

1°/ qu'en ne répondant pas aux conclusions récapitulatives d'appel de Mme X... du 13 juin 2007 faisant valoir que M. X... tentait par la présente instance de remettre en cause les mesures provisoires prononcées par le juge aux affaires familiales qui avaient vocation à s'appliquer jusqu'au jour où le divorce deviendrait définitif, et, ce, en reprenant les mêmes arguments que

ceux développés lors de la procédure d'appel de l'ordonnance de non conciliation, la cour d'appel a violé l'article 455 du Code de procédure civile ;
2°/ qu'en tout état de cause, une décision du juge aux affaires familiales passée en force de chose jugée, statuant sur l'attribution du domicile conjugal à l'un des époux jusqu'au prononcé définitif du divorce, a autorité de la chose jugée en ce qui concerne cette attribution tant que la procédure de divorce est en cours ; qu'un arrêt du 23 novembre 2004, passé en force de chose jugée, statuant sur appel d'une ordonnance de non conciliation du juge aux affaires familiales, avait attribué à Mme X... la jouissance à titre gratuit de ce domicile conjugal ; qu'en écartant la fin de non recevoir tirée de l'autorité de la chose jugée de l'arrêt du 23 novembre 2004 soulevée par l'exposante et en faisant droit à la nouvelle demande de M. X... de pouvoir disposer du domicile conjugal, à une date où la procédure de divorce était toujours en cours et où la décision du juge conciliateur continuait de produire ses effets, la cour d'appel a violé l'article 1351 du Code civil, ensemble l'article 482 du Code de procédure civile ;
Mais attendu que l'attribution, à titre provisoire, de la jouissance du domicile conjugal à l'un des époux par le juge du divorce ne fait pas obstacle à une autorisation judiciaire de vente du logement familial à la demande de l'autre époux en application de l'article 217 du Code civil ; que par ce motif de pur droit, substitué, dans les conditions de l'article 1015 du Code de procédure civile, à celui critiqué, l'arrêt se trouve légalement justifié ;
Sur le moyen unique, pris en ses deux dernières branches :
Attendu que Mme Y... fait le même grief à l'arrêt attaqué, alors, selon le moyen :
3°/ qu'en cas de survenance d'un fait nouveau au cours de la procédure de divorce, il est du pouvoir du juge aux affaires familiales et de lui seul de supprimer, modifier ou compléter les mesures provisoires qu'il a prescrites ; que le tribunal de grande instance et la cour d'appel de Metz ne pouvaient en conséquence statuer sur la demande de M. X... tendant, en définitive, à obtenir modification de la mesure prononcée par le juge aux affaires familiales relative à l'attribution à son épouse de la jouissance à titre gratuit du domicile conjugal ; qu'en statuant néanmoins sur cette demande, la cour d'appel a excédé ses pouvoirs, violant ainsi l'article 1118 du Code de procédure civile ;
4°/ subsidiairement, que ce n'est qu'en cas de survenance d'un fait nouveau que les mesures provisoires prescrites par le juge aux affaires familiales peuvent être modifiées ou complétées ; qu'en s'abstenant de rechercher, ainsi qu'elle le devait et qu'il lui était au demeurant demandé, si la demande de M. X..., présentée au cours de la procédure de divorce et visant en définitive à obtenir modification de la mesure prononcée par le juge aux affaires familiales relative à l'attribution à son épouse de la jouissance à titre gratuit du domicile conjugal, était fondée sur la survenance de faits nouveaux depuis l'arrêt du 23 novembre 2004, la cour d'appel a privé sa décision de base légale au regard de l'article 1118 du Code de procédure civile ;
Mais attendu qu'après avoir procédé à une appréciation d'ensemble de l'intérêt familial et constaté d'abord que le budget mensuel de M. X..., seul à exercer une activité professionnelle rémunérée, présentait un déficit mensuel d'un certain montant, de nature à altérer sérieusement le budget familial, puis que ce dernier avait d'ores et déjà engagé des opérations de cession de ses avoirs propres pour assurer le paiement de dettes, la cour d'appel, statuant sur sa demande d'être autorisé à effectuer seul un acte de disposition sur le domicile conjugal, a souverainement déduit des éléments produits, que la vente projetée en vue de ne pas aggraver un déficit et de parvenir à une gestion de trésorerie plus saine, apparaissait conforme à l'intérêt de la famille ; que par ces motifs non critiqués, la cour d'appel a légalement justifié sa décision ;
PAR CES MOTIFS :
REJETTE le pourvoi... ».

2) Mesures de sauvegarde de l'intérêt de la famille (C. civ., art. 220-1)

TGI Digne, Réf., 1er juill. 1972
(*D.* 1973. Jur. 259, note C.-I. Foulon-Piganiol ; *RTD civ.* 1974. 391, obs. R. Nerson ; *JCP* 1973. II. 17443, note D. Mayer)

« Nous, Président ; (...)

– Sur le fond : – Attendu qu'aux termes de l'article 220-1 du Code civil, si l'un des époux manque gravement à ses devoirs et met ainsi en péril les intérêts de la famille, le président du tribunal de grande instance peut prescrire toutes les mesures urgentes que requièrent ces intérêts ; que la durée de ces mesures doit être déterminée et ne saurait, prolongation éventuellement comprise, dépasser 3 ans ; – Attendu qu'il résulte d'un constat dressé le 9 mai 1972 par l'Huissier Charles Garetto, à cette fin commis, que M... R..., né le 23 décembre 1921, vit maritalement à A... avec M... F..., née le 25 juillet 1942. – Attendu que, la dame R... ayant intenté contre son mari une action en séparation de corps, un inventaire de la communauté a été dressé le 16 mars 1972 par le notaire Jean-Claude Buès ; que R... a déclaré à cet officier ministériel ne plus posséder de voiture et avoir cédé la sienne, une BMW 2800 CS, modèle 1971, pour la somme de 500 F, en février 1972 ; qu'il ressort d'un certificat dressé le 20 juin 1972 par le préfet du Vaucluse que le véhicule BMW, type 2800 CS, mis en circulation pour la première fois le 11 février 1971, et immatriculé au nom de M... R..., a fait l'objet le 7 mars 1972, d'une mutation à celui de la demoiselle F..., que, d'après l'Argus du 24 février 1972, la valeur de ce véhicule était alors de 37 000 F environ ; – Attendu qu'il est ainsi démontré que, subjugué par une jeune maîtresse, R... a entrepris de dilapider à son profit les biens de la communauté, manquant donc à ses devoirs et mettant en péril les intérêts de sa famille ; – Attendu qu'en présence de ce comportement, son épouse est fondée à s'inquiéter de son action au sein de la Société d'exploitation des établissements M... R..., société anonyme dans laquelle la communauté possède d'importants intérêts, d'autant plus qu'au cours d'une séance du conseil d'administration tenue en juin 1972, il a été mis fin aux fonctions de directeur général dévolues depuis le 22 décembre 1969 à J... R..., fils des époux R..., si bien que l'essentiel des pouvoirs d'administration se trouve maintenant entre les mains de M... R..., président-directeur général ; qu'il importe donc que la dame R... puisse contrôler la situation, en exerçant par elle-même les droits attachés à la moitié des actions détenues par la communauté, ce qui n'est pas actuellement en son pouvoir, ces actions étant immatriculées au nom de son mari ; – Attendu qu'il convient donc de l'autoriser, comme elle le demande, à faire immatriculer à son propre nom, 35 des 71 actions de la communauté ; que la durée de cette mesure devant être limitée, il y a lieu de l'ordonner pour un an et demi, sauf prorogation ou abrogation anticipée suivant l'effet, sur le partage de la communauté, de l'instance en séparation de corps actuellement en cours... ».

Biblio

– P.-J. Claux, « Lutter contre l'égoïsme d'un époux », in *Dossier. Divorce et transparence*, *AJ fam.* 2009. 436.

– F. Delbano, « Les difficultés d'application des principes de nécessité et de subsidiarité des régimes de protection des majeurs », *D.* 1999. 408.

– A. Karm, « Le régime matrimonial de la personne vulnérable », *Actes pratiques & Stratégies patrimoniales* 2010, p. 31.

– V. Larribau-Terneyre, « Le régime matrimonial de l'incapable », *JCP* N 1999. 843.
– H. Lécuyer, « L'urgence et les régimes matrimoniaux », in *États généraux du droit de la famille. L'urgence et le droit de la famille*, *Gaz. Pal.* 18-20 avr. 2010, p 13.
– N. Peterka, « Les dispositifs alternatifs de protection de la personne mariée », *AJ fam.* 2012. 253.
– G. Raoul-Cormeil, « Le conjoint de la personne vulnérable », *Defrénois* 2008. 38791. 1303.
– J.-F. Sagault, « Empêchement ou impéritie d'un époux : les solutions du droit des régimes matrimoniaux », in *Dossier. Famille et handicap*, *AJ fam.* 2003. 124.

Quiz

1) Sujets corrigés

A) Test de connaissances

Énoncé

1. La maladie d'un époux entraîne :

- **a.** en priorité, l'ouverture d'un régime de protection des majeurs ;
- **b.** en priorité, le recours à une mesure d'habilitation ou d'autorisation judiciaire ;
- **c.** aucune mesure.

2. L'époux habilité sur le fondement de l'article 219, alinéa 1er du Code civil peut agir sur :

- **a.** ses biens propres ;
- **b.** les biens propres de son conjoint ;
- **c.** les biens communs soumis à cogestion ;
- **d.** les biens communs soumis à gestion exclusive ;
- **e.** les biens communs soumis à gestion concurrente.

3. L'habilitation judiciaire de l'article 219, alinéa 1er du Code civil est :

- **a.** nécessairement générale ;
- **b.** nécessairement spéciale ;
- **c.** générale ou spéciale.

4. L'habilitation judiciaire de l'article 219, alinéa 1er du Code civil a pour effet d'autoriser le conjoint habilité à agir :

- **a.** en son propre nom ;
- **b.** au nom et pour le compte de son époux.

5. L'acte accompli par un époux sans pouvoir est :

- **a.** nul ;
- **b.** inopposable à son conjoint.

6. L'autorisation judiciaire de l'article 217 du Code civil s'étend :

a. aux biens propres ;

b. aux biens communs soumis à gestion exclusive ;

c. aux biens communs soumis à cogestion ;

d. au logement de la famille.

7. L'autorisation judiciaire de l'article 217 du Code civil suppose :

a. l'empêchement d'un époux ;

b. un refus mettant en péril l'intérêt de la famille ;

c. un refus non justifié par l'intérêt de la famille ;

d. l'empêchement d'un époux et un refus non justifié par l'intérêt de la famille ;

e. l'empêchement d'un époux ou un refus non justifié par l'intérêt de la famille ;

f. l'empêchement d'un époux et un refus mettant en péril l'intérêt de la famille ;

g. l'empêchement d'un époux ou un refus mettant en péril l'intérêt de la famille.

8. L'autorisation de l'article 217 est nécessairement :

a. générale ;

b. spéciale.

9. La vente du logement de la famille appartenant en propre au conjoint empêché suppose la mise en œuvre d'une mesure :

a. de représentation judiciaire (C. civ., art. 219) ;

b. d'autorisation judiciaire (C. civ., art. 217).

10. L'autorisation de l'article 217 du Code civil a pour effet :

a. d'autoriser l'époux à agir seul ;

b. d'autoriser l'époux à agir au nom et pour le compte de son conjoint ;

c. de rendre l'acte opposable à l'autre conjoint.

11. Les mesures de sauvegarde des intérêts de la famille (C. civ., art. 220-1) impliquent :

a. une divergence d'appréciation par les époux des intérêts de la famille ;

b. le manquement par un époux à un devoir du mariage.

12. Les mesures de sauvegarde de l'article 220-1 sont des :

a. mesures restrictives de pouvoir ;

b. mesures extensives de pouvoir ;

c. mesures extensives ou restrictives de pouvoir.

13. Les mesures de sauvegarde de l'article 220-1 consistent en des mesures :

a. patrimoniales ;

b. extrapartrimoniales ;

c. patrimoniales ou extrapatrimoniales.

14. La durée des mesures de sauvegarde de l'article 220-1 est de :

a. trois ans au maximum prorogation incluse ;

b. trois ans renouvelable une fois ;

c. trois mois au maximum prorogation incluse ;

d. trois mois renouvelable une fois ;

e. quatre mois.

15. Le non-respect des mesures de sauvegarde est sanctionné par :

a. la nullité de l'acte ;

b. l'inopposabilité de l'acte.

Voir corrigé en fin de rubrique.

B) Cas pratique

Énoncé

M. Gilles Estoup a de graves soucis. Son épouse, Olga, âgée comme lui de 85 ans, est atteinte de la maladie d'Alzheimer. La fille du couple, Mme Ella Toupry Estoup, âgée de 60 ans, envisage de saisir le juge des tutelles en vue de l'ouverture d'une mesure de tutelle à l'égard de sa mère. Gilles, qui sait que son épouse souffrirait de sa mise sous protection juridique, voudrait que vous lui indiquiez si d'autres dispositifs moins contraignants sont envisageables. Il vous précise qu'il est marié avec Olga sous le régime de la communauté réduite aux acquêts et qu'il nourrit plusieurs projets dont, notamment, celui de vendre l'appartement parisien dans lequel il vit avec sa femme depuis quarante ans et qui se trouve être aujourd'hui trop grand pour le couple. Il vous précise que cet appartement a été recueilli par Olga par voie de succession de sa mère et qu'il voudrait également vendre la résidence secondaire du couple, sise à Hendaye, laquelle a été acquise peu de temps après leur mariage, pour acheter une chaumière sur la côte normande. Gilles souhaiterait que vous lui précisiez s'il existe un moyen d'accomplir ces actes et d'éviter qu'Olga dilapide l'argent du couple, sans que celle-ci soit placée sous un régime de protection juridique des majeurs.

Voir corrigé en fin de rubrique.

2) Corrigés

Test de connaissances

1. b et c ; 2. a, b, c d, et e ; 3. c ; 4. b ; 5. a ; 6. c et d ; 7. e ; 8. b ; 9. a ; 10. a et c ; 11. b ; 12. c ; 13. c ; 14. a ; 15. a.

Cas pratique

I. L'existence de dispositifs alternatifs à l'ouverture d'une mesure de protection juridique des majeurs

Aux termes de l'article 428, alinéa 1er du Code civil, « la mesure de protection ne peut être ordonnée par le juge qu'en cas de nécessité et lorsqu'il ne peut être suffisamment pourvu aux intérêts de la personne par l'application des règles du droit commun de la représentation, de celles relatives aux droits et devoirs respectifs des époux et des règles des régimes matrimoniaux, en particulier celles prévues aux articles 217, 219, 1426 et 1429, par une autre mesure de protection judiciaire moins contraignante ou par le mandat de protection future conclu par l'intéressé ».

En l'espèce, le régime matrimonial du couple ainsi que les dispositions du régime primaire fournissent à Gilles les moyens d'éviter que la gestion des biens du couple soit bloquée du fait de l'empêchement d'Olga. Des mesures restrictives de pouvoirs pourront être également envisagées afin qu'Olga ne dilapide pas le patrimoine du ménage. La requête d'Ella en vue de l'ouverture d'une mesure de tutelle à l'égard de sa mère ne pourra prospérer que s'il est démontré que les dispositifs issus du régime primaire et du régime de communauté sont insuffisants pour pourvoir aux intérêts d'Olga (Civ. 1re, 1er févr. 2012, n° 11-11346, *D.* 2012. 921, note G. Raoul-Cormeil ; *AJ fam*. 2012. 229, obs. Th. Verheyde). Cette preuve incombe au requérant, c'est-à-dire à Ella.

II. Les projets de Gilles

A. La vente de l'appartement parisien

L'appartement parisien constitue la résidence principale du couple. L'article 215, alinéa 3 dispose que « les époux ne peuvent l'un sans l'autre disposer des droits par lesquels est assuré le logement de la famille, ni des meubles meublants dont il est garni. Celui des deux qui n'a pas donné son consentement à l'acte peut en demander l'annulation : l'action en nullité lui est ouverte dans l'année à partir du jour où il a eu connaissance de l'acte, sans pouvoir jamais être intentée plus d'un an après que le régime matrimonial s'est dissous ». Ces dispositions s'appliquent à tous les actes d'aliénation volontaire du logement de la famille et des meubles qui le garnissent. Peu importe, notamment, que ce dernier soit constitutif d'un acquêt de communauté ou d'un bien propre. Dans tous les cas, l'acte requiert le double consentement des époux.

Néanmoins, la qualification d'acquêts ou de bien propre revêt une importance, lorsque l'un des époux se trouve hors d'état de manifester sa volonté. En effet, l'article 217 du Code civil prévoit qu' « un époux peut être autorisé par justice à passer seul un acte pour lequel le concours ou le consentement de son conjoint serait nécessaire, si celui-ci est hors d'état de manifester sa volonté ou si son refus n'est pas justifié par l'intérêt de la famille [al. 1er]. L'acte passé dans les conditions fixées par autorisation de justice est opposable à l'époux dont le concours ou le consentement a fait défaut, sans qu'il en résulte à sa charge aucune obligation personnelle [al. 2] ».

L'article 217 vise les actes pour lesquels le concours ou le consentement du conjoint est nécessaire. Le domaine du texte correspond à celui de la cogestion. Pour les actes qui y sont soumis, l'époux du conjoint empêché peut être autorisé par le juge des tutelles à agir seul, ce qui permet d'éviter, le cas échéant, l'ouverture d'une tutelle ou d'une curatelle (C. civ., art. 428). Les biens propres ou personnels sont en principe exclus de l'article 217. Ce dernier ne permet pas à un époux d'obtenir du juge l'autorisation d'agir sur un bien qui relève de la gestion exclusive de son conjoint. Pour se prévaloir du texte, l'époux requérant doit avoir un début de pouvoir, un demi-pouvoir sur le bien. S'agissant du logement de la famille, l'article 217 ne permet pas toujours au conjoint valide de se faire autoriser en justice à agir seul. Il convient, en pareil cas, d'opérer une distinction suivant que le logement est un bien commun ou indivis entre les époux, la propriété personnelle du requérant ou celle de l'époux empêché. Dans les deux premières hypothèses, l'article 217 est applicable. Dans la troisième, il est en revanche écarté. L'explication tient alors à ce que le conjoint valide n'a pas de début de pouvoir sur le logement puisque, par hypothèse, il n'en est pas propriétaire. L'article 215, alinéa 3 lui confère seulement un droit d'opposition. Aussi, lorsque le logement de la famille est la propriété du seul conjoint empêché, l'époux valide est renvoyé à l'article 219, alinéa 1er. Il doit se faire habiliter par le juge, sur le fondement de ce texte, à conclure la vente du logement au nom et pour le compte de son conjoint, puis y consentir en son nom personnel pour satisfaire à la règle de la cogestion (CA Paris, 16 déc. 1999, *JCP* 2001. I. 309, n° 1, obs. G. Wiederkehr).

L'article 219, alinéa 1er dispose que « si l'un des époux se trouve hors d'état de manifester sa volonté, l'autre peut se faire habiliter par justice à le représenter, d'une manière générale ou pour certains actes particuliers, dans l'exercice des pouvoirs résultant du régime matrimonial, les conditions et l'étendue de cette représentation étant fixée par le juge ». L'article 219, alinéa 1er pose une condition essentielle pour qu'il y ait *représentation judiciaire*. Il faut que « l'un des époux se trouve hors d'état de manifester sa volonté ». Cette formule, qui fait écho à celle employée à l'article 217, reçoit une interprétation souple. Elle recouvre des situations aussi variées que la maladie du conjoint (par exemple maladie d'Alzheimer : CA Paris, 16 déc. 1999, préc.), son éloignement, son emprisonnement et son absence. La jurisprudence précise que l'article 219 est applicable sous tous les régimes matrimoniaux, y compris sous la séparation de biens (Civ. 1re, 18 févr. 1981, préc. ; Civ. 1re, 1er oct. 1985, *JCP N* 1986. 249, note Ph. Simler). L'article 219, alinéa 1er permet à un conjoint d'agir sur les biens propres ou personnels de son époux. C'est d'ailleurs pour ces biens que le texte a le plus d'intérêt, du fait de leur soumission à la gestion exclusive de l'époux propriétaire (C. civ., art. 225). Le conjoint peut être habilité par le juge, sur le fondement de l'article 219, alinéa 1er, à passer tous types d'actes juridiques, qu'il s'agisse d'actes de disposition, d'actes d'administration ou d'actes conservatoires. L'étendue de la représentation est fixée par le juge. Ce dernier peut autoriser la représentation d'une manière générale, c'est-à-dire pour un nombre indéterminé d'actes et pour tout type d'actes, ou seulement pour certains actes particuliers. Lorsque la représentation est générale, on considère que son domaine est limité, sauf décision contraire du juge, aux seuls actes d'administration (en ce sens, F. Terré, Ph. Simler, préc., n° 132). Les effets de la représentation judiciaire sont ceux du mandat. L'acte est effectué par le représentant au nom et pour le compte du représenté. C'est ce dernier qui est seul engagé par l'acte. Le juge compétent, pour statuer sur le fondement des articles 217 et 219, alinéa 1er, lorsqu'un époux est hors d'état de manifester sa volonté, est le juge des tutelles (C. pr. civ., art 1286, al. 2, réd. Décr. n° 2009-1591 du 17 déc. 2009 et C. pr. civ., art. 1289 à 1289-2).

En l'espèce, le logement de la famille a été recueilli par Olga dans la succession de sa mère. Il s'agit donc d'un bien lui appartenant en propre (C. civ., art. 1405). Olga se trouve hors d'état de manifester sa volonté par l'effet de la maladie d'Alzheimer. L'article 217 ne peut pas être ici invoqué. Gilles pourra, en revanche, saisir le juge des tutelles d'une requête afin de se faire habiliter à représenter son épouse, sur le fondement de l'article 219, alinéa 1er, d'une manière générale ou pour certains actes particuliers et, notamment pour la vente de la résidence principale du couple. Pour la réalisation de cette vente, Gilles devra intervenir à l'acte en qualité de représentant d'Olga (C. civ., art. 219, al. 1er) et en son nom personnel pour satisfaire à l'exigence de la cogestion. L'habilitation de Gilles à procéder à la vente par voie de représentation de son épouse implique que l'acte soit conforme à l'intérêt d'Olga laquelle se trouve seule engagée par l'opération (Civ. 1re, 1er oct. 1985, *JCP N* 1986. 249, note Ph. Simler).

B. La vente de la résidence secondaire d'Hendaye et l'acquisition d'une chaumière sur la côte normande

La maison d'Hendaye a été acquise à titre onéreux après la célébration du mariage de Gilles et d'Olga. Il s'agit donc d'un acquêt de communauté dont la vente est soumise, à peine de nullité relative, au double consentement des époux en vertu des dispositions des articles 1401, 1424 et 1427 du Code civil (v. ss 262 et s. ; v. ss 405 et s. ; v. ss 421 et s.). Olga étant empêchée de manifester sa volonté en raison de la maladie d'Alzheimer, Gilles qui dispose d'un demi-pouvoir sur l'immeuble commun, peut saisir le juge des tutelles afin d'être autorisé, de manière spéciale, à procéder à sa vente (C. civ., art. 217, al. 1er). Cette dernière n'engage que Gilles, lequel est seul partie à l'acte. La vente est seulement opposable à Olga sans entraîner aucune obligation personnelle à sa charge (C. civ., art. 217, al. 2).

La perception des capitaux provenant de la vente d'un immeuble commun étant également soumise à la cogestion à peine de nullité (C. civ., art. 1424 et 1427, v. ss 405 et s. ; v. ss 421 et s.), Gilles doit solliciter du juge des tutelles l'autorisation de percevoir seul le montant du prix.

Les règles de pouvoirs résultant du régime de la communauté réduite aux acquêts, et spécialement le principe de la gestion concurrente des biens communs, lui permettent de procéder seul, sans le concours de son épouse et sans habilitation ou autorisation du juge des tutelles, à l'achat de la résidence secondaire sur la côte normande (C. civ., art. 1421, al. 1er, v. ss 373 et s.).

III. La protection du patrimoine commun contre le risque de dilapidation par Olga

Le régime primaire et le régime de communauté prévoient plusieurs mesures restrictives de pouvoirs. Ces mesures de sauvegarde conjugales peuvent être utilement combinées avec les mesures extensives de pouvoirs des articles 219, alinéa 1er et 217 du Code civil, lesquelles ne privent pas le conjoint empêché de ses pouvoirs sur les biens.

Le régime primaire énonce, à l'article 220-1, que « Si l'un des époux manque gravement à ses devoirs et met ainsi en péril les intérêts de la famille, le juge aux affaires familiales peut prescrire toutes les *mesures urgentes*Q que requièrent ces intérêts ». La mise en œuvre du texte implique que trois conditions cumulatives soient réunies. La première tient à l'exigence d'un manquement grave à ses devoirs, de la part d'un époux. La formule englobe tous les devoirs du mariage, qu'il s'agisse des devoirs personnels et des devoirs pécuniaires. L'article 220-1, alinéa 1er précise que le comportement de l'époux fautif doit correspondre à un manquement grave à un devoir du mariage. Cette exigence peut être rapprochée de l'article 242 du Code civil, d'après lequel le divorce pour faute peut être demandé par un époux en cas de « violation grave ou renouvelée des devoirs et obligations du mariage » par son conjoint. Le recours à l'article 220-1 apparaît ainsi souvent comme l'antichambre du divorce. Le texte permet au juge aux affaires familiales de prescrire des mesures urgentes, avant la mise en œuvre d'une procédure de divorce. Pendant le déroulement de celle-ci, l'article 220-1 pourra se cumuler avec les mesures provisoires prononcées par le juge aux affaires familiales (C. civ., art. 257). L'article 220-1 demeure applicable pendant la procédure de divorce (CA Nancy, 12 déc. 1968, *D.* 1969. Jur. 300, note C.-I. Foulon-Piganiol) ou de séparation de corps (TGI Dignes-les-Bains, 1er juill. 1972, *D.* 1973. Jur. 259, note C.-I. Foulon-Piganiol ; *JCP* 1973. II. 17443, note D. Mayer ; *RTD civ.* 1974. 391, obs. R Nerson). La seconde condition résulte de la mise en péril des intérêts de la famille. Cette dernière doit découler du manquement grave de l'un des époux aux devoirs du mariage. La notion d'« intérêt de la famille » fait l'objet d'une appréciation d'ensemble, prenant en compte tout à la fois l'intérêt du conjoint de l'époux fautif et celui des enfants. La troisième condition tient à l'urgence. Il faut qu'il y ait urgence à conjurer le péril qui menace la famille. L'article 220-1 apparaît ainsi comme une mesure de sauvegarde des intérêts de la famille. L'urgence signifie qu'on ne peut pas attendre le temps nécessaire à la mise en œuvre des autres mesures du régime primaire (C. civ., art. 219 et 217) ou du régime matrimonial (C. civ., art. 1426, 1429 et 1443 ; v. ss 428s. ; n° 450s. ; n° 524s.) et, cela, en raison de l'importance du dommage qu'il s'agit d'éviter. L'article 1290 du Code de procédure civile énonce que « Les mesures urgentes prévues à l'article 220-1 du Code civil sont prescrites par le juge aux affaires familiales statuant en référé ou, en cas de besoin, par ordonnance sur requête ». L'article 220-1 laisse au juge une marge de manœuvre importante quant à la nature des mesures qu'il peut prescrire. « Le juge aux affaires familiales peut prescrire toutes les *mesures urgentes*[Q] que requièrent » les intérêts de la famille. Les alinéas 2 et 3 fournissent une liste de ces mesures. Il s'agit d'une liste non limitative qui a seulement valeur d'exemple et montre que l'article 220-1 organise, au premier chef, un dispositif de restriction des pouvoirs de l'époux fautif. Les mesures prononcées par le juge aux affaires familiales, sur le fondement de ce texte, sont limitées dans le temps. Étant essentiellement provisoires, elles ne peuvent être prononcées, de surcroît, que pour une durée maximale de trois ans, prolongation comprise (C. civ., art. 220-1, al. 3).

En l'espèce, Olga est atteinte de la maladie d'Alzheimer. À ce jour, elle n'a pas manqué à ses devoirs. À supposer qu'une faute ait été commise par Olga, il conviendrait, pour mettre en œuvre le dispositif de l'article 220-1, de démontrer, conformément à la conception subjective de la faute grave applicable en matière de divorce, que le manquement aux devoirs du mariage n'est pas la conséquence de l'altération de ses facultés mentales (v., en ce sens, en matière de divorce pour faute, Civ. 1re, 12 nov. 2009, n° 08-20710, *D.* 2010. 1243, obs. G. Serra et L. Williatte-Pellitteri ; *RTD civ.* 2010. 86, obs. J. Hauser ; *Dr. fam.* 2010. Comm. 8, obs. I. Maria ; *Dr. fam.* 2010. Comm. 38, obs. V. Larribau-Terneyre ; N. Peterka « Les dispositifs alternatifs de protection de la personne mariée », *AJ fam.* 2012. 253). Si cette preuve était rapportée, les mesures de sauvegarde conjugales prévues à l'article 220-1 ne pourraient pas être prononcées, en tout état de cause, pour une durée supérieure à trois ans. Aussi, est-il préférable de conseiller à Gilles de recourir aux mesures de retrait de pouvoirs du régime de communauté. Leur mise en œuvre n'implique pas nécessairement la démonstration d'une faute et leur durée n'est pas limitée (C. civ., art. 1426 et 1429 ; v. ss 428 et s. ; v. ss 450 et s.).

chapitre 5

Le choix du régime légal

Plan analytique

section 1

Les caractères du choix

§ 1 Un choix libre

§ 2 Un choix définitif

A. Le principe de l'immutabilité du régime matrimonial

B. L'affaiblissement du principe

section 2

Les critères du choix

section 3

Les conséquences du choix

§ 1 La nature juridique de la communauté

§ 2 La corrélation de l'actif et du passif de la communauté

Le choix du régime légal

Le choix des époux en faveur du régime légal de communauté obéit à plusieurs caractères (section 1) et à plusieurs critères (section 2). Il emporte diverses conséquences (section 3). 239

section 1

Les caractères du choix

Le choix du régime matrimonial est à la fois libre (§ 1) et définitif (§ 2). 240

§ 1 Un choix libre

Avant la célébration de leur mariage, les époux sont libres d'opter pour le régime matrimonial de leur choix. Ils expriment ce dernier par *un contrat de mariage rédigé par acte notarié, à peine de nullité absolue*. Les époux peuvent choisir l'un des régimes matrimoniaux prévus par le Code civil, qu'il s'agisse de l'un des régimes de communauté, de la séparation de biens ou de la participation aux acquêts. Ils peuvent apporter à ces régimes toutes les *modifications* qu'ils jugent utiles, *sous réserve de l'ordre public et des bonnes mœurs*. Le choix du régime matrimonial est dominé par *le principe de la liberté des conventions matrimoniales*. Ce dernier découle de l'article 1387, d'après lequel « La loi ne régit l'association conjugale, quant aux biens, qu'à défaut de conventions spéciales... ». 241

C'est donc seulement à défaut de choix exprimé dans un contrat de mariage, que les époux sont soumis au régime légal. Cette soumission est automatique. Elle a lieu dès la célébration du mariage. En pratique, le régime légal s'applique à l'écrasante majorité des époux. La plupart des couples qui se marient ne font pas de contrat de mariage et sont ainsi soumis au régime légal. 242

En 1965, le législateur a modifié le type de régime légal, afin de tenir compte des résultats de l'enquête statistique ayant précédé l'adoption de la loi du 13 juillet 1965 (v. ss 28). Cette enquête avait montré que la majorité des Français qui rédigeaient un contrat de mariage, optaient pour la communauté réduite aux acquêts. La loi de 1965 abandonne ainsi l'ancien régime légal de la communauté des meubles et des acquêts pour faire de *la communauté réduite aux acquêts* le nouveau *régime légal*. La communauté légale est régie par les articles 1400 et suivants du Code civil. Ces textes ont également vocation à régir les communautés conventionnelles, sous réserve des stipulations contraires du contrat de mariage conformes à l'ordre public. 243

§ 2 Un choix définitif

244 Le choix du régime matrimonial est en principe définitif. La règle se cristallise dans le principe de l'immutabilité du régime matrimonial (1) qui subit aujourd'hui un net affaiblissement (2).

A. Le principe de l'immutabilité du régime matrimonial

245 Le choix du régime matrimonial est en principe définitif. Le *principe de l'immutabilité du régime matrimonial*, posé par l'article 1396, alinéa 3 du Code civil, s'applique quel que soit le régime choisi. Que les époux optent pour le régime légal ou pour un régime conventionnel, leur *choix* est *irrévocable*. Le principe interdit aux époux d'apporter, par le seul effet de leur volonté et en dehors des conditions prévues par le Code civil, des changements à leur régime matrimonial après la célébration du mariage. La volonté des époux est à elle seule impuissante à modifier leur régime matrimonial.

246 Le principe de l'immutabilité du régime matrimonial conduit à prohiber les modifications directes du régime matrimonial, qu'elles soient totales, telles que la stipulation d'un terme ou d'une condition dans un régime conventionnel, ou partielles. Les époux ne sont pas autorisés à modifier, par le seul effet de leur volonté, la composition respective de la masse commune et des masses propres. Il leur est interdit, par exemple, de convenir qu'un bien – commun en vertu des règles du régime légal – appartiendra en propre à l'un d'eux (Civ. 1re, 31 janv. 2006, n° 02-21121, *Bull. civ.* I, n° 48 ; *Defrénois* 2006. 38469. 1607, obs. G. Champenois). Une telle convention serait entachée de nullité.

247 En revanche, le principe de l'immutabilité du régime matrimonial ne condamne pas les *modifications indirectes* du régime, résultant de la conclusion de *contrats entre époux*. Pendant longtemps, ces contrats ont été vus avec défaveur par le législateur. Il en fut ainsi de la vente entre époux qui n'est admise que depuis la loi n° 85-1372 du 23 décembre 1985. De même, la société entre époux, qui fut d'abord prohibée, n'est tolérée sans aucune restriction que depuis cette loi (v. C. civ., art. 1832-1). Enfin, plus récemment, la loi n° 2004-439 du 26 mai 2004 a validé l'ensemble des donations entre époux, en supprimant la règle de la nullité des donations déguisées entre époux. Reste le mandat qui fait l'objet de règles spéciales. L'article 218, issu de la loi du 23 décembre 1985, précise que le mandat entre époux est toujours révocable (v. ss 89).

248 Le recours aux contrats entre époux constitue le moyen indirect de modifier le régime matrimonial, soit en attribuant à un conjoint des pouvoirs sur un bien qui relève en principe des pouvoirs exclusifs de l'autre époux (cas du mandat), soit en faisant passer un bien du patrimoine d'un époux à celui de son conjoint (vente, société, donation). Cela ne pose pas vraiment de difficultés lorsque les époux contractent sur des biens personnels. Il en va différemment, sous les régimes de communauté, lorsqu'il *s'agit de faire passer un bien de la masse commune au patrimoine propre d'un époux ou inversement*. Selon une partie de la doctrine, de tels contrats demeurent prohibés par le principe de l'immutabilité du régime matrimonial, au

motif que la communauté est une communauté en nature et non en valeur (J. Flour, G. Champenois, *préc.*, n° 197).

La règle de l'immutabilité implique encore, selon la Cour de cassation, que les conventions entre les époux n'altèrent pas « l'économie » du régime matrimonial. Ce qui pourrait signifier qu'elles ne doivent en perturber ni la finalité ni l'équilibre (v., pour une cession entre époux affectant, sous le régime de la participation aux acquêts, le montant de la créance participation du cédant, Civ. 1re, 8 avr. 2009, *Bull. civ.* I, n° 50 ; *D.* 2009. 1201, obs. V. Egéa ; *D.* 2009. 2509, obs. J. Revel ; *D.* 2009. 2528, note Th. Pasquier ; *RTD civ.* 2009. 516, obs. J. Hauser ; *ibid.* 769 et 771, obs. B. Vareille ; *AJ fam.* 2009. 219, obs. S. David ; *Dr. fam.* 2009, comm. 59, obs. B. Beignier ; *Defrénois* 2009. 38978. 1483, obs. G. Champenois ; *LEFP* 2009-6. 1, obs. N. Peterka ; v. G. Champenois, note *préc.* ss. Civ. 1re, 8 avr. 2009).

B. L'affaiblissement du principe

L'affaiblissement du principe de l'immutabilité du régime matrimonial résulte, au premier chef, de l'obsolescence de ses fondements. Ces derniers reposent traditionnellement sur un triple argument. **249**

Le premier consiste à dire que les rédacteurs du Code civil ont conçu le contrat de mariage comme un *pacte de famille*. Au XIXe siècle, le contrat de mariage faisait l'objet d'une négociation entre les familles des époux. L'immutabilité du régime matrimonial avait pour finalité d'éviter que les prévisions des familles soient déjouées pendant le mariage.

Le deuxième résulte du souci de *protection des époux*. On craint que, pendant le mariage, l'un des époux abuse de son influence sur son conjoint pour obtenir une modification du régime matrimonial en sa faveur.

Le troisième argument est tiré de *l'intérêt des tiers*. Le changement de régime matrimonial, en cours de mariage, serait source d'insécurité pour ces derniers, qui ne sont pas avertis de ce changement.

Au vrai, aucune de ces justifications n'est aujourd'hui pertinente. La première est purement historique. Le mariage n'est plus, au XXIe siècle, affaire de négociation familiale ! La deuxième est obsolète. La loi du 26 mai 2004 a supprimé les règles dérogatoires relatives aux donations entre époux, dont le fondement reposait sur la crainte de l'influence abusive d'un époux sur son conjoint. Si cette crainte a disparu en matière de donations, il doit logiquement en être de même en matière de régime matrimonial. Seule la justification tirée de l'intérêt des tiers conserve alors sa pertinence. Mais, en réalité, cet intérêt peut être suffisamment protégé par l'organisation d'une publicité de nature à informer les tiers du changement de régime matrimonial. **250**

Au rebours des fondements du principe de l'immutabilité du régime matrimonial, les raisons militant en faveur d'une mutabilité du régime se sont progressivement renforcées. L'immutabilité du régime matrimonial ne correspond pas aux impératifs de la vie contemporaine placée sous le signe de la flexibilité et de la mobilité (changements de domicile, de profession, fluctuations des biens et de leur valeur...). Elle représente alors une entrave pour les époux. Ces considérations ont conduit le législateur à apporter une atténuation au principe de l'immutabilité du régime matrimonial. L'article 1397 — issu de la loi du 13 juillet 1965 — autorise les époux à **251** modifier leur régime matrimonial dans l'intérêt de la famille, après deux ans d'application de leur ancien régime. Le changement de régime fait l'objet d'une publicité, destinée à protéger les tiers. Jusqu'à récemment, le changement de régime matrimonial était soumis, de manière systématique, à l'homologation du juge. La n° 2006-728 loi du 23 juin 2006, « portant réforme des successions et des libéralités » a supprimé cette exigence. Mais cette loi n'a pas pour autant supprimé le principe de l'immutabilité du régime matrimonial : le principe demeure mais le tempérament est admis de manière plus souple (v. ss 535 et s.). Ajoutons que l'article 265-2, issu de la réforme du divorce opérée par la loi du 26 mai 2004, autorise les époux à s'affranchir du principe de l'immutabilité du régime matrimonial par la conclusion de *conventions liquidatives* passées au cours de l'instance en divorce, lesquelles ne sont pas soumises à l'homologation du juge aux affaires familiales (Seules y sont assujetties les conventions étrangères à la liquidation et au partage : C. civ., art. 268 ; v. ss 517 et s. ; sur l'illicéité d'une convention liquidative conclue avant l'introduction de l'instance en divorce, Civ. 1re, 8 avr. 2009, *préc.* n° 247).

section 2

Les critères du choix

■ 252 Le choix du régime légal de communauté repose sur un double critère (pour les critères généraux de choix du régime matrimonial, v. ss 8 et s.).

■ 253 Le premier critère est, sans conteste, celui de la simplicité. Le choix du régime légal est une option simple, dépourvue de formalité dont peuvent se satisfaire les époux jeunes dont la profession ne comporte pas un haut risque financier. Parfois, le choix du régime légal résulte, plus simplement, de l'ignorance des époux...

■ 254 Le second critère du choix en faveur du régime légal est commun avec les régimes conventionnels de communauté. Il réside dans une volonté d'association patrimoniale des époux. À l'instar des communautés conventionnelles, la communauté légale double l'union conjugale d'une *union patrimoniale*. Cette dernière s'étend à la fois aux biens et aux dettes. Dans tous les régimes de communauté, les biens du couple sont répartis en trois masses distinctes. Les *biens propres du mari et ceux de la femme*, qui forment les deux premières masses. Chaque époux a la propriété individuelle et exclusive de ses biens propres. La troisième masse est composée des *biens communs* et forme la communauté. Cette dernière est la propriété conjointe des époux. Elle est partagée entre eux, ou leurs héritiers, après la dissolution du régime matrimonial.

section 3

Les conséquences du choix

Le choix du régime légal emporte la formation d'une communauté dont la nature juridique (§ 1) est controversée, en dépit d'une corrélation de son actif et de son passif (§ 2). 255

§ 1 La nature juridique de la communauté

La nature juridique de la communauté a fait l'objet de controverses doctrinales. On a d'abord cherché à l'assimiler à une *personne morale*. Plusieurs arguments ont été avancés. La communauté est pourvue d'un actif et d'un passif, donc d'un patrimoine. Or, selon la conception classique du patrimoine, ce dernier est une émanation de la personnalité juridique. Toute personne a nécessairement un patrimoine. La personnalité juridique de la communauté fut défendue par le doyen Carbonnier, dans sa thèse de doctorat (*Le régime matrimonial. Sa nature juridique sous le rapport des notions de société et d'association*, thèse, Bordeaux, 1932). Elle repose sur l'idée selon laquelle on retrouve, dans la communauté, les éléments caractéristiques de la société : l'existence d'apports, *l'affectio societatis*, la volonté de participer aux bénéfices et aux pertes. Cette thèse n'est pas consacrée en droit positif. L'actif et le passif communs ne sont pas seulement ceux de la communauté. Ils sont aussi ceux des époux. Les créanciers communs ont pour gage non seulement les biens communs mais aussi les biens propres de l'époux qui a contracté la dette. C'est pourquoi, il est impossible de reconnaître à la communauté une personnalité juridique distincte de celle des époux. 256

On a ensuite voulu assimiler la communauté à l'*indivision*. Le rapprochement des deux institutions a été renforcé par la loi n° 76-1286 du 31 décembre 1976, qui s'est inspirée de certaines solutions du droit des régimes matrimoniaux. Mais la source d'inspiration a été puisée dans les textes du régime primaire et non dans ceux du régime de communauté. Surtout, l'indivision est une institution précaire, à laquelle chaque indivisaire peut mettre fin à tout moment. Cette précarité ne se retrouve pas à propos de la communauté. À cela s'ajoute que la gestion des biens communs obéit à des règles très différentes de la celle des biens indivis. La communauté ne saurait ainsi être assimilée à l'indivision. Il pourrait s'agir, tout au plus, d'une indivision *sui generis*. L'originalité de la communauté par rapport à l'indivision se vérifie, au demeurant, sur le terrain du passif. 257

§ 2 La corrélation de l'actif et du passif de la communauté

Sous tous les régimes de communauté, la répartition en trois masses se retrouve sur le terrain du passif. On distingue les *dettes propres du mari*, les *dettes propres de la femme* et les *dettes communes*. La répartition du passif obéit, en principe, aux mêmes règles de répartition que l'actif. La ventilation des dettes est ainsi dictée par le *principe de la* 258 *corrélation de l'actif et du passif*. Tout bien acquis pendant le mariage a vocation, en principe, à tomber en communauté. De la même manière, toute dette née pendant le mariage est, en principe, commune. Néanmoins, le passif commun n'est pas entièrement calqué sur l'actif commun. En effet, s'agissant des dettes, le souci de protéger les créanciers, de renforcer le crédit des époux, ou de préserver l'un d'eux contre les initiatives de son conjoint conduit parfois à des solutions originales (v. ss 454 et s.).

Mémo

Avant la célébration du mariage, les époux sont libres d'*opter pour le régime matrimonial de leur choix* par l'établissement d'un contrat de mariage. Ce choix, qui s'effectue notamment en considération de *l'âge* et de la *profession* des époux, est en principe *irrévocable* en vertu de la règle de l'*immutabilité des conventions matrimoniales* (C. civ., art. 1396, al. 3). Prohibant les modifications directes du régime matrimonial et les conventions entre les époux qui en altèrent l'économie, la règle s'applique non seulement aux régimes conventionnels mais aussi au régime légal. L'immutabilité du régime matrimonial repose traditionnellement sur un *triple fondement* tiré du respect des prévisions des familles, de la protection des époux et de l'intérêt des tiers. Ces fondements tendent aujourd'hui largement à *s'émousser* sous la pression de divers *facteurs sociaux et économiques*. Aussi, la loi du 13 juillet 1965 a-t-elle créé une mutabilité encadrée du régime matrimonial. Celle-ci est aujourd'hui *partiellement déjudiciarisée*. L'article 265-2 autorise, par ailleurs, les époux à conclure, pendant l'instance en divorce, des conventions pour la *liquidation* de leur régime matrimonial.

Document

Économie et Statistiques n° 296-297, 1996-6/7 (CSN cité in *RLDC* avr. 2004. 46)

16 % des couples établissent un contrat au moment du mariage et 3 % dans les années qui suivent.

90 % des couples sont mariés sous le régime de la communauté légale, régime légal pour 80 % d'entre eux.

Un peu moins de la moitié des couples qui concluent un contrat de mariage opte pour une séparation de biens.

Biblio

– N. Bollon, *Étude critique de la notion de patrimoine en droit des régimes matrimoniaux et des successions*, thèse dactyl., Lyon 3, 2008.

– G. Morin, « La vente entre époux », in *Mélanges A. Breton et F. Derrida, D.* 1991. 259.

– V. Barabé-Bouchard, « Le changement de signification du principe d'immutabilité des régimes matrimoniaux », *JCP* N 1994. I. 111.

Quiz

1) Sujet corrigé

Cas pratique

Énoncé

M. Gilles Estout et Mlle Olga Lopade projettent de se marier dans quelques mois. Olga est décoratrice d'intérieur et envisage de cesser son activité professionnelle, une fois mariée, pour se consacrer au foyer et à l'éducation des enfants. Elle sait, par ailleurs, qu'elle héritera, au décès de ses parents, da la propriété familiale dans le Bordelais et du vignoble réputé qui l'entoure. Gilles est trader. Il se déplace fréquemment, pour les besoins de sa profession, entre La City, Francfort et Paris. Quel régime matrimonial conseilleriez-vous aux futurs époux ? Le choix du régime légal vous paraît-il judicieux ?

2) Corrigé

Cas pratique

Sous le régime légal de la communauté réduite aux acquêts (C. civ., art. 1400 et s.), les biens acquis par les époux après la célébration du mariage sont des biens communs leur appartenant conjointement (C. civ., art. 1401). Les biens acquis par un époux durant le mariage, par voie de succession ou de libéralité, demeurent sa propriété personnelle (C. civ., art. 1405). Sur le terrain du passif, le paiement de toute dette née pour quelque cause que ce soit pendant la durée du régime peut être poursuivi sur les biens communs, à l'exception — sous certaines conditions — des gains et salaires du conjoint non débiteur (C. civ., art. 1414 et 48 Décr. n° 92-755 du 31 juillet 1992) ainsi que des emprunts et des cautionnements souscrits par un époux sans le consentement exprès de son conjoint (C. civ., art. 1415). Sous ce régime, l'enrichissement d'un époux pendant le mariage profite à son conjoint et les dettes qu'il contracte préjudicient à ce dernier.

Au contraire, sous le régime de la séparation de biens (C. civ., art. 1536 à 1543), chaque époux conserve la propriété personnelle de ses biens, sans qu'il n'y ait à distinguer suivant la date et le mode de leur acquisition. Chaque époux peut librement prouver sa propriété personnelle d'un bien (C. civ., art. 1538, al. 1er). À défaut d'une telle preuve ou de présomptions de propriété insérées dans le contrat de mariage, les biens sont réputés indivis entre époux par moitié (C. civ., art. 1538, al. 3). Les biens que les époux acquièrent en commun leur appartiennent indivisément. Sur le terrain du passif, chaque époux est seul tenu de ses dettes, à l'exception de celles souscrites pour l'entretien du ménage ou l'éducation des enfants qui engagent les deux époux solidairement (C. civ., art. 220). Les créanciers de l'indivision peuvent se payer sur les biens indivis avant le partage (C. civ., art. 815-17, al. 1er). La jurisprudence introduit un double correctif aux conséquences extrêmes de la séparation de biens, lorsqu'un époux a renoncé à toute activité professionnelle pour se consacrer au foyer ou collaborer, sans rémunération, à la profession de son conjoint. En pareils cas, les juges reconnaissent à cet époux la faculté d'exercer l'action de *in rem verso* ou de se prévaloir d'une donation rémunératoire, à la condition que l'activité au foyer ou la participation non rétribuée à la profession de l'autre conjoint ait dépassé l'obligation de contribuer aux charges du mariage (C. civ., art. 214) et le devoir d'assistance entre époux (C. civ., art. 212).

Les époux sont autorisés à atténuer les conséquences de la séparation de biens pure et simple, en stipulant une société d'acquêts. Celle-ci est composée de biens appartenant conjointement aux époux et soumise aux dispositions du régime légal de communauté pour la composition de l'actif et du passif, les règles de pouvoir sur les biens, la théorie des récompenses, les causes de dissolution ainsi que les règles de liquidation et de partage.

Il est également loisible aux époux d'opter pour le régime de la participation aux acquêts (C. civ., art. 1569 à 1581). Ce dernier combine à la fois une logique séparatiste et une logique communautaire. Le régime fonctionne comme une séparation de biens pendant sa durée et met en œuvre, à sa dissolution, une participation du conjoint dont le patrimoine a le moins prospéré durant le régime à la moitié de l'excédent des acquêts nets réalisés par l'autre époux.

Le principe de la liberté des conventions matrimoniales autorise les époux à apporter aux modèles de régimes matrimoniaux proposés par le Code civil toutes les modifications qu'ils jugent utiles pourvu qu'elles ne soient pas contraires à l'ordre public ni aux dispositions des articles 1387-1 à 1399 du Code civil (C. civ., art. 1387). En l'espèce, Olga envisage de cesser toute activité professionnelle après la célébration de son mariage. Sur le terrain des biens, le régime de la communauté légale est conforme à ses intérêts. Elle bénéficiera des revenus de l'activité professionnelle de Gilles. En revanche, ce dernier ne deviendra pas propriétaire, au décès de ses beaux-parents, de la propriété familiale et du vignoble dans le Bordelais. Sur le terrain du passif, les dettes contractées dans le cadre de l'activité professionnelle de Gilles engageront les biens communs. Cela ne représente véritablement un danger pour Olga que si son époux exerce sa profession sous une forme libérale ou dirige une société de capitaux dont il pourrait, à l'avenir, se porter caution ou une société de personnes.

Ce dernier risque peut être conjuré par l'adoption du régime de la séparation de biens. Celui-ci semble toutefois largement défavorable à Olga. En effet, cette dernière ne bénéficiera pas, en ce cas, de l'enrichissement de son mari lors de la dissolution du mariage, notamment par divorce. Il est vrai qu'Olga héritera des biens de ses parents mais cela ne correspond, pour l'heure, qu'à une simple expectative. Il en est de même de l'exercice de l'action fondée sur l'enrichissement sans cause et, plus encore, du bénéfice d'une donation rémunératoire de son époux.

La stipulation d'une société d'acquêts (v. ss 706 et 707) ou, mieux encore, l'adoption du régime de la participation aux acquêts permettra de concilier les intérêts des époux (v. ss 708 à 747). Ce dernier fera participer Olga, lors de la dissolution du régime, à la moitié de l'excédent des acquêts nets de Gilles, voire à l'intégralité de ceux-ci si le contrat de mariage le prévoit. Les époux pourront à l'inverse exclure, par une stipulation du contrat de mariage, les biens professionnels de Gilles de la liquidation de ses acquêts, pour le cas d'une dissolution du mariage par divorce. Les époux pourront changer de régime matrimonial et adopter le régime de la communauté universelle avec clause d'attribution intégrale de la communauté au dernier vivant (C. civ., art. 1526 à 1527) lorsque Gilles sera parvenu à la retraite.

chapitre 6

Le fonctionnement du régime légal : les biens communs et les biens propres

Plan analytique

section 1

Les biens communs

§ 1 Les acquêts de communauté

A. Une acquisition à titre onéreux

B. Une acquisition pendant le mariage

§ 2 Les gains et salaires

A. La controverse

B. Le droit positif

§ 3 Les revenus des biens propres

A. La controverse

B. Le droit positif

section 2

Les biens propres

§ 1 Les biens présents

§ 2 Les biens acquis à titre gratuit

§ 3 Les biens acquis à titre onéreux

A. Les biens propres par nature

B. Les biens propres par accessoire

C. Les biens propres par subrogation

section 3

La présomption de communauté

§ 1 Le domaine de la présomption de communauté

§ 2 La nature de la présomption de communauté

6

Le fonctionnement du régime légal : les biens communs et les biens propres

Le fonctionnement du régime légal de communauté repose sur trois piliers essentiels : la répartition des biens communs et des biens propres, les pouvoirs des époux sur les biens et, enfin, la répartition des dettes communes et des dettes propres. 259

La répartition des biens communs et des biens propres résulte des articles 1401 à 1408 du Code civil. Bien que figurant dans un paragraphe intitulé « De l'actif de la communauté », ces textes permettent de déterminer non seulement les biens communs (section 1) mais aussi les biens propres (section 2) et tranchent les difficultés de preuve en posant une présomption de communauté (section 3). 260

section 1

Les biens communs

L'article 1401 dispose que « La communauté se compose activement des acquêts faits par les époux ensemble ou séparément durant le mariage, et provenant tant de leur industrie personnelle que des économies faites sur les fruits et les revenus de leurs biens propres ». Le texte est complété par l'article 1403, aux termes duquel « Chaque époux conserve la pleine propriété de ses propres [al. 1er]. La communauté n'a droit qu'aux fruits perçus et non consommés [al. 2, 1re phrase] ». L'article 1401 fait tomber en communauté les acquêts (§ 1). Il conduit à réserver un sort particulier aux gains et salaires de chaque époux (§ 2). L'article 1403 soulève, quant à lui, la question du statut des revenus des biens propres (§ 3). 261

§ 1 Les acquêts de communauté

Les *acquêts de communauté*[Q] constituent le noyau dur des biens communs. Ils ont vocation à remplir la masse commune, à compter du jour du mariage. Deux conditions doivent être réunies pour qu'un bien soit qualifié d'« acquêt ». Il doit avoir fait l'objet d'une acquisition à titre onéreux (A) et d'une acquisition pendant le mariage (B). 262

A. Une acquisition à titre onéreux

On verra d'abord la notion d'« acquisition » (1) puis celle d'« onérosité » (2). 263

1. La notion d'acquisition

264 La notion d'« acquisition » ne soulève pas *a priori* de difficulté. Sont visés tous les modes d'acquisition qui font entrer un bien nouveau dans le patrimoine des époux. Tel est, tout d'abord, le cas des modes dérivés d'acquisition de la propriété ou d'un autre droit réel (par exemple, achat d'un immeuble). Une controverse est née au sujet des placements à terme, tels que le placement sur un compte d'épargne. Ceux-ci se traduisent par une créance contre l'établissement financier. Pour une partie de la doctrine, il faudrait établir une distinction entre les placements à court terme et les placements à long terme qui, seuls, seraient des acquêts (v. F. Terré, Ph. Simler, préc., n° 281). Quant à la jurisprudence, elle décide, à juste titre, que si le placement de fonds propres sur un compte d'épargne n'était pas constitutif d'une acquisition (Civ. 1re, 3 nov. 1983, *Bull. civ.* I, n° 250 ; *Defrénois* 1984. 1081, obs. G. Champenois), les versements effectués sur un compte-titres donnent naissance à des acquêts de communauté (Civ. 1re civ., 14 janv. 2003, *Dr. fam.* 2003, n° 48 (2e arrêt), note B. Beignier ; *Defrénois* 2003. 544, obs. G. Champenois ; *JCP* 2003. II. 10019, concl. J. Sainte-Rose ; *JCP* 2003. I. 124, n° 4, obs. Ph. Simler ; *RTD civ.* 2003. 339, obs. B. Vareille. Comp. dans le même sens, à propos de l'acquisition de bons de caisse, Civ. 1re, 22 oct. 1980, *Bull. civ.* I, n° 267 ; *JCP* 1982. II. 19757, note R. Le Guidec ; *Defrénois* 1981. 461, obs. G. Champenois). Ces versements correspondent, en effet, à autant d'acquisitions de titres.

265 La notion d'« acquisition » recouvre, ensuite, les modes originaires d'acquisition de la propriété. Ainsi, les biens créés par un époux pendant le mariage tombent en communauté. La création peut résulter d'une activité matérielle ou d'une activité intellectuelle (par exemple, création d'un fonds de commerce). Les créations littéraires et artistiques font l'objet de dispositions spécifiques. L'article L. 121-9 du Code de la propriété intellectuelle opère une distinction entre, d'une part, le droit de divulgation et le monopole d'exploitation et, d'autre part, les produits pécuniaires résultant de l'exploitation de l'œuvre. Les premiers restent propres à l'auteur ou à celui des époux qui en a été investi. Les seconds tombent en communauté lorsqu'ils ont été acquis ou économisés pendant le mariage. S'agissant des droits voisins des artistes-interprètes, les interprétations enregistrées pendant le fonctionnement du régime tombent en communauté en vertu de l'article 1401 du Code civil, d'où il résulte, en cas de divorce, l'obligation pour le chanteur de reverser à son ancienne épouse, ou aux héritiers de celle-ci, la moitié des redevances perçues avant la dissolution de la communauté (Civ. 1re, 19 nov. 2008, *JCP* 2009. I. 140, n° 11, obs. Ph. Simler).

Parmi les modes originaires d'acquisition, il faut ranger l'accession. Tout ce qui s'unit et s'incorpore à un bien commun tombe en communauté (C. civ., art. 546). Ce sera le cas, par exemple, d'un immeuble construit sur un terrain commun.

2. La notion d'onérosité

266 L'article 1405, alinéa 1er exclut de la communauté les biens que les époux « acquièrent, pendant le mariage, par succession, donation ou legs ». Les biens acquis à titre gratuit ne forment pas des acquêts de communauté. Il s'agit, hormis la succession légale, des actes dont la cause repose sur une intention libérale. Cette dernière, qui correspond à la volonté et la conscience de s'appauvrir au bénéfice d'autrui, caractérise la libéralité, qu'elle soit entre vifs (donation) ou à cause de mort (legs, institution contractuelle entre époux). Les biens qu'un conjoint reçoit, pendant le fonctionnement du régime, par donation entre vifs ou par legs sont exclus de la masse commune. L'exclusion vaut quelle que soit la forme de la donation ou du testament contenant le legs (Civ. 1re, 5 janv. 2008 : *JCP* 2009. I. 140, n° 8, obs. Ph. Simler pour des dons manuels par chèque). Elle joue aussi bien pour les successions légales que pour les successions testamentaires.

Par opposition, l'acquisition est à titre onéreux toutes les fois qu'un prix équivalant à la valeur de la chose a été payé (par exemple, vente) ou que le déséquilibre entre la valeur de la chose et le prix n'a pas été réellement voulu (par exemple, vente lésionnaire). Peu importe l'origine des fonds versés. Il peut s'agir, comme le prévoit l'article 1401, des revenus de l'industrie personnelle d'un époux, c'est-à-dire de ses gains et salaires, ou des revenus de ses biens propres. Le texte précise également que l'acquisition peut avoir été faite par un époux seul ou par les deux époux conjointement. Dans tous les cas, le bien est un *acquêt de communauté*[Q].

Il est indifférent que le prix ait été versé sous la forme d'une somme d'argent ou sous une autre forme. Ainsi, dans le cas de l'échange réalisé au moyen d'un bien commun, le nouveau bien intègre la communauté. La solution s'explique au demeurant par le mécanisme de la *subrogation réelle*[Q]. Ce dernier reçoit de nombreuses applications dans le régime de communauté. Par exemple, le prix de vente d'un bien commun est un acquêt de communauté. De la même manière, tombent en communauté les indemnités versées en réparation de la perte d'un bien commun (par exemple, indemnités d'assurance, d'expropriation, d'éviction...) ou de revenus (par exemple, indemnités de licenciement, indemnités d'accident du travail réparant un préjudice économique. V. Civ. 1re, 5 avr. 2005, *D.* 2005. 2115, obs. J. Revel ; *AJ fam.* 2005. 279, obs. P. Hilt ; Civ. 1re, 28 nov. 2006, n° 04-17147, *D.* 2006. 3010 ; *JCP* 2007. IV. 1004 ; v., pour une indemnité transactionnelle de licenciement à caractère de dommages-intérêts, Civ. 1re, 3 févr. 2010, n° 09-65345, *D.* 2010. 442 ; *AJ fam.* 2010. 192, obs. P. Hilt ; *JCP* 2010. 487, n° 10, obs. Ph. Simler ; *JCP N* 2010. 1195, note Th. Douville ; *LEFP* mars 2010, p. 1, obs. N. Peterka ; *RTD civ.* 2010. 609, obs. B. Vareille ; *Dr. fam.* 2010. Comm. 151, note V. Brémond ; v., pour une indemnité versée en exécution d'une police d'assurance « perte d'emploi », Civ. 1re, 3 févr. 2010, n° 08-21054, *JCP* 2010. 487, n° 10, obs. Ph. Simler ; *JCP N* 2010. 1172, obs. V. Barabé-Bouchard, et 1194, note L. Mauger-Vielpeau ; *Dr. fam.* 2010, comm. 43, obs. B. Beignier ; *RTD civ.* 2010. 611, obs. B. Vareille ; v. pour une indemnité réparant l'ensemble des préjudices liés à la perte d'emploi, Civ. 1re, 29 juin 2011, n° 10-23373, *LEFP* oct. 2011. 6, obs. N. Peterka ; *AJ fam.* 2011. 438, obs. P. Hilt ; *RTD civ.* 2011. 577, obs. B. Vareille ; *Dr. fam.* 2011. Comm. 128, note B. Beignier ; *JCP* 2011. 1371, n° 5, obs. Ph. Simler ; sur cet arrêt, v. E. Rousseau, « Actif de communauté et indemnité de licenciement », *Defrénois* 2012. 40485. 468). 267

Il arrive, à titre exceptionnel, que les biens acquis à titre gratuit soient absorbés par la communauté. L'article 1405, alinéa 2 prévoit que « La libéralité peut stipuler que les biens qui en font l'objet appartiendront à la communauté. Les biens tombent en communauté sauf stipulation contraire, quand la libéralité est faite aux deux époux conjointement ». Le disposant peut ainsi stipuler, dans la donation ou le testament, une clause d'entrée en communauté, aux termes de laquelle les biens donnés ou légués feront partie de la communauté (Civ. 1re, 3 déc. 2008, *D.* 2009. 98, obs. V. Egea ; *D.* 2009. 2513, obs. J. Revel ; *AJ fam.* 2009. 84, obs. F. Bicheron ; *Dr. fam.* 2009, 268 comm. 46, note B. Beignier ; *JCP* 2009. I. 140, n° 17, obs. A. Tisserand-Martin ; *Defrénois* 2009. 38987. 1605, obs. B. Vareille ; S. Deville, « Retour sur une notion toujours discutée : l'avantage matrimonial (À propos de Civ. 1re, 3 déc. 2008) », *JCP* N 2009. 1203). Le bien donné peut ainsi faire l'objet, à l'heure du divorce, d'une attribution préférentielle à l'autre conjoint et son occupation, pendant l'indivision post-communautaire, peut justifier le versement d'une indemnité par le donataire (Civ. 1re, 4 juin 2009, *D.* 2009. 2509, obs. V. Brémond ; *AJ fam.* 2009. 351, obs. F. Bicheron ; *JCP* 2009, n° 44, n° 9, obs. Ph. Simler ; *Dr. fam.* 2009. comm. 109, note B. Beignier). Lorsque la donation ou le testament est consenti au profit des deux époux, le bien est automatiquement un acquêt, sauf clause contraire (V., par exemple, CA Bastia 8 avr. 2009, *JCP* 2009, n° 44, 391, obs. Ph. Simler pour un don manuel par virement sur le compte joint des époux).

B. Une acquisition pendant le mariage

■ 269 La notion d'*« acquêt de communauté »*[Q] suppose que l'acquisition ait été faite pendant le mariage. L'article 1405, alinéa 1er précise que « Restent propres les biens dont les époux avaient la propriété ou la possession au jour de la célébration du mariage... ».

■ 270 Le moment de l'acquisition n'est pas toujours aisé à déterminer. Il en est tout spécialement ainsi lorsque le bien a fait l'objet d'une promesse de vente avant la conclusion du mariage. Il convient alors de distinguer selon que la promesse constitue une promesse *unilatérale* de vente ou, au contraire, une promesse *synallagmatique* de vente. Dans le premier cas, la vente n'est formée qu'à la levée de l'option. Aussi, le bien est un acquêt de communauté si elle intervient pendant la durée du mariage ; il est en revanche un bien propre dès lors que l'acte est signé antérieurement à la célébration du mariage ou postérieurement à la dissolution de la communauté (Sur ce point, v. Civ. 1re, 1er déc. 2010, *Bull. civ.* I, n° 252 ; *Defrénois* 2011. 39160. 83, note V. Zalewski ; *Defrénois* 2011. 39206. 378, obs. G. Champenois ; *AJ fam.* 2011. 160, obs. P. Hilt ; *RTD civ.* 2011. 111, obs. J. Hauser ; *RTD civ.* 2011. 379, obs. B. Vareille ; *JCP* 2011. 481, note Y. Dagorne-Labbé ; *JCP* 2011. 503, n° 7, obs. Ph. Simler). Dans le second cas, la règle veut que la promesse synallagmatique de vente vaille vente (art. 1589, al. 1er). Le bien ne tombe en communauté que si la promesse a été souscrite après la célébration du mariage. En présence d'une acquisition sous condition suspensive, conclue avant le mariage, le bien est exclu de la communauté, même si la condition se réalise pendant la durée du mariage, en raison de la rétroactivité de la condition.

■ 271 En revanche, lorsque seul le transfert de propriété est retardé par l'effet d'un terme (par exemple, paiement complet du prix) ou d'une condition stipulée non rétroactive, le contrat est ferme et définitif dès avant la réalisation du transfert de propriété, de telle sorte que le bien ne doit pas tomber en communauté si l'acte a été souscrit avant le mariage (Les juges du fond s'écartent parfois, de manière contestable, de cette solution ; v., à propos d'un compromis de vente, antérieur au mariage, dont le transfert de propriété avait été retardé jusqu'à la formalisation de la vente par acte notarié, laquelle était intervenue après la célébration de l'union, CA Bastia 7 févr. 2007, *JCP* 2008, I, 202, n° 6, obs. Ph. Simler).

S'agissant, enfin, des biens acquis par voie d'usucapion, si le délai de prescription a commencé à courir avant le mariage pour expirer après sa célébration, le bien demeure un bien propre. La solution repose sur l'article 1405, alinéa 1er qui vise les biens dont les époux avaient la possession au jour de la célébration du mariage. 272

§ 2 Les gains et salaires

La question de la nature des gains et salaires a suscité une longue controverse (A) aujourd'hui tranchée par le droit positif (B). 273

A. La controverse

La seule lecture du Code civil ne permet pas de déterminer si les gains et salaires sont des biens communs ou des biens propres. L'article 1401 se contente de viser les acquêts « provenant de l'industrie personnelle des époux ». Seuls sont expressément envisagés les biens acquis avec les gains et salaires. Le sort de ces derniers n'est pas réglé par l'article 1401. Quant à l'article 223, il se contente de traiter des pouvoirs des époux, en reconnaissant à chaque conjoint la libre perception et la libre disposition de ses gains et salaires (v. ss 94 et s.). La question de la nature des gains et salaires présente pourtant des enjeux importants (1), qui ont alimenté les termes d'une vive controverse (2). 274

1. *Les enjeux de la controverse*

La question de la nature commune ou propre des gains et salaires présente un enjeu crucial car ces derniers constituent, le plus souvent, la source d'alimentation principale, voire exclusive, du patrimoine conjugal. L'union patrimoniale, inhérente au régime de communauté, ne serait qu'un leurre si les gains et salaires devaient s'analyser comme des biens propres. Chaque époux pourrait alors prétendre, au moment de la dissolution du régime, au bénéfice exclusif de ses gains et salaires. 275

Il est vrai que la qualification des gains et salaires a perdu une partie de son intérêt depuis la loi du 23 décembre 1985. Cette loi règle expressément leur sort, en ce qui concerne le droit de gage général des créanciers des époux. L'article 1411 prévoit ainsi que les revenus des époux peuvent être saisis par leurs créanciers personnels (v. ss 460 et s.). L'article 1415 dispose, quant à lui, que le cautionnement ou l'emprunt contracté par un époux agissant seul engage les revenus de ce dernier (v. ss 482 et s.). Enfin, l'article 1414 exclut, sous certaines conditions, du droit de gage général des créanciers communs les gains et salaires du conjoint non débiteur (v. ss 478 et s.). Mais l'intérêt de la qualification ressurgit lors de la dissolution de la communauté. Selon qu'ils sont considérés comme étant communs ou propres, les gains et salaires devront être ou non partagés entre les époux. 276

2. *Les termes de la controverse*

Sous l'empire de la loi du 13 juillet 1965, la question de la nature des gains et salaires fit l'objet de vives controverses doctrinales. 277

Pour les uns, il fallait raisonner par analogie avec les revenus des biens propres, qui étaient alors considérés comme étant eux-mêmes propres (v. ss 282 et s.). On faisait 278 valoir que si les revenus des biens propres sont propres, il doit en être de même *a fortiori* des revenus du travail. Cette partie de la doctrine s'appuyait également sur l'ancien article 224, devenu aujourd'hui l'article 223. D'après ces auteurs, ce texte régissait non seulement les pouvoirs de chaque époux sur ses gains et salaires mais aussi la nature de ces derniers.

■ 279 Pour les autres, ce raisonnement par analogie n'était pas recevable, au motif que les revenus du travail sont la source principale de la communauté, alors que les revenus des biens propres tiennent un rôle plus subsidiaire. Pour ces auteurs, l'article 223 ne pouvait pas davantage être invoqué à l'appui de la nature propre des gains et salaires car le texte traite seulement des pouvoirs des époux sur ces biens.

B. Le droit positif

■ 280 La Cour de cassation qualifie, depuis 1978, les gains et salaires de biens communs (Civ. 1re, 8 févr. 1978, *Bull. civ.* I, n° 53 ; *RTD civ.* 1979. 592, obs. R. Nerson et J. Rubellin-Devichi ; Civ. 1re, 31 mars 1992, *Bull. civ.* I, n° 95 ; *Defrénois* 1992. 1159, obs. G. Champenois ; *RTD civ.* 1992. 632, obs. F. Lucet et B. Vareille ; *JCP* 1992. I. 3614, n° 6, obs. Ph. Simler). En 1985, le législateur a implicitement confirmé la nature commune des gains et salaires. L'article 1414, issu de la loi du 23 décembre 1985, pose la règle de l'insaisissabilité des gains et salaires d'un époux par les créanciers de son conjoint. Cette règle serait dépourvue de toute utilité si les revenus du travail étaient considérés comme des biens propres (C. civ., art. 1418 ; v. ss 454).

Il convient de souligner que les gains et salaires revêtent la qualification de biens communs dès avant leur perception. Ainsi, les revenus qui rémunèrent un travail effectué pendant la communauté, sont communs même s'ils ne sont perçus qu'après la dissolution de celle-ci (Civ. 1re, 13 oct. 1993, *JCP* 1994. I. 3785, n° 2, obs. Ph. Simler). Il en est de même des substituts de salaires, tels que les indemnités pour perte d'emploi (indemnités de licenciement, de congés payés, indemnités transactionnelles à caractère de dommages-intérêts, indemnités versées au titre d'une assurance perte d'emploi), dès lors que la créance a pris naissance pendant le fonctionnement du régime (Civ. 1re, 3 févr. 2010, n° 09-65345, *préc.* n° 267 ; Civ. 1re, 3 févr. 2010, pourvoi n° 08-21054, *préc.* n° 267 ; Civ. 1re, 5 mars 2008, *AJ. fam.* 2008. 215, obs. P. Hilt, qualifiant de bien propre la créance d'indemnité d'un époux née de la révocation de ses fonctions de directeur général après la dissolution de la communauté ; en ce sens, v. également, Civ. 1re, 29 juin 2011, n° 10-20322, *LEFP* oct. 2011. 6, obs. N. Peterka ; *RTD civ.* 2011. 577, obs. B. Vareille ; *Dr. fam.* 2011. Comm. 128, note B. Beignier, *JCP* 2011. 1371, n° 5, obs. Ph. Simler, qualifiant de bien commun le pécule d'incitation au départ anticipé à la retraite lequel trouvait sa cause dans l'activité professionnelle exercée pendant le mariage et dont la décision d'attribution avait été prise pendant le fonctionnement du régime). La Cour de cassation semble s'écarter, pourtant, de cette solution s'agissant l'indemnité de libre passage versée au travailleur frontalier, en vertu du deuxième pilier du régime de prévoyance professionnelle obligatoire suisse. Cette indemnité, qui a pour objet de garantir au salarié le maintien de son niveau de vie antérieur en cas de cessation d'activité professionnelle, correspond, selon la Haute juridiction, à un substitut de rémunération entrant en communauté si son versement est demandé avant la dissolution de la communauté (Civ. 1re, 3 mars 2010, *Bull. civ.* I, n° 58 ; *AJ fam.* 2010. 241, obs. P. Hilt ; *D.* 2010. 2392, note J. Revel ; *JCP* 2010. 487, n° 10, obs. crit. Ph Simler et n° 17, obs. crit. A. Tisserand-Martin ;

RTD civ. 2010. 806, obs. B. Vareille). C'est donc ici, au premier chef, la date de la demande d'indemnité qui est prise en considération et non pas celle de l'exercice de l'activité professionnelle à laquelle elle se rattache (sur ce point, v. A. Tisserand-Martin, obs. *préc.*).

Il reste que les gains et salaires ne sont pas des biens communs ordinaires. Ils obéissent à des règles spécifiques, notamment sur le terrain des pouvoirs. L'article 223 reconnaît à chaque conjoint la libre perception et libre disposition de ses gains et salaires. Ce pouvoir exclusif l'emporte sur les règles de la communauté (v. ss 371 et s.). Mais ces dernières reprennent leur empire dès que les revenus se transforment en acquêts, c'est-à-dire lorsqu'ils sont investis, placés (Civ. 1re, 14 janv. 2003, *Bull. civ.* I, nº 2 ; *Dr. fam.* 2003, nº 48 (2e arrêt), note B. Beignier ; *Defrénois* 2003. 544, obs. G. Champenois ; *JCP* 2003. II. 10019, concl. J. Sainte-Rose ; *ibid.* I. 124, nº 4, obs. Ph. Simler ; *RTD civ.* 2003. 339, obs. B. Vareille) ou économisés (Civ. 1re, 29 févr. 1984, *GAJC*, nº 89). 281

§ 3 Les revenus des biens propres

La question de la nature des revenus des biens propres a suscité, avec celle des gains et salaires, l'une des plus vives controverses (1) du droit des régimes matrimoniaux. Cette dernière est aujourd'hui tranchée par le droit positif (2). 282

A. La controverse

Les enjeux de la controverse (1) en avaient alimenté les termes (1). 283

1. *Les enjeux de la controverse*

La controverse relative à la nature des revenus des biens propres présentait, sous l'empire de la loi du 13 juillet 1965, des enjeux importants car le mari détenait, à cette époque, le monopole de gestion de la communauté. Qualifier les revenus des propres de biens communs conduisait, d'abord, à priver la femme de ses pouvoirs sur ces revenus et aboutissait, ensuite, à les inclure dans le droit de gage général des créanciers communs. Enfin, à la dissolution du régime, la qualification de biens communs débouchait sur le partage des revenus des propres entre les époux. 284

Depuis la loi du 23 décembre 1985, seul l'enjeu du partage des revenus des propres, lors de la dissolution de la communauté, persiste. S'agissant des pouvoirs des époux, la loi de 1985 soumet les biens communs au principe de la gestion concurrente (v. ss 373 et s.). Quant au droit de gage général des créanciers, les articles 1411 et 1415 du Code civil règlent aujourd'hui expressément le sort des revenus sur le terrain du passif. 285

2. *Les termes de la controverse*

L'incompatibilité des textes du Code civil (a) avait suscité plusieurs propositions doctrinales (b). 286

a. L'incompatibilité des textes du Code civil

287 Certains articles laissent transpercer la nature propre des revenus des biens propres, tandis que d'autres paraissent favorables à leur nature commune.

288 En faveur de la qualification de bien propre, il est possible d'invoquer l'article 1403, alinéa 1er qui dispose que « Chaque époux conserve la pleine propriété de ses propres ». L'article 1428 en tire la conséquence selon laquelle « Chaque époux a l'administration et la jouissance de ses propres et peut en disposer librement ». En 1965, ces articles viennent mettre un terme à l'ancien usufruit de la communauté sur les propres. La nature propre des revenus des biens propres paraît conforme à la suppression de cet usufruit.

289 En faveur de la qualification commune des revenus des biens propres, il est possible d'invoquer l'article 1403, alinéa 2, 1re phrase, qui énonce que « La communauté n'a droit qu'aux fruits perçus et non consommés ». Le texte semble consacrer la nature commune des revenus des biens propres, dès leur perception, sans attendre qu'ils soient employés dans l'acquisition d'un bien. Mais l'article 1401 paraît retarder, quant à lui, la nature commune des revenus jusqu'à ce qu'ils aient été économisés.

Plusieurs propositions doctrinales ont été avancées pour dissiper la contradiction des textes du Code civil.

b. Les propositions doctrinales

290 La doctrine a cherché à concilier les textes du Code civil en proposant trois thèses différentes.

La première fut défendue par Henri Mazeaud. Pour cet auteur, les revenus des propres devaient être qualifiés de biens propres, jusqu'à ce qu'ils fussent employés dans l'acquisition d'un bien. En 1965, le législateur aurait consacré une conception pure de l'acquêt : seuls les biens acquis avec les revenus des propres seraient des acquêts et non les revenus des propres eux-mêmes. Henri Mazeaud critiquait cette solution, en faisant valoir qu'elle conduisait à réduire la communauté au bon vouloir des époux. Cette thèse fut combattue au motif qu'elle était contraire à la lettre de l'article 1403, alinéa 2 – qui fait tomber les fruits en communauté dès leur perception – et aboutissait à exclure du partage de la communauté les revenus économisés par chaque époux pendant le mariage, au mépris de l'esprit communautaire du régime.

291 La deuxième thèse se montra, au contraire, favorable à la nature commune des revenus des propres dès leur perception. Cette deuxième thèse fut défendue par la majorité de la doctrine et, notamment, par Jean Patarin. Cet auteur fonde la qualification d'acquêt sur l'article 1403, alinéa 2. Seuls échappent à la communauté les revenus consommés en pure perte, c'est-à-dire les revenus qui n'ont fait l'objet ni d'un investissement ni d'une économie (par exemple, l'emploi par un époux de dividendes provenant de titres propres pour financer un voyage d'agrément). Le talon d'Achille de cette thèse tient, pour l'essentiel, à sa méconnaissance de la lettre de l'article 1401. Ce texte réserve la qualification d'acquêt aux seules « économies faites sur les fruits et revenus de leurs biens propres ». D'où la suggestion d'une troisième thèse.

La troisième thèse fut défendue, au lendemain de la loi de 1965, par André Colomer. Pour cet auteur, les revenus des biens propres constituent successivement des propres puis des acquêts. Plus précisément, les revenus des biens propres deviennent des biens communs à partir du moment où ils sont économisés. La proposition se concilie avec la lettre de l'article 1401. Elle n'en présente pas moins une grande faiblesse tenant à l'imprécision du critère de l'économie. 292

B. Le droit positif

Le droit positif a aujourd'hui tranché la controverse de la nature des revenus des propres. La solution est fournie implicitement par la loi du 23 décembre 1985 (1) et consacrée par la jurisprudence (2). 293

1. *La loi du 23 décembre 1985*

Plusieurs articles du Code civil, issus de la loi du 23 décembre 1985, militent en faveur de la *nature commune des revenus des propres*. Il est vrai qu'aucun d'entre eux ne tranchent expressément la controverse, mais ces textes seraient tout simplement dépourvus de sens si on retenait la thèse de la nature propre des revenus des propres. 294

Il convient ici de se tourner vers les articles 1411 et 1415 du Code civil. Ces textes délimitent le droit de gage général des créanciers. 295

L'article 1411 en définit l'étendue pour le recouvrement des dettes propres des époux, en prévoyant que les créanciers personnels d'un époux peuvent poursuivre le paiement de leur créance « sur les biens propres et sur les revenus de leur débiteur ».

L'article 1415 délimite, quant à lui, l'étendue du gage du prêteur et du créancier bénéficiaire d'un cautionnement. Le texte précise que lorsque ces actes ont été souscrits par un époux sans le consentement exprès de son conjoint, ils n'engagent que « [les] biens propres et [les] revenus » du débiteur.

À deux reprises, le législateur prend soin de distinguer, d'une part, les biens propres et, d'autre part, les revenus pour les soumettre à un sort commun du point du passif. Cette double référence aux biens propres et aux revenus serait inutile si les revenus des propres étaient constitutifs de biens propres. Seule la nature commune des revenus des propres permet d'expliquer la référence expresse du législateur « aux revenus ». Sur le plan du passif, le législateur a voulu aligner le sort de certains biens communs, à savoir les revenus, sur celui des biens propres. C'est pourquoi, il les désigne expressément.

2. *La jurisprudence*

La Cour de cassation a consacré la solution implicitement dégagée par la loi de 1985, dans l'arrêt *Authier* rendu par la première chambre civile le 31 mars 1992. Dans cet arrêt, elle énonce que « la communauté, à laquelle sont affectés les fruits et revenus des biens propres, doit supporter les dettes qui sont à la charge de la jouissance de ces biens » (*Defrénois* 1992. 35348, obs. G. Champenois ; *RTD civ.* 1993. 401, obs. F. Lucet et B. Vareille ; *JCP* 1993. II. 22003 et *JCP* N 1993. 333, note J.-F. Pillebout. – *Adde*, Civ. 1re, 24 oct. 2000, *RTD civ.* 2001. 650, obs. B. Vareille). 296

En l'espèce, la Haute juridiction était saisie de la question de savoir si le paiement des intérêts d'un emprunt contracté pour l'acquisition d'un bien propre devait être à la charge de la communauté ou si, au contraire, celle-ci avait droit à une *récompense*[Q] de 297 la part de l'époux propriétaire pour avoir payé cette dette. Si on considère que les revenus des propres constituent des biens communs, la communauté doit supporter la charge des intérêts de l'emprunt contracté pour l'acquisition d'un bien propre. Il y a corrélation entre l'actif de la communauté, auquel figurent les revenus des propres, et son passif auquel sont inscrites les dettes à la charge de la jouissance des biens propres, c'est-à-dire les charges usufructuaires des propres, C'est en ce sens que se prononce l'arrêt *Authier*. Correspondent, par exemple, à des charges liées à la jouissance d'un bien propre les dépenses d'entretien d'un tel bien ainsi que la rente annuelle viagère versée en exécution d'un acte de donation-partage d'un immeuble au profit de l'un des époux (Civ. 1re, 15 mai 2008, *AJ fam.* 2008. 352, obs. P. Hilt ; *JCP* 2008. I. 202, n° 12, obs. A. Tisserand-Martin) La nature commune des revenus des propres fut confirmée par la suite, de manière plus explicite, par la Cour de cassation (Civ. 1re, 4 janv. 1995, *Bull. civ.* I, n° 4 ; *Defrénois* 1995. 36358, obs. G. Champenois ; *JCP* 1995. I. 3869, n° 7, obs. Ph. Simler ; Civ. 1re, 20 févr. 2007, *Bull. civ.* I, n° 67 ; *D.* 2007. 1578, note M. Nicod ; *AJ fam.* 2007. 230, obs. P. Hilt; *RTD civ.* 2007. 618, obs. B. Vareille ; *JCP* 2007. I. 208, n° 11, obs. Ph. Simler ; *Dr. fam.* 2007, n° 88, obs. B. Beignier ; *Defrénois* 2008. 38719. 307, obs. G. Champenois ; Civ. 1re, 14 nov. 2007, *Bull. civ.* I, n° 351 ; *D.* 2007. 3013. *AJ fam.* 2008. 39, obs. P. Hilt ; *RTD civ.* 2008. 143, obs. B. Vareille ; *JCP* 2008. I. 144, obs. A. Tisserand-Martin ; Civ. 1re, 15 mai 2008, *AJ fam.* 2008. 352, obs. P. Hilt ; Civ. 1re, 3 févr. 2010, n° 08-21054, *préc.* n° 267). Elle fait, aujourd'hui, l'objet de critiques par la pratique notariale, laquelle suggère de consacrer l'exclusion des revenus des propres de la communauté (v. 106e Congrès des notaires de France, Propositions adoptées, préc., *Defrénois* 2010. 1308).

■ 298 Reste en suspens la question de la nature de la créance de revenus. L'article 1403, alinéa 2, qui vise seulement les fruits perçus et non consommés, lui imprime une nature propre. On doit ainsi considérer que la créance de revenus est propre et que ces derniers deviennent communs au moment de leur perception.

section 2

Les biens propres

■ 299 Les *biens propres*Q constituent une catégorie résiduelle. Dans le régime de communauté, les biens acquis pendant la durée du mariage ont vocation, en principe, à enrichir la masse commune. Le critère des biens propres réside, au premier chef, dans la date d'acquisition du bien. Les biens présents restent propres à chacun des époux (§ 1). À l'inverse, les biens futurs ne demeurent propres que dans les cas expressément prévus par la loi. Tel est le cas des biens acquis à titre gratuit (§ 2) mais aussi de certains biens acquis à titre onéreux (§ 3).

§ 1 Les biens présents

Les biens présents représentent la majeure partie des *biens propres*[Q] de chacun des époux. Ils correspondent, aux termes de l'article 1405, alinéa 1er, aux « biens dont les époux avaient la propriété ou la possession au jour de la célébration du mariage ». 300

L'article 1405, alinéa 1er pose une règle générale. Peu importe le mode d'acquisition du bien. Il peut s'agir d'un mode dérivé (par ex., achat) ou d'un mode originaire d'acquisition de la propriété, tel que la création d'un bien (par ex., l'ouverture d'un fonds de commerce par un époux avant le mariage). 301

Peu importe également la nature du bien. Depuis la loi du 13 juillet 1965, qui a substitué le régime de la communauté réduite aux acquêts à l'ancien régime de la communauté des meubles et des acquêts, les meubles présents sont toujours des biens propres. 302

§ 2 Les biens acquis à titre gratuit

Le critère de l'exclusion de la communauté ne correspond plus, ici, à la date d'acquisition du bien mais à *son mode d'acquisition*. Les biens futurs, c'est-à-dire les biens acquis à titre gratuit pendant le mariage, demeurent propres à l'époux qui les reçoit. L'article 1405, alinéa 1er dispose que « restent propres [...] les biens que [les époux] acquièrent, pendant le mariage, par succession, donation ou legs ». 303

La règle de l'article 1405 est générale. Elle recouvre toutes les acquisitions gratuites. C'est le cas, tout d'abord, des successions *ab intestat*. Les biens dont un époux hérite, en vertu de la loi, restent sa propriété exclusive et personnelle. La formule de l'article 1405 englobe, ensuite, les donations entre vifs, quelle que soit leur forme. Le texte vise, enfin, les legs, c'est-à-dire les dispositions à cause de mort résultant d'un testament. La forme du testament importe peu. 304

Le fondement de l'exclusion de la communauté réside dans la volonté du législateur de garantir la conservation des biens dans les familles. On veut éviter que les biens hérités par un époux de ses parents puissent être attribués, à l'autre conjoint, dans le cadre du partage de la communauté. Le souci de conservation des biens dans les familles justifie pareillement l'exclusion de la communauté des biens donnés ou légués. Les libéralités sont en effet souvent dotées d'un caractère familial. Néanmoins, la règle de l'article 1405, alinéa 1er joue également pour les libéralités qui ne revêtent pas un tel caractère. 305

Il reste qu'en matière de libéralité, l'exclusion de la communauté peut être contredite par la volonté du disposant. Ce dernier peut insérer dans la donation ou le legs une clause d'entrée en communauté, au terme de laquelle le bien donné ou légué à l'un des conjoints fera partie de la masse commune (C. civ., art. 1405, al. 2). 306

L'article 1405, alinéa 3 assimile aux biens acquis à titre gratuit, les biens attribués à un époux dans le cadre d'un arrangement de famille. Le texte énonce que « Les biens abandonnés ou cédés par père, mère ou autre ascendant à l'un des époux, soit pour 307 le remplir de ce qu'il lui doit, soit à charge de payer les dettes du donateur à l'égard des étrangers, restent propres, sauf récompense ». Les opérations visées correspondent à des *libéralités rémunératoires*[Q] ou à des *libéralités avec charges*[Q], ce qui explique que les biens ainsi acquis demeurent propres à l'époux qui les reçoit. Il en serait ainsi, par exemple, de l'immeuble donné par des parents à leur fille à charge pour cette dernière de rembourser l'emprunt contracté par les donateurs pour financer l'acquisition de ce bien.

§ 3 Les biens acquis à titre onéreux

308 Les biens acquis à titre onéreux pendant le mariage ont vocation, en principe, à enrichir la masse commune. La règle comporte cependant trois séries d'exceptions. Celles-ci tiennent tantôt à la nature du bien (A), tantôt à son acquisition par accession (B) ou subrogation (C).

A. Les biens propres par nature

309 La catégorie des *biens propres par nature*[Q] a été consacrée par la loi du 13 juillet 1965, à l'article 1404 du Code civil. Le critère de la nature propre du bien est ici son caractère personnel marqué. L'idée est que certains biens présentent un lien si étroit avec l'un des époux qu'il n'est pas concevable qu'ils tombent en communauté (1). La consécration législative des biens propres par nature n'a cependant pas conduit à la suppression de la notion jurisprudentielle de biens mixtes (2).

1. *La consécration législative des biens propres par nature*

310 Avant la loi du 13 juillet 1965, la jurisprudence avait admis que certains biens devaient échapper à la masse commune en raison de leur caractère personnel marqué. L'article 1404 consacre cette règle. Le texte énonce que « Forment des propres par leur nature, quand bien même ils auraient été acquis pendant le mariage, les vêtements et linges à l'usage personnel de l'un des époux, les actions en réparation d'un dommage corporel ou moral, les créances et pensions incessibles, et, plus généralement, tous les biens qui ont un caractère personnel et tous les droits exclusivement attachés à la personne ».

311 Le texte fournit une liste des biens propres par nature. Cette énumération légale (a) n'est toutefois pas limitative, comme le montre l'article 1404, alinéa 1er *in fine* qui affirme l'existence d'un principe général (b).

a. L'énumération légale

312 L'article 1404 du Code civil vise quatre catégories de biens propres par nature.

La première catégorie correspond aux « vêtements et linges à l'usage personnel de l'un des époux ». Peu importe la valeur du bien. Le vulgaire T-shirt est un bien propre par nature, tout comme le manteau de vison. Le critère est ici exclusivement l'usage personnel de l'un des époux.

313 La deuxième catégorie englobe « les actions en réparation d'un dommage corporel ou moral ». Cela signifie tout à la fois que l'époux victime est seul habilité à exercer l'action en réparation et que les dommages-intérêts versés lui sont propres. La

jurisprudence étend la règle aux indemnités d'assurance, versées au titre du dommage corporel d'un époux, en exécution d'une assurance individuelle contre les accidents (Civ. 1re, 1er mars 1972, *Bull. civ.* I, n° 68 ; *JCP* 1973. II. 17311, note J. D. ; Civ. 1re, 6 juin 1990, *JCP* N 1991. II. 61 (1re esp.), note Ph. Simler ; *Defrénois* 1991. 36, note X. Savatier ; Civ. 1re, 26 sept. 2007, *Bull. civ.* I, n° 302 ; *D.* 2007. 2612 ; *JCP* 2007. IV. 2920), ainsi qu'aux pensions de guerre et aux arrérages versés en exécution de celles-ci, au motif qu'ils ont pour objet de réparer un préjudice résultant d'une atteinte à l'intégrité physique (Civ. 1re, 8 juill. 2009, *préc.* ; comp. CA Pau 14 sept. 2009, *JCP* 2010. 487, n° 10, obs. Ph. Simler, qualifiant de bien commun une pension d'invalidité de guerre allouée à un militaire en réparation d'un préjudice professionnel). La qualification de bien propre par nature s'applique pareillement au capital versé à un directeur de société frappé d'un accident cardio-vasculaire, en exécution d'un contrat d'assurance de groupe, souscrit par son employeur, garantissant le risque d'invalidité. Peu importe, à cet égard, que le capital soit calculé en fonction de la situation de famille et des salaires du bénéficiaire, dès lors qu'il est destiné à réparer une atteinte à l'intégrité physique. Or, tel est le plus souvent la cause de l'assurance invalidité (Civ. 1re, 17 nov. 2010, n° 09-72316, *Bull. civ.* I, n° 238 ; *LEFP* janv. 2011. 5, obs. N. Peterka ; *JCP N* 2011. 1109, note P. Pierre ; *JCP* 2011. 340, note P. Pierre ; *JCP* 2011. 503, n° 6, obs. Ph. Simler ; *AJ. fam. 2011.* 112, obs. P. Hilt ; *Defrénois* 2011. 39206. 380, obs. G. Champenois).

En revanche, les sommes versées en réparation d'un préjudice économique (perte de revenus) ou professionnel ont vocation à tomber en communauté (v. pour la souscription d'une assurance-invalidité en garantie du remboursement d'un prêt, Civ. 1re, 14 déc. 2004, *D.* 2005. 545, note R. Cabrillac ; pour une indemnité touchée à la suite d'un accident du travail, Civ. 1re, 5 avr. 2005, *D.* 2005. 2115, obs. J. Revel ; *AJ fam.* 2005. 279, obs. P. Hilt ; pour une indemnité de licenciement, Civ. 1re, 28 nov. 2006, n° 04-17147, *D.* 2006. 3010 ; *JCP* 2007. IV. 1004, pour une indemnité de licenciement et une indemnité transactionnelle à caractère de dommages-intérêts ; Civ. 1re, 3 févr. 2010, pourvoi n° 09-65345, *préc.* n° 267 ; pour une indemnité perçue au titre d'une assurance « perte d'emploi », Civ. 1re, 3 févr. 2010, pourvoi n° 08-21054, *préc.* n° 267). Il en est ainsi dès lors que la créance est née pendant le fonctionnement du régime matrimonial, alors même qu'elle a pour finalité d'indemniser la perte de revenus futurs et qu'elle est versée après la dissolution de la communauté (Civ. 1re, 3 févr. 2010, pourvoi n° 09-65345, *préc.* ; comp. Civ. 1re, 26 sept. 2007 *préc.*, soumettant la nature commune d'une indemnité d'assurance à la condition qu'elle ait pour objet de compenser la perte de revenus pour une période antérieure à la dissolution du régime matrimonial). Seules sont propres les indemnités allouées en réparation d'un préjudice économique ou professionnel postérieur à la dissolution du régime (v. Civ. 1re, 5 mars 2008, *préc.* n° 280, pour une créance d'indemnité née de la révocation d'un époux de ses fonctions de directeur général après la dissolution de la communauté) et celles qui, ayant pour seul objet la réparation d'un dommage corporel ou moral, sont exclusivement attachées à la personne du créancier (Civ. 1re 3 févr. 2010, pourvoi n° 09-65345, *préc.*, v. pour une indemnité d'incapacité permanente partielle visant exclusivement à la réparation d'un préjudice corporel, Civ. 1re, 28 févr. 2006, *D.* 2006. 882). C'est dire que les sommes tendant à l'indemnisation d'un préjudice moral et d'un préjudice de carrière, n'ayant pas pour seul objet la réparation d'un dommage affectant uniquement la personne d'un époux, tombent en communauté (Civ. 1re, 29 juin 2011, n° 10-23373, préc. v. ss 267 ; Rappr. Civ. 1re,

9 mars 2011, *RTD civ.* 2011. 577, obs. B. Vareille ; *JCP* 2011. 1371, n° 4, obs. Ph. Simler ; *Dr. fam.* 2011. Comm. 75, note B. Beignier).

314 L'article 1404 vise, en troisième lieu, « les créances et pensions incessibles ». La formule désigne les pensions alimentaires ainsi que les pensions d'invalidité (Civ. 1re, 7 nov. 1995, *JCP* 1996. I. 3908, obs. Ph. Simler ; Civ. 1re, 6 févr. 2001, *JCP* 2002. I. 103, n° 10, obs. Ph. Simler, pour les arrérages de rentes d'invalidité). De la même façon, l'aide personnalisée au logement est qualifiée de bien propre par nature au profit de l'époux qui la perçoit, en raison de son caractère incessible et insaisissable (CA Amiens, 30 sept. 2004, *JCP* 2005. I. 128, n° 10, obs. Ph. Simler ; *Dr. fam.* 2004, n° 183, obs. B. Beignier). S'agissant des pensions de retraite, la Cour de cassation a apporté d'importantes précisions sur la qualification, en régime de communauté, des sommes versées à ce titre à un époux. Elle retient ici une qualification dualiste ou mixte, en décidant que « si le titre d'une pension militaire de retraite, exclusivement personnel, constitue un bien propre par nature, les arrérages de cette pension, qui sont des substituts de salaires, entrent en communauté » (Civ. 1re, 8 juill. 2009, préc. n° 97 ; Rappr., Civ. 1re, 9 juin 2010, *LEFP* sept. 2010. 7, obs. N. Peterka ; *D.* 2010. 2392, note V. Brémond ; *Dr. fam.* 2010. Comm. 131, note B. Beignier ; *RTD civ.* 2010. 805, obs. B. Vareille, qualifiant les droits aux allocations et aux secours exceptionnels dont bénéficie un rapatrié d'Algérie pour lui permettre d'accéder à la propriété de biens propres par nature et les sommes versées pendant le mariage en exécution de ces droits de biens communs ; sur les biens mixtes, v. ss 327 et s.). La solution se justifie à l'aune du caractère cessible et saisissable des pensions de retraite et de leur nature de revenus différés (v. ss 97). Elle permet de trouver un équilibre en faisant bénéficier le conjoint, conformément à l'esprit communautaire du régime, du revenu qu'incarnent les arrérages de la pension, sans pour autant inclure le titre justifiant leur versement, et par suite les arrérages perçus après à la dissolution de la communauté, dans la masse commune. Il n'en demeure pas moins que l'ex-conjoint peut faire valoir, après le divorce, le droit à réversion de la pension, mais c'est une autre affaire (V. *Mémento Pratique Droit de la famille, Francis Lefebvre* 2012-2013, n° 10450 et s. ; comp. Civ. 1re, 8 avr. 2009, *Bull. civ.* I, n° 79 ; *D.* 2009. 2510, obs. V Brémond ; *D.* 2009. 1206, obs. V. Egea ; *AJ fam.* 2009. 355, obs. P Hilt ; *RTD civ.* 2009. 568 et 571, obs. B. Vareille ; *Dr. fam.* 2009, comm. 78, note B. Beignier ; *JCP* 2009, n° 44, 391, n° 12, obs. crit. Ph. Simler ; *Defrénois* 2010. 39087. 613, obs. G. Champenois, se fondant sur le caractère strictement personnel du bail rural — qui tend pourtant à s'émousser — et sur son caractère de bien propre par nature, pour appliquer cette qualification à l'indemnité de rupture versée au preneur).

Ce raisonnement a été étendu aux droits acquis en vertu du deuxième pilier du régime de prévoyance professionnelle obligatoire suisse. Ce dernier ouvre droit au versement d'un capital, appelé « indemnité de libre passage ». La Haute juridiction analyse les droits acquis en vertu de ce régime de prévoyance comme des biens propres par nature, au motif qu'ils sont attribués en considération de la situation personnelle de leur titulaire. Seul le capital correspondant à la liquidation de ces droits représente un substitut de rémunération intégrant la masse commune, pour peu que le versement en ait été demandé avant la dissolution du régime matrimonial (Civ. 1re, 3 mars 2010, *préc.* n° 280). La solution est, à vrai dire, critiquable car, s'ils tiennent compte de la situation personnelle du bénéficiaire, les droits acquis en vertu de ce régime de prévoyance n'en représentent pas moins un élément de rémunération indirecte (en ce sens, v. A Tisserand-Martin, obs. *préc.* n° 280). Elle n'en devient que plus contestable lorsqu'on la rapproche des solutions admises en matière d'indemnités versées en réparation du préjudice résultant de la perte d'emploi (Civ. 1re, 3 févr. 2010, nº 09-65345, *préc.* nº 267 ; Civ. 1re, 3 févr. 2010, nº 08-21054, *préc.* nº 267) ou d'une atteinte à l'intégrité corporelle, lesquelles sont absorbées par la communauté dès lors qu'elles sont destinées à compenser un préjudice économique, professionnel ou mixte (v. ss 313).

L'article 1404, vise, enfin, dans son alinéa 2, « les instruments de travail nécessaires à la profession de l'un des époux ». Le texte précise qu'ils sont « propres par leur nature, mais sauf récompense s'il y a lieu, [...] à moins qu'ils ne soient l'accessoire d'un fonds de commerce ou d'une exploitation faisant partie de la communauté ». **315 ■**

L'ensemble des biens affectés à l'exercice de la profession d'un époux constitue des *biens propres par nature*[Q] (par exemple, véhicule automobile d'un chauffeur de taxi). La règle repose sur le souci de garantir l'indépendance professionnelle des époux. Il s'agit d'éviter que, lors de la dissolution de la communauté, les biens affectés à la profession d'un époux soient inclus dans le partage de la communauté et attribués à l'autre conjoint.

L'article 1404 réserve un droit à récompense au profit de la communauté. Cette dernière a droit à une indemnité toutes les fois que l'instrument de travail propre à un époux a été financé avec des fonds communs.

L'article 1404, alinéa 2 prévoit, au sujet des instruments de travail, une exception à la qualification de bien propre par nature. Les instruments de travail accessoires à un fonds de commerce commun ou à une exploitation commune font eux-mêmes partie de la communauté (par exemple, brevets ou marques dépendant d'un fonds de commerce commun). Cette exception est une application de la maxime *« Accessorium sequitur principale »*[Q]. **316 ■**

La liste de l'article 1404 est complétée par des textes extérieurs au Code civil. **317 ■**

L'article L. 121-9, alinéa 1er du Code de la propriété intellectuelle décide que « Sous tous les régimes matrimoniaux et à peine de nullité de toutes clauses contraires portées au contrat de mariage, le droit de divulguer l'œuvre, de fixer les conditions de son exploitation et d'en défendre l'intégrité reste propre à l'époux auteur ou à celui des époux à qui de tels droits ont été transmis » (v. ss 265).

La *créance de salaire différé*[Q] est pareillement qualifiée de bien propre par nature. L'article L. 321-14 du Code rural précise que « Le bénéfice du contrat de travail à salaire différé constitue pour le descendant de l'exploitant agricole un bien propre [...] ».

Des dispositions particulières régissent le capital versé en exécution d'un contrat d'assurance vie. L'article L. 132-16 du Code des assurances énonce que « le bénéfice de l'assurance contractée par un époux commun en biens en faveur de son conjoint constitue un propre pour celui-ci. [al. 1er] aucune récompense n'est due à la communauté en raison des primes payées par elle, sauf dans les cas spécifiés par l'article L. 132-13, deuxième alinéa [al. 2] ». Le renvoi à ce texte vise l'hypothèse où les primes sont manifestement exagérées eu égard aux facultés du souscripteur. **318 ■**

L'article L. 132-16 est en apparence clair. Le capital attribué à l'époux bénéficiaire, en exécution d'une assurance vie souscrite par son conjoint, lui appartient en propre. Lorsque les primes ont été payées à l'aide de deniers communs, la communauté n'a en principe pas droit à récompense. La règle s'explique par le fait que l'assurance vie est un acte de prévoyance. Il s'agit de protéger le conjoint survivant contre la perte de revenus liée au décès du souscripteur. Cette protection serait mise en échec si le bénéficiaire devait partager le capital avec les héritiers du souscripteur ou verser une récompense à la communauté (la succession du défunt est, dans tous les cas, dispensée de verser une récompense, même si la prime est manifestement excessive : Civ. 1re, 8 mars 2005, *D.* 2006. 1784, obs. Ph. Groutel ; *JCP* 2005. II. 10146, note M. Robineau).

■ 319 La simplicité de l'article L. 132-16 n'existe cependant qu'en trompe-l'œil. Le texte est, en réalité, beaucoup plus complexe qu'il n'y paraît car il n'envisage pas toutes les variétés d'assurances vie. Ces dernières sont en effet multiples. À côté de l'assurance vie pure et simple (assurance vie en cas de décès), sont apparues des opérations nouvelles. Celles-ci se rapprochent davantage d'opérations de capitalisation que d'opérations de prévoyance et ressemblent plus à des contrats d'épargne qu'à des contrats aléatoires (bien qu'elles soient qualifiées de contrats aléatoires par la Cour de cassation, v. Ch. mixte 23 nov. 2004 (4 arrêts) *AJ fam.* 2005. 70, obs. F. Bicheron ; *RTD civ.* 2005. 434, obs. M. Grimaldi ; *D.* 2004. 916, note H. Groutel ; *D.* 2005. 1905, note B. Beignier). Tel est le cas de *l'assurance vie mixte* ou *assurance en cas de vie*[Q] combinant à la fois une assurance au profit d'un tiers et une assurance personnelle. La question se pose de savoir si le capital versé en exécution de ces contrats d'assurance est un bien propre de l'époux souscripteur. La réponse à cette question implique une distinction.

■ 320 Il se peut, en premier lieu, que le contrat d'assurance soit en cours d'exécution au moment de la dissolution du régime. Il convient alors de déterminer si la créance contre l'assureur est commune aux époux ou propre au souscripteur. La Cour de cassation s'est prononcée dans l'arrêt *Praslicka* rendu par la première chambre civile le 31 mars 1992 (*Bull. civ.* I, n° 95 ; *JCP* 1992. I. 3614, obs. Ph. Simler ; *JCP* 1993. II. 22059, note B. Abry ; *RTD civ.* 1992. 632, obs. F. Vareille ; *Defrénois* 1992. 35349, obs. G. Champenois). En l'espèce, le mari avait souscrit un contrat d'assurance stipulant que le capital serait versé à son épouse en cas de décès et à son profit en cas de vie à l'échéance prévue. Les primes avaient été payées par le mari à l'aide de fonds communs jusqu'à la dissolution de la communauté. À l'échéance du contrat, après la dissolution du régime, le capital fut versé au mari. La Cour de cassation décide que la valeur de rachat du contrat au moment de la dissolution de la communauté doit être intégrée à l'actif commun. Autrement dit, la valeur de rachat du contrat d'assurance est un bien commun (dans le même sens, Civ. 1re, 19 avr. 2005, *JCP* 2005. I. 163, n° 8, obs. Ph. Simler ; v. pour la transposition de ce raisonnement à l'hypothèse du paiement par la communauté des cotisations afférentes au régime de retraite complémentaire PREFON souscrite au cours du mariage, Civ. 1re, 23 mai 2006, *préc.* n° 172). Elle fait, au demeurant, aujourd'hui également partie de l'actif de la communauté sur le plan fiscal (v. Rép. Min. n° 26231 à M. Bacquet, *JOAN* Q 29 juin 2010, p. 7283 ; sur laquelle, F. Fruleux, « Valeur de rachat des contrats d'assurance-vie non dénoués », *JCP* N 2010. 550 ; v. antérieurement Rép. Min. n° 65745, *JOAN* Q 2 févr. 2010 ; sur laquelle, v. Ph. Delmas Saint-Hilaire, « Assurance-vie : Praslicka... encore et toujours ! », *RJPF* mai 2010. 27).

■ 321 Il se peut, en second lieu, que le contrat d'assurance vie prenne fin avant la dissolution de la communauté. En ce cas, la nature propre ou commune du capital alloué au souscripteur est controversée. Pour certains auteurs, le capital doit tomber en communauté. Il convient d'éviter que le contrat d'assurance soit le moyen pour un époux de se constituer une épargne propre au détriment de la communauté. Lorsque le contrat correspond à une opération de capitalisation, et non de prévoyance, le capital devrait être inclus dans la masse commune, en tant que bien acquis à titre onéreux pendant le mariage (F. Terré, Ph. Simler, préc., v. ss 323). Pour la doctrine majoritaire, le capital doit s'analyser, au contraire, comme un bien propre. Ces auteurs s'appuient sur l'article 1404, alinéa premier *in fine* qui vise les « droits exclusivement attachés à la personne » (en ce sens, J. Flour, G. Champenois, *préc.*, n° 313). Ils reconnaissent, toutefois, un droit à récompense au profit de la communauté, toutes les fois que cette dernière a payé les primes. Ce droit s'applique également lorsque le capital a été versé au profit d'un tiers, le paiement de la récompense étant alors à la charge du souscripteur (Civ. 1re, 10 juill. 1996, *Bull. civ.* I, n° 309 ; *Defrénois* 1997. 36640. 1080, obs. G. Champenois ; *D.* 1998. Jur. 26, note F. Sauvage ; *JCP* 1997. I. 4008, n° 16, obs. A. Tisserand ; Civ. 1re, 22 mai 2007, n° 05-18516, *JCP* 2007. I. 208, n° 18, obs. A. Tisserand-Martin : assurances vie recueillies, après le décès de l'époux désigné bénéficiaire, par un enfant issu d'une précédente union du souscripteur devenu le bénéficiaire effectif de ces contrats). Ces hypothèses doivent être distinguées de celle dans laquelle l'assurance vie est souscrite, par un tiers, au profit d'un époux commun en biens. En ce cas, le capital ne tombe en communauté que si le bénéfice en a été accepté ou si, ne l'ayant pas été, le stipulant n'a pas désigné d'autres bénéficiaires de même rang ou en sous-ordre sans réserver les droits du bénéficiaire premier nommé (Civ. 1re, 5 nov. 2008, n° 07-14598, *D.* 2008. 2937, obs. G. Bruguière-Fontenille ; *JCP 2009.* II. 10041, note M. Cannarsa ; *JCP* 2009. I. 140, n° 16, obs. A. Tisserand-Martin ; *Dr. fam.* 2009. Comm. 7, note B. Beignier ; *Banque et Droit* janv.-févr. 2009, n° 123, p. 38, obs. P.-G. Marly).

b. Le principe général de l'article 1404 du Code civil

L'article 1404 ne se contente pas seulement de fournir une liste de certains *biens propres par nature*Q. Il affirme, au-delà, un principe général, en énonçant que « Forment des propres par leur nature [...] plus généralement, tous les biens qui ont un caractère personnel et tous les droits exclusivement attachés à la personne ». 322
L'interprétation de cette formule prête à controverse. On a fait valoir qu'une interprétation large de l'article 1404 risquerait de « vider la communauté de son contenu normal » au profit « d'une invasion des propres par nature » (J. Derruppé, « L'altération du régime de la communauté avec l'extension des propres par nature », in *Mélanges A. Colomer*, Litec, 1993, p. 161). En réalité, le critère mis en œuvre par l'article 1404 fait obstacle à une interprétation trop souple de la notion de « bien propre par nature ». Le législateur exige que ces biens aient « un caractère personnel » et qu'ils soient « exclusivement attachés à la personne ». Correspondent seuls à des biens propres par nature les biens qui présentent un lien suffisamment étroit avec la personne d'un époux. La preuve de ce lien, et par suite de la nature propre du bien, doit être établie, contre la présomption de communauté, par l'époux qui l'invoque (Civ. 1re, 3 déc. 2008, *JCP* 2009. I. 140, n° 10, obs. Ph. Simler ; *AJ fam.* 2009. 88, obs. P. Hilt, à propos d'une collection d'animaux naturalisés ; comp. CA Grenoble 12 janv. 2004, *JCP* 2005. I. 128, n° 11, obs. Ph. Simler ; *Dr. fam.* 2004. Comm. 229, obs. B. Beignier, pour une collection d'entomologie personnellement constituée qualifiée de bien propre par nature ; sur la présomption de communauté, v. ss 364 et s.).

323 Le critère tiré de l'attache exclusive personnelle s'apprécie dans les rapports entre époux. Comme l'explique le doyen Cornu, un bien est un propre par nature en raison du « lien qui l'attache à un époux et non à son conjoint ». Ce lien peut se manifester de deux manières différentes, soit « le bien n'a d'intérêt que pour l'un des époux », soit « il n'a de valeur que par l'un d'eux » (G. Cornu, *Les régimes matrimoniaux*, 9e éd., PUF, 1997, no 47). Il reste que l'attache exclusive personnelle n'est pas toujours aisée à cerner, ce qui peut susciter des hésitations quant à la nature propre ou commune d'une partie des biens du ménage.

324 Quelques certitudes existent pourtant.

Première certitude : on admet que tombent dans la catégorie des *biens propres par nature*[Q] les lettres ainsi que les décorations et les diplômes décernés à un conjoint. Le trophée ou la légion d'honneur attribués à un conjoint lui appartiennent en propre. De même, les souvenirs de famille et les bijoux relèvent de la catégorie des propres par nature. S'agissant des bijoux, il convient cependant de réserver le cas où ils ont été acquis à titre de placement. Ils perdent alors leur caractère personnel pour intégrer la communauté (Pour une concession funéraire, v. CA Bordeaux 20 mars 2008, *JCP* 2008. I. 144, no 11, obs. Ph. Simler).

325 La seconde certitude a trait aux rentes viagères. Celles-ci forment des biens propres par nature, en raison de leur ressemblance avec les pensions et créances incessibles visées par l'article 1404 du Code civil. La rente est toujours propre à son bénéficiaire, qu'elle soit constituée par un époux à son profit ou au profit de son conjoint. Lorsque la rente est constituée par un époux à son profit personnel, à partir d'un capital prélevé sur les biens communs (par exemple, aliénation d'un immeuble commun à charge de paiement du prix sous forme de rente viagère), l'époux bénéficiaire de la rente est débiteur d'une récompense au profit de la communauté, à la dissolution de celle-ci. Il faut néanmoins réserver le cas — fréquent en pratique — où un époux a constitué une rente au profit de son conjoint en voulant consentir à ce dernier une donation. En ce cas, le bénéficiaire de la rente n'est pas tenu à récompense. On ajoutera que l'article 1973, alinéa 3 du Code civil dispose que lorsqu'une rente est stipulée réversible au profit du conjoint survivant, la réversion est présumée avoir été consentie à titre gratuit, de telle sorte qu'il n'y a pas lieu à récompense.

326 Pour les autres biens, la qualification de bien propre par nature est source d'inépuisables controverses, lesquelles rejoignent la notion jurisprudentielle de bien mixte.

2. *La notion jurisprudentielle de bien mixte*

327 La jurisprudence a dégagé la notion de *bien mixte*[Q], dès avant la loi du 13 juillet 1965. Cette notion repose sur la *distinction du titre et de la finance*. L'idée est la suivante : certains biens ne tombent pas en communauté en raison du lien qui les unit à un époux, mais l'exclusion de la communauté est ici restreinte au seul titre, c'est-à-dire à la fonction attachée au bien. En revanche, la finance, c'est-à-dire la valeur patrimoniale du bien, fait partie de la communauté. On est en présence de biens mixtes : les prérogatives personnelles qui découlent de ces biens sont propres mais leur valeur est commune.

328 À la suite de la consécration de la notion de « bien propre par nature » par la loi de 1965, la jurisprudence a maintenu la distinction du titre et de la finance. Celle-ci

s'applique, pour l'essentiel, à deux catégories de biens : les offices ministériels et les clientèles civiles (a), d'une part, et les droits sociaux non négociables (b), d'autre part.

a. Les offices ministériels et les clientèles civiles

C'est aux offices ministériels que la jurisprudence a commencé par appliquer la distinction du titre et de la finance. Le titre (*par exemple, la fonction de notaire, d'huissier)* est propre à son titulaire, dans la mesure où elle découle d'une investiture par l'autorité publique. En revanche, la finance, c'est-à-dire la valeur patrimoniale de l'office, tombe en communauté. Lors de la dissolution de celle-ci, l'officier ministériel reprend le bien en nature. En revanche, la valeur de l'office est partagée entre les époux. En pratique, la valeur de l'office ministériel est placée dans le lot de l'époux qui exerce la profession. 329

Au lendemain de la loi du 13 juillet 1965, la jurisprudence a maintenu la distinction du titre et de la finance, en dépit de l'article 1404 alinéa 1er qui place dans la catégorie des biens propres par nature « les instruments de travail nécessaires à la profession de l'un des époux » et, plus généralement, « les droits exclusivement attachés à la personne ». 330

Mieux encore, elle a étendu le domaine des biens mixtes à d'autres professions dont l'exercice est soumis à une autorisation personnelle. Un arrêt de la première chambre civile de la Cour de cassation du 8 décembre 1987 a ainsi appliqué la distinction du titre et de la finance à une concession administrative de conchyliculture (Civ. 1re, 8 déc. 1987, *Bull. civ.* I, n° 333 ; *D.* 1989. Jur. 61, note Ph. Malaurie ; *JCP* 1989. II. 21336, note Ph. Simler ; *Defrénois* 1988. 34229, obs. G. Champenois ; Civ. 1re, 14 mars 2006, *D.* 2006. 1329). L'arrêt décide qu'une telle concession revêt un caractère personnel et que seule la valeur patrimoniale des parcs à huîtres tombe en communauté. L'époux concessionnaire peut seul se voir attribuer le bien (parc à huîtres) mais il doit en partager la valeur avec son conjoint (v. également, pour l'application de la distinction du titre et de la finance à une licence de taxi : Civ. 1re, 16 avr. 2008, *D.* 2008. 1347 et 2264, note Th. Douville ; *RTD civ.* 2009. 352, obs. B Vareille ; *JCP* 2008. I. 144, n° 10, obs. Ph. Simler). 331

Plus récemment, la jurisprudence a appliqué la distinction du titre et de la finance à certaines rémunérations ainsi qu'aux substituts, primes de salaires et allocations versées à un époux. C'est ainsi qu'en matière de stock-options, la cour d'appel de Paris a jugé que, si le droit d'exercer l'option est personnel, la valeur patrimoniale des options, correspondant à la différence entre le prix d'exercice de l'option et la valeur du titre au jour de son acquisition, entre en communauté, dès lors que les options ont été attribuées à l'un des époux avant la dissolution de la communauté et à condition que l'option ait été effectivement levée (CA Paris, 7 mai 2004, *RTD civ.* 2004. 539 obs. B Vareille, *Defrénois* 2005. 38119. 421, note Th. Léobon. *Adde,* Rép. min. n° 58031, *JOAN* Q 18 juin 2001, p. 3530 ; *Dr. fam.* 2001, n° 119, obs. L. Grosclaude. – Comp. CA Caen, 26 oct. 2006, *JurisData* n° 2006-316573 ; sur les stock-options, v. ss 37). La Cour de cassation retient pareillement une qualification dualiste en matière de pension de retraite. Mettant en œuvre la distinction du titre et de la finance, elle décide que si le titre de la pension de retraite, « exclusivement personnel, constitue un bien propre par nature, les arrérages de cette pension, qui sont des substituts de salaires, entrent en communauté » (Civ. 1re, 8 juill. 2009, préc. v. 94 et 314). La même distinction 332 gouverne, d'une part, les droits acquis et le capital perçu en vertu d'un régime de prévoyance professionnelle obligatoire et, d'autre part, les aides versées aux rapatriés d'Algérie (Civ. 1re, 3 mars 2010, préc. v. 280 et 314 ; Civ. 1re, 9 juill. 2010, n° 08-16528, *LEFP* août 2010, obs. N. Peterka). Si les droits acquis et les droits aux allocations s'analysent comme des biens propres par nature, en raison de leur caractère exclusivement personnel, les sommes perçues entrent en communauté, en raison de leur affectation familiale ou leur origine professionnelle.

■ 333 La jurisprudence a enfin étendu la qualification de biens mixtes aux clientèles civiles des professions libérales (par exemple, architectes, avocats, médecins, chirurgiens-dentistes : Civ. 1re, 12 janv. 1994, *Bull. civ.* I, n° 10 ; *D.* 1994. Jur. 311, note R. Cabrillac ; *Defrénois* 1994. 35761, note L. Aynès). Cette solution a été confirmée par la jurisprudence, depuis la reconnaissance de la *cessibilité des clientèles civiles*Q et la consécration de la notion de « fonds d'exercice libéral » (Civ. 1re, 2 mai 2001, *Bull. civ.* I, n° 110 ; *JCP* 2002. II. 10062, note O. Barret ; *JCP* 2002. I. 103, n° 11, obs. Ph Simler ; *D.* 2002. 759, note W. Dross). Elle repose sur l'idée selon laquelle la clientèle civile est attachée au professionnel, c'est pourquoi seule sa valeur intègre la communauté. Le fonds d'exercice libéral appartient en propre au professionnel mais sa valeur est commune : c'est un bien mixte.

■ 334 Le succès de la distinction du titre et de la finance s'explique, sans conteste, par sa finalité protectrice. La qualification de bien mixte permet de protéger la communauté, en intégrant à la masse commune la valeur du bien. Cette solution est davantage protectrice de la communauté que celle qui consisterait à recourir à la qualification de bien propre par nature à charge de récompense. Lors de la cession du bien, il est plus protecteur pour la communauté d'encaisser directement les fonds provenant de la vente que de se contenter d'un droit à récompense. Ce droit ne s'exerce, en effet, qu'après la dissolution de la communauté et son effectivité est subordonnée à la solvabilité de l'époux débiteur.

■ 335 En définitive, la qualification de bien mixte permet d'atteindre un certain équilibre entre la protection de l'indépendance professionnelle des époux et celle de la communauté. Lors de la dissolution du régime, notamment par divorce, la qualification de bien mixte permet d'éviter que le bien soit attribué au conjoint du professionnel (par ex., conjoint du notaire ou du médecin), tout en faisant bénéficier la masse commune de l'enrichissement résultant de l'exercice de la profession.

■ 336 Il reste que ces critères, et notamment celui de la préservation de l'indépendance professionnelle, ne fonctionnent pas toujours. S'agissant du fonds de commerce, la Cour de cassation décide ainsi que le fonds créé par un époux, pendant le mariage, entre en communauté en nature et non pas seulement en valeur. Le fonds de commerce créé durant l'union correspond à un véritable acquêt de communauté. Jusqu'à récemment, la Cour de cassation adoptait cette solution même lorsque l'exploitation du fonds requérait l'obtention personnelle d'un diplôme. Le fonds de commerce attaché à une officine de pharmacie était ainsi qualifié de bien commun, alors même que la pharmacie ne peut être exploitée que par une personne titulaire du diplôme de pharmacien. La solution conduisait à la *licitation*Q de la pharmacie (Req. 27 nov. 1935, *DH* 1936. 17 ; *S.* 1936. 1. 16) ou, parfois, à son attribution préférentielle au profit du conjoint pharmacien (en ce sens, Civ. 1re, 19 nov. 1958, *Bull. civ.* I, n° 497 ; *D.* 1959. Jur. 485, note P. Esmein ; *Defrénois* 1959. 27774). Cette solution semble aujourd'hui heureusement abandonnée. Par un arrêt de la première chambre civile du 18 octobre 2005, la Haute juridiction a affirmé que « la propriété de l'officine [est] réservée aux personnes titulaires du diplôme de pharmacien mais que la valeur du fonds de commerce [tombe] en communauté » (*Defrénois* 2006. 38316. 177, note J. Souhami). L'officine de pharmacie représente ainsi un nouveau bien mixte.

Il semble que le critère de la notion de « bien mixte » doive être puisé, en réalité, non pas dans les rapports entre époux mais dans ceux de l'époux propriétaire et des tiers. La distinction du titre et de la finance a vocation à régir les biens pour lesquels le caractère personnel se manifeste à l'égard des tiers. Tel est le cas, par exemple, des offices ministériels et des fonds d'exercice libéral. En la matière, il s'agit de protéger la clientèle civile attachée au professionnel ou de respecter l'investiture par l'autorité publique. 337 ■

b. Les droits sociaux non négociables

La nature juridique des *droits sociaux non négociables*[Q] fait l'objet de vives controverses doctrinales. Le débat tient à ce que les sociétés qui émettent ces droits (sociétés civiles, sociétés de personnes, SARL) sont imprégnées d'un fort *intuitu personae*. 338 ■

L'*intuitu personae* ne se retrouve pas dans les sociétés de capitaux. C'est pourquoi, une partie de la doctrine qualifie de biens communs les actions ainsi que la qualité d'associé qui s'y trouve attachée. D'autres auteurs transposent, au contraire, aux actions la distinction du titre et de la finance. Seule la valeur des actions tombe en communauté. En revanche, l'action elle-même ainsi que la qualité d'associé demeurent propres. La Cour de cassation semble favorable à cette seconde opinion. Elle a décidé que « la valeur pécuniaire [des] actions [dépend] de la communauté, même si le titre d'associé [est] propre » (Civ. 1re, 16 mai 2000, *Dr. fam.* 2000, n° 115, obs. B. Beignier). 339 ■

S'agissant des *droits sociaux non négociables*[Q], deux courants doctrinaux s'affrontaient sous l'empire de la loi de 1965. 340 ■

Le premier était favorable à une *qualification moniste*. Ce premier courant comportait lui-même deux tendances opposées. Pour les uns, les parts sociales devaient s'analyser comme des acquêts de communauté, cependant que pour les autres, elles constituaient des biens propres par nature en vertu de l'article 1404 du Code civil.

Le second courant doctrinal se prononçait, quant à lui, en faveur d'une *qualification dualiste*. Ce courant se subdivisait, à son tour, en deux tendances. La première soutenait qu'il convenait d'appliquer aux parts sociales non négociables la distinction du titre et de la finance : la qualité d'associé devait être considérée comme étant personnelle, tandis que la valeur de la part devait être considérée comme étant commune. La seconde tendance préconisait de distinguer la qualité d'« associé » et les parts sociales en nature. Les parts devaient entrer en communauté en nature et non pas seulement pour leur valeur. La nuance produit des conséquences importances lors de la dissolution du régime. Si on retient la distinction classique du titre et de la finance, seule la valeur des parts doit être partagée entre les époux. Si on opte, au contraire, pour la thèse faisant figurer les parts sociales en nature à l'actif commun, le partage peut être effectué en nature entre l'associé et son conjoint, sous réserve du jeu des clauses d'agrément.

■ 341 Le législateur est intervenu avant que la controverse ait été tranchée. La loi n° 82-596 du 10 juillet 1982, relative aux conjoints d'artisans et de commerçants travaillant dans l'entreprise familiale, a inséré dans le Code civil les articles 1832-1 et 1832-2. Le premier texte dispose que les époux peuvent seuls, ou avec d'autres personnes, constituer une société en n'apportant que des biens communs. Il en résulte que l'apport de tels biens confère ou peut conférer la qualité d'associé aux deux époux. Le second texte comporte un domaine plus limité que le texte précédent, en ce qu'il vise exclusivement les *droits sociaux non négociables*[Q] (v. C. civ., art. 1832-2, al. 4). L'article 1832-2, alinéa 1er dispose qu'« Un époux ne peut, sous la sanction prévue par l'article 1427, employer des biens communs pour faire un apport à une société ou acquérir des parts sociales non négociables sans que son conjoint en ait été averti et sans qu'il en soit justifié dans l'acte ». Le texte crée une obligation d'information au profit du conjoint de l'apporteur ou de l'acquéreur, qui est sanctionnée par la nullité pour dépassement de pouvoir. L'alinéa 2 de l'article 1832-2 précise que « La qualité d'associé est reconnue à celui des époux qui fait l'apport ou réalise l'acquisition ». Mais l'alinéa 3 du texte complète cette règle en prévoyant que : « La qualité d'associé est également reconnue, pour la moitié des parts souscrites ou acquises, au conjoint qui a notifié à la société son intention d'être personnellement associé ». Si le conjoint de l'apporteur ou de l'acquéreur revendique immédiatement la qualité d'associé, l'agrément donné par les associés vaut pour les deux époux. Si la notification est postérieure à l'apport ou à l'acquisition, la qualité d'associé n'est accordée au conjoint que s'il obtient l'agrément des associés. La renonciation à la revendication de la qualité d'associé, lors de l'apport ou de l'acquisition, est définitive (Com. 12 janv. 1993, *Bull. civ.* IV, n° 9 ; *Bull. Joly* 1993. 364 ; *JCP* N 1993. II. 273, note H. Le Nabasque et 301, note Randoux ; *Defrénois* 1993. 508, obs. P. Le Cannu).

La doctrine déduit de l'article 1832-2 que les parts sociales non négociables tombent en communauté. Il serait, en effet, incohérent de reconnaître au conjoint de l'apporteur ou de l'acquéreur le droit de revendiquer la qualité d'associé pour la moitié des parts, si ces dernières étaient constitutives de biens propres. Seule la qualité d'associé est personnelle à chaque époux.

■ 342 La loi du 10 juillet 1982 consacre ainsi la conception dualiste des *droits sociaux non négociables*[Q]. Cette consécration mérite d'être approuvée. Elle permet de concilier tout à la fois l'indépendance professionnelle des époux, les règles du droit des sociétés et l'intérêt de la communauté. Pour la majorité de la doctrine, la loi du 10 juillet 1982 se réfère, non pas à la distinction du titre et de la finance, mais à la thèse qui consiste à opposer la qualité d'associé – personnelle à chaque époux – et la part sociale intégrant la communauté en nature. La Cour de cassation demeure, toutefois, fidèle à la distinction du titre et de la finance (Civ. 1re, 9 juill. 1991, *Bull. civ.* I, n° 232 ; *Defrénois* 1991. 35152, note P. Le Cannu ; *Defrénois* 1992. 35202. 236, obs. X. Savatier ; *JCP* 1992. II. 378, n° 11, obs. Ph. Simler : seule la « finance » des parts d'un GAEC entre en communauté ; Civ. 1re, 10 févr. 1998, *Bull. civ.* I, n° 47 ; *Defrénois* 1998. 36866. 1119, note O. Milhac). Les droits sociaux non négociables relèvent ainsi de la catégorie des biens mixtes. S'il est vrai que la Cour de cassation a rappelé récemment qu'en application des dispositions de l'article 1424 du Code civil, les droits sociaux non négociables sont assujettis à la règle de la cogestion, l'interprétation qu'en tire certains auteurs, suivant lesquels la Haute juridiction aurait abandonné en la matière la distinction du titre et de la finance, nous paraît par trop hâtive (Civ. 1re, 9 nov. 2011, n° 10-12.123, *LEFP* janv. 2012. 5, obs. N. Peterka ; *JCP* 2012. 131, note G. Paisant ; *D.* 2012. 483, note V. Barabé-Bouchard ; *JCP N* 2012. 1107, note D. Boulanger ; v. ss 410). Elle ne correspond pas, par ailleurs, à l'orientation récente de la jurisprudence laquelle étend, tout au contraire, à le rayonnement de la notion de biens mixtes (Adde, confirmant la qualification de biens mixtes pour des parts de SARL, Civ. 1re, 4 juill. 2012, n° 11-13384).

B. Les biens propres par accessoire

La catégorie des *biens propres par accessoire*Q découle de l'article 1406, alinéa 1er du Code civil. D'après ce texte, « Forment des propres, sauf récompense s'il y a lieu, les biens acquis à titre d'accessoires d'un bien propre ainsi que les valeurs nouvelles et autres accroissements se rattachant à des valeurs mobilières propres ». La règle est une application de la maxime *« Accessorium sequiture principale »*Q. Un bien revêt la qualification de bien propre dès lors qu'il apparaît comme étant l'accessoire d'un bien propre. Cela suppose l'existence d'un lien entre le bien principal et le bien accessoire. Ce lien peut être de deux sortes. Il peut s'agir soit d'un *lien matériel* soit d'un *lien économique*. La notion de « bien propre par accessoire » obéit ainsi à deux critères alternatifs. 343

Le premier critère correspond à l'existence d'un lien matériel. En vertu du mécanisme de l'accession (C. civ., art. 546 et s.), tout ce qui s'unit et s'incorpore à un bien propre appartient au propriétaire de ce bien. La règle joue en matière immobilière. Les plantations et constructions édifiées, pendant le mariage, sur un terrain appartenant en propre à l'un des époux sont elles-mêmes des biens propres. En matière mobilière, les produits d'un bien propre sont également propres par accessoire. Les fruits et revenus des biens propres (par exemple, dividendes, loyers) dérogent, en revanche, au mécanisme de l'accession : ils en tombent en communauté (v. ss 282 et s.). 344

Les plus-values d'un bien propre, provenant des améliorations apportées par l'époux propriétaire, soulèvent une difficulté particulière de qualification. Il est possible d'y voir soit le fruit de l'industrie personnelle d'un époux (bien commun), soit une application du mécanisme de l'accession par incorporation (bien propre). La jurisprudence se prononce en faveur de la nature propre des plus-values des *biens propres*Q (Civ. 1re, 5 avr. 1993, *RTD civ.* 1993. 638, obs. F. Lucet et B. Vareille ; CA Bourges, 15 nov. 1995, *Dr. fam.* 1996, n° 14, obs. B. Beignier ; Civ. 1re, 18 mai 1994, *Defrénois* 1995. 36040, obs. G. Champenois ; Civ. 1re, 30 juin 1992, *JCP* 1993. I. 3656, n° 11, obs. A. Tisserand ; *RTD civ.* 1993. 410, obs. F. Lucet et B. Vareille. Ces arrêts refusent également l'octroi d'une récompense au profit de la communauté. *Adde,* Civ. 1re, 28 févr. 2006, *D.* 2006. 882 ; Civ. 1re, 26 oct. 2011, n° 10-23994, *D.* 2011. 2727 ; *RTD civ.* 2012. 140, obs. B. Vareille). Cette dernière solution semble, toutefois, aujourd'hui infléchie, s'agissant des plus-values réalisées dans un cadre professionnel, v. Civ. 1re, 12 déc. 2007, *JCP* 2008. I. 144, obs. M. Storck ; *D.* 2008. 223 ; *Defrénois* 2008. 38854. 2204, obs. G. Champenois ; *AJ fam.* 2008. 85, obs. P. Hilt, rendu sous le régime de la séparation de biens). Encore qu'il soit possible d'objecter, sous les régimes communautaires, que les bénéfices d'exploitation ont vocation à tomber 345 dans la masse commune, si bien que le conjoint collaborateur est rémunéré de sa collaboration sans qu'il y ait lieu de transiter par le mécanisme des récompenses, v. en ce sens, R. Le Guidec, note ss. Civ. 1re, 12 déc. 2007, *JCP N* 2008. 1252 ; v. ss 701). Peu importe que la plus-value soit fortuite ou imputable à l'époux propriétaire ou à son conjoint.

■ 346 La question s'est posée de savoir si le lien matériel pouvait résulter de la proximité des deux fonds. Un terrain contigu à un terrain propre peut-il être qualifié de bien propre par accessoire ? La jurisprudence refuse de l'admettre (Civ. 1re, 17 déc. 1996, *D.* 1997. Jur. 547, note R. Le Guidec ; *JCP* 1997. I. 4047, n° 15, obs. Ph. Simler ; *RTD civ.* 1998. 451 obs. B. Vareille). Le terrain contigu s'analyse comme un bien commun dont l'époux propriétaire du bien propre peut réclamer l'attribution préférentielle lors du partage (C. civ., art. 1475, al. 2).

■ 347 Le second critère de la notion de « bien propre par accessoire » correspond à l'existence d'un lien économique. Un bien peut constituer un propre par accessoire, même en l'absence de lien matériel avec le bien principal. Deux conditions sont requises : l'affectation d'un bien au service d'un autre bien et l'utilité du bien accessoire pour l'exploitation économique du bien principal. La notion de « bien propre par accessoire » est ainsi retenue toutes les fois qu'un époux acquiert un bien pour les besoins d'une activité propre.

Ont ainsi été considérés comme des *biens propres par accessoire*Q les corps de ferme affectés à une exploitation agricole propre (Civ. 1re, 21 juill. 1980, *Defrénois* 1980. 32503. 1551, obs. G. Champenois), le matériel, l'outillage et le cheptel affectés à une telle exploitation (CA Rouen, 14 juin 1994, *JCP* 1995. I. 3821, obs. Ph. Simler ; Civ. 1re, 4 janv. 1995, *Bull. civ.* I, n° 4 ; *D.* 1995. Somm. 328, obs. M. Grimaldi ; *RTD civ.* 1996. 969, obs. B. Vareille ; *JCP* 1995. I. 3869, n° 7, obs. Ph. Simler), l'automobile acquise pour les besoins d'un cabinet d'assurance propre (Civ. 1re, 8 nov. 1989, *Bull. civ.* I, n° 340 ; *JCP* N 1991. II. 161, obs. Ph. Simler ; Civ. 1re, 22 nov. 2005, *BICC* 2006/35, n° 361). La Cour de cassation a refusé, en revanche, la qualification de propre par accessoire à un stock de cognac produit par un domaine viticole propre, au motif que ce stock était destiné à être vendu et n'était donc pas « affecté spécialement à l'exploitation du domaine » (Civ. 1re, 1er déc. 1976, *JCP* 1977. II. 18735, concl. Gulphe ; *RTD civ.* 1978. 158, obs. C. Giverdon).

■ 348 La loi règle expressément le sort de deux cas particuliers : celui des *valeurs mobilières* et celui de *l'acquisition des parts indivises* d'un bien dont un époux est copropriétaire.

L'article 1406, alinéa 1er précise, tout d'abord, que « forment des propres (...) les valeurs nouvelles et autres accroissements se rattachant à des valeurs mobilières propres ». En conséquence, constituent des propres par accessoire, dès lors qu'ils se rattachent à des actions propres, les droits préférentiels de souscription, les actions attribuées gratuitement à un époux à l'occasion d'une augmentation de capital, de même que les bénéfices d'une société mis en réserve, non distribués sous la forme de dividendes (Civ. 1re, 12 déc. 2006, *D.* 2007. 2126, obs. J. Revel ; *Defrénois* 2008. 38719. 310, obs. G. Champenois).

L'article 1408 envisage, ensuite, l'hypothèse où un époux est copropriétaire d'un bien en indivision avec d'autres personnes (par exemple, un bien dépendant d'une indivision successorale). L'époux décide de racheter plusieurs parts indivises du bien. On est en présence d'une acquisition à titre onéreux pendant le mariage, de telle sorte que les parts acquises devraient en principe intégrer la masse commune. Mais une telle solution conduirait à créer une indivision, résultant de la communauté, sur l'indivision originaire. En d'autres termes, les parts indivises seraient elles-mêmes indivises. Pour éviter un tel résultat, l'article 1408 décide que les parts indivises acquises sont propres, sauf récompenses au profit de la communauté si leur acquisition a été financée au moyen de deniers communs. La jurisprudence précise que la règle de l'article 1408 du Code civil est impérative et qu'il n'est pas permis aux époux d'y déroger (Civ. 1re, 13 oct. 1993, *Bull. civ.* I, n° 276 ; *Defrénois* 1994. 438, obs. G. Champenois ; *JCP* 1994. I. 3733, n° 10, obs. Ph. Simler ; *RTD civ.* 1994. 408, obs. B. Vareille), sauf au moyen d'une convention passée pendant l'instance en divorce ou après la dissolution de la communauté (Civ. 1re, 11 juin 2003, *Bull. civ.* I, n° 141 ; *D.* 2004. Somm. 2259, obs. J. Revel ; *JCP* 2004. I. 129, n° 11, obs. Ph. Simler ; *Defrénois* 2004. 1464, obs. G. Champenois ; *Dr. fam.* 2003, n° 101, note H. Lécuyer, *ibid.* n° 133, note B. Beignier ; *RTD civ.* 2003. 691, obs. J. Hauser, *ibid.* 2004. 128 et 130, obs. B. Vareille).

C. Les biens propres par subrogation

Il convient de distinguer, d'une part, la *subrogation réelle*[Q] de plein droit (1) et, d'autre part, le mécanisme de l'*emploi* et du r*emploi des propres*[Q] (2). 349

1. *La subrogation réelle de plein droit*

Le droit des régimes matrimoniaux accorde une place importante au mécanisme de la *subrogation réelle*[Q]. Lorsqu'un bien est substitué à un autre bien dans le patrimoine d'un époux, le bien nouveau emprunte la condition juridique de celui qu'il remplace. Ainsi, si un bien est acquis au moyen d'un échange effectué à l'aide d'un bien propre, le bien nouvellement acquis est propre par subrogation (C. civ., art. 1407). 350

Il reste que, lorsqu'il fonctionne au profit des masses propres, le mécanisme de la subrogation réelle contredit l'esprit communautaire du régime légal. Il soustrait à la masse commune des biens qui ont vocation, en principe, à y figurer. C'est pourquoi, le mécanisme de subrogation réelle n'est pas doté d'une portée générale. La subrogation ne déploie ses effets qu'en cas de substitution directe et immédiate d'un bien à un autre, sans recours à la monnaie. Une telle substitution doit être caractérisée par les juges du fond afin de permettre à la Cour de cassation d'exercer son contrôle (v. Civ. 1re, 19 nov. 2008, *JCP* 2009. I. 140, n° 9, obs. Ph. Simler, à propos du remplacement de titres composant un portefeuille de valeurs mobilières). L'apport en nature d'un bien propre est rémunéré par des titres propres de l'époux apporteur (Civ. 1re, 21 nov. 1978, *Bull. civ.* I, n° 353 ; *JCP* 1980. II. 19451, note R. Le Guidec ; *Defrénois* 1979. 32038, obs. G. Champenois ; Civ. 1re, 10 juill. 1996, *JCP* 1997. I. 4008, obs. Ph. Simler ; Civ. 1re, 27 mai 2010, *JCP* 2010. 1220, n° 9, obs. Ph. Simler ; *Defrénois* 2011. 39206. 383, obs. G. Champenois. *Contra* Civ. 1re, 9 juill. 1991, *Defrénois* 1992. 35200, note M. Vion ; Rappr. Civ. 1re, 28 nov. 2006, n° 05-11586, *JCP* 2007. I. 142, n° 16, obs. Ph. Simler, pour l'apport en nature d'une clientèle civile constituée avant le mariage). En revanche, la subrogation réelle de plein droit ne joue pas en cas d'acquisition de parts sociales à l'aide de deniers provenant de la vente d'un bien propre ni en cas d'apport en numéraire de fonds propres (Civ. 1re, 5 mars 1991, *D.* 1991. Jur. 565, note R. Le Guidec ; *D.* 1992. Somm. 221, obs. M. Grimaldi ; *RTD civ.* 1992. 439, obs. F. Lucet et B. Vareille). 351

352 Le Code civil prévoit expressément deux cas de subrogation réelle de plein droit.

Le premier est visé à l'article 1406, alinéa 2. Le texte dispose que « Forment aussi des propres, par l'effet de la subrogation réelle, les créances et indemnités qui remplacent des propres... ». Constituent ainsi des biens propres, la créance de prix résultant de la vente d'un bien propre et l'indemnité versée en réparation de la perte d'un tel bien (par exemple, indemnité d'assurance, indemnité d'expropriation, d'éviction).

353 Le second cas est visé par l'article 1407 et concerne *l'échange*.

D'après ce texte, le bien acquis en échange d'un bien propre est lui-même propre. Le législateur a envisagé l'hypothèse dans laquelle le bien cédé est d'une valeur inférieure au bien acquis. Par exemple, un époux échange un bien A qui vaut 50 contre un bien B qui vaut 75. L'époux doit alors combler la différence de valeur des biens échangés, au moyen du versement d'une *soulte*[Q] (ici 25). Si la soulte est payée à l'aide de deniers communs, l'époux acquéreur est débiteur d'une récompense envers la communauté à la liquidation du régime matrimonial (C. civ., art. 1407, al. 1er). L'alinéa 2 de l'article 1407 pose une règle particulière pour le cas où la soulte mise à la charge de la communauté est supérieure à la valeur du bien cédé. Par exemple, un époux échange un bien A d'une valeur de 50 contre un bien B d'une valeur de 150. Si la soulte (100) est payée par la communauté, le bien acquis tombe dans la masse commune. La règle est une application de la maxime *« Major pars trahit ad se minorem »*[Q]. La nature propre ou commune du bien acquis dépend ainsi de l'importance de la soulte, par rapport à la valeur du bien cédé, mise à la charge de la communauté, à laquelle on ajoute les divers frais exposés par elle au moment de l'échange (arg. C. civ., art. 1436 ; en ce sens, Civ. 1re, 8 juill. 2010, n° 09-13155, *JCP* 2010. 1220, n° 12, obs. Ph. Simler). L'article 1407, alinéa 2 reconnaît à l'époux cédant une créance de récompense à l'encontre de la communauté, lors de la liquidation du régime.

2. *L'emploi et le remploi des propres*

354 Les articles 1434 à 1436 du Code civil envisagent le mécanisme de *l'emploi et du remploi des propres*[Q]. L'hypothèse est ici la suivante. Un époux utilise des fonds propres (provenant, par exemple, d'une libéralité) pour les investir dans l'acquisition d'un bien ou vend un bien propre et réinvestit le prix de vente dans l'acquisition d'un bien nouveau. Le premier cas correspond au mécanisme de l'*emploi des propres*[Q], le second à celui du remploi des propres. Dans les deux cas, le bien nouvellement acquis intègre, par le jeu de la subrogation réelle, le patrimoine propre de l'époux qui a financé l'opération. Mais ici, la subrogation réelle n'est pas automatique. Cela tient à la fongibilité de la monnaie. Celle-ci empêche d'établir un lien direct entre la nature des fonds utilisés et le bien acquis. C'est pourquoi, le législateur subordonne le jeu de la subrogation réelle à deux séries de conditions. Les unes s'appliquent à *l'emploi ou au remploi des propres*[Q] (a), tandis que les autres sont spécifiques à l'emploi ou au remploi par anticipation (b).

a. Les conditions de l'emploi ou du remploi des propres

355 L'emploi ou le remploi repose sur une triple condition.

356 Il faut, en premier lieu, que l'opération consiste en *l'acquisition d'un bien propre avec des fonds propres*. Il n'est pas nécessaire que les fonds utilisés soient effectivement

ceux perçus par l'époux, lors de l'aliénation d'un bien propre (Civ. 1re, 5 janv. 1999, *Bull. civ.* I, n° 3 ; *JCP* 1999. I. 154, n° 7 ; obs. Ph. Simler ; *RTD civ.* 1999. 456, obs. B. Vareille ; *Defrénois* 1999. 36960, obs. G. Champenois). La fongibilité de la monnaie joue ici pleinement. Il suffit d'établir que l'époux détient des fonds propres provenant de la vente d'un bien propre, d'une succession ou d'une libéralité ou qu'il possède des fonds présents.

Il faut, en deuxième lieu, que le financement de l'opération provienne majoritairement de *fonds propres*. Aux termes de l'article 1436, « Quand le prix et les frais de l'acquisition excèdent la somme dont il a été fait emploi ou remploi, la communauté a droit à récompense pour l'excédent ». Par exemple, si un époux emploie des fonds propres à hauteur de 100, pour acquérir un bien qui vaut 150, la communauté a droit à récompense si elle a financé la différence (50). L'article 1436 précise que « Si, toutefois, la contribution de la communauté est supérieure à celle de l'époux acquéreur, le bien acquis tombe en communauté, sauf récompense due à l'époux ». Le bien intègre ainsi la masse commune toutes les fois que la contribution de la communauté au paiement du prix et les frais exposés par elle sont supérieurs au montant des fonds propres investis (Civ. 1re, 15 juin 1994, *Bull. civ.* I, n° 210 ; *D.* 1995. Somm. 40, obs. M. Grimaldi ; *JCP* 1995. I. 3821, n° 14, obs. Ph. Simler ; *RTD civ.* 1995. 422, obs. B. Vareille ; *Defrénois* 1995. 36040, obs. G. Champenois : absence de prise en compte, pour la détermination de la part contributive de la communauté, des fonds communs utilisés antérieurement pour l'achat et la conservation du bien propre ancien ; Civ. 1re, 5 mars 2008, *Bull. civ.* I, n° 66 ; *D.* 2008. 851 et 2245, note J. Revel ; *JCP* 2008. I. 144, n° 13, obs. Ph. Simler ; *AJ fam.* 2008. 216, obs. P. Hilt : absence de prise en compte, pour la détermination de la part contributive de la communauté, des intérêts de l'emprunt souscrit pour le financement partiel du nouveau bien, qui sont une charge de jouissance supportée par la communauté). La règle est, comme celle de l'article 1407, une application de la maxime « *Majors pars trahit ad se minorem*Q ». 357

L'article 1436 est un texte *impératif*, dont les époux ne peuvent pas s'affranchir (Civ. 1re, 19 mai 1998, *Bull. civ.* I, n° 75 ; *JCP* 1998. I. 183, n° 2, obs. Ph. Simler ; *JCP* 1999. II. 10127, note J. Mahinga ; *Defrénois* 1998. 36903, obs. G. Champenois ; *RTD civ.* 1999. 458, obs. B. Vareille). Ces derniers ne peuvent pas convenir que le bien acquis sera propre et commun *pro parte*. La solution découle *du principe de l'immutabilité du régime matrimonial* qui interdit aux époux de s'émanciper des règles de répartition des *biens propres*Q et des biens communs, pendant la durée du régime (sous réserve des conventions liquidatives passées en cours de l'instance en divorce, v. ss 517 et s.).

*L'emploi ou le remploi des propres*Q implique, en troisième lieu, qu'il soit procédé à une déclaration dans l'acte d'acquisition. L'article 1434 du Code civil décide que « L'emploi ou le remploi est censé fait à l'égard d'un époux, toutes les fois que, lors d'une acquisition, il a déclaré qu'elle était faite de deniers propres ou provenus de l'aliénation d'un propre, et pour lui tenir lieu d'emploi ou de remploi ». Le législateur laisse l'époux acquéreur juge de l'opportunité de faire la déclaration prévue par l'article 1434 du Code civil. Cet époux n'a pas à obtenir l'accord ni le concours de son conjoint. La décision de remploi participe de la gestion exclusive de ses biens propres par chaque époux (C. civ., art. 225, 1428 ; v. ss 88 et v. ss 438 et s.). 358

359 La déclaration de remploi comporte deux éléments. Elle porte, d'abord, sur *l'origine des fonds.* L'époux doit indiquer dans l'acte si l'acquisition est faite avec des deniers propres ou provenant de la vente d'un bien propre. Cette déclaration a valeur de présomption simple. Le conjoint de l'acquéreur ou les créanciers de la communauté peuvent démontrer, par tous moyens, que la déclaration est mensongère (Civ. 1re, 9 oct. 1984, *Bull. civ.* I, n° 249, *Defrénois* 1985. 33560, obs. G. Champenois ; Civ 1re, 5 mars 2008, préc).

La déclaration de remploi traduit, ensuite, *l'intention de l'époux d'investir des fonds propres dans l'acquisition d'un bien propre* qui leur tient lieu d'emploi ou de remploi. Cette déclaration doit s'ajouter à la première, l'indication de l'origine des deniers étant à elle seule insuffisante (Fort de France, 28 mai 1999, *JCP* 2000. I. 245, n° 13, obs. Ph. Simler). Mais la double déclaration de l'article 1434 n'implique le respect d'aucune formule sacramentelle (Civ. 1re, 12 juin 1979, *Bull. civ.* I, n° 170 ; *Defrénois* 1980. 32267. 602, obs. G Champenois). Il suffit que la volonté de l'auteur du remploi soit exprimée de manière suffisamment claire.

360 Le rôle de la déclaration d'emploi est important. Il permet tout à la fois de bloquer le jeu de la *présomption de communauté*[Q] et de protéger les tiers. S'agissant de ces derniers, les créanciers de la communauté sont informés que le bien acquis est soustrait à leur droit de gage général. La déclaration de l'article 1434 permet ainsi de garantir la publicité du remploi à l'égard des tiers.

361 L'article 1434 du Code civil précise la sanction de la déclaration d'emploi. À défaut de déclaration dans l'acte d'acquisition, l'époux ne peut pas établir qu'il a utilisé des fonds propres avec l'intention implicite d'en opérer le remploi. La double déclaration prévue par le texte représente ainsi une véritable *condition de validité* du remploi. Il s'agit d'une règle de fond et non pas seulement d'une règle de preuve de celui-ci (Civ. 1re, 25 févr. 2009, *AJ fam.* 2009. 178, obs. P. Hilt ; *Dr. fam.* 2009. Comm. 45, note B. Beignier ; Civ. 1re, 20 sept. 2006, *RJPF* 2006-12/30, obs. F. Vauvillé ; *RTD civ.* 2007. 621, obs. B. Vareille ; *JCP* 2007. II. 10005, note J.-G. Mahinga. – V. antér. dans le même sens, Civ. 1re, 5 févr. 1985, *Bull. civ.* I, n° 54 ; *Defrénois* 1985. 33560. 859, obs. G. Champenois. – Civ. 1re, 5 mars 1991, *Bull. civ.* I, n° 80 ; *D.* 1994. Jur. 565, note R. Le Guidec ; *RTD civ.* 1992. 439, obs. F. Lucet et B. Vareille ; *Defrénois* 1992. 35220. 400, obs. G. Champenois). L'article 1434 adoucit, toutefois, la rigueur de cette solution en admettant le remploi *a posteriori*. Le texte prévoit qu'à défaut de déclaration dans l'acte d'acquisition, « l'emploi ou le remploi n'a lieu que par l'accord des époux, et il ne produit ses effets que dans leurs rapports réciproques ». La jurisprudence a précisé que l'emploi ou remploi *a posteriori* peut intervenir tant que fonctionne le régime. L'accord des époux doit donc intervenir avant la dissolution de la communauté (Civ. 1re, 3 nov. 1983, *Bull. civ.* I, n° 250). Cet accord, qui peut être tacite, produit des effets limités. Il joue dans les seuls rapports entre époux et est inopposable aux créanciers de la communauté, lesquels peuvent considérer le bien comme étant commun et le saisir.

b. Les conditions spécifiques de l'emploi ou du remploi par anticipation

362 Le *remploi par anticipation* fait l'objet d'une disposition particulière inscrite à l'article 1435. On est ici face à un bouleversement de la chronologie habituelle de l'emploi ou du remploi. Habituellement, un époux utilise des fonds propres provenant de la vente d'un bien propre, pour les investir dans l'acquisition d'un bien. Le remploi par anticipation opère une inversion de cette chronologie. L'acquisition précède ici la vente du bien propre qui va financer l'opération. Autrement dit, l'époux investit ses fonds propres avant de les avoir perçus. Il n'a pas à solliciter, pour ce faire, le consentement de son conjoint (Civ. 1re, 27 mars 2007, *AJ fam.* 2007. 359, obs. P. Hilt ; *RTD civ.* 2007. 798, obs. B. Vareille). Il reste que l'article 1435 subordonne le remploi par anticipation à une condition stricte. Le texte dispose que « Si l'emploi ou le remploi est fait par anticipation, le bien acquis est propre, sous la condition que les sommes attendues du patrimoine propre soient payées à la communauté dans les cinq ans de la date de l'acte ». Le versement effectif des fonds propres dans les cinq ans de l'acte est analysé comme une condition suspensive. Le bien est commun jusqu'à la réalisation de cette condition. Lorsque cette dernière se réalise le bien est réputé propre, de manière rétroactive, depuis le jour de l'acquisition. Mais la rétroactivité est écartée à l'égard des tiers. Les créanciers de la communauté dont la créance a pris naissance avant le versement des fonds propres peuvent continuer à considérer le bien comme étant commun et sont autorisés à le saisir.

Une partie de la doctrine ajoute une double condition à celle prévue par le législateur. Elle subordonne, d'une part, le remploi par anticipation à la condition que l'époux soit propriétaire, au moment de l'acquisition, d'un bien propre susceptible d'être vendu. D'autres auteurs réfutent, au contraire, cette condition qui ne se justifie pas dès lors que le dénouement de l'opération est enfermé dans un bref délai (F. Terré et Ph. Simler, *préc.*, n° 365, note 4). Certains auteurs soumettent, d'autre part, le jeu du remploi par anticipation à l'intervention de la vente du bien propre avant la dissolution de la communauté. Cette proposition est critiquable au motif qu'elle peut conduire à priver l'époux du délai de cinq ans ouvert par la loi pour réaliser l'opération. 363

section 3

La présomption de communauté

L'article 1402 du Code civil pose une règle de preuve d'une importance pratique considérable. Toutes les fois que la preuve de la nature propre d'un bien n'est pas établie, le législateur présume qu'il fait partie de la communauté. C'est à celui qui prétend que le bien est propre d'en rapporter la preuve. L'article 1402, alinéa 1er énonce la *présomption de communauté*Q dans les termes suivants : « Tout bien, meuble ou immeuble, est réputé acquêt de communauté si l'on ne prouve qu'il est propre à l'un des époux par application d'une disposition de la loi ». Le texte fournit des indications sur le domaine (§ 1) et la nature de la présomption (§ 2). 364

§ 1 Le domaine de la présomption de communauté

La *présomption de communauté*Q s'applique, au premier chef, dans les relations entre époux. Pendant la durée du régime, elle conditionne les pouvoirs des 365 époux. La présomption de communauté est favorable à la gestion concurrente et à la cogestion qui s'appliquent sur les biens communs, et fait échec à la gestion exclusive des biens propres. Mais c'est surtout lors de la liquidation de la communauté que la présomption déploie ses effets. À défaut pour un conjoint de démontrer la nature propre d'un bien, ce dernier est intégré à la masse commune et fait l'objet d'un partage entre les époux ou leurs héritiers. De même, si un époux utilise des fonds pour l'acquisition d'un bien propre (par exemple, l'échange d'un bien propre contre un autre bien moyennant le versement d'une soulte), ces derniers sont présumés communs jusqu'à preuve contraire, quand bien même ils auraient été prélevés sur un compte ouvert par un époux en son nom personnel (Civ. 1re, 9 juill. 2008, *AJ fam.* 2008. 438, obs. P. Hilt ; *RTD civ.* 2009. 158, obs. B. Vareille ; *JCP* 2008. I. 202, n° 7, obs. Ph. Simler ; *Dr. fam.* 2008. Comm. 145, note B. Beignier). La présomption de communauté ouvre ainsi droit à récompense au profit de la communauté, après sa dissolution.

■ 366 La présomption de l'article 1402 du Code civil s'applique également dans les rapports des époux et des tiers. Elle est, en principe, favorable aux créanciers de la communauté qui sont autorisés à saisir n'importe quel bien du ménage, dès lors que la preuve de sa nature propre n'est pas rapportée (v. ss 466 et s.).

§ 2 La nature de la présomption de communauté

■ 367 La *présomption de communauté*[Q] est une *présomption mixte*. Elle est susceptible d'être renversée par la preuve contraire mais celle-ci n'est pas libre. L'époux ou le tiers qui entend démontrer la nature propre d'un bien doit se plier aux modes de preuve prévus par l'article 1402 du Code civil. L'alinéa 2 du texte conduit à distinguer deux situations.

■ 368 Le texte vise, en premier lieu, les biens qui portent en eux-mêmes « [la] preuve ou [la] marque de leur origine ». En ce cas, la nature propre du bien apparaît de manière évidente, de telle sorte qu'elle n'a pas à être démontrée par des éléments extrinsèques. Cette hypothèse concerne, au premier chef, les biens propres par nature de l'article 1404 : vêtements et linges à l'usage personnel d'un époux, souvenirs de famille et, d'une manière plus générale, tous les biens et droits exclusivement attachés à la personne.

■ 369 L'article 1402, alinéa 2 prévoit, en second lieu, que, dans les autres cas, « la propriété personnelle d'un époux, si elle est contestée, devra être établie par écrit ». Le texte commence par rappeler qu'il n'est pas nécessaire de prouver ce qui n'est pas contesté. Si, lors de la liquidation amiable de leur régime matrimonial, les époux s'accordent sur la nature propre d'un bien, celle-ci n'a pas à être démontrée. Le législateur donne, ensuite, la préférence à la *preuve par écrit*. Il s'agira, par exemple, de la déclaration d'emploi ou de remploi figurant dans l'acte d'acquisition d'un bien. À défaut d'écrit préconstitué, le texte reconnaît au juge la faculté de prendre en considération « tous écrits, notamment titres de famille, registres et papiers domestiques, ainsi que documents de banque et factures ». Les juges du fond apprécient souverainement la valeur probatoire de ces écrits. En l'absence de tout écrit, l'article 1402, alinéa 2 décide que le juge « pourra même admettre la preuve par témoignage ou présomption, s'il constate qu'un époux a été dans l'impossibilité matérielle ou morale de se procurer un écrit». La règle renvoie à l'article 1348 du Code civil, relatif à la preuve des actes juridiques. Le juge apprécie souverainement la réalité de l'impossibilité morale, qui sera le plus souvent aisément établie entre époux.

Mémo

Le régime légal de la communauté réduite aux acquêts distingue les biens communs et les biens propres de chaque époux.

La *masse commune* est, au premier chef, composée des *acquêts*. Ces derniers reposent sur un double critère. Ils doivent, en premier lieu, avoir fait l'objet d'une acquisition à titre onéreux pendant la communauté, ce qui recouvre tant les modes dérivés que les modes originaires d'acquisition. Les acquisitions gratuites (donations, legs, successions) sont exclues de la masse commune, à moins que la libéralité ait été consentie aux époux conjointement ou avec une clause d'entrée en communauté. La notion d'« acquêt » implique, en second lieu, que l'acquisition ait été faite pendant le mariage. Dans le cas d'une promesse de vente ou d'une vente sous condition suspensive ou à terme, il convient de retenir la date à laquelle l'acquisition est définitive.

La nature *commune* des gains et salaires, ainsi que celles des fruits et des revenus des biens propres, a suscité une importante controverse, laquelle est aujourd'hui réglée par la loi et la jurisprudence.

Les biens propres regroupent les biens présents, c'est-à-dire les biens dont les époux avaient la *propriété ou la possession au jour de la célébration du mariage*, et les *biens acquis* par *succession* ou *libéralité* pendant la durée du mariage. Les masses propres absorbent, à titre exceptionnel, certains biens acquis à titre onéreux pendant le mariage. Il en est ainsi des *biens propres par nature*, lesquels sont exclus de la masse commune en raison de leur *caractère personnel marqué*. Ces biens se distinguent des *biens mixtes* reposant sur la distinction du titre et de la finance. En ce domaine, seule la *valeur* du bien tombe en *communauté*.

Demeurent la propriété personnelle d'un époux les biens *accessoires* à un bien propre. Le caractère accessoire peut résulter ici d'un *lien matériel* (constructions sur un terrain propre) ou *économique* (bénéfices non distribués se rattachant à des actions propres) entre les deux biens.

Les masses propres bénéficient de la *subrogation réelle*. Celle-ci joue de *plein droit* en cas de *substitution directe* d'un bien à un autre (échange, apport en nature). En cas de recours à la monnaie (acquisition à l'aide de fonds propres, apport en numéraire), le bien n'est propre que si les formalités du *remploi* ont été respectées. Ce dernier peut avoir lieu, sous certaines conditions, par *anticipation* ou *a posteriori*. En ces derniers cas, le remploi produit des effets *limités* à l'égard des *tiers*.

Ces règles sont, du point de vue de la *preuve*, sous la dépendance de la *présomption de communauté*.

Quid

■ *« Accessorium sequiture principale »* n° 316 et 343

L'accessoire suit le principal. Maxime en vertu de laquelle un bien appartient au même propriétaire et suit le même régime juridique que le bien dont il est l'accessoire.

■ Acquêts de communauté n° 262, 266, 269

Désigne, sous les régimes de communauté, les biens acquis à titre onéreux pendant la durée du mariage.

■ Assurance vie mixte ou assurance en cas de vie n° 319

Variété d'assurance vie dans laquelle l'assureur s'engage à verser un capital égal au montant des primes accumulées augmenté des intérêts et diminué des frais de gestion, soit au souscripteur s'il est en vie à l'échéance du terme du contrat, soit à un tiers bénéficiaire désigné (qui peut être l'autre conjoint) si le souscripteur décède avant l'échéance du terme.

■ Biens mixtes n° 327 à 342

Désigne les biens dont seule la valeur patrimoniale tombe en communauté, les prérogatives personnelles attachées à ces biens demeurant propres à l'époux qui en est titulaire.

■ Biens propres n° 299 à 363

Désigne les biens dont les époux avaient la propriété ou la possession au jour de la célébration du mariage (biens présents*)*, ainsi que les biens qu'ils acquièrent à titre gratuit, par succession ou donation (biens futurs), et certains biens qu'ils acquièrent à titre onéreux pendant la durée de l'union conjugale (biens propres par nature, biens propres par subrogation, biens propres par accessoire).

■ Biens propres par accessoire n° 343 à 348

Désigne les biens acquis par un époux à titre onéreux pendant le mariage qui sont exclus de la communauté en raison du lien matériel ou économique qui les unit à un bien principal appartenant en propre à cet époux.

■ Biens propres par nature n° 309 à 326

Biens qui, en raison de leur caractère personnel marqué, présentent la particularité, sous les régimes de communauté, d'appartenir toujours en propre à l'un des époux quels que soient leur date et leur mode d'acquisition (v. C. civ., art. 1404).

■ Biens propres par subrogation n° 349 à 363

Désigne les biens acquis par un époux à titre onéreux pendant le mariage en remplacement d'un bien propre et qui empruntent le statut juridique de ce bien (v. emploi et remploi de propres).

■ Cessibilité des clientèles civiles n° 333

La cessibilité des clientèles civiles a été affirmée par un arrêt de la première chambre civile de la Cour de cassation du 7 novembre 2000. Désormais, ce n'est plus le droit de présentation à la clientèle, mais la clientèle civile elle-même qui est dotée d'une valeur patrimoniale.

■ Créance de salaire différé n° 317

Créance prévue par l'article L. 321-13 du Code rural au profit des descendants d'un exploitant agricole qui, âgés de plus de 18 ans, ont participé à l'exploitation, sans être associés aux bénéfices ni aux pertes et sans recevoir de salaire en argent en contrepartie de leur collaboration. Ces personnes sont réputées légalement bénéficiaires d'un contrat de travail dont le salaire est différé au décès de l'exploitant.

Droits sociaux non négociables n° 338 à 342

Parts sociales représentant une fraction du capital social des sociétés de personnes et des SARL, dont l'opposabilité de la cession aux tiers est soumise, en principe, au respect des formalités prévues par l'article 1690 du Code civil, relatif à la cession de créance.

Emploi des propres n° 354 à 363

Opération consistant pour un époux à investir des fonds propres dans l'acquisition d'un bien. Ce dernier correspond à un bien propre si les conditions posées aux articles 1434 à 1436 du Code civil sont réunies (comp. remploi des propres).

Libéralité avec charges n° 307

Donation ou legs consenti au gratifié sous la condition qu'il accomplisse ou n'accomplisse pas, dans l'intérêt du disposant, d'un tiers ou dans son propre intérêt, un acte précis.

Libéralité rémunératoire n° 307

Libéralité consentie au gratifié en rémunération d'un service rendu au donateur.

Licitation n° 336

Cession de droits indivis tendant à mettre fin à l'indivision.

« *Major pars trahit ad se minorem* » n° 353 et 357

La plus grande part attire à elle la moindre.

Présomption de communauté n° 364 à 369

Sous les régimes de communauté, présomption légale réputant les biens communs jusqu'à ce que la preuve de leur caractère propre soit rapportée suivant les modes de preuve prévus par la loi (v. C. civ., art. 1402).

Récompense n° 297

Sous le régime de communauté, indemnité due à la communauté ou à l'un des époux, lors de la dissolution du régime, afin de compenser l'appauvrissement de la masse commune au profit d'un époux ou inversement (comp. créances entre époux).

Remploi des propres n° 354 à 363

Opération consistant pour un époux à céder un bien propre et à en réinvestir le prix dans l'acquisition d'un nouveau bien. Ce dernier correspond à un bien propre si les conditions posées aux articles 1434 à 1436 du Code civil sont réunies.

Soulte n° 353

Somme d'argent due par un coéchangiste ou un copartageant afin de compenser l'inégalité de valeur des lots ou des biens échangés.

Subrogation réelle n° 267 et 350

Mécanisme en vertu duquel un bien en remplace un autre, au sein d'un patrimoine, en lui empruntant ses qualités.

Documents

1) La qualification de bien mixte appliquée au fonds d'exercice libéral

Civ. 1re, 2 mai 2001
(*Bull. civ.* I, n° 110 ; *JCP* 2002. II. 10062, note O. Barret ; *JCP* 2002. I. 103, n° 11, obs. Ph Simler ; *D.* 2002. 759, note W. Dross)

« Attendu que le divorce des époux X...-Y..., mariés le 12 février 1977 sans contrat préalable, a été prononcé le 24 octobre 1991 ;

Sur le premier moyen, pris en sa seconde branche qui est préalable : (Publication sans intérêt) ;

Sur le deuxième moyen :

Attendu que M. X... fait encore grief à l'arrêt d'avoir rejeté sa demande visant à exclure de l'indivision post communautaire les revenus tirés de son activité de médecin postérieurement à la date de la dissolution, alors, selon le moyen, qu'en considérant que les revenus tirés de l'activité de M. X... après la dissolution de la communauté étaient dépendants de l'indivision, la cour d'appel a violé l'article 815-10 du Code civil ;

Mais attendu que la clientèle d'un époux exerçant une profession libérale, de même que les matériels et les locaux, l'ensemble formant un fonds d'exercice libéral, doivent être portés à l'actif de la communauté pour leur valeur patrimoniale estimée au jour du partage ; qu'il en résulte que l'indivision postcommunautaire s'accroît de la plus-value de cette clientèle sous réserve de l'attribution à l'indivisaire gérant de la rémunération de son travail conformément à l'article 815-12 du Code civil ; qu'ainsi l'arrêt attaqué, après avoir relevé que ces éléments avaient été acquis ou créés durant le mariage, énonce exactement que les revenus de l'activité médicale de M. X... postérieure à la dissolution de la communauté font partie de l'indivision ; d'où il suit que le moyen n'est pas fondé... ».

2) Le sort de l'assurance, souscrite par un époux à son bénéfice, non dénouée à la dissolution de la communauté

Civ. 1re, 19 avr. 2005
(*Bull. civ.* I, n° 189 ; *JCP* 2005. I. 163, n° 8, obs. Ph. Simler)

« LA COUR DE CASSATION, PREMIERE CHAMBRE CIVILE, a rendu l'arrêt suivant :

(...)

Sur le second moyen :

Attendu que M. X... reproche encore à l'arrêt confirmatif attaqué d'avoir jugé qu'entrait dans l'actif de la communauté une somme représentant l'épargne faite sur un contrat d'assurance vie, alors, selon le moyen :

1 / qu'en se bornant, pour écarter le caractère aléatoire du contrat qu'il avait souscrit et le requalifier en contrat ayant "pour objet la constitution d'une épargne retraite", à relever que le seul bénéfice d'un régime fiscal assimilé à celui de l'assurance vie ne pouvait suffire à qualifier le placement en contrat d'assurance et qu'était garanti le maintien des résultats acquis des sommes confiées à l'AFER, ce qui excluait tout aléa tant pour l'AFER que pour lui-même, la

cour d'appel a privé sa décision de base légale au regard des articles L. 132-16 du Code des assurances et 1964 du Code civil ;
2 / qu'en jugeant que l'épargne avait un caractère commun, sans avoir recherché si, aux termes du contrat souscrit, il en était le bénéficiaire exclusif et s'il n'avait pas été stipulé qu'en cas de décès, son épouse percevrait le capital, la cour d'appel a privé sa décision de base légale au regard des articles L. 132-16 du Code des assurances et 1964 du Code civil ;
Mais attendu qu'en relevant, par motifs propres et adoptés, que le contrat souscrit par M. X... auprès de l'Association française d'épargne et de retraite lui permettait de constituer, par versements provenant de la communauté, une épargne retraite, avec garantie du maintien des résultats acquis par ce placement, tout en lui laissant la disposition à sa convenance des sommes épargnées et que ce contrat était en cours à la date de dissolution de la communauté, la cour d'appel a fait une exacte application de l'article 1401 du Code civil, l'éventuel caractère aléatoire du contrat ou encore l'existence d'une contre-assurance étant indifférents à la solution apportée au litige ; que le moyen est sans portée en ses deux branches... ».

3) La qualification des pensions de guerre, des pensions de retraite et de leurs arrérages

Civ. 1re, 8 juill. 2009, n° 08-16364

(*Bull. civ.* I, n° 167 ; *D.* 2010. 2392, note J. Revel ; *AJ fam.* 2009. 405, obs. P. Hilt ; *JCP* N 2009. 1322, note J. Vassaux-Barège ; *JCP* 2009. 391, n° 13, obs. Ph. Simler ; *RTD civ.* 2010. 803, obs. B. Vareille ; *LEFP* nov. 2009, p. 7, obs. N. Peterka)

« LA COUR DE CASSATION, PREMIÈRE CHAMBRE CIVILE, a rendu l'arrêt suivant : (..)
Attendu que Didier Y... est décédé le 29 décembre 1998, en laissant pour lui succéder son épouse commune en biens, Mme Geneviève Z..., et une fille issue d'une précédente union, Mme Mireille Y..., épouse A... ; que Mme Z..., veuve Y..., a, sur le fondement de l'article 1422 du Code civil, demandé la nullité de donations consenties par son époux au profit de sa fille et des enfants de celle-ci (les consorts A...) effectuées par divers virements sur leurs comptes bancaires au moyen de sommes provenant de sa pension militaire de retraite et de sa pension de guerre ;
Sur le moyen unique, pris en ses deux premières branches, et en sa troisième branche en ce qu'elle vise les arrérages de la pension de guerre :
Attendu que Mme Z..., veuve Y..., fait grief à l'arrêt attaqué d'avoir jugé que Didier Y... avait pu disposer librement, en faveur des consorts A..., des biens demeurés propres constitués par ses avoirs bancaires, issus de la perception d'une pension militaire de retraite et d'une pension de guerre, alors, selon le moyen :
1° / que les pensions ne constituent des revenus propres à leur bénéficiaire, par exception à la présomption de communauté des revenus perçus pendant le mariage, que si elles sont incessibles ; que les pensions de retraite et les rentes viagères d'invalidité des militaires sont cessibles et saisissables ; qu'en retenant néanmoins que les pensions militaires étaient incessibles, la cour d'appel a violé les articles 1401 et 1404 du Code civil, ensemble l'article L. 56 du Code des pensions civiles et militaires de retraite ;
2° / que l'indemnité perçue par un époux au titre d'une invalidité de travail compense le préjudice professionnel né de la perte de revenus causée par la cessation d'activité et constitue, par conséquent, un revenu commun aux deux époux ; que les pensions de guerre, qui compensent l'invalidité intervenue pendant l'exercice des fonctions militaires, visent, de même,

à réparer un préjudice professionnel et sont donc des revenus communs ; qu'en décidant néanmoins que les pensions de guerre revêtaient un caractère indemnitaire personnel accru et étaient exclusivement attachées à la personne qui en bénéficiait, la cour d'appel a violé les articles L. 1 et L. 2 du Code des pensions militaires d'invalidité et des victimes de guerre ;
3° / que les arrérages perçus au titre des pensions militaires constituent des substituts de salaires communs aux deux époux ; qu'en jugeant néanmoins que les arrérages de la pension militaire étaient eux-mêmes des revenus propres pour n'être qu'un mode de règlement de celle-ci sans influence sur leur nature, la cour d'appel a violé les articles 1401 et 1404 du Code civil ;
Mais attendu, d'abord, que les dispositions de l'article L. 56 du Code des pensions civiles et militaires de retraite, dans sa rédaction issue de la loi du 21 août 2003, selon lesquelles les pensions militaires sont cessibles et saisissables dans les mêmes conditions et limites que les salaires, n'étaient pas applicables à des pensions versées avant l'entrée en vigueur de cette loi ;
Attendu, ensuite, que l'allocation d'une pension de guerre n'est pas destinée à compenser une perte de revenus, mais à réparer un préjudice résultant d'une atteinte à l'intégrité physique d'une personne, de sorte que cette pension présente un caractère exclusivement personnel et constitue un bien propre par nature ;
Attendu, enfin, que la cour d'appel a exactement retenu que les arrérages d'une pension de guerre, qui ne sont qu'une modalité de règlement de la réparation d'un préjudice résultant d'une atteinte à l'intégrité physique, constituent des biens propres par nature ;
D'où il suit que le moyen, dépourvu de tout fondement en sa première branche, n'est pas fondé en ses deuxième et troisième branches, cette dernière en ce qu'elle vise les arrérages de la pension de guerre ;
Mais sur la troisième branche du moyen, en ce qu'elle vise les arrérages de la pension militaire de retraite :
Vu les articles 1401, 1403 et 1404, alinéa 1er, du Code civil ;
Attendu que si le titre d'une pension militaire de retraite, exclusivement personnel, constitue un bien propre par nature, les arrérages de cette pension, qui sont des substituts de salaires, entrent en communauté ;
Attendu que, pour débouter Mme Z..., veuve Y..., de ses demandes, l'arrêt retient, par motifs adoptés, que les pensions militaires de retraite et les pensions de guerre, incessibles, constituent des propres par nature en vertu de l'article 1404 du Code civil, dès lors que ces pensions sont destinées à indemniser un préjudice personnel et que les arrérages ne sauraient faire exception à cette règle puisqu'ils sont eux-mêmes incessibles et qu'ils ne constituent pas des fruits de biens propres puisqu'ils sont eux-mêmes des biens propres ; que, par motifs propres, l'arrêt énonce que, qu'elles soient allouées à titre de retraite ou, *a fortiori*, de pension de guerre revêtant un caractère indemnitaire personnel accru pour être exclusivement attachées à la personne qui en bénéficie, les pensions militaires sont incessibles et que, par conséquent, l'article 1404 les exclut de la masse commune, que ce serait aller contre la volonté du législateur clairement exprimée, nonobstant le caractère de substitut de salaires s'attachant aux pensions de retraite, que de considérer que si le titre de pension demeure propre, les arrérages versés, dès lors qu'ils ne sont pas consommés par les époux, tombent en communauté comme les fruits des propres en vertu de l'article 1403, alinéa 2, sauf, en admettant une telle analyse, à vider la nature propre du principe de la pension versée de toute signification ; que l'arrêt retient, encore, que les arrérages de la pension sont eux-mêmes des propres, pour n'être qu'un mode de règlement de celle-ci sans influence sur leur nature et que, cumulés, ils demeurent propres sans pouvoir être assimilés aux fruits de l'article précité, ni à ceux de l'article 584 du Code civil qui ne vise que les produits

d'une rente et non la rente elle-même, laquelle se trouve consommée au fur et à mesure des versements successifs ;

Qu'en statuant ainsi, alors que les arrérages de la pension militaire de retraite étaient entrés en communauté, la cour d'appel a violé les textes susvisés ;

PAR CES MOTIFS :

CASSE ET ANNULE, mais seulement en ce qu'il a décidé que les arrérages de la pension militaire de retraite dont Didier Y... était titulaire constituent des biens propres ».

4) La qualification de l'indemnité transactionnelle de licenciement à caractère de dommages-intérêts

Civ. 1re, 3 févr. 2010, n° 09-65345

(*Bull. civ.* I, n° ; *D.* 2010. 442 ; *JCP* 2010. 487, n° 10, obs. Ph. Simler ; *LEFP* mars 2010. 1, obs. N. Peterka ; *RTD civ.* 2010. 609, obs. B. Vareille ; *Dr. fam.* 2010. Comm. 151, note V. Brémond)

« LA COUR DE CASSATION, PREMIÈRE CHAMBRE CIVILE, a rendu l'arrêt suivant

Attendu qu'avant son mariage avec Mme X... sous le régime de la communauté, M. Y... a acquis un terrain, cette acquisition étant partiellement financée au moyen de deniers communs, sur lequel il a fait édifier, pendant le mariage, une maison d'habitation financée par un emprunt remboursé au moyen de ses deniers propres ; que, statuant sur les difficultés nées de la liquidation et du partage, après divorce, de la communauté, l'arrêt attaqué a fixé la récompense due par le mari à la communauté au titre de l'acquisition du terrain, décidé que celle-ci était redevable envers lui de récompenses au titre, d'une part, d'une "indemnité transactionnelle de dommages-intérêts de 93 000 francs" qui lui avait été allouée après son licenciement, cette indemnité constituant un bien propre et, d'autre part, d'une certaine proportion de l'indemnité de licenciement correspondant à la partie de l'ancienneté acquise avant le mariage, constituant également un bien propre et rejeté la demande de récompense présentée par le mari au nom de la communauté à l'encontre de l'épouse, au titre de pensions alimentaires dues par l'ex-mari de celle-ci pour l'entretien et l'éducation de leurs deux enfants qu'elle n'avait pas perçues ; [...]

Mais sur le deuxième moyen du pourvoi principal :

Vu les articles 1401 et 1404, alinéa 1er, du Code civil ;

Attendu qu'il résulte de ces textes que les indemnités allouées à un époux entrent en communauté, à l'exception de celles qui sont exclusivement attachées à la personne du créancier ;

Attendu que, pour décider que l'"indemnité transactionnelle à caractère de dommages-intérêts" d'un montant de 93 000 francs perçue par M. Y... à la suite de son licenciement prononcé le 11 juillet 1991, en exécution d'un "protocole d'accord" du 23 août 1991, en sus de l'indemnité conventionnelle de licenciement et de l'indemnité compensatrice de congés payés, constituait un bien propre et que, versée sur un compte joint ouvert au nom des deux époux, elle ouvrait droit à récompense, l'arrêt retient qu'il résulte de l'attestation établie le 20 mai 2004 par le mandataire de l'employeur ayant négocié le "protocole" que l'objet de cet accord était de réparer le préjudice tant professionnel que personnel de M. Y... et d'une attestation établie le 9 mai 2008 par le responsable des ressources humaines de l'entreprise que l'indemnité litigieuse, à la différence de l'indemnité de congédiement, réparait un préjudice moral et personnel ;

Qu'en statuant ainsi, alors que cette indemnité, versée au salarié en sus de l'indemnité de licenciement et de l'indemnité compensatrice de congés payés, avait pour objet de réparer le préjudice résultant de la perte de son emploi, et non un dommage affectant uniquement sa personne, la cour d'appel a violé les textes susvisés ;

Et sur le troisième moyen de ce pourvoi :

Vu les articles 1401 et 1404, alinéa 1er, du Code civil ;

Attendu que, pour décider que la communauté était redevable d'une récompense envers M. Y... au titre d'une partie de l'indemnité de licenciement perçue par ce dernier à la suite de son licenciement prononcé pendant le mariage, l'arrêt retient que cette indemnité a été calculée, pour partie, en fonction de l'ancienneté acquise par le salarié avant son mariage, que, dès lors, même versée pendant la vie commune, cette indemnité est propre à proportion de l'ancienneté acquise avant le mariage et qu'elle a été versée sur un compte joint ouvert au nom des deux époux ;

Qu'en statuant ainsi, alors que la créance d'indemnité de licenciement ayant pour objet de réparer le préjudice résultant pour le mari de la perte de son emploi, née le jour de la notification de la rupture du contrat de travail, était entrée en totalité en communauté, peu important ses modalités de calcul, la cour d'appel a violé les textes susvisés ;

PAR CES MOTIFS :

CASSE ET ANNULE... »

Biblio

– J. Antippas, « La notion d'économie en droit des régimes matrimoniaux », *RRJ* 2009-3, p. 1275.

– A. Cermolacce, « L'introuvable acquêt », *JCP* N 2009. 1186.

– R. Cibille, « L'assurance vie dans la dissolution de la communauté », *AJ fam.* 2009. 394.

– G. Champenois, Rapport de synthèse sur « La communauté de biens entre époux – Bilan critique », *JCP* N 2009. 1193.

– J.-B. Dassy et M.-G. Migeon-Cros, « La déclaration d'origine des deniers pour les époux communs en biens, un outil de fusion patrimoniale », *Defrénois* 2010. 39061. 269.

– J. Derruppé, « L'altération du régime de communauté avec l'extension des propres par nature », in *Mélanges A. Colomer*, Litec, 1993, p. 161.

– Th. Douville, « Autorisations administratives et droit des régimes matrimoniaux », *JCP* N 2009, 1134.

– G. Hublot et H. Lécuyer, « La liquidation des stock-options en cas de divorce », *JCP* N 2009, 1002.

– J.-G. Mahinga, « Le sort des droits sociaux non négociables en régime de communauté », *JCP* N 2007. 1158.

– G. Morin, « Qui de la communauté ou des époux doit supporter les charges usufructuaires des biens propres ? », in *Mélanges A. Colomer,* Litec, 1993, p. 259.

– G. Paisant, « Peut-on abandonner la distinction du titre et de la finance en régime de communauté ? (Contribution à l'étude des propres par nature) », *JCP* N 1984. I. 19.

– Ph. Simler, « Faut-il parler de résurgence de l'usufruit de la communauté sur les biens propres des époux », in *Mélanges D. Huet-Weiller,* LGDJ, 1994, p. 427.

– B. Vareille, « Communauté et opérations en cours non dénouées », *JCP* N 2009. 1187.

Quiz

1) Sujets corrigés

A) Test de connaissances

Énoncé

1. Le fonds de commerce créé pendant le mariage correspond, en principe, à un :

a. bien commun ;

b. bien mixte ;

c. bien propre.

2. Les biens dont un époux est gratifié, pendant le régime, constituent des :

a. biens communs sauf clause contraire de la libéralité ;

b. biens propres sauf clause d'entrée en communauté stipulée dans la libéralité.

3. Les gains et salaires d'un époux sont des :

a. biens propres de cet époux ;

b. biens communs s'ils sont versés pendant le régime ;

c. biens communs s'ils rémunèrent un travail effectué pendant le régime.

4. Les gains et salaires versés sur un compte-titres, pendant le régime, sont des :

a. acquêts de communauté ;

b. gains et salaires conservant leur régime spécifique (C. civ., art. 223).

5. Les gains et salaires versés sur un plan d'épargne logement sont des :

a. acquêts de communauté ;

b. gains et salaires économisés conservant leur régime spécifique (C. civ., art. 223).

6. Les fruits et revenus des biens propres sont des :

a. biens propres ;

b. biens propres jusqu'à ce qu'ils soient investis ou économisés ;

c. biens communs dès leur perception ;

d. biens communs dès qu'ils existent à l'état de créance, avant même leur perception.

7. L'assurance vie souscrite par un époux au profit de son conjoint est un :

a. bien commun ;

b. bien propre ;

c. bien propre à charge de récompense si les primes sont payées par la communauté ;

d. bien propre à charge de récompense si les primes payées par la communauté sont manifestement excessives au regard des facultés du souscripteur ;

e. bien mixte.

8. L'assurance vie souscrite par un époux à son profit et en cas de décès au profit de son conjoint, non dénouée à la dissolution du régime, est :

a. un acquêt de communauté ;

b. commune pour sa valeur de rachat ;

c. un bien propre au souscripteur.

9. L'assurance vie souscrite par un époux à son profit dont le capital est versé pendant le régime est un :

a. bien propre à charge de récompense si les primes sont versées par la communauté ;

b. bien propre à charge de récompense si les primes payées par la communauté sont manifestement excessives au regard des facultés du souscripteur ;

c. bien commun.

10. L'indemnité de l'assurance contractée afin de garantir le remboursement d'un emprunt souscrit par un époux est un :

a. bien commun ;

b. bien propre par nature.

11. La rente viagère versée à un époux est un :

a. bien commun ;

b. bien propre ;

c. bien propre à charge de récompense si la rente est constituée à partir d'un capital commun, par un époux à son profit.

12. Les stock-options souscrites par un époux pendant le mariage sont :

a. des gains et salaires ;

b. des biens propres ;

c. des biens communs ;

d. communes en valeur à hauteur de la plus-value ;

e. communes en valeur à hauteur de la plus-value si l'option a été levée ;

f. communes en valeur à hauteur de la plus-value si l'option a été levée, le conjoint du bénéficiaire ayant le pouvoir de contraindre ce dernier à lever l'option.

13. Les droits sociaux non négociables acquis par un époux pendant le régime sont des :

a. biens propres, la qualité d'associé étant également personnelle ;

b. biens communs, la qualité d'associé étant également commune ;

c. biens communs, la qualité d'associé étant personnelle ;

d. biens communs pour leur valeur seulement, la qualité d'associé étant personnelle.

14. La plus-value apportée par un époux à un bien propre, forme un :

a. acquêt de communauté car elle est le fruit de l'industrie personnelle d'un époux (C. civ., art. 1401) ;

b. bien propre par accessoire (C. civ., art. 1406).

15. Un bien acquis par un époux pendant le régime pour les besoins de l'exploitation économique d'un bien propre est un :

a. acquêt de communauté ;

b. bien propre par accession.

16. Un bien acquis en échange d'un bien propre est un :

a. acquêt de communauté ;

b. bien propre à charge de récompense si une soulte a été versée par la communauté ;

c. bien commun à charge de récompense si la soulte versée par la communauté est supérieure à la valeur du bien cédé.

17. L'emploi ou le remploi des propres :

a. peut être implicite ;

b. doit être expresse.

18. Le remploi *a posteriori* est :

a. opposable aux tiers ;

b. inopposable aux tiers.

19. Le remploi par anticipation suppose qu'un bien propre ait été cédé dans un délai de :

a. cinq ans à compter de la date de l'acte ;

b. cinq ans à compter de la dissolution du régime ;

c. avant la dissolution de la communauté.

Voir le corrigé en fin de rubrique.

B) Cas pratique

Énoncé

Oscar Appatte et Olga Lopade se sont mariés, sans établir de contrat de mariage, à la mairie de Créteil, le 25 mars 1995. Ancien étudiant en droit de l'université Paris-Est Créteil, Gérard est avocat spécialisé en droit public. Il est associé, depuis 1998, avec son frère aîné, dans la Société civile professionnelle « Appatte et associés ». Olga a repris, en 2000, un cabinet médical à Créteil, dont elle a fait l'acquisition auprès d'un confrère partant à la retraite. Depuis cette date, le couple vit, avec ses trois enfants, Thomas, Antoine et Lucie, dans un appartement situé dans le 12e arrondissement de Paris. Cet appartement a été acquis, pour un prix de 1 000 000 €, financé pour partie à l'aide des fonds provenant de la vente d'un studio dont Oscar avait hérité de son oncle en 1998 et, pour une autre partie, à l'aide d'un prêt qu'il a contracté auprès de la Banque Bigot-Préameneu. L'acte d'achat de l'appartement, signé le 12 juin 2000, stipule que le prix en a été payé, à hauteur de la moitié, avec des deniers provenant de la vente du studio d'Oscar. Par ailleurs, le remboursement du prêt souscrit pour le paiement du solde du prix de l'appartement, est garanti par une hypothèque consentie par Oscar sur la résidence secondaire du couple, un chalet situé en Savoie où la famille passe régulièrement ses vacances. Le chalet a été acquis par Olga, en 1999, à la suite d'un échange contre une ferme savoyarde dont elle avait fait l'acquisition en janvier 1995. La ferme valait, lors de l'échange, 150 000 € et le chalet 350 000 €. La soulte a été prélevée sur les économies réalisées à partir des revenus du couple. Qualifiez les biens du ménage.

Voir le corrigé en fin de rubrique.

2) Corrigés

Test de connaissances

1. a ; 2. b ; 3. c ; 4. a ; 5. a ; 6. c ; 7. d ; 8. b ; 9. a ; 10. a ; 11. b et c ; 12. e ; 13. d ; 14. b ; 15. b ; 16. b et c ; 17. b ; 18. b ; 19. a.

Cas pratique

I. Le cabinet médical d'Olga

Selon l'article 1401 du Code civil : « La communauté se compose activement des acquêts faits par les époux ensemble ou séparément durant le mariage, et provenant tant de leur industrie personnelle que des économies faites sur les fruits et revenus de leurs biens propres ». Cette disposition reçoit néanmoins un double tempérament. D'une part, l'article 1404, alinéa 2 du Code civil énonce que « Forment [...] des propres par leur nature, mais sauf récompense s'il y a lieu, les instruments de travail nécessaires à la profession d'un époux, à moins qu'ils ne soient l'accessoire du fonds de commerce ou d'une exploitation faisant partie de la communauté ». D'autre part, la jurisprudence applique la qualification de biens mixtes, aux fonds d'exercice libéral. La jurisprudence a dégagé la notion de *bien mixte*♀, dès avant la loi du 13 juillet 1965. Cette notion repose sur la distinction du titre et de la finance. Celle-ci conduit à exclure de la communauté les biens qui sont unis à la personne d'un époux. Mais, contrairement aux biens propres par nature, l'exclusion de la communauté est ici restreinte au seul titre, c'est-à-dire à la fonction attachée au bien. En revanche, la finance, c'est-à-dire la valeur patrimoniale du bien, intègre la communauté. On est en présence de biens mixtes : les prérogatives personnelles qui découlent de ces biens sont propres mais leur valeur est commune. À la suite de la consécration de la notion de « bien propre par nature » par la loi de 1965, la jurisprudence a maintenu la distinction du titre et de la finance, notamment aux offices ministériels et aux professions dont l'exercice est soumis à une autorisation personnelle, telle qu'une concession de conchyliculture (Civ. 1re, 8 déc. 1987, *Bull. civ.* I, n° 333 ; *D.* 1989. Jur. 61, note Ph. Malaurie ; *JCP* 1989. II. 21336, note Ph. Simler ; *Defrénois* 1988. 34229, obs. G. Champenois ; Civ. 1re, 14 mars 2006, *D.* 2006. 1329) ou une licence de taxi (Civ. 1re, 16 avr. 2008, *D.* 2008. 1347 et 2264, note Th. Douville ; *RTD civ.* 2009. 352, obs. B Vareille ; *JCP* 2008. I. 144, n° 10, obs. Ph. Simler). Elle l'applique pareillement aux clientèles civiles aujourd'hui qualifiées, depuis que leur cessibilité a été consacrée par la Cour de cassation, de fonds d'exercice libéral (Civ. 1re, 12 janv. 1994, *Bull. civ.* I, n° 10 ; *D.* 1994. Jur. 311, note R. Cabrillac ; *Defrénois* 1994. 35761, note L. Aynès ; Civ. 1re, 2 mai 2001, *Bull. civ.* I, n° 110 ; *JCP* 2002. II. 10062, note O. Barret ; *JCP* 2002. I. 103, n° 11, obs. Ph Simler ; *D.* 2002. 759, note W. Dross).

En l'espèce, le cabinet médical a été acquis à titre onéreux par Olga, en 2000, c'est-à-dire après la célébration du mariage le 25 mars 1995. Les époux étant mariés sans contrat de mariage, ils sont soumis au régime légal de la communauté réduite aux acquêts. La distinction du titre et de la finance, ici applicable, conduit, suivant la jurisprudence de la Cour de cassation, a qualifié le cabinet médical d'Olga de bien mixte.

II. L'appartement du 12e arrondissement de Paris

Selon l'article 1401 du Code civil : « La communauté se compose activement des acquêts faits par les époux ensemble ou séparément durant le mariage, et provenant tant de leur industrie personnelle que des économies faites sur les fruits et revenus de leurs biens propres ». En l'espèce, l'appartement a été acquis, pour moitié, à l'aide de la vente d'un studio dont Oscar a hérité de son oncle après la célébration du mariage. L'article 1405, alinéa 1er du Code civil dispose que « Restent propres les biens » que les époux « acquièrent, pendant le mariage, par succession, donation ou legs ». L'acquisition de l'appartement a été ainsi financée, à hauteur de la moitié de son prix, à l'aide d'une somme provenant de la vente d'un bien propre.

L'article 1434 du Code civil prévoit que « l'emploi ou le remploi est censé fait à l'égard d'un époux, toutes les fois que, lors d'une acquisition, il a déclaré qu'elle était faite de deniers propres ou provenus de l'aliénation d'un bien propre, et pour lui tenir lieu d'emploi ou de remploi. À défaut de cette déclaration dans l'acte, l'emploi ou le remploi n'a lieu que par l'accord des époux, et il ne produit ses effets que dans leurs rapports réciproques ». *L'emploi ou le remploi des propres*Q implique ainsi qu'il soit procédé à une déclaration dans l'acte d'acquisition. Cette déclaration de remploi comporte deux éléments. Elle porte, d'abord, sur l'origine des fonds. L'époux doit indiquer dans l'acte si l'acquisition est faite avec des deniers propres ou provenant de la vente d'un bien propre. La déclaration de remploi traduit, ensuite, l'intention de l'époux d'investir des fonds propres dans l'acquisition d'un bien propre qui leur tient lieu d'emploi ou de remploi. Cette déclaration doit s'ajouter à la première, l'indication de l'origine des deniers étant à elle seule insuffisante (CA Fort de France, 28 mai 1999, *JCP* 2000. I. 245, n° 13, obs. Ph. Simler). Mais la double déclaration de l'article 1434 n'implique le respect d'aucune formule sacramentelle (Civ. 1re, 12 juin 1979, *Bull. civ.* I, n° 170 ; *Defrénois* 1980. 32267. 602, obs. G Champenois). Il suffit que la volonté de l'auteur du remploi soit exprimée de manière suffisamment claire. L'article 1434 du Code civil précise la sanction de la déclaration d'emploi. À défaut de déclaration dans l'acte d'acquisition, l'époux ne peut pas établir qu'il a utilisé des fonds propres avec l'intention implicite d'en opérer le remploi. La double déclaration prévue par le texte représente ainsi une véritable condition de validité du remploi. Il s'agit d'une règle de fond et non pas seulement d'une règle de preuve de celui-ci (Civ. 1re, 25 févr. 2009, *AJ fam.* 2009. 178, obs. P. Hilt ; *Dr. fam.* 2009. Comm. 45, note B. Beignier ; Civ. 1re, 20 sept. 2006, *RJPF* 2006-12/30, obs. F. Vauvillé ; *RTD civ.* 2007. 621, obs. B. Vareille ; *JCP* 2007. II. 10005, note J.-G. Mahinga ; v. antér. dans le même sens, Civ. 1re, 5 févr. 1985, *Bull. civ.* I, n° 54 ; *Defrénois* 1985. 33560. 859, obs. G. Champenois ; Civ. 1re, 5 mars 1991, *Bull. civ.* I, n° 80 ; *D.* 1994. Jur. 565, note R. Le Guidec ; *RTD civ.* 1992. 439, obs. F. Lucet et B. Vareille ; *Defrénois* 1992. 35220. 400, obs. G. Champenois). L'article 1434 adoucit, toutefois, la rigueur de cette solution en admettant le remploi *a posteriori*. Le texte prévoit qu'à défaut de déclaration dans l'acte d'acquisition, « l'emploi ou le remploi n'a lieu que par l'accord des époux, et il ne produit ses effets que dans leurs rapports réciproques ».

L'emploi ou le remploi implique, par ailleurs, que le financement de l'opération provienne majoritairement de fonds propres. Aux termes de l'article 1436, « Quand le prix et les frais de l'acquisition excèdent la somme dont il a été fait emploi ou remploi, la communauté a droit à récompense pour l'excédent. Si, toutefois, la contribution de la communauté est supérieure à celle de l'époux acquéreur, le bien acquis tombe en communauté, sauf récompense due à l'époux ». Le bien intègre ainsi la masse commune toutes les fois que la contribution de la communauté au paiement du prix, et les frais exposés par elle, sont supérieurs au montant des fonds propres investis (Civ. 1re, 15 juin 1994, *Bull. civ.* I, n° 210 ; *D.* 1995. Somm. 40, obs. M. Grimaldi ; *JCP* 1995. I. 3821, n° 14, obs. Ph. Simler ; *RTD civ.* 1995. 422, obs. B. Vareille ; *Defrénois* 1995. 36040, obs. G. Champenois ; Civ. 1re, 5 mars 2008, *Bull. civ.* I, n° 66 ; *D.* 2008. 851 et 2245, note J. Revel ; *JCP* 2008. I. 144, n° 13, obs. Ph. Simler ; *AJ fam.* 2008. 216, obs. P. Hilt). L'article 1436 est un texte impératif, dont les époux ne peuvent pas s'affranchir (Civ. 1re, 19 mai 1998, *Bull. civ.* I, n° 75 ; *JCP* 1998. I. 183, n° 2, obs. Ph. Simler ; *JCP* 1999. II. 10127, note J. Mahinga ; *Defrénois* 1998. 36903, obs. G. Champenois ; *RTD civ.* 1999. 458, obs. B. Vareille). Ces derniers ne peuvent pas convenir que le bien acquis sera propre et commun *pro parte*. La solution découle du principe de l'immutabilité du régime matrimonial qui interdit aux époux de s'émanciper des règles de répartition des *biens propres* et des biens communs, pendant la durée du régime (sous réserve des conventions liquidatives passées en cours de l'instance en divorce, v. ss 517 et s.).

En l'espèce, l'acte d'achat de l'appartement du 12ème arrondissement de Paris ne réunit les conditions du remploi. En effet, la condition tirée de la double déclaration de l'article 1434 n'est pas remplie. Celle du financement majoritaire de l'acquisition à l'aide de deniers propres ne l'est pas davantage. Sur ce dernier point, les frais d'acte, qui viennent s'ajouter à la contribution de la communauté au paiement du prix, sont réputés avoir été payés à l'aide de deniers communs, conformément à la présomption de communauté (C. civ., art. 1402).

III. Le chalet savoyard

Le chalet a été acquis par Olga en 1999, c'est-à-dire après la célébration du mariage. Selon l'article 1401 du Code civil : « La communauté se compose activement des acquêts faits par les époux ensemble ou séparément durant le mariage, et provenant tant de leur industrie personnelle que des économies faites sur les fruits et revenus de leurs biens propres ». Ce chalet a été acquis par voie d'échange avec une ferme savoyarde dont Olga avait fait l'acquisition avant la célébration du mariage. L'article 1405, alinéa 1er précise que « Restent propres les biens dont les époux avaient la propriété ou la possession au jour de la célébration du mariage ». La ferme savoyarde constituait donc un bien propre d'Olga. L'article 1407 met en œuvre le mécanisme de la subrogation réelle de plein droit au profit du patrimoine propre d'un époux. D'après ce texte, le bien acquis en échange d'un bien propre est lui-même propre. Si le bien cédé est d'une valeur inférieure au bien acquis et si la soulte est payée à l'aide de deniers communs, l'époux acquéreur est débiteur d'une récompense envers la communauté à la liquidation du régime (C. civ., art. 1407, al. 1er). L'alinéa 2 de l'article 1407 décide que si la soulte mise à la charge de la communauté est supérieure à la valeur du bien cédé, le bien acquis tombe dans la masse commune. La nature propre ou commune du bien acquis dépend ainsi de l'importance de la soulte, par rapport à la valeur du bien cédé, mise à la charge de la communauté, à laquelle on ajoute les divers frais exposés par elle au moment de l'échange (arg. C. civ., art. 1436 ; en ce sens, Civ. 1re, 8 juill. 2010, n° 09-13155, *JCP* 2010. 1220, n° 12, obs. Ph. Simler). L'article 1407, alinéa 2 reconnaît à l'époux cédant une créance de récompense à l'encontre de la communauté, lors de la liquidation.

En l'espèce, la soulte d'un montant de 200 000 euros a été payée à l'aide des revenus du couple. Or, ces derniers, qu'il s'agisse des gains et salaires de chaque époux (Civ. 1re, 8 févr. 1978, *Bull. civ.* I, n° 53 ; *RTD civ.* 1979. 592, obs. R. Nerson et J. Rubellin-Devichi ; Civ. 1re, 31 mars 1992, *Bull. civ.* I, n° 95 ; *Defrénois* 1992. 1159, obs. G. Champenois ; *RTD civ.* 1992. 632, obs. F. Lucet et B. Vareille ; *JCP* 1992. I. 3614, n° 6, obs. Ph. Simler) ou des fruits et revenus de leurs biens propres (Civ. 1re, 31 mars 1992, *Defrénois* 1992. 35348, obs. G. Champenois ; *RTD civ.* 1993. 401, obs. F. Lucet et B. Vareille ; *JCP* 1993. II. 22003 et *JCP N* 1993. 333, note J.-F. Pillebout. *Adde*, Civ. 1re, 24 oct. 2000, *RTD civ.* 2001. 650, obs. B. Vareille ; Civ. 1re, 4 janv. 1995, *Bull. civ.* I, n° 4 ; *Defrénois* 1995. 36358, obs. G. Champenois ; *JCP* 1995. I. 3869, n° 7, obs. Ph. Simler ; Civ. 1re, 20 févr. 2007, *Bull. civ.* I, n° 67 ; *D.* 2007. 1578, note M. Nicod ; *AJ fam.* 2007. 230, obs. P. Hilt ; *RTD civ.* 2007. 618, obs. B. Vareille ; *JCP* 2007. I. 208, n° 11, obs. Ph. Simler ; *Dr. fam.* 2007, n° 88, obs. B. Beignier ; *Defrénois* 2008. 38719. 307, obs. G. Champenois ; Civ. 1re, 14 nov. 2007, *Bull. civ.* I, n° 351 ; *D.* 2007. 3013. *AJ fam.* 2008. 39, obs. P. Hilt ; *RTD civ.* 2008. 143, obs. B. Vareille ; *JCP* 2008. I. 144, obs. A. Tisserand-Martin ; Civ. 1re, 15 mai 2008, *AJ fam.* 2008. 352, obs. P. Hilt ; Civ. 1re, 3 févr. 2010, n° 08-21054, *JCP* 2010. 487, n° 10, obs. Ph. Simler ; *JCP N* 2010. 1172, obs. V. Barabé-Bouchard, et 1194, note L. Mauger-Vielpeau ; *Dr. fam.* 2010. Comm. 43, obs. B. Beignier ; *RTD civ.* 2010. 611, obs. B. Vareille), s'analysent comme des biens communs. La soulte payée par la communauté est supérieure à la valeur de la ferme cédée, laquelle valait 150 000 euros à la date de l'échange. Le chalet correspond, en application des dispositions de l'article 1407, alinéa 2, à un bien commun à charge de récompense au profit d'Olga.

chapitre 7

Le fonctionnement du régime légal : les pouvoirs des époux

Plan analytique

section 1

Les pouvoirs des époux sur les biens communs

§ 1 La détermination des pouvoirs

- **A.** Le principe de la gestion concurrente
- **B.** La gestion exclusive
- **C.** La cogestion (ou gestion conjointe)

§ 2 La sanction des pouvoirs et les remèdes à la défaillance d'un époux

- **A.** La nullité des dépassements de pouvoirs (C. civ., art. 1427)
- **B.** Le retrait et le transfert de pouvoirs (C. civ., art. 1426)

section 2

Les pouvoirs des époux sur les biens propres

§ 1 Le principe d'exclusivité

§ 2 Les limites au principe

- **A.** Le mandat entre époux
- **B.** Le retrait de pouvoirs (C. civ., art. 1429)

7

Le fonctionnement du régime légal : les pouvoirs des époux

Il convient de distinguer les pouvoirs des époux sur les biens communs (section 1) et les pouvoirs de chaque époux sur ses biens propres (section 2). 370

section 1

Les pouvoirs des époux sur les biens communs

On déterminera d'abord les pouvoirs des époux (§ 1) puis la sanction des règles de pouvoirs et les remèdes à la défaillance d'un époux (§ 2). 371

§ 1 La détermination des pouvoirs

Sous l'empire de la loi du 13 juillet 1965, le mari avait le monopole de gestion de la communauté. La femme disposait seulement de la gestion de ses biens propres et de ses biens réservés. Le législateur soumettait, toutefois, à la cogestion les actes les plus graves, franchissant ainsi un premier pas vers l'égalité conjugale dans la gestion de la communauté. La loi du 23 décembre 1985 a parachevé l'égalité des époux. Le nouvel article 1421 affirme le principe de la *gestion concurrente* (A) en l'assortissant d'un double tempérament. Le texte assujettit certains biens communs à la *gestion exclusive*[Q] (B) et d'autres à la *cogestion*[Q] (C). 372

A. Le principe de la gestion concurrente

Le principe de la *gestion concurrente*[Q] s'évince des dispositions de l'article 1421, alinéa 1er. Le texte affirme que « Chacun des époux a le pouvoir d'administrer seul les biens communs et d'en disposer, sauf à répondre des fautes qu'il aurait commises dans sa gestion. Les actes accomplis sans fraude par un conjoint sont opposables à l'autre ». La gestion concurrente est limitée aux actes à titre onéreux accomplis sans fraude (1). Des dispositions spécifiques régissent le legs de biens communs (2). 373

1. *Les actes à titre onéreux accomplis sans fraude*

Le principe de la gestion concurrente signifie que chacun des époux a le pouvoir d'agir seul sur les biens communs, sans avoir à obtenir le concours ni le consentement de son conjoint. Le principe réalise l'égalité des époux dans la gestion de la 374 communauté. Chaque époux se voit reconnaître la qualité d'administrateur de cette dernière.

Le terrain d'élection du principe de la gestion concurrente correspond aux actes à titre onéreux (a), sous réserve qu'ils soient accomplis sans fraude (b).

a. Les actes à titre onéreux

375 Les actes à titre onéreux sont couverts par la gestion concurrente, à moins qu'ils soient l'objet de textes dérogatoires (C. civ., art. 1421, al. 2 ; art. 1424 et 1425 ; v. ss 394 et s. ; C. civ., art. 215, al. 3 et 223 ; v. ss 148 et s. et 93 et s.).

Chaque conjoint peut ainsi accomplir seul les actes conservatoires relatifs aux biens communs (par exemple, interruption d'une prescription acquisitive, réalisation de travaux de conservation), ainsi que les actes d'administration, tels que la conclusion d'un bail (à l'exception des baux relatifs au logement de la famille et de ceux visés par l'article 1425 – v. ss 157 et v. ss 415) et percevoir les capitaux communs (en ce sens, v. pour le remboursement à la femme d'un prêt consenti par le mari, Civ. 1re, 31 janv. 2006, *Bull. civ.* I, n° 38 ; *D.* 2006. IR. 465 ; *JCP* 2006. I. 141, n° 16, obs. Ph. Simler ; *Defrénois* 2006. 38469. 1612, obs. G. Champenois), à l'exception de ceux provenant des actes visés par l'article 1424 (v. ss 405 et s.). De même chaque époux peut donner seul en location-gérance un fonds de commerce commun (v. Civ. 1re, 16 mai 2000, *Dr. fam.* 2000, n° 114, note B. Beignier), sous réserve de la *gestion exclusive*Q d'un conjoint en cas de profession séparée (v. ss 389 et s.). Chaque époux ayant le pouvoir de gérer seul un lot de copropriété dépendant de la communauté, la convocation à l'assemblée générale des copropriétaires doit être notifiée aux deux époux, à peine de nullité de cette assemblée (Civ. 3e, 23 mai 2007, *D.* 2007. 1595 et 2184, obs. P. Capoulade et C. Attias ; *RTD civ.* 2008. 535, obs. B. Vareille ; *JCP* 2007. I. 208, n° 14, obs. Ph. Simler ; *JCP* 2007. Act. 260, obs. P. Hilt ; *JCP* N 2007. 1213, note V. Brémond ; *Defrénois* 2008. 38719. 313, obs. G. Champenois). Mais le principe de la gestion concurrente permet à chaque époux d'agir, sans le concours de son conjoint, en annulation d'une assemblée générale (Civ. 1re, 4 juill. 2007, n° 06-16702, *RTD civ.* 2008. 535, obs. B Vareille).

376 Les actes de disposition relèvent pareillement de la gestion concurrente, à la condition de porter sur des meubles (sur les immeubles, v. ss 407). En matière mobilière, la *gestion concurrente*Q est d'ailleurs renforcée par le régime primaire (v. C. civ., art. 222 – v. ss 108 et s.).

377 Enfin, chaque époux peut exercer seul, en demande ou en défense, les actions en justice relative aux biens communs (Civ. 1re, 19 mars 1991, arrêt *Christ*, *Bull. civ.* I, n° 91 ; *Defrénois* 1992. 850, obs. G. Champenois ; *RTD civ.* 1992. 443, obs. F. Lucet et B. Vareille : action en nullité d'une vente d'immeuble ; Civ. 1re, 4 juill. 2007, *préc.*, v. ss 375 : action en nullité d'une assemblée générale de copropriété). La décision de justice rendue en faveur ou à l'encontre d'un époux est revêtue de l'autorité de la chose jugée à l'égard de son conjoint (Civ. 2e, 21 janv. 2010, *RJPF* 2010-4. 20, note F. Vauvillé ; Civ. 2e, 2 déc. 2010, n° 09-68094, *D.* 2010. 636, obs. J.-M. Sommer et L. Leroy-Gissinger ; *JCP* 2011. 503, n° 10, obs. Ph. Simler) et, cela, alors même qu'elle serait rendue à l'encontre d'un époux en liquidation judiciaire, lequel est pourtant seul représenté par le liquidateur (v. Com. 28 avr. 2009, *Bull. civ.* I, n° 58 ; *D.* 2009. 2143, note J. Souhami ; *AJ fam.* 2009. 265, obs. P. Hilt ; *JCP* 2009, n° 44, 391, n° 16, obs. crit. Ph. Simler ; *RJPF* 2009-7. 18, note F. Vauvillé). Incarnant la traduction procédurale de la règle de l'opposabilité au conjoint des actes faits sans fraude par son époux, ce principe connaît une limite importante, toutes les fois que l'action en justice tend à priver les époux d'un bien commun. Il en est ainsi, par exemple, de l'action visant à obtenir la démolition d'un immeuble commun (Civ. 2e, 8 avr. 2004, *Bull. civ.* II, n° 187 ; *D.* 2004. Somm. 2258, obs. M. Nicod) ou l'expulsion des époux d'un tel immeuble à la suite d'une procédure d'adjudication (Civ. 2e, 21 sept. 2000, *Bull. civ.* II, n° 132 ; *D.* 2001. Somm. 2934, obs. M. Nicod). La décision rendue n'a autorité de la chose jugée à l'égard des deux conjoints que si l'action en justice est dirigée à l'encontre des deux époux (à défaut, l'autre époux peut faire tierce opposition : Civ. 2e, 21 sept. 2000, *préc.*) car on pénètre, alors, dans le domaine de la cogestion (v. ss 394 à 419). L'article 2195 du Code civil, modifié par l'ordonnance n° 2006-461 du 21 avril 2006 portant réforme de la saisie immobilière, précise, par ailleurs, que la saisie des immeubles communs doit être poursuivie contre les deux époux (v., antérieurement à l'entrée en vigueur du texte, soit le 1er janvier 2007, Civ. 2e, 22 févr. 2007, *Bull. civ.* II, n° 50 ; *AJ fam.* 2007. 228, obs. P. Hilt ; *JCP* 2007. I. 208, n° 15, obs. Ph. Simler ; *RTD civ.* 2008. 534, obs. B. Vareille, décidant que le commandement de payer et la sommation d'assister à l'audience éventuelle peuvent être valablement adressés à un seul époux en vertu de la règle de la gestion concurrente).

La Cour de cassation assortit la règle de la gestion concurrente d'une précision et d'une limite. Elle précise, d'abord, que l'emploi que chaque époux fait des deniers communs est présumé avoir été fait dans *l'intérêt de la communauté*. Mais elle assortit, ensuite, cette présomption d'une limite. L'époux qui a employé les fonds est tenu, lors de la liquidation du régime matrimonial, d'informer son conjoint de l'affectation des sommes importantes prélevées sur la communauté qu'il soutient avoir employées dans l'intérêt commun (Civ. 1re, 16 mars 1999, *Bull. civ.* I, n° 89 ; *Defrénois* 1999. 811, obs. G. Champenois ; *Dr. fam.* 1999. Comm. 82, note B. Beignier ; *RTD civ.* 2001. 189, obs. B. Vareille ; Civ. 1re, 23 avr. 2003, *D.* 2003. 2597, note V. Brémond ; *JCP N* 2004. 1415, obs. J. Casey ; Civ. 1re, 14 février 2006, *Bull. civ.* I, n° 66 ; *BICC* 2006/40, n° 952 ; *JCP* 2006. I. 141, n° 18, obs. Ph. Simler). L'époux est ainsi tenu d'une *obligation d'information* de son conjoint si ce dernier en fait la demande. Cette précision de la jurisprudence rejoint la restriction prévue par le législateur concernant les actes frauduleux. 378

b. Les actes non frauduleux

L'article 1421, alinéa 1er précise que « Les actes accomplis sans fraude par un conjoint sont opposables à l'autre ». La formule du texte signifie que les actes effectués par un conjoint ne confèrent la qualité de contractant qu'à ce dernier. Seul l'époux agissant est partie à l'acte, à l'exclusion de son conjoint (Civ. 2e, 13 déc. 1989, *Bull. civ.* II, n° 222 ; *Defrénois* 1990. 874, obs. G. Champenois ; *RTD civ.* 1992. 444, obs. F. Lucet ; et B. Vareille). Il s'ensuit, par exemple, qu'un conjoint n'a pas qualité pour demander le remboursement du compte courant d'associé dont son époux est seul titulaire, même si la somme provenant d'un tel remboursement s'analyse comme un actif de la communauté (Civ. 1re, 9 févr. 2011, n° 09-68659, *Defrénois* 2011. 40004, obs. G. Champenois ; *D.* 2011. 2626, obs. J. Revel, ; *JCP* 2011. 1371, n° 7, obs. Ph. Simler ; *JCP N* 2011. 1191, note J.-P. Garçon ; *Dr. sociétés* 2011. Comm. 64, obs. M.-L. Coquelet). Les actes effectués par l'un sont seulement opposables à l'autre, sous réserve de la fraude. 379

380 La règle permet de résoudre les conflits pouvant résulter d'actes contradictoires faits par les époux. Il se peut, par exemple, que des époux séparés de fait donnent à bail le même immeuble commun à des personnes différentes. La règle de l'opposabilité des actes non frauduleux fournit alors la solution du litige. Dans les rapports entre époux, la maxime *« Prior tempore potior jure »* rend opposable à l'autre conjoint l'acte le premier en date. Dans les rapports des époux et des tiers de bonne foi la priorité est donnée, conformément au droit commun, à l'acte qui a le premier reçu date certaine (v. C. civ., art. 1328). En matière mobilière, la préférence est donnée à l'acquéreur de bonne foi qui a été mis le premier en possession réelle du bien (v. C. civ., art. 1141) et, en matière immobilière, à celui qui a accompli le premier les formalités de publicité foncière.

381 La fraude suppose la réunion d'un *élément matériel* (par exemple, vente à bas prix, dissipation de fonds communs) et d'un *élément intentionnel* consistant dans la volonté d'un époux de nuire à son conjoint, en le privant d'une fraction de la masse commune, ou, du moins, dans la connaissance du préjudice causé par l'acte à l'autre conjoint (en ce sens, v. F. Terré, Ph. Simler, *préc.*, n° 519).

382 La sanction des actes frauduleux a fait l'objet d'une vive controverse doctrinale. La question se posait de savoir si elle consistait en l'inopposabilité ou en la nullité de l'acte. L'article 1421, alinéa 1er fournissait *a priori* la réponse à cette interrogation. Le texte énonce que « Les actes accomplis sans fraude par un conjoint sont opposables à l'autre » (comp. C. civ., art. 262-2, sanctionnant par la nullité les actes frauduleux accomplis dans le cadre d'une procédure de divorce, v. ss 515). À vrai dire, la difficulté tenait à ce que l'article 1421, dans sa rédaction issue de la loi de 1965, se contentait de faire référence à la fraude sans plus de précisions. Mais, dès avant 1965, la jurisprudence avait transposé à la fraude entre époux les règles de *la fraude paulienne*Q (C. civ., art. 1167). La sanction consistait en l'inopposabilité de l'acte frauduleux et son prononcé nécessitait, pour les actes à titre onéreux, la preuve de la complicité du tiers. Pour la doctrine majoritaire, cette solution jurisprudentielle devait être maintenue sous l'empire des textes actuels. Ces auteurs restaient toutefois partagés sur le délai de prescription de l'action. Pour les uns, il devait être calqué sur le délai de droit commun (v., par exemple, F. Terré et Ph. Simler, *préc.,* n° 521) ; tandis que pour les autres, il devait se réduire à deux ans par analogie avec l'article 1427 (H.L.J. Mazeaud, *Leçons de droit civil*, t. 4, 1er vol., 5e éd. 1982 par M. de Juglart, n° 293).

383 Une autre partie de la doctrine se prononçait en faveur de la nullité des actes frauduleux. Pour ces auteurs, la fraude constitue un dépassement subjectif de pouvoirs. Or, l'article 1427 sanctionne les dépassements de pouvoirs par la nullité de l'acte (v. ss 421 et s.). Les partisans de cette thèse soumettaient, cependant, le prononcé de la nullité à la preuve de la complicité du tiers, ce que n'exige pas l'article 1427. Cette analyse avait rencontré un certain succès en jurisprudence. Certains arrêts avaient admis la nullité (Civ. 1re, 24 oct. 1977, *D.* 1978. Jur. 290, note E. Poisson-Drocourt ; Com. 28 janv. 1992, *D.* 1993. Jur. 23, note J. Pagès ; *JCP* 1993. II. 21994, note A. Tisserand ; CA Lyon 10 mars 2009, *JCP* 2010. 487, n° 17, obs. Ph. Simler, favorable à la nullité des actes frauduleux et soumettant l'action au délai de droit commun, censuré par Civ. 1re, 23 mars 2011, n° 09-66512, *LEFP* mai 2011. 6, obs. N. Peterka ; *Defrénois* 2011. 40005. 967, obs. G. Champenois ; *D.* 2011. 2628, obs. V. Brémond ; *AF fam*. 2011. 382, obs. P. Hilt ; *JCP N* 2011. 1292, note H. Hovasse ; *JCP*

2011. 1371, n° 9, obs. Ph. Simler). D'autres arrêts paraissaient au contraire implicitement favorables à l'inopposabilité, en distinguant la sanction de la fraude et celle des dépassements de pouvoirs et en conférant à la première un rôle subsidiaire par rapport à la seconde (Civ. 1re, 30 mars 1999, *Bull. civ.* I, n° 111 ; *Defrénois* 1999. 37017, obs. G. Champenois ; Civ. 1re, 4 déc. 2001, *Bull. civ.* I, n° 303 ; *JCP* 2002. II. 10059, note J. Casey ; *Dr. fam.* 2002, n° 23, obs. B. Beignier ; *D.* 2002. Somm. 2217, obs. V. Bonnet, et 2442, obs. M. Nicod ; Civ. 1re, 24 sept. 2002, *JCP* 2003. I. 158, n° 12, obs. Ph. Simler ; *RJPF* 2003-1/16, obs. F. Vauvillé). Aujourd'hui, la Cour de cassation affirme sans ambiguïté l'autonomie de la sanction de la fraude par rapport à celle des dépassements de pouvoirs. C'est ainsi que, par un arrêt de la première chambre civile du 23 mars 2011, elle s'est prononcée expressément, dans un attendu de principe, non seulement en faveur du caractère subsidiaire de la sanction des actes frauduleux mais encore de l'inopposabilité de ces actes (Civ. 1re, 23 mars 2011, préc.).

Il reste que le conjoint victime de la fraude peut préférer se tourner vers la **384**
responsabilité civile, sans réclamer l'inopposabilité de l'acte. La mise en œuvre de la responsabilité civile de l'auteur de l'acte est d'ailleurs la seule solution toutes les fois que la collusion frauduleuse du conjoint et du tiers n'est pas démontrée. Le domaine de la responsabilité civile est plus vaste que celui de la fraude. Il couvre les actes juridiques inopportuns et ceux qui sont irréguliers, comme ne respectant pas la règle de la cogestion ou de la gestion exclusive, ainsi que les actes matériels et les abstentions (par ex., dégradation ou défaut d'entretien des immeubles communs).

La faute est ici celle du droit commun. La jurisprudence exige, cependant, une faute **385**
d'une certaine gravité, en raison du caractère familial et gratuit de la gestion. L'action en responsabilité est enfermée dans un délai de cinq ans, conformément au droit commun (C. civ., art. 2224) mais la prescription est suspendue pendant le mariage (C. civ., art. 2236).

La doctrine est partagée sur le point de savoir si l'action en responsabilité peut être **386**
exercée pendant la durée du régime ou seulement à sa dissolution. Cette dernière solution emporte généralement les suffrages. L'indemnité doit profiter à la communauté qui a subi le préjudice. Aussi, est-il préférable qu'elle soit réglée sous la forme d'une récompense due à la communauté lors de la liquidation du régime. C'est la solution que retient la première chambre civile de Cour de cassation, dans un arrêt du 1er février 2012, par lequel elle précise, par voie de substitution de motifs, que « la responsabilité d'un époux en raison de ses fautes de gestion ayant causé un dommage au patrimoine commun est engagée, sur le fondement de l'article 1421 du Code civil, envers la communauté et non envers son conjoint, de sorte que les dommages-intérêts alloués en réparation du préjudice constituent une créance commune et non une créance personnelle de ce conjoint ; qu'il en résulte, qu'à les supposer fondées, les fautes de gestion alléguées par l'épouse ne pouvaient donner lieu à paiement de dommages-intérêts à son profit » (Civ. 1re, 1er févr. 2012, n° 11-17050, *D.* 2012. Actu. 436 ; *JCP* 2012. Actu. 165).

2. *Les dispositions spécifiques au legs de bien commun*

L'article 1423 du Code civil réserve un traitement particulier au legs de biens **387**
communs. Le texte ne tourne pas le dos au principe de la gestion concurrente. Chaque conjoint peut ainsi procéder, par testament, au legs d'un ou plusieurs biens

communs, sans avoir à en référer à son conjoint. La règle se justifie par le principe de la liberté testamentaire (v. C. civ., art. 968).

388 Mais le testament est une disposition à cause de mort, dont l'effet se produit au jour du décès du testateur. Lorsque ce dernier est marié sous un régime de communauté, le legs est subordonné aux résultats du partage de *l'indivision post-communautaire*[Q]. Il en résulte deux règles. L'article 1423 prévoit, tout d'abord, que « le legs fait par un époux ne peut excéder sa part dans la communauté ». Lorsque le legs porte sur une fraction de la communauté, et non sur un bien déterminé, il ne peut pas dépasser la moitié de masse commune. Le légataire reçoit alors le lot du conjoint prédécédé. Lorsque le legs porte sur un ou plusieurs biens déterminés, il s'exécute en nature si le bien est placé dans le lot du défunt et par équivalent s'il est attribué au conjoint survivant. L'indemnité versée au légataire est alors prélevée sur la part du testateur dans le partage de la communauté et sur les biens propres de ce dernier.

B. La gestion exclusive

389 La *gestion exclusive*[Q] est affirmée par l'article 1421, alinéa 2. Le texte dispose que « L'époux qui exerce une profession séparée a seul le pouvoir d'accomplir les actes d'administration et de disposition nécessaires à celle-ci ». La règle constitue un tempérament au principe de la gestion concurrente.

390 La gestion exclusive répond au souci de garantir l'indépendance professionnelle des époux. Il s'agit d'éviter qu'un époux s'immisce dans la profession de son conjoint et qu'il puisse, par exemple, donner en location-gérance le fonds de commerce commun nécessaire à la profession ou résilier le bail assurant le local professionnel de son conjoint.

391 La clef de voûte de la gestion exclusive réside dans la notion de « profession séparée ». Celle-ci est exclue toutes les fois que les époux ont la qualité de coexploitants (v. ss 104). Elle réapparaît, en revanche, lorsqu'un conjoint collabore à la profession de son époux (v. ss 104 et v. ss 106 et s.). Dans cette dernière hypothèse, la règle de la gestion exclusive est toutefois anéantie par les dispositions des articles L. 321-1 du Code rural et L. 121-6 du Code de commerce. Ces textes reconnaissent aux conjoints collaborateurs d'agriculteurs, d'artisans, de commerçants et de professions libérales une *présomption de mandat unilatéral* pour accomplir les actes d'administration concernant les besoins de l'exploitation (v. ss 104 et n° 106 et s.).

392 La gestion exclusive s'étend aux actes d'administration ou de disposition nécessaires à l'exercice de la profession d'un époux. La formule du législateur est incontestablement maladroite. Elle désigne, *a priori*, les actes à finalité professionnelle, quel que soit le bien commun concerné (par exemple, souscription d'un contrat d'assurance pour garantir un emprunt professionnel, paiement de factures). Mais, en pareil cas, la gestion exclusive n'a pas vraiment d'intérêt. Ce dernier n'apparaît véritablement que pour les actes portant sur des biens communs affectés à l'exercice de la profession (par exemple, résiliation du bail professionnel, cession d'actions). En pratique, les deux critères se rejoindront souvent. Relèvent, en tout état de cause, du domaine de la gestion exclusive les opérations de gestion courante nécessaires à l'exercice d'une activité professionnelle, telles que l'achat et la vente de matériels et de marchandises, la conclusion d'un contrat d'assurance.

Le domaine de la *gestion exclusive*^Q, comme celui de la gestion concurrente, s'arrête là où commence celui de la *cogestion*^Q. L'article 1421, alinéa 3 réserve, en effet, dans les deux cas, l'application des articles 1422 à 1425. 393

C. La cogestion (ou gestion conjointe)

Dans un souci de protection du conjoint contre les initiatives isolées de son époux, le législateur soumet certains actes graves, relatifs aux biens communs, à la cogestion. Le domaine (1) ainsi que la mise en œuvre (2) de la règle méritent d'être précisés. 394

1. *Le domaine de la cogestion*

Le domaine de la cogestion est doublement délimité. Il recouvre, d'une part, certains actes à titre gratuit (a) et, d'autre part, certains actes à titre onéreux (b). 395

a. Certains actes à titre gratuit (C. civ., art. 1422)

L'article 1422 soumet à la cogestion les donations entre vifs (1) et le *nantissement* donné en garantie de la dette d'un tiers (2). 396

1. Les donations entre vifs

L'article 1422, alinéa premier énonce que « Les époux ne peuvent l'un sans l'autre, disposer entre vifs, à titre gratuit, des biens de la communauté ». La formule recouvre les donations entre vifs. L'exigence de la cogestion s'explique, en ce domaine, par la dangerosité de l'acte, qui consiste à transférer un droit patrimonial sans contrepartie. Le législateur entend éviter qu'un conjoint puisse dépouiller le patrimoine commun, à l'insu voire contre le gré de son époux. L'article 1422 alinéa 1er conduit à soumettre à la cogestion l'ensemble des donations de biens communs, quel qu'en soit le bénéficiaire, qu'il s'agisse d'un enfant commun, d'un enfant d'un premier lit ou d'un tiers (sur l'inopposabilité en son entier de la donation de biens communs faite par les époux en fraude des droits du créancier de l'un d'eux, V. Civ. 1re, 6 févr. 2008, *Bull. civ.* I, n° 35 ; *AJ fam.* 2008. 170, obs. P Hilt ; *JCP* 2008. I. 144, n° 16, obs. Ph. Simler ; *RJPF* 2008-5. 23, obs. F. Vauvillé). 397

La cogestion s'applique à toutes les formes de donations entre vifs. Peu importe que l'on soit en présence d'une donation notariée ou d'une *donation atypique*^Q. Un certain nombre de donations échappent, toutefois, à la cogestion en raison de leur innocuité patrimoniale. Il en est ainsi des *cadeaux d'usage*^Q et, d'une manière générale, de l'ensemble des *dons modiques*^Q. La faible valeur de ces dons rend inutile la protection de l'article 1422, alinéa premier du Code civil. 398

Certains actes échappent encore à la cogestion, bien que portant sur des valeurs importantes, car ils ne revêtent pas la qualification de donation de biens communs. Il en est ainsi, au premier chef, de l'assurance vie souscrite par un époux au bénéfice d'un tiers. En vertu du mécanisme de la stipulation pour autrui (C. assur., art. L. 132-12), la créance contre l'assureur s'analyse comme un droit direct et immédiat figurant dans le patrimoine du bénéficiaire, dès la souscription du contrat d'assurance, sans transiter préalablement par le patrimoine commun. Un époux peut ainsi librement révoquer l'assurance vie souscrite au profit de son conjoint et désigner un tiers. La désignation du nouveau bénéficiaire ne s'analyse pas comme une donation 399 portant sur une créance commune, de telle sorte que l'article 1422 est inapplicable (Ass. plén. 12 déc. 1986, *JCP* 1987. II. 20760, concl. av. gén. Cabannes, note L. Boyer).

■ 400 Sont enfin exclus du domaine de la cogestion les *contrats de service gratuit*ᵠ. Cependant, dans un souci de protection, la jurisprudence qualifie parfois de donations certains actes qui se rapprochent de la catégorie des contrats de services gratuits. La Cour de cassation a ainsi décidé, par le passé, qu'un bail sans stipulation de loyers devait être soumis à l'article 1422 (Civ. 1re, 5 juill. 1988, *JCP* 1989. II. 21337, note Ph. Simler). Le maintien d'une telle solution est aujourd'hui pour le moins incertain depuis que la Haute juridiction a affirmé très fermement, par quatre arrêts rendus le 18 janvier 2012, que la soumission au régime juridique des donations entre vifs implique que la réunion des éléments constitutifs de cet acte, et notamment l'intention libérale, soit établie (Civ. 1re, 18 janv. 2012, n° 11-12863, n° 09-72542, n° 10-25685, n° 10-27325, *Dr. fam.* 2012. Comm. 50, obs. B. Beignier).

■ 401 Le législateur étend la cogestion, sans plus de précisions, aux donations portant sur « les biens de la communauté ». La généralité de ces termes doit être doublement nuancée. En premier lieu, les donations de gains et salaires échappent à la *cogestion*ᵠ de l'article 1422. Le *principe de libre disposition des gains et salaires*, affirmé par l'article 223, l'emporte sur la règle du régime légal. Un époux peut ainsi librement consentir une donation de gains et salaires à sa concubine adultère, dès lors qu'il s'est acquitté des charges du mariage (Civ. 1re, 29 févr. 1984, *GAJC*, n° 89, p. 527 ; Civ. 1re, 25 janv. 2005, *Dr. fam.* 2005, n° 95, note V. Larribau-Terneyre ; Civ. 1re, 14 nov. 2007, *AJ fam.* 2008. 86, obs. P. Hilt).

■ 402 En second lieu, les donations mobilières – et notamment les dons manuels – échappent le plus souvent à la cogestion, grâce à la *présomption mobilière* (v. ss 119). L'article 222 permet de valider la donation consentie, au profit d'un tiers de bonne foi, par un époux ayant la détention individuelle du meuble donné (CA Paris, 2 mai 2001, *JurisData* n° 144144, *JCP* 2002. I. 103, obs. G. Wiederkehr, procédant au sauvetage d'un don manuel de parts de SICAV communes, par le jeu de l'article 222).

2. Le nantissement donné en garantie de la dette d'un tiers

■ 403 L'article 1422, alinéa 2 énonce que les époux ne peuvent l'un sans l'autre affecter un bien de la communauté à la garantie de la dette d'un tiers. Issu de l'ordonnance n° 2006-346 du 23 mars 2006 relative aux sûretés, le texte soumet à la cogestion le nantissement d'un bien commun en garantie de la dette d'un tiers débiteur. Le législateur a voulu ici briser, on y reviendra, la jurisprudence de la Cour de cassation jugée insuffisamment protectrice du patrimoine de la communauté (v. ss 487).

■ 404 L'exigence de la cogestion repose, comme en matière de donations, sur la gravité et la dangerosité de l'acte. Ce dernier risque, en effet, de priver la communauté d'un de ses biens au profit d'un tiers débiteur. Cet appauvrissement se fait le plus souvent sans contrepartie. Celui qui consent le nantissement se fait rarement rémunérer. Il s'agit, de plus, d'un engagement à exécution différée dont l'époux risque de ne pas avoir conscience au moment de sa souscription.

b. Certains actes à titre onéreux (C. civ., art. 1424 et 1425)

■ 405 Dans le souci de protéger un époux contre son conjoint, les articles 1424 et 1425 soumettent à la *cogestion*ᵠ les actes à titre onéreux les plus graves portant sur certains biens communs. Ces biens font l'objet une protection spéciale en raison de la valeur qui y est généralement attachée. Ils représentent, le plus souvent, une part substantielle du patrimoine commun. Aussi, convient-il d'éviter qu'un époux puisse en priver le ménage sur sa seule décision.

Les articles 1424 et 1425 assignent un double critère au jeu de la cogestion. Ce dernier est tiré, d'une part, de la nature des biens (1) et, d'autre part, de la nature de l'acte (2). 406

1. La nature des biens

L'article 1424 soumet, d'abord, à la cogestion les immeubles. Sont visés, d'une manière certaine, les immeubles par nature. La soumission à la cogestion des immeubles par destination est en revanche controversée. 407

Le texte désigne, ensuite, les « fonds de commerce et exploitations dépendant de la communauté ». S'agissant du fonds de commerce, la cogestion atteint non seulement le fonds lui-même mais aussi les différents éléments qui le composent. La protection recherchée par le législateur serait en effet illusoire s'il était possible à un époux de céder le fonds de commerce par pièces détachées. L'article L. 121-5, alinéa 1er du Code de commerce consacre la règle dans l'hypothèse où le conjoint d'un commerçant ou d'un artisan participe à l'activité professionnelle de ce dernier en qualité de « conjoint travaillant dans l'entreprise ». La cogestion s'applique alors aux « éléments du fonds de commerce ou de l'entreprise artisanale dépendant de la communauté, qui, par leur importance ou par leur nature, sont nécessaires à l'exploitation de l'entreprise » (par ex., le bail commercial). 408

L'article 1424 distingue le fonds de commerce et les exploitations dépendant de la communauté. Ces dernières désignent non seulement les exploitations agricoles et artisanales mais aussi les exploitations libérales (telles que les offices notariaux et les fonds d'exercice libéral). Or, en cette matière, on se heurte à une difficulté tirée de la qualification de ces biens. Les clientèles civiles sont en effet analysées comme des biens mixtes. Elles tombent en communauté pour leur valeur, mais non en nature. Un jugement du tribunal de grande instance de Paris du 19 novembre 1987 en a déduit qu'un office notarial peut être valablement cédé sans le consentement de l'épouse du notaire cédant (*Defrénois* 1988. 34289. 931, obs. G. Champenois). La Cour de cassation avait décidé auparavant que la cession de la moitié d'un cabinet dentaire relevant d'une société d'acquêt est soumise à la *cogestion* (Civ. 1re, 15 mai 1974, *Bull. civ.* I, n° 148 ; *JCP* 1975. II. 17910, note A. Ponsard). Aujourd'hui, la consécration de la notion de « fonds d'exercice libéral » — commun en valeur et propre en nature — laisse intacte la question de la nécessité du consentement du conjoint. La doctrine est généralement favorable à l'application de l'article 1424 (J. Flour, G. Champenois, *préc.*, n° 321, note 3 ; F. Terré et Ph. Simler, *préc.*, n° 491, note 4). L'extension de la cogestion à la cession du fonds d'exercice libéral est en effet conforme à l'esprit du texte, qui privilégie la protection de la communauté à l'indépendance professionnelle des époux. 409

L'article 1424 soumet encore à la cogestion les parts sociales non négociables qui ne sont pas librement transmissibles selon les procédés du droit commercial (parts des sociétés de personnes, parts de SARL, parts de SCI, v. Civ. 1re, 9 nov. 2011, n° 10- 410

12.123, *LEFP* janv. 2012. 5, obs. N. Peterka ; *JCP* 2012. 131, note G. Paisant ; *D.* 2012. 483, note V. Barabé-Bouchard ; *JCP N* 2012. 1107, note D. Boulanger).

■ 411 Le législateur clôt la liste des biens soumis à la cogestion, en visant « les meubles corporels dont l'aliénation est soumise à publicité ». L'expression recouvre les navires, les bateaux immatriculés et les aéronefs, dont le transfert de propriété est subordonné à l'accomplissement de formalités de publicité.

2. La nature des actes

■ 412 Les biens énumérés par l'article 1424 ne tombent dans le domaine de la cogestion que s'ils sont l'objet de certains actes. Ces derniers se caractérisent par l'amputation qu'ils infligent au patrimoine commun.

■ 413 Sont ainsi subordonnées au double consentement des époux, les aliénations volontaires (par exemple, la vente, la promesse de vente, l'apport en société, l'échange, et le bornage amiable qui, dès lors qu'il met un terme à un empiétement, correspond à un acte de disposition : Civ. 1re, 4 mars 2009, *AJ fam.* 2009. 226, obs. P. Hilt ; *D.* 2009. 872 ; *D.* 2009. 2511), de même que les constitutions de droits réels (par exemple, l'usufruit, la constitution d'une servitude, d'une hypothèque, d'un nantissement de parts sociales). La solution s'explique par le fait que ces opérations privent ou risquent de priver la communauté des biens qui en sont l'objet et entraînent, pour certaines d'entre elles, une diminution de leur valeur (tel est le cas, par exemple, de la constitution d'une hypothèque ou d'un usufruit). En revanche, la conversion d'une vente sur saisie en vente volontaire correspond, non pas à un acte d'aliénation volontaire, mais à un acte d'administration échappant à la cogestion (Civ. 2e, 11 janv. 2007, *D.* 2007. 2129, obs. J. Revel ; *AJ fam.* 2007. 147, obs. P. Hilt ; *JCP* 2007. I. 142, n° 21, obs. Ph. Simler). L'explication en est simple. L'aliénation résultant de la saisie pratiquée par le créancier est inéluctable. C'est pourquoi, en sollicitant la conversion de la vente sur saisie en une vente volontaire — généralement plus favorable —, l'époux n'accomplit pas un acte de disposition soumis à la *cogestion*[Q].
Le législateur réserve un sort particulier au contrat de fiducie, sans distinguer suivant que le transfert de droits dans le patrimoine fiduciaire a lieu à des fins de sûreté ou de gestion. En ce domaine, l'article 1424, alinéa 2, issu de la loi n° 2008-776 du 4 août 2008, de modernisation de l'économie, interdit, désormais, aux époux de transférer l'un sans l'autre « un bien de la communauté dans un patrimoine fiduciaire ». C'est dire que la cogestion est ici requise indépendamment de la nature du bien objet de la fiducie. La règle nouvelle aurait été, du reste, superflue si elle avait été cantonnée au périmètre traditionnel de la gestion conjointe, tant il est vrai que la fiducie participe des aliénations volontaires et des constitutions de droits réels visées par l'alinéa 1er de l'article 1424 (F. Vauvillé, « Communauté : la conclusion d'un contrat de fiducie est soumise à la cogestion », *RJPF* 2008-9. 20 ; N. Peterka, « Fiducie : la ceinture et les bretelles ou la cogestion et l'acte notarié », *LEFP* mai 2009. 6). La règle de pouvoirs trouve un puissant renfort sur le terrain du formalisme. L'article 2012, alinéa 2 exige que le contrat de fiducie soit établi par acte notarié, à peine de nullité absolue, « si les biens, droits ou sûretés transférés dans le patrimoine fiduciaire dépendent de la communauté existant entre les époux ou d'une indivision ». Peu importent, au demeurant, pour l'application de cette règle de forme, l'origine de l'indivision (indivision légale ou volontaire) et le statut juridique des personnes y étant parties (personnes physiques ou morales, époux, partenaires ou concubins).

Le domaine de la cogestion s'étend à certains actes d'administration. L'article 1424 précise qu'un époux ne peut, sans son conjoint, percevoir les capitaux provenant des actes soumis à la cogestion (par exemple, la perception du prix de vente d'un immeuble commun). L'irrespect de la règle permet au conjoint de l'*accipiens* de réclamer un second paiement du débiteur. Il incombe alors à ce dernier, s'il entend s'opposer à cette demande, de démontrer conformément à l'article 1239, alinéa 2, que la communauté a profité du paiement (Civ. 1re, 30 oct. 2006, n° 03-20589, *Bull. civ.* I, n° 445 ; *D.* 2007. 2129, obs. V. Brémond ; *AJ fam.* 2006. 466, obs. P. Hilt ; *JCP* 2007. I. 142, n° 23, obs. Ph. Simler). Cette preuve pourra résulter de l'encaissement des deniers par la communauté, ce qui se produira en cas de versement des fonds sur un compte joint ou sur un compte bancaire ouvert au nom d'un seul des époux à la condition, dans cette dernière hypothèse, que la trace en ait été conservée et que l'encaissement des deniers par la communauté soit positivement établi (Civ. 1re, 8 févr. 2005, *BICC* 15 mai 2006, n° 899 et 900 ; *Dr. fam.* 2005, n° 80, note B. Beignier ; *AJ fam.* 2005. 149, obs. Hilt ; *JCP* 2005. I. 163, n° 12, obs. A. Tisserand-Martin ; Civ. 1re, 19 sept. 2007, n° 06-20 132, *RTD civ.* 2008. 537 ; *RJPF* 2007-12. 78, obs. F. Vauvillé, rendu au sujet de la preuve des récompenses ; Civ. 1re, 3 févr. 2010, pourvoi n° 09-65345, préc. n° 267 ; Civ. 1re, 15 févr. 2012, n° 11-10182, *JCP* 2012. 236 ; *LEFP* mars 2012. 1, obs. N. Peterka ; *Dr. fam.* 2012. Comm. 70, note B. Beignier, v. ss 313). **414**

L'article 1425 ajoute à la nomenclature des actes soumis à la cogestion les baux commerciaux et les baux ruraux (le bail d'habitation en est exclu, sauf s'il porte sur le logement de la famille. V. C. civ., art. 215, al. et 1751, al. 1er ; v. ss 154). Ceux-ci nécessitent le double consentement des époux, en raison des conséquences importantes qui y sont attachées (par exemple, droit au renouvellement du bail commercial). Le Code civil vise seulement la conclusion du bail commercial ou du bail rural. La Cour de cassation étend pourtant l'exigence de la cogestion au congé. La solution est, à dire vrai, justifiée à l'aune de la gravité des conséquences susceptibles de découler du non-renouvellement d'un tel bail (Civ. 3e, 14 nov. 2007 (sol. implicite), *JCP* N 2008. 1233, note crit. V. Brémond ; *JCP* 2008. I. 144, n° 15, obs. Ph. Simler ; en ce sens CA Paris, 14 nov. 2008, *JCP* 2009. I. 140, n° 13, obs. Ph. Simler pour une action tendant à faire constater la résolution d'un bail commercial par le jeu de la clause résolutoire). **415**

Lorsque les époux participent ensemble et de façon habituelle à une exploitation agricole, l'article L. 411-68 alinéa 1er du Code rural décide que « [...] l'époux titulaire du bail [...] ne peut, sans le consentement exprès de son conjoint, accepter la résiliation, céder le bail ou s'obliger à ne pas en demander le renouvellement, sans préjudice de l'article 217 du Code civil. Toute stipulation contraire est réputée non écrite ».

L'article L. 121-5 du Code de commerce étend, quant à lui, la *cogestion*[Q] à l'aliénation et à la constitution de droits réels sur les éléments du fonds de commerce ou de l'entreprise artisanale qui, par leur importance ou leur nature, sont nécessaires à l'exploitation de l'entreprise, ainsi qu'à la location-gérance du fonds de commerce ou de l'entreprise artisanale, lorsque le conjoint du commerçant ou de l'artisan participe à la profession de son époux en qualité de « conjoint travaillant dans l'entreprise ». Le texte subordonne également la perception des capitaux provenant de ces opérations au consentement exprès du conjoint.

L'entrepreneur individuel à responsabilité limitée doit, pour affecter des biens communs ou indivis à son patrimoine professionnel, obtenir l'accord exprès de son conjoint et l'informer sur les droits des créanciers professionnels sur le patrimoine affecté. Un même bien commun ou indivis ne peut entrer dans la composition que d'un seul patrimoine affecté. Ces règles sont sanctionnées par l'inopposabilité de l'affectation au conjoint ou aux coindivisaires de l'entrepreneur individuel (C. com., art. L. 526-11, applicable depuis le 10 déc. 2010 ; v. Ord. n° 2010-1512, 9 déc. 2010, *JO* 10 déc. 2010 ; sur les modèles types d'accord, v. C. com., art. A. 526-1 et 526-2, Annexe 5-1, II et III issus de l'arrêté du 29 déc. 2010, *JO* 31 déc. 2010, p. 23464. Sur le sujet, v. notamment, A. Karm, « Le patrimoine affecté de l'EIRL et les régimes matrimoniaux », *Defrénois* 2011. 39217. 576).

2. *La mise en œuvre de la cogestion*

■ 416 La *cogestion*[Q] impose aux époux de donner leur double consentement à l'acte. Chaque conjoint doit consentir, de manière expresse ou tacite, à l'opération envisagée (v. cependant, C. com., art. L. 121-5 et C. rur., art. L. 411-68, al 1er exigeant le consentement exprès du conjoint). Les époux doivent s'accorder non seulement sur le principe de l'acte mais aussi sur l'ensemble de ses conditions (par exemple, objet de la donation, prix de la vente).

■ 417 L'exigence du double consentement n'implique pas la présence physique des deux époux au moment de l'acte. L'un d'entre eux peut valablement consentir à l'acte, avant sa conclusion. La technique mise en œuvre est alors celle du mandat entre époux. L'un des conjoints confie à l'autre mandat pour conclure l'opération projetée. Il doit nécessairement s'agir d'un mandat spécial. Un mandat général, donné pour une série d'actes indéterminés, ne satisferait pas à la règle de la *cogestion*[Q]. À l'égard des tiers, la jurisprudence n'admet l'existence d'un mandat apparent que de manière très limitée. Elle décide, par exemple, qu'un tel mandat ne peut se déduire ni de l'attitude purement passive de l'épouse ayant assisté aux pourparlers menés entre son mari et l'acquéreur (Civ. 1re, 24 mars 1981, *JCP* 1982. II. 19746, note R. Le Guidec ; *RTD civ.* 1982. 405 et 413, obs. R. Nerson et J. Rubellin-Devichi ; Civ. 1re, 31 mars 2010, *JCP* 2010. 487, n° 14, obs. Ph. Simler ; *Dr. fam.* 2010, comm. 83, note B. Beignier), ni de l'intervention d'un notaire lui ayant notifié l'intention d'*un* époux de vendre l'immeuble commun (Civ. 3e, 13 mai 2009, *JCP* 2009. 212, note J.-J. Barbiéri ; *JCP* 2010. 487, n° 14, obs. Ph. Simler ; *Defrénois* 2010. 39087. 616, obs. G. Champenois ; comp. Civ. 3e, 5 juin 2002, *Bull. civ.* I, n° 131 retenant l'existence d'un mandat apparent au profit d'une SAFER dans une affaire où le notaire lui avait notifié l'intention de vendre des *deux* époux). L'acquéreur est ainsi tenu de se renseigner sur l'étendue des pouvoirs de son contractant.

■ 418 Le consentement du conjoint peut être donné après la conclusion de l'acte. La cogestion étant sanctionnée par une *nullité relative*, laissée à l'initiative de l'époux qui n'a pas concouru à l'acte, celui-ci se voit octroyer la faculté de ratifier l'acte nul (C. civ., art. 1427, al. 1er).

■ 419 Lorsque l'exigence de la cogestion est satisfaite, les deux époux ont en principe la qualité de contractant. Ils sont tous deux parties à l'acte (par ex., covendeurs, cobailleurs, codonateurs). Il leur est toutefois loisible de déroger à cette règle, en stipulant que l'intervention de l'époux à l'acte vaut seulement autorisation donnée à son conjoint de le conclure. En pareil cas, seul l'époux autorisé a la qualité de contractant.

§ 2 La sanction des pouvoirs et les remèdes à la défaillance d'un époux

Il arrive que les règles de pouvoir sur les biens communs soient mises en échec par l'empêchement d'un époux ou son refus, non justifié par l'intérêt de la famille, à un acte soumis à la cogestion. Il se peut encore que la gestion des biens communs par un époux révèle un manquement grave aux devoirs du mariage et mette en péril les intérêts de la famille. Dans ces hypothèses, les mesures de crise du régime primaire fournissent plusieurs solutions, qu'il s'agisse de la représentation judiciaire (C. civ., art. 219), de l'autorisation judiciaire (C. civ., art. 217) ou des mesures de sauvegarde des intérêts de la famille (C. civ., art. 220-1). Ces dispositions viennent s'ajouter aux sanctions spécifiques prévues par le régime légal, que sont, d'une part, la nullité des dépassements de pouvoirs (A) et, d'autre part, le retrait et le transfert de pouvoirs (B). 420

A. La nullité des dépassements de pouvoirs (C. civ., art. 1427)

L'article 1427 alinéa 1er dispose que « Si l'un des époux a outrepassé ses pouvoirs sur les biens communs, l'autre, à moins qu'il n'ait ratifié l'acte, peut en demander l'annulation ». Le texte consacre la jurisprudence antérieure qui, avant 1965, sanctionnait les dépassements de pouvoirs par la nullité. 421

La nullité frappe tout acte accompli par un époux ayant « outrepassé ses pouvoirs sur les biens communs ». La formule vise l'ensemble des hypothèses où un époux agit sur les biens communs sans pouvoir. Il en est ainsi lorsqu'un époux effectue seul un acte soumis à la *cogestion*[Q] ou prend l'initiative d'un acte relevant de la *gestion exclusive*[Q] de son conjoint. L'article 1427 a pareillement vocation à s'appliquer toutes les fois qu'un époux ne respecte pas les limites d'un mandat, d'une habilitation judiciaire (C. civ., art. 219) ou d'une autorisation judiciaire (C. civ., art. 217). 422

La nullité de l'article 1427 est une nullité relative, destinée à protéger le conjoint victime du dépassement de pouvoir. Lui seul peut agir en nullité, à l'exclusion du tiers contractant et de l'époux partie à l'acte irrégulier (Civ. 3e, 14 nov. 2007, no 06-13818, *préc.* ; Civ. 1re, 4 juill. 2007, no 04-10494 *JCP* 2007. I. 208, no 16, obs. Ph. Simler). La nullité lui est pareillement réservée lorsqu'elle est soutenue par voie d'exception (Civ. 3e, 14 nov. 2007, *préc.* no 415). Pour autant, l'exception de nullité peut être invoquée, comme moyen de défense, par l'avocat représentant les deux époux, sans que le cocontractant puisse se prévaloir d'un éventuel conflit d'intérêts entre eux, qu'ils ont seuls qualité et intérêt à invoquer (Civ. 1re, 31 mars 2010, *préc.* no 417). Il est ainsi clairement affirmé que la sanction des dépassements de pouvoirs ne sert pas les intérêts du contractant. S'agissant d'une nullité relative, l'acte irrégulier peut être ratifié par le conjoint qui n'y pas consenti. 423

L'action en nullité est enfermée dans un délai de deux ans, « à partir du jour où [le conjoint] a eu connaissance de l'acte, sans pouvoir jamais être intentée plus de deux ans après la dissolution de la communauté » (C. civ., art. 1427, al. 2). La Cour de cassation fait preuve de souplesse, pour la mise en œuvre du délai de prescription. Elle décide, d'une part, que la formule de l'article 1427, alinéa 2 « ne peut avoir pour effet de priver le conjoint du droit d'agir en nullité pendant les deux ans qui suivent 424 la réalisation de l'acte » (v. pour une promesse unilatérale de vente dont l'option avait été levée plus de deux ans après la dissolution de la communauté : Civ. 1re, 2 juin 1981, *Bull. civ.* I, n° 187 ; *RTD civ.* 1982. 414, obs. R. Nerson et J. Rubellin-Devichi). Dans le cas d'une vente sous condition suspensive, la Haute juridiction précise que le délai de prescription ne court que du jour où la vente est devenue parfaite, c'est-à-dire du jour où la condition suspensive a été réalisée (Civ. 1re, 15 juill. 1993, *Bull. civ.* I, n° 255 ; *JCP* 1994. I. 3733, n° 16, obs. Ph. Simler ; *RTD civ.* 1994. 929, obs. B. Vareille). Elle ajoute, d'autre part, que l'article 1427 est inapplicable à l'action en nullité dirigée à l'encontre de la cession consentie par l'acquéreur à un sous-acquéreur (Civ. 1re, 17 févr. 2010, non pub. au *Bull. civ.* ; *JCP* 2010. 487, n° 15, obs. Ph. Simler. Il convient par ailleurs de souligner que, conformément au droit de commun de la nullité, l'exception de nullité est perpétuelle : le délai de deux ans ne joue pas toutes les fois que la nullité de l'acte est opposée comme moyen de défense (Civ. 1re, 28 nov. 2006, n° 04.19058 ; Civ. 1re, 4 mars 2009, *préc.* n° 167).

■ 425 La nullité conduit à priver l'acte de tous ses effets, que ce soit dans les relations entre époux ou dans leurs rapports avec les tiers. Le tiers, même de bonne foi, est tenu de restituer le bien ou sa valeur (sous réserve de l'article 222 qui, en matière mobilière, fait obstacle à l'action en nullité, v. ss 108 et s.). La Cour de cassation interdit au tiers d'engager la responsabilité civile de l'époux avec lequel il a contracté. Elle décide que le seul fait pour un époux de s'être engagé sans le consentement de son conjoint ne constitue pas une faute (Civ. 1re, 24 mars 1981, *préc.*). La solution s'explique par le souci de préserver la communauté, afin qu'elle n'ait pas à avancer le paiement des dommages-intérêts.

■ 426 Le domaine de la nullité pour dépassement de pouvoir doit être précisé au regard de celui de la fraude (C. civ., art. 1421, al. 1er ; v. ss 379 et s.). La nullité de l'article 1427 prime sur la fraude. Cette dernière est cantonnée à un rôle subsidiaire et ne peut être invoquée qu'à défaut de la nullité. En particulier, la fraude ne saurait être invoquée afin d'échapper au délai de prescription de deux ans de l'article 1427 (Civ. 1re, 30 mars 1999, *préc.* ; Civ. 1re, 4 déc. 2001, *préc.* ; Civ. 1re, 24 sept. 2002, *préc.*).

■ 427 Enfin, l'époux victime du dépassement de pouvoirs peut intenter une action en responsabilité à l'encontre de son conjoint, à la condition de démontrer l'existence d'un préjudice que l'annulation de l'acte laisse subsister. Il peut par ailleurs se contenter d'exercer cette action, sans invoquer la nullité de l'article 1427.

B. Le retrait et le transfert de pouvoirs (C. civ., art. 1426)

■ 428 L'article 1426 énonce que « Si l'un des époux se trouve, d'une manière durable, hors d'état de manifester sa volonté, ou si sa gestion de la communauté atteste l'inaptitude ou la fraude, l'autre conjoint peut demander en justice à lui être substitué dans l'exercice de ses pouvoirs ». Le texte vise à réorganiser les pouvoirs du couple, afin de remédier aux défaillances d'un époux. Il correspond davantage à une *mesure préventive* qu'à une mesure répressive, même si l'idée de sanction n'en est pas totalement absente.

1. Les conditions de l'article 1426 du Code civil

Le législateur a posé *deux conditions alternatives*. La première correspond à l'hypothèse dans laquelle un époux est hors d'état de manifester sa volonté. La formule doit être interprétée de la même manière qu'aux articles 217 et 219 (v. ss 210 et s. et n° 200). Elle vise, par exemple, l'éloignement, la maladie, l'incarcération d'un époux. L'article 1426 paraît faire, à première vue, double emploi avec les mesures du régime primaire. Il n'en comporte pas moins une originalité. Le texte exige qu'un époux soit hors d'état de manifester sa volonté « d'une manière durable ». On aura ainsi recours à l'article 1426 toutes les fois que l'empêchement d'un époux résulte, non pas d'une situation temporaire, mais d'un état ayant vocation à se prolonger (par exemple, maladie d'Alzheimer, absence présumée, longue incarcération). Par ailleurs, l'article 1426 produit des effets originaux qui se distinguent de ceux de l'article 219 (v. ss 199 et s.). **429**

La seconde condition vise l'hypothèse dans laquelle la gestion de la communauté par un époux « atteste l'inaptitude ou la fraude ». L'inaptitude conduit à sanctionner les fautes de gestion dues à l'incompétence ou à la négligence d'un époux (par exemple, pour une épouse laissant s'accumuler les dettes sous l'emprise d'un magnétiseur : CA Paris, 17 avr. 1996, *JCP* 1997. I. 4008, n° 15, obs. Ph. Simler ; Civ. 1re, 31 janv. 1984, *Bull. civ.* I, n° 2). La fraude implique, quant à elle, une intention malveillante, malhonnête. Il faudra démontrer la volonté d'un époux de priver son conjoint de ses droits dans la communauté. La jurisprudence décide, à cet égard, que le virement d'un compte commun à un compte personnel d'un époux ne suffit pas pour caractériser la fraude (CA Paris, 19 oct. 1988, *JCP* 1989. II. 21362, note G. Paisant ; Civ. 1re, 14 juin 1989, *Bull. civ.* I, n° 325). **430**

2. Les effets de l'article 1426 du Code civil

L'article 1426 énonce que « l'autre conjoint peut demander en justice à [...] être substitué [à son époux] dans l'exercice de ses pouvoirs ». La demande est soumise aux articles 1445 à 1447 du Code civil relatifs à la séparation de biens judiciaire (sur laquelle, v. ss 529 et s.). Elle fait l'objet de dispositions plus sévères que celles applicable aux mesures de crises du régime primaire et, cela, dans le souci de protéger les tiers et le conjoint demandeur. D'une part, la demande est soumise à publicité et, d'autre part, le jugement opérant la *substitution de pouvoirs*[Q] rétroagit au jour de la demande, ce qui permet de priver d'effet les actes accomplis par le défendeur pendant l'instance. **431**

Depuis le 1er janvier 2010, les mesures de substitution de pouvoirs relèvent de la compétence du juge aux affaires familiales (COJ, art. L. 221-9, 3° et L. 213-3, 1°, réd. L. n° 2009-526, 12 mai 2009). Le décret n° 2009-1591 du 17 décembre 2009, pris pour l'application de la loi de simplification du droit et d'allégement des procédures, est venu préciser que « les demandes d'autorisation et d'habilitation prévues par la loi, et notamment à l'article 217, au deuxième alinéa de l'article 1426 [...], sont formées par requête devant le juge aux affaires familiales ». Seules les « demandes d'autorisation et d'habilitation prévues par les articles 217 et 219 du même Code, lorsque le conjoint est hors d'état de manifester sa volonté, sont présentées au juge des tutelles » (C. pr. civ., art. 1286). La demande de retrait de pouvoirs ainsi que celle en restitution de ses pouvoirs par l'époux dessaisi (C. civ, art. 1426, al. 1er et 3) relèvent pareillement de la compétence du juge aux affaires familiales. Elles obéissent aux règles applicables à la procédure en matière contentieuse applicable devant le tribunal de grande instance (C. pr. civ., art. 1291 et, sur renvoi, C. pr. civ, art. 1292 et 1136-1).

■ 432 L'article 1426 organise un système de retrait et de transfert de pouvoirs. Ici, on retire ses pouvoirs à l'époux défaillant ou fautif pour les transférer au conjoint habilité. La *substitution de pouvoirs*[Q] se traduit, dans la majorité des cas, par un simple retrait de pouvoirs. Il en est ainsi toutes les fois que l'on se trouve dans le cadre de la gestion concurrente. L'époux défaillant ou fautif est alors privé de ses pouvoirs sur les biens communs mais le transfert de pouvoirs au profit de son conjoint est inutile. En vertu de l'article 1421, alinéa 1er, le conjoint habilité bénéficie déjà sur les biens communs de pouvoirs identiques à ceux dont son époux est privé. Le retrait de pouvoirs a pour effet de transformer la gestion concurrente en une gestion exclusive au profit du conjoint habilité.

■ 433 Il n'y a véritablement *substitution de pouvoirs*[Q] que dans le cadre de la gestion exclusive liée à l'exercice d'une profession séparée. En ce cas, les pouvoirs du conjoint défaillant ou fautif, non seulement lui sont retirés, mais sont aussi transférés à son époux. L'article 1426, alinéa 2 précise, en effet, que « le conjoint, habilité par justice, a les mêmes pouvoirs qu'aurait eus l'époux qu'il remplace ».

■ 434 Le législateur a prévu une disposition spéciale pour les actes soumis à la cogestion. L'article 1426, alinéa 2 prévoit que le conjoint habilité « passe avec l'autorisation de justice les actes pour lesquels le consentement [de l'autre conjoint] aurait été requis s'il n'y avait pas eu substitution ». On a voulu éviter que, par l'effet du retrait de pouvoir, le conjoint habilité puisse accomplir seul les actes soumis au double consentement des époux. Formée par requête devant le juge aux affaires familiales, la demande d'autorisation est instruite et jugée comme en matière gracieuse et obéit aux règles applicables à cette procédure devant le tribunal de grande instance (C. pr. civ., art. 1286, al. 1er et 1287, al. 1er, réd. Décr. n° 2009-1591, 17 déc. 2009).

■ 435 L'article 1426 entraîne, selon les cas, un retrait ou une substitution de pouvoirs. À la différence de l'article 219, il n'organise pas de représentation judiciaire. Il en résulte que les actes accomplis par le conjoint habilité n'engagent que ce dernier. Les actes sont seulement opposables au conjoint dessaisi. Le retrait de pouvoirs produit des conséquences importantes sur le terrain du passif. En vertu du principe de la corrélation du pouvoir de gérer les biens et de les engager au plan du passif, l'époux privé de ses pouvoirs sur les biens communs n'engage plus ces derniers.

■ 436 L'article 1426 *in fine* précise la durée des mesures de substitution. Aucun délai maximal n'est ici imposé au juge. Le texte reconnaît simplement à l'époux dessaisi le droit de demander en justice la restitution de ses pouvoirs, en établissant que leur retrait n'est plus justifié.

section 2

Les pouvoirs des époux sur les biens propres

Les pouvoirs des époux sur leur patrimoine propre sont dominés par un principe d'exclusivité (§ 1). Ce principe connaît, toutefois, certaines limites (§ 2). 437

§ 1 Le principe d'exclusivité

Avant la réforme de 1965, la communauté avait l'usufruit des biens propres. Le mari étant alors le chef de la communauté, il gérait l'usufruit de ses biens propres et de ceux de sa femme. L'article 1428, issu de la loi du 13 juillet 1965, supprime l'usufruit de la communauté. Il énonce désormais que « Chaque époux a l'administration et la jouissance de ses propres et peut en disposer librement ». L'article 1428 pose un *principe d'exclusivité des pouvoirs* de chaque époux sur ses biens propres, qui se retrouve dans les régimes conventionnels (C. civ., art. 1536 pour la séparation de biens ; C. civ., art. 1569 pour la participation aux acquêts) et bénéficie du puissant soutien du régime primaire (C. civ., art. 225 ; v. ss 88). 438

Le domaine du principe est très vaste. Il s'applique quelle que soit la nature du bien. Peu importe qu'il s'agisse d'un meuble ou d'un immeuble. Peu importe également la nature des actes. Sont couverts par le principe d'exclusivité non seulement les actes conservatoires et les actes d'administration mais aussi les actes de disposition. 439

§ 2 Les limites au principe

L'exclusivité des pouvoirs des époux n'est cependant pas complète. Elle trouve une première limite dans le régime des fruits et revenus des propres. Chaque époux est certes libre de faire fructifier ses biens propres, d'en percevoir les fruits et de les consommer, alors même qu'il s'agit de biens communs (C. civ., art. 1403, al. 2). Mais récompense est due à la communauté, à la dissolution du régime, pour les fruits que l'époux a négligé de percevoir ou a consommés frauduleusement. L'article 1403, alinéa 2 interdit, cependant, toute recherche au-delà des cinq dernières années qui précèdent la dissolution de la communauté. 440

Le Code civil ajoute d'autres limites à l'exclusivité des pouvoirs de chaque époux sur ses biens propres.

Celles-ci reposent sur le mécanisme de la représentation de l'époux propriétaire par son conjoint. Cette représentation résulte tantôt d'un mandat entre époux (A), tantôt d'un retrait de pouvoir (B). 441

A. Le mandat entre époux

■ 442 Les articles 1431 et 1432 reconnaissent chacun le mandat entre époux. Le premier texte réglemente le mandat exprès (1), tandis que le second instaure une présomption de mandat tacite (2).

1. *Le mandat exprès (C. civ., art. 1431)*

■ 443 L'article 1431 prévoit la faculté pour un époux de confier un mandat à son conjoint afin d'administrer ses propres. Les règles du mandat sont applicables, à l'exception de la faculté de stipuler l'irrévocabilité du mandat. La libre révocabilité du mandat entre époux est, en effet, une règle impérative découlant du régime primaire (C. civ., art. 218 ; v. ss 89). Conformément au droit commun, l'acte est accompli par le mandataire au nom et pour le compte du mandant, de telle sorte que seul ce dernier est engagé par l'acte. Le législateur tient compte de la spécificité des rapports entre époux sur le terrain de la responsabilité du mandataire. Ce dernier est toujours dispensé de rendre compte des fruits, sauf lorsque le mandat l'y oblige expressément.

2. *La présomption de mandat tacite (C. civ., art. 1432)*

■ 444 La présomption de mandat tacite découle de l'article 1432 du Code civil. D'après ce texte, « Quand l'un des époux prend en mains la gestion des biens propres de l'autre, au su de celui-ci, et néanmoins sans opposition de sa part, il est censé avoir reçu mandat tacite, couvrant les actes d'administration et de jouissance, mais non les actes de disposition ».

■ 445 Le texte édicte une présomption irréfragable, dont la mise en œuvre repose sur trois conditions cumulatives : la prise en mains par un époux de la gestion des biens propres de son conjoint, au su et sans opposition de la part du propriétaire. La troisième condition a trait au domaine de la présomption. Cette dernière couvre les actes d'administration et de jouissance (par exemple, les baux d'habitation). En revanche, les actes de disposition en sont exclus (par exemple, la vente, la conclusion d'un bail commercial ou d'un bail rural, v. Civ. 3e, 16 sept. 2009, *Bull. civ.* III, n° 191 ; *AJ fam*. 2009. 459, obs. P Hilt ; *JCP* 2010. 487, n° 16, obs. Ph. Simler ; *JCP* N 2009. 616 ; *Defrénois* 2010. 39087. 625 ; *LEFP* nov. 2009. 6, obs. N. Peterka).

■ 446 Les actes de disposition effectués par un époux sur les propres de son conjoint, sans mandat exprès, sont entachés de nullité. Ces actes sont cependant validés s'ils sont ratifiés par l'époux propriétaire. La ratification doit intervenir, en principe, de manière expresse (v. cependant, Civ. 1re, 17 mai 1993, *D.* 1994. Jur. 25, note G. Paisant ; *RTD civ.* 1994. 926, obs. B. Vareille, admettant la ratification tacite d'un bail commercial ; Com. 15 sept. 2009, *JCP* 2009, n° 44, 391, n° 23, obs. M. Storck, pour la ratification implicite d'actes d'achat et de vente effectués dans le cadre de la gestion d'un portefeuille d'instruments financiers, encore que la qualification d'actes d'administration ne paraisse pas, pour ces opérations, dénuée de fondement, v. en ce sens, Décr. n° 2008-1848 du 22 déc. 2008 relatif aux actes de gestion du patrimoine des personnes placées en curatelle ou en tutelle ; v. ss 691). En l'absence de ratification, l'acte de disposition peut être sauvé de la nullité par le recours à la gestion d'affaires, à la condition de prouver l'utilité de la gestion pour l'époux propriétaire. La théorie du mandat apparent n'est admise que de manière restrictive par la jurisprudence (Civ. 1re, 6 juill. 1976, *JCP* 1978. II. 18845, note R. Le Guidec ; *Defrénois*

1977. 31350, obs. G. Champenois : rejet du mandat apparent au sujet d'un bail rural). En définitive, le plus sûr moyen de sauver l'acte de la nullité réside dans les présomptions de pouvoirs du régime primaire, sous la réserve que l'acte relève de leur domaine d'application (C. civ., art. 221 et 222 ; v. ss 127 et s. ; v. ss 108 et s.).

En cas de mandat tacite, l'époux mandataire répond de sa gestion dans les conditions du droit commun du mandat. L'article 1432, alinéa 2 précise, toutefois, que le mandataire n'est « comptable que des fruits existants » à l'exclusion des fruits consommés. Pour les fruits qu'il aurait négligé de percevoir ou consommés frauduleusement, la responsabilité du mandataire ne peut être recherchée que dans la limite des cinq dernières années. 447

L'article 1432, alinéa 3 envisage l'hypothèse dans laquelle un époux s'est immiscé dans la gestion des biens propres de son conjoint, malgré l'opposition de ce dernier. Il ne saurait alors être question de présumer l'existence d'un mandat tacite ni de recourir à la gestion d'affaires. L'acte est entaché de nullité, sauf à recourir au mandat apparent ou aux présomptions de pouvoirs du régime primaire. L'article 1432, alinéa 3 dispose que l'époux gérant « est responsable de toutes les suites de son immixtion et comptable sans limitation de tous les fruits qu'il a perçus, négligés de percevoir ou consommés frauduleusement ». 448

Le législateur n'a pas réglé l'hypothèse où un époux s'est immiscé dans la gestion des biens propres de son conjoint, à l'insu de ce dernier. En pareil cas, l'acte pourra être sauvé de la nullité, par le jeu des présomptions de pouvoirs des articles 221 et 222 et par celui de la gestion d'affaires. Il faudra prouver l'utilité de la gestion, à moins que l'acte ait été ratifié par le conjoint. L'époux gérant devra rendre compte de tous les fruits. 449

B. Le retrait de pouvoirs (C. civ., art. 1429)

L'article 1429 organise le *retrait des pouvoirs*[Q] d'un époux sur ses biens propres. Le texte est le pendant, pour ces biens, des mesures de substitution prévues par l'article 1426 pour les biens communs. La demande de retrait fondée sur l'article 1429 obéit ainsi aux mêmes dispositions que celle de l'article 1426 : les articles 1445 à 1447 lui sont applicables (C. civ., art. 1429, al. 1er) et la demande doit être portée devant le juge aux affaires familiales (v. ss 431). 450

L'article 1429 subordonne le retrait de pouvoirs à deux conditions alternatives. 451

La première est identique à celle de l'article 1426. Il s'agit du cas où l'un des époux se trouve, d'une manière durable, hors d'état de manifester sa volonté (v. ss 429).

La seconde condition correspond à l'hypothèse dans laquelle un époux « met en péril les intérêts de la famille, soit en laissant dépérir ses propres, soit en dissipant ou détournant les revenus qu'il en retire ». Un tel comportant est, en effet, dangereux pour la famille puisqu'il prive la communauté d'une partie de sa source d'alimentation, que sont les revenus des propres.

L'article 1429 a pour effet d'ôter au conjoint défaillant ou fautif ses pouvoirs d'administration et de jouissance sur ses biens propres. Ces pouvoirs sont confiés à l'autre conjoint, à moins que la nomination d'un administrateur judiciaire 452 n'apparaisse nécessaire. L'article 1429, alinéa 2 précise que le conjoint habilité a le pouvoir d'administrer les propres de son époux et d'en percevoir les fruits. Ces derniers doivent être appliqués en priorité aux charges du mariage. L'excédent est employé au profit de la communauté (art 1429, al. 2 C. civ.).

■ 453 L'article 1429 ne précise pas si le conjoint habilité agit en son nom propre ou par représentation du conjoint dessaisi. La doctrine penche majoritairement en faveur de la seconde solution. Il n'est pas concevable, en effet, qu'une personne soit habilitée à agir en son nom propre et en vertu d'un pouvoir propre, sur les biens d'autrui. L'article 1429 se distingue ainsi, par ses effets, de l'article 1426. Dans le cadre de ce dernier texte, l'époux habilité agit en son nom propre sur les biens communs et non pas par représentation de son conjoint. L'article 1429 se rapproche, en revanche, de l'article 219. Les deux textes autorisent un époux à agir, par représentation du conjoint empêché, sur les biens propres de ce dernier (v. ss 199 et s.).

Mémo

Les pouvoirs des époux sur les biens communs obéissent au principe de la *gestion concurrente*. L'article 1421, alinéa 1er reconnaît à chaque époux le pouvoir d'administrer seul les biens communs et d'en disposer, sauf à répondre des *fautes* qu'il aurait commises dans sa gestion. Les actes accomplis *sans fraude* par un conjoint sont *opposables* à l'autre.

La règle de la gestion concurrente s'applique aux *actes à titre onéreux* accomplis *sans fraude*. Sont visés non seulement les *actes conservatoires* et les *actes d'administration* mais aussi les *actes de disposition* relatifs aux *biens meubles*. Chaque époux peut exercer seul, en demande ou en défense, les *actions en justice* relatives aux biens communs, à moins que celles-ci ne tendent à en priver les époux. La *sanction* des *actes frauduleux* fait l'objet d'un vif *débat doctrinal* entre la nullité et l'inopposabilité, lequel n'est pas tranché par la Cour de cassation. La fraude implique la preuve de la collusion frauduleuse entre l'époux et le tiers. L'époux peut par ailleurs invoquer la *responsabilité civile* de son conjoint. Chaque époux peut *léguer seul* sa part dans la communauté ou un bien commun.

L'article 1421, alinéa 2 soumet à la *gestion exclusive* les actes d'administration et les actes de disposition nécessaires à l'exercice d'une profession séparée, ce qui semble viser tout à la fois les actes à finalité professionnelle et les biens affectés à l'exercice d'une profession séparée.

La *cogestion* déroge à la gestion concurrente et à la gestion exclusive. Elle est requise pour certains actes à *titre gratuit* et certains actes à *titre onéreux* portant sur des biens généralement dotés d'une valeur importante. Le *contrat de fiducie* y est toujours soumis. Les règles de pouvoirs sont sanctionnées par la *nullité relative*. L'article 1426 prévoit des mesures de *retrait de pouvoirs* afin de remédier à la *défaillance* d'un époux.

Les pouvoirs des époux sur les *biens propres* obéissent au principe de la *gestion exclusive*. Celle-ci laisse place au jeu du *mandat*, qui est parfois présumé. L'article 1429 organise le *retrait des pouvoirs* d'administration et de jouissance d'un époux sur ses biens propres, dans un souci de protection de ce conjoint ou des intérêts de la famille.

Quid

■ Action paulienne n° 382

Action ouverte au créancier visant à lui rendre inopposables les actes accomplis par son débiteur en fraude de ses droits (C. civ., art. 1167).

■ Cadeau d'usage n° 398

Désigne les présents dictés par l'usage (cadeaux d'anniversaire, de mariage, de Noël, étrennes…) d'une valeur modeste au regard du patrimoine du disposant. La modicité de ces cadeaux les fait échapper au régime juridique des donations.

■ Cogestion n° 372, 393 à 419

Mode de répartition des pouvoirs soumettant au double consentement des époux les actes graves relatifs aux biens communs — ou à certains d'entre eux (v. C. civ., art. 1422 et 1424) — ainsi que les actes de disposition relatifs au logement de la famille (v. C. civ., art. 215, al. 3).

■ Contrats de service gratuit n° 400

Désigne les contrats par lesquels une personne s'engage, dans une intention libérale, à rendre un service à une autre sans contrepartie. À la différence de la libéralité, le contrat de service gratuit n'entraîne pas le transfert d'un droit patrimonial au profit du bénéficiaire.

■ Donations atypiques n° 398

Donation entre vifs échappant à la règle du formalisme notarié édicté, à peine de nullité, par l'article 931 du Code civil. La jurisprudence consacre trois catégories de donations atypiques répondant chacune à des conditions de validité propres : le don manuel, la donation indirecte et la donation déguisée.

■ Dons modiques n° 398

Désigne les dons modestes au regard du patrimoine du donateur (comp. cadeaux d'usage).

■ Gestion concurrente n° 373 à 386

Principe de gestion des biens communs en vertu duquel chacun des époux a le pouvoir d'administrer seul les biens communs et d'en disposer, sauf à répondre des fautes qu'il aurait commises dans sa gestion. Les actes accomplis sans fraude par un époux sont opposables à l'autre (C. civ., art. 1421 al. 1er).

■ Gestion exclusive n° 372, 389 à 393

Mode de répartition des pouvoirs conférant à un époux le monopole de gestion de ses biens propres ou personnels et des biens communs affectés à l'exercice d'une profession séparée de celle de son conjoint (C. civ., art. 1421, al. 2).

■ Indivision post-communautaire n° 388

Désigne l'indivision s'ouvrant à la dissolution du régime de communauté et comprenant les biens inscrits à l'actif commun à partager entre les époux ou leurs héritiers.

■ Retrait de pouvoirs n° 450 à 452

Mesure consistant à priver un époux de ses pouvoirs d'administration et de jouissance sur ses biens propres. Elle peut être ordonnée lorsqu'un époux se trouve, d'une manière durable, hors d'état de manifester sa volonté ou met en péril les intérêts de la famille, soit en laissant dépérir ses biens propres, soit en dissipant les revenus qu'il en retire. Le recours à cette mesure est préféré à l'ouverture d'une mesure de protection juridique des majeurs ou d'une procédure d'absence toutes les fois qu'elle suffit à pourvoir aux intérêts en cause (C. civ., art. 498 ; C. civ., art. 428, réd. L. 5 mars 2007 ; C. civ., art. 121, al. 2). L'époux habilité agit sur les biens propres de son conjoint par représentation de ce dernier.

■ Substitution de pouvoirs n° 428 à 436

Mesure de retrait et de transfert, au profit de son conjoint, des pouvoirs d'un époux sur les biens communs. La substitution de pouvoir peut être ordonnée si un époux se trouve, d'une manière durable, hors d'état de manifester sa volonté ou si sa gestion de la communauté atteste l'inaptitude ou la fraude. Le recours à cette mesure est préféré à l'ouverture d'une mesure de protection juridique des majeurs ou d'une procédure d'absence lorsqu'elle suffit à pourvoir aux intérêts en cause (C. civ., art. 498 ; C. civ., art. 428, réd. L. 5 mars 2007 ; C. civ., art. 121, al. 2). L'époux habilité agit sur les biens communs en son nom propre.

Document

Sanction et subsidiarité de la fraude

Civ. 1re, 4 déc. 2001
(*Bull. civ.* I, n° 303 ; *JCP* 2002. II. 10059, note J. Casey ; *Dr. fam.* 2002, n° 23, obs. B. Beignier)

« Attendu que, le 30 octobre 1990, Jacques Mairesse, époux commun en biens de Mme Veissière, est décédé, laissant pour lui succéder sa veuve et ses deux filles ; que, le 21 octobre 1991, l'ouverture d'un coffre loué aux noms de Jacques Mairesse et de Mme Lourdel a révélé l'existence d'un contrat de vente d'une maison conclu le 26 mars 1990 au profit de Mme Lourdel ainsi que de divers titres au porteur ; que, le 29 janvier 1993, les consorts Mairesse ont assigné Mme Lourdel en remboursement du prix de l'immeuble et en restitution des titres en invoquant l'inopposabilité des actes litigieux sur le fondement de l'article 1421 du Code civil ; que Mme Lourdel a opposé à cette action la prescription biennale de l'article 1427, alinéa 2, du Code civil ;

(...)

Mais sur le premier moyen, pris en sa seconde branche, en ce qu'il concerne le prix de l'immeuble :

Vu les articles 1422 et 1427 du Code civil ;

Attendu que les actes accomplis par un époux, hors des limites de ses pouvoirs, relèvent de l'action en nullité de l'article 1427 du Code civil soumise à la prescription de deux ans et non des textes frappant les actes frauduleux, lesquels ne trouvent à s'appliquer qu'à défaut d'autre sanction ;

Attendu que pour condamner Mme Lourdel à payer aux consorts Mairesse le prix de l'immeuble, l'arrêt attaqué retient que les donations faites à Mme Lourdel caractérisent un détournement frauduleux des pouvoirs de disposition de Jacques Mairesse sur des biens communs et qu'en application de l'article 1421, alinéa 1er, du Code civil, ces actes étaient inopposables à son épouse ;

Attendu qu'en statuant ainsi, après avoir constaté que Jacques Mairesse avait outrepassé ses pouvoirs sur les biens communs, ce dont il résultait que l'action introduite par sa veuve, plus de deux années après la dissolution de la communauté, était prescrite, la cour d'appel a violé les textes susvisés ;

PAR CES MOTIFS (...) CASSE ET ANNULE... »

Inopposabilité des actes frauduleux

Civ. 1re, 23 mars 2011, n° 09-66512
(*LEFP* mai 2011. 6, obs. N. Peterka; *Defrénois* 2011. 40005. 967, obs. G. Champenois; *D.* 2011. 2628, obs. V. Brémond; *AF fam.* 2011. 382, obs. P. Hilt; *JCP N* 2011. 1292, note H. Hovasse; *JCP* 2011. 1371, n° 9, obs. Ph. Simler)

« Vu les articles 1421, 1427 et 1832-2 du Code civil ;
Attendu qu'un époux, ne peut, à peine de nullité de l'apport, employer des biens communs pour faire un apport à une société sans en avertir son conjoint et sans qu'il en soit justifié dans l'acte ; que cette action en nullité régie par l'article 1427 du Code civil est soumise à la prescription de deux ans et est exclusive de l'action en inopposabilité ouverte par l'article 1421 du Code civil pour sanctionner les actes frauduleux, lequel ne trouve à s'appliquer qu'à défaut d'autre sanction ;
Attendu que le 31 janvier 1998, M. X..., époux commun en biens de Mme Y..., a constitué avec sa compagne, Mme Z..., la SCI Mafate aux fins d'acquérir un bien immobilier ; que le divorce des époux X...-Y... a été prononcé par jugement du 4 juin 2007 ; que le 17 août 2006, Mme Y... a engagé une action en nullité de l'apport réalisé par M. X... au profit de la SCI Mafate ;
Attendu que pour prononcer la nullité de l'apport en numéraire effectué par M. X... au capital de la SCI Mafate et la nullité de cette société sur le fondement de la fraude, l'arrêt énonce que si l'action engagée sur le fondement de l'article 1427 du Code civil est prescrite, elle ne se confond pas avec l'action fondée sur la fraude dont le conjoint est victime, qui se prescrit par trente ans ;
Qu'en statuant ainsi la cour d'appel a violé les textes susvisés ;
PAR CES MOTIFS (...) CASSE ET ANNULE... ».

Biblio

– A. Botton, « L'effet de la qualification particulière d'un époux commun en biens sur le principe de la gestion concurrente de la communauté » : *Dr. fam.* 2009. Étude 16.
– P.-J. Claux, « Lutter contre l'égoïsme d'un époux », in *Dossier. Divorce et transparence, AJ fam.* 2009. 436.
– G. Goubeaux, « La cogestion en régime de communauté : le commencement de la fin ? », in *Études offertes au Doyen Philippe Simler*, LexisNexis Litec-Dalloz, 2006, p. 131.
– A. Karm, « Sûretés : protection de l'autonomie des époux », *JCP* 2007, n° historique, hors série/cahier 2, p. 44.

Quiz

1) Sujets corrigés

A) Test de connaissances

Énoncé

1. La gestion concurrente s'étend aux :

a. actes à titre onéreux ;

b. actes à titre gratuit ;

c. à certains actes à titre onéreux.

2. Les actions en justice relatives aux biens communs :

a. peuvent être exercées en demande ou en défense par chaque époux ;

b. doivent être exercées en demande ou en défense par les deux époux conjointement ;

c. seules les actions qui visent à priver les époux d'un bien commun doivent être exercées à l'encontre des deux époux.

3. Deux époux donnent à bail le même immeuble à deux locataires différents, la préférence est conférée :

a. au locataire de bonne foi qui entre le premier dans les lieux ;

b. au locataire de bonne foi dont le bail a reçu le premier date certaine ;

c. au locataire de bonne foi dont le bail est le premier en date.

4. La nullité des dépassements de pouvoirs :

a. suppose établie la complicité du tiers contractant ;

b. ne requiert pas la preuve de la complicité du tiers contractant.

5. La souscription d'une assurance vie par un époux au profit d'un tiers :

a. est soumise à la cogestion ;

b. n'est pas soumise à la cogestion.

6. Les dons manuels :

a. sont soumis à la cogestion (C. civ., art. 1422) ;

b. ne sont pas soumis à la cogestion ;

c. échappent à la cogestion si les conditions de l'article 222 sont réunies.

7. La mise en location-gérance d'un fonds de commerce commun :

a. n'est pas soumise à la cogestion ;

b. est soumise à la cogestion lorsqu'un époux participe à l'activité professionnelle de son conjoint en qualité de « conjoint travaillant dans l'entreprise ».

8. La privation des pouvoirs d'un époux sur les biens communs nécessite la mise en œuvre :

a. d'une mesure d'habilitation judiciaire fondée sur l'article 219 ;

b. d'une mesure d'habilitation fondée sur l'article 1426 ;

c. l'une ou l'autre de ces mesures.

9. L'action en nullité pour dépassement de pouvoir est ouverte :

a. dans un délai de deux ans à compter du jour de la connaissance de l'acte par le conjoint victime du dépassement, sans pouvoir être intentée plus de deux ans après la dissolution de la communauté ;

b. dans un délai de deux ans à compter de la dissolution de la communauté ;

c. plus de deux ans après la dissolution de la communauté si la réalisation de l'acte intervient après ce délai.

10. L'époux habilité à gérer les biens communs (C. civ., art. 1426) agit :

a. au nom et pour le compte de son conjoint ;

b. en son nom propre ;

c. au nom des deux époux.

11. L'époux habilité à administrer les biens propres de son conjoint (C. civ., art. 1429) agit :

a. au nom et pour le compte de l'époux propriétaire ;

b. en son nom propre.

12. Le principe d'exclusivité de la gestion de ses biens propres par chaque époux :

a. peut être écarté par le contrat de mariage ;

b. ne peut pas être écarté par le contrat de mariage.

13. La présomption de mandat tacite (C. civ., art. 1432) couvre :

a. les actes d'administration et de jouissance ;

b. les actes de disposition ;

c. les actes d'administration et de jouissance et les actes de disposition.

14. Le mandataire tacite présumé est tenu de rendre compte :

a. de tous les fruits ;

b. des fruits existants ;

c. des fruits qu'il a négligé de percevoir ou consommés frauduleusement ;

d. des fruits qu'il a négligé de percevoir ou consommés frauduleusement dans la limite des cinq dernières années.

Voir le corrigé en fin de rubrique.

B) Cas pratique

Énoncé

Le docteur Oscar Appatte, stomatologue, s'est marié sans contrat de mariage, le 5 août 1970, avec Mme Olga Lopade dont il a fait la connaissance sur les bancs de la Faculté de médecine. Oscar a créé son cabinet dentaire pendant son mariage avec Olga. Désireux de prendre une retraite qu'il estime bien méritée, il décide de céder son cabinet à M. Gilles Estout, étudiant en médecine.

La vente du cabinet dentaire est conclue, le 3 avril 2009, en la présence d'Oscar et de Gilles, sous la condition suspensive que ce dernier obtienne son diplôme de stomatologie. Le 12 mai 2010, le docteur Oscar Appatte décède, terrassé par une crise cardiaque, alors qu'il était sur le point de remporter le tournoi de tennis des stomatologues de son département. De son côté, Gilles est enfin parvenu à décrocher son diplôme en juillet 2012.

Il s'est donc présenté au début du mois de septembre, au retour de ses vacances, pour prendre possession du cabinet dentaire. À sa grande surprise, Olga — qui a repris sa profession de stomatologue pour s'occuper des patients d'Oscar depuis le décès de ce dernier — a refusé à Gilles l'accès au cabinet. Elle prétend que la vente ne serait pas valable, au motif que son mari n'avait pas sollicité son accord pour y procéder.

Le 30 septembre 2012, Gilles sollicite votre avis.

Voir le corrigé en fin de rubrique.

C) Commentaire d'articles

Énoncé

Commentaire comparé des articles 1426 et 1429 du Code civil.

Voir le corrigé en fin de rubrique.

2) Corrigés

Test de connaissances

1. c ; 2. a et c ; 3. b ; 4. b ; 5. b ; 6. c ; 7. b ; 8. b ; 9. a et c ; 10. b ; 11. a ; 12. b ; 13. a ; 14. b et d.

Cas pratique

Olga prétend que la vente consentie par son mari, sans son accord, n'est pas valable. L'analyse de la validité de la vente du cabinet dentaire (I), au regard des règles de pouvoir, précédera celle du délai (II) ouvert à Olga pour invoquer, le cas échéant, la nullité de l'acte.

I. La validité de la vente du cabinet dentaire

Oscar Appatte et Olga Lopade se sont mariés sans contrat le 5 août 1970, ils sont soumis, en vertu des articles 1400 et suivants du Code civil, au régime légal de la communauté réduite aux acquêts.

L'article 1424 dispose que « Les époux ne peuvent, l'un sans l'autre, aliéner ou grever de droits réels les immeubles, fonds de commerce et exploitations dépendant de la communauté, non plus que les droits sociaux non négociables et les meubles corporels dont l'aliénation est soumise à publicité. Ils ne peuvent, sans leur conjoint, percevoir les capitaux provenant de telles opérations ». Le législateur subordonne la mise en œuvre de la cogestion à deux conditions cumulatives : l'existence d'un acte visé par le texte, portant sur un bien commun qu'il énumère.

A. Les actes visés par l'article 1424 du Code civil

L'article 1424 soumet à la cogestion certains actes portant sur certains biens communs. Le texte vise les aliénations et les constitutions de droits réels. Relèvent de la cogestion, au titre de l'article 1424, les actes de disposition à titre onéreux, tels que la vente, la promesse de vente, l'apport en société, l'échange. Le domaine de la cogestion s'étend également à certains actes d'administration. L'article 1424 *in fine* précise que les époux « ne peuvent, sans leur conjoint, percevoir les capitaux provenant de telles opérations ».

En l'espèce, Oscar a signé une vente sous condition suspensive, laquelle nécessitait le concours de son épouse, sous réserve de porter sur un bien visé par l'article 1424.

B. Les biens visés par l'article 1424 du Code civil.

Le législateur subordonne à la cogestion les aliénations volontaires et les constitutions de droits réels portant sur « les immeubles, fonds de commerce et exploitations dépendant de la communauté », ainsi que sur « les droits sociaux non négociables et les meubles corporels dont l'aliénation est soumise à publicité ».

La notion d'« exploitation dépendant de la communauté » englobe les exploitations libérales, telles que les offices notariaux et les fonds d'exercice libéral. En l'espèce, Oscar a cédé un cabinet dentaire, lequel s'analyse comme un tel fonds.

La mise en œuvre de la cogestion suppose néanmoins que l'on soit en présence d'une exploitation « dépendant de la communauté ». En l'espèce, Oscar a créé le cabinet dentaire pendant son mariage avec Olga. L'alinéa 1er de l'article 1404 dispose que « Forment des propres par leur nature, quand même ils auraient été acquis pendant le mariage, les vêtements et linges à l'usage personnel de l'un des époux, les actions en réparation d'un dommage corporel ou moral, les créances et pensions incessibles, et, plus généralement, tous les biens qui ont un caractère personnel et tous les droits exclusivement attachés à la personne ». Et l'alinéa 2 du texte poursuit que « Forment aussi des propres par leur nature, mais sauf récompense s'il y a lieu, les instruments de travail nécessaires à la profession de l'un des époux, à moins qu'ils ne soient l'accessoire d'un fonds de commerce ou d'une exploitation faisant partie de la communauté ». Cette disposition laisse entendre que les exploitations créées pendant le mariage tombent en communauté.

La Cour de cassation ne retient pas cette analyse. Elle applique aux fonds d'exercice libéral la distinction du titre et de la finance. La valeur du bien tombe en communauté, mais les prérogatives qui en découlent sont personnelles au professionnel. Le bien est commun en valeur et propre en nature. Il constitue un bien mixte. Un arrêt de la première chambre civile du 12 janvier 1994 énonce ainsi que « l'avantage pécuniaire que peut procurer à […] un chirurgien-dentiste, la présentation d'un successeur à sa clientèle constitue une valeur patrimoniale qui doit être portée à l'actif de la communauté » (Civ. 1re, 12 janv. 1994, *préc.*). Plus récemment, la Haute juridiction a décidé, à la suite de la consécration de la notion de « fonds d'exercice libéral », que « la clientèle d'un époux exerçant une profession libérale, de même que les matériels et les locaux, l'ensemble formant un fonds d'exercice libéral, doivent être portés à l'actif de la communauté pour leur valeur patrimoniale estimée au jour du partage » (Civ. 1re, 2 mai 2001, *préc.*).

La qualification de bien mixte rend incertaine la soumission à la cogestion du fonds d'exercice libéral. Le tribunal de grande instance de Paris a jugé, le 19 novembre 1987 (*préc.*), qu'un office notarial peut être valablement cédé sans le consentement de l'épouse du notaire cédant. La Cour de cassation avait décidé plusieurs années auparavant — au sujet d'un cabinet dentaire inclus dans une société d'acquêts — que la cession de la moitié de ce dernier devait être soumise à la cogestion (Civ. 1re, 15 mai 1974, *préc.*). Pour sa part, la doctrine est généralement favorable à l'application de l'article 1424 aux fonds libéraux (G. Champenois, *préc.*, n° 321, note 3 ; F. Terré et Ph. Simler, *préc.* n° 491, note 4). Celle-ci est en effet conforme à la finalité de la cogestion qui privilégie la protection de la communauté à l'indépendance professionnelle des époux.

En l'espèce, la vente du cabinet dentaire par Oscar, sans le concours de son épouse, ne paraît pas conforme aux dispositions de l'article 1424. Olga est en droit d'invoquer la nullité de la vente. Il convient alors de vérifier si le délai de prescription de l'action en nullité n'est pas expiré.

II. Le délai prescription de l'action en nullité

L'article 1427, alinéa 1er dispose que « Si l'un des époux a outrepassé ses pouvoirs sur les biens communs, l'autre, à moins qu'il n'ait ratifié l'acte, peut en demander l'annulation ». L'alinéa 2 du texte précise que « L'action en nullité est ouverte au conjoint pendant deux années à partir du jour où il a eu connaissance de l'acte, sans pouvoir jamais être intentée plus de deux ans après la dissolution de la communauté »

La Cour de cassation fait toutefois preuve de souplesse dans la mise en œuvre de ce délai. Elle a ainsi décidé, à propos d'une promesse unilatérale de vente dont l'option avait été levée plus de deux ans après la dissolution de la communauté, que l'article 1427, alinéa 2 « ne peut avoir pour effet de priver le conjoint du droit d'agir en nullité pendant les deux ans qui suivent la réalisation de l'acte » (Civ. 1re, 2 juin 1981, *préc.*). Dans le cas d'une vente sous condition suspensive, elle ne fait courir le délai de prescription que du jour où la vente est devenue parfaite par la réalisation de la condition (Civ. 1re, 15 juill. 1993, *préc.*).

En l'espèce, la vente du cabinet sous condition suspensive a été conclue le 3 avril 2009. Le décès d'Oscar emportant la dissolution de la communauté est survenu le 12 mai 2010. La condition s'est réalisée et la vente devenue parfaite en juillet 2012, date à laquelle Gilles a obtenu son diplôme de stomatologie. Le point de départ du délai de prescription est reporté à cette date car l'article 1427 ne peut avoir pour effet de priver le conjoint d'agir en nullité pendant les deux années qui suivent la réalisation de l'acte, même si cette dernière intervient plus de deux après la dissolution de la communauté. Olga pourra donc agir en nullité de la vente jusqu'en juillet 2014.

Si, toutefois, Gilles agit en exécution de la vente, Olga pourra lui opposer la nullité du contrat sans limitation de durée. En effet, conformément au droit commun, l'exception de nullité est perpétuelle (Civ. 1re, 8 déc. 1981, *Bull. civ.* I, n° 366 ; *Defrénois*

1982. 32852. 427, obs. G. Champenois ; Civ. 1re, 12 juill. 1982, *Bull. civ.* I, n° 257 ; *D.* 1982. Jur. 540 ; Civ. 1re, 23 janv. 1996, *Bull. civ.* I, n° 34 ; *JCP* 1996. I. 3962, n° 14, obs. Ph. Simler ; Civ. 1re, 28 nov. 2006, n° 04.19058, *préc.* ; Civ. 1re, 4 mars 2009, *préc.*).

Gilles pourra tenter de sauver la vente de la nullité en prouvant qu'Olga avait ratifié l'acte. La ratification peut résulter de tout acte qui implique, sans équivoque, la volonté de l'époux de le confirmer (Civ. 1re, 17 mars 1987, *JCP* N 1988. II. 26 (1re esp), note Ph. Simler ; Civ. 1re, 12 juill. 1994, *Bull. civ.* I, n° 246 ; *D.* 1995. Somm. 326, obs. F. Lucet). Il semble toutefois qu'en l'espèce rien ne permette de caractériser un tel acte.

Commentaire comparé d'articles

Commentaire comparé des articles 1426 et 1429 du Code civil

Introduction

Dans le souci de remédier aux situations de crises conjugales, le Code civil prévoit plusieurs dispositions de nature à débloquer la gestion des biens du couple. Figurant au sein du Livre III « Des différentes manières dont on acquiert la propriété », titre V « Du contrat de mariage et des régimes matrimoniaux », chapitre II « Du régime de communauté », première partie « De la communauté légale », section II « de l'administration de la communauté et des biens propres », les articles 1426 et 1429 visent à remédier aux défaillances d'un époux, en autorisant le juge aux affaires familiales à procéder à la réorganisation des pouvoirs de gestion sur les biens en tenant compte de ces défaillances. Étant inscrits au sein d'un titre du Code civil consacré au contrat de mariage et aux régimes matrimoniaux, les articles 1426 et 1429 incarnent, à l'instar de l'ensemble des règles gouvernant les régimes matrimoniaux, des dispositions spécifiques aux seuls couples mariés. Mieux encore, ces textes ne s'intéressent qu'aux seuls couples mariés sous un régime de communauté. Pour autant, s'ils prennent place au sein d'une partie du Code civil consacrée à la communauté légale, les articles 1426 et 1429 n'en n'ont pas moins vocation à s'appliquer sous tous les régimes communautaires. En effet, aux termes de l'article 1497, dernier alinéa, « les règles de la communauté légale restent applicables en tous les points qui n'ont pas fait l'objet de la convention des parties ». Or, si les époux peuvent déroger, dans leur contrat de mariage, aux règles concernant l'administration des biens (C. civ., art. 1497, al. 1er, 2°), les dispositions des articles 1426 et 1429, en ce qu'elles instituent des sauvegardes du régime matrimonial, sont d'ordre public. De ce point de vue, ces deux textes doivent être rapprochés de plusieurs dispositions du statut fondamental impératif. Les articles 217, 219 et 220-1 offrent à tous les couples mariés, quel que soit leur régime matrimonial, diverses mesures de nature à remédier, par la vertu de l'intervention du juge, à diverses situations de crises conjugales.

Le phénomène de l'intervention judiciaire dans les relations conjugales puise ses origines dans la seconde guerre mondiale. La loi du 22 septembre 1942, validée au sortir de la guerre par une ordonnance du 9 octobre 1945, se trouve à l'origine de ce trait majeur du droit contemporain des régimes matrimoniaux qu'est l'intervention du juge pour le règlement des situations de crises conjugales. Celles-ci sont, alors, de deux sortes : l'empêchement d'un époux ou son refus, non justifié par l'intérêt de la famille, à l'accomplissement d'un acte soumis à la cogestion. Dans ces hypothèses, l'autre époux se voit reconnaître la faculté de saisir le juge afin qu'il l'autorise, soit à agir au nom et pour le compte du conjoint empêché, soit à accomplir l'acte seul. Introduits dans le Code civil par la réforme du 13 juillet 1965, les articles 1426 et 1429 se font l'écho, en régime de communauté, de ces dispositions du régime primaire. Elles permettent à un époux de recourir au juge, afin qu'il l'habilite à gérer seul et de manière exclusive, par la vertu d'un mécanisme de retrait de pouvoirs, les biens communs et les biens propres de l'autre conjoint, dès lors que ce dernier se trouve, d'une manière durable hors d'état de manifester sa volonté, ou que sa gestion dénote l'inaptitude, la négligence ou la fraude. Ces deux textes obéissent moins à une finalité répressive qu'à une finalité préventive ou curative. En 1965, les articles 1426 et 1429 s'inscrivent dans un double cadre, celui du monopole de gestion des biens communs par le mari - l'épouse ayant seulement la libre gestion de ses biens réservés - et celui de la reconnaissance, par cette loi, à la femme commune en biens, du pouvoir de gestion de ses biens propres. Par la suite, la réforme du 23 décembre 1985 n'a retouché l'article 1426 qu'à la marge, en supprimant la référence aux biens réservés. La rédaction de l'article 1429 est, quant à elle, demeurée intacte depuis 1965. Pourtant, des modifications plus profondes auraient été souhaitables. En effet, la consécration du principe de la gestion concurrente a modifié la donne. Dans la mesure où chaque époux bénéficie désormais des mêmes pouvoirs sur les biens communs, la défaillance de l'un n'implique plus sa substitution par l'autre. L'idée de substitution, qui se justifiait pleinement lorsque l'épouse n'avait pas de pouvoir de gestion sur les biens communs, n'est plus pertinente dès lors que la gestion de la communauté repose sur l'égalité des pouvoirs du mari et de la femme.

Aujourd'hui, les dispositions des articles 1426 et 1429 incarnent, avec les mesures de crise du régime primaire, une très forte spécificité du droit matrimonial par rapport au PACS et au concubinage. On ne retrouve, s'agissant de ces deux derniers modes d'unions, aucune disposition équivalente. Pourtant, les situations visées par les textes du régime de communauté, comme les situations de crise conjugale prévues par le régime primaire, sont susceptibles de s'étendre au PACS et à l'union libre. Seules sont alors envisageables, en pareilles hypothèses, les mesures résultant du droit commun de l'indivision (C.civ., art. 815-4, 815-5 et 815-6), lesquelles sont, il est vrai, en grande partie calquées sur les dispositifs du statut fondamental impératif (C. civ., art. 217, 219 et 220-1). La subsistance de cette spécificité du droit matrimonial est d'autant plus forte lorsqu'on la replace dans son environnement juridique et social. Depuis la loi du 3 janvier 1968, les articles 1426 et 1429 constituent, avec les mesures de crise du régime primaire, l'une des pièces maîtresses du principe de subsidiarité des mesures de protection juridique des majeurs. Aujourd'hui énoncé à l'article 428 du Code civil, dans sa rédaction issue de la loi n° 2007-308 du 5 mars 2007, ces dispositions tiennent en échec l'ouverture d'un régime de protection des majeurs, toutes les fois qu'elles suffisent à pourvoir aux intérêts de l'époux empêché. Pour autant, l'hypothèse de l'empêchement d'un conjoint n'est pas le seul cas d'application des articles 1426 et 1429. Les deux textes assignent, l'un et l'autre, plusieurs conditions à l'habilitation judiciaire (I) avant d'en préciser les effets (II).

I. Les conditions de l'habilitation judiciaire

Les articles 1426 et 1429 subordonnent le jeu des mesures qu'ils contiennent à deux séries de conditions alternatives. Il s'agit, tantôt, de protéger l'époux empêché (A), tantôt, de protéger la communauté (B).

A. La protection de l'époux empêché

Aux termes des articles 1426 et 1429, « si l'un des époux se trouve, d'une manière durable, hors d'état de manifester sa volonté », l'autre conjoint peut solliciter une mesure de substitution ou de retrait de pouvoirs. L'emploi du mot « si » montre que l'empêchement d'un époux est une condition de mise en œuvre de ces mesures. Au demeurant, cette condition se retrouve dans les textes consacrés aux mesures de crise du régime primaire, c'est-à-dire aux articles 219 et 217 du Code civil. L'expression « hors d'état de manifester sa volonté » fait l'objet, pour l'application des articles 1426 et 1429, comme pour celle des dispositions du statut fondamental impératif, d'une interprétation souple par la jurisprudence. Est ici visée la maladie. C'est ainsi, par exemple, qu'un arrêt de la Cour d'appel de Paris du 16 décembre 1999 a admis le jeu de l'article 219, alinéa 1er dans l'hypothèse d'un conjoint atteint de la maladie d'Alzheimer. La formule englobe aussi les situations d'éloignement d'un époux, son incarcération, son absence. La communauté de conditions des articles 1426 et 1429, d'une part, et des articles 217 et 219, d'autre part, entraîne, à première vue, un risque de chevauchement de ces textes. En réalité, ce risque doit être bien mesuré. En effet, non seulement, l'article 217 n'a vocation à s'appliquer qu'aux seules hypothèses de cogestion, si bien que le risque de chevauchement ne se présente réellement qu'à propos de l'article 219, alinéa 1er, mais encore, les articles 1426 et 1429 exigent que « l'un des époux se trouve, d'une manière durable, hors d'état de manifester sa volonté ». Or, cette condition - tirée d'un état ayant vocation à se prolonger dans le temps - ne se retrouve pas dans les textes du régime primaire. Il conviendra donc de privilégier les dispositifs du régime de communauté toutes les fois que l'un des conjoints souffre d'un empêchement durable, tel qu'une longue maladie, une longue incarcération. La condition tirée d'un empêchement « durable » comporte des prolongements sur le terrain procédural. Les articles 1445 à 1447 du Code civil, relatifs à la séparation de biens judiciaire, sont applicables, aux termes des articles 1426, alinéa 1er et 1429, alinéa 1er, à la demande formée sur le fondement de ces deux textes. Il conviendra ainsi de faire publier la demande en marge de l'acte de naissance de chaque époux et de procéder à la publication du jugement prononçant la substitution ou le retrait de pouvoirs dans un journal d'annonces légales du ressort du tribunal. Le dispositif du jugement doit être par ailleurs notifié à l'officier de l'état civil du lieu où le mariage a été célébré à fin de mention en marge de l'acte de mariage. Lorsque les époux ont rédigé un contrat de mariage, le dispositif du jugement est publié sur la *minute*ᵠ de ce contrat (C. pr. civ., art. 1294, al. 2 et 3). Ces mesures de publicité ne sont pas sans évoquer, à certains égards, celles dont sont l'objet la tutelle et la curatelle, lesquelles sont mentionnées en marge de l'acte de naissance de la personne protégée. Lorsque le recours aux articles 1426 et 1429 est justifié par l'empêchement d'un conjoint, ces textes permettent d'éviter l'ouverture d'une mesure de protection judiciaire des majeurs, dès lors qu'ils suffisent à pourvoir aux intérêts de l'époux empêché. Plus encore, ils autorisent le conjoint valide à saisir le juge des tutelles d'une requête en vue de la révocation, sur le fondement du principe de subsidiarité, du mandat de protection future conclu par le conjoint empêché (C. civ., art. 428 et

483, 4°). Il reste que l'utilisation de ces passerelles risque de se heurter, en pratique, à des obstacles procéduraux. Le juge compétent pour connaître des articles 1426 et 1429 est, en toute hypothèse, le juge aux affaires familiales et non pas le juge des tutelles. Cette différence de traitement procédural entre les dispositifs du régime de communauté et ceux du régime primaire (C. civ., art. 217 et 219) est critiquable. Elle rend très délicate, si ce n'est illusoire, l'application de ces mesures après l'ouverture d'un régime de protection des majeurs, que ce soit concurremment à un tel régime, comme l'avait admis la Cour de cassation en 1981 à propos de l'article 219, alinéa 1er (Civ. 1re, 18 févr. 1981, *Bull. civ.* I, n° 60 ; *JCP N* 1981. II. 155, obs. Ph. Rémy ; *RTD civ.* 1982. 140, obs R. Nerson et J. Rubellin-Devichi), ou en substitution d'un tel régime.

B. La protection de la communauté

Aux termes de l'article 1426, alinéa 1er, le recours à ce texte est possible « si la gestion de la communauté [par un époux] atteste l'inaptitude ou la fraude ». L'article 1429 fait écho à cette disposition en énonçant, dans son premier alinéa, qu'il a vocation à s'appliquer « si [un époux] met en péril les intérêts de la famille, soit en laissant dépérir ses propres, soit en dissipant ou détournant les revenus qu'il en retire ». Ces deux conditions représentent une alternative à celle tirée de l'empêchement d'un conjoint, ainsi que le montre l'emploi de la conjonction de coordination « ou ». « L'inaptitude » désigne l'incompétence, la négligence. C'est l'incapacité, au sens courant de ce mot, à faire quelque chose (par exemple, pour une épouse étant sous l'emprise d'un magnétiseur : CA Paris, 17 avr. 1996, *JCP* 1997. I. 4008, n° 15, obs. Ph. Simler ; Civ. 1re, 31 janv. 1984, *Bull. civ.* I, n° 2). Il s'agit ici de protéger un époux contre les méfaits de la gestion concurrente en privant le conjoint inapte de ses pouvoirs de gestion sur les biens communs. C'est, en effet, la « gestion de la communauté » qui est visée à l'article 1426, alinéa 1er. La « fraude » implique, quant à elle, un comportement intentionnel de la part d'un époux, une intention malveillante, malhonnête. Elle suppose la volonté d'un époux de priver son conjoint de ses droits dans la communauté. Une telle preuve ne résulte pas, selon la jurisprudence, du virement d'un compte commun au compte personnel de l'un des époux (CA Paris, 19 oct. 1988, *JCP* 1989. II. 21362, note G. Paisant ; Civ. 1re, 14 juin 1989, *Bull. civ.* I, n° 325). L'article 1429 se montre plus exigeant que l'article 1426 relatif aux biens communs. En effet, il ne permet de retirer à un époux une partie de ses pouvoirs sur ses biens propres que, « soit » s'il laisse « dépérir ses propres », « soit » s'il dissipe « ou » détourne les revenus qu'il en retire. Le dépérissement vise le défaut d'entretien d'un bien entraînant sa perte, sa disparition. La dissipation désigne l'action d'anéantir, de consumer à perte. Quant au détournement, il implique un comportement malveillant, malhonnête, une intention de fraude. Ces agissements sont plus restrictifs que ceux visés à l'article 1426, même s'ils participent de « l'inaptitude » ou de la « fraude » visées par ce texte. L'un des comportements prévus à l'article 1429 suffit pour la mise en œuvre de ce texte, ainsi que le montre l'emploi de la conjonction « ou » et du mot « soit ». Si elles visent les biens propres, les dispositions de l'article 1429 n'en permettent pas moins de garantir la protection du patrimoine commun. En effet, depuis l'arrêt Authier, rendu par la première chambre civile de la Cour de cassation le 31 mars 1992, les fruits et les revenus des biens propres, tombent en communauté (Civ. 1re, 31 mars 1992, *Defrénois* 1992. 35348, obs. G. Champenois ; *RTD civ.* 1993. 401, obs. F. Lucet et B. Vareille ; *JCP* 1993. II. 22003 et *JCP N* 1993. 333, note J.-F. Pillebout). L'article 1429 vise ainsi à préserver l'affectation communautaire des fruits et des revenus des biens propres, en permettant d'éviter qu'un époux les détourne de cette affectation. S'il protège la communauté, le texte n'en subordonne pas moins cette protection à une condition : le comportement reproché à l'époux fautif doit mettre « en péril les intérêts de la famille ». Cette condition tient à ce que l'article 1429 prive le propriétaire d'une partie de ses pouvoirs sur ses biens. La notion d'intérêt de la famille fait l'objet ici, comme en d'autres domaines du droit des régimes matrimoniaux, d'une appréciation globale, prenant en compte l'impact familial des initiatives de l'époux propriétaire. Elle conduit à prendre en considération l'intérêt du conjoint demandeur et celui des enfants et à les préserver contre les conséquences néfastes d'un détournement de ses pouvoirs par le conjoint fautif. Si les articles 1426 et 1429 visent, l'un et l'autre, à préserver la masse commune, et donc le patrimoine commun des époux, le recours à ces dispositifs n'en revêt pas moins un caractère personnel marqué. C'est ainsi que l'article 1446 interdit aux créanciers d'un époux de demander une mesure de retrait de pouvoirs, au lieu et place de leur débiteur. En d'autres termes, cette action ne peut être exercée par la voie oblique mais l'article 1447 autorise les créanciers à se faire communiquer la demande en justice ainsi que les pièces justificatives et à intervenir à l'instance afin de préserver leurs droits. Ils peuvent également faire opposition au jugement, dans le délai d'un an à compter de sa publicité, lorsqu'il a été prononcé en fraude à leurs droits. La seconde série de conditions posée par les articles 1426 et 1429 réserve à ces dispositions un domaine d'application quasi-exclusif. En effet, la mise en œuvre des articles 217 et 219 n'est pas ici envisageable. En revanche, les dispositions de l'article 220-1, offrant la faculté de saisir le juge aux affaires familiales afin qu'il prononce des mesures urgentes, lorsqu'un époux manque gravement à ses devoirs met ainsi en péril les intérêts de la famille, peuvent ici trouver à s'appliquer. L'article 220-1, qui prévoit des mesures restrictives des pouvoirs de l'époux fautif, se rapproche par ses effets, des mesures d'habilitation judiciaire du régime de communauté.

II. Les effets de l'habilitation judiciaire

Les mesures visées aux articles 1426 et 1429 produisent chacune des effets qui leur sont spécifiques (A). Leur durée est, dans tous les cas, indéterminée (B).

A. Des effets spécifiques à chaque mesure

Les effets produits par les mesures des articles 1426 et 1429 sont annoncés dès l'alinéa 1er de chaque texte. L'article 1426 énonce que « l'autre conjoint peut demander en justice à lui être substitué dans l'exercice de ses pouvoirs ». L'article 1429 précise que l'époux défaillant ou fautif « peut, à la demande de son conjoint, être dessaisi des droits d'administration et de jouissance qui lui sont reconnus par l'article précédent ». Chacun de ces dispositifs produit ainsi des effets qui lui sont propres. L'article 1426 organise une mesure de substitution de pouvoirs, c'est-à-dire une mesure de retrait, de privation des pouvoirs d'un époux, suivie de leur transfert au profit du conjoint demandeur. Cette mesure peut être demandée en justice par l'époux valide ou non fautif. Il s'agit d'une faculté qui lui est reconnue, concurremment à d'autres dispositions (COJ art. 219, 217 et 220-1). Cette demande doit être portée, depuis la loi du 12 mai 2009, devant le juge aux affaires familiales (COJ, art. L. 221-9, 3° et L. 213-3, 1°, réd. Loi n° 2009-526, 12 mai 2009). L'article 1426, alinéa 2 précise la portée de cette substitution de pouvoirs, en énonçant, dans sa première phrase, que « le conjoint, ainsi habilité par justice, a les mêmes pouvoirs qu'aurait eu l'époux qu'il remplace ». Cette formule traduit l'idée d'un retrait de pouvoirs et d'un transfert de ces mêmes pouvoirs au profit du demandeur. Cette substitution de pouvoirs implique une habilitation judiciaire. L'époux demandeur tire son pouvoir du juge. La portée exacte de l'article 1426 doit être appréciée à l'aune de la loi du 23 décembre 1985. En effet, cette loi n'a remodelé le texte qu'à la marge. Or, depuis la consécration, en 1985, du principe de la gestion concurrente de la communauté, la mesure de substitution de pouvoirs est privée d'une grande partie de son intérêt. L'époux valide ou non fautif dispose, en effet, des mêmes pouvoirs que son conjoint sur les biens communs. Il s'ensuit que, dans la majorité des hypothèses, la substitution de pouvoirs se réduit, en réalité, à un simple retrait de pouvoirs. L'article 1426 transforme, alors, la gestion concurrente en une gestion exclusive des biens communs par le demandeur. À vrai dire, la substitution de pouvoirs ne se rencontre qu'à propos des biens communs affectés, par un époux, à l'exercice d'une profession séparée. Ces biens obéissent, en vertu de l'article 1421, alinéa 2, à la règle de la gestion exclusive aux mains du professionnel. En pareil cas, l'article 1426 organise véritablement une substitution de pouvoirs, c'est-à-dire le retrait et le transfert des pouvoirs du professionnel au profit de son conjoint. L'article 1426, alinéa 2 comporte, dans sa seconde phrase, une disposition spéciale concernant les actes soumis à la cogestion. Le texte précise, ici, que le conjoint habilité « passe avec l'autorisation de justice les actes pour lesquels son consentement aurait été requis s'il n'y avait pas eu substitution ». Par cette disposition, qui n'est pas sans faire écho à l'article 217 du Code civil, le législateur a voulu éviter, que par l'effet du retrait de pouvoir, le conjoint habilité puisse accomplir seul les actes soumis au double consentement des époux. La demande d'autorisation relève, comme celle de l'article 217 lorsqu'elle vise à passer outre le refus du conjoint récalcitrant, de la compétence du juge aux affaires familiales, lequel est ici saisi par voie de requête et statue comme en matière gracieuse (C. pr. civ., art. 1286, al. 1er et 1287, al. 1er, réd. Décr. n° 2009-1591, 17 déc. 2009). L'article 1426 entraîne, suivant les cas, un retrait de pouvoirs ou une substitution de pouvoirs. Mais, à la différence de l'article 219 du Code civil, il n'organise jamais la représentation du conjoint dessaisi par l'autre époux. L'article 1426 ne repose pas sur un mécanisme de représentation judiciaire. Il en résulte que les actes accomplis par le conjoint habilité n'engagent que ce dernier et lui seul. Ces actes sont seulement opposables au conjoint dessaisi. C'est, sur le terrain du passif, l'époux habilité qui est engagé par l'acte, et cela, en vertu de la corrélation du pouvoir de gérer les biens et de les engager du point de vue du passif.

L'article 1429 organise, quant à lui, une mesure de retrait de pouvoirs. L'article 1429, alinéa 1er précise, en effet, que l'époux défaillant ou fautif « peut, à la demande de son conjoint, être dessaisi des droits d'administration et de jouissance qui lui sont reconnus par l'article précédent ». L'article 1428 dispose que « chaque époux a l'administration et la jouissance de ses biens propres et peut en disposer librement ». Ce texte pose le principe de la gestion exclusive des biens propres. Il met un terme, en 1965, à l'ancien usufruit de la communauté sur les propres de chaque époux. Le retrait de pouvoirs affecte, aux termes de l'article 1429, alinéa 1er, les « droits d'administration et de jouissance ». L'alinéa 2 du texte dispose, pareillement, que « le jugement confère au conjoint demandeur le pouvoir d'administrer les propres de l'époux dessaisi ainsi que d'en percevoir les fruits ». Le conjoint habilité se voit confier le pouvoir de gérer et de percevoir les fruits des biens propres du conjoint dessaisi. L'article 1429 organise le retrait des pouvoirs d'administration et de jouissance des biens propres. La notion d'acte d'administration peut ici soulever des difficultés d'interprétation. Convient-il, en la matière, de se référer aux règles relatives à la gestion du patrimoine des personnes en curatelle ou en tutelle (Décr. n° 2004-1484, 22 déc. 2008) ? La question est particulièrement importante s'agissant des baux et, spécialement des baux commerciaux et des baux ruraux. En ce domaine, la Cour de cassation a jugé, à propos de la présomption de mandat tacite de l'article 1432, que la conclusion d'un bail rural constituait un acte de disposition (Civ. 3e, 16 sept. 2009, *Bull. civ.* III, n° 191 ; *AJ fam.* 2009. 459, obs. P Hilt ; *JCP* 2010. 487, n° 16, obs. Ph. Simler ; *JCP* N 2009. 616 ; *Defrénois* 2010. 39087. 625 ; *LEFP* nov. 2009. 6, obs. N. Peterka). L'article 1429 incarne la disposition symétrique de l'article 1426 dans le domaine de la gestion des biens propres. Les articles 1426 et 1429 apparaissent comme deux dispositions complémentaires, la première permettant de gérer la communauté, et la seconde de gérer les biens propres du conjoint dessaisi. L'époux habilité est privé néanmoins du droit de disposer des propres de son conjoint. Ce droit reste, aux termes de l'article 1429, alinéa 3 entre les mains du conjoint défaillant ou fautif : ce dernier « ne peut disposer seul que de la nue-propriété de ses biens ». L'emploi du terme « seul » montre que la cession de la pleine propriété implique, comme dans le droit commun de l'usufruit, le consentement du conjoint habilité et celui du conjoint dessaisi. La faculté de ce dernier de disposer seul de la nue-propriété doit être écartée en présence d'un conjoint hors d'état de manifester sa volonté. Encore que l'empêchement puisse alors être levé par le recours à la représentation judiciaire de l'article 219, alinéa 1er.

L'article 1429, alinéa 2 fournit une double directive quant au retrait de pouvoirs. D'une part, ce dernier s'effectue, en principe, au profit de l'autre conjoint. La nomination d'un administrateur judiciaire pour les gérer les propres de l'époux dessaisi doit demeurer exceptionnelle, ainsi que le souligne l'emploi des termes « à moins que » par le législateur. Une telle désignation doit être justifiée, selon l'alinéa 2 du texte, par la nécessité. La décision du juge aux affaires familiales devra être motivée sur ce point. D'autre part, les « fruits devront être appliqués » par le conjoint habilité « aux charges du mariage et l'excédent employé au profit de la communauté ». Sont ici visés tous les fruits – naturels, industriels ou civils – à l'exclusion des produits. L'article 1429, alinéa 3 édicte une règle impérative, ainsi que le souligne l'emploi, au futur, du verbe « devoir ». Cette formule est révélatrice d'une obligation faite à l'époux habilité, d'une règle à laquelle le jugement rendu sur le fondement de l'article 1429 ne peut pas déroger. L'affectation des fruits aux charges du mariage, c'est-à-dire aux dépenses entraînées par le train de vie du ménage, ainsi qu'à la communaut é montre que les dispositions de l'article 1429 poursuivent, au premier chef, une finalité protectrice de la famille. Elles risquent ainsi de se révéler inadaptées lorsqu'elles visent à pourvoir aux intérêts du conjoint empêché, dans le cadre du principe de subsidiarité des mesures de protection juridique des majeurs. Il faudra alors concilier l'intérêt de la famille et celui du conjoint empêché. L'article 1429 ne précise pas, par ailleurs, s'il organise une substitution de pouvoirs ou une représentation judiciaire. Le conjoint habilité agit-il en vertu d'un pouvoir propre ou par voie de représentation de l'époux dessaisi ? La doctrine se prononce majoritairement en faveur de la représentation. Il n'est pas concevable, en effet, qu'une personne soit habilitée à agir en son nom propre et en vertu d'un pouvoir propre sur les biens d'autrui. On ajoutera qu'à la différence de l'article 1426 qui fait référence à la substitution de pouvoirs (al. 1er), l'article 1429 dispose que le jugement « confère » au conjoint demandeur le pouvoir d'administrer les propres du conjoint dessaisi et d'en percevoir les fruits, ce qui est différent. L'article 1429 se distingue ainsi par ses effets de l'article 1426. Il se rapproche, en revanche de l'article 219, alinéa 1er. Les deux textes autorisent un époux à agir, par représentation, sur les biens propres du conjoint empêché. Mais l'étendue de la représentation est plus vaste dans le cadre de l'article 219, où elle peut s'étendre à un ou plusieurs actes déterminés ou à une série d'actes indéterminés, qu'à l'article 1429, où elle est limitée à l'administration et à la jouissance des biens propres. L'article 1429 présente, en revanche, un avantage sur l'article 219, en ce qu'il prive l'époux empêché de ses pouvoirs, ce qui ne résulte pas de la représentation judiciaire de l'article 219.

B. Une durée indéterminée

Les articles 1426 et 1429 ne soumettent la durée des mesures qu'ils prévoient à aucun délai maximal. Sur ce terrain, ils se distinguent nettement des mesures urgentes de l'article 220-1, lesquelles ne peuvent pas dépasser trois ans, prolongation comprise. Pour autant, le législateur apporte deux précisions concernant la durée des mesures de retrait. Elles concernent, d'une part, leur prise d'effet et, d'autre part, leur cessation. S'agissant de leur prise d'effet, l'article 1429, alinéa 3 précise que « À compter de la demande, l'époux dessaisi ne peut disposer seul que de la nue-propriété de ses biens ». Cette disposition doit être reliée à celle de l'alinéa 1er du texte. L'article 1429, alinéa 1er soumet, comme l'article 1426, alinéa 1er, la demande en justice aux dispositions des articles 1445 à 1447 du Code civil. Imposant la publicité de la demande en marge de l'acte de naissance de chaque époux, le renvoi à l'article 1445 justifie que le jugement prononçant la mesure de retrait ou de substitution rétroagisse, quant à ses effets, au jour de la demande en justice. Cette rétroactivité, qui ne porte pas préjudice aux droits des tiers, permet de priver d'effet les actes accomplis par le conjoint défaillant ou fautif pendant la procédure. S'agissant de la cessation des dispositifs restrictifs de pouvoirs, l'article 1426, alinéa 3 et l'article 1429, alinéa 4 autorisent le conjoint dessaisi à demander la restitution de ses droits (art. 1426) ou « à rentrer dans ses droits » (art. 1429), s'il établit que « leur transfert à l'autre conjoint n'est plus justifié » (art. 1426) ou que « les causes qui justifiaient le dessaisissement n'existent plus » (art. 1429). On retrouve, dans ces dispositions, la distinction entre la substitution et le simple retrait de pouvoirs. Surtout, elles soulignent que, si elles ne sont pas des mesures temporaires, à la différence de celles de l'article 220-1, les mesures des articles 1426 et 1429 sont des mesures provisoires. Statuant suivant les règles de la procédure en matière contentieuse applicables devant le tribunal de grande instance (C. pr. civ., art. 1291, 1292 et 1136-1), le juge aux affaires familiales peut à tout moment prononcer leur cessation, sous réserve que l'époux dessaisi apporte la preuve que le retrait n'est plus justifié. Mais, il est vrai que si cette preuve se conçoit aisément dans l'hypothèse où l'empêchement d'un époux a pris fin, elle s'avère en revanche plus délicate lorsqu'il s'agit de prouver la cessation d'un comportement frauduleux ou négligent.

chapitre 8

Le fonctionnement du régime légal : les dettes propres et les dettes communes

Plan analytique

section 1

Les dettes propres

§ 1 La définition des dettes propres

§ 2 L'assiette du droit de gage général des créanciers

section 2

Les dettes communes

§ 1 Le passif commun provisoire

- **A.** Les dettes ni ménagères ni alimentaires
- **B.** Les dettes ménagères et les dettes alimentaires

§ 2 Le passif commun définitif

- **A.** Les dettes ni ménagères ni alimentaires
- **B.** Les dettes ménagères et les dettes alimentaires

8

Le fonctionnement du régime légal : les dettes propres et les dettes communes

La répartition des dettes communes et des dettes propres est gouvernée par trois principes. Le premier réside dans *le principe de la corrélation de l'actif et du passif* (v. ss 258). On retrouve, sur le terrain du passif, la division tripartite des dettes communes et des dettes propres de chaque époux. La symétrie entre l'actif et le passif n'est toutefois pas parfaite. Le principe de la corrélation de l'actif et du passif se trouve, en effet, nuancé par deux autres principes. La première nuance résulte de l'existence d'une *corrélation entre le pouvoir de gérer les biens et celui de les engager sur le plan du passif*. Seul l'époux qui détient le pouvoir de gestion sur un bien peut offrir ce dernier en gage général à ses créanciers. La loi du 23 décembre 1985 a bilatéralisé ce pouvoir. La règle étant la gestion concurrente des biens communs, chaque époux peut en principe engager la communauté sur le plan du passif. La seconde nuance découle de *l'absence de personnalité morale de la communauté*. Les dettes communes sont aussi celles de l'époux qui les a fait entrer en communauté (v. 1418 C. civ.). Les créanciers de cette dernière bénéficient d'un droit de poursuite qui s'étend, en principe, non seulement aux biens communs mais aussi aux biens propres de l'époux débiteur. Le *passif provisoire*[Q] de la communauté engage à la fois l'actif commun et l'actif propre de l'époux qui a souscrit la dette. 454

Pendant le fonctionnement du régime, il arrive fréquemment que les dettes d'un époux soient payées à l'aide de deniers communs. Lors de la liquidation, il faudra établir le *passif définitif*[Q] de la communauté. Cela consiste à rechercher si la charge définitive de la dette incombe à la communauté ou si cette dernière a droit à récompense pour avoir acquitté la dette. Cette recherche ne peut être effectuée qu'après avoir déterminé les dettes propres (section 1) et les dettes communes (section 2). 455

section 1

Les dettes propres

La définition des *dettes propres*[Q] (§ 1) précédera la délimitation de l'assiette du droit de gage général des créanciers (§ 2). 456

§ 1 La définition des dettes propres

L'article 1410 du Code civil énonce que « Les dettes dont les époux étaient tenus au jour de la célébration de leur mariage, ou dont se trouvent grevées les successions et 457 libéralités qui leur échoient durant le mariage, leur demeurent personnelles, tant en capitaux qu'en arrérages ou intérêts ». L'article 1410 est l'application du principe de la corrélation de l'actif et du passif. Les biens présents et ceux reçus par succession ou libéralité sont inscrits à l'actif propre. Symétriquement, les dettes présentes et celles grevant les successions et les libéralités intègrent le passif propre.

■ 458 Chaque époux reste ainsi seul débiteur de ses dettes en se mariant. Peu importe la date de l'échéance de la dette. De la même manière, les dettes liées aux biens reçus par succession ou libéralités sont propres à l'héritier ou au gratifié. Si un époux est gratifié d'une donation avec charges, l'exécution de la charge correspond à une dette personnelle au donataire.

■ 459 Le principe de la corrélation de l'actif et du passif reçoit des tempéraments sur le terrain de l'assiette du droit de gage général des créanciers.

§ 2 L'assiette du droit de gage général des créanciers

■ 460 Les *dettes propres*[Q] obligent le patrimoine propre de l'époux débiteur et sont à la charge définitive de ce dernier. Elles font partie non seulement du *passif provisoire*[Q] propre mais aussi du *passif définitif*[Q] propre. Lorsqu'une dette personnelle est acquittée par la communauté, celle-ci bénéficie d'un droit à récompense à la dissolution du régime (C. civ., art. 1412).

■ 461 Le principe de la corrélation de l'actif et du passif souffre ici deux séries de correctifs. L'article 1411 décide, tout d'abord, en son alinéa 1er, que les créanciers personnels d'un époux « ne peuvent poursuivre leur paiement que sur les biens propres et les revenus de leur débiteur ». Les revenus recouvrent les gains et salaires ainsi que les fruits et revenus des biens propres. L'ensemble de ces biens correspond à des biens communs. En 1985, le législateur a étendu le droit de poursuite des créanciers personnels à une partie de l'actif commun. Il est apparu incohérent de priver les créanciers des revenus à venir de leur débiteur, alors que ces revenus constituent l'essentiel de son patrimoine.

■ 462 L'article 1411 dispose, ensuite, en son alinéa 2, que les créanciers « peuvent, néanmoins, saisir aussi les biens de la communauté quand le mobilier qui appartient à leur débiteur au jour du mariage ou qui lui est échu par succession ou libéralité a été confondu dans le patrimoine commun et ne peut plus être identifié selon les règles de l'article 1402 ». Le texte tient compte de la spécificité des relations conjugales. La vie de couple entraîne inévitablement la confusion des meubles du ménage. Le mélange des meubles communs et des meubles propres rend la preuve de la consistance du mobilier propre extrêmement difficile. D'autant plus que celle-ci doit être rapportée conformément aux modes de preuve de l'article 1402, alinéa 2 (v. ss 367 et s.). Aussi, la confusion du mobilier autorise-t-elle le créancier à saisir les biens de la communauté. C'est alors à l'époux débiteur de démontrer l'existence de meubles qui lui sont propres, afin d'éviter la saisie des biens communs (Civ. 1re, 16 mai 2000, *Bull. civ.* I, n° 141 ; *RTD civ.* 2001. 423, obs. B. Vareille ; *RJPF* 2000-7-8/30, obs. F. Vauvillé ; *Defrénois* 2000. 1180, obs. G. Champenois). Conformément à l'article 1412, la communauté qui a acquitté la dette personnelle bénéficie d'un droit à récompense à la dissolution du régime.

section 2

Les dettes communes

Il convient d'étudier, d'abord, le passif commun provisoire (§ 1), puis le passif commun définitif (§ 2). 463

§ 1 Le passif commun provisoire

L'étude du *passif commun provisoire*[Q] consiste à déterminer l'étendue de *l'obligation des époux aux dettes communes*[Q]. En la matière, une distinction s'impose entre les dettes qui ne sont ni ménagères ni alimentaires (A) et celles qui présentent l'un de ces caractères (B). 464

A. Les dettes ni ménagères ni alimentaires

Les dettes ni ménagères ni alimentaires sont régies, du point du passif provisoire, par les articles 1413 à 1415. L'article 1413 délimite l'étendue de l'obligation à la dette (1), tandis que les articles 1414 et 1415 lui apportent des restrictions (2). 465

1. *L'étendue de l'obligation à la dette (C. civ., art. 1413)*

La règle de l'article 1413 (a) doit être articulée avec le droit des entreprises en difficulté (b). 466

a. La règle de l'article 1413

L'article 1413 énonce que « Le paiement des dettes dont chaque époux est tenu, pour quelque cause que ce soit, pendant la communauté, peut toujours être poursuivi sur les biens communs, à moins qu'il n'y ait eu fraude de l'époux débiteur et mauvaise foi du créancier, et sauf la récompense due à la communauté s'il y a lieu ». Le texte illustre la corrélation entre le *pouvoir de gérer* l'actif commun et celui de l'*engager*. La loi du 23 décembre 1985 a attribué aux époux des pouvoirs concurrents sur les biens communs. Corrélativement, elle décide que toute dette née du fait d'un époux pendant le fonctionnement du régime, est commune au plan de l'obligation. 467

L'article 1413 précise que le paiement de toute dette née « pour quelque cause que ce soit » pendant la communauté peut toujours être poursuivi sur les biens communs. Peu importe la nature (contractuelle, quasi contractuelle ou délictuelle) ou l'origine (professionnelle ou non professionnelle) de la dette. Les créanciers professionnels d'un entrepreneur individuel marié sous le régime légal pourront saisir les biens communs pour se payer de leur créance. Le régime de la communauté recèle ainsi des dangers sur le terrain du passif. Le législateur prévoit diverses mesures, destinées à informer les époux de ces risques. Le livret de famille doit avertir les époux que « la communauté est tenue au paiement des dettes contractées par un époux au cours du mariage » (v. annexe au Décr. n° 2002-1556 du 23 déc. 2002). L'article L. 526-4, alinéa 1er du Code de commerce impose à la personne physique mariée sous un régime de communauté, légale ou conventionnelle, de justifier, lors de sa demande 468 d'immatriculation à un registre de publicité légale à caractère professionnel, que son conjoint a été informé des conséquences sur les biens communs des dettes contractées dans l'exercice de sa profession (sur les craintes suscitées par l'absence d'harmonisation de la loi n° 2010-658 du 15 juin 2010 relative à l'entrepreneur individuel à responsabilité limitée avec le droit des régimes matrimoniaux, notamment sur le plan du passif, v. I. Dauriac et C. Grare-Didier, « Projet d'EIRL : l'enjeu pour la famille », *préc.* n° 14 ; E. Dubuisson, « L'EIRL est adopté ! », *préc.* n° 14).

■ 469 Les dettes nées pendant le régime n'engagent pas seulement l'actif commun. L'obligation à la dette incombe aussi au patrimoine propre de l'époux du chef duquel la dette est entrée en communauté (C. civ., art. 1418, al. 1er). Toute *dette commune* est aussi la dette de l'époux débiteur. En conséquence, le gage des créanciers communs s'étend à la fois à la masse commune et aux biens propres de l'époux qui a souscrit la dette. Lorsque les époux sont tenus solidairement, « la dette est réputée entrée en communauté du chef des deux époux » (C. civ., art. 1418, al. 2). La solidarité a alors pour effet d'offrir l'ensemble du patrimoine du couple à la poursuite du créancier. Ce dernier pourra réclamer le paiement de la totalité de sa créance sur les biens communs et/ou sur les biens propres de l'un ou de l'autre époux. Lorsque la dette est née du chef d'un acte soumis à la cogestion, la dette est simplement conjointe. Le créancier n'est autorisé à poursuivre chaque époux qu'à hauteur de la moitié de la dette.

b. L'articulation de l'article 1413 et du droit des entreprises en difficulté

■ 470 Le droit des entreprises en difficulté soumet les créanciers à deux grandes règles : l'arrêt des poursuites individuelles (C. com., art. L. 622-7) et l'obligation de déclarer leur créance au mandataire judiciaire ou à l'administrateur nommé dans le cadre de la procédure (C. com., art. L. 622-22 ; L. 622-24 et s.).

■ 471 Ces règles doivent être conciliées avec l'article 1413, toutes les fois qu'un époux marié sous un régime de communauté fait l'objet d'une procédure collective. Il convient alors de déterminer, d'une part, si les créanciers dont la créance est née du chef de l'autre conjoint – qu'on appelle « le conjoint *in bonis* » – peuvent exercer leur droit de poursuite sur les biens communs pendant la durée de la procédure et, d'autre part, s'ils sont soumis à l'obligation de déclarer leur créance.

■ 472 La Cour de cassation a tranché cette question en consacrant la *suprématie du droit des entreprises en difficulté sur le droit des régimes matrimoniaux*. Elle a décidé, par un arrêt de l'Assemblée plénière du 23 décembre 1994, que le dessaisissement du débiteur interdit aux créanciers de l'époux *in bonis* d'exercer des poursuites sur les biens communs, en dehors des cas où les créanciers soumis à la procédure peuvent eux-mêmes agir (Ass. plén. 12 déc. 1994, *Bull. civ.* I, n° 7 ; *Rapport annuel*, p. 325 ; *D.* 1995. Jur. 145, rapp. Y. Chartier, note F. Derrida ; *Defrénois* 1995. 445, note G. Champenois ; *JCP* 1995. II. 22401, note D. Randoux ; *ibid.* I. 3869, n° 8, obs. Ph. Simler). La Haute juridiction fait ainsi prévaloir l'effet réel de la procédure collective. Le paiement des dettes dont chaque époux est tenu, pour quelque cause que ce soit pendant la communauté, pouvant toujours être poursuivi, sauf fraude, sur les biens communs, ces derniers sont intégrés à la procédure, aux côtés des biens propres du débiteur, et cela, dès le jugement d'ouverture. La solution s'étend, de manière à vrai dire contestable, aux gains et salaires du conjoint *in bonis*, lequels ne peuvent être saisis par ses propres créanciers et, cela, bien qu'ils échappent à la règle de l'engagement des biens communs posée à l'article 1413 (Com. 16 nov. 2010, nº 09-68459, *AJ fam.* 2011. 113, obs. S. David ; *RD banc. fin.* 2011. Comm. 24, note S. Piedelièvre ; *JCP* 2011. 503, nº 9, obs. Ph. Simler ; *JCP N* 2012. 1168, obs. J.-P. Garçon). Mieux encore, lorsque les deux époux sont mis, chacun, successivement en liquidation judiciaire, les biens communs sont soumis à l'effet réel de la procédure collective première ouverte (Com. 16 mars 2010, *Bull. civ.* IV, nº 55 ; *AJ fam.* 2010.285, obs. P. Hilt ; *D.* 2010. Actu. 815, obs. A. Lienhard ; *JCP* 2010. 1220, nº 14, obs. Ph. Simler ; *Defrénois* 2010. 39138. 1484, note D. Gibirila ; *Defrénois* 2011. 39206. 386, obs. G. Champenois).

La Cour de cassation a précisé, par la suite, que le créancier de l'époux *in bonis* est tenu de déclarer sa créance dans le cadre de la procédure collective ouverte à l'encontre de l'autre conjoint (Com. 14 mai. 1996, *Bull. civ.* IV, nº 129 ; *D.* 1996. Jur. 460, note F. Derrida ; *JCP* 1996. I. 3962, nº 13, obs. Ph. Simler ; *RTD civ.* 1996. 666, obs. P. Crocq ; Com. 14 oct. 1997, *Dr. fam.* 1997, nº 182, note B. Beignier ; *D.* 1998. Somm. 134, obs. Th. Revet ; *D.* 1998. Jur. 377, obs. S. Piedelièvre). La sanction du défaut de déclaration consiste en l'exclusion du créancier des répartitions faites dans le cadre de la procédure (C. com., art. L. 622-26). Le créancier de l'époux *in bonis*, qui a omis de déclarer sa créance, ne peut en poursuivre le paiement durant la procédure collective. Après la clôture de la liquidation pour insuffisance d'actif, il est soumis au principe de non reprise des poursuites individuelles (C. com., art. L. 643-11 ; Comp. C. com., art. L. 622-26). Autant dire que, le plus souvent, il ne percevra rien... 473

La Cour de cassation étend l'impérialisme du droit des entreprises en difficulté jusque sur le terrain de la gestion de la communauté. Elle a ainsi décidé que l'ouverture d'une procédure collective à l'encontre d'un époux interdit à son conjoint d'exercer ses pouvoirs de gestion sur les biens communs (Civ. 1re, 4 oct. 2005, *AJ fam.* 2005. 407, obs. P. Hilt ; *JCP* N 2006. II. 1014, note B. Beignier ; *Dr. fam.* 2005, nº 250, obs. B. Beignier ; Com., 28 avr. 2009, *préc.* nº 377 précisant que la décision de justice rendue à l'encontre du conjoint en liquidation judiciaire, représenté par le liquidateur, est opposable à l'époux *in bonis*). La Haute juridiction soumet le conjoint *in bonis* aux dispositions du Code de commerce qui dessaisissent le débiteur de l'administration et de la disposition de ses biens (v. C. com., art. L. 641-9, en matière de liquidation judiciaire ; C. com., art. L. 631-12, al. 2, en matière de redressement judiciaire). L'acte qu'accomplit ce conjoint sur un bien commun est frappé de nullité. Ses actes sont, par ailleurs, éligibles à la nullité s'ils sont effectués pendant la période suspecte précédant la date de la cessation des paiements. C'est ainsi que les donations de biens communs effectuées par les deux époux, durant cette période, encourent la nullité pour la totalité du bien donné (C. com., art. L. 632-1, II ; Com., 7 avr. 2009, *Bull. civ.* IV, nº 50 ; *D.* 2009. 1085, obs. A. Lienhard ; *JCP* 2009. 391, obs. Ph. Simler ; *JCP* E 2009. 1814, nº 7, obs. M. Cabrillac ; Com. 3 mai 2011, nº 10-17011, *D.* 2011. 1343 ; rappr. Civ. 1re, 6 févr. 2008, *préc.* nº 397, déclarant inopposable en son entier la donation de biens communs faite par les époux en fraude des droits du créancier de l'un d'eux). 474

La loi nº 2005-845 du 26 juillet 2005 n'a pas réglé la question de l'articulation du droit des entreprises en difficulté avec le droit des régimes matrimoniaux. Tout au plus, le Code de commerce comporte désormais des dispositions visant à préserver, dans le cadre de la procédure de sauvegarde, les biens personnels du conjoint *in bonis* 475 contre les créanciers de son époux dès lors qu'ils n'ont pas été acquis avec des valeurs fournies par ce dernier (C. com., art. L. 624-5 et L. 624-6). L'article L. 624-5 du Code de commerce autorise ainsi le conjoint du débiteur, soumis à une procédure de sauvegarde, à établir la consistance de ses biens personnels, conformément aux règles des régimes matrimoniaux et dans les conditions prévues par les articles L. 624-9 et L. 624-10, afin de les soustraire à la procédure collective. Jusqu'à récemment, l'article L. 624-6 restreignait aussitôt ce droit de reprise en conférant au mandataire judiciaire ou à l'administrateur une action en rapport. Ces derniers se voyaient reconnaître la faculté de demander que les acquisitions faites par le conjoint *in bonis* soient réunies à l'actif, en prouvant par tous moyens qu'elles avaient été financées avec des valeurs fournies par le débiteur. C'est dire que les règles gouvernant les modes et le risque de la preuve, dans les différents régimes matrimoniaux, jouaient ici un rôle décisif (Com. 22 sept. 2009, *Gaz. Pal.* 2010. 43, note L. Antonini-Cochin, décidant, à propos de conjoints séparés de biens, que « les fonds figurant sur le compte joint des époux étant réputés leur appartenir indivisément, il appartenait à l'épouse de combattre cette présomption en démontrant qu'elle avait la propriété exclusive des fonds déposés sur le compte joint »). L'application de l'article L. 624-6 du Code de commerce est aujourd'hui écartée (Com. 11 avr. 2012, *D.* 2012. Actu. 1122). Saisi par la Cour de cassation d'une question prioritaire de constitutionnalité (Com. 2 nov. 2011, *D.* 2011. Actu. 2789 ; *Rev. sociétés* 2011. 730, obs. Roussel de Galle), le Conseil constitutionnel a jugé, en effet, qu'en l'absence de toute disposition encadrant les conditions dans lesquelles la réunion à l'actif est possible, l'article L. 624-6 permet qu'il soit porté au droit de propriété du conjoint du débiteur une atteinte disproportionnée au regard du but poursuivi et l'a ainsi déclaré contraire à la constitution (Cons. const. 20 janv. 2012, n° 2011-212 QPC, *D.* 2012. 214 ; *Dr. fam.* 2012. Comm. 48, note B. Beignier. Sur le sujet, v. M. Sénéchal, « Portée de l'inconstitutionnalité de l'article L. 624-6 du Code de commerce », *D.* 2012. 373 ; L.-C. Henry, « L'article L. 624-6, une abrogation acquise, une réforme attendue », *JCP E* 2012. 1255).

Dans le souci d'éviter la fraude, le législateur fait obstacle à ce que les avantages matrimoniaux, ainsi que les libéralités entre époux, soient soustraits à l'actif de la procédure. Ainsi, « Le conjoint [...] qui, lors de son mariage, dans l'année de celui-ci ou dans l'année suivante, était commerçant, immatriculé au répertoire des métiers, agriculteur ou qui exerçait toute autre activité professionnelle indépendante, ne peut exercer dans la procédure de sauvegarde aucune action à raison des avantages faits par l'un des époux à l'autre, dans le contrat de mariage ou pendant le mariage. Les créanciers ne peuvent, de leur côté, se prévaloir des avantages faits par l'un des époux à l'autre » (C. com., art. L. 624-8) (sur tout ceci, v. L. Antonini-Cochin, « Pour le meilleur et pour le pire... ou les droits du conjoint du débiteur soumis à une procédure collective », *JCP* 2010. 584).

2. *Les restrictions de l'obligation à la dette (C. civ., art. 1414 et 1415)*

476 L'article 1413 exclut expressément les biens communs de l'assiette du gage du créancier, lorsque ce dernier, de mauvaise foi, s'est rendu complice de la fraude de l'époux débiteur. La restriction représente la disposition symétrique, sur le terrain du passif, de l'article 1421, alinéa 1er réservant la fraude, sur le terrain des pouvoirs (v. ss 379 et s.). La collusion frauduleuse du créancier et d'un époux constitue ainsi une première limite à la règle de l'engagement des biens communs du fait des dettes nées pendant le mariage.

Afin de protéger le patrimoine commun, le législateur apporte à la règle de l'article 1413 deux restrictions supplémentaires. Celles-ci concernent, d'une part, les gains et salaires du conjoint non débiteur (a) et, d'autre part, le cautionnement et l'emprunt souscrits par un époux (b). 477

a. Les gains et salaires du conjoint non débiteur (C. civ., art. 1414)

L'article 1414 exclut des poursuites des créanciers les gains et salaires de l'époux non débiteur. Le texte – issu de la loi du 23 décembre 1985 – énonce, dans son alinéa 1er, que « les gains et salaires d'un époux ne peuvent être saisis par les créanciers de son conjoint que si l'obligation a été contractée pour l'entretien du ménage ou l'éducation des enfants, conformément à l'article 220 ». Le principe d'insaisissabilité des gains et salaires du conjoint non débiteur restreint de manière significative l'assiette du droit de poursuite des créanciers, surtout si l'on songe qu'ils constituent en pratique l'essentiel du patrimoine des ménages. 478

Cela explique que le principe se heurte à une double limite. L'article 1414 prend soin, tout d'abord, en son alinéa 1er, d'en exclure les dettes contractées pour l'entretien du ménage ou l'éducation des enfants « conformément à l'article 220 ». Le renvoi opéré à l'article 220, sans plus de précision, soulève une difficulté d'interprétation. Il peut désigner toutes les dettes ménagères, y compris celles qui ne sont pas solidaires (v. C. civ., art. 220, al. 2 et 3), ou seulement celles qui présentent ce caractère (v. ss 177). La jurisprudence s'est prononcée en faveur de la seconde branche de l'option (Civ. 2e, 28 oct. 1999, *RTD civ.* 2000. 386, obs. B. Vareille ; *RJPF* 2000-1/14, note S. Valory). 479

L'article 1414 envisage, ensuite, en son alinéa 2, l'hypothèse où les gains et salaires sont versés sur un compte bancaire. En ce cas, la fongibilité de la monnaie ne permet pas de savoir si les sommes versées en compte correspondent à des gains et salaires. Il a fallu trouver le moyen de garantir l'effectivité de la règle de l'insaisissabilité des gains et salaires du conjoint non débiteur, sans lui attribuer un domaine excessif. Il s'est agi de ne pas rendre insaisissable l'ensemble des sommes inscrites en compte, sous prétexte qu'il pourrait s'agir de gains et salaires. 480

À cette fin, l'article 1414, alinéa 2 dispose que « Lorsque les gains et salaires sont versés à un compte-courant ou de dépôt, ceux-ci ne peuvent être saisis que dans les conditions définies par décret ». L'article 48 du décret n° 92-755 du 31 juillet 1992 énonce que « Lorsqu'un compte, même joint, alimenté par les gains et salaires d'un époux commun en biens, fait l'objet d'une mesure d'exécution forcée ou d'une saisie conservatoire pour le paiement ou la garantie d'une créance née du chef du conjoint, il est laissé immédiatement à la disposition de l'époux commun en biens une somme équivalant, à son choix, au montant des gains et salaires versés au cours du mois précédant la saisie ou au montant moyen mensuel des gains et salaires versés dans les douze moins précédant la saisie ». Le décret de 1992 limite ainsi l'insaisissabilité des gains et salaires du conjoint non débiteur à un plafond laissé au choix de cet époux et correspondant soit au montant du salaire versé le mois précédant la saisie, soit à la moyenne des gains et salaires versés l'année précédant la saisie. Au-delà de ce plafond, les gains et salaires se transforment en économies, ce qui justifie leur 481 inclusion dans l'assiette du droit de gage général des créanciers, conformément à l'article 1413.

b. Le cautionnement et l'emprunt souscrits par un époux (C. civ., art. 1415)

482 L'article 1415, issu de la loi du 23 décembre 1985, apporte une nouvelle dérogation à la règle de l'article 1413. Le texte dispose que « Chacun des époux ne peut engager que ses biens propres et ses revenus, par un cautionnement ou un emprunt, à moins que ceux-ci n'aient été contractés avec le consentement exprès de l'autre conjoint qui, dans ce cas, n'engage pas ses biens propres ». Dans le souci de protéger le patrimoine commun, l'article 1415 soustrait des poursuites des créanciers les biens communs autres que les revenus du débiteur. Le texte repose sur l'idée que le cautionnement et l'emprunt sont des actes dangereux, en raison de leur exécution différée. L'époux qui souscrit de tels actes n'a pas nécessairement conscience du danger qu'ils représentent, d'où la nécessité de protéger le patrimoine familial contre le cautionnement et l'emprunt unilatéral. Le domaine (1) et la mise en œuvre de l'article 1415 (2) méritent d'être précisés.

1. Le domaine de l'article 1415

483 La jurisprudence retient une interprétation extensive de l'article 1415. Dans le souci de protéger le patrimoine familial, elle étend le domaine d'application du texte, par voie d'analogie, à l'ensemble des opérations proches de l'emprunt. La Cour de cassation fait ainsi bénéficier de l'article 1415 toutes les opérations de crédit, telles que les découverts bancaires (v. pour un découvert sur un compte personnel, Civ. 1re, 6 juill. 1999, *Bull. civ.* I, n° 224 ; *JCP* 2000. II. 10237, note J. Casey ; *D.* 2000. 421, note R. Le Guidec ; *RTD civ.* 2000. 388, obs. B. Vareille ; *Defrénois* 1999. 37082, obs. G. Champenois. V. pour un découvert résultant d'un compte joint, Civ. 1re, 19 nov. 2002, *Bull. civ.* I, n° 274 ; *Dr. fam.* 2003, n° 14, obs. B. Beignier. En revanche, la position débitrice d'un compte courant d'associé coopérateur, dont la vocation est de faciliter les échanges commerciaux de biens agricoles, ne peut être assimilée à un emprunt : Civ. 1re, 22 juin 2004, *Bull. civ.* I, n° 174 ; *RJPF* 2004-10/39, obs. F. Vauvillé). Mais échappent à l'article 1415 les emprunts ménagers souscrits par un époux, portant sur des « sommes modestes nécessaires aux besoins de la vie courante » (C. civ., art. 220, al. 3 ; v. ss 181 et s.). Ces emprunts engagent les époux solidairement.

484 La jurisprudence assimile au cautionnement toutes les opérations tendant à garantir la dette d'un tiers, telles que l'aval et la garantie à première demande (Civ. 1re, 20 juin 2006, *D.* 2006. 1815, note V. Avena-Robardet et 2539, obs. A.-S. Courdier-Cuisinier ; *RTD civ.* 2006. 816, obs. B. Vareille ; *AJ fam.* 2006. 330, obs. P. Hilt ; *JCP* 2006. II. 10141, note S. Piedelièvre ; *Defrénois* 2006. 38469, p. 1617, obs. G. Champenois ; Civ. 1re, 4 juin 2009, *JCP* 2009, n° 44, 391, n° 14, obs. Ph. Simler ; *D.* 2009. 2510, obs. V. Brémond. Elle a toutefois refusé l'extension du texte à la garantie des dettes sociales dues par l'associé d'une SCI à proportion de ses apports : Civ. 1re, 17 janv. 2006, *D.* 2006. 2660, note F. Bicheron ; *D.* 2007. 267, obs. J.-L. Hallouin et E. Lamazerolles censurant CA Versailles, 2 mai 2002, *Defrénois* 2003. 1144, note V. Brémond). La protection du patrimoine familial se trouve ainsi renforcée par une extension du texte à toutes les variétés d'emprunt et de cautionnement. Cette protection est d'autant plus forte que l'article 1415 est impératif et qu'il est applicable à tous les époux mariés sous un régime de communauté, y compris à ceux mariés sous un régime de communauté universelle (Civ. 1re, 3 mai 2000, *Bull. civ.* I,

n° 125 ; *Defrénois* 2000. 1185, obs. G. Champenois ; *RTD civ.* 2000. 889, obs. B. Vareille ; Civ. 1re, 28 janv. 2003, *JCP* N 2003. 1603, obs. J. Casey ; *Dr. fam.* 2003, n° 62, note B. Beignier), ou de séparation de biens avec société d'acquêts (Civ. 1re, 25 nov. 2003, *Bull. civ.* I, n° 236 ; *Defrénois* 2004. 1467, obs. G. Champenois ; *Dr. fam.* 2004, n° 8, note B. Beignier ; *RTD civ.* 2004. 335, note B. Vareille).

Une difficulté particulière s'est posée au sujet de l'extension de l'article 1415 au nantissement consenti en garantie de la dette d'un tiers, que l'on désignait sous le nom de « cautionnement réel ». En effet, la règle de l'article 1415 est difficilement transposable à cette hypothèse. En l'absence de consentement exprès du conjoint de la caution, le droit de poursuite des créanciers se réduit aux revenus et aux propres de celle-ci. Si le bien nanti est un bien commun, la règle de l'article 1415 conduit à une cogestion passive sanctionnée par l'inefficacité de la garantie. Le cautionnement réel portant sur bien commun est entaché de nullité pour dépassement de pouvoir (C. civ., art. 1427). **485**

Adoptée à l'origine par la jurisprudence (Civ. 1re, 26 mai 1999, *D.* 2000. Jur. 703, note V. Brémond ; *RTD civ.* 2000. 397, obs. B. Vareille ; *Defrénois* 2000. 439, obs. G. Champenois ; Civ. 1re, 25 janv. 2000, *JCP* 2000. I. 245, n° 16, obs. Ph. Simler), cette solution fut abandonnée par un retentissant revirement de jurisprudence, effectué par trois arrêts de la première chambre civile de la Cour de cassation du 15 mai 2002 (Civ. 1re, 15 mai 2002, *Bull. civ.* I, nos 127, 128, 129 ; *JCP* 2002. II. 10109, concl. C. Petit, note S. Piedelièvre ; *ibid.* I. 167, n° 5, obs. Ph. Simler ; *Defrénois* 2002. 1323, obs. G. Champenois ; *ibid.* 2003, p. 413, obs. Ph. Théry ; *D.* 2002. 1780, note C. Barberot ; *RTD civ.* 2002. 546, obs. P. Crocq ; *ibid.* 2003. 338, obs. B. Vareille). Ces arrêts alignèrent, du point de vue de l'article 1415, le régime du cautionnement réel sur celui du cautionnement personnel. Dans les deux cas, l'absence de consentement exprès de l'époux non débiteur était sanctionnée par la réduction du droit de poursuite du créancier aux propres et aux revenus de la caution. Pour parvenir à cette solution, la Cour de cassation adopta une analyse mixte du cautionnement réel, comme étant composé d'une sûreté réelle garantissant l'engagement personnel de payer la dette d'autrui. L'absence de consentement exprès du conjoint entachait la sûreté réelle de nullité. En revanche, l'engagement personnel de payer la dette d'autrui subsistait. Le créancier pouvait ainsi saisir les revenus et les propres de la caution « dans la double limite du montant de la somme garantie et de la valeur des biens engagés », celle-ci devant être appréciée « au jour de la demande d'exécution de la garantie ». **486**

Cette solution fut à son tour abandonnée, par un revirement de jurisprudence non moins retentissant que le précédent. Par un arrêt de la chambre mixte du 2 décembre 2005, la Cour de cassation décida que « l'article 1415 du Code civil [n'est] pas applicable au nantissement donné... [en garantie de la dette d'un tiers] » (Ch. mixte 2 déc. 2005, *JCP* 2005. II. 10183, note Ph. Simler ; *D.* 2006. 729, concl. J. Sainte-Rose, note L. Aynès et 1414, obs. J.-J. Lemouland et D. Vigneau. Dans le même sens, Civ. 1re, 28 févr. 2006, n° 02-10602, *JCP* 2006. IV. 1642). La solution est doublement novatrice. D'une part, elle revient sur l'analyse mixte de la sûreté, au point de refuser d'y voir un cautionnement, ne serait-il que réel. D'autre part, elle en déduit logiquement l'inapplicabilité de l'article 1415 au nantissement consenti en garantie de la dette d'un tiers. Sur le plan de la protection du patrimoine conjugal, cette jurisprudence **487** marquait un net recul. En effet, le créancier bénéficiant d'un nantissement constitué par un époux sur un bien commun, en garantie du paiement de la dette d'un tiers, ne se heurtait plus à l'obstacle de l'article 1415 pour obtenir la réalisation de la sûreté. C'est pourquoi, le législateur est intervenu pour briser la jurisprudence de la chambre mixte. L'ordonnance n° 2006-346 du 23 mars 2006, relative aux sûretés, est venue ajouter un second alinéa à l'article 1422 du Code civil qui prévoit désormais que les époux « ne peuvent [...], l'un sans l'autre, affecter [un bien de la communauté] à la garantie de la dette d'un tiers ». Le nantissement d'un bien commun en garantie de la dette d'un tiers est ainsi devenu un nouveau cas de cogestion active (v. ss 403 et s.). Sa conclusion est soumise, à peine de nullité, au double consentement des époux. Conformément aux principes du droit commun transitoire, les nouvelles dispositions de l'article 1422, alinéa 2 ne sont pas applicables aux contrats en cours, c'est-à-dire aux nantissements consentis avant l'entrée en vigueur de l'ordonnance du 23 mars 2006, soit le 25 mars 2006 (Civ. 1re, 23 févr. 2007, *D.* 2007. 937 et 2128, obs. J. Revel ; *JCP* 2007. I. 142, n° 20, obs. Ph. Simler). Pour ces contrats, il convient de se référer à la jurisprudence issue de l'arrêt de la chambre mixte de la Cour de cassation du 2 décembre 2005 : ils sont valablement consentis par un époux sans le consentement de son conjoint et l'article 1415 ne leur est pas applicable.

488 La protection conférée par l'article 1415 est étendue dans le temps. Le texte continue à s'appliquer après la dissolution de la communauté. Il s'oppose ainsi à ce que le créancier saisisse un « bien qui était commun aux deux époux lors de l'engagement du mari ». Les anciens biens communs relevant de l'indivision post-communautaire et ceux attribués à un époux dans le cadre du partage demeurent ainsi à l'abri des poursuites du créancier (Civ. 1re, 22 nov. 2005, *Defrénois* 2006. 38356. 514, note S. Piedelièvre ; *RJPF* 2006-3/96, obs. F. Vauvillé ; Civ. 1re, 28 mars 2008, *JCP* 2008. I. 144, n° 14, obs. Ph. Simler).

2. La mise en œuvre de l'article 1415

489 L'article 1415 invite à distinguer suivant que le cautionnement ou l'emprunt est unilatéral ou que le conjoint du débiteur a consenti à l'acte.

490 Le cautionnement ou l'emprunt unilatéral autorise le créancier à poursuivre le paiement de sa créance sur les biens propres et les revenus de son débiteur. Ces derniers désignent à la fois les gains et salaires et les fruits et revenus des biens propres.

491 Si la règle de l'article 1415 est simple dans son principe, sa mise en œuvre soulève une double difficulté. La première réside dans la délimitation exacte de la notion de « revenus ». Les revenus ont vocation à devenir des biens communs ordinaires, c'est-à-dire des acquêts, lorsqu'ils sont économisés, placés ou investis. La Cour de cassation décide que les fonds versés sur un compte de dépôt restent des revenus saisissables. En revanche, les revenus versés sur un plan d'épargne logement et sur un compte-titres représentent des acquêts de communauté qui échappent au droit de poursuite du créancier (Civ. 1re, 14 janv. 2003, *Bull. civ.* I, n° 2 ; *Dr. fam.* 2003, n° 48 (2e arrêt), note B. Beignier ; *Defrénois* 2003. 544, obs. G. Champenois ; *JCP* 2003. II. 10019, concl. J. Sainte-Rose ; *ibid.* I. 124, n° 4, obs. Ph. Simler ; *RTD civ.* 2003. 339, obs. B. Vareille).

492 La solution appelle trois remarques. S'agissant, tout d'abord, des revenus versés sur un compte de dépôt, la Cour de cassation ne tient pas compte de leur durée d'inscription en compte. Les revenus conservent leur nature, même s'ils sont économisés. On a suggéré de transposer, en la matière, les dispositions de l'article 1414 et du décret du 31 juillet 1992. Selon certains, les créanciers pourraient saisir les revenus du débiteur moins l'équivalant d'un mois de salaires du conjoint non débiteur, tandis que pour d'autres, il faudrait limiter la saisissabilité des revenus du débiteur à l'équivalent d'un mois de son salaire. La Cour de cassation repousse, à juste titre, les deux propositions. Par un arrêt de la première chambre civile du 17 février 2004, elle a affirmé que « le cantonnement prévu par l'article 1414, alinéa 2, du Code civil, qui protège les gains et salaires d'un époux commun en biens contre les créanciers de son conjoint, n'est pas applicable en cas de saisie, sur le fondement de l'article 1415 » (Civ. 1re, 17 févr. 2004, *Bull. civ.* I, n° 45 ; *D.* 2004. Somm. 2260, obs. V. Brémond ; *JCP* 2004. I. 176, n° 16, obs. Ph. Simler). S'agissant, ensuite, des revenus investis dans un compte-titres, la solution est l'application pure et simple de la notion d'« acquêt » définie à l'article 1401. Les titres inscrits en compte correspondent à une acquisition à titre onéreux faite pendant le mariage. S'agissant, enfin, des revenus versés sur un plan d'épargne logement, la qualification d'acquêts est moins évidente car les fonds ne sont pas investis dans l'acquisition d'un bien. Ils sont seulement placés en vue d'une acquisition future. C'est ici la volonté de placement, résultant du versement des fonds sur un compte à terme, qui fait basculer les revenus dans la catégorie des acquêts.

La seconde difficulté tient à la mise en œuvre du pouvoir de saisie du créancier. La **493**
Cour de cassation impose à ce dernier l'obligation d'identifier les revenus, parmi les sommes inscrites en compte. Autrement dit, le créancier est tenu de démontrer l'origine des fonds qu'il entend saisir. Il doit prouver, contre la présomption d'acquêt, qu'il s'agit de revenus ou de fonds propres du débiteur (Civ. 1re, 17 janv. 2006, *D.* 2006. 1277, note V. Bonnet ; *BICC* 2006/38, n° 733). Cette obligation incombe au créancier non seulement lorsque les fonds sont inscrits sur un compte joint (Civ. 1re, 3 avr. 2001, *Bull. civ.* I, n° 92 ; *JCP* 2001. I. 103, n° 13, obs. Ph. Simler ; *RTD civ.* 2001. 943, obs. B. Vareille ; *D.* 2001. Somm. 2933, obs. M. Nicod ; *Defrénois* 2001. 1129, obs. G. Champenois) mais aussi lorsqu'ils sont versés sur un compte personnel du débiteur (Civ. 1re, 17 janvier 2006, *préc.*). La solution revient, en pratique, à consacrer l'insaisissabilité des revenus de la caution ou de l'emprunteur. La Cour de cassation pousse la logique de la solution à l'extrême. Elle l'étend au cas où le débiteur exécute volontairement son obligation et fait primer l'article 1415 sur la présomption bancaire du régime primaire (Civ. 1re, 18 févr. 2003, *Dr. fam.* 2003, n° 49, note B. Beignier ; *D.* 2003. 1864, obs. V. Brémond).

Le consentement exprès du conjoint du débiteur a pour effet d'accroître le droit de **494**
poursuite du créancier à l'ensemble de l'actif commun. Les gains et salaires de l'époux non débiteur en sont toutefois exclus (C. civ., art. 1414, al. 2 ; Décr. n° 92-755, 31 juill. 1992, art. 48). Le consentement du conjoint s'analyse comme une autorisation qui ne l'engage pas lui-même. Il en résulte, selon l'article 1415, que ses biens propres restent à l'abri des poursuites du créancier.

L'article 1415 exige un consentement exprès. La seule connaissance qu'a le conjoint **495**
de l'acte souscrit par son époux est insuffisante pour engager la communauté. Le consentement exprès de l'article 1415 n'obéit à aucun formalisme, ce qui suscite des difficultés d'interprétation. À titre d'illustration, une hypothèque consentie par les

deux époux en garantie du remboursement d'un emprunt contracté antérieurement par l'un d'eux ne vaut pas consentement exprès (Civ. 1re, 19 nov. 2002, *Bull. civ.* I, n° 273 ; *Defrénois* 2003. 547, obs. G. Champenois ; *D.* 2002. 3290, note C. Barberot ; *JCP* 2003. I. 111, n° 10, obs. Ph. Simler ; *Dr. fam.* 2003, n° 14, note B. Beignier). Il en est de même d'une fiche de renseignements remplie par un époux faisant mention de l'état civil, des revenus et du patrimoine du ménage (Civ. 1re, 28 nov. 2006, n° 04.19275, *D.* 2007. 88, obs. V. Avena-Robardet et 2127, obs. J. Revel ; *JCP* 2007. I. 142, n° 19, obs. Ph. Simler). Donner des informations au banquier n'équivaut pas, en effet, à consentir au prêt ! De la même façon, l'accord des époux au plan conventionnel de redressement souscrit au profit de l'un d'eux ne vaut pas consentement à l'emprunt contracté par ce dernier au sens de l'article 1415 (Civ. 1re, 29 juin 2011, n° 10-11012, *AJ fam.* 2011. 437, obs. P. Hilt ; *JCP* 2011. 1371, n° 6, obs. Ph. Simler). La jurisprudence décide qu'il n'y a pas consentement exprès, au sens de l'article 1415, lorsque les époux se portent cautions de la même dette, au moyen d'actes séparés établis le même jour (Civ. 1re, 9 mars 1999, *RTD civ.* 2000. 391, obs. B. Vareille ; Civ. 1re, 15 mai 2002, *époux Deliry*, *préc.* ; Civ. 1re, 8 mars 2005, *Dr. fam.* 2005, n° 81, obs. B. Beignier ; *JCP* 2005. I. 163, n° 10, obs. Ph. Simler). On est alors en présence de deux cautionnements unilatéraux. Chaque époux n'engage que ses propres et ses revenus. Lorsque les époux se portent caution de la même dette le même jour, au moyen d'un acte unique, la Cour de cassation décide que l'article 1415 n'a pas lieu de s'appliquer (Civ. 1re, 13 oct. 1999, *Bull. civ.* I, n° 273 ; *JCP* 2000. II. 10307, note J. Casey ; *Defrénois* 2000. 784, obs. G. Champenois ; *RTD civ.* 2000. 293, obs. B. Vareille). En pareil cas, chaque époux engage non seulement ses biens propres et ses revenus mais aussi les biens communs (C. civ., art. 1413). En définitive, l'hypothèse envisagée par l'article 1415, de l'extension du droit de poursuite aux seuls biens communs, demeure marginale.

B. Les dettes ménagères et les dettes alimentaires

496 S'agissant des dettes alimentaires, il convient d'appliquer les règles issues des articles 1413 et suivants. L'époux débiteur engage ses biens propres et les biens communs, à l'exclusion des gains et salaires de son conjoint (art 1414, al. 2 C. civ. et Décr. n° 92-755, 31 juill. 1992, art. 48).

497 S'agissant des dettes ménagères, il convient de distinguer celles qui sont solidaires (C. civ., art. 220, al. 1er) et celles qui ne le sont pas. Les premières engagent les biens propres de chaque époux et l'ensemble des biens communs, y compris les gains et salaires (C. civ., art. 1414, al. 1er). Le créancier pourra saisir n'importe quel bien du ménage pour se payer de la totalité de sa créance. Les secondes relèvent, en principe, de l'article 1413. L'époux qui a souscrit la dette engage ses biens propres et les biens communs. Il convient toutefois de réserver le cas des achats à tempérament et des emprunts ménagers immodestes soumis, pour leur part, à l'article 1415 : seuls les biens propres et les revenus de l'emprunteur sont ici offerts au droit de poursuite du créancier, à moins que le conjoint de l'emprunteur ait expressément consenti à l'acte (C. civ., art. 1415) ou que ce dernier ait été souscrit par les deux époux (C. civ., art. 220, al. 3).

La question se pose de savoir si l'article 1414 conduit à toujours réintégrer les gains et salaires du conjoint non débiteur dans l'assiette du gage du créancier. Le texte énonce, en effet, que « Les gains et salaires d'un époux ne peuvent être saisis par les créanciers de son conjoint que si l'obligation a été contractée pour l'entretien du ménage ou l'éducation des enfants, conformément à l'article 220 ». La doctrine est divisée sur l'interprétation de ce renvoi. Pour les uns, la saisissabilité des gains et salaires du conjoint qui n'a pas souscrit la dette est limitée aux seules dettes ménagères solidaires car, en 1985, le législateur a voulu protéger les gains et salaires du conjoint non débiteur. Cette préoccupation justifie une interprétation restrictive du renvoi à l'article 220 (en ce sens, v. Civ. 2e, 28 oct. 1999, *RTD civ.* 2000. 386, obs. B. Vareille ; *RJPF* 2000-1/14, note S. Valory). Le paiement des dettes ménagères non solidaires ne doit pas pouvoir être poursuivi sur les gains et salaires de l'autre conjoint (v., par exemple, J. Flour, G. Champenois, *préc.*, no 482). Pour les autres, au contraire, il n'y a pas lieu de distinguer là où la loi ne distingue pas. Toutes les dettes ménagères – qu'elles soient ou non solidaires – peuvent être payées sur les gains et salaires du conjoint qui n'a pas souscrit la dette (en ce sens, F. Terré et Ph. Simler, *préc.*, no 402).

§ 2 Le passif commun définitif

La notion de « *passif commun définitif* »Q permet de déterminer si la dette est commune au plan de la contribution. Elle résout la question de savoir si la communauté doit supporter le poids définitif de dettes nées du chef d'un époux durant le régime ou si elle a droit à *récompense* pour avoir acquitté ces dettes, c'est-à-dire à une indemnité pécuniaire versée par l'époux débiteur après la dissolution du régime. 498

La réponse à cette question diffère suivant que l'on se trouve en présence d'une dette ni ménagère ni alimentaire (A) ou d'une dette qui revêt l'un de ces caractères (B).

A. Les dettes ni ménagères ni alimentaires

Les *dettes communes*Q sur le plan de l'obligation restent, en principe, communes sur le plan de la *contribution*Q. Ces dettes figurent au passif définitif de la communauté. Les articles 1416 et 1417 du Code civil prévoient cependant trois séries d'exception à ce principe. Dans trois cas, la communauté a droit à récompense à raison de la dette qu'elle a payée. 499

Tout d'abord, l'article 1416 prévoit que la communauté a droit à récompense « toutes les fois que [l']engagement avait été contracté dans l'intérêt personnel de l'un des époux ». Le texte précise qu'il en est ainsi des dettes contractées « pour l'acquisition, la conservation ou l'amélioration d'un bien propre ». L'énumération du législateur n'est pas limitative. En réalité, récompense est due à la communauté, dès lors que la dépense supportée par elle a permis l'enrichissement exclusif d'un patrimoine propre. Ce sera le cas, par exemple, si la communauté a remboursé un prêt, tel qu'un découvert bancaire, dont il est démontré par le conjoint de l'emprunteur qu'il a été accordé dans l'intérêt personnel de ce dernier (Civ. 1re, 8 juill. 2010, no 09-14230, *Bull. civ.* I, no 166 ; *LEFP* oct. 2010. 6, obs. N. Peterka ; *AJ fam.* 2010. 443, obs. P. Hilt ; *JCP* 2010. 1220, no 13, obs. Ph. Simler ; *Defrénois* 2011. 39206, obs. G. Champenois). 500

La règle trouve une limite lorsque la communauté a acquitté une dette liée à la jouissance d'un bien propre. Aucune récompense n'est due à la communauté lorsqu'elle a pris en charge les dépenses d'entretien relatives à un bien propre ou les intérêts d'un emprunt contracté pour l'acquisition d'un tel bien (Civ. 1re, 31 mars

1992, préc). Il en est de même lorsque l'impôt sur le revenu du ménage a été payé à l'aide de fonds communs (Civ. 1re, 17 sept. 2003, *RTD civ.* 2004. 134, obs. B. Vareille).

501 Ensuite, l'article 1417, alinéa 1er dispose que « La communauté a droit à récompense, déduction faite, le cas échéant, du profit retiré par elle, quand elle a payé les amendes encourues par un époux, en raison d'infractions pénales, ou les réparations et dépens auxquels il avait été condamné pour des délits ou quasi-délits civils ». Les amendes ainsi que les dettes délictuelles et quasi délictuelles font partie du passif commun provisoire. Elles sont communes sur le plan de l'obligation. La solution s'explique par le souci de protéger les tiers. Les dettes visées par l'article 1417, alinéa 1er sont en revanche exclues du passif commun définitif (v., au sujet de pénalités pour fraude fiscale, Civ. 1re, 20 janv. 2004, *Bull. civ.* I, n° 20 ; *JCP* 2005. I. 128, n° 4, obs. Ph. Simler ; *RTD civ.* 2004. 765, obs. B. Vareille et, sur renvoi, CA Nîmes, 9 janv. 2007, *JCP* 2007. I. 208, n° 17, obs. A. Tisserand-Martin et, pour l'application de l'article 1417 à la dette fiscale résultant d'une astreinte accessoire à une condamnation pénale prononcée à l'encontre d'un époux à raison d'une construction irrégulière, Civ. 1re, 12 nov. 2009, *Bull. civ.* I, n° 226 ; *AJ fam.* 2009. 496, obs. P. Hilt ; *JCP* 2009. Actu. 502 ; *JCP* 2010. 487, n° 13, obs. Ph. Simler ; *LEFP* janv. 2010. 6, obs. N. Peterka ; *RJPF* 2010-4. 16, note F. Vauvillé). Cette exclusion se justifie par la volonté de protéger le conjoint non fautif. Ce dernier ne doit pas subir les conséquences financières des infractions pénales ainsi que des délits ou des quasi-délits commis par son époux. L'article 1417, alinéa 1er assortit le droit à récompense de la communauté d'une réserve. Le montant de la récompense est diminué au profit retiré du fait délictueux par la communauté. Il en sera ainsi, par exemple, si un dirigeant de société acquiert, à la suite d'un d'abus de bien social commis au préjudice de sa société, un bien qui profite à la communauté.

502 Enfin, l'article 1417, alinéa 2 accorde à la communauté un « droit à récompense si la dette qu'elle a acquittée avait été contractée par l'un des époux au mépris des devoirs que lui imposait le mariage ». La formule est interprétée largement. Sont visés aussi bien les devoirs patrimoniaux que les devoirs extrapatrimoniaux du mariage, ainsi que les dettes contractuelles et les dettes extracontractuelles qui résultent de la violation de ces devoirs.

L'article 1417, alinéa 2 s'applique, par exemple, aux dettes découlant de la violation du devoir de fidélité entre époux. Ainsi, une donation de gains et salaires consentie par un époux à une concubine adultère peut justifier le versement d'une récompense à la communauté.

La Cour de cassation a rappelé récemment un cas supplémentaire d'exclusion du passif commun définitif, tiré de l'existence d'une faute de gestion. En l'espèce, une épouse avait souscrit pendant le fonctionnement de la communauté vingt-cinq prêts à la consommation en imitant la signature de son époux, aux côtés de la sienne propre, et en laissant ce dernier dans l'ignorance de ces emprunts et n'avait donné, lors de la liquidation du régime, aucune explication quant à l'objet de ces prêts. Par un arrêt du 14 mars 2012, la première chambre civile de la Cour de cassation décide qu'en l'état de ces constatations, la cour d'appel avait caractérisé une faute de gestion et que les emprunts devaient figurer au passif personnel définitif de l'épouse (Civ. 1re, 14 mars 2012, n° 11-15369, *LEFP* mai 2012, p. 4, obs. N. Peterka). La règle constitue le prolongement, sur le terrain de la contribution à la dette, de la règle prévue à l'article 1421 sur le terrain de la gestion des biens communs, et de celle résultant de l'article 1413 quant à l'obligation à la dette. Les actes faits par un époux relatifs aux biens communs sont opposables à l'autre conjoint, sous réserve de la fraude et de la mise en œuvre de sa responsabilité civile à l'égard de la communauté (C. civ., art. 1421, al. 1er). De la même manière, les dettes souscrites de manière frauduleuse ou fautive par un époux échappent, du point de vue de l'obligation à la dette, à la règle de l'engagement des biens communs (C. civ., art. 1413) et, du point de vue de la contribution, au passif commun définitif.

B. Les dettes ménagères et les dettes alimentaires

L'étude des dettes alimentaires (1) précédera celle des dettes ménagères (2). 503

1. *Les dettes alimentaires*

L'article 1409 dispose que « La communauté se compose passivement : – à titre définitif, des aliments dus par les époux [...] ». Le texte inscrit au passif commun définitif toutes les dettes alimentaires, sans distinction. 504

Sont ainsi communes, du point de la contribution à la dette, les pensions alimentaires dues par les deux époux à un enfant commun ou aux père et mère de l'un des époux (C. civ., art. 206). 505

L'exclusion du droit à récompense vaut pareillement pour les dettes alimentaires dues par un seul des époux (par exemple à un enfant d'un premier lit. En ce sens, Civ. 1re, 8 nov. 2005, *D.* 2006. 2066, obs. V. Brémond, M. Nicod et J. Revel ; *BICC* 2006/34, n° 246). La règle se justifie par le principe de la corrélation de l'actif et du passif. Le paiement des pensions alimentaires est prélevé, au premier chef, sur les revenus des époux. Il apparaît ainsi comme une charge des revenus, lesquels sont communs. C'est pourquoi, ces dettes restent communes sur le plan de la contribution. La communauté profitant des revenus des époux, elle doit supporter, de manière définitive, les dettes alimentaires payées à l'aide des revenus. 506

2. *Les dettes ménagères*

L'article 1409 prévoit que « La communauté se compose passivement : – à titre définitif, [...] des dettes contractées par [les époux] pour l'entretien du ménage et l'éducation des enfants, conformément à l'article 220 ». Les dettes ménagères solidaires sont inscrites, sans conteste, au passif définitif de la communauté. L'interprétation du renvoi à l'article 220 soulève, en revanche, davantage de difficultés pour les dettes ménagères non solidaires. En la matière, la doctrine estime généralement que le renvoi à l'article 220 englobe toutes les dettes ménagères, y compris celles qui ne sont pas solidaires (en ce sens, v. par exemple, F. Terré et Ph. Simler, *préc.*, n° 403). La question de l'interprétation du renvoi à l'article 220 reçoit ainsi une réponse différente suivant que l'on se place sur le terrain du passif commun définitif (C. civ., art. 1409) ou sur celui du passif commun provisoire (C. civ., art. 1414 ; v. ss 479). 507

Les dettes ménagères n'ouvrent jamais droit à récompense au profit de la communauté. Cela tient précisément à leur caractère ménager. Bien que n'étant pas solidaires, elles visent à satisfaire l'intérêt de la famille et non pas l'intérêt exclusif de l'un des époux. Cette considération justifie leur inscription au passif commun définitif.

La notion de « dette ménagère » peut se révéler, dans certaines circonstances, malaisée à cerner au plan de la contribution. Il en est ainsi toutes les fois qu'un époux a souscrit une dette de prévoyance, telle que les cotisations à un régime de retraite obligatoire ou l'adhésion à un régime de retraite complémentaire n'instituant pas de droit à réversion au profit du conjoint survivant. Si, en pareil cas, la dette n'est pas solidaire, convient-il, pour autant, de considérer qu'elle poursuit une finalité étrangère à l'intérêt de la famille pour l'exclure du passif commun définitif (v. ss 172) ? Certains auteurs proposent de distinguer entre les régimes de retraite obligatoires et les régimes de retraite complémentaires. S'agissant des premiers, les cotisations apparaissent comme une charge des revenus, ce qui en justifie l'inscription au passif commun définitif et exclut le versement d'une récompense à la communauté toutes les fois qu'elle a supporté le poids des cotisations. Quant aux seconds, récompense ne devrait être due à la communauté que si l'époux, qui s'est constitué le complément de retraite à l'aide de deniers communs, est *effectivement* le seul à en bénéficier par suite d'un divorce (G. Champenois, obs. *préc.* n° 172 ss. Civ. 1re 4 juin 2009). D'autres auteurs estiment, au contraire, que la souscription d'une retraite complémentaire est une dépense de prévoyance incombant, toujours, à titre définitif à la communauté, quelles que soient les circonstances (B. Vareille, obs. *préc.* n° 172 ss. Civ. 1re, 31 oct. 2007 ; Ph. Simler, obs. *préc.* n° 172 ss. Civ. 1re, 23 mai 2006). Ces suggestions n'ont pas convaincu, jusqu'à ce jour, la Cour de cassation. Celle-ci analyse l'affiliation à un régime de retraite complémentaire non réversible comme une dette personnelle ouvrant droit à récompense au profit de la communauté toutes les fois que les cotisations ont été prélevées sur des fonds communs (Civ. 1re, 31 oct. 2007, préc. ; Civ. 1re, 23 mai 2006, préc.).

Mémo

Le passif propre provisoire regroupe les *dettes présentes*, c'est-à-dire celles qui sont nées avant la célébration du mariage, et celles dont se trouvent *grevées les successions et les libéralités* qui échoient à chaque époux pendant le mariage. Leur paiement est poursuivi sur les biens propres du débiteur. La règle souffre toutefois un *double correctif*. Les *revenus* du débiteur et, en cas de confusion du mobilier propre et du mobilier commun, *les biens communs* sont saisissables par le créancier (art. 1411). Ces dettes relèvent également du passif propre définitif. La communauté a droit à récompense si elle acquitte la dette personnelle d'un époux.

Le paiement des dettes dont chaque époux est tenu, pour quelque cause que ce soit, pendant la communauté, peut toujours être poursuivi sur les biens communs, à moins qu'il n'y ait fraude du débiteur et mauvaise foi du créancier, et sauf la récompense due à la communauté (art. 1413). Le paiement des dettes communes peut être ainsi poursuivi sur les *biens communs* et les *biens propres* du débiteur. La règle de l'article 1413, dont l'articulation avec le droit des entreprises en difficulté s'avère délicate, tolère une double restriction. D'une part, les gains et salaires de l'époux qui n'a pas souscrit la dette ne peuvent être saisis par les créanciers de son conjoint que si la dette a été contractée pour l'entretien du ménage ou l'éducation des enfants (art. 1414), ce qui vise les seules dettes ménagères solidaires. Lorsque les fonds sont versés sur un compte bancaire, le décret du 31 juillet 1992 fixe un plafond dans la limite duquel les gains et salaires ne peuvent être saisis. D'autre part, l'article 1415 limite le droit de poursuite du créancier aux seuls biens propres et revenus du débiteur, lorsque la dette résulte d'un cautionnement ou d'un emprunt unilatéral. Le texte s'applique à toutes les opérations de crédit ainsi qu'à toutes celles destinées à garantir le paiement de la dette d'un tiers, réserve faite du nantissement d'un bien commun. Les biens communs sont réintégrés au droit de poursuite du créancier, lorsque le conjoint a donné son consentement exprès à l'acte.

Lorsqu'ils sont modestes et nécessaires aux besoins de la vie courante, les emprunts ménagers souscrits par un époux engagent la totalité des biens du couple (art. 220).

Les dettes communes au plan de l'obligation restent, en principe, communes au plan de la contribution. Il en va différemment lorsque l'engagement a été contracté dans l'intérêt personnel d'un époux, notamment pour l'acquisition, la conservation ou l'amélioration d'un bien propre, et lorsque la communauté a payé les amendes encourues par un époux ou les réparations ou dépens auxquels il avait été condamné pour des délits ou quasi-délits civils (art. 1416 et 1417). Les dettes alimentaires et les dettes ménagères sont inscrites au passif commun définitif, sans qu'il y ait à distinguer, pour ces dernières, entre les dettes solidaires et les dettes non solidaires.

Quid

■ Contribution à la dette n° 499

Terme désignant le fait de supporter, après paiement, la charge définitive d'une dette à défaut de pouvoir exercer un recours contre un tiers.

■ Dettes communes n° 463 à 507

Désigne les dettes nées pour quelque cause que ce soit pendant la durée du mariage. Leur paiement peut être poursuivi en principe sur les biens communs (C. civ., art. 1413) à l'exception, s'agissant des dettes non ménagères et des dettes ménagères non solidaires, des gains et salaires du conjoint non débiteur (C. civ., art. 1414). L'emprunt et le cautionnement souscrits par un époux, sans le consentement exprès de son conjoint, dérogent toutefois à la règle de l'engagement des biens communs.

■ Dettes propres n° 456 à 462

Désigne les dettes dont les époux étaient tenus au jour de la célébration de leur mariage, ou dont se trouvent grevées les successions et libéralités qui leur échoient durant le mariage (C. civ., art. 1410).

■ Obligation à la dette n° 464

Terme désignant l'obligation de procéder au paiement d'une dette. S'oppose à la contribution à la dette.

■ Passif définitif n° 455 et 498

La notion de « passif définitif » définit les dettes dont la charge définitive incombe à une masse de biens déterminée. Le paiement des dettes inscrites au passif définitif d'une masse n'ouvre pas droit à récompense au profit de celle-ci (v. chapitre 10).

■ Passif provisoire n° 454 et 464

La notion de « passif provisoire » définit les dettes dont le paiement incombe à une masse ou plusieurs masses de biens déterminées. Ainsi, le passif provisoire de la communauté peut être payé sur les biens communs et/ou sur les biens propres de l'époux du chef duquel la dette est entrée en communauté.

Documents

1) L'inapplication de l'article 1415 au nantissement consenti en garantie de la dette d'autrui

Ch. mixte 2 déc. 2005
(*JCP* 2005. II. 10183, note Ph. Simler ; *D.* 2006. 729, concl. J. Sainte-Rose, note L. Aynès et p. 1414, obs. J.-J. Lemouland et D. Vigneau)

« Sur le moyen unique :

Attendu, selon l'arrêt attaqué (CA Limoges, 25 juin 2003), que M. X…, marié sous le régime de la communauté universelle, a souscrit, sans le consentement de son épouse, un nantissement de titres dématérialisés, entrés dans la communauté, en garantie d'une dette contractée pour un tiers auprès de la Banque nationale de Paris, aux droits de laquelle se trouve la société anonyme Banque nationale de Paris Paribas (la banque) ; que Mme X…, son épouse, a assigné la banque en mainlevée du nantissement ;

Attendu que Mme X… fait grief à l'arrêt de la débouter de sa demande, alors, selon le moyen, que le nantissement constitué par un tiers pour le débiteur est un cautionnement réel soumis à l'article 1415 du Code civil ; qu'en l'espèce, en décidant que le nantissement donné par M. X…

en garantie du remboursement du prêt accordé à la société par la banque ne pouvait être assimilé à un cautionnement réel entrant dans le champ d'application de l'article 1415 du Code civil, la cour d'appel a violé le texte susvisé ;
Mais attendu qu'une sûreté réelle consentie pour garantir la dette d'un tiers n'impliquant aucun engagement personnel à satisfaire à l'obligation d'autrui et n'étant pas dès lors un cautionnement, lequel ne se présume pas, la cour d'appel a exactement retenu que l'article 1415 du Code civil n'était pas applicable au nantissement donné par M. X... ;
D'où il suit que le moyen n'est pas fondé ;
PAR CES MOTIFS :
REJETTE le pourvoi... »

2) L'inapplication de l'article 1415 à la garantie des dettes sociales dues par l'associé d'une société civile immobilière

Civ. 1re, 17 janv. 2006, n° 02-16595 (*D.* 2006. 2660, note F. Bicheron ; *D.* 2007. 267, obs. J.-L. Hallouin et E. Lamazerolles)

« Sur le moyen unique :
Vu l'article 1415 du Code civil ;
Attendu, aux termes de ce texte, que chacun des époux ne peut engager que ses biens propres et ses revenus, par un cautionnement ou un emprunt, à moins que ceux-ci n'aient été contractés avec le consentement exprès de l'autre conjoint qui, dans ce cas, n'engage pas ses biens propres ;
Attendu qu'à la suite de la défaillance de la SCI Roc à rembourser un emprunt, un jugement du 26 janvier 1999 a, en application des dispositions de l'article 1857 du Code civil, condamné M. X..., associé de la SCI, à payer une certaine somme au Crédit industriel et commercial (la banque) ; qu'en exécution de cette décision, la banque a engagé une procédure de saisie d'un bien immobilier dépendant de la communauté existant entre les époux X... ;
Attendu que, pour annuler la procédure de saisie immobilière à la requête des époux X..., l'arrêt attaqué énonce que la participation à une société, acte contractuel, a des conséquences d'une telle gravité qu'il peut être considéré que la situation est semblable à celle qui résulte d'un cautionnement ou d'un emprunt et que, par application à la situation de l'article 1415 du Code civil qui tend à protéger le patrimoine conjugal, une telle extension de garantie aux biens communs ne saurait être admise sans accord du conjoint explicitement exprimé ou qui, averti, n'a pas manifesté d'opposition, ce qui est le cas en l'espèce ;
Qu'en se déterminant ainsi, alors que le contrat de société civile, qui fait naître à la charge de l'associé une obligation subsidiaire de répondre indéfiniment des dettes sociales à proportion de sa part dans le capital, ne saurait être assimilé à un acte de cautionnement, la cour d'appel a violé le texte susvisé, par fausse interprétation ;
PAR CES MOTIFS :
CASSE ET ANNULE... »

3) L'exclusion des dettes fiscales du passif commun définitif

Civ. 1re, 12 nov. 2009
(*Bull. civ.* I, n° 226 ; *JCP* 2009, Actu. 502 ; *LEFP* 2010-1. 6, obs. N. Peterka)

« Attendu que le divorce des époux X… Y… a été prononcé le 4 mai 2000 par un tribunal de grande instance ; que postérieurement, Mme Y… a saisi la même juridiction d'une action en liquidation et partage de la communauté (…) ;
Vu l'article 1417 du Code civil, ensemble l'article 1409 du même Code ;
Attendu que selon le premier de ces textes, la communauté se compose passivement en particulier, à titre définitif ou sauf récompense, selon les cas, des autres dettes nées pendant la communauté ; qu'en vertu du second, la communauté a droit à récompense, déduction faite, le cas échéant, du profit retiré par elle, quand elle a payé les amendes encourues par un époux, en raison d'infractions pénales, ou les réparations et dépens auxquels il avait été condamné pour des délits ou quasi-délits ;
Attendu que, pour dire que la dette au Trésor public d'un montant de 211 140,23 euros était une dette commune, l'arrêt relève d'abord, par motifs adoptés, que la dette fiscale provient de la liquidation d'une astreinte prononcée contre M. X… seul par la juridiction pénale et assortissant sa condamnation à démolir des constructions irrégulières et que le Trésor public s'est désisté de l'instance en validation d'une saisie arrêt l'opposant à Mme Y… ; qu'il retient ensuite, par motifs propres et adoptés, que la condamnation est antérieure au divorce et que son fait générateur est la construction d'immeubles pendant la vie commune et au bénéfice de la communauté ;
Qu'en statuant ainsi alors que l'astreinte était l'accessoire d'une condamnation pénale pour des faits commis personnellement par M. X…, la cour d'appel a violé les textes susvisés ;
PAR CES MOTIFS :
CASSE ET ANNULE… »

4) L'exclusion des dettes résultant de fautes de gestion du passif commun définitif

Civ. 1re, 14 mars 2012
(*LEFP* mai 2012, p. 4, obs. N. Peterka)

Attendu, selon l'arrêt attaqué (Douai, 29 mars 2010), qu'après le prononcé du divorce de M. X… et de Mme Y…, des difficultés sont nées pour la liquidation et le partage de leur communauté ;
Attendu que Mme Y… fait grief à l'arrêt de dire que le notaire devra faire figurer à son passif personnel les vingt-cinq prêts à la consommation au profit des créanciers Société générale d'édition (1), Soficarte (4), Barclaycard (1), Cofidis (4), Promod (1), Finaref (4), Cetelem (1), Sofinco Anap (1), Franfinance UCR (1), Cetelem (2), Accord finances (1), Franfinance UCR (1), Accord finances (1), Cetelem (2) figurant au document " état détaillé des dettes " lui-même intégré à la pièce n° 15 du dossier de M. X…, alors, selon le moyen :
1°/ que les dettes résultant d'un emprunt contracté par un époux sans le consentement exprès du conjoint doivent figurer au passif définitif de la communauté s'il n'est pas établi que cet époux a souscrit cet engagement dans son intérêt personnel ; qu'en estimant que les prêts souscrits par Mme Y… devraient figurer au passif personnel de celle-ci, au seul motif que

l'intéressée avait souscrit seule ces emprunts, sans constater que M. X... rapportait la preuve de ce que Mme Y... avait souscrit ces prêts dans son intérêt personnel, la cour d'appel a privé sa décision de base légale au regard de l'article 1409 du Code civil ;
2°/ que, dans ses conclusions d'appel (signifiées le 21 octobre 2009, p. 4 § 3 à 6), Mme Y... faisait valoir que M. X... avait « accepté le principe du remboursement de ces prêts à sa charge en s'acquittant du plan de surendettement, sans élever aucune contestation à cet égard », « qu'il a remboursé ces prêts » et qu'il ne pouvait dès lors prétendre découvrir que les prêts auraient été souscrits dans l'intérêt exclusif de son épouse ; qu'en laissant sans réponse ces conclusions pertinentes, la cour d'appel a violé l'article 455 du Code de procédure civile ;
3°/ qu'en reprochant à Mme Y... de ne donner « aucune explication précise quant à l'objet de ces prêts », (arrêt attaqué, p. 4 § 2), cependant que c'est à M. X... qu'il appartenait de démontrer que les prêts avaient été souscrits dans l'intérêt personnel de Mme Y..., la cour d'appel a renversé la charge de la preuve et violé l'article 1315 du Code civil ;
Mais attendu qu'après avoir relevé qu'en souscrivant les vingt-cinq prêts à la consommation, l'épouse avait, en sus de l'apposition de sa signature, imité celle de son conjoint et pris des dispositions pour le laisser dans l'ignorance de cet endettement croissant, les juges d'appel ont constaté qu'elle ne donnait aucune explication précise quant à l'objet de ces prêts ; qu'en l'état de ces énonciations, la cour d'appel, qui a caractérisé la faute de gestion commise par l'épouse, a légalement justifié sa décision sans encourir les griefs du moyen ; que celui-ci ne saurait donc être accueilli ;
PAR CES MOTIFS :
REJETTE le pourvoi... ».

Biblio

– L. Antonini-Cochin, « Pour le meilleur et pour le pire... ou les droits du conjoint du débiteur soumis à une procédure collective », *JCP* 2010. 584.
– B. Beignier, « Comment limiter les conséquences du règlement du passif dans le régime légal de communauté ? », *JCP* 2007, n° historique, hors série/ cahier 2, p. 9.
– B. Beignier, « Bicentenaire d'Austerliz : le Trafalgar du cautionnement réel », *Dr. fam.* 2006, n° 13.
– R. Cabrillac, « Le passif professionnel : l'efficacité des parades légales pour protéger le patrimoine familial », *JCP* N 2009. 1189.
– G. Champenois, « L'article 1413 du Code civil condamne-t-il le régime de communauté ? », in Études en l'honneur de A. Ponsard, La Cour de cassation, l'université et le droit. André Ponsard, un professeur de droit à la Cour de cassation, Litec, 2003, p. 129.
– I. Dauriac et C. Grare-Didier, « Projet d'EIRL : l'enjeu pour la famille », *Defrénois 2010*. 39096. 819.
– A. Karm, « Régimes matrimoniaux et sûretés », in *Le monde du droit : Écrits rédigés en l'honneur de Jacques Foyer,* Economica, 2008, p. 583.
– S. Lambert, Le sort du conjoint *in bonis* aux côtés de son époux surendetté ou soumis à une procédure collective, *RTD civ*. 2007. 485.
– G. Pillet, « La garantie réelle de la dette d'autrui et le régime de la communauté : entre passé et avenir », *RLDC* avr. 2006. 45.

– L. Poulet, « La sûreté réelle constituée pour autrui dans le régime de communauté », *Defrénois* 2006. 38455. 1441.
– J. Revel, « La garantie de la dette d'autrui et le droit du régime matrimonial », *D.* 2006. 1309.
– M. Grimaldi, « L'emprunt et le cautionnement », in Le couple à l'épreuve du passif. 4e États généraux du droit de la famille, Gaz. Pal. 10-11 déc. 2008, p. 23.
– Ph. Simler, « De quelques lacunes du dispositif législatif relativement à la saisissabilité des revenus des époux en régime de communauté », in *Études offertes à J. Béguin*, Litec, 2005, p. 689.
– Ph. Simler, « De quelques insuffisances du régime matrimonial légal », in *Le droit patrimonial de la famille : réformes accomplies et à venir,* Association H. Capitant, Journées nationales, t. IX, Strasbourg, Dalloz, coll. « Thèmes et commentaires », 2006, p. 1.
– Ph. Simler, « Pour une saisissabilité limitée des revenus d'un époux par ses créanciers personnels », *JCP* 2007, no historique, hors série/cahier 2, p. 77.
– Ph. Simler, « Les emprunts et cautionnement des époux : désordre généré par l'article 1415 du Code civil », *JCP* N 2009, 1188.
– F. Vauvillé, « Le régime matrimonial à l'épreuve des procédures collectives », in *Le couple à l'épreuve du passif. 4e États généraux du droit de la famille*, *préc.*, p. 29.

Quiz

1) Sujets corrigés

A) Test de connaissances

Énoncé

1. Les dettes propres sont :

- **a.** les dettes contractées par un époux ;
- **b.** les dettes professionnelles d'un époux ;
- **c.** les dettes dont un époux est tenu au jour de la célébration du mariage ;
- **d.** les dettes grevant les successions et libéralités échues à un époux.

2. Les dettes communes sont :

- **a.** les dettes contractées par les époux ensemble ;
- **b.** les dettes contractées par chaque époux pendant la durée du régime matrimonial ;
- **c.** les dettes contractées par les époux ensemble pendant la durée du régime matrimonial.

3. Le droit de poursuite des créanciers personnels s'étend aux :

- **a.** biens communs ;
- **b.** biens propres de chaque époux ;
- **c.** biens propres de l'époux débiteur ;
- **d.** revenus de l'époux débiteur ;

e. biens communs en cas de confusion du mobilier propre de l'époux débiteur et du mobilier commun.

4. Le droit de poursuite des créanciers de la communauté s'étend à :

a. l'ensemble des biens communs ;

b. l'ensemble des biens communs, à l'exception des gains et salaires de l'époux n'ayant pas souscrit la dette ;

c. l'ensemble des biens communs, y compris les gains et salaires de l'époux n'ayant pas souscrit la dette lorsqu'il s'agit d'une dette ménagère solidaire ;

d. l'ensemble des biens communs, y compris les gains et salaires de l'époux n'ayant pas souscrit la dette lorsqu'il s'agit d'une dette ménagère ;

e. biens propres de l'époux débiteur.

5. Les gains et salaires du conjoint du débiteur sont :

a. insaisissables ;

b. insaisissables, sauf pour le paiement des dettes ménagères ;

c. insaisissables dans la limite du montant du salaire du mois précédant la saisie lorsqu'ils sont versés sur un compte bancaire ;

d. insaisissables dans la limite de la moyenne des douze mois de salaires précédant la saisie lorsqu'ils sont versés sur un compte bancaire ;

e. insaisissables dans la limite du montant du salaire du mois précédant la saisie ou dans la limite de la moyenne des douze mois de salaires précédant la saisie, lorsqu'ils sont versés sur un compte bancaire.

6. Le paiement du cautionnement ou de l'emprunt souscrit par un époux seul peut être poursuivi sur :

a. l'ensemble des biens communs ;

b. les biens propres et les revenus du débiteur ;

c. l'ensemble des biens communs, à l'exception des gains et salaires du conjoint non débiteur.

7. L'article 1415 du Code civil est applicable :

a. à la garantie à première demande ;

b. à l'aval ;

c. au nantissement d'un bien commun en garantie de la dette d'un tiers ;

d. aux découverts bancaires.

8. Le nantissement d'un bien commun en garantie de la dette d'un tiers

a. peut être valablement consenti par un époux seul ;

b. est soumis à la cogestion ;

c. est soumis à la cogestion pour les contrats conclus depuis le 25 mars 2006 ;

d. est soumis à la cogestion pour les contrats conclus depuis le 2 décembre 2005.

9. Le consentement exprès du conjoint de la caution ou de l'emprunteur

a. doit résulter d'un acte écrit ;

b. peut résulter d'une fiche de renseignements remplie par le conjoint ;

c. ni réponse a. ni réponse b.

10. Les dettes liées à la jouissance d'un bien propre sont à la charge définitive :

a. de la communauté ;

b. de l'époux propriétaire du bien propre.

11. Les dettes alimentaires :

a. sont à la charge définitive de la communauté ;

b. sont à la charge définitive de la communauté seulement lorsqu'elles sont dues à un enfant commun ;

c. donnent lieu à récompense au profit de la communauté lorsqu'elles sont dues aux père et mère de l'un des époux ;

d. donnent lieu à récompense au profit de la communauté lorsqu'elles sont dues par un seul époux.

Voir le corrigé en fin de rubrique.

B) Cas pratique

Avertissement

La résolution de ce cas pratique implique que les connaissances des chapitres 3, 6 et 7 aient été précédemment assimilées.

Énoncé

Oscar et Olga se sont mariés sans contrat de mariage, le 25 juin 2000, à la marie de Créteil. Ils vivent avec leurs trois enfants, Thomas, Antoine et Lucie, dans une maison à La Varenne, qu'Olga a reçue par donation dans le courant de l'année 2008. Le couple détient également une résidence secondaire, sur la côte basque, à Saint Jean-de-Luz. Cette villa a été construite par l'entreprise Klutxu sur un terrain qu'Oscar a recueilli de la succession de son père décédé en 2010. La construction, d'un montant de 900 000 €, a été financée en partie par un emprunt sur dix ans, souscrit par Olga, dont le remboursement est garanti par une hypothèque sur la villa. L'emprunt et l'hypothèque ont été conclus par devant Maître Soccoa, notaire à Ciboure, le 12 septembre 2011. Oscar n'a pas pu se déplacer pour la signature de ces deux actes, étant retenu par d'autres obligations. Les mensualités de cet emprunt ont été remboursées, jusqu'à ce jour, à l'aide de la retraite d'Oscar. Aujourd'hui, le couple traverse une période de crise. Oscar a quitté la maison de La Varenne depuis mars 2012 pour s'installer avec sa maîtresse dans une nouvelle maison à Sucy-en-Brie. Olga vous indique que plusieurs factures sont en souffrance, dont notamment deux emprunts, l'un de 30 000 €, souscrit par Olga, pour l'installation d'une cuisine équipée dans la maison de La Varenne et, l'autre de 15 000 €, souscrit par Oscar pour l'achat d'un 4x4 laissé à l'année à la villa de Saint Jean-de-Luz. Elle voudrait que vous lui précisiez les conséquences, en termes de passif, des divers actes du couple.

Voir le corrigé en fin de rubrique.

2) Corrigés

Test de connaissances

1. c et d ; 2. b et c ; 3. c, d et e ; 4. b, c et e ; 5. b et e ; 6. b ; 7. a, b et d ; 8. a et c ; 9. c ; 10. a ; 11. a.

Cas pratique

I. L'obligation aux dettes

Selon l'article 1413 du Code civil, « Le paiement des dettes dont chaque époux est tenu, pour quelque cause que ce soit, pendant la communauté, peut toujours être poursuivi sur les biens communs, à moins qu'il n'y ait eu fraude de l'époux débiteur et mauvaise foi du créancier, et sauf la récompense due à la communauté s'il y a lieu ». Par ailleurs, le débiteur qui a souscrit la dette engage ses biens propres. La règle de l'engagement des biens communs du fait des dettes souscrites par un époux pendant le fonctionnement de la communauté connaît plusieurs tempéraments, lesquels affectent les emprunts (C. civ., art. 1415) et les gains et salaires du conjoint qui n'a pas souscrit la dette (C. civ., art. 1414). En l'espèce, trois emprunts ont été contractés. Il convient de déterminer, pour chacun d'eux, l'obligation à la dette de chaque époux.

A. L'emprunt contracté par Olga pour le financement de la construction de la villa de Saint Jean-de-Luz

Aux termes de l'article 1415 du Code civil, « Chacun des époux ne peut engager que ses biens propres et ses revenus, par un cautionnement ou un emprunt, à moins que ceux-ci n'aient été contractés avec le consentement exprès de l'autre conjoint qui, dans ce cas, n'engage pas ses biens propres ». Ce texte établit une distinction suivant que le cautionnement ou l'emprunt est unilatéral ou que le conjoint du débiteur a consenti à l'acte. Lorsque le cautionnement ou l'emprunt est unilatéral, l'article 1415 autorise le créancier à poursuivre le paiement de sa créance sur les biens propres et les revenus de son débiteur. Ces derniers désignent à la fois les gains et salaires, et les fruits et revenus des biens propres.

Le consentement exprès du conjoint du débiteur a pour effet d'étendre le droit de poursuite du créancier à l'ensemble de l'actif commun. Les gains et salaires de l'époux non débiteur en sont toutefois exclus (C. civ., art. 1414, al. 2 ; Décr. n° 92-755, 31 juill. 1992, art. 48). Le consentement du conjoint s'analyse comme une autorisation qui ne l'engage pas lui-même. Il en résulte, selon l'article 1415, que ses biens propres restent à l'abri des poursuites du créancier. L'article 1415 exige un consentement exprès. La seule connaissance qu'a le conjoint de l'acte souscrit par son époux est insuffisante pour engager la communauté. Le consentement exprès de l'article 1415 n'obéit à aucun formalisme, ce qui suscite des difficultés d'interprétation. Ainsi, une hypothèque consentie par les deux époux en garantie du remboursement d'un emprunt contracté antérieurement par l'un d'eux ne vaut pas consentement exprès (Civ. 1re, 19 nov. 2002, *Bull. civ.* I, n° 273 ; *Defrénois* 2003. 547, obs. G. Champenois ; *D.* 2002. 3290, note C. Barberot ; *JCP* 2003. I. 111, n° 10, obs. Ph. Simler ; *Dr. fam.* 2003, n° 14, note B. Beignier). Il en est de même d'une fiche de renseignements remplie par un époux faisant mention de l'état civil, des revenus et du patrimoine du ménage (Civ. 1re, 28 nov. 2006, n° 04.19275, *D.* 2007. 88, obs. V. Avena-Robardet et

2127, obs. J. Revel; *JCP* 2007. I. 142, n° 19, obs. Ph. Simler). De la même façon, l'accord des époux au plan conventionnel de redressement souscrit au profit de l'un d'eux ne vaut pas consentement à l'emprunt contracté par ce dernier au sens de l'article 1415 (Civ. 1re, 29 juin 2011, n° 10-11012, *AJ fam.* 2011. 437, obs. P. Hilt; *JCP* 2011. 1371, n° 6, obs. Ph. Simler).

En l'espèce, Olga a souscrit un emprunt par acte notarié en date du 12 septembre 2011. Oscar n'a pas pu se déplacer pour la signature de cet acte. S'il avait sans doute connaissance de l'emprunt contracté par son épouse, aucune circonstance ne permet d'affirmer qu'il y ait expressément consenti, au sens de l'article 1415 du Code civil. Aussi, le dispensateur de crédit ne pourra-t-il poursuivre le paiement de sa créance que sur les seuls biens propres et revenus d'Olga.

Cette dernière a conclu, par acte notarié en date du 12 septembre 2011, une hypothèque sur la villa de Saint Jean-de-Luz, en vue de garantir le remboursement de l'emprunt. La restriction du droit de poursuite du prêteur aux biens propres et aux revenus d'Olga conduit à s'interroger sur la qualification de la villa. Cette dernière est-elle un acquêt de communauté ? En l'espèce, la villa a été construite sur un terrain échu à Oscar, après la célébration du mariage, par voie de succession de son père. Selon l'article 1405, alinéa 1er du Code civil, « Restent propres les biens » que les époux « acquièrent, pendant le mariage, par succession, donation ou legs ». Le terrain est donc un bien propre d'Oscar. L'article 1406, alinéa 1er dispose, quant à lui, que « Forment des propres, sauf récompense s'il y a lieu, les biens acquis à titre d'accessoire d'un bien propre ainsi que les valeurs nouvelles et les autres accroissements se rattachant à des valeurs mobilières propres ». La maison construite sur le terrain d'Oscar appartient donc en propre à ce dernier. Il s'ensuit que l'hypothèque contractée par Olga, à supposer qu'elle puisse être sauvée de la nullité par le jeu de la gestion d'affaires (C. civ., art. 219, al. 2) ou par une ratification d'Oscar, ne peut pas être mise en œuvre par le prêteur de deniers pour le recouvrement de sa créance. Les dispositions de l'article 1415 s'y opposent.

B. L'emprunt contracté par Olga pour le financement de l'installation d'une cuisine équipée dans la maison de La Varenne

La maison de La Varenne constitue, en tant que résidence principale du couple et des enfants, le logement de la famille (C. civ., art. 215, al. 3). Aux termes de l'article 220, alinéa 1er, « Chacun des époux a pouvoir pour passer seul les contrats qui ont pour objet l'entretien du ménage ou l'éducation des enfants : toute dette ainsi contractée par l'un oblige l'autre solidairement ». La notion de « dette ménagère » englobe toutes les dépenses ordinaires de la vie courante, telles que les dépenses courantes de nourriture, d'habillement, de loyer (Civ. 1re, 9 oct. 1991, *Defrénois* 1991. 1126, obs. G. Champenois; *JCP N* 1991. II. 57, obs. Ph. Simler), d'installation d'une salle de bains (CA Douai, 28 juin 2007, *JCP* 2008. I. 144, n° 2, obs. G. Wiederkehr), celles résultant d'un contrat d'abonnement d'eau (CA Nîmes, 10 mars 2009, *JCP* 2009. 391, n° 2, obs. G. Wiederkehr) mais aussi les dépenses de soins médicaux (Civ. 1re, 10 juill. 1996, *Bull. civ.* I, n° 204; *JCP* 1997. I. 4008, n° 1, obs. G. Wiederkehr; Civ. 1re, 10 mai 2006, *D.* 2006. IR. 1484; CA Toulouse, 23 avr. 2009, *JCP* 2009. 391, n° 2, obs. G. Wiederkehr, pour un contrat destiné à assurer l'accueil d'un époux atteint d'une maladie dégénérative au sein d'un établissement de soins), voire celles de loisirs familiaux (CA Paris, 5 juill. 1996, *Dr. fam.* 1997, n° 50, note B. B. : dette contractée pour un voyage d'agrément effectué par l'un des conjoints).

En l'espèce, l'emprunt contracté par Olga avait pour finalité l'installation d'une cuisine équipée. L'emprunt est dicté sans conteste par une finalité ménagère. Engage-t-il, pour autant, les époux solidairement ? L'article 220, alinéa 3 dispose que la solidarité n'a pas lieu « s'ils n'ont été conclus du consentement des deux époux, pour les achats à tempérament ni pour les emprunts à moins que ces derniers ne portent sur des sommes modestes nécessaires aux besoins de la vie courante ». La modestie de l'emprunt, qui relève du pouvoir souverain des juges du fond (Civ. 1re, 3 janv. 2006, *JCP* 2006. I. 141, n° 2, obs. G. Wiederkehr), s'apprécie eu égard aux revenus du couple et de la somme globale objet du contrat (CA Caen, 13 sept. 2007, *JCP* 2008. I. 144, n° 3, obs. G. Wiederkehr). Sa constatation ne suffit pas, toutefois, à engager les époux solidairement. Il faut encore que les sommes empruntées aient été nécessaires aux besoins de la vie courante. La modestie et la nécessité de l'emprunt représentent deux conditions distinctes et cumulatives, qui doivent être chacune caractérisées par les juges du fond (Civ. 1re, 27 nov. 2001, *D.* 2002. Jur. 2910, note M.-P. Baudin-Maurin ; *RTD civ.* 2002. 558, obs. B. Vareille ; *Defrénois* 2002. 37583, obs. G. Champenois ; Civ. 1re, 3 juin 2003, *D.* 2003. 1863, obs. V. Brémond. Civ. 1re, 22 févr. et 4 juin 2007, *JCP* 2007. I. 207, n° 3, obs. G. Wiederkehr ; Civ. 1re, 1er juill. 2009 (deux arrêts), préc., v. ss 181 ; CA Chambéry, 9 déc. 2008, *JCP* 2009. I. 140, n° 4, obs. G. Wiederkehr ; Civ. 1re, 14 avr. 2010, préc., v. ss 181). Le versement des sommes sur un compte commun des époux n'établit ni le consentement du conjoint de l'emprunteur ni le caractère modeste et nécessaire de l'emprunt contracté par l'un des conjoints (CA Toulouse, 13 janv. 2009, *JCP* 2009. I. 140, n° 4, obs. G. Wiederkehr). Un crédit *revolving* souscrit par un époux avant le mariage relève de la solidarité ménagère, dès lors que le contrat s'est renouvelé tous les ans pendant le mariage et que l'emprunt a été utilisé pour effectuer des achats de petits montants pour les besoins vestimentaires et mobiliers du ménage et, notamment, pour l'enfant commun. Pareilles « dépenses [...] ne sauraient », selon la Haute juridiction, « de par leur objet, montant et utilité échapper à la solidarité entre époux » (Civ. 1re, 13 nov. 2008, n° 07-19281, n° 07-19286 et n° 07-19289, *D.* 2010. 733, obs. J.-J. Lemouland et D. Vigneau).

En l'espèce, l'emprunt a été souscrit par Olga. Aucun élément ne permet d'affirmer qu'Oscar y ait expressément consenti. Si la nécessité de la dépense pour les besoins de la vie courante ne paraît pas sérieusement contestable, la modicité de l'emprunt, qui s'élève à 30 000 €, au regard des revenus du couple est, en revanche, plus incertaine. Il convient donc d'envisager les deux hypothèses. Si la modicité de l'emprunt était retenue, Oscar et Olga seraient engagés solidairement, en application des dispositions de l'article 220. Le créancier pourrait poursuivre le paiement de l'intégralité de sa créance à l'égard de l'un ou de l'autre des époux et sur n'importe quel bien du ménage. Cette solution est fort probable, au regard du train de vie du couple qui semble aisé. Si, toutefois, la modicité de l'emprunt n'était pas retenue, il conviendrait alors d'appliquer les dispositions de l'article 1415 du Code civil. Oscar n'ayant pas expressément consenti à l'acte, le créancier ne pourrait faire exécuter sa créance que sur les seuls biens propres et revenus d'Olga.

C. L'emprunt contracté par Oscar pour l'acquisition d'un 4x4

Cet emprunt est dicté par une finalité ménagère s'agissant d'une dépense occasionnée pour les loisirs familiaux (v. *ss*). La question se pose néanmoins de savoir s'il porte sur des sommes modestes nécessaires aux besoins de la vie courante. Au vu de son objet, la nécessité de la dépense pour les besoins de la vie courante ne fait pas de doute. Sa modicité au regard du train de vie aisé du couple semble, elle aussi, pouvoir être admise. Si cette hypothèse était retenue par le juge, les époux seraient engagés solidairement sur le fondement de l'article 220 du Code civil. Si, en revanche, la modicité de l'emprunt était écartée, seuls les biens propres et les revenus d'Oscar pourraient être poursuivis par le créancier pour le recouvrement de sa créance (C. civ., art. 1415).

II. La contribution aux dettes

A. L'emprunt contracté par Olga pour le financement de la construction de la villa de Saint Jean-de-Luz

Il s'agit ici de savoir si les divers emprunts sont à la charge définitive de la communauté ou d'un époux, c'est-à-dire s'ils font partie du passif définitif commun ou du passif définitif propre.

Selon l'article 1416, « La communauté qui a acquitté une dette pour laquelle elle pouvait être poursuivie en vertu des articles précédents (C. civ., art. 1413 à 1415) a droit néanmoins à récompense, toutes les fois que cet engagement avait été contracté dans l'intérêt personnel de l'un des époux, ainsi pour l'acquisition, la conservation ou l'amélioration d'un bien propre ».

En l'espèce, les mensualités de l'emprunt contracté pour le financement partiel de la construction de la villa de Saint Jean-de-Luz ont été remboursées, jusqu'à présent, à l'aide de la retraite perçue par Oscar. La jurisprudence analyse les arrérages des pensions de retraite, lesquels constituent des substituts de salaires, comme des biens communs (en ce sens, Civ. 1re, 8 juill. 2009, *Bull. civ.* I, n° 167 ; *D.* 2010. 2392, note J. Revel ; *AJ fam.* 2009. 405, obs. P. Hilt ; *JCP N* 2009. 1322, note J. Vassaux-Barège ; *JCP* 2009. 391, n° 13, obs. Ph. Simler ; *RTD civ.* 2010. 803, obs. B. Vareille ; *LEFP* nov. 2009, p. 7, obs. N. Peterka). Or, la villa de Saint Jean-de-Luz est un bien propre par accessoire d'Oscar. Il s'ensuit que ce dernier sera débiteur, à la liquidation de la communauté, d'une récompense au profit de cette dernière.

Si le créancier poursuivait le remboursement du solde de cet emprunt sur les revenus d'Olga, lesquels sont des biens communs (Civ. 1re, 8 févr. 1978, préc. ; Civ. 1re, 31 mars 1992, préc. ; Civ. 1re, 20 févr. 2007, préc. ; Civ. 1re, 3 févr. 2010, préc.), cette dernière pourrait faire valoir à la liquidation du régime un droit à récompense de la communauté à l'encontre de son époux. L'exécution de la créance sur les biens propres d'Olga donnerait naissance à une créance entre époux (sur lesquelles, v. ss 590 et s.).

B. Les emprunts ménagers

Selon l'article 1409 du Code civil, « La communauté se compose passivement : - à titre définitif, des aliments dus par les époux et des dettes contractées pour l'entretien du ménage et l'éducation des enfants ». Si les dettes ménagères solidaires sont inscrites, sans conteste, au passif définitif de la communauté, l'interprétation du renvoi à l'article 220 soulève, en revanche, des difficultés d'interprétation au sujet des dettes ménagères non solidaires. En la matière, la doctrine estime généralement que le renvoi à l'article 220 englobe toutes les dettes ménagères, y compris celles qui ne sont pas solidaires (en ce sens, v. par exemple, F. Terré et Ph. Simler, préc., n° 403). La question de l'interprétation du renvoi à l'article 220 reçoit ainsi une réponse différente suivant que l'on se place sur le terrain du passif commun définitif (C. civ., art. 1409) ou sur celui du passif commun provisoire (C. civ., art. 1414 ; v. ss 479). Si les dettes ménagères n'ouvrent jamais droit à récompense au profit de la communauté, c'est précisément en raison de leur caractère ménager. Bien que n'étant pas solidaires, elles visent à satisfaire l'intérêt de la famille et non pas l'intérêt exclusif de l'un des époux. Cette considération justifie leur inscription au passif commun définitif.

En l'espèce, les emprunts souscrits pour l'installation d'une cuisine équipée dans le logement de la famille et pour l'acquisition d'un 4x4 afférent à la résidence secondaire de la famille correspondent à des dépenses ménagères. Ces dettes sont à la charge définitive de la communauté. C'est dire que les époux ne pourront pas faire valoir un droit à récompense au profit de la communauté si ces emprunts sont exécutés sur les biens communs et, notamment, sur les revenus du couple.

chapitre 9

Le régime légal : les causes de dissolution de la communauté

Plan analytique

section 1

Les causes de dissolution de la communauté par dissolution du mariage

§ 1 Le décès de l'un des époux

§ 2 L'absence déclarée

§ 3 Le divorce

A. Les mesures protectrices des droits de chaque époux

B. Les conventions entre époux relatives à la liquidation et au partage du régime matrimonial

C. La date de la dissolution de la communauté

section 2

Les causes de dissolution de la communauté sans dissolution du mariage

§ 1 La séparation de corps

§ 2 La séparation de biens judiciaire

A. Les causes de la séparation de biens judiciaire

B. La procédure de séparation de biens judiciaire

C. Les effets de la séparation de biens judiciaire

§ 3 Le changement de régime matrimonial

A. Une mutabilité encadrée

B. Une mutabilité partiellement déjudiciarisée

Le régime légal : les causes de dissolution de la communauté

L'article 1441 du Code civil dresse une liste des causes de dissolution de la communauté applicables à tous les régimes de communauté, qu'il s'agisse de la communauté légale ou d'une communauté conventionnelle. Cette liste est limitative. Il est vrai que le texte ne mentionne pas la nullité du mariage mais l'explication en est simple : le mariage étant censé n'avoir jamais existé, il en est de même du régime matrimonial. Il en va différemment lorsqu'il est possible de retenir l'existence d'un mariage putatif. L'article 201 dispose que « Le mariage qui a été déclaré nul produit, néanmoins, ses effets, à l'égard des époux, lorsqu'il a été contracté de bonne foi [al. 1er]. Si la bonne foi n'existe que de la part de l'un des époux, le mariage ne produit ses effets qu'en faveur de cet époux [al. 2] ». L'époux de bonne foi peut choisir de liquider ses relations pécuniaires avec son conjoint selon les règles du régime matrimonial ou celles applicables aux relations entre concubins. 508

La liste de l'article 1441 énumère les causes de dissolution de la communauté de manière impérative. Les époux ne peuvent pas décider du maintien du régime matrimonial en cas de survenance de l'un des événements prévus par le texte (C. civ., art. 1442). 509

L'article 1441 invite à classer les causes de dissolution de la communauté en deux grandes catégories, en opposant, d'une part, les causes de dissolution de la communauté par dissolution du mariage (section 1) et, d'autre part, les causes de dissolution de la communauté sans dissolution du mariage (section 2). 510

section 1

Les causes de dissolution de la communauté par dissolution du mariage

Les causes de dissolution de la communauté par dissolution du mariage sont au nombre de trois. Il s'agit du décès de l'un des époux (§ 1), de son absence déclarée (§ 2) et du divorce (§ 3). 511

§ 1 Le décès de l'un des époux

Le décès de l'un des époux entraîne tout à la fois la dissolution du mariage et celle du régime matrimonial. Il emporte, de plus, l'ouverture de la succession de l'époux 512 prédécédé. La dissolution du mariage par décès va ainsi donner naissance à une double indivision. Une *indivision post-communautaire* résultant de la dissolution de la communauté, d'une part : à compter du décès, les biens communs deviennent des biens indivis entre le conjoint survivant et les héritiers du conjoint prédécédé. Le régime juridique de l'indivision est applicable à ces biens (C. civ., art. 815 et s.). Une *indivision successorale* entre les héritiers du défunt, d'autre part. Celle-ci vient s'ajouter à l'indivision post-communautaire et comporte les biens propres du conjoint prédécédé ainsi que ses droits indivis dans la masse commune à partager. La loi n° 2006-728 du 23 juin 2006 portant réforme des successions et des libéralités autorise à procéder au partage unique de ces deux indivisions, que ce soit dans le cadre du partage amiable ou du partage judiciaire (C. civ., art. 839 et 840-1).

§ 2 L'absence déclarée

■ 513 L'article 1441 cite au nombre des causes de dissolution de la communauté l'absence déclarée de l'un des époux. Le jugement déclaratif d'absence doit être transcrit sur les registres des décès du lieu du domicile de l'absent ou de sa dernière résidence (C. civ., art. 127). À compter de cette transcription, il emporte toutes les effets que le décès établi de la personne aurait eus (C. civ., art. 128).

§ 3 Le divorce

■ 514 Le Code civil organise des mesures protectrices des droits de chaque époux (A) lors de la dissolution de la communauté par divorce. Il favorise les conventions entre époux relatives à la liquidation et au partage du régime matrimonial (B) et module la date de la dissolution de la communauté par l'effet du divorce (C).

A. Les mesures protectrices des droits de chaque époux

■ 515 Le droit du divorce prévoit deux séries de mesures destinées à protéger les droits de chaque époux, pendant la procédure de divorce. Tout d'abord, l'article 257 alinéa 3 permet au juge de prendre, *dès la requête initiale*, des *mesures conservatoires*, pour la garantie des droits d'un époux. Il peut s'agir, par exemple, de l'apposition de scellés sur les biens communs. Le texte précise que les dispositions de l'article 220-1 et les autres sauvegardes instituées par le régime matrimonial demeurent applicables. Le législateur entend également préserver un époux contre la fraude de son conjoint, pendant la procédure de divorce. L'article 262-2 dispose ainsi que « Toute obligation contractée par l'un des époux à la charge de la communauté, toute aliénation de biens communs faite par l'un d'eux dans la limite de ses pouvoirs, postérieurement à la requête initiale, sera déclarée nulle, s'il est prouvé qu'il y a eu fraude aux droits de l'autre conjoint ». Mais l'acquisition par un époux d'un bien financé avec des fonds propres et des fonds empruntés postérieurement à l'assignation en divorce ne constitue pas une fraude aux droits de son conjoint, ce bien n'ayant pas vocation, sauf si le divorce n'est pas prononcé, à entrer dans la communauté mais devant, au contraire, lui appartenir à titre de propre (Civ. 1re, 4 juin 2007, *D.* 2007. 1791 ; *D.* 2008. 137, note A.-C. Chiariny-Daudet).

Ensuite, l'article 255 du Code civil autorise le juge à prononcer des *mesures provisoires, lors de l'audience de conciliation*, afin de régler la vie des époux pendant la procédure de divorce. Le juge peut, notamment, attribuer à l'un des époux la jouissance du logement et du mobilier du ménage, ou partager entre eux cette jouissance, en précisant son caractère gratuit ou non, statuer sur l'attribution de la jouissance ou de la gestion des autres biens communs ou indivis, sous réserve des droits de chacun des époux dans la liquidation du régime matrimonial, ordonner la remise des vêtements et objets personnels à chaque époux, accorder à un époux, si la situation le rend nécessaire, une provision à faire valoir sur ses droits dans la liquidation du régime matrimonial. 516

B. Les conventions entre époux relatives à la liquidation et au partage du régime matrimonial

Dans un souci de pacification et d'apaisement du divorce, le législateur favorise les conventions entre époux relatives à la liquidation et au partage de leur régime matrimonial. L'article 265-2 du Code civil autorise, à cette fin, les époux à passer, pendant l'instance en divorce, de telles conventions (sur l'illicéité de la convention passée avant l'introduction de l'instance en divorce, Civ. 1re, 8 avr. 2009, *préc.* n° 251). La convention doit être passée par acte notarié lorsqu'elle porte sur des biens soumis à la publicité foncière.). Elle n'est pas sujette à l'homologation du juge ; seule y est assujettie, en vertu de l'article 268 du Code civil, la convention étrangère à la liquidation et au partage du régime matrimonial, telle que celle relative à l'exercice de l'autorité parentale ou à la prestation compensatoire (sur ce point, v. A. Bénabent, *Droit civil. La famille*, Montchrestien, 2010, n° 543). L'article 1451 alinéa 1er précise que « Les conventions passées en application de l'article 265-2 sont suspendues, quant à leurs effets, jusqu'au prononcé du divorce ; elles ne peuvent être exécutées, même dans les rapports entre époux, que lorsque le jugement a pris force de chose jugée ». L'alinéa 2 de l'article 1451 réserve, quant à lui, la faculté pour « L'un des époux [de] demander que le jugement de divorce modifie la convention si les conséquences du divorce fixées par ce jugement remettent en cause les bases de la liquidation et du partage ». Cette disposition permet, par exemple, au juge de rééquilibrer la convention liquidative, en tenant compte de la prestation compensatoire fixée par le jugement. 517

En l'absence de convention entre les époux, il importe d'éviter qu'un délai trop long s'écoule entre le prononcé du divorce et la liquidation du régime matrimonial. À cette fin, l'article 267-1 alinéa 1er décidait, dans son ancienne rédaction, que « Si les opérations de liquidation et de partage ne sont pas achevées dans le délai d'un an après que le jugement de divorce est passé en force de chose jugée, le notaire transmet au tribunal un procès-verbal de difficultés reprenant les déclarations respectives des parties ». Le tribunal pouvait alors accorder un délai supplémentaire d'une durée maximale de six mois (al. 2). Si, à l'expiration de ce délai, la liquidation du régime matrimonial n'était toujours pas intervenue, le notaire était tenu d'en informer le tribunal (al. 3). Ce dernier statuait sur les contestations subsistant entre les ex-époux et les renvoyait devant le notaire afin d'établir l'état liquidatif (al. 4). 518

Le texte a été remodelé par la loi n° 2009-526 du 12 mai 2009 relative à la simplification et à la clarification du droit et à l'allégement des procédures. Il soumet désormais « les opérations de liquidation et de partage des intérêts patrimoniaux des époux [...] aux règles fixées par le Code de procédure civile », c'est-à-dire aux règles de la procédure en matière contentieuse devant le tribunal de grande instance (C. pr. civ., art. 1136-1). Applicable aux demandes en justice formées à compter du 1er janvier 2010, la nouvelle version de l'article 267-1 n'entraîne pas la suppression de tout encadrement dans le temps des opérations de liquidation et de partage du régime matrimonial. L'article 1136-2 du Code de procédure civile, gouvernant les liquidations après divorce, renvoie, en effet, dans sa nouvelle version issue du décret n° 2009-1591 du 17 décembre 2009 relatif à la procédure devant le juge aux affaires familiales en matière de régimes matrimoniaux et d'indivisions, aux articles 1359 à 1378 sur le partage judiciaire successoral, sous réserve des pouvoirs liquidatifs du juge aux affaires familiales au moment où il prononce le divorce (C. civ., art. 267). Or, ces dispositions imposent au notaire désigné par le tribunal de grande instance, en raison de la complexité des opérations de partage, de dresser « dans le délai d'un an suivant sa désignation [...] un état liquidatif qui établit les comptes entre copartageants, la masse partageable, les droits des parties et la composition des lots à répartir » (C. pr. civ., art. 1364 et 1368). En cas de désaccord des copartageants sur le projet d'état liquidatif dressé par le notaire, ce dernier transmet au juge commis un procès-verbal reprenant les dires respectifs des parties ainsi que le projet d'état liquidatif (C. pr. civ., art. 1373, al 1er). Le tribunal statue sur les points de désaccord. Il homologue l'état liquidatif ou renvoie les parties devant le notaire pour établir l'acte constatant le partage. En cas d'homologation, il ordonne, s'il y a lieu, le tirage au sort des lots par la même décision, soit devant le juge commis, soit devant le notaire commis (C. pr. civ., art. 1375). S'il subsiste, l'encadrement dans le temps de la liquidation et du partage après divorce ne se confond pas, pour autant, avec celui qui résultait de l'ancienne rédaction de l'article 267-1 du Code civil. Un allongement des délais est, tout au contraire, perceptible. En effet, d'une part, le délai d'un an court dorénavant à compter de la désignation du notaire, et non plus du jour où le jugement de divorce est passé en force de chose jugée. D'autre part, le délai supplémentaire susceptible d'être accordé par le juge commis est aujourd'hui d'une durée maximale d'un an et non plus de six mois (C. pr. civ., art. 1368 et 1370). Soulignons que ces dispositions, toutes issues du décret du 17 décembre 2009, s'appliquent non seulement à la liquidation et au partage des intérêts patrimoniaux des époux mais aussi à ceux des partenaires et des concubins (C. pr. civ., art. 1136-1 et 1136-2 ; sur tout ceci, v. V. Larribau-Terneyre, « Opérations de liquidation après divorce : quelques précisions », *Dr. fam.* 2010, Étude 3 ; L. Mauger-Vielpeau, « Le nouvel article 267-1 du Code civil. Une modification passée inaperçue », *JCP* N 2009. Actu. 699 ; P. Murat, « L'actualité juridique et judiciaire en droit patrimonial », *Gaz. Pal.* 18-20 avr. 2010. n° 1322, p. 30 ; M. Douchy-Oudot, « Décr. n° 2009-1591, 17 déc. 2009, relatif à la procédure devant le juge aux affaires familiales en matière de régimes matrimoniaux et d'indivisions », *Procédures* 2010, comm. 38 ; M. Douchy-Oudot, Pan. Contentieux familial, *D.* 2010. 989). Elles participent ainsi, sur un plan procédural et patrimonial, à l'élaboration d'un droit commun du couple (M. Azavant, « Décret du 17 décembre 2009 relatif à la procédure devant le juge aux affaires familiales en matière de régimes matrimoniaux et d'indivisions », *Dr. fam.* 2010. Comm. 42 ; comp., obs. crit. J.-J. Lemouland et D. Vigneau *in* Pan. Droit des couples, *préc.* n° 62).

C. La date de la dissolution de la communauté

La date de la dissolution de la communauté varie, dans le cadre du divorce, suivant que l'on se place dans les rapports entre époux ou dans les rapports des époux avec les tiers. Dans les rapports des époux et des tiers, l'article 262 du Code civil prévoit que le jugement de divorce est opposable aux tiers, en ce qui concerne les biens, *le jour où les formalités de publicité en marge des actes d'état civil ont été accomplies*. Dans les rapports entre les époux, l'article 262-1 fait rétroagir les effets du divorce à la *date de l'ordonnance de non-conciliation*, sauf en matière de *divorce par consentement mutuel* où la communauté est dissoute à la *date de l'homologation de la convention de divorce*, à moins que cette dernière n'en dispose autrement. 519

L'article 262-1, alinéa 2 autorise, par ailleurs, l'un des époux à demander au juge que les effets du jugement de divorce soient fixés, en cas de séparation de fait, *à la date à laquelle les conjoints ont cessé de cohabiter et de collaborer*, c'est-à-dire à une date qui ne peut qu'être antérieure à celle de l'ordonnance de non conciliation (Civ. 1re, 18 mai 2011, *D.* 2011. 2019, note E. Buat-Ménard ; *RTD civ.* 2011. 520, obs. J. Hauser ; *Dr. fam.* 2011. Comm. 108, note V. Larribau-Terneyre ; *JCP* 2011. 1371, nº 13, obs. A. Tisserand-Martin ; *Defrénois* 2012. 40451, obs. G. Champenois ; *JCP N* 2011. 1277, note J. Massip). Cette faculté leur est également reconnue par l'article 1442, alinéa 2, qui est un texte spécifique au régime de communauté. La nouvelle rédaction de l'article 262-1, issue de la loi du 26 mai 2004, précise que la « demande ne peut être formée qu'à l'occasion de l'action en divorce ». Elle ne peut donc plus être présentée, aujourd'hui, après le prononcé du divorce, dans le cadre des opérations de liquidation et de partage. Le report peut être sollicité, en revanche, pour la première fois en appel dès lors que la décision de divorce n'a pas acquis force de chose jugée. L'appel doit, en d'autres termes, aussi porter sur le principe du divorce (Civ. 1re, 14 mars 2006, *Bull. civ.* I, nº 152 ; *Dr. fam.* 2006. Comm. 127, anticipant le nouvel art. 262-1, al. 2 ; V. Larribau-Terneyre, note Civ. 1re, 31 mars 2010, *Dr. fam.* 2010. Comm. 74). 520

Le report des effets du divorce a pour effet de geler la composition de la communauté à la date de la séparation effective des époux et de la cessation de leur collaboration. Si la cohabitation et la collaboration constituent deux notions distinctes, la Cour de cassation affirme, de manière constante, que la « cessation de la cohabitation fait présumer la cessation de la collaboration », si bien qu'il incombe « à celui qui s'oppose au report de prouver que des actes de collaboration ont eu lieu postérieurement à la séparation des époux » (v., par ex., Civ. 1re, 14 mars 2012, nº 11-13954, *JCP N* 2012. 1235, note J. Massip). Une telle preuve ne peut se déduire du seul fait que l'un des conjoints demeure au domicile conjugal et a encore les enfants à sa charge (Civ. 1re, 31 mars 2010, *D.* 2010. 962 ; *JCP* 2010, Actu. 410, H. Bosse-Platière ; *AJ fam.* 2010. 276, note S. David ; *Dr. fam.* 2010. Comm. 74, note V. Larribau-Terneyre *préc.* nº 520 ; *JCP N* 2010. 1255, note J. Massip ; *JCP* 2010. 1220, nº 15, obs. A. Tisserand-Martin), ni du seul maintien de comptes bancaires communs (Civ. 1re, 17 déc. 2008, *RJPF* 2009-3. 22, obs. Th. Garé) ou du remboursement d'emprunts communs (Civ., 1re, 16 juin 2011, *D.* 2011. 2628, obs. V. Brémond ; *Defrénois* 2012. 40452. 352, obs. G. Champenois ; *JCP N* 2012. 1011, note J. Massip). Elle implique, tout au contraire, que soit caractérisée une « véritable gestion en commun » (A. Bénabent, *Droit de la famille*, préc., spéc. nº 547), telle que la souscription par les époux, après leur séparation, d'un emprunt destiné à financer les travaux d'aménagement de l'appartement acquis par l'un d'eux (Civ., 1re, 17 nov. 2010, *Bull. civ.* I, nº 235 ; *D.* 2010. 2836 ;

D. 2011. 351, note V. Bonnet ; *Dr. fam.* 2011. Comm. 21, note B. Beignier ; *Defrénois* 2011. 39206. 390, obs. G. Champenois ; *JCP* 2011. 503, n° 13, obs. A. Tisserand-Martin ; *JCP N* 2011. 1161, note J. Massip ; sur la notion de « collaboration », v., par exemple, Civ. 1re, 28 févr. 2006, *Bull. civ.* I, n° 116 ; Civ. 1re, 14 mars 2006, *Bull. civ.* I, n° 153 ; Civ. 1re, 14 nov. 2006, n° 05-21013 et n° 05-21629, *D.* 2007. 2131, obs. V. Brémond ; *AJ fam.* 2007. 35, obs. S. David ; *RTD civ.* 2007. 96, obs. J. Hauser). La Cour de cassation confère aux juges du fond un pouvoir d'appréciation quant à l'opportunité du report, et cela, conformément à la nouvelle rédaction de l'article 262-1, aux termes duquel « le juge *peut* fixer les effets du jugement à la date à laquelle (les époux) ont cessé de cohabiter et de collaborer ». Mais, s'il n'est plus de droit, le report des effets du divorce ne peut être toutefois écarté par le juge, lorsque les conditions en sont remplies, que par une décision motivée (Civ. 1re, 31 mars 2010, *préc.*). Celle-ci ne saurait, pour refuser le report, se fonder sur des critères relatifs à la faute et, notamment, sur l'absence de preuve de l'abandon du domicile conjugal par l'autre conjoint. Seule importe ici la séparation effective des époux (Civ. 1re, 12 mai 2010, n° 08-70274, *D.* 2010. 1418 ; *Dr. fam.* 2010. Comm. 111, note V. Larribau-Terneyre).

Lorsque le report des effets du divorce est accordé, c'est à compter de la date de la cessation de la cohabitation et de la collaboration des époux que s'ouvre l'indivision post-communautaire. Il convient de souligner que le report de la date de la dissolution de la communauté joue *exclusivement dans les rapports* des époux entre eux. C'est à cette date que se détermine la composition de l'actif commun à partager (Pour une application en matière de brevets, v. Com. 4 oct. 2011, *LEFP* nov. 2011. 4, obs. N. Peterka ; *D.* 2012. 195, note N. Binctin ; *JCP N* 2011. 1322, note J.-D. Azincourt). Le report est, en revanche, inopposable aux tiers.

À l'égard de ces derniers, les biens acquis à titre onéreux avant l'accomplissement des formalités de publicité en marge des actes d'état civil constituent des biens communs soumis, le cas échéant, à leur droit de gage général. Les articles 1401 à 1408 et 1413 à 1415 continuent à s'appliquer aux tiers, et notamment aux créanciers, jusqu'à la transcription du jugement de divorce en marge de l'état civil.

section 2

Les causes de dissolution de la communauté sans dissolution du mariage

521 L'article 1141 du Code civil énumère trois causes de dissolution de la communauté sans dissolution du mariage : la séparation de corps (§ 1), la séparation de biens judiciaire (§ 2) et le changement de régime matrimonial (§ 3).

§ 1 La séparation de corps

522 La première cause de dissolution de la communauté sans dissolution du mariage résulte de la *séparation de corps*[Q]. Aux termes de l'article 302 alinéa premier, « La séparation de corps entraîne toujours la séparation de biens ». Les biens des époux séparés de corps sont ainsi régis par les articles 1536 à 1543 relatifs au régime de séparation de biens.

La date de la dissolution de la communauté est fixée par renvoi aux règles du divorce. L'article 302 alinéa 2 précise qu'« En ce qui concerne les biens, la date à laquelle la séparation de corps produit ses effets est déterminée conformément aux dispositions 262 à 262-2 », c'est-à-dire comme en matière de divorce. 523

§ 2 La séparation de biens judiciaire

La *séparation de biens judiciaire*° est réglementée par les articles 1443 à 1449 du Code civil. Il s'agit ici de protéger un époux contre la gestion des biens communs par son conjoint, en passant du régime de communauté à celui de la séparation de biens. Le changement de régime matrimonial est nécessairement judiciaire. L'article 1443, alinéa 2 énonce, en effet, que « Toute séparation volontaire est nulle ». Le législateur encadre les causes (A), la procédure (B) et les effets (C) de la séparation de biens judiciaire. 524

A. Les causes de la séparation de biens judiciaire

L'article 1443, alinéa premier définit les causes de la séparation de biens judiciaire, en énonçant que « Si, par le désordre des affaires d'un époux, sa mauvaise administration ou son inconduite, il apparaît que le maintien de la communauté met en péril les intérêts de l'autre conjoint, celui-ci peut poursuivre la séparation de biens en justice ». La procédure de séparation de biens judiciaire consiste en une mesure de protection d'un époux contre son conjoint. Elle peut être demandée toutes les fois que le maintien de la communauté met en péril les intérêts de l'un des époux. 525

Cette mise en péril peut résulter de trois causes limitativement énumérées par le législateur. Il s'agit, tout d'abord, du « désordre des affaires d'un époux ». L'expression désigne les difficultés financières d'un conjoint. Ce dernier doit se trouver en état d'insolvabilité, quelle qu'en soit l'origine (v. par exemple, Civ. 1re, 3 mai 2000, *Bull. civ.* I, n° 127 ; *JCP* 2000. II. 10389, note J. Casey ; *Defrénois* 2000. 37205, obs. J.-P. Sénéchal ; *JCP* 2001. I. 309, n° 9, obs. A. Tisserand ; *Dr. fam.* 2000, n° 98, obs. B. Beignier pour un époux étant l'objet d'une procédure de liquidation judiciaire. Comp. Civ. 1re, 19 oct. 2004, *Bull. civ.* I, n° 231, *D.* 2005. 2115, obs. J. Revel ; *AJ fam.* 2005. 28, obs. P. Hilt). L'état d'insolvabilité d'un époux justifie le prononcé de la séparation de biens judiciaire car cet état affecte nécessairement l'autre conjoint. L'assiette du gage général des créanciers englobe, en effet, l'intégralité des biens communs, à l'exception des gains et salaires du conjoint non débiteur. La protection de celui-ci requiert le passage de la communauté vers la séparation de biens. De la sorte, le conjoint dont les intérêts sont en péril sera protégé contre les dettes qui naîtront, du chef de son époux, après la séparation de biens judiciaire. 526

L'article 1443 vise, ensuite, la « mauvaise administration » des biens communs par un époux. Celle-ci n'est pas nécessairement intentionnelle. Elle peut découler de la négligence ou de l'incompétence d'un époux. La séparation de biens judiciaire permet ici de protéger un époux contre les méfaits de la gestion concurrente. Les époux étant placés sous un régime de séparation de biens, chacun d'eux détient la 527 gestion exclusive de son patrimoine personnel, sans avoir à subir les conséquences de la mauvaise gestion de son conjoint.

■ 528 L'article 1443 fait, enfin, référence à l'« inconduite » d'un époux. Cette dernière implique un comportement fautif qui soit dangereux pour le patrimoine commun. Il en est ainsi, par exemple, du comportement d'un époux accumulant les dettes de jeu ou dilapidant les biens communs au profit d'une concubine adultère.

B. La procédure de séparation de biens judiciaire

■ 529 La demande en séparation de biens judiciaire est ouverte au conjoint dont les intérêts sont mis en danger. L'article 1446 précise que les créanciers d'un époux ne peuvent pas demander la séparation de biens judiciaire, en ses lieu et place, par la voie oblique. La règle tient au caractère personnel de l'action. Toutefois, lorsque cette dernière a été introduite par un époux, les créanciers se voient reconnaître la faculté d'obtenir la communication de la demande et des pièces justificatives. Ils sont également autorisés à intervenir à l'instance pour la conservation de leurs droits et à former tierce opposition au jugement, lorsque la séparation de biens a été prononcée en fraude à ceux-ci (C. civ., art. 1447). L'action doit être exercée dans l'année qui suit l'accomplissement des formalités de publicité du jugement (C. pr. civ., art. 1298).

■ 530 La procédure de séparation de biens judiciaire relève, depuis le 1er janvier 2010, de la compétence du juge aux affaires familiales (COJ, art. L. 213-3, 1°, réd. L. n° 2009-526, 12 mai 2009). Elle obéit aux règles de la procédure en matière contentieuse applicable devant le tribunal de grande instance et se trouve entourée de formalités de publicité destinées à protéger les tiers (C. pr. civ., art. 1292, 1136-1, réd. Décr. n° 2009-1591, 17 déc. 2009). La demande en justice doit être publiée en marge de l'acte de naissance des époux (C. pr. civ., art. 1292, al. 2, réd. Décr. n° 2009-1591, 17 déc. 2009). Un extrait de la demande peut être en outre publié dans un journal d'annonces légales diffusé dans le ressort du tribunal saisi (C. pr. civ., art. 1292, al. 3). « Le jugement prononçant la séparation est publié dans un journal diffusé dans le ressort du tribunal qui l'a rendu » (C. pr. civ., art. 1294, al. 1er). Le dispositif du jugement est notifié à l'officier de l'état civil du lieu où le mariage a été célébré à fin de mention en marge de l'acte de mariage. Lorsque les époux ont rédigé un contrat de mariage, le dispositif du jugement doit être publié sur la *minute*[Q] de ce contrat (C. pr. civ., art. 1294, al. 2 et 3).

C. Les effets de la séparation de biens judiciaire

■ 531 Le jugement de séparation de biens judiciaire dissout la communauté pour lui substituer le régime de séparation de biens prévu aux articles 1536 et suivants (C. civ., art. 1449). Ses effets remontent au jour de la demande en justice (C. civ., art. 1445, al. 2). La rétroactivité joue ici non seulement dans les rapports entre époux mais aussi dans les rapports des époux et des tiers, les intérêts de ces derniers étant préservés grâce à la publicité de la demande en justice. Toutefois, l'exécution de la décision est inopposable aux créanciers des époux si elle a commencé avant que n'aient été accomplies les formalités de publicité prévues à l'article 1294 du Code de procédure civile (C. pr. civ., art. 1297, réd. Décr. n° 2009-1591, 17 déc. 2009).

L'article 1448 alinéa 1er réglemente la contribution des époux aux charges du mariage : « L'époux qui a obtenu la séparation de biens doit contribuer, proportionnellement à ses facultés et à celles de son conjoint, tant aux frais du ménage qu'à ceux d'éducation des enfants » (Civ. 1re, 16 juill. 1998, *Dr. fam.* 1998, n° 129, note H. Lécuyer). L'alinéa 2 du texte précise qu'« Il doit supporter entièrement ces frais, s'il ne reste rien à l'autre ». Lors du prononcé de la séparation de biens judiciaire, le tribunal « peut ordonner qu'un époux versera sa contribution entre les mains de son conjoint, lequel assumera seul à l'égard des tiers le règlement de toutes les charges du mariage » (C. civ., art. 1449, al. 2). 532

L'article 1444 subordonne les effets de la séparation de biens judiciaire au respect de plusieurs délais. La séparation de biens, quoique prononcée en justice, est nulle si les opérations de liquidation de la communauté n'ont pas été commencées dans les trois mois à compter du jour où le jugement est passé en force de chose jugée et si la liquidation définitive de la communauté n'est pas intervenue dans l'année de l'ouverture des opérations de liquidation. Ce délai d'un an peut être toutefois prorogé par le président du tribunal de grande instance statuant en la forme des référés. Le non-respect des délais de l'article 1444 suffit au prononcé de la nullité de la séparation de biens, sans que le juge ait à vérifier l'absence de collusion frauduleuse des époux (Civ. 1re, 11 oct. 1989, *Bull. civ.* I, n° 318 ; *Defrénois* 1989. 1423, obs. G. Champenois ; *JCP* N 1991. II. 64, note Ph. Simler). 533

L'action en nullité est ouverte à chacun des époux, y compris au demandeur initial à la séparation de biens (CA Grenoble 30 avr. 2002, *JCP* 2004. I. 129, n° 17, obs. A. Tisserand), à la condition que le dépassement des délais ne lui soit pas exclusivement imputable (Civ. 1re, 4 juin 2009, *AJ fam.* 2009. 304, obs. P. Hilt ; *LEFP* 2009-9. 7, obs. N. Pétroni-Maudière ; *JCP* N 2009, 1304, note V. Brémond ; *JCP* 2009, n° 44, 391, n° 18, obs. Ph. Simler ; *Defrénois* 2010. 39087. 618, obs. G. Champenois). La nullité peut être également invoquée par les créanciers. Tous les créanciers sont autorisés à s'en prévaloir, quelle que soit la date de leur créance, même si celle-ci a pris naissance après le jugement de séparation de biens et son exécution partielle (Civ. 1re, 12 janv. 1988, *Bull. civ.* I, n° 6, *Defrénois* 1988. 926, obs. G. Champenois). 534

§ 3 Le changement de régime matrimonial

Le droit des régimes matrimoniaux est gouverné par le *principe de l'immutabilité des conventions matrimoniales* qui interdit aux époux de modifier leur régime matrimonial, après la célébration du mariage, par le seul effet de leur volonté. En 1965, le législateur a tempéré le principe, par l'instauration d'un *système d'immutabilité relative*. Dans sa version issue de la loi du 13 juillet 1965, l'article 1397 a autorisé les époux à changer de régime matrimonial, au moyen d'une convention passée entre eux, sous réserve que celle-ci soit homologuée par le juge. La loi de 1965 a ainsi organisé une mutabilité contrôlée du régime matrimonial : le *changement de régime matrimonial*[Q] était placé sous le contrôle du juge. Ce dernier vérifiait que les conditions du changement étaient bien réunies et, notamment, qu'il était conforme à l'intérêt de la famille. Ce système était critiqué car il introduisait une inégalité entre les couples candidats au changement de régime matrimonial. En effet, la convention de La Haye du 14 mars 1978, entrée en vigueur le 1er septembre 1992, et les 535 articles 1397-2 à 1397-6 du Code civil, issus de la loi d'adaptation du droit interne du 28 octobre 1997, offrent aux couples mariés présentant un élément d'extranéité une procédure non judiciaire de changement de régime matrimonial (sur la vocation universelle de cette convention, qui joue même si la nationalité, la résidence habituelle des époux ou la loi applicable d'après la convention n'est pas celle d'un État membre, v. Civ. 1re, 12 nov. 2009, *JCP* N 2010. 1006, note F. Boulanger ; *Defrénois* 2010. 39067. 324, obs. P. Callé ; sur les difficultés liquidatives nées de l'application de la Convention de La Haye et le changement automatique de loi applicable au régime matrimonial, v. Civ. 1re, 12 avr. 2012, n° 10-27016, *D.* 2012. Actu. 1125 ; *LEFP* mai 2012. 7, obs. H. Péroz ; *JCP* 2012. Actu. 537, obs. A. Devers ; sur les aspects internationaux des régimes matrimoniaux, v. notam., A. Meier-Bourdeau, « Accord du 4 févr. 2010 entre a France et l'Allemagne portant création d'un régime matrimonial commun », *JCP* N 2010. 257 ; Ph. Simler, « Le nouveau régime matrimonial optionnel franco-allemand de participation aux acquêts », *Dr. fam.* 2010. Étude 8 ; *JCP* N 2010. 1203 ; sur les aspects communautaires, v. P.-A. Girard, « Des avancées patrimoniales pour les couples européens », *JCP N* 2011. 1318). L'article 1397-3 alinéa 3 autorise les époux à modifier la loi applicable à leur régime matrimonial et, à cette occasion, à changer la nature de leur régime sans recourir au juge (sur la loi applicable au régime matrimonial d'époux mariés avant l'entrée en vigueur de la convention de La Haye, v. Civ. 1re, 19 sept. 2007, *JCP* N 2008. 1168, note J.-G. Mahinga ; Civ. 1re, 22 oct. 2008, *JCP* N 2008. 1363, note D. Boulanger ; Civ. 1re, 19 mars 2008, *JCP* N 2008. 1288, note J.-G. Mahinga ; Civ. 1re, 19 sept. 2007 et Civ. 1re, 17 oct. 2007, *JCP* 2008. I. 144, n° 6, obs. G. Wiederkehr). Le droit français créait ainsi un changement de régime matrimonial à deux vitesses, l'un souple et rapide pour les couples présentant un élément d'extranéité, l'autre plus strictement encadré pour les couples franco-français. Ce système a pris fin le 1er janvier 2007. La loi n° 2006-728 du 23 juin 2006, « portant réforme des successions et des libéralités », a supprimé le recours systématique au juge. Toutefois, cette loi n'a pas pour autant aboli le principe de l'immutabilité du régime matrimonial. Le principe demeure, tout en étant tempéré par une mutabilité encadrée (A) et partiellement déjudiciarisée (B).

A. Une mutabilité encadrée

■ 536 Le *changement de régime matrimonial*Q demeure, après la loi du 23 juin 2006, doublement encadré. Cet encadrement résulte, d'une part, de conditions de fond (1) et, d'autre part, de conditions de forme (2) posées par le législateur.

1. *Les conditions de fond*

■ 537 L'article 1397, alinéa 1er soumet le *changement de régime matrimonial*Q à deux conditions. La première est une condition de *délai*, tandis que la seconde tient à *la finalité* du changement de régime matrimonial.

S'agissant d'abord du délai, les époux ne sont autorisés à changer de régime matrimonial qu'après deux ans d'application de leur ancien régime. Le délai de deux ans commence à courir à compter de chaque modification du régime.

S'agissant ensuite de la finalité du changement de régime matrimonial, l'article 1397, alinéa premier exige que celui-ci soit dicté par « l'intérêt de la famille ». La notion d'« intérêt de la famille » recouvre les intérêts patrimoniaux et les intérêts extra-patrimoniaux de la famille. Est, par exemple, conforme à l'intérêt de la famille le changement de régime matrimonial de la communauté vers la séparation de biens, afin de préserver la famille des risques financiers liés à l'exercice d'une activité commerciale (TGI Seine, 6 janv. 1997, *Defrénois* 1968. 29034. 110).

Il est fréquent que la modification du régime matrimonial se traduise par un passage de la communauté légale ou de la séparation de biens vers la communauté universelle assortie d'une clause d'attribution intégrale de la communauté au dernier vivant (sur ce régime, v. ss 656 à 672). Ce changement de régime matrimonial emporte la préférence des couples retraités, dont le souci majeur est de préserver le niveau et le cadre de vie du conjoint survivant. Mais est-il encore possible de soutenir que le *changement de régime matrimonial*[Q] est dicté par l'intérêt de la famille lorsqu'il vise à protéger l'intérêt d'un seul de ses membres ? La Cour de cassation a répondu à cette question dans un arrêt de la première chambre civile du 6 janvier 1976. Elle décide, par cet arrêt, que « l'existence et la légitimité de l'intérêt de la famille doivent faire l'objet d'une appréciation d'ensemble, le seul fait que l'un des membres de la famille risquerait de se trouver lésé n'interdisant pas nécessairement la modification ou le changement envisagé » (Civ. 1re, 6 janv. 1976, *D.* 1976. Jur. 253, note A. Ponsard ; *JCP* 1979. II. 18461, note J. Patarin ; *GAJC*, n° 90, p. 532). La solution signifie que la notion d'« intérêt de la famille » peut se ramener à celui d'un de ses membres, à la condition que les intérêts des autres membres de la famille soient globalement préservés. 538

Dans l'arrêt de 1976, la Cour de cassation s'est prononcée au sujet d'un changement de régime matrimonial en direction de la communauté universelle avec clause d'attribution intégrale de la communauté au dernier vivant. Un tel changement de régime est conforme à l'intérêt du conjoint survivant. Ce dernier recevra, en effet, l'ensemble du patrimoine du ménage au décès du conjoint prémourant. Les enfants du couple ne percevront rien au décès du prémourant mais leur intérêt n'est pas pour autant sacrifié. Ils hériteront de l'ensemble du patrimoine de leurs parents, en une seule fois, au décès du conjoint survivant sous réserve, toutefois, que ce dernier ne l'ait pas dilapidé. 539

La situation des enfants non communs est plus délicate. Si l'époux prédécédé est leur père ou leur mère, ils ne sont pas appelés à la succession du conjoint survivant. Le changement de régime matrimonial conduit à priver les enfants non communs de leurs droits successoraux puisque, du fait de ce changement, la succession de leur auteur est vide. Afin d'éviter un tel résultat, l'article 1527, alinéa 2 reconnaît aux enfants non communs une action spécifique, dénommée l'« action en retranchement » (v. ss 650 à 652). Celle-ci leur permet de réclamer, lors du décès de leur auteur, leur réserve héréditaire. Cette action est aujourd'hui ouverte à l'ensemble des enfants non communs et non plus seulement à ceux issus d'un précédent mariage du prémourant (L. n° 2001-1135 du 3 déc. 2001 ; Civ. 1re, 29 janv. 2002, *D.* 2002. 1938, note C. Devers, *Defrénois* 2002. 1330, obs. G. Champenois ; *RTD civ.* 2002. 278, obs. J. Hauser, *ibid.* 347, obs. B. Vareille ; *ibid.* 865, obs. J.-P. Marguénaud, rendu sous l'empire de l'art. 1527, al. 2 ancien), à l'exception des enfants adoptés par le conjoint survivant lesquels bénéficient, dans la succession de ce dernier, des mêmes droits que les enfants communs (Civ. 1re, 7 juin 2006, *Bull. civ.* I, n° 295 ; *JCP* 2007. I. 142, n° 25, A. Tisserand-Martin ; *Defrénois* 2006. 1578, obs. B. Vareille et 1614, obs. G. Champenois ; *Dr. fam.* 2007. Comm. 44, note P. Murat ; *RTD civ.* 2006. 749, obs. 540

J. Hauser et 810, obs. M. Grimaldi ; Civ. 1re, 11 févr. 2009, *Bull. civ.* I, n° 30 ; *JCP* 2009. I. 140, n° 14, obs. A. Tisserand-Martin ; *AJ fam.* 2009. 179, obs. F. Bicheron ; *Defrénois* 2009. 1611, obs. B. Vareille ; *RTD civ.* 2009. 519, obs. J. Hauser) L'article 1527, alinéa 3 – ajouté par la loi du 23 juin 2006 – autorise désormais les enfants non communs à renoncer à exercer, du vivant du conjoint survivant, l'action en retranchement. L'élargissement de cette action à l'ensemble des enfants non communs – et, surtout, la faculté leur étant reconnue de renoncer au moins temporairement à son exercice – conduisent à vider, en grande partie, de sa substance la condition liée à l'intérêt de la famille. Les hypothèses dans lesquelles le changement de régime matrimonial est nuisible à l'intérêt de la famille, tel que conçu par la Cour de cassation, se raréfient (v., pour des exemples de refus d'homologation peu convaincants, CA Paris, 2e ch. A, 18 nov. 1997, *D.* 1998. IR. 11 ; CA Bordeaux, 1er avr. 2003, *JurisData* n° 2003-216428 ; CA Bordeaux, 26 mai 2004, *JurisData* n° 2004-247562 ; CA Douai, 19 févr. 2007, *JCP* 2007. I. 208, n° 9, obs. G. Wiederkehr).

2. *Les conditions de forme*

541 La loi du 23 juin 2006 a renforcé les conditions de forme du changement de régime matrimonial, afin de compenser le déficit de protection auquel risquerait de conduire l'éviction du juge. Ces conditions de forme sont au nombre de trois.

542 La première condition a trait à la convention modificative. L'article 1397, alinéa 1er prévoit qu'elle doit être passée par acte notarié. La loi de 2006 introduit, à ce stade, une innovation. Elle exige, à peine de nullité, que l'acte notarié contienne la liquidation du régime matrimonial modifié. La loi du 5 mars 2007 est venue ajouter que l'acte notarié ne doit comporter la liquidation que « si elle est nécessaire » (C. civ., art. 1397, al. 1er). Soulignons que le texte vise, non pas le partage, mais la liquidation, c'est-à-dire la détermination des droits de chaque époux. Il ne requiert pas leur allotissement. Il reste que la modification apportée en 2007 à l'article 1397 est, en l'absence de critère posé par le législateur pour apprécier la nécessité de la liquidation, un germe fécond d'incertitudes et de contentieux. Si elle peut sembler, à première vue, dispenser de la liquidation en cas de passage d'un régime de communauté à une autre variété de communauté (par exemple, passage de la communauté légale à un régime de communauté universelle), une telle conclusion est, à y regarder de plus près, par trop hâtive. Il est possible, en effet, de s'interroger, en cas de passage d'un régime communautaire à un autre régime du même type, sur l'opportunité de liquider l'ancienne communauté afin, notamment, de déterminer les apports respectifs des époux ou d'appliquer le nouveau périmètre de la communauté aux biens existants avant le changement de régime matrimonial (v., par ex., CA Nancy 21 sept. 2009, *JCP* 2010. 487, n° 9, obs. G. Wiederkehr, pour un passage de la communauté des meubles et des acquêts vers la communauté réduite aux acquêts : l'officine de pharmacie acquise par un époux avant le mariage reste commune, après la modification de régime, l'ancienne communauté n'ayant pas été liquidée ; CA Versailles, 28 janv. 2010, *JCP* 2010. 1220, n° 8, obs. G. Wiederkehr, décidant que si l'adoption d'une communauté universelle avec clause d'attribution intégrale au dernier vivant n'impose pas en principe la liquidation du régime matrimonial modifié, il en va différemment lorsqu'est crée un avantage matrimonial exposé à l'action en retranchement, c'est-à-dire en présence d'enfants non issus des deux époux).

La liquidation — mais aussi le partage — s'imposent en cas de passage de la communauté à la séparation de biens. Si le partage n'est pas nécessaire pour que la modification prenne légalement effet, il n'en demeure pas moins qu'il conditionne largement l'efficacité du changement de régime matrimonial à l'égard des créanciers postérieurs. Ces derniers disposent, en effet, tant qu'il n'a pas été effectué, du droit de provoquer le partage afin de saisir les biens attribués à leur débiteur (C. civ., art. 815-17, al. 3 ; v. sur cette question, Rép. min. n° 28464, *JOAN Q* 23 déc. 2008, p. 11172 ; Rép. min. n° 28463, *JOAN Q* 11 nov. 2008, p. 9788 précisant que l'appréciation de la nécessité de la liquidation revient au notaire puis au juge, en cas d'homologation judiciaire, et que tel est le cas, notamment, en cas de passage, d'un régime communautaire à un régime séparatiste. La même réponse ajoute que « la liquidation peut être inutile » « lorsque l'opération ne conduit à aucun changement dans la composition et l'organisation des patrimoines des époux », ce qui pourrait viser, par exemple, la stipulation d'une clause de préciput ; Rappr., Rép. min. n° 46563, *JOAN Q* 2 juin 2009, p. 5402 estimant qu'en cas de passage d'un régime communautaire à un régime séparatiste, la liquidation n'est pas nécessaire ; v. ss 556). Mieux encore, les époux ont tout intérêt à dresser un acte de partage, propre à en établir la preuve, afin de dissiper toute ambiguïté sur la consistance de leurs patrimoines respectifs (Civ. 1re, 14 janv. 2009, *JCP G*2009. I. 140, n° 7, obs. G. Wiederkehr ; *AJ fam*. 2009. 134, obs. P. Hilt). En réalité, la liquidation semble bien s'imposer toutes les fois que les époux ont des droits à faire valoir lors du changement de régime matrimonial. Il suffit, pour cela, qu'au moins l'un d'eux détienne un bien propre ou personnel. C'est dire combien la restriction apportée par la loi du 5 mars 2007 se rencontrera rarement en pratique (sur tout ceci, v. M. Dagot, « Changement de régime matrimonial et liquidation », *JCP* N 2008. 1217 ; F. Vauvillé, « Changement de régime matrimonial », *RJPF* 2009-3. 19 ; *Adde*, B. Beignier, J. Combret et E. Frémont, « Le changement de régime matrimonial depuis le 1er janvier 2007 », *JCP* N 2007. 1163).

La deuxième condition a trait à l'information des tiers. Ces derniers désignent les parties au contrat de mariage modifié (c'est-à-dire les parents ou les tiers ayant consenti une donation aux futurs époux, ou à l'un d'eux, dans leur contrat de mariage), les enfants majeurs ainsi que les créanciers de chacun des époux. L'article 1397, alinéa 2 exige que « Les personnes qui avaient été parties dans le contrat modifié et les enfants majeurs de chaque époux [soient] informés personnellement de la modification envisagée ». Une simple notification par lettre recommandée avec accusé de réception est suffisante (C. pr. civ., art. 1300, al. 1er, réd. Décr. n° 2006-1805 du 23 déc. 2006). Si l'adresse de l'enfant majeur est connue et exacte, le refus de celui-ci de recevoir la lettre recommandée ne saurait être considéré comme un manquement des époux à leur devoir d'information. Dans l'hypothèse où les parents ignorent l'adresse de leur enfant, il peut être procédé par voie de signification, l'huissier instrumentaire étant alors tenu d'effectuer certaines vérifications (Rép. min. n° 48031, *JOAN Q* 11 août 2009, p. 7951). La notification doit mentionner la désignation du régime matrimonial modifié et la modification opérée (Arr. 23 décembre 2006, *JO* 31 déc. 2006 ; *Defrénois* 2007. 87 préc.). Il n'est pas exigé, en revanche, que le projet de convention modificative soit délivré aux enfants et aux tiers, ce qui vide l'obligation d'information de toute portée réelle. 543

544 La troisième condition concerne les créanciers qui bénéficient pareillement d'une information préalable au changement de régime matrimonial. L'article 1397, alinéa 3 décide que ceux-ci sont informés de la modification envisagée par la publication d'un avis dans un journal habilité à recevoir les annonces légales dans l'arrondissement ou le département du domicile des époux». Le contenu de la publicité est défini par l'arrêté du 23 décembre 2006 qui se contente, comme au sujet des enfants des époux et des parties au contrat de mariage modifié, de la désignation du régime matrimonial modifié et de celle de la modification envisagée.

L'article 1397 du Code civil ne précise pas la sanction de la double obligation d'information qu'il met à la charge des époux, autorisant ainsi l'hésitation entre l'inopposabilité et la nullité du changement de régime matrimonial.

545 Les tiers sont également protégés après le changement de régime matrimonial. Le changement fait l'objet d'une publicité en marge de l'acte de mariage et, le cas échéant, sur la *minute*[Q] du contrat de mariage modifié. L'accomplissement de ces formalités de publicité conditionne l'opposabilité de la modification aux tiers. Celle-ci prend effet, à l'égard des tiers, à l'expiration d'un délai de trois mois après que mention a été portée en marge de l'acte de mariage. Toutefois, en l'absence de cette mention, le changement de régime matrimonial leur est opposable si, dans les actes passés avec eux, les époux ont déclaré avoir modifié leur régime matrimonial. Entre les époux, le changement de régime matrimonial prend effet à la date de la convention modificative ou à celle du jugement d'homologation lorsque le recours au juge s'impose (C. civ., art. 1397, al. 6).

B. Une mutabilité partiellement déjudiciarisée

546 La loi du 23 juin 2006 n'a procédé qu'à une déjudiciarisation partielle du changement de régime matrimonial. Le législateur a estimé utile de maintenir le recours au juge lorsqu'il s'agit de protéger un membre de la famille (1) ou de régler une situation conflictuelle (2).

1. *La protection d'un membre de la famille*

547 L'article 1397 subordonne le changement de régime matrimonial à l'intervention du juge dans un souci de protection de l'époux placé sous une mesure de protection juridique des majeurs (a) ainsi que des enfants mineurs de chacun des époux (b).

a. La protection de l'époux placé sous une mesure de protection juridique des majeurs

548 La loi n° 2007-308 du 5 mars 2007 est venue modifier l'article 1397 du Code civil. L'alinéa 7 du texte dispose désormais que « Lorsque l'un ou l'autre des époux fait l'objet d'une mesure de protection juridique dans les conditions prévues au titre XI du livre Ier, le changement ou la modification du régime matrimonial est soumis à l'autorisation préalable du juge des tutelles ou du conseil de famille s'il a été constitué ». Cette disposition soulève une difficulté d'interprétation. En effet, le renvoi général aux mesures de protection juridique prévues par le titre XI du Livre 1er du Code civil semble englober non seulement la tutelle et la curatelle mais aussi la sauvegarde de justice et le mandat de protection future. Toutefois, il paraît peu vraisemblable que le législateur ait entendu viser ces deux mesures, puisque la sauvegarde de justice et le mandat de protection future n'entraînent aucune incapacité pour le majeur (*contra*, J. Hauser et J.-M. Plazy, « Changement de régime

matrimonial et enfant majeur hors d'état de manifester sa volonté », *Defrénois* 2007. 38591. 733). De plus, le législateur ne requiert pas que le changement de régime matrimonial soit précédé de l'ouverture d'une tutelle ou d'une curatelle, comme c'est le cas en matière de divorce. À lire les travaux parlementaires, il semble que l'intention du législateur ait été seulement « de lever [l'] incertitude juridique » résultant de ce que « le changement de régime matrimonial n'entre pas dans les catégories générales des actes d'administration ou de disposition » (*Rapport H. de Richemont fait au nom de la Commission des lois du Sénat*, Doc. Sénat, n° 212, 2006-2007, p. 439). Or, ces catégories déterminent les pouvoirs du tuteur et du curateur (C. civ., art. 503 à 509 et 467). Cette interprétation semble aujourd'hui confortée par les dispositions du décret n° 2008-1484 du 22 décembre 2008, relatif à la gestion du patrimoine des personnes en curatelle ou en tutelle, lequel classe dans la catégorie des actes étant toujours qualifiés d'actes de disposition le changement de régime matrimonial (Décr. n° 2008-1484, 22 déc. 2008, annexe 1, col. 2, IX). Le décret laisse néanmoins intacte la question de savoir si, sous la curatelle, le changement de régime matrimonial impose, non seulement, l'autorisation préalable du juge des tutelles, mais encore l'assistance du curateur pour la saisine du juge des tutelles puis pour la signature de la convention modificative et, le cas échéant, la requête en homologation (Sur tout ceci, v. N. Peterka, A. Caron-Déglise, F. Arbellot, *Droit des tutelles*, *D.* 2012/2013).

Il convient, par ailleurs, de souligner que le consentement des époux — qu'ils soient ou non placés sous un régime de protection juridique des majeurs — doit non seulement exister lors de la conclusion de la convention modificative, mais aussi persister, le cas échéant, jusqu'au jour de l'homologation judiciaire. Ainsi, un époux a-t-il un intérêt légitime à interjeter appel contre le jugement homologuant la convention de changement de régime matrimonial dès lors que, depuis le prononcé du jugement, il s'opposait à cette homologation, en raison du dol de son conjoint ayant décidé de divorcer (Civ. 1re, 14 avr. 2010, n° 09-11218, *Bull. civ.* I, n° 97 ; *JCP* 2010. 1220, n° 7, obs. G. Wiederkehr ; *Defrénois* 2010. 39133. 1367, obs. J. Massip ; *Defrénois* 2011. 39206. 375, obs. G. Champenois ; Civ. 1re, 27 avr. 1982, *Bull. civ.* I, n° 148 ; CA Paris 12 juill. 1977, *JCP* 1978. II. 18692, note H. T. ; *Defrénois* 1978. 232 (1re esp.), note G. Morin). Lorsque la convention modificative est soumise à l'homologation du juge, la dissolution du régime matrimonial résultant du décès de l'un des époux avant le jugement ou avant qu'il ait été statué en appel, rend la demande d'homologation sans objet (Civ. 1re, 12 juill. 2001 (deux arrêts), *Bull. civ.* I, n° 223 ; *JCP* 2002. I. 103, n° 8, obs. G. Wiederkehr ; *Defrénois* 2001. 1133, obs. G. Champenois ; *Dr. fam.* 2001. Comm. 101, obs. B. Beignier ; *RJPF* 2002-1. 31, obs. F. Vauvillé ; *RTD civ.* 2002. 133, obs. B. Vareille). Rendues sous l'empire des dispositions antérieures à la loi du 23 juin 2006, ces solutions conservent, aujourd'hui, toute leur pertinence.

b. La protection des enfants mineurs

La présence d'enfants mineurs de l'un ou de l'autre des époux impose de saisir le juge, afin de soumettre la convention modificative à son homologation (C. civ., art. 1397, al. 5). L'article 1397, alinéa 5 soumet le changement de régime matrimonial à l'homologation judiciaire afin de protéger les enfants mineurs, dont les droits successoraux peuvent être affectés par le changement de régime matrimonial de leur (s) parent(s). Le Code civil n'a pas réglé la question de savoir si le recours à l'homologation judiciaire s'impose en présence d'un petit-enfant mineur venant de 549 son chef ou par représentation de son parent prédécédé. La Chancellerie s'était prononcée en faveur du recours à l'homologation, dans cette hypothèse (Rép. min. n° 39265, *JOAN Q* 2 juin 2009, p. 5930). Elle n'a pas été suivie, sur ce point, par les juges. Un arrêt de la Cour d'appel de Dijon, en date du 2 décembre 2010, retient la solution inverse en raisonnant, de manière assez convaincante, en termes de conflit d'intérêts (CA Dijon, 2 déc. 2010, *RTD civ.* 2011. 510, obs. J. Hauser ; *Defrénois* 2011. 39230. 821) En effet, dans le cadre du changement de régime matrimonial des parents, la règle de l'homologation judiciaire permet de prévenir un tel conflit entre l'enfant mineur, d'une part, et ses parents lesquels sont ses administrateurs légaux, d'autre part. Dans le cadre d'un changement de régime matrimonial des grands-parents, un semblable conflit d'intérêts n'existe pas dès lors que l'enfant mineur est représenté par le parent survivant ou un tiers en qualité de tuteur. Il convient donc, en pareille hypothèse, de notifier le changement de régime matrimonial envisagé au représentant du mineur, lequel pourra le cas échéant former opposition (Sur le sujet, v. J.-D. Azincourt, « La procédure de changement de régime matrimonial en présence d'un petit-enfant mineur », *JCP N* 2012. 1122 ; v. ss 551 et s.).

La demande d'homologation doit être portée, depuis le 1er janvier 2010, devant le juge aux affaires familiales (COJ, art. L. 213-3, 1°, réd. L. 2009-526 du 12 mai 2009). Le législateur n'a pas saisi l'occasion des réformes successives du droit des personnes et de la famille pour gommer l'incohérence entre le Code civil et le Code de procédure civile : le premier continue de désigner le « tribunal du domicile des époux », tandis que le second renvoie toujours au « tribunal de grande instance de la résidence de la famille » (C. pr. civ., art. 1300-4). Cet oubli est d'autant plus regrettable que l'article 1301 du Code de procédure a été modifié, afin de tenir compte de la nouvelle compétence du juge aux affaires familiales, pour renvoyer à la procédure applicable devant le tribunal de grande instance.

2. *Le règlement d'une situation conflictuelle*

■ 550 Les conflits peuvent être antérieurs (a) ou postérieurs (b) au changement de régime matrimonial.

a. Les conflits antérieurs

■ 551 La loi du 23 juin 2006 autorise les créanciers et les enfants majeurs de chacun des époux, ainsi que les personnes parties au contrat de mariage modifié, à former opposition au changement de régime matrimonial. Les créanciers peuvent s'opposer à la modification dans un délai de trois mois suivant la publication (C. civ., art. 1397, al. 3). Les enfants majeurs et les parties au contrat de mariage modifié disposent du même délai à compter de la notification (C. civ., art. 1397, al. 2).

■ 552 Il convient de déterminer l'incidence du délai de trois mois sur la date des effets du changement de régime matrimonial entre les époux. L'article 1397, alinéa 6 précise que « le changement a effet entre les parties à la date de l'acte ». Doit-on considérer que cette dernière est celle de la signature de la convention modificative ou celle de l'expiration du délai de trois mois ? Le débat prend bien sûr tout son relief en cas de décès de l'un des époux avant l'accomplissement du délai d'opposition. Aussi, est-il aujourd'hui proposé de consacrer la règle de l'absence d'incidence, sauf opposition, du décès d'un époux avant ou pendant l'accomplissement des formalités de publicité et l'écoulement du délai de trois mois (v. 106e Congrès des notaires de France, Propositions adoptées, *Defrénois* 2010. 1314).

Il reste que ces interrogations ne sont pas les seules en suspens. Il est précisé que l'opposition doit être notifiée au notaire qui en informe les époux mais rien n'est dit sur la forme de l'opposition, ni sur sa motivation (C. pr. civ., art. 1300-1). Il semble toutefois que seule une opposition motivée puisse permettre au juge d'exercer son contrôle. 553

L'opposition impose aux époux de saisir le juge afin de soumettre la convention modificative à son homologation (C. civ., art. 1397, al 4). Le juge compétent est le juge aux affaires familiales du lieu du domicile ou de la résidence de la famille (v. ss 549). 554

La faculté reconnue aux enfants majeurs de s'opposer à la modification du régime matrimonial marque une nette rupture par rapport au droit antérieur. Depuis l'entrée en vigueur de la loi de 2006, les enfants sont systématiquement consultés sur le changement de régime matrimonial de leurs parents. Les anciens textes ne prévoyaient pas cette consultation, même si la plupart des tribunaux la pratiquaient en fait. Mais, comme par le passé, l'avis négatif des enfants ne lie en aucun cas le juge. L'opposition des enfants ne peut être implicite (CA Bordeaux 31 mars 2006, *Dr. fam*. 2008. Comm 103, note B. Beignier). Elle donne lieu à un débat sur l'intérêt de la famille, ce qui rapproche la procédure d'homologation, même si elle continue en cette hypothèse de relever de la matière gracieuse (C. pr. civ., art. 1301, réd. Décr. n° 2009-1591, 17 déc. 2009 ; Civ. 1re, 19 mars 2008, *Bull. civ.* I, n° 87 ; *JCP* 2008, I, 144, n° 8, obs. G. Wiederkehr ; *D.* 2008, 2042, note D. Le Ninvin ; *Defrénois* 2008. 38854. 2187, obs. G. Champenois ; *Dr. fam.* 2008. Comm. 75, note V. Egea ; *RJPF* 2008-6. 20, obs. F. Vauvillé), d'une procédure contentieuse. 555

Les créanciers peuvent pareillement s'opposer au changement de régime matrimonial projeté par les époux lorsqu'ils suspectent une fraude à leurs droits. L'hypothèse de fraude aux droits des créanciers vise, au premier chef, le passage d'un régime de communauté à un régime de séparation de biens. Le risque de fraude doit être toutefois bien mesuré. L'abandon de la communauté pour la séparation de biens ne suffit pas, à lui seul, à démontrer la fraude aux droits des créanciers (Civ. 1re, 4 janv. 1977, *Bull. civ.* I, n° 5 ; *RTD civ.* 1978. 127, obs. R. Nerson et J. Rubellin-Devichi). En effet, la restriction de l'assiette du droit de gage général n'affecte que les créanciers dont la créance a pris naissance après la publicité du changement de régime matrimonial. Ceux dont la créance est antérieure à cette publicité continuent de pouvoir exercer leurs poursuites sur les anciens biens communs relevant de l'indivision post-communautaire (C. civ., art. 815-17, al. 1er). Le paiement de leur créance peut être poursuivi, en outre, sur les biens personnels de leur débiteur et à l'encontre de son conjoint à hauteur de la moitié de la dette et à concurrence de l'émolument de ce dernier dans le partage (C. civ., art. 1483 ; v. ss 600 et s.). En réalité, c'est moins la décision de changer de régime matrimonial que la liquidation et le partage du régime modifié qui sont propices à la fraude aux droits des créanciers. Cela explique que, sous l'empire des textes antérieurs à la loi du 23 juin 2006, les créanciers se soient vus reconnaître la faculté d'exercer *l'action paulienne*Q et, par la *voie oblique*Q, l'action en rescision pour lésion du partage, de même que celle de s'opposer, avant le partage, à ce que ce dernier soit effectué hors de leur présence, afin de parer à une éventuelle fraude à leurs droits (C. civ., art. 882). Ces solutions demeurent aujourd'hui 556 applicables et multiplient les risques de conflits postérieurs au changement de régime matrimonial (v. ss 559 et s.).

■ **557** Le législateur n'a pas réglé l'hypothèse — pourtant courante en pratique — où l'un des enfants majeurs se trouve hors d'état de manifester sa volonté ou placé sous une mesure de protection juridique des majeurs. Se pose alors la question suivante : à qui délivrer l'information relative au changement de régime matrimonial et, le cas échéant, à qui revient-il d'y faire opposition, lorsqu'un enfant majeur se trouve dans l'une de ces deux situations ? Lorsque l'enfant majeur est hors d'état de manifester sa volonté, le changement de régime matrimonial risque de se trouver bloqué. En effet, l'enfant destinataire de l'information n'est pas en mesure d'en apprécier la portée ni de s'opposer au changement envisagé. Afin de débloquer la situation, il convient d'ouvrir une mesure de protection juridique des majeurs. Le délai d'opposition de trois mois ne commencera à courir qu'à compter du prononcé de la mesure de protection, *en vertu de l'adage suivant lequel « la prescription ne court pas contre celui qui est dans l'impossibilité d'agir »* (*Adde*, C. civ., art. 2234 et 2235 ; en ce sens, v. J. Hauser et J.-M. Plazy, « Changement de régime matrimonial et enfant majeur hors d'état de manifester sa volonté », art. *préc.*, spéc. n° 8).

■ **558** Lorsque l'enfant majeur est déjà placé sous une mesure de protection juridique, la question se pose de savoir qui de l'enfant ou de son protecteur (tuteur ou curateur) peut exercer l'opposition. Si on considère que cette dernière s'analyse comme un droit exclusivement attaché à la personne, on est confronté à une impasse. Ni le tuteur, en raison de l'article 458 du Code civil, ni le *tutélaire*Q, en raison de l'altération de ses facultés personnelles, ne sont autorisés à former opposition au changement envisagé. Si on décide que le droit d'opposition est un droit simplement personnel, l'information doit être délivrée tout à la fois au majeur et au tuteur. Il convient, toutefois, lorsque ce dernier est l'un des parents du majeur, de nommer un administrateur *ad hoc*. Le tuteur peut former opposition sans avoir à solliciter l'autorisation du juge des tutelles ou du conseil de famille et, cela, par analogie avec les actions en justice relative aux droits patrimoniaux qu'il est habilité à exercer sans autorisation (C. civ., art. 504, al. 2). En matière de curatelle, le *curatélaire*Q peur agir seul pour former opposition car celle-ci ne s'analyse pas, bien que s'apparentant aux actions en justice (C. civ., art. 468, al. 3), comme un acte de disposition. Enfin, dans le cadre de la sauvegarde de justice, le maintien de la capacité juridique impose de reconnaître au majeur la possibilité de faire opposition (sur tout ceci, v., J Hauser et J.-M. Plazy, art. *préc.*). Cette analyse est, semble-t-il, confortée par la Chancellerie. Celle-ci a précisé, dans une réponse ministérielle du 12 mai 2009, que « l'opposition à changement de régime matrimonial formée par un enfant majeur placé sous un régime de protection, en ce qu'elle ne constitue pas un acte de disposition engageant le patrimoine de la personne protégée, ne doit pas faire l'objet d'une autorisation préalable du juge des tutelles ou du conseil de famille, le tuteur pouvant agir seul conformément aux intérêts de l'enfant majeur (Rép. min. n° 28469, *JOAN Q* 12 mai 2009, p. 4666 ; *JCP* N 2009. 396 ; *RTD civ.* 2009. 508, obs. crit. J. Hauser ; Rappr. Circ. DACS n° 2007-12, 29 mai 2007, *BOMJ* 30 août 2007, texte 2/30, p. 30).

b. Les conflits postérieurs

Après le changement de régime matrimonial, plusieurs actions peuvent être dirigées à l'encontre de la convention modificative ou, le cas échéant, du jugement d'homologation. 559

S'agissant des actions contre *la convention modificative*, même homologuée, la loi du 23 juin 2006 ne devrait pas remettre en cause les solutions antérieures. Peuvent ainsi être exercées l'action en nullité fondée sur les manœuvres dolosives (CA Pau 15 mai 2000, *JCP* 2002. II. 10085, note J. Casey) ou l'insanité d'esprit d'un époux (Civ. 1re, 17 juin 2009, *JCP G* 2009, 44. 391, obs. G. Wiederkehr), ainsi que celle résultant de la fraude à la réserve d'un enfant non commun (V., à l'époque où l'action en retranchement était fermée aux enfants naturels : Civ. 1re, 14 janv. 1997, *Bull. civ.* I, n° 20 ; *D.* 1997. Jur. 273, rapp. X. Savatier ; *Defrénois* 1997. 420, obs. G. Champenois ; *RTD civ.* 1997. 985, obs. B. Vareille ; *JCP G* 1997. I. 4047, n° 12, obs. G. Wiederkehr ; Civ. 1re, 12 déc. 2000, *Bull. civ.* I, n° 318 ; *D.* 2001. 1496, note T. Garé ; *RTD civ.* 2001. 425, obs. B. Vareille ; *Defrénois* 2001. 604, obs. J. Massip ; *JCP* 2001. II. 10478, note J. Casey ; *JCP* G 2002. I. 103, n° 9, obs. G. Wiederkehr). Mais encore faut-il, dans cette dernière hypothèse, que les éléments constitutifs de la fraude soient caractérisés, ce qui n'est pas le cas, par exemple, de la dissimulation, dans le cadre d'un passage de la communauté vers la séparation de biens, d'un enfant né hors mariage, dès lors que cette dissimulation n'a pas pour finalité de faire échec à ses droits successoraux (Civ. 1re, 17 févr. 2010, *D.* 2010. 582, obs. V. Egéa ; *JCP* 2010. Actu. 243, P. Hilt ; *JCP* N 2010. 236 ; *AJ fam.* 2010. 191, P. Hilt ; *JCP* 2010. 487, n° 8, obs. Ph. Simler ; *LEFP* 2010-4. 4, obs. N. Peterka ; *Defrénois* 2010. 39121. 1159, note J. Massip ; *JCP* N 2010. 1220, note crit. J. Vassaux-Barège). S'agissant des changements de régime matrimonial intervenus depuis le 1er janvier 2007, la solution ne permet pas d'évincer l'obligation d'information dont bénéficient les enfants majeurs de chacun des époux et laisse intacte la question de sa sanction (sur ce point, v. J. Massip, note *préc.* Civ. 1re, 17 févr. 2010 ; v. ss 544). 560

Par ailleurs, la nouvelle rédaction de l'article 1397, alinéa 9 ouvre aux créanciers non opposants la faculté d'attaquer, s'il a été fait fraude à leurs droits, « le changement de régime matrimonial dans les conditions de l'article 1167 », c'est-à-dire par la *voie paulienne*Q. Cette action, si elle prospère, a pour résultat de rendre le changement de régime matrimonial inopposable au créancier exerçant l'action.

S'agissant des actions *contre le jugement d'homologation*, l'appel et le pourvoi en cassation sont ouverts aux époux et aux tiers auxquels le jugement a été notifié (par exemple, les enfants s'ils ont demandé à ce que le jugement d'homologation leur soit notifié). L'époux, dont le consentement a été vicié par dol, justifie au jour de l'appel d'un intérêt à exercer cette voie de recours, dès lors qu'il s'est opposé au changement de régime matrimonial, depuis le prononcé du jugement, en raison de la volonté de son conjoint de divorcer (Civ. 1re, 14 avr. 2010, *préc.* n° 548). Le recours en révision est ouvert au profit des parties au jugement. 561

Mémo

La liste des *causes de dissolution* de la communauté est *limitative* et *impérative* (art. 1441 et 1442). On en distingue deux variétés : celles qui résultent de la dissolution du mariage et celles qui le laissent subsister.

Les premières regroupent le *décès* d'un époux et *l'absence déclarée*. Celle-ci emporte, à compter de la transcription du jugement déclaratif d'absence, les mêmes effets que le décès établi. Il convient d'y ajouter le *divorce*. Pendant la procédure, les mesures urgentes (art. 220-1) sont susceptibles d'être cumulées avec les mesures conservatoires. Les autres sauvegardes instituées par le régime matrimonial demeurent applicables (art. 257, al. 3). Les actes faits par un époux en *fraude* des droits de son conjoint, après la requête intiale, sont entachés de *nullité*. Les époux sont autorisés à passer, pendant l'instance en divorce, des *conventions* pour la *liquidation et le partage* de leur régime matrimonial (art. 265-2). À défaut de conventions, la liquidation et le partage sont soumis aux dispositions relatives au *partage judiciaire successoral*, sous réserve des pouvoirs liquidatifs du juge aux affaires familiales lors du prononcé du divorce (C. civ., art. 267-1). La communauté est dissoute, à l'égard des *tiers*, à la date de la *transcription du jugement* de divorce en marge des actes de l'état civil (art. 262). Cette même date *varie*, dans les *rapports entre époux*, en fonction de divers critères (art. 262-1).

Les secondes correspondent à la *séparation de corps*, à la *séparation de biens judiciaire* et au *changement de régime matrimonial*. La séparation de biens judiciaire vise à préserver un époux dont les intérêts sont *mis en péril* par le maintien de la communauté. Les causes de la séparation de biens judiciaire sont limitativement énumérées par le Code civil. La procédure fait l'objet d'une publicité importante afin de protéger les tiers et relève de la compétence du juge aux affaires familiales. Les opérations de liquidation sont enfermées, à peine de nullité de la séparation de biens judiciaire, dans des délais rigoureux (art. 1444). Le changement de régime matrimonial repose aujourd'hui sur une *mutabilité encadrée* et *partiellement déjudiciarisée* du régime matrimonial (art. 1397). La procédure est soumise au respect de plusieurs conditions, de fond et de forme. Les *enfants majeurs* et les *créanciers* de chaque époux sont *informés* de la modification envisagée et sont autorisés à s'y *opposer*. L'opposition impose de soumettre la convention modificative à *l'homologation* du juge aux affaires familiales. Celle-ci est *obligatoire* en présence d'*enfants mineurs*.

Quid

■ Action paulienne **n° 556 et 560**

Action par laquelle le créancier fait déclarer inopposables, à son égard, les actes de son débiteur qui lui portent préjudice et qui ont été accomplis en fraude à ses droits (C. civ., art. 1167).

■ Action oblique **n° 556**

Action par laquelle le créancier exerce les droits et actions de son débiteur négligent, à l'exclusion de ceux qui sont exclusivement attachés à sa personne (C. civ., art. 1166).

■ Changement de régime matrimonial n° 535 à 561

Procédure autorisant les époux à modifier ou à changer de régime matrimonial, dans l'intérêt de la famille, après deux ans d'application de leur ancien régime et dans les conditions prévues par l'article 1397 du Code civil.

■ Curatélaire n° 558

Terme désignant la personne majeure placée sous une mesure de curatelle.

■ Séparation de corps n° 522 et 523

La séparation de corps entraîne un relâchement du lien conjugal, par opposition au divorce qui emporte la dissolution du mariage. La séparation de corps peut être prononcée à la demande l'un des époux dans les mêmes cas et aux mêmes conditions que le divorce.

■ Séparation de biens judiciaire n° 524 à 534

La séparation de biens judiciaire permet de protéger un époux, dont les intérêts sont mis en péril par le maintien de la communauté, contre l'insolvabilité, l'incompétence ou les fautes commises par son conjoint dans la gestion des biens communs, en l'autorisant à solliciter du juge le passage de la communauté à la séparation de biens. (C. civ., art. 1443)

■ Tutélaire n° 558

Terme désignant la personne majeure placée sous une mesure de tutelle.

■ Minute n° 530 et 545

« Original d'un acte rédigé (autrefois en petits caractères) par un officier public, ou d'un jugement revêtu de la signature du président et du greffier. Les minutes ne sortent pas de l'étude de l'officier public ou du greffe. Il en est délivré des copies exécutoires (appelées aussi expédition ou grosse exécutoire), ou de simples copies certifiées conformes » (*Lexique des termes juridiques*, 16e éd., *D.* 2007, V° « Minute »)

Documents

1) Changement de régime matrimonial et dissimulation d'un enfant non commun

Civ. 1re, 17 févr. 2010

(*D.* 2010, p. 582, obs. V. Egéa ; *JCP* 2010, Actu. 243, P. Hilt ; *LEFP* 2010-4. 4, obs. N. Peterka ; *JCP* N 2010. 1220, note crit. J. Vassaux-Barège)

Attendu qu'Emma X… et Achille Y…, qui s'étaient mariés, en 1938, sous le régime de la communauté de meubles et acquêts et avaient, par convention notariée du 15 janvier 1979, homologuée par un jugement du 11 juillet 1979, adopté le régime de la séparation de biens, sont respectivement décédés les 4 décembre 1986 et 4 janvier 2005 ; que Mme Z…, épouse A…, fille naturelle d'Achille Y…, exposant que son père avait dissimulé son existence lors de la procédure de changement de régime matrimonial et invoquant une fraude à ses droits, a assigné les enfants issus de l'union des époux, Mmes B… et C…, en nullité de la convention de changement de régime matrimonial et en réouverture des opérations de liquidation et de partage de la communauté

Sur le moyen unique, pris en deux premières branches :

Attendu que Mme Z... fait grief à l'arrêt attaqué (CA Nîmes, 20 février 2008) d'avoir rejeté comme irrecevables ou mal fondées l'ensemble de ses demandes, alors, selon le moyen :

1°/ que si après deux années d'application du régime matrimonial les époux peuvent convenir de le modifier, ou même d'en changer entièrement, un tel changement n'est possible que s'il est dans l'intérêt de la famille ; que la « famille » dont l'intérêt doit être protégé, comprend aussi bien la famille légitime que naturelle, que les juges du fond doivent prendre en compte l'existence d'un enfant naturel au moment de déterminer l'intérêt de la famille et s'assurer que l'homologation d'une modification conventionnelle de régime matrimonial n'est pas de nature à léser les droits d'un enfant naturel d'un des époux ; qu'en espèce, la cour d'appel a, expressément reconnu qu'il « n'est pas sérieusement discutable que cette convention (relative au changement de régime matrimonial) a été passée en raison de l'introduction d'une instance en recherche de paternité à l'encontre de M. Y..." ; qu'en décidant néanmoins qu'« il ne peut toutefois en être tiré comme conséquence nécessaire que le changement de régime matrimonial n'était pas conforme à l'intérêt de la famille » dès lors que « la révélation de l'existence d'une famille naturelle chez le père rendait nécessaire une séparation des patrimoines des époux pour sauvegarder la pérennité de la famille légitime, autrement exposée à une éventuelle action en divorce... », la cour d'appel n'a expressément pris en compte dans l'appréciation de l'intérêt de la famille que l'intérêt de la famille légitime au détriment de la famille naturelle du mari, en violation de l'article 1397 du Code civil ;

2° / que Mme Z... a expressément fondé sa demande de nullité du changement de régime matrimonial de son père sur la fraude ayant consisté à dissimuler son existence et a fait valoir dans ses conclusions d'appel que « cette dissimulation suffit à emporter nullité du changement du régime matrimonial en application d'une jurisprudence constante. En effet, selon la Cour de cassation, un enfant naturel est en droit de faire annuler le changement de régime matrimonial de son père dès lors que sa demande est fondée sur une fraude ayant consisté à dissimuler son existence, élément de la situation sur laquelle portait le contrôle du tribunal » (Civ. 1re, 14 janvier 1997, Bull. n° 20 ; ...) jurisprudence toujours confirmée depuis (Civ. 1re, 25 juin 2002, n° pourvoi 00-55119.)... » ; qu'en décidant au contraire que « 4/ s'agissant de la convention du 15 janvier 1979, Mme Z... ... soutient que la preuve de ce caractère frauduleux résulte en l'espèce : - de l'absence de tout motif propre à justifier du fait que le changement serait conforme à l'intérêt de la famille, -de caractère déséquilibré du partage opéré ultérieurement » et en rejetant « cette argumentation... comme mal fondée », quand Mme Z... avait clairement fondé en outre sa demande de nullité de la convention de changement de régime matrimonial sur la fraude consistant en la dissimulation de son existence et en s'abstenant de toute réponse à ce moyen pertinent, la cour d'appel a violé l'article 455 du Code de procédure civile ;

Mais attendu qu'après avoir justement relevé que l'adoption d'un régime de séparation de biens n'induit aucun avantage pour l'un ou l'autre des époux, la cour d'appel a retenu que l'existence de la fille d'Achille Y... avait conduit les époux à adopter le régime de la séparation de biens afin d'identifier et séparer leurs patrimoines respectifs et de délimiter les masses successorales futures et souverainement estimé qu'il n'était pas établi que le partage auquel ils avaient procédé n'était qu'une apparence et dissimulait des attributions déséquilibrées au profit de l'épouse en vue d'amoindrir le patrimoine du mari, ce dont il résultait qu'aucune atteinte n'avait été portée aux droits successoraux futurs de Mme Z... ; qu'ayant ainsi fait ressortir que la dissimulation de l'existence de la fille d'Achille Y... n'avait pas eu pour but de faire échec aux

droits successoraux de celle-ci et ne constituait dès lors pas une fraude, la cour d'appel a légalement justifié sa décision ; (...)
PAR CES MOTIFS :
REJETTE le pourvoi...

2) Changement de régime matrimonial, dol et persistance du consentement des époux au jour de l'homologation

Civ. 1re, 14 avr. 2010, n° 08-11218
(*Bull. civ.* I, n° 97 ; *JCP* 2010. 1220, n° 7, obs. G. Wiederkehr ; *Defrénois* 2010. 39133. 1367, obs. J. Massip ; *Defrénois* 2011. 39206. 375, obs. G. Champenois)

« Sur les deux moyens, pris en leurs diverses branches et réunis :
Attendu que, par acte notarié du 18 février 2007, M. X... et Mme Y..., qui s'étaient mariés sous le régime de la séparation de biens, sont convenus d'adopter le régime de la communauté universelle, avec clause d'attribution de la communauté au conjoint survivant ; que, sur leur requête, présentée le 26 avril 2007, le tribunal de grande instance a homologué la convention ; que M. X... a interjeté appel du jugement et soutenu que son consentement à l'acte aurait été vicié par dol ;
Attendu que Mme Y... fait grief à l'arrêt attaqué (CA Versailles, 4 décembre 2008) d'avoir déclaré M. X... recevable en son appel du jugement du tribunal de grande instance de Nanterre du 23 octobre 2007 qui a homologué la convention de changement de régime matrimonial reçue le 18 février 2007, infirmé ce jugement et rejeté la demande d'homologation de la convention notariée par laquelle les époux X... ont déclaré adopter le régime de la communauté universelle, alors, selon les moyens :
1°/ qu'une partie dont les demandes ont été accueillies n'a pas d'intérêt à interjeter appel ; que la cour d'appel a constaté que le jugement du 23 octobre 2007 avait, sur la requête conjointe des époux X... du 26 avril 2007, homologué la convention reçue le 18 février 2007 par M. Z... ; qu'il résulte de ces énonciations que le jugement du 23 octobre 2007 avait été rendu conformément à la demande de M. X... ; qu'en jugeant néanmoins que l'appel interjeté par ce dernier à l'encontre du jugement d'homologation était recevable, la cour d'appel n'a pas tiré les conséquences légales de ses propres constatations et a violé l'article 546 du Code de procédure civile ;
2°/ que la cour d'appel était saisie d'une demande de M. X... tendant à l'infirmation du jugement d'homologation du 23 octobre 2007 fondée sur l'allégation d'un dol de son épouse, qui aurait surpris sa volonté lors de la présentation de la requête conjointe tendant à l'homologation de la convention du 18 février 2007 ; que son épouse contestait l'existence d'un dol et soutenait que le dol doit s'apprécier à la date de la convention et qu'un dol ne peut permettre l'infirmation d'un jugement d'homologation mais est seulement susceptible d'ouvrir la voie à une action en annulation de la convention ; qu'en ne se prononçant pas sur l'existence du dol allégué, sur lequel portaient les débats, et en considérant qu'elle était saisie d'une demande d'homologation de la convention litigieuse ne pouvant être accueillie faute de l'accord d'une des parties, la cour d'appel a dénaturé les termes du litige, en violation de l'article 49 du Code de procédure civile ;
3°/ qu'en toute hypothèse, en relevant d'office le moyen tiré de ce qu'elle ne pouvait homologuer la convention du 18 février 2007 en l'absence de l'accord de l'une des parties au

jour où elle statuait, sans inviter les parties à s'expliquer sur ce moyen, la cour d'appel a violé l'article 16 du Code de procédure civile ;
Mais attendu, d'abord, qu'il résulte de l'article 546 du Code de procédure civile que le droit d'appel appartient à toute personne qui y a intérêt si elle n'y a pas renoncé et que l'existence de cet intérêt doit être appréciée au jour de l'appel ; qu'ayant constaté que, depuis le prononcé du jugement, le mari s'opposait à l'homologation de la convention portant changement de régime matrimonial en raison de la décision prise par l'épouse de divorcer, la cour d'appel a souverainement admis qu'il justifiait d'un intérêt à interjeter appel du jugement ;
Attendu, ensuite, qu'après avoir relevé que le mari avait conclu à l'infirmation du jugement ayant homologué le changement de régime matrimonial et rappelé, à bon droit, que le consentement des époux doit exister au jour de l'homologation, la cour d'appel, qui a constaté qu'au jour où elle statuait, le mari s'opposait à cette homologation, n'a ni méconnu les termes du litige, ni fait état d'un moyen qui n'ait été dans le débat ;
D'où il suit que les moyens ne sont pas fondés ;
PAR CES MOTIFS :
REJETTE le pourvoi... »

Biblio

– B. Beignier, J. Combret et E. Frémont, « Le changement de régime matrimonial depuis le 1er janvier 2007 », *JCP* N 2007. 1163.
– E. Buat-Ménard, « Le partage du régime matrimonial devant le juge aux affaires familiales : état des lieux au lendemain d'une réforme », *in* Dossier « Liquidation du régime matrimonial » (1re partie), *AJ fam*. 2010. 157.
– R. Cabrillac, « Le changement de régime matrimonial », *RLDC* févr. 2007. 64.
– M. Dagot, « Changement de régime matrimonial et liquidation », *JCP* N 2008. 1217.
– O. Gazeau et F. Vancleemput, « L'investissement pendant l'instance en divorce », *Dr. fam.* 2010. Étude 11.
– J. Hauser et J.-M. Plazy, « Changement de régime matrimonial et enfant majeur hors d'état de manifester sa volonté », *Defrénois* 2007. 38591. 733.
– E. Naudin, « Du Code civil au Code de procédure civile : la procédure de changement de régime matrimonial et les tiers », in *Mélanges G. Wiederkehr*, Dalloz, 2009, p. 561.
– N. Peterka, « Les incidences de la réforme des successions et des libéralités sur le droit des régimes matrimoniaux », *AJ fam.* 2006. 358.
– J.-F. Pillebout, « À peine de nullité ? », *JCP* 2007, n° historique, hors série/cahier 2, p. 70.
– J. Revel, « Le changement de régime matrimonial : quelle déjudiciarisation ? », *D*. 2006. 2591.
– B. Vareille, « La loi du 23 juin 2006 et les régimes matrimoniaux », *JCP* N 2007. 1200.
– F. Vauvillé, « le changement de régime matrimonial : la question de la liquidation », *RJPF* 2009-3. 19

Quiz

1) Sujets corrigés

A) Test de connaissances

Énoncé

1. Les causes de dissolution de la communauté sont :

a. impératives ;

b. supplétives.

2. Les causes de dissolution de la communauté par dissolution du mariage sont :

a. le décès de l'un des époux ;

b. la séparation de corps ;

c. l'absence déclarée ;

d. le divorce.

3. La date de la dissolution de la communauté par divorce correspond :

a. à l'égard des tiers, au jour de l'accomplissement des formalités de publicité en marge des actes d'état civil ;

b. au jour du prononcé du divorce entre les époux ;

c. à la date de l'ordonnance de non-conciliation entre les époux ;

d. à la date de l'homologation de la convention de divorce en matière de divorce par consentement mutuel, entre les époux et à l'égard des tiers ;

e. à la date à laquelle les époux ont cessé de cohabiter et de collaborer.

4. Les conventions entre époux relatives à la liquidation et au partage du régime matrimonial :

a. doivent toujours être passées par acte notarié ;

b. sont suspendues, quant à leurs effets, jusqu'au prononcé du divorce.

5. Les causes de la séparation de biens judiciaire sont :

a. l'insolvabilité d'un époux ;

b. l'incompétence pour gérer la communauté ;

c. le comportement fautif d'un époux.

6. L'époux demandeur à la séparation de biens judiciaire :

a. est dispensé de contribuer aux charges du mariage ;

b. doit contribuer aux charges du mariage proportionnellement à ses facultés ;

c. doit contribuer aux charges du mariage proportionnellement à ses facultés et à celles de son conjoint.

7. La loi du 23 juin 2006 a :

a. abrogé le principe d'immutabilité du régime matrimonial ;

b. maintenu le principe d'immutabilité du régime matrimonial.

8. La notion d'« intérêt de la famille »

a. s'oppose à ce que le changement de régime matrimonial soit dicté par l'intérêt exclusif d'un époux ;

b. ne s'oppose pas à ce que le changement de régime matrimonial soit dicté par l'intérêt exclusif d'un époux.

9. Les enfants anciennement dits « naturels » :

a. sont autorisés à exercer l'action en retranchement.

b. ne sont pas autorisés à exercer l'action en retranchement.

10. Les enfants majeurs :

a. doivent être consultés sur le changement de régime matrimonial envisagé par leur(s) parent(s) ;

b. peuvent être consultés sur le changement de régime matrimonial envisagé par leur(s) parent(s) ;

c. peuvent s'opposer au changement de régime matrimonial envisagé par leur(s) parent(s).

11. La présence d'un enfant mineur de l'un ou l'autre des époux :

a. impose de soumettre la convention modificative à l'homologation du juge ;

b. n'impose pas de soumettre la convention modificative à l'homologation du juge.

12. Le changement de régime matrimonial prend effet à l'égard des tiers :

a. à l'expiration d'un délai de six mois après que mention en a été portée en marge de l'acte de naissance de chacun des époux et, le cas échéant, sur la minute du contrat de mariage modifié ;

b. à l'expiration d'un délai de trois mois après que mention en a été portée en marge de l'acte de mariage et, le cas échéant, sur la minute du contrat de mariage modifié.

13. Les créanciers de chaque époux peuvent :

a. attaquer le changement de régime matrimonial par la voie paulienne s'ils ne se sont pas opposés à la modification envisagée ;

b. exercer la tierce opposition contre le jugement d'homologation.

Voir le corrigé en fin de rubrique.

B) Cas pratique

Énoncé

Oscar et Olga ont deux enfants, Aurélie, âgée de 20 ans, et Chloé, âgée de 25 ans. Cette dernière est handicapée psychomoteur à la suite d'un accident de moto survenu en août 2007. Chloé est paralysée et, bien qu'étant parfaitement lucide, ses facultés de communication avec son entourage sont du fait de son handicap physique extrêmement restreintes. Avant son mariage avec Oscar, Olga a eu un fils, Jean, issu de son concubinage avec Gilles. Jean est décédé d'un cancer en 2010, laissant son épouse Ombline et ses deux filles Aglaé et Astride âgées de six et quatre ans. Aujourd'hui, Oscar et Olga voudraient changer de régime matrimonial et passer du régime légal à la communauté universelle avec clause d'attribution intégrale de la communauté au dernier vivant. Ils souhaitent que vous leur indiquiez la procédure qui s'impose à eux et si Ombline pourrait empêcher leur projet.

Voir le corrigé en fin de rubrique.

2) Corrigés

Test de connaissances

1. a ; 2. a, c et d ; 3. a, c et e ; 4. b ; 5. a, b et c ; 6. c ; 7. b ; 8. b ; 9. a ; 10. a et c ; 11. a ; 12. b ; 13. a.

Cas pratique

Il convient de déterminer les formalités qui s'imposent au couple ainsi que les conséquences de l'action en retranchement ouverte à Aglaé et à Astride.

I. Sur les formalités du changement de régime matrimonial

L'article 1397, alinéa 1er autorise les époux à changer de régime matrimonial, dans l'intérêt de la famille, après deux ans d'application de leur ancien régime. La convention modificative doit être passée par acte notarié. Ce dernier doit contenir, à peine de nullité, la liquidation du régime matrimonial modifié « si elle est nécessaire ». Cette précision semble dispenser de procéder à la liquidation de la communauté, dans la convention modificative, lorsque les époux souhaitent passer d'un régime communautaire à un autre régime du même type. Il paraît toutefois souhaitable d'y procéder, afin, notamment de déterminer les apports respectifs des époux. La liquidation du régime matrimonial modifié paraît s'imposer d'autant plus lorsque le changement de régime matrimonial envisagé s'accompagne d'un avantage matrimonial, lequel pourrait s'avérer réductible en présence de descendants non communs (en ce sens, CA Versailles, 28 janv. 2010, *préc.).*

L'article 1397, alinéa 2 fait bénéficier les enfants majeurs de l'un ou l'autre époux, ainsi que les personnes qui avaient été parties dans le contrat modifié, d'une obligation d'information. Ceux-ci « sont informés personnellement de la modification envisagée ». Une simple notification est suffisante (C. pr. civ., art. 1300, al. 1er, réd. Décr. n° 2006-1805 du 23 déc. 2006). Celle-ci doit mentionner la désignation du régime matrimonial modifié et celle de la modification envisagée (Arr. 23 déc. 2006, « fixant le modèle de l'information délivrée aux enfants des époux et aux tiers, dans le cadre d'une procédure de changement de régime matrimonial », *JO* 31 déc. 2006 ; *Defrénois* 2007. 87). Il n'est pas exigé, en revanche, que le projet de convention modificative soit délivré aux enfants et aux tiers. « Chacun d'eux peut s'opposer à la modification envisagée dans un délai de trois mois » (C. civ., art. 1397, al. 2). Les créanciers de l'un ou l'autre époux sont pareillement informés du projet de changement de régime matrimonial de leur(s) débiteur(s) par la publication d'un avis dans un journal d'annonces légales dans l'arrondissement ou le département du domicile des époux. Ils disposent d'un délai de trois mois suivant la publication pour s'opposer à la modification (C. civ., art. 1397, al. 3). L'opposition des enfants majeurs ou des créanciers doit être notifiée au notaire qui en informe les époux (C. pr. civ., art. 1300-1). Elle impose de saisir le juge aux affaires familiales afin de soumettre la convention modificative à homologation (art. 1397, al. 4 ; COJ, art. L. 213-3, 1°). « Lorsque l'un ou l'autre des époux a des enfants mineurs, l'acte notarié est obligatoirement soumis à l'homologation du tribunal du domicile des époux » (art. 1397, al. 5). L'article 1397 du Code civil ne précise pas si le recours à l'homologation judiciaire s'impose en présence d'un petit-enfant mineur venant de son chef ou par représentation de son parent prédécédé. La Chancellerie s'est prononcée en faveur du recours à l'homologation, en pareille hypothèse (Rép. min. n° 39265, *JOAN Q* 2 juin 2009, p. 5930). Elle n'a toutefois pas été suivie par les juges sur ce point. Un arrêt de la Cour d'appel de Dijon du 2 décembre 2010 écarte la règle de l'homologation en présence d'un petit-enfant mineur, au motif que cette exigence vise, lorsque l'un ou l'autre des époux a des enfants mineurs, à prévenir un conflit d'intérêts entre les parents candidats au changement de régime matrimonial et leur(s) enfant(s) mineur(s) dont ils sont les administrateurs légaux (CA Dijon, 2 déc. 2010, préc.) Or, dans le cadre d'un changement de régime matrimonial des grands-parents, un semblable conflit d'intérêts n'existe pas dès lors que l'enfant mineur est représenté par le parent survivant, *ès* qualité d'administrateur légal, ou un tiers en qualité de tuteur. Il convient donc, en ce cas, de notifier le changement de régime matrimonial envisagé au représentant du mineur, lequel pourra le cas échéant former opposition. En l'espèce, Olga et Oscar ont deux filles majeures, Aurélie et Chloé. Olga a un fils, Jean, né de son concubinage avec Gilles. Jean est décédé en 2010, laissant sa veuve et ses deux filles âgées de six et quatre ans. Le couple devra notifier à Aurélie, Chloé et à Ombline, en sa qualité d'administratrice légale des biens de ses deux filles mineures, la modification envisagée de leur régime matrimonial. Cette notification devra mentionner le passage de la communauté légale à la communauté universelle. Les époux procéderont par précaution à la liquidation de la communauté dans la convention modificative notariée. Les deux enfants majeurs ainsi qu'Ombline disposeront d'un délai de trois mois à compter de la notification pour s'opposer au changement de régime matrimonial envisagé par les époux.

Chloé étant handicapée psychomoteur, et souffrant d'une altération de ses facultés corporelles de nature à empêcher l'expression de sa volonté, il conviendra de saisir le juge des tutelles afin de faire ouvrir à son égard une mesure de protection juridique et nommer un protecteur pour veiller à ses intérêts (C. civ., art. 425). Le délai d'opposition de trois mois ne commencera à courir qu'à compter du prononcé de la mesure en vertu de l'adage suivant lequel « la prescription ne court pas contre celui qui est dans l'impossibilité d'agir » (*adde*, C. civ., art. 2234 – en ce sens, J. Hauser et J.-M. Plazy, « Changement de régime matrimonial et enfant majeur hors d'état de manifester sa volonté, art. *préc.*).

Si Chloé est déjà placée sous une mesure de protection juridique des majeurs, et, notamment, sous tutelle, la question se pose de savoir si le tuteur peut, le cas échéant, former opposition pour le compte de celle-ci. L'analyse du droit d'opposition comme un droit exclusivement attaché à la personne y ferait obstacle (C. civ., art. 458). Une partie de la doctrine propose de qualifier le droit d'opposition de droit de nature patrimoniale dont seule la mise en œuvre implique une appréciation personnelle (J. Hauser et J.-M. Plazy, art. *préc.*). Cette analyse doit être préférée, car elle seule permet de débloquer la situation lorsque les facultés personnelles de la personne protégée sont gravement affectées. Elle implique de notifier le changement de régime matrimonial envisagé à Chloé et à son tuteur et permet à celui-ci d'y faire opposition par représentation de celle-là (V. en ce sens Rép. min. n° 28469, préc. n° 558). Si c'est Olga et/ou Oscar qui ont été désignés en qualité de tuteurs, il conviendra, en raison du conflit d'intérêts, de saisir le juge des tutelles d'une requête en vue de la désignation d'un tuteur *ad hoc* (C. civ., art. 455). Si elle était seulement placée sous curatelle, Chloé pourrait former opposition sans l'assistance du curateur car l'opposition ne s'analyse pas comme un acte de disposition (Rép. min. n° 28469, préc.).

II. Sur l'action en retranchement ouverte à Aglaé et à Astride

L'article 1527, alinéa 2 dispose que « Néanmoins, au cas où il y aurait des enfants qui ne seraient pas issus des deux époux, toute convention qui aurait pour conséquence de donner à l'un des époux au-delà de la portion réglée par l'article 1094-1, au titre "Des donations entre vifs et des testaments", sera sans effet pour tout l'excédent ; mais les simples bénéfices résultant des travaux communs et des économies faites sur les revenus respectifs quoique inégaux, des deux époux, ne sont pas considérés comme un avantage fait au préjudice des enfants d'un autre lit ». Le texte ouvre aux enfants non communs l'exercice de l'action en retranchement. Cette dernière a pour finalité de protéger ces enfants contre les avantages matrimoniaux excessifs consentis par leur auteur à son conjoint en les autorisant à en réclamer la réduction à hauteur de la quotité disponible spéciale entre époux (C. civ., art. 1094-1, al. 1er). L'action en retranchement permet aux enfants non communs d'obtenir, en valeur, leur part de réserve au décès de leur auteur. Elle est aujourd'hui ouverte non seulement aux enfants issus d'un précédent mariage mais aussi aux enfants nés hors mariage du conjoint prédécédé. Son exercice profite toutefois à tous les enfants du couple, dès lors qu'ils sont appelés à la succession du prédécédé (v. ss 560 à 562).

En l'espèce, Jean est issu du concubinage d'Olga et de Gilles. Le passage de la communauté légale vers le régime de la communauté universelle avec clause d'attribution intégrale de la communauté au dernier vivant pourrait conduire à le priver de ses droits héréditaires dans la succession de sa mère si celle-ci décédait la première. Ce risque se reporte, du fait du prédécès de Jean, sur la tête de ses deux filles mineures, lesquelles seront appelées à la succession de leur grand-mère par voie de représentation de leur père prédécédé (C. civ., art. 751s.). L'adoption de la communauté universelle avec clause d'attribution intégrale au dernier vivant aboutit à vider la succession du conjoint prédécédé. Pour parer à ce risque, Ombline dispose, en sa qualité d'administratrice légale de ses deux filles mineures, de la faculté de faire opposition au changement de régime matrimonial envisagé (v. *ss*). Il est toutefois peu probable que son opposition soit retenue par le juge pour refuser l'homologation. En effet, d'une part, le changement envisagé est conforme à l'intérêt de la famille tel qu'il est défini par la Cour de cassation (Civ. 1re, 6 janv. 1976, préc.). D'autre part, Aglaé et Astride auront en cas de prédécès de leur grand-mère, la faculté d'exercer l'action en retranchement afin d'obtenir, en valeur, la part de réserve revenant à leur père. L'exercice de l'action profitera également à Aurélie et à Chloé qui obtiendront aussi leur réserve au décès d'Olga, de telle sorte qu'il aura pour résultat de contredire les projets du couple.

Ce risque est d'autant moins négligeable qu'Olga et Oscar ne peuvent pas suggérer à Ombline de prendre l'engagement de différer l'exercice de l'action en retranchement au décès d'Oscar. Si, en effet, l'article 1527, alinéa 3 autorise les enfants non communs à renoncer, « dans les formes prévues aux articles 929 à 930-1, [...] à demander la réduction de l'avantage matrimonial excessif avant le décès de l'époux survivant », l'article 509, 1° du Code civil interdit au tuteur d'une personne majeure ou mineure, de souscrire par voie de représentation de cette dernière, une renonciation anticipée à l'exercice de l'action en réduction visée aux articles 929 à 930-5. S'il est vrai que le texte n'interdit expressément que la seule renonciation anticipée à l'exercice de l'action en réduction, et non pas la renonciation prévue à l'article 1527, alinéa 3, il n'en demeure pas moins que la communauté d'esprit des deux pactes et le danger qu'ils recèlent pour la personne protégée, semblent les soumettre l'un comme l'autre à la prohibition de l'article 509, 1°. Or, cette dernière est applicable, sous l'administration légale, par le jeu du renvoi opéré par les dispositions de l'article 389-7 aux règles de la tutelle.

chapitre 10

Le régime légal : les opérations de liquidation et de partage de la communauté

Plan analytique

section 1

La formation de la masse partageable

§ 1 Les récompenses dues par la communauté

§ 2 Les récompenses dues à la communauté

§ 3 La preuve des récompenses

A. La preuve de l'appauvrissement d'un patrimoine

B. La preuve du profit retiré par un autre patrimoine

§ 4 Le montant des récompenses

A. Le principe (C. civ., art. 1469, al. 1er)

B. Les exceptions (C. civ., art. 1469, al. 2 et 3)

C. Le règlement des récompenses

D. Les créances entre époux (C. civ., art. 1479)

section 2

Le partage de l'actif et du passif communs

§ 1 Le partage de l'actif commun

A. La soumission au modèle du partage successoral

B. La soumission au principe de l'égalité du partage

§ 2 Le partage du passif commun

A. L'obligation à la dette

B. La contribution à la dette

10

Le régime légal : les opérations de liquidation et de partage de la communauté

La dissolution de la communauté donne lieu à l'ouverture d'une indivision post-communautaire. Les anciens biens communs sont traités, de la dissolution jusqu'au partage de la communauté, comme des biens indivis. L'indivision post-communautaire est régie par les articles 815 et suivants du Code civil, en ce qui concerne notamment la gestion des biens indivis et les droits des créanciers. Les opérations de liquidation du régime matrimonial se déroulent en deux étapes. Il convient, d'abord, de former la masse partageable (section 1) et, ensuite, de procéder au partage de l'actif et du passif communs (section 2). 562

section 1

La formation de la masse partageable

L'article 1467 indique la procédure à suivre afin de former la masse partageable. Il dispose que « La communauté dissoute, chacun des époux reprend ceux des biens qui n'étaient point entrés en communauté, s'ils existent en nature, ou les biens qui y ont été subrogés [al. 1er]. Il y a lieu ensuite à la liquidation de la masse commune, active et passive [al. 2] ». Après la dissolution de la communauté, les époux effectuent la reprise des propres. Chaque époux reprend en nature ses biens propres, ce qui suppose qu'il renverse la présomption de communauté en cas de contestation sur la nature d'un bien. Les biens propres sont ainsi exclus de la masse partageable. Cette dernière comporte les biens communs. La formation de la masse partageable implique également la liquidation des *récompenses*[Q]. Celles-ci ont pour fonction de reconstituer en valeur le patrimoine commun et les patrimoines propres, en tenant compte des transferts intervenus d'un patrimoine à l'autre pendant le fonctionnement du régime. 563

L'article 1468 prévoit que, lors de la liquidation de la communauté, « Il est établi, au nom de chaque époux, un compte des récompenses que la communauté lui doit et des récompenses qu'il doit à la communauté [...] ». Les récompenses dues par la communauté (§ 1) à l'un des époux sont inscrites au crédit du compte de récompenses, tandis que les récompenses dues à la communauté (§ 2) figurent au débit de ce compte. Mais encore faut-il que la preuve des récompenses (§ 3) et leur montant (§ 4) soient établis. 564

§ 1 Les récompenses dues par la communauté

■ 565 L'article 1433, alinéa 1er dispose que « La communauté doit récompense à l'époux propriétaire toutes les fois qu'elle a tiré profit de biens propres ». Le texte précise qu'« Il en est ainsi, notamment, quand [la communauté] a encaissé des deniers propres ou provenant de la vente d'un propre, sans qu'il en ait été fait emploi ou remploi ». Cet exemple n'est pas limitatif. Un époux a droit à récompense toutes les fois que la communauté s'est enrichie au détriment du patrimoine propre de cet époux. La récompense a alors pour fonction de compenser la perte subie par le patrimoine propre.

■ 566 Il est possible de citer quelques exemples de récompenses dues par la communauté :

– lorsqu'un époux acquiert un bien en emploi ou remploi de fonds propres et que la contribution de la communauté est supérieure à celle de l'époux acquéreur, le bien tombe en communauté à charge de récompense au profit de l'acquéreur (C. civ., art. 1436). De même, lorsqu'un époux effectue un échange à l'aide d'un bien propre, le bien acquis entre en communauté si la soulte versée par la communauté est supérieure à la valeur du bien cédé (C. civ., art. 1407). Mais l'époux acquéreur est alors créancier d'une récompense lors de la liquidation de la communauté ;

– en cas de construction d'un immeuble commun à l'aide de fonds propres, l'époux propriétaire des fonds bénéficie d'un droit à récompense ;

– enfin, le paiement à l'aide de fonds propres d'une dette faisant partie du passif commun définitif (telle qu'une dette ménagère) justifie le versement d'une récompense par la communauté.

§ 2 Les récompenses dues à la communauté

■ 567 L'article 1437 *in fine* dispose que « [...] toutes les fois que l'un des deux époux a tiré un profit personnel des biens de la communauté, il en doit récompense ». Le législateur illustre la généralité de cette règle en fournissant plusieurs exemples. D'après le texte, la communauté est créancière d'un droit à récompense, « Toutes les fois qu'il est pris sur [elle] une somme [...] » :

– « pour acquitter les dettes ou charges personnelles à l'un des époux, telles que le prix ou partie du prix d'un bien à lui propre ou le rachat des services fonciers ». Il en est ainsi, par exemple, si une dette présente — telle qu'une prestation compensatoire due par un époux à un ex-conjoint — a été payée à l'aide de fonds communs (Civ. 1re, 28 mars 2006, *D.* 2006. 2066, obs. V. Brémond, M. Nicod et J. Revel). La communauté a pareillement droit à récompense si elle a acquitté une dette grevant une succession ou une libéralité, une amende ou des dommages-intérêts dus par un époux, une dette contractée par ce dernier au mépris des devoirs du mariage (C. civ., art. 1417) ou dans son intérêt personnel (Civ. 1re, 23 mai 2006, *préc.* no 172 ; Civ. 1re, 31 oct. 2007, *préc.* no 172 : l'acquisition de points de retraite, sans réversion au profit de l'épouse, constitue une dette personnelle donnant lieu à récompense au profit de la communauté si elle a été financée à l'aide de deniers communs) ou si elle a payé le prix d'achat d'un bien propre (tel que l'échange d'un bien propre contre un bien nouveau moyennant versement d'une soulte par la communauté : C. civ., art. 1407). Toute récompense est en revanche exclue, dès lors que les échéances des emprunts souscrits pour le financement de la construction d'une maison sur un terrain appartenant en propre à l'épouse ont été prises en charge par les assureurs au titre d'une invalidité du mari. La solution se justifie par le mécanisme de la stipulation pour autrui. Les sommes n'étant pas entrées dans le patrimoine du mari, ni la communauté, ni aucun des deux époux n'ont déboursé de fonds (Civ. 1re, 12 avr. 2012, no 11-14653, *D.* 2012. Actu. 1125 ; *JCP N* 2012. Actu. 475) ;

– pour « le recouvrement, la conservation ou l'amélioration [des] biens personnels » d'un époux. Il s'agit, par exemple, de l'hypothèse dans laquelle la communauté a financé des travaux importants sur un bien propre de l'un des conjoints. Les dépenses d'entretien liées à la jouissance des biens propres demeurent, en revanche, à la charge définitive de la communauté (Civ. 1re, 31 mars 1992, *Defrénois* 1992. 35348, obs. G. Champenois ; *RTD civ.* 1993. 401, obs. F. Lucet et B. Vareille ; *JCP* 1993. II. 22003 et *JCP* N 1993. 333, note J.-F. Pillebout. – *Adde*, Civ. 1re, 24 oct. 2000, *RTD civ.* 2001. 650, obs. B. Vareille).

§ 3 La preuve des récompenses

C'est à celui des époux qui invoque une récompense à son profit ou au profit de la communauté d'en rapporter la preuve. L'objet de la preuve porte sur deux éléments. Il faut rapporter, d'une part, la preuve de l'*appauvrissement* d'un patrimoine (A) et, d'autre part, la preuve du *profit* retiré par un autre patrimoine (B). 568

A. La preuve de l'appauvrissement d'un patrimoine

La preuve de l'appauvrissement est plus ou moins aisée selon que la récompense est invoquée au profit de la communauté ou d'un patrimoine propre. Lorsque la récompense est invoquée au profit de la communauté, la preuve de l'appauvrissement du patrimoine commun est facilitée par la présomption de communauté de l'article 1402 du Code civil. Toutes les fois qu'une dette personnelle ou un bien propre a été payée à l'aide de fonds dont l'origine est contestée, ces fonds sont présumés communs jusqu'à preuve contraire. La communauté est ainsi créancière d'une récompense, à moins que la présomption de l'article 1402 soit renversée. Lorsque la récompense est invoquée au profit d'un patrimoine propre, il faudra démontrer, contre la présomption de communauté, la nature propre des fonds ou du bien ayant profité à la communauté. Cette démonstration est soumise aux modes de preuve prévus par l'article 1402 (v. ss 367 et s.). 569

B. La preuve du profit retiré par un autre patrimoine

L'article 1433, alinéa 3 prévoit, s'agissant des récompenses dues par la communauté, que « Si une contestation est élevée, la preuve que la communauté a tiré profit de biens propres peut être administrée par tous les moyens, même par témoignages et présomptions ». La preuve du profit retiré par la communauté est libre. Pendant longtemps, la jurisprudence décidait que la preuve de ce profit ne pouvait pas résulter de la preuve de l'encaissement de fonds propres par la communauté. Pour la Cour de cassation, le seul fait que la communauté ait encaissé des fonds propres ne permettait pas d'établir qu'elle en ait tiré profit. Il s'agissait d'une solution très rigoureuse qui rendait la preuve du profit quasiment impossible. Elle est aujourd'hui 570 abandonnée. La Cour de cassation a opéré un revirement de jurisprudence par deux arrêts de la première chambre civile du 8 février 2005 (Civ. 1re, 8 févr. 2005, *préc.*, nº 414. Dans le même sens, Civ. 1re, 14 mars 2006, *RJPF* 2006-10/23. Civ. 1re, 28 nov. 2006, nº 04-17147, *D.* 2006. 3010 ; *JCP* 2007. IV. 1004. Civ. 1re, 6 mars 2007, nº 05-15292, *D.* 2007. 2132, obs. J. Revel ; *JCP* 2007. I. 208, nº 19, obs. A Tisserand-Martin). Elle décide, par ces arrêts, que l'encaissement de deniers propres par la communauté (versement sur un compte joint ; affectation à une acquisition commune) fait présumer l'existence d'un profit retiré par elle. C'est alors à l'époux qui conteste la récompense due par la communauté de prouver que celle-ci n'a tiré aucun profit des deniers propres encaissés. Une telle preuve résultera, notamment, de l'absence de toute trace de la somme perçue au jour de la liquidation de la communauté et, par exemple, de ce que l'époux sollicitant la récompense ne justifie ni du solde du compte ouvert en son nom personnel sur lequel il a déposé les fonds propres, ni que ceux-ci y étaient encore déposés lors de sa transformation en compte joint (Civ. 1re, 19 sept. 2007, *préc.*, nº 414 ; Civ. 1re, 3 févr. 2010, nº 09-65345, *préc.*, nº 267 et les obs. critiques de B. Vareille, *RTD civ.* 2012. 141). Par un important arrêt du 15 février 2012, la Cour de cassation a confirmé cette analyse en apportant de précieuses indications quant à la mise en œuvre de la présomption de profit. Elle a précisé, en effet, que « le profit tiré par la communauté résultant de l'encaissement, au sens de l'article 1433, alinéa 2, du Code civil, des deniers propres d'un époux ne peut être déduit de la seule circonstance que ces deniers ont été versés, au cours du mariage, sur un compte bancaire ouvert au nom de cet époux » (Civ. 1re, 15 févr. 2012, nº 11-10182, préc. v. ss 414). La solution marque un juste équilibre entre la solution initiale (absence de preuve du profit réel retiré par la communauté du seul fait de l'encaissement de deniers propres) et celle retenue depuis 2005 (présomption de profit résultant de l'encaissement de tels deniers). Pour que la présomption simple de profit retiré par la communauté déploie ses effets, il faut que soit préalablement établie la preuve, par l'époux créancier de la récompense, de l'encaissement de deniers propres par la communauté. Or, si elle peut être déduite du versement de deniers propres sur un compte joint entre les époux, cette preuve ne peut résulter du *seul* versement de fonds propres sur le compte personnel d'un époux. La fongibilité des sommes propres versées en compte implique que l'époux faisant valoir une récompense à l'encontre de la communauté, démontre que cette dernière en a effectivement tiré profit (Pour une critique de cette distinction, v. B. Vareille, obs. préc.). Tel n'est pas le cas lorsque le compte sert de support à diverses opérations, telles que le paiement des charges du mariage, et qu'il n'est pas démontré que les autres opérations concernaient toute la communauté. C'est dire que la mise en œuvre de la présomption de profit implique que les sommes propres perçues par l'époux soient, à défaut d'être immédiatement versées sur un compte joint, conservées sur un compte spécial et que leur encaissement par la communauté soit ensuite positivement établi (par exemple, par le versement sur un compte joint ou l'affectation à une acquisition commune). Ce n'est qu'à ce prix que la présomption de profit bénéficie au prétendu créancier de la récompense.

§ 4 Le montant des récompenses

571 Les récompenses tirent leur fait générateur du fonctionnement du régime matrimonial. Mais, si la créance de récompense prend naissance pendant la durée du régime,

le règlement de la créance est différé au jour de la liquidation de la communauté. Un long délai peut ainsi s'écouler entre le fait générateur de la récompense et le règlement de celle-ci. Durant ce délai, l'érosion monétaire joue au détriment du patrimoine créancier. Afin d'éviter un tel résultat, la loi du 13 juillet 1965 a rompu avec la règle du nominalisme monétaire et la théorie de l'enrichissement sans cause sur laquelle la jurisprudence faisait généralement reposer l'évaluation des récompenses. Le Code civil fait aujourd'hui de la récompense une dette de valeur. S'agissant de son évaluation, l'article 1469 pose un principe (A) auquel il apporte d'importantes exceptions (B). Les articles 1470 à 1475 fournissent les modes de règlement des récompenses (C), qu'il conviendra de distinguer des créances entre époux (D).

A. Le principe (C. civ., art. 1469, al. 1er)

L'article 1469, alinéa 1er énonce que « La récompense est, en général, égale à la plus faible des deux sommes que représente la dépense faite et le profit subsistant ». La *dépense faite*[Q] désigne la somme d'argent payée, avancée par le patrimoine créancier de la récompense, tandis que le *profit subsistant*[Q] correspond à l'enrichissement du patrimoine débiteur. Le principe posé par le législateur veut que la récompense ne soit jamais supérieure à la plus petite des sommes entre la valeur nominale de la dépense faite et le profit subsistant, évalué au jour de la liquidation, c'est-à-dire à l'époque du partage de la communauté. Si le profit subsistant est nul, la récompense l'est également. Toutefois, dans le cas d'une donation de biens communs, la doctrine propose de fixer la récompense à la dépense faite (F. Terré et Ph. Simler, *préc.*, n° 666). 572

La créance de récompense porte, en principe, intérêts de plein droit du jour de la dissolution de la communauté. Toutefois, lorsqu'elle est égale au profit subsistant, les intérêts courent du jour de la liquidation (C. civ., art. 1473).

B. Les exceptions (C. civ., art. 1469, al. 2 et 3)

La règle énoncée à l'article 1469, alinéa 1er est assortie d'une double exception, concernant les dépenses nécessaires (1), d'une part, et les dépenses d'acquisition, de conservation et d'amélioration (2), d'autre part. 573

1. *Les dépenses nécessaires*

D'après l'article 1469, alinéa 2, la récompense « ne peut [...] être moindre que la dépense faite quand celle-ci était nécessaire ». Dans l'hypothèse où la somme avancée correspond à une dépense nécessaire, la récompense est égale à la valeur nominale de la dépense faite, bien qu'elle soit supérieure au profit subsistant. Une dépense nécessaire de 100 donnera lieu ainsi à une récompense de 100. La règle incarne une illustration de la théorie des impenses. 574

La notion de « dépense nécessaire » est interprétée souplement. Elle englobe non seulement les dépenses conservatoires, telles que les dépenses effectuées en vue d'éviter le dépérissement ou la disparition d'un bien, mais aussi les dépenses utiles pour les besoins du ménage, accomplies en vue d'assurer l'habitabilité d'un immeuble (Civ. 1re, 25 janv. 2000, *Bull. civ.* I, n° 20 ; *Defrénois* 2000. 37145. 1143, obs. G. Champenois ; *RTD civ.* 2000. 616, obs. B. Vareille ; *JCP* 2000. I. 245, n° 22, obs. A. Tisserand), et, plus généralement, celles favorisant une meilleure utilisation familiale ou personnelle des biens (M. Grimaldi (dir.), *Dalloz action Droit patrimonial de la famille*, Dalloz, 2008/2009, n° 144.72, par R. Le Guidec). Sont ici visées les dépenses d'aménagement, d'agrandissement, telles que des dépenses réalisées en vue de l'aménagement d'une salle de bains et d'une cuisine (CA Paris, 16 mars 1978, *Defrénois* 1979. 1518 (2e esp.), note G. Morin ; *JCP* N 1981. II. 49 (2e esp.), note J.-F. Pillebout) et les dépenses de construction du logement de la famille sur un terrain propre à l'un des époux (Civ. 1re, 6 mars 2001, *JCP* 2002. I. 167, n° 11, obs. A. Tisserand).

La jurisprudence injecte au critère de la nécessité une dimension économique. Elle qualifie de dépenses nécessaires, d'une part, les sommes utilisées pour l'acquisition des instruments de travail nécessaires à la profession d'un époux et, d'autre part, celles ayant servi à l'apurement des soldes de ses comptes professionnels, afin d'éviter la disparition de son fonds (Civ. 1re, 14 nov. 2007, *préc.* n° 297).

2. *Les dépenses d'acquisition, de conservation et d'amélioration*

■ 575 L'article 1469, alinéa 3 dispose que la récompense « ne peut être moindre que le profit subsistant, quand la valeur empruntée a servi à acquérir, à conserver ou à améliorer un bien qui se retrouve, au jour de la liquidation de la communauté, dans le patrimoine emprunteur ». Lorsque la somme versée par le patrimoine créancier de la récompense a servi à l'acquisition, à la conservation ou à l'amélioration d'un bien, la récompense est également au profit subsistant, même s'il est supérieur à la dépense faite. Si, par exemple, un bien propre a été acquis avec des fonds communs pour une valeur de 100 et si ce bien vaut 180 lors de la liquidation de la communauté, la récompense est calculée d'après la valeur du bien à la liquidation (180) en tenant compte de son état à cette même date. Aussi, si la communauté a contribué au financement d'un terrain appartenant en propre à l'un des époux, la récompense doit prendre en compte la valeur actuelle de ce bien devenu inconstructible (Civ. 1re, 3 févr. 2010, n° 09-65345, *préc.*, n° 267). L'article 1473, alinéa 2 précise que, lorsqu'elle est égale au profit subsistant, la récompense porte intérêt du jour de la liquidation. La règle de l'article 1469 s'applique même en cas de construction édifiée sur un terrain appartenant en propre à l'un des conjoints. Les règles d'évaluation des récompenses priment, en pareille hypothèse, sur les règles de l'accession prévues par l'article 555 du Code civil (Civ. 1re, 25 avr. 2006, *D.* 2006. 2363, obs. B. Mallet-Bricout ; *AJ fam.* 2006. 253, obs. P. Hilt ; Civ. 1re, 8 avr. 2009, *Dr. fam.* 2009. Comm. 60, note B. Beignier ; *AJ fam.* 2009. 305, obs. P. Hilt). La Cour de cassation assimile le remboursement de l'emprunt ayant servi à payer le prix d'acquisition d'un bien au paiement du prix lui-même (Civ. 1re, 5 nov. 1985, *D.* 1987. 26, note R. Le Guidec ; *JCP N* 1986. II. 97, note Ph. Simler ; *Defrénois* 1986. 33700. 465, obs. G. Champenois ; Civ. 1re, 16 juin 1998, *JCP* 1998. I. 183, n° 9, obs. A. Tisserand-Martin ; Civ. 1re, 5 nov. 2008, *RTD civ.* 2009, p. 164, obs. B. Vareille ; *AJ fam.* 2009. 38, obs. P. Hilt ; v. contra, Civ. 1re, 14 nov. 2007, *D.* 2007. 3013).

■ 576 Une difficulté se pose lorsque le bien a été acquis avec des fonds provenant des diverses masses de biens. Par exemple, si un bien propre, acquis par remploi (C. civ., art. 1434) pour une valeur de 100, a été financé par des fonds propres à hauteur de 70 et par des fonds communs à hauteur de 30 et si, au jour de la liquidation, le bien vaut 180, la récompense due à la communauté est limitée à la contribution de celle-ci dans le paiement du prix et des frais d'acquisition (Civ. 1re, 10 mai 2007, n° 06-12071, *JCP* 2007. I. 208, n° 20, obs. A. Tisserand-Martin ; Civ. 1re, 4 nov. 2010, n° 09-15838, *JCP*

2011. 503, n° 17, obs. A. Tisserand-Martin ; *Dr. fam.* 2010. Comm. 187, note B. Beignier). La récompense sera calculée suivant la formule suivante :

$$\text{Récompense} = \text{PS } (54) = \frac{\text{Somme empruntée } (30)}{\text{Valeur d'acquisition } (100)} \text{ x Valeur à la liquidation } (180)$$

Sauf convention des époux, le profit subsistant ne peut ainsi être déterminé, en cas de construction édifiée sur un terrain appartenant en propre à l'un des conjoints financée en partie à l'aide de deniers communs, à partir du prix de vente de la maison, minoré de la valeur du terrain et de celle des travaux réalisés par le mari lui-même (Civ. 1re, 11 mars 2009, *D.* 2009. 950 ; *D.* 2009. 2511, obs. J. Revel ; *RTD civ.* 2009. 353 et 355, obs. B. Vareille ; *Dr. fam.* 2009. Comm. 55, note A. Arnault).

Lorsque le bien acquis a été aliéné avant la liquidation, le profit subsistant est évalué au jour de l'aliénation. Peu importe la nature de celle-ci : elle peut résulter d'une vente ou d'une donation. Si un nouveau bien a été subrogé à l'ancien, il convient de prendre en considération la valeur du bien subrogé au jour de la liquidation (C. civ., art. 1469, al. 3). **577**

Dans la formule de calcul de la récompense, il convient de *remplacer la valeur du bien au jour de la liquidation, selon les cas, par la valeur du bien au jour de l'aliénation ou par celle du bien subrogé au jour de la liquidation*.

Dans le cas de l'acquisition d'un véhicule automobile aliéné pendant l'indivision post-communautaire, le profit subsistant s'évalue au prix de vente subrogé au bien vendu (Civ. 1re, 11 mars 2009, *préc.* n° 576).

Les dépenses d'amélioration visées par l'article 1469, alinéa 3 désignent les dépenses utiles ayant entraîné une augmentation de la valeur du bien. Il pourra s'agir, par exemple, de dépenses finançant des travaux d'habitabilité ou la construction du logement de la famille. Les dépenses d'amélioration de l'article 1469, alinéa 3 recoupent partiellement les dépenses nécessaires de l'alinéa 2 du même texte. Cela a pour effet de fixer la récompense à la plus élevée des deux sommes entre la dépense faite (al. 2) et le profit subsistant (al. 3). Mais, à la différence de la dépense nécessaire, la dépense d'amélioration ne suppose pas toujours qu'elle ait été utile aux besoins du ménage (v, par exemple, Civ. 1re, 20 sept. 2006, n° 04-18309, *D.* 2007. 2132, obs. J. Revel pour une dépense d'amélioration d'un navire appartenant en propre au mari : absence de récompense en l'absence de profit subsistant). La dépense de conservation recoupe, quant à elle, systématiquement la notion de « dépense nécessaire conservatoire », de telle sorte que la récompense est ici toujours égale à la plus élevée des deux sommes entre la dépense faite et le profit subsistant (v. Civ. 1re, 14 nov. 2007, *préc.*). On soulignera que les dépenses d'investissement ne sont - pas davantage que les dépenses d'amélioration et celles de conservation - réfractaires à la qualification de dépense nécessaire. Il en est ainsi tout spécialement de la dépense d'acquisition du logement de la famille dont l'utilité familiale justifie qu'il lui soit imprimé une qualification mixte - c'est-à-dire celle de dépense d'acquisition et celle de dépense nécessaire -, si bien que la récompense doit être fixée, en la matière, à la plus élevée des deux sommes que représente la dépense faite ou le profit subsistant (Civ. 1re, 15 déc. 2010, n° 09-17217, *Bull. civ.* I, n° 267 ; *LEFP* févr. 2011, p. 1, obs. N. Peterka ; *AJ. fam.* 2011. 161, obs. P. Hilt ; *RTD civ.* 2011. 380, obs. B. Vareille ; *JCP* 2011. 503, n° 15, obs. A. Tisserand-Martin). **578**

■ 579 Reste à déterminer la méthode de calcul du profit subsistant dans le cadre d'une dépense d'amélioration. La jurisprudence décide que ce dernier est égal à :

Valeur du bien au jour de la liquidation − Valeur du bien au jour de la liquidation *(si la dépense n'avait pas été faite).*

Ainsi, lorsque l'amélioration résulte de l'édification d'une construction, financée à l'aide de fonds communs, sur un terrain propre, le profit subsistant correspond à la différence entre la valeur actuelle du terrain construit et la valeur actuelle du terrain nu (Civ. 1re, 28 oct. 2009, *JCP* 2010. 487, n° 20, obs. A. Tisserand-Martin. Cette méthode de calcul est écartée lorsque la communauté n'a financé que l'achat des matériaux, v. en ce sens, Civ. 1re, 26 oct. 2011, *D.* 2011. 2727 ; sur cet arrêt et les méthodes de calcul proposées, v. G. Champenois, « Financement et travaux sur un bien propre : retour sur le calcul des récompenses », *Defrénois* 2011. 40434. 291).

Si la dépense d'amélioration est consécutive à une dépense d'acquisition, il convient, pour déterminer le profit subsistant à raison de l'amélioration, dans un premier temps, « de chiffrer la plus-value procurée à cet immeuble en déduisant de la valeur actuelle [du] bien la valeur qu'il aurait eue à la même date sans les travaux de conservation et d'amélioration [...] », puis, dans un second temps, d'appliquer à la somme ainsi obtenue le coefficient de contribution du patrimoine créancier à l'amélioration (Civ. 1re, 5 nov. 2008, *préc.* n° 575 ; Civ. 1re, 28 oct. 2009, *JCP* 2010. 487, n° 21, obs. A. Tisserand-Martin). S'il a contribué pour le tiers à celle-ci, le profit subsistant représente un tiers de la somme résultant de la soustraction de la valeur qu'aurait eue le bien à la liquidation sans les travaux de sa valeur à cette époque. Quant à la récompense résultant de l'acquisition, elle correspond à la valeur du bien acquis au jour de la liquidation abstraction faite de l'amélioration, à laquelle il convient d'appliquer le coefficient de contribution du patrimoine créancier à l'acquisition.

Soit une dépense d'amélioration d'un immeuble propre à laquelle la communauté a contribué à hauteur d'un tiers. L'immeuble vaut 600 au jour de la liquidation, sa valeur aurait été de 300 si la dépense n'avait pas été faite, la récompense due à la communauté, à raison de l'amélioration, est égale à (600 − 300) ÷ 3 = 100.

Si la communauté avait contribué auparavant à l'acquisition du bien à hauteur de la moitié de son prix, elle est créancière, à ce titre, d'une récompense égale à la valeur de l'immeuble à la date de la liquidation si la dépense d'amélioration n'avait pas été faite, à laquelle est appliqué le coefficient de sa contribution, soit 300 ÷ 2 = 150.

La récompense due à la communauté s'élève à un montant total de 100 + 150 = 250.

■ 580 Le régime des récompenses, et notamment les règles d'évaluation de l'article 1469, ne sont pas impératives. Les époux peuvent en écarter l'application par leur contrat de mariage ou par une convention passée au cours de l'instance en divorce ou postérieurement à la dissolution de la communauté. En revanche, les règles relatives aux récompenses s'imposent pendant la durée de la communauté, en vertu du principe de l'immutabilité du régime matrimonial (Civ. 1re, 28 juin 1983, *Bull. civ.* I, n° 190, *D.* 1984. Jur. 254, note G. Morin ; *JCP* 1985. II. 20330, note J.-F. Pillebout).

Les juges du fond ne sauraient, par ailleurs, se décharger sur le notaire liquidateur de la tâche d'évaluer les récompenses dues à un époux ou à la communauté. Il leur incombe, tout au contraire, sous peine de commettre un déni de justice prohibé par l'article 4 du Code civil, de vérifier eux-mêmes les éléments de preuve des parties et d'évaluer eux-mêmes le montant de la récompense (Civ. 1re, 16 avr. 2008, *Bull. civ.* I, n° 122 ; *AJ fam.* 2008. 260, obs. P. Hilt ; *RTD civ.* 2009. 768, obs. B. Vareille).

C. Le règlement des récompenses

Le règlement des récompenses intervient, après la dissolution et, plus précisément, au moment du partage de la communauté. Il convient alors de procéder au solde du compte de récompenses de chaque époux. Les récompenses constituent les éléments d'un compte unique et indivisible, dont seul le reliquat après la dissolution donne lieu à règlement. L'indivisibilité du compte de récompenses interdit d'en réclamer le paiement à un époux pendant la durée de la communauté (Civ. 1re, 14 mars 1984, *Bull. civ.* I, n° 96 ; *D.* 1984. IR. 476 (2e esp.), obs. Martin). Il ne s'oppose pas, en revanche, selon la Cour de cassation, à ce que l'un des époux consente, au profit de l'un de ses héritiers présomptifs, pendant la durée du régime, une donation ayant pour objet une récompense (Civ. 1re, 6 févr. 2007, n° 04-13282, *Bull. civ.* I, n° 54 ; *D.* 2007. 1476, note V. Mikalef-Toudic ; *RTD civ.* 2007. 608, obs. M. Grimaldi et 623 et 627, obs. B. Vareille ; *AJ fam.* 2007. 274, obs. P. Hilt ; *JCP* 2007. II. 10113, note F. Sauvage ; *JCP* N 2007. 1147, note G. Rivière ; *JCP* 2008. I. 144, n° 19, obs. A. Tisserand-Martin). Le solde débiteur est réglé à la communauté, tandis que le solde créditeur fait l'objet d'un règlement par la communauté. Les articles 1470 à 1475 prévoient quatre modes de règlement des récompenses : le rapport en moins prenant (1), l'imputation (2), le prélèvement (3) et le paiement en numéraire (4). 581

1. *Le rapport en moins prenant (C. civ., art. 1470, al. 1er)*

Le *rapport en moins prenant*[Q] remporte la préférence de la pratique notariale car il permet de protéger un époux contre le risque d'insolvabilité du conjoint débiteur de récompenses. La technique du rapport en moins prenant repose sur l'article 1470, alinéa premier. Elle joue toutes les fois que trois conditions sont réunies : 582

- un époux est débiteur d'une récompense au profit de la communauté ;
- le partage est amiable ;
- et le montant de la récompense est inférieur à celui de l'actif commun.

Lorsqu'un époux est débiteur d'une récompense au profit de la communauté, la pratique du rapport en moins prenant consiste à ajouter le montant de la récompense à la masse commune. Cette dernière est ensuite divisée par deux. L'époux débiteur de la récompense prend sa part dans la masse commune diminuée du montant de la récompense qu'il lui doit. 583

Exemple

Masse commune = 200
L'épouse est débitrice d'une récompense = 30
Actif à partager = 200 + 30 = 230
Part théorique de chaque époux dans la communauté = 230 / 2 = 115
L'épouse reçoit 115 − 30 = 85
Le mari reçoit 115.

2. *L'imputation (C. civ., art. 1470, al. 2)*

584 Lorsque la communauté est débitrice d'une récompense au profit d'un patrimoine propre, il est procédé par voie d'*imputation*[Q]. Les récompenses dues par la communauté sont soustraites de la masse commune. Cette dernière est ensuite divisée par deux, afin de déterminer la part théorique de chaque époux dans la communauté. Lors du partage, l'époux créancier de la récompense prend sa part dans la communauté augmentée du montant de la récompense qui lui est due.

Exemple
Masse commune = 200
L'épouse est créancière d'une récompense = 30
Actif à partager = 200 – 30 = 170
Part théorique de chaque époux dans la communauté = 170 / 2 = 85
Le mari reçoit 85
L'épouse reçoit 85 + 30 = 115.

3. *Le règlement par prélèvement (C. civ., art. 1471)*

585 Il s'agit ici d'un règlement en nature des récompenses. Ce règlement consiste en une opération de partage (C. civ., art. 1474), soumise au régime du partage du point du droit civil et du droit fiscal. Lorsque la récompense est due par la communauté, l'époux créancier prélève sur l'actif commun, des biens à hauteur du montant de la récompense.

Exemple
Masse commune = 200
L'épouse est créancière d'une récompense = 30
Actif à partager = 200 – 30 = 170
Part théorique de chaque époux dans la communauté = 170 / 2 = 85
La femme reçoit 85 + 30 = 115
Le mari reçoit 85.

586 Lorsque la récompense est due à la communauté, l'époux du conjoint débiteur prélève sur l'actif commun des biens avant le partage. Sa part théorique dans la communauté est augmentée du montant de la récompense due par son conjoint.

Exemple
Masse commune = 200
L'épouse est débitrice d'une récompense = 30
Actif à partager = 200 – 30 = 170
Part théorique de chaque époux dans la communauté = 170 / 2 = 85
Le mari reçoit 85 + 30 = 115
La femme reçoit 85.

587 L'article 1471, alinéa 1er détermine l'ordre des *prélèvements*[Q]. Ces derniers « s'exercent d'abord sur l'argent comptant, ensuite sur les meubles, et subsidiairement sur les

immeubles de la communauté. L'époux qui opère le prélèvement a le droit de choisir les meubles et les immeubles qu'il prélèvera ». Il ne peut toutefois, par son prélèvement, préjudicier par son choix aux droits que peut avoir son conjoint de demander le maintien de l'indivision (sur lequel, v. C. civ., art. 821 à 823) ou l'attribution préférentielle de certains biens (sur laquelle, v. C. civ., art. 831 à 834). « Si les époux veulent prélever le même bien, il est procédé par voie de tirage au sort » (C. civ., art. 1471, al. 3).

Selon l'article 1472 : « En cas d'insuffisance de la communauté, les prélèvements de chaque époux sont proportionnels au montant des récompenses qui lui sont dues. [al. 1er] Toutefois, si l'insuffisance de la communauté est imputable à la faute de l'un des époux, l'autre conjoint peut exercer ses prélèvements avant lui sur l'ensemble des biens communs ; [...] [et] subsidiairement sur les biens propres de l'époux responsable [al. 2] ». 588

4. *Le règlement en numéraire (C. civ., art. 1470, al. 2)*

L'article 1470, alinéa 2 autorise le conjoint créancier de récompenses soit à prélever des biens communs jusqu'à concurrence de la récompense qui lui est due (v. ss 585 et s.) soit à en exiger le paiement en argent. Le règlement monétaire des récompenses est rarement utilisé en pratique. Il peut en effet conduire à la licitation des biens indivis s'il n'y a pas assez d'argent commun pour payer l'époux créancier de la récompense. 589

D. Les créances entre époux (C. civ., art. 1479)

Les *créances entre époux*[Q] puisent leur fait générateur dans de multiples sources (par exemple, contrats entre époux, délits ou quasi-délits générateurs de responsabilité civile, paiement par un époux à l'aide de ses deniers propres d'une dette incombant à titre définitif à son conjoint). L'assiette des poursuites de l'époux créancier est limitée, pendant la durée du régime, aux biens propres du conjoint débiteur. Après la dissolution de la communauté, il s'étend non seulement à l'ensemble des biens propres de ce dernier mais aussi aux biens qui lui ont été attribués dans le cadre du partage de l'actif commun (v. C. civ., art. 1478). 590

Le régime des créances entre époux est calqué, pour partie, sur le droit commun et, pour une autre partie, sur le droit des récompenses. Conformément au droit commun, l'exigibilité de la créance est indépendante de la date de la dissolution de la communauté, la production d'intérêts est subordonnée à une sommation (C. civ., art. 1153, al. 3 et 1479, al 1er) et le règlement ne s'effectue pas par prélèvement (C. civ., art. 1479, al 1er). Le droit des récompenses s'applique, en revanche, à l'évaluation des créances entre époux. L'article 1479, alinéa 2 dispose, s'agissant de ces dernières, que « Sauf convention contraire des parties, elles sont évaluées selon les règles de l'article 1469, troisième alinéa, dans les cas prévus par celui-ci [...] ». La créance est ainsi égale au profit subsistant toutes les fois que la dépense faite par le conjoint créancier a permis l'acquisition, l'amélioration ou la conservation d'un bien propre de l'époux débiteur. Les intérêts courent, dans ces hypothèses, du jour de la liquidation de la créance (C. civ., art. 1479, al. 2 *in fine*). 591

592 Le renvoi de l'article 1479, alinéa 2 à la règle d'évaluation de l'article 1469, alinéa 3 soulève une difficulté d'interprétation dès lors que le profit subsistant est inférieur au montant de la dépense faite. La question se pose alors de savoir si le montant de la créance doit être fixé en fonction du montant nominal des sommes empruntées. Deux analyses s'offrent à l'interprète.

Suivant la première, le renvoi de l'article 1479, alinéa 2 à l'article 1469, alinéa 3 constitue une exception au principe du nominalisme monétaire qui ne joue que lorsque le profit subsistant excède le montant de la dépense faite. Dans cette analyse, l'application de l'article 1469, alinéa 1er – qui imposerait d'évaluer le montant de la créance à la plus faible des deux sommes entre la dépense faite et le profit subsistant – ne s'impose pas, à défaut de renvoi à ce texte, dans le cas où le second est inférieur à la première. Il est toutefois possible d'objecter à cette analyse qu'elle conduit à faire bénéficier les créances entre époux d'un régime plus favorable que celui des récompenses, cependant que telle n'a pas été, semble-t-il, la volonté du législateur.

Suivant la seconde analyse, le renvoi de l'article 1479, alinéa 2 conduit à évaluer toujours la créance en fonction du profit subsistant, et cela quel qu'en soit le montant. Toutefois, par souci d'équité, il conviendrait d'autoriser l'époux créancier à se prévaloir de l'articulation des alinéas 2 et 3 de l'article 1469 et, par suite, d'évaluer le montant de la créance en fonction de la dépense faite, toutes les fois que cette dernière était nécessaire (en ce sens, v., J. Flour, G. Champenois, *préc.*, n° 681 ; I. Dauriac, *Les régimes matrimoniaux*, LGDJ, coll. « Manuel », 2004, n° 449).

La Cour de cassation a aujourd'hui tranché la controverse en faveur de la première solution, admettant une revalorisation de la créance lorsque le profit subsistant est inférieur à la dépense faite. Elle a jugé, par un arrêt de la première chambre civile du 24 septembre 2008, que « lorsque les fonds d'un époux séparé de biens ont servi à améliorer un bien personnel de l'autre, qui l'a aliéné avant la liquidation, sa créance ne peut être moindre que le profit subsistant au jour de l'aliénation ; qu'en l'absence de profit subsistant, la créance est égale au montant nominal de la dépense faite » (Civ. 1re, 24 sept. 2008, *Bull. civ.* I, n° 213 ; *D.* 2008. 3050, obs. V. Barabé-Bouchard ; *AJ. fam.* 2008. 437, obs. P. Hilt ; *RTD civ.* 2009. 162, obs. B. Vareille ; *Dr. fam.* 2008. Comm. 174, note Th. Douville ; *JCP* 2008. I. 202, n° 18, obs. M. Storck ; *JCP* N 2009. 0153, note Th. Douville).

section **2**

Le partage de l'actif et du passif communs

593 Seront successivement envisagés le partage de l'actif commun (§ 1) puis celui du passif commun (§ 2).

§ 1 Le partage de l'actif commun

594 Le partage de l'actif commun est soumis au modèle du partage successoral (A) ainsi qu'au principe de l'égalité du partage (B).

A. La soumission au modèle du partage successoral

L'article 1476 du Code civil assujettit le partage de la communauté, pour tout ce qui 595
concerne ses formes, le maintien de l'indivision et l'attribution préférentielle, la licitation des biens, les effets du partage, la garantie et les soultes, aux règles établies au titre « Des successions » pour les partages entre cohéritiers. La soumission au modèle du partage successoral connaît, cependant, une limite dès lors que la communauté est dissoute par divorce, séparation de corps ou séparation de biens. En pareils cas, l'attribution préférentielle n'est jamais de droit. Elle est, au contraire, facultative pour le juge qui statue souverainement en fonction des intérêts en présence (Com. 3 oct. 2006, *Bull. civ.* IV, n° 194 : rejet de la demande d'attribution préférentielle formée par l'épouse en raison de la précarité de sa situation financière et du risque qu'elle fait courir à l'un des copartageants). Par ailleurs, dans ces hypothèses, le paiement *au comptant* de la soulte peut toujours être mis à la charge de l'attributaire, sans que ce dernier puisse être toutefois sanctionné par la déchéance de son droit (C. civ., art. 1476, al. 2 ; Civ. 1re, 5 avr. 2005, *Bull. civ.* I, n° 163 ; *JCP* 2005. I. 163, n° 16, obs. A Tisserand-Martin ; Civ. 1re, 20 janv. 2010, *D.* 2010. 383 ; *JCP* 2010. 487, n° 19, obs. A. Tisserand-Martin ; rappr. Civ. 1re, 9 déc, 2009, *JCP* 2010. 487, n° 19, obs. A. Tisserand-Martin, jugeant que le bénéfice de l'attribution préférentielle n'exige ni l'évaluation préalable du bien ni l'établissement d'un compte entre les copartageants).

B. La soumission au principe de l'égalité du partage

L'article 1475, alinéa 1er prévoit que le partage se fait par moitié entre les époux. 596
Cette règle n'est toutefois pas impérative. Les époux sont autorisés à y déroger dans leur contrat de mariage ou dans une convention liquidative. Lorsque le partage est amiable, les époux sont libres de composer les lots comme ils l'entendent. La loi du 23 juin 2006 a fait de l'égalité du partage une égalité en valeur (C. civ., art. 826). Les biens à partager sont évalués à l'époque de la jouissance divise, c'est-à-dire au jour le plus proche du partage. Cela implique que l'on tienne compte des modifications apportées à l'état de ces biens pendant la durée de l'indivision post-communautaire (C. civ., art. 829 ; v., antér. à la loi du 23 juin 2006, Civ. 1re, 7 avr. 1998, *Bull. civ.* I, n° 138, *RTD civ.* 1998. 712, obs. J. Patarin ; *ibid.* 1999. 174, obs. B. Vareille ; *Defrénois* 1998. 1469, 1re esp., obs. G. Champenois ; *JCP* 1998. I. 183, n° 6, obs. A. Tisserand ; *Dr. fam.* 1998, n° 120, 1er arrêt, obs. B. Beignier ; Civ. 1re, 11 mars 2009, *préc.* n° 576). Ces règles ne sont toutefois pas d'ordre public. Il est ainsi loisible aux époux de s'entendre pour évaluer à une autre date tout ou partie des biens à partager (Civ. 1re, 30 oct. 2006, n° 03.19.356, *Bull. civ.* I, n° 446 ; *D.* 2006. 2874 ; *JCP* 2007. I. 142, n° 26, obs. A. Tisserand-Martin. Ass. plén. 22 avr. 2005, *Bull. Ass. plén.*, n° 5, rapp. Gridel, concl. Cavarroc ; *RTD civ.* 2005. 810, obs. Ph. Grimaldi ; *JCP* 2005. II. 10089, note Ph. Simler ; *Dr. fam.* 2005, n° 140, obs. B. Beignier).

La réforme de 2006 a par ailleurs supprimé l'action en rescision du partage pour cause de lésion de plus du quart, qui sanctionnait jusqu'alors l'égalité du partage, en lui substituant une action en complément de part. Cette dernière, qui se prescrit par deux ans à compter du partage (C. civ., art. 889), s'applique non seulement aux partages proprement dits mais aussi aux actes faits en vue de la réalisation du partage et contribuant à celui-ci, dès lors que ces actes attribuent des biens indivis à certains copartageants et que, « par cette opération, assimilable à un partage, les biens sont définitivement sortis de l'indivision entre les parties qui y ont figuré» (Civ. 1re, 17 déc. 2008, *D.* 2009. 229 ; *JCP* 2009. I. 140, n° 15, obs. A. Tisserand-Martin, pour un état liquidatif forfaitaire et transactionnel. La solution, rendue sous l'empire des dispositions antérieures à la loi du 23 juin 2006, est transposable sous les textes actuels). L'omission d'un bien donne lieu, quant à elle, à un partage complémentaire portant sur ce bien (C. civ., art. 892 ; v. antér. à la loi du 23 juin 2006, Civ. 1re, 15 mai 2008, *JCP* 2008. I. 142, n° 17, obs. A. Tisserand-Martin). L'ensemble de ces dispositions est applicable depuis le 1er janvier 2007, y compris aux indivisions existantes et aux successions ouvertes non encore partagées à cette date (L. n° 2006-728, 23 juin 2006, art. 47-II, al. 1er).

597 L'article 1477 du Code civil sanctionne le *recel de communauté*Q, c'est-à-dire la fraude d'un époux visant à rompre l'égalité du partage en sa faveur. Le recel de communauté, qui consiste, pour un époux, à détourner un bien commun au préjudice de son conjoint, ne se confond pas avec le recel successoral, dont la sanction est inapplicable au conjoint survivant ayant prélevé des sommes au préjudice de l'indivision post communautaire (Civ. 1re, 19 mars 2008, *Bull. civ.* I, n° 88 ; *JCP* 2008. I. 202, n° 16, obs. A. Tisserand-Martin ; *JCP* N 2008. Actu. 358 ; *Defrénois* 2008. 38854. 2199, obs. G. Champenois). Ne s'analysent pas, par ailleurs, comme des biens susceptibles de recel les fruits et les revenus produits postérieurement à la dissolution de la communauté par les anciens biens communs devenus indivis (Civ. 1re, 17 juin 2003, *Bull. civ.* I, n° 142 ; *D.* 2004. 2343, obs. V. Brémond ; *RTD civ.* 2003. 537, obs. B. Vareille ; *Gaz. Pal.* 2004, Somm. p. 2094, obs. S. Piedelièvre ; Civ. 1re, 9 janv. 2008, *Bull. civ.* I, n° 10 ; *AJ fam.* 2008. 127, obs. P. Hilt ; *Dr. fam.* 2008, n° 29, note B. Beignier ; *RTD civ.* 2008. 538, obs. B. Vareille ; *Defrénois* 2008. 38854. 2199, obs. G. Champenois). Le recel peut être commis, en revanche, avant ou après la dissolution de la communauté, et cela, jusqu'au jour du partage (Civ. 1re, 16 avr. 2008, *Bull. civ.* I, n° 122 ; *AJ fam.* 2008. 260, obs. P. Hilt, *JCP* 2008. I. 202, n° 15, obs. A. Tisserand-Martin ; *Defrénois* 2008. 38854. 2199, obs. G. Champenois).

La caractérisation du recel implique la réunion d'un élément matériel et d'un élément intentionnel qui relèvent, l'un et l'autre, de l'appréciation souveraine des juges du fond (v., Civ. 1re, 12 déc. 2007, *D.* 2008. 293). L'élément matériel, qui n'implique pas nécessairement un acte d'appropriation, se ramène à tout procédé de nature à priver un époux de sa part dans la communauté (v., par exemple, Civ. 1re, 9 janv. 2008, *préc.* pour l'imputation frauduleuse par un époux d'une dette personnelle au passif de la communauté qui tend à diminuer, au profit de cet époux, l'actif commun partageable, Civ. 1re, 1er juin 2011, n° 10-30205, *RTD civ.* 2011. 578, obs. B. Vareille, *JCP* 2011. 1371, n° 12, obs. A. Tisserand-Martin ; *Defrénois* 2012. 40454. 354, obs. G. Champenois, pour le défaut d'information, lors de la procédure de divorce, quant à la valeur réelle d'actions cédées par le mari. Sur cet arrêt, v. C. Courtaigne-Deslandes, « La Cour de cassation remanie la preuve du recel de communauté », *Defrénois* 2011. 40270. 1694). L'élément intentionnel réside dans la volonté de l'auteur du recel de rompre l'égalité du partage en sa faveur. Le transfert, pendant l'instance en divorce, d'une somme d'argent du compte joint au compte personnel d'un époux, au vu et au su de l'autre conjoint, est à cet égard insuffisant pour établir la volonté de fraude caractérisée par une dissimulation (Civ. 1re, 22 oct. 2008, *AJ fam.* 2008. 484, obs. P. Hilt). La jurisprudence récente renforce considérablement la sanction du recel de communauté en faisant peser sur l'époux receleur une obligation d'information, au profit de son conjoint, quant à la valeur réelle des biens cédés (Civ. 1re, 1er juin 2011, préc.). La solution paraît, de prime abord, opérer un renversement de la charge de la preuve en imposant désormais à l'époux soupçonné de recel de prouver sa bonne foi. Pour autant, il serait sans doute excessif de généraliser cette présomption de fraude à toute omission de déclaration de valeur, au risque de vider de sa substance l'élément intentionnel du recel (en ce sens, G. Champenois, obs. préc.). Aussi, convient-il de cerner la portée exacte de cette solution. Seule l'inexécution de l'obligation d'information incombant à l'époux ayant encaissé une somme importante (sur laquelle, v. ss 368) permet ici d'inverser le fardeau de la preuve (en ce sens, B. Vareille, obs. préc.). En dehors de cette hypothèse, le doute continue de profiter au prétendu receleur (CA Paris, 19 janv. 1953, *D.* 1952. 390 et 405, note H. Desbois ; *JCP* 1953. II. 7426, note H. Mazeaud ; *RTD civ.* 1953. 362, obs. P. Lagarde ; sur pourvoi, Civ 1re, 4 déc. 1956, *JCP* 1959. II. 11141, note A. Weill). L'article 1477 sanctionne le recel de communauté par la privation, infligée à l'époux receleur, de ses droits dans les biens recelés. L'article 1477, alinéa 2, issu de la loi n° 2004-439 du 26 mai 2004, prévoit par ailleurs que l'époux qui a *dissimulé sciemment l'existence d'une dette commune* doit l'assumer définitivement (sur la contribution à la dette après la dissolution de la communauté et le partage, v. ss 602 et s.). Le législateur inflige ainsi au receleur, à titre de sanction, l'inégalité que ce dernier voulait provoquer au détriment de son conjoint. Celui-ci recevra l'intégralité du bien, ainsi que les fruits perçus par le receleur, si ce dernier détient le bien en nature (Civ. 1re, 31 oct. 2007, 06-10348, *AJ fam.* 2007. 483, obs. P. Hilt ; *RTD civ.* 2008. 539, obs. B. Vareille). À défaut, la victime du recel recevra la valeur du bien recelé ainsi que la moitié de la communauté déterminée en incluant dans l'actif la valeur de ce bien (Civ. 1re, 20 févr. 1996, *Bull. civ.* I, n° 89 ; *Defrénois* 1996. 1084, note G. Champenois ; *JCP* N 1997. II. 313, note J. Maury). L'époux receleur est néanmoins autorisé à exercer sur le bien diverti — ou sur sa valeur — son droit de prélèvement pour cause de reprise ou de récompense, dès lors qu'il établit l'existence et le montant de sa créance (Civ. 1re, 7 oct. 1975, *Bull. civ.* I, n° 255 ; Civ. 1re, 23 janv. 2007, 04.10526, *D.* 2007. 509 et 2132, obs. J. Revel ; *AJ fam.* 2007. 187, obs. P. Hilt ; *RTD civ.* 2008. 539, obs. B. Vareille ; *JCP G* 2007. I. 142, n° 28, obs. A. Tisserand-Martin). *A priori* étonnante, la solution est justifiée à l'aune des finalités du recel. Ce dernier sanctionne la fraude d'un époux à l'égalité du partage, en le privant d'une partie de ses droits dans la communauté. La sanction n'atteint pas le patrimoine propre de l'époux receleur. Or, c'est précisément ce patrimoine que les mécanismes des récompenses et de la reprise des propres visent à reconstituer.

§ 2 Le partage du passif commun

Il convient d'envisager successivement comment se règlent l'*obligation à la dette* Q (A) puis la *contribution à la dette* Q (B). 598

A. L'obligation à la dette

Il convient ici de déterminer lequel des époux est susceptible d'être actionné en paiement par le créancier. Cette question reçoit une réponse différente après la dissolution de la communauté et après le partage. 599

600 Après la dissolution de la communauté, l'article 1482 dispose que « Chacun des époux peut être poursuivi pour la totalité des dettes existantes, au jour de la dissolution, qui étaient entrées en communauté de son chef ». Le créancier peut ainsi exercer son droit de poursuite sur le patrimoine du débiteur, lequel comprend ses biens personnels et les biens communs qui lui ont été attribués dans le partage. Pendant la durée de l'indivision post-communautaire, les créanciers communs sont autorisés à saisir les biens indivis en vertu de l'article art. 815-17, alinéa premier du Code civil. Quant au conjoint du débiteur, il est tenu, y compris sur ses biens propres, de la dette de son époux à hauteur de la moitié de celle-ci (C. civ., art. 1483, al. 1er). Ce principe connaît, toutefois, un tempérament lorsque la dette souscrite par un époux est garantie par une sûreté réelle inscrite sur un bien attribué à son conjoint. En pareil cas, l'époux du débiteur poursuivi pour la totalité de la dette, par l'effet de la sûreté, dispose d'un recours contre son conjoint à hauteur de la moitié de la dette ou de l'intégralité de son montant suivant qu'il s'agit, au plan de la contribution, d'une dette commune ou personnelle (C. civ., art. 1489 ; v., pour une hypothèque judiciaire inscrite sur un immeuble commun à raison des faits délictueux de l'épouse, Civ. 1re, 1er juill. 2009, *AJ fam.* 2009. 354, obs. P. Hilt ; *JCP* 2009, n° 44, 391, n° 22, obs. A Tisserand-Martin ; *Defrénois* 2010. 39087. 622, obs. G. Champenois ; Civ. 1re, 10 mai 2006, *RJPF* 2006-10/37, obs. F. Vauvillé).

S'agissant des emprunts et des cautionnements unilatéraux visés par l'article 1415 du Code civil, le paiement de la dette ne peut être ici poursuivi, pendant la durée du régime, que sur les biens propres et les revenus de l'époux débiteur (v. ss 482 et s.). Aussi, ces dettes doivent-elles être considérées, après la dissolution de la communauté, comme étant strictement personnelles, au plan de l'obligation, à l'époux qui les a souscrites.

601 Après le partage, les créanciers ne sont pas autorisés à poursuivre le conjoint du débiteur pour une somme supérieure à l'émolument qu'il a reçu dans le partage. L'article 1483, alinéa 2 du Code civil subordonne toutefois le bénéficie d'émolument à la condition que le conjoint du débiteur ne se soit pas être rendu coupable d'un recel de communauté (v. ss 597).

B. La contribution à la dette

602 Il convient, cette fois, de déterminer à quel époux incombe la charge définitive de la dette, c'est-à-dire de répondre à la question de savoir si l'époux *solvens* est en droit d'exercer un recours en contribution contre son conjoint.

603 La réponse à cette interrogation impose d'opérer une distinction.

Les dettes entrées en communauté du chef d'un époux, à charge de récompense pour la communauté (C. civ., art. 1416 et 1417), incombent à titre définitif à cet époux et à lui seul (C. civ., art. 1485, al. 2). Si l'époux débiteur les a payées, il ne dispose d'aucun recours contre son conjoint. Au contraire, lorsque ces dettes ont été payées, en totalité ou en partie, par le conjoint non débiteur, ce dernier dispose d'un recours contre son époux (C. civ., art. 1487).

Les dettes pour lesquelles il n'est pas dû récompense à la communauté, incombent à titre définitif à chacun des époux pour moitié (C. civ., art. 1485, al. 1er). Toutefois, lorsque la dette est entrée en communauté du chef de l'autre conjoint, l'époux non débiteur y contribue seulement à hauteur de son émolument, c'est-à-dire de la part qu'il a reçue dans le partage (C. civ., art. 1486).

Ces dispositions reçoivent un tempérament à l'article 1387-1 du Code civil. Inséré dans le Code civil par la loi n° 2005-882 du 2 août 2005, ce texte vise l'hypothèse de la liquidation du régime matrimonial après le prononcé d'un divorce. Il s'applique dans le cas où un chef d'entreprise marié a souscrit, séparément ou solidairement avec son conjoint, des dettes ou des sûretés pour les besoins de la gestion de son entreprise. L'article 1387-1 décide qu'en pareil cas, « le tribunal de grande instance peut décider d'en faire supporter la charge exclusive au conjoint qui conserve le patrimoine professionnel ou, à défaut, la qualification professionnelle ayant servi de fondement à l'entreprise ». Bien que son interprétation soit très controversée en doctrine, le texte semble déroger, non pas à la règle de l'obligation à la dette, mais à celle relative à la contribution prévue par l'article 1485, alinéa 1er (en ce sens, v. TGI Evreux, 17 nov. 2006, *Defrénois* 2008. 38719. 317, obs. G. Champenois ; CA Bourges 24 janv. 2008, CA Reims 10 mars 2008 et CA Colmar 17 déc. 2008, *RJPF* 2009-6. 22, note J. Casey ; sur la controverse doctrinale, v. V. Larribau-Terneyre, « Le créancier se trouva fort dépourvu quand le divorce fut venu... Ou le nouvel art. 1387-1 (loi du 2 août 2005 sur les PME) », *Dr. fam.* 2005. Étude 21 ; V. Brémond, « Le nouveau régime professionnel des dettes conjugales en cas de divorce », *JCP* N 2005. 1497 ; J.-P. Chazal et S. Ferré-André, « L'incroyable destin de l'article 1387-1 du Code civil », *D.* 2006. 316 ; S. Piedelièvre, « Le nouvel article 1387-1 du Code civil (ou l'utilisation d'un pavé par un ours) », *D.* 2005. 2138 ; G. Champenois, « Pour l'abrogation de l'article 1387-1 du Code civil », *JCP* 2008, n° hors série 2, p. 19 ; V. Larribau-Terneyre, « Supprimer l'article 1387-1 », *JCP* 2008, n° hors série, p. 46 ; S. Cabrillac, « Pour retrouver la tranquillité des régimes matrimoniaux », *JCP* 2008, n° hors série, p. 16). L'époux qui reçoit l'entreprise dans le cadre de la liquidation et du partage du régime matrimonial, supporte seul la charge des dettes qui ont été souscrites au bénéfice de l'entreprise. Si l'autre conjoint a réglé ces dettes, il est autorisé à exercer un recours contre le chef d'entreprise à hauteur de l'intégralité de leur montant et non pas seulement de la moitié. Mais encore serait-il souhaitable qu'il justifie, à cette fin, « de circonstances spécifiques permettant de faire supporter la charge exclusive des dettes » à l'entrepreneur (CA Douai 20 oct. 2008, *RJPF* 2009-6. 22 note J. Casey ; *Dr. fam.* 2009. Comm. 57, obs. V. Larribau-Terneyre). Les dispositions de l'article 1387-1 ne sont pas applicables aux dettes contractées avant son entrée en vigueur, soit le 3 août 2005. La solution repose sur le principe de non-rétroactivité de la loi nouvelle (C. civ., art. 2 ; CA Douai 20 oct. 2008, *préc.*).

La distinction opérée entre les dettes souscrites à charge de récompense au profit de la communauté et celles qui ne lui ouvrent pas ce droit permet de régler le sort, du point de vue de la contribution à la dette, des emprunts et des cautionnements unilatéraux visés par l'article 1415 du Code civil. La dette résultant de ces actes doit être inscrite au passif définitif de la communauté, sauf s'il est établi que l'emprunt ou le cautionnement a été souscrit par le débiteur dans son intérêt exclusif (Civ. 1re, 19 sept. 2007, *D.* 2007. 3113, note V. Barabé-Bouchard ; *JCP* 2007. I. 208, n° 13, obs. Ph. Simler ; *Defrénois* 2008. 38854. 2207, obs. G. Champenois ; Civ. 1re, 8 juill. 2010, préc., v. ss 500) ou si l'acte est constitutif d'une faute de gestion (Civ. 1re, 14 mars 2012, n° 11-15369, préc.). Après la dissolution et le partage de la communauté, chaque époux y contribue ainsi pour moitié, sous réserve du bénéfice d'émolument reconnu à l'époux non débiteur, à moins que l'acte ait servi, par exemple, au 604 financement de l'acquisition d'un bien propre de l'emprunteur (Civ. 1re, 14 nov. 2007, *D.* 2007. 3013). En pareil cas, ce dernier contribue seul à la dette. Le conjoint du débiteur est autorisé à exercer un recours en contribution contre celui-ci, s'il a payé la totalité ou une partie de la dette résultant de l'emprunt ou du cautionnement.

Mémo

La formation de la masse partageable s'accompagne de la liquidation des *récompenses*. La *communauté* doit récompense toutes les fois qu'elle a tiré *profit* des *biens propres* d'un époux. Il en est ainsi, par exemple, si elle a encaissé des deniers propres sans qu'il en ait été fait emploi ou remploi (art. 1433). De la même manière, un *époux* doit récompense à la communauté dès lors qu'il a tiré un *profit* personnel des *biens communs*. Il en est ainsi, par exemple, si des fonds communs ont servi à l'acquisition d'un bien propre (art. 1437). Les récompenses impliquent la *preuve* d'un double élément. Celui, d'abord, de *l'appauvrissement* d'un patrimoine. La *présomption de communauté* favorise, à cet égard, le jeu des récompenses au profit de la communauté. Celui, ensuite, du *profit* retiré par un *autre patrimoine*. Cette preuve peut être établie par *tous moyens* et notamment, par *l'encaissement de deniers propres par la communauté*. La récompense est égale à la *plus faible* des deux sommes que représente la *dépense faite* et le *profit subsistant* (art. 1469, al. 1er). Toutefois, lorsque la dépense est *nécessaire*, la récompense *ne* peut être *moindre* que la *dépense faite* (art. 1469, al. 2). Lorsque la dépense a servi à l'acquisition, l'amélioration ou la conservation d'un bien, la récompense *ne* peut être *moindre* que le *profit subsistant* au jour de la liquidation dans le patrimoine emprunteur (art. 1469, al. 3). En cas de dépense *mixte*, la récompense est égale à la plus élevée des deux sommes que représente la dépense faite et le profit subsistant. Le calcul de la récompense tient compte de la proportion dans laquelle le patrimoine créancier à contribuer à la dépense. Le régime des récompenses, et en particulier les règles d'évaluation, est *supplétif* de volonté. Le règlement des récompenses intervient lors du partage de la communauté et peut s'effectuer par la voie du rapport en moins prenant, de l'imputation, du prélèvement ou du paiement en numéraire. Le partage est soumis aux règles du partage successoral. La *fraude* d'un époux tendant à déséquilibrer le partage, en sa faveur, est sanctionnée par les peines du *recel de communauté* (art. 1477). *Après la dissolution* de celle-ci, le *débiteur* peut être *poursuivi* pour la *totalité* de la dette. Son *conjoint* peut l'être à hauteur de la *moitié* de la dette et dans la limite de *l'émolument* qu'il a reçu dans le partage. Les dettes pour lesquelles il n'est pas dû récompense à la communauté incombent, en principe, à *titre définitif* à chacun des époux *pour moitié*, sous réserve du bénéfice d'émolument susceptible d'être invoqué par le conjoint du débiteur. Le bénéfice d'émolument ne peut être invoqué par l'auteur d'un recel de communauté.

Quid

■ Contribution à la dette n° 602 à 604

Terme désignant le fait de supporter, après paiement, la charge définitive d'une dette à défaut de pouvoir exercer un recours contre un tiers.

■ Créances entre époux n° 590

Les faits générateurs des créances entre époux sont ceux des obligations en général. Le plus souvent, ces créances traduisent l'appauvrissement du patrimoine propre d'un époux au profit de celui de son conjoint. Leur règlement permet, à l'instar des récompenses, de rétablir un équilibre entre ces patrimoines.

■ Dépense faite n° 572

La dépense faite désigne la somme d'argent avancée par le patrimoine créancier de la récompense.

■ Imputation n° 584

Technique de règlement des récompenses consistant à soustraire de la masse commune les récompenses dues par la communauté et à attribuer à l'époux créancier, dans le cadre du partage, sa part théorique dans la communauté augmentée du montant de la récompense qui lui est due.

■ Obligation à la dette n° 598 à 601

Terme désignant l'obligation de procéder au paiement d'une dette. S'oppose à la contribution à la dette.

■ Prélèvement n° 587

Technique de règlement en nature des récompenses s'analysant comme une opération de partage et consistant pour un époux à prélever en nature sur l'actif commun des biens à hauteur du montant de la récompense.

■ Profit subsistant n° 572

Le profit subsistant correspond à l'enrichissement du patrimoine débiteur de la récompense.

■ Rapport en moins prenant n° 582

Technique de règlement des récompenses dues par un époux à la communauté consistant à ajouter le montant de la récompense à la masse commune puis à le déduire de la part attribuée à l'époux débiteur dans le cadre du partage.

■ Recel de communauté n° 597

Fraude d'un époux visant à rompre, en sa faveur, l'égalité du partage *(élément intentionnel)* par tout procédé de nature priver son conjoint de sa part dans la communauté *(élément matériel)*. Le recel de communauté est sanctionné par la privation de l'époux receleur de ses droits dans l'actif commun. Lorsque le recel découle de la dissimulation frauduleuse d'une dette commune, la charge de celle-ci incombe définitivement à l'auteur du recel.

■ Récompense n° 563

Sous les régimes de communauté, indemnité due à la communauté ou à l'un des époux, lors de la dissolution du régime afin de compenser l'appauvrissement de la masse commune au profit d'un époux ou inversement (comp. créances entre époux).

Document

1) La validité de la donation de récompense au regard du principe d'immutabilité du régime matrimonial et de l'indivisibilité du compte de récompenses

Civ. 1re, 6 févr. 2007

(*Bull. civ.* I, n° 54 ; *D.* 2007. 1476, note V. Mikalef-Toudic ; *RTD civ.* 2007. 608, obs. M. Grimaldi et 623 et 627, obs. B. Vareille ; *AJ fam.*, p. 274, obs. P Hilt ; *JCP* 2007, II, 10113, note F. Sauvage ; *JCP N* 2007, 1147, note G. Rivière ; *JCP* 2008, I, 144, n° 19, obs. A. Tisserand-Martin)

« Sur le deuxième moyen pris en ses deux branches : Attendu que Mme Z… fait encore grief à l'arrêt d'avoir dit valable la clause insérée dans l'acte de donation d'un bien propre de Mme Y… à son fils, Francis, par laquelle Jacques X… a déclaré intervenir à l'acte pour faire donation à son fils des récompenses qui seraient dues à la communauté au titre du financement de la construction d'un bâtiment sur le terrain propre de la donatrice et d'avoir dit qu'il n'y avait pas lieu à récompense au profit de la communauté, alors, selon le moyen : 1° / que, selon l'article 1396, alinéa 3, du Code civil, le mariage célébré, il ne peut être apporté de changement au régime matrimonial que par l'effet d'un jugement, soit à la demande de l'un des époux, dans le cas de la séparation de biens ou des autres mesures judiciaires de protection, soit à la requête conjointe des deux époux dans le cas de l'article 1397 du Code civil ; qu'il résulte de l'article 1468 du Code civil qu'à la dissolution du régime, il est établi, au nom de chaque époux, un compte des récompenses que la communauté lui doit et des récompenses qu'il doit à la communauté, si bien qu'en décidant que les époux avaient pu valablement, pendant le mariage, disposer de la récompense éventuellement due par un époux à la communauté, la cour d'appel a violé les textes précités ; 2° / qu'il résulte de l'article 1468 du Code civil que les récompenses constituent les éléments d'un compte unique et indivisible dont le reliquat après la dissolution du régime est seul à considérer, si bien qu'en retenant que, pendant la durée de la communauté, les époux pouvaient valablement disposer d'un élément de ce compte, la cour d'appel a violé le texte précité ; Mais attendu que c'est à juste titre que, par motifs adoptés, l'arrêt retient que l'acte litigieux ne peut s'analyser comme un abandon de droit portant atteinte au principe de l'immutabilité des régimes matrimoniaux tel qu'il est défini par l'article 1396 du Code civil, mais comme la donation d'une créance dont le montant ne pourra être liquidé qu'au décès de l'un ou l'autre des donateurs ; que le moyen n'est pas fondé… ».

2) Le profit tiré par la communauté résultant de l'encaissement des deniers propres d'un époux ne peut être déduit de la seule circonstance que ces deniers ont été versés, au cours du mariage, sur un compte bancaire ouvert au nom de cet époux

Civ. 1re, 15 févr. 2012
(*JCP* 2012. 236; *LEFP* mars 2012. 1, obs. N. Peterka; *Dr. fam.* 2012. Comm. 70, note B.Beignier).

« Sur le moyen unique :

Attendu, selon l'arrêt attaqué (Paris, 27 octobre 2010), qu'après le prononcé du divorce de M. X… et de Mme Y…, des difficultés sont nées pour la liquidation et le partage de leur communauté ;

Attendu que M. X… fait grief à l'arrêt, infirmatif de ce chef, de le débouter partiellement de ses demandes de récompense au titre de l'encaissement par la communauté de ses fonds propres et de dire que la communauté ne lui devait récompense qu'au titre des 129 581,66 euros de fonds propres qu'il a reçus dans la succession de son père, et investis dans l'acquisition par la communauté des lots n° 10 et 22 de l'immeuble du…, représentant 48,57 % du prix d'acquisition, alors, selon le moyen, que la communauté doit récompense à l'époux propriétaire toutes les fois qu'elle a tiré profit de biens propres ; qu'il en est ainsi notamment, quand elle a encaissé des deniers propres ou provenant de la vente d'un propre, sans qu'il en ait été fait emploi ou remploi ; que constitue un encaissement par la communauté l'encaissement de fonds propres sur un compte ouvert au nom d'un époux mais recevant tant des fonds propres que des fonds communs et dont le solde créditeur au jour des effets du divorce a été porté à l'actif de la communauté ; qu'en jugeant que M. X… ne rapportait pas la preuve que la communauté aurait tiré profit des sommes lui appartenant en propre bien qu'elle ait constaté que le compte sur lequel ces sommes avaient été déposées, bien qu'ouvert au seul nom de M. X…, était utilisé pour l'encaissement des revenus des époux et le règlement des charges communes et qu'elle ait jugé que le solde de ce compte au jour des effets patrimoniaux du divorce appartenait à l'actif de la communauté, la cour d'appel n'a pas tiré les conséquences légales de ses propres constatations violant ainsi l'article 1433 du Code civil ;

Mais attendu que le profit tiré par la communauté résultant de l'encaissement, au sens de l'article 1433, alinéa 2, du Code civil, des deniers propres d'un époux ne peut être déduit de la seule circonstance que ces deniers ont été versés, au cours du mariage, sur un compte bancaire ouvert au nom de cet époux ; qu'après avoir relevé d'abord qu'il n'était pas contesté que le compte bancaire ouvert au nom du mari, sur lequel celui-ci avait déposé des fonds propres, alimentait les deux comptes joints des époux servant au paiement des dépenses courantes de la famille, puis constaté que ce compte n'avait pas toujours été utilisé pour l'encaissement des revenus des époux et le paiement des charges communes, mais qu'il avait servi de support à de nombreuses autres opérations dont il n'était pas démontré qu'elles concernaient toutes la communauté, la cour d'appel n'a pu qu'en déduire qu'exception faite des fonds provenant de la succession de son père ayant servi à financer l'acquisition d'un appartement, il n'était pas établi que les deniers propres du mari déposés sur ce compte avaient alimenté l'un ou l'autre des comptes joints et, en conséquence, profité à la communauté ; que le moyen n'est pas fondé ;

PAR CES MOTIFS :

REJETTE le pourvoi… ».

Biblio

– S. Cabrillac, « Pour retrouver la tranquillité des régimes matrimoniaux », *JCP* 2008, n° historique, hors série/ cahier 2, p. 16.
– G. Champenois, « Pour l'abrogation de l'article 1387-1 du Code civil », *JCP* 2008, n° historique, hors série/ cahier 2, p. 19.
– S. David, « Canevas liquidatif du régime de la communauté légale », in *Dossier. Liquidation du régime matrimonial*, *AJ fam.* 2010. 169.
– V. Larribau-Terneyre, « Supprimer l'article 1387-1 », *JCP* 2008, n° historique, hors série/ cahier 2, p. 46.

Quiz

1) Sujets corrigés

A) Test de connaissances

Énoncé

1. La communauté est tenue d'une récompense :

a. dans les seuls cas où elle a encaissé des deniers propres ou provenant de la vente d'un bien propre sans qu'il en ait été fait emploi ou remploi ;

b. dans tous les cas où elle s'est enrichie au détriment du patrimoine propre d'un époux.

2. Un époux doit récompense à la communauté :

a. lorsque cette dernière a payé les primes du contrat d'assurance vie souscrit par un époux au profit de son conjoint ;

b. lorsque cette dernière a payé la prestation compensatoire due par un époux au profit de son ex-conjoint.

3. Le profit retiré par la communauté :

a. peut être prouvé par tous moyens ;

b. ne peut pas être démontré par la seule preuve de l'encaissement de fonds propres par la communauté ;

c. est présumé en cas d'affectation de fonds propres à l'acquisition d'un bien commun.

4. Les dépenses nécessaires donnent lieu à une récompense égale :

a. à la dépense faite ;

b. au profit subsistant ;

c. à la plus élevée des deux sommes entre la dépense faite et le profit subsistant, lorsqu'elles ont entraîné une augmentation de la valeur du bien ;

d. à la plus faible des deux sommes entre la dépense faite et le profit subsistant.

5. Après la dissolution de la communauté :

a. le créancier peut poursuivre le paiement de la totalité de sa créance existante au jour de la dissolution du régime à l'encontre de l'époux débiteur et du conjoint de ce dernier ;

b. le créancier peut poursuivre le paiement de la totalité de sa créance existante au jour de la dissolution du régime à l'encontre des biens propres de l'époux débiteur et des biens qui lui ont été attribués dans le partage ;

c. le conjoint du débiteur peut être poursuivi en paiement, à hauteur de la moitié de la dette, sur les anciens biens communs seulement ;

d. le conjoint du débiteur peut être poursuivi en paiement, à hauteur de la moitié de la dette, y compris sur ses biens propres.

6. Les dettes entrées en communauté du chef d'un époux :

a. lui incombent toujours à titre définitif et exclusif ;

b. lui incombent à titre définitif et exclusif lorsqu'elles sont à charge de récompense au profit de la communauté ;

c. lui incombent à titre définitif, à hauteur de la moitié de leur montant, lorsqu'elles ne sont pas à charge de récompense au profit de la communauté.

7. Au stade de la contribution à la dette, le bénéfice d'émolument :

a. peut être invoqué par l'époux non débiteur pour les dettes entrées en communauté de son chef ;

b. peut être invoqué par l'époux non débiteur pour les dettes entrées en communauté du chef de son conjoint ;

c. peut être invoqué par l'époux non débiteur pour les dettes entrées en communauté du chef de son conjoint et qui ne sont pas à charge de récompense.

8. L'emprunt unilatéral souscrit par un époux :

a. incombe toujours à cet époux à titre définitif ;

b. incombe à cet époux à titre définitif lorsqu'il a été contracté dans son intérêt exclusif ;

c. incombe à titre définitif, à chacun des époux pour moitié, s'il présente un caractère ménager et porte sur des sommes modestes nécessaires aux besoins de la vie courante ;

d. incombe à titre définitif, à chacun des époux pour moitié, s'il présente un caractère ménager.

Voir le corrigé en fin de rubrique.

B) Cas pratique

Énoncé

Olga et Oscar se sont mariés sans contrat de mariage le 5 mai 2005. Deux ans plus tard, Olga a échangé une chaumière située à Deauville, qu'elle avait reçue par testament de sa grand-mère en 2006, contre une villa à Saint-Jean-de-Luz. La chaumière valait 150 000 euros et la villa 175 000 euros. Olga a versé le montant de la soulte à l'aide de fonds prélevés sur le compte-titres qu'elle a ouvert en septembre 2005. Elle a ensuite effectué, durant l'été 2007, divers travaux afin d'aménager la villa : installation d'une seconde salle de bains près de la chambre d'ami et d'une cuisine équipée. Ces travaux d'un montant de 45 000 euros ont été payés à l'aide de fonds prélevés sur ses divers comptes bancaires. Durant l'automne 2007, Olga a fait réparer la toiture de la villa qui était en très mauvais état. Oscar a assumé la charge financière de cette réparation à l'aide d'une prime de salaires (30 000 euros) versée par son employeur en juin de la même année. La villa vaut aujourd'hui 250 000 euros.

Venant de découvrir que son mari lui cachait une maîtresse depuis plusieurs mois, Olga a engagé contre Oscar une procédure de divorce pour faute. Celui-ci voudrait savoir s'il pourra récupérer dans le cadre de la liquidation et du partage de son régime matrimonial la villa de Saint-Jean-de-Luz ou, à défaut, le montant des sommes affectées aux travaux.

Voir le corrigé en fin de rubrique.

2) Corrigés

Test de connaissances

1. b ; 2. b ; 3. a et c ; 4. a et c ; 5. b et d ; 6. b et c ; 7. c ; 8. b, c et d.

Cas pratique

Olga et Oscar sont mariés sous le régime légal de la communauté réduite aux acquêts (C. civ., art. 1400). Il convient de déterminer, afin de répondre aux interrogations d'Oscar, si la villa de Saint-Jean-de-Luz est un bien propre ou un bien commun et, le cas échéant, s'il y aura lieu au versement de récompenses dans le cadre de la liquidation et du partage de la communauté.

I. La nature propre ou commune de la villa de Saint-Jean-de-Luz

Olga a acquis la villa de Saint-Jean-de-Luz au moyen d'un échange effectué à l'aide d'une chaumière dont elle a hérité de sa grand-mère après la célébration de son mariage. En vertu de l'article 1405, alinéa 1er « Restent propres les biens [que les époux] acquièrent, pendant le mariage, par succession, donation ou legs ». La chaumière appartenait donc en propre à Olga.

L'article 1407 dispose que « Le bien acquis en échange d'un bien qui appartenait en propre à l'un des époux est lui-même propre, sauf la récompense due à la communauté ou par elle, s'il y a soulte [al. 1er]. Toutefois, si la soulte mise à la charge de la communauté est supérieure à la valeur du bien cédé, le bien acquis en échange tombe dans la masse commune, sauf récompense au profit du cédant [al. 2] ». En l'espèce, la chaumière d'une valeur de 150 000 euros a été échangée par Olga contre la villa qui valait alors 175 000 euros. Celle-ci a payé la soulte, d'un montant de 25 000 euros, à l'aide de fonds prélevés sur son compte-titres ouvert après la célébration de son mariage. Les titres cédés ont fait l'objet d'une acquisition à titre onéreux pendant le mariage. Il s'agit d'acquêts de communauté en application de l'article 1401 du Code civil. Le prix de cession correspond à un bien commun par le jeu du mécanisme de la subrogation réelle. La soulte mise à la charge de la communauté (25 000 euros) étant inférieure à la valeur du bien cédé (150 000 euros), la villa acquise en échange de la chaumière est un bien propre d'Olga. Oscar ne pourra pas y prétendre dans le cadre du partage de la communauté. Il pourra en revanche faire valoir un droit à récompense au profit de celle-ci.

II. Les récompenses dues à la communauté

Il convient d'abord de vérifier l'étendue du droit à récompense de la communauté avant d'en établir le montant.

A. L'étendue du droit à récompense de la communauté

L'article 1407, alinéa 1er prévoit que « Le bien acquis en échange d'un bien qui appartenait en propre à l'un des époux est lui-même propre, sauf la récompense due à la communauté ou par elle, s'il y a soulte ». L'article 1437 ajoute que « Toutes les fois qu'il est pris sur la communauté une somme, soit pour acquitter les dettes ou charges personnelles à l'un des époux, telles que le prix ou partie du prix d'un bien à lui propre ou le rachat des services fonciers, soit pour le recouvrement, la conservation ou l'amélioration de ses biens personnels, et généralement toutes les fois que l'un des deux époux a tiré un profit personnel des biens de la communauté, il en doit récompense ».

En l'espèce, Olga a financé le versement de la soulte avec des fonds communs. Elle a, par ailleurs, payé les travaux d'installation de la salle de bains et de la cuisine équipée avec des sommes prélevées sur ses comptes bancaires. Celles-ci sont présumées communes, jusqu'à preuve contraire, en vertu de la présomption de communauté posée par l'article 1402 du Code civil.

La prime de salaires reçue par Oscar en juin 2007, affectée à la rénovation de la toiture, constitue pareillement un bien commun. La Cour de cassation décide, en effet, que les gains et salaires sont des biens communs (Civ. 1re, 8 févr. 1978, *préc.* ; Civ. 1re, 31 mars 1992, *préc.*), dès lors qu'ils rémunèrent un travail effectué pendant le fonctionnement de la communauté, même s'ils ne sont perçus qu'après la dissolution de celle-ci (Civ. 1re, 13 oct. 1993, *préc.*).

En l'espèce, Oscar pourra faire valoir un droit à récompense au profit de la communauté au titre de l'ensemble des sommes ayant été affectées par le couple au paiement de la soulte et des travaux de la villa de Saint-Jean-de-Luz.

B. Le montant des récompenses dues à la communauté

L'article 1469 dispose que « La récompense est, en général, égale à la plus faible des deux sommes que représentent la dépense faite et le profit subsistant [al. 1er]. Elle ne peut être moindre que la dépense faite quand celle-ci était nécessaire [al. 2]. Elle ne peut être moindre que le profit subsistant, quand la valeur empruntée a servi à acquérir, à conserver ou à améliorer un bien qui se retrouve, au jour de la liquidation de la communauté, dans le patrimoine emprunteur. Si le bien acquis, conservé ou amélioré a été aliéné avant la liquidation, le profit est évalué au jour de l'aliénation ; si un nouveau bien a été subrogé au bien aliéné, le profit est évalué sur ce nouveau bien [al. 3] ».

1. La récompense due au titre de la soulte versée pour l'acquisition de la villa

La soulte versée à l'occasion de l'échange de la chaumière de Deauville contre la villa de Saint-Jean-de-Luz correspond à une dépense d'acquisition d'un bien propre. En application de l'article 1469, alinéa 3, la récompense due à la communauté ne peut être moindre que le profit subsistant évalué au jour de la liquidation du régime. La villa ayant été financée à l'aide de fonds provenant de diverses masses de biens (patrimoine propre d'Olga et patrimoine commun), le profit subsistant est calculé de la façon suivante :

$$\frac{\text{Somme empruntée (25 000)}}{\text{Valeur d'acquisition (175 000)}} \text{ x Valeur du bien à la liquidation (250 000)}$$

La récompense due à la communauté par Olga, au titre de l'acquisition de la villa de Saint-Jean-de-Luz, est égale à 35 714, 29 euros.

2. La récompense due au titre des travaux

Les travaux d'installation d'une seconde salle de bains et d'une cuisine équipée correspondent à des dépenses d'amélioration d'un bien propre. La notion de « dépense d'amélioration », prévue par l'article 1469, alinéa 3, recoupe partiellement celle de dépense nécessaire visée par l'alinéa 2 du texte. Ainsi, les dépenses nécessaires recouvrent-elles les dépenses utiles aux besoins du ménage, accomplies en vue d'assurer l'habitabilité d'un immeuble, telles que les dépenses réalisées pour l'aménagement d'une salle de bains et d'une cuisine (CA Paris, 16 mars 1978, *préc.*). Lorsque la dépense d'amélioration est aussi une dépense nécessaire, la récompense est fixée à la plus élevée des deux sommes que représentent la dépense faite et le profit subsistant. Ce dernier s'évalue alors à la valeur du bien au jour de la liquidation déduction faite de la valeur du bien à cette date si la dépense n'avait pas été faite.

En l'espèce, les travaux d'installation de la salle de bains et de la cuisine équipée se sont élevés à 45 000 euros. Il est peu vraisemblable que la plus-value qui en est résultée pour l'immeuble soit supérieure à cette somme. Aussi, la récompense sera-t-elle ici égale à la dépense faite (45 000 euros).

La réparation de la toiture représente, quant à elle, une dépense de conservation d'un bien propre. Cette dernière se confond toujours avec la notion de « dépense nécessaire », de telle sorte que la récompense est toujours égale à la plus élevée des deux sommes que représentent la dépense faite et le profit subsistant. En l'espèce, la dépense faite s'élève à 30 000 euros. Il est très probable que profit subsistant (Valeur au jour de la liquidation – Valeur au jour de la liquidation si la dépense n'avait pas été faite) soit supérieur à cette somme. La récompense sera donc ici fixée au profit subsistant.

Le régime des récompenses, et notamment les règles d'évaluation de l'article 1469, ne sont pas impératives. Les époux pourront, s'ils parviennent à un accord, en écarter l'application au moyen d'une convention passée, pendant l'instance en divorce ou postérieurement à la dissolution de la communauté, pour la liquidation et le partage de leur régime matrimonial (C. civ., art. 265-2, 268 et 1451 ; Civ. 1re, 28 juin 1983, *préc.*).

chapitre 11

Les régimes conventionnels : le contrat de mariage et les communautés conventionnelles

Plan analytique

section 1

Le contrat de mariage

§ 1 Les conditions de validité du contrat de mariage

A. Les conditions de fond

B. Les conditions de forme

§ 2 Les effets du contrat de mariage

section 2

Les communautés conventionnelles

§ 1 La pluralité de modèles de communautés conventionnelles

A. Les aménagements conventionnels de la composition des masses de biens

B. Les aménagements conventionnels de la gestion des biens

C. Les aménagements conventionnels de la liquidation et du partage

§ 2 Les avantages matrimoniaux

A. Notion

B. Nature juridique

C. Sort en cas de divorce

§ 3 La communauté universelle

A. La communauté universelle pendant le mariage

B. La communauté universelle lors de la dissolution du mariage

11

Les régimes conventionnels :
le contrat de mariage
et les communautés conventionnelles

section 1

Le contrat de mariage

Le Code civil réglemente les conditions de validité (§ 1) et les effets (§ 2) du contrat de mariage. 605

§ 1 Les conditions de validité du contrat de mariage

Le contrat de mariage est subordonné au respect tout à la fois de conditions de fond (A) et de conditions de forme (B). 606

A. Les conditions de fond

Conformément au droit commun des contrats, le contrat de mariage requiert le consentement (1) des époux ainsi que leur capacité (2) pour conclure un tel contrat. 607

1. *Le consentement*

L'exigence du consentement est affirmée, au sujet du contrat de mariage, par l'article 1394, alinéa 1er du Code civil. Le texte précise que « Toutes les conventions matrimoniales seront rédigées par acte devant notaire, en la présence et avec le consentement simultanés de toutes les personnes qui y sont parties ou de leurs mandataires ». Le texte admet que le consentement au contrat soit exprimé par l'intermédiaire d'un mandataire, lequel doit, à peine de nullité absolue, tenir son pouvoir d'une procuration donnée en la forme authentique. L'exigence du consentement et de la présence simultanés des époux ou de leur mandataire est pareillement sanctionnée par la nullité absolue (v. F. Terré et Ph. Simler, *préc.*, n° 204). 608

La théorie des vices du consentement est applicable au contrat de mariage. Ce dernier est entaché de nullité relative, dès lors que le consentement a été donné par erreur, surpris par dol ou extorqué par violence. 609

2. *La capacité*

Consacrée par l'article 1398 du Code civil, la règle « *Habilis ad nuptia, habilis as pacta nuptiala* » autorise le mineur habile à se marier à conclure un contrat de mariage. Le 610 texte implique désormais que le mineur, qu'il soit de sexe masculin ou féminin, ait bénéficié d'une dispense d'âge pour motifs graves du procureur de la République (C. civ., art. 144 et 145). Pour conclure un contrat de mariage, le mineur doit être assisté dans le contrat des personnes dont le consentement est nécessaire pour la validité du mariage, c'est-à-dire ses père et mère (C. civ., art. 148). La même règle s'appliquait, jusqu'à récemment, aux majeurs sous tutelle ou sous curatelle. S'agissant de ces derniers, l'exigence de l'assistance des père et mère est désormais remplacée, depuis le 1er janvier 2009, par celle du tuteur ou du curateur (C. civ., art. 1399, al. 1er, réd. L. n° 2007-308 du 5 mars 2007). Ces dispositions sont sanctionnées par la nullité relative qui doit être invoquée, par dérogation à l'article 1304, dans l'année qui suit le mariage soit par le majeur protégé, soit par les personnes dont le consentement était requis, soit par le tuteur ou le curateur (C. civ., art. 1399, al. 2). Elle peut l'être par le mineur ou par les personnes dont le consentement était requis jusqu'à l'expiration de l'année qui suivra la majorité accomplie (C. civ., art. 1398, al. 2).

B. Les conditions de forme

611 La validité du contrat de mariage est subordonnée à une double condition de forme. Il doit se plier tout à la fois à la forme notariée (1) et à des formalités de publicité (2).

1. *La forme notariée du contrat de mariage*

612 L'article 1394, alinéa 1er du Code civil soumet le contrat de mariage à la forme notariée. Ce formalisme, qui est requis à peine de nullité absolue, repose traditionnellement sur un triple fondement. Celui, d'abord, de l'importance du contrat de mariage qui établit les relations patrimoniales des époux entre eux et avec les tiers. Celui, ensuite, du devoir de conseil du notaire qui permet d'éclairer le choix des époux quant au modèle de régime matrimonial, aux avantages matrimoniaux et aux libéralités que le contrat de mariage est susceptible de contenir. Celui, enfin, tenant au souci de garantir la conservation de l'acte.

613 La forme notariée est pareillement requise pour la validité de la procuration confiée au mandataire de l'un des époux (v. ss 608).

2. *Les formalités de publicité du contrat de mariage*

614 L'article 1394, alinéa 2 assujettit le contrat de mariage à des formalités de publicité de nature à informer les tiers du régime matrimonial choisi par les époux. « Au moment de la signature du contrat, le notaire délivre aux parties un certificat sur papier libre et sans frais, énonçant ses nom et lieu de résidence, les noms, prénoms, qualités et demeures des futurs époux, ainsi que la date du contrat. Ce certificat indique qu'il doit être remis à l'officier d'état civil avant la célébration du mariage » (C. civ., art. 1394, al. 2). L'officier d'état civil précise, dans l'acte de mariage, si les époux ont fait un contrat de mariage et, le cas échéant, par quel notaire il a été reçu (C. civ., art. 75, al. 4 et 76, 8°). Les tiers pourront alors réclamer aux époux la production d'une expédition de leur contrat délivrée par le notaire. Le non-respect de ces formalités de publicité est sanctionné par l'inopposabilité du contrat de mariage aux tiers. Ces derniers pourront agir comme si le couple était marié sous le régime légal de la communauté réduite aux acquêts, à moins que, dans les actes

passés avec eux, les époux n'aient déclaré avoir fait un contrat de mariage (C. civ., art. 1394, al. 3).

§ 2 Les effets du contrat de mariage

L'article 1395 énonce que « Les conventions matrimoniales doivent être rédigées avant la célébration du mariage et ne peuvent prendre effet qu'au jour de cette célébration ». Les effets du contrat de mariage sont ainsi différés à la date de la célébration du mariage, laquelle est également celle du contrat de mariage. Celui-ci est frappé de caducité si le mariage n'est pas célébré (comp. C. civ., art. 1388, pour les donations faites en vue du mariage). Avant le mariage, le contrat de mariage peut ainsi être librement modifié. Après sa célébration, les époux sont liés par le principe de l'immutabilité du régime matrimonial. À partir de cette date, la convention matrimoniale ne peut plus être changée ou modifiée que dans les conditions prévues par l'article 1396, alinéa 3 du Code civil. 615

section 2

Les communautés conventionnelles

Le Code civil offre aux époux le choix entre une pluralité de modèles de communautés conventionnelles (§ 1). L'adoption d'un tel régime s'accompagne, le plus souvent, d'avantages matrimoniaux (§ 2) au profit de l'un ou de l'autre des époux. Le régime le plus fréquemment adopté en pratique constitue, sans conteste, celui de la communauté universelle (§ 3). 616

§ 1 La pluralité de modèles de communautés conventionnelles

L'article 1497 du Code civil accorde aux époux la faculté de modifier, dans leur contrat, la communauté légale par toute espèce de conventions non contraires aux articles 1387, 1388 et 1389. L'alinéa 2 dispose : 617

« Ils peuvent, notamment, convenir :

1° Que la communauté comprendra les meubles et les acquêts ;

2° Qu'il sera dérogé aux règles concernant l'administration ;

3° Que l'un des époux aura la faculté de prélever certains biens moyennant indemnité ;

4° Que l'un des époux aura un préciput ;

5° Que les époux auront des parts inégales ;

6° Qu'il y aura entre eux communauté universelle ».

Par cette énumération non exhaustive, le Code civil propose trois grands modèles de communautés conventionnelles : les aménagements conventionnels de la composition des masses de biens (A), les aménagements conventionnels de la gestion des biens (B) et les aménagements conventionnels de la liquidation et du partage (C). « Les règles de la communauté légale restent applicables en tous les points qui n'ont pas fait l'objet de la convention des parties » (C. civ., art. 1497, al. 3).

A. Les aménagements conventionnels de la composition des masses de biens

618 L'article 1497 prévoit deux variétés de clauses permettant aux époux d'accroître la masse commune. La première consiste à étendre la communauté à l'ensemble des meubles et aux acquêts, la seconde à y inclure l'intégralité du patrimoine du ménage et, par suite, à stipuler la communauté universelle (sur laquelle, v. ss 656 et s.).

619 La communauté des meubles et des acquêts évoque, pour une large part, l'ancien régime légal antérieur à la loi du 13 juillet 1965. Elle reste toutefois assujettie, sous réserve de la stipulation de clauses dérogatoires, aux règles de gestion et de liquidation de l'actuel régime légal. L'adoption de la communauté des meubles et des acquêts conduit à intégrer à la masse commune l'ensemble du patrimoine mobilier du ménage. Sont communs, non seulement les meubles acquis à titre onéreux pendant le fonctionnement du régime, mais aussi les meubles présents — dont chaque époux avait la propriété ou la possession au jour de la célébration du mariage — ainsi que, sous réserve de la stipulation par le disposant d'une clause d'exclusion de la communauté, les meubles futurs recueillis pendant la durée du mariage par voie de succession ou de libéralité (C. civ., art. 1498, al. 1er ; v. Civ. 1re, 12 mai 2011, *LEFP* juill. 2011. 7, obs. N. Peterka ; *D.* 2011. Actu. 1413, obs. J. Marocella ; *JCP* 2011. 890, note A. Lucas ; *JCP* 2011. 1371, n° 4, obs. Ph. Simler ; *Dr. fam.* 2011. Comm. 112, note B. Beignier). Les dispositions de l'article 1404 relatif aux biens propres par nature demeurent, en revanche, applicables sous le régime de la communauté des meubles et des acquêts (C. civ., art. 1498, al. 2 – Sur les biens propres par nature, v. ss 309 et s.). Par ailleurs, les immeubles acquis par l'un des époux entre la date de la conclusion du contrat de mariage et celle de la célébration du mariage tombent en communauté (C. civ., art. 1498, al. 3). Il s'est agi, par cette disposition, de déjouer la fraude d'un époux résultant de l'acquisition d'un immeuble peu de temps avant la célébration du mariage afin d'en priver la communauté. L'immeuble correspond, en revanche, à un bien propre si l'acquisition a été effectuée en vertu d'une clause du contrat de mariage.

620 Les articles 1499 à 1501 énoncent les règles de répartition du passif sous la communauté de meubles et des acquêts. Conformément au principe de la corrélation de l'actif et du passif, « Entrent dans le passif commun [...], outre les dettes qui en feraient partie sous le régime légal, une fraction de celles dont les époux étaient déjà grevés quand ils se sont mariés, ou dont se trouvent chargées des successions et libéralités qui leur échoient durant le mariage » (C. civ., art. 1499, al. 1er). L'article 1499, alinéa 2 pose une règle de proportionnalité dont la mise en œuvre n'est pas, au demeurant, exempte de difficultés : « La fraction du passif que doit supporter la communauté est proportionnelle à la fraction d'actif qu'elle recueille, d'après les règles de l'article précédent, soit dans le patrimoine de l'époux au jour du mariage, soit dans l'ensemble des biens qui font l'objet de la succession ou libéralité ». Sur le terrain de l'obligation à la dette, les créanciers antérieurs à la célébration du mariage et les créanciers successoraux conservent leur droit de poursuite sur les biens qui formaient auparavant leur gage (C. civ., art. 1501). Ils sont ainsi autorisés à saisir les biens

propres de leur débiteur et les revenus de ce dernier (C. civ., art. 1497 et 1410 combinés). Ils peuvent en outre exercer leurs poursuites, à concurrence de la fraction de leurs créances correspondant à la fraction de l'actif tombé en communauté, sur les biens entrés dans la masse commune à l'exception des gains et salaires du conjoint non débiteur (C. civ., art. 1414) et, sans limitation, sur les meubles inclus dans la communauté. L'article 1415 – qui limite le gage des créanciers aux biens propres et aux revenus du débiteur – demeure applicable, sous le régime de la communauté des meubles et des acquêts, aux cautionnements et aux emprunts unilatéraux (v. ss 482 et s.). Enfin, la confusion du mobilier propre dans le patrimoine commun permet aux créanciers antérieurs, ainsi qu'aux créanciers successoraux, de poursuivre l'intégralité de leur paiement sur l'ensemble de l'actif commun. Inspirée du régime légal (C. civ., art. 1411, al. 2 – v. ss 460 et s.), la règle conduit à écarter le principe de proportionnalité posé par l'article 1499.

Celui-ci renaît sur le terrain de la contribution à la dette. L'article 1500 dispose que « Les dettes dont la communauté est tenue en contrepartie des biens qu'elle recueille sont à sa charge définitive ». Il en résulte que la communauté n'a pas droit à récompense si elle a payé la fraction du passif antérieur au mariage ou grevant les successions ou libéralités correspondant à la fraction de l'actif tombé dans la masse commune. Récompense lui est due, en revanche, si elle a acquitté une fraction du passif supérieure à celle qui lui incombe en raison, par exemple, de la confusion du mobilier propre dans le patrimoine commun. 621

B. Les aménagements conventionnels de la gestion des biens

Le Code civil tolère la stipulation de clauses relatives à la gestion des biens. Mais il est vrai qu'en la matière, les époux ne jouissent pas d'une liberté aussi étendue que celle qui leur est reconnue pour l'aménagement conventionnel de la composition des patrimoines (v. ss 618 et s.). Les époux ne peuvent en effet contrevenir aux dispositions des articles 1387, 1388 et 1389 qui leur imposent le respect de l'ordre public et des bonnes mœurs, des droits et devoirs résultant du mariage, des règles de l'autorité parentale et de la tutelle, ainsi que de l'ordre légal des successions. Ils ne peuvent pas davantage déroger aux dispositions du régime primaire, et notamment, à celles des articles 215, alinéa 3, 221, 222 et 223 du Code civil. La loi du 23 décembre 1985 a ainsi abrogé l'article 1504 qui autorisait la *clause de représentation mutuelle*[Q]. Non seulement cette dernière est désormais devenue inutile, pour les biens communs, en raison du principe de la gestion concurrente (C. civ., art. 1421, al. 1er) mais encore, elle est aujourd'hui interdite par l'article 218 qui prohibe le mandat irrévocable entre époux. 622

La *clause d'unité d'administration*[Q] – dont l'objet était de confier au mari l'administration des biens propres de sa femme (C. civ., art. 1505, al. 1er anc.) et de restituer à la communauté l'usufruit des biens propres (C. civ., art. 1505, al. 2 anc.) – est pareillement interdite par la loi de 1985. La stipulation d'une telle clause heurte tout à la fois les dispositions de l'article 218 et celles de l'article 225 qui impriment à l'administration et à la disposition de ses biens propres par chaque époux un caractère d'ordre public. Reste à déterminer si, en dehors d'une telle clause, les stipulations du contrat de mariage peuvent valablement déroger au principe d'égalité des époux posé par la loi du 23 décembre 1985. La question est controversée en doctrine. Si certains auteurs 623 y sont hostiles (J. Flour, G. Champenois, *préc.*, n° 697), d'autres tolèrent au contraire que les époux étendent, en ce qui concerne les seuls biens communs, le domaine de la gestion exclusive (C. civ., art. 1421, al. 2 – F. Terré, Ph. Simler, *préc.*, n° 556).

624 S'agissant de la gestion des biens, le Code civil ne valide expressément que la *clause d'administration conjointe*[Q]. L'article 1503 autorise « Les époux [...] [à] convenir qu'ils administreront conjointement la communauté [al. 1er]. En ce cas, les actes d'administration et de disposition des biens communs sont faits sous la signature conjointe des deux époux et ils emportent de plein droit la solidarité des obligations [al. 2]. Les actes conservatoires peuvent être faits séparément par chaque époux [al. 3] ». La clause consiste à soumettre à la cogestion l'ensemble des actes d'administration et de disposition relatifs aux biens communs et, par suite, à étendre le domaine des articles 1422, 1424 et 1425 du Code civil. Il convient néanmoins de réserver, comme sous le régime légal, l'application des présomptions de pouvoir des articles 221 et 222 ainsi que des mesures d'habilitation et d'autorisation judiciaires des articles 219 et 217 qui permettent à un époux d'agir sans le consentement de son conjoint (v. ss 108 et s. ; n° 127 et s. ; n° 199 et s. ; n° 210 et s.). L'article 223 consacrant la libre disposition de ses gains et salaires par chaque époux demeure, de la même façon, applicable. Enfin, la nullité pour dépassement de pouvoir laisse toute latitude à l'époux victime pour ratifier l'acte effectué par son conjoint (C. civ., art. 1427 – v. ss 421 et s.), si bien que la clause est en définitive moins contraignante qu'il pourrait n'y paraître de prime abord.

625 Sur le terrain du passif, le principe de la corrélation du pouvoir de gérer les biens et de les engager (v. ss 454) conduit à tenir les époux solidairement des obligations qu'ils ont contractées ensemble (art. 1503, al. 2). Les dettes non solidaires, souscrites par un époux seul, et les dettes extracontractuelles restent en revanche soumises aux dispositions du régime légal (C. civ., art. 1413 et s.).

626 Le Code civil n'envisageant expressément que la clause d'administration conjointe stipulée pour l'ensemble de la communauté, se pose la question de la validité de celle dont l'étendue serait restreinte à certains biens communs seulement. Rien ne semble *a priori* s'opposer à une telle stipulation qui n'est, au vrai, qu'une illustration de la clause prévue par le Code civil. Plus douteuse serait, en revanche, la validité de la clause dont l'objet serait de restreindre le champ de la cogestion défini par les articles 1422, 1424 et 1425 du Code civil (F. Terré, Ph. Simler, *préc.*, n° 555 ; J. Flour, G. Champenois, *préc.*, n° 697).

C. Les aménagements conventionnels de la liquidation et du partage

627 Les articles 1511 à 1525 proposent aux époux trois variétés de clauses dérogeant aux règles de liquidation et du partage de la communauté : la *clause de prélèvement moyennant indemnité* (C. civ., art. 1511 à 1514), le *préciput* (C. civ., art. 1515 à 1519) et la *stipulation de parts inégales* (C. civ., art. 1520 à 1525).

1. *La clause de prélèvement moyennant indemnité (C. civ., art. 1511 à 1514)*

La *clause de prélèvement moyennant indemnité*Q consiste à attribuer à l'un des époux la faculté de prélever en nature un ou plusieurs biens communs déterminés, à charge d'en verser la contre-valeur à la masse commune. La clause peut être stipulée soit au profit du conjoint survivant soit au profit d'un époux nommément désigné. En pareil cas, il peut être prévu que celui-ci bénéficiera de la clause en toute hypothèse, quelle que soit la cause de dissolution du régime, ou seulement pour le cas d'une dissolution par décès. 628

La *clause de prélèvement moyennant indemnité*Q ne déroge pas à la règle de l'égalité du partage, d'autant plus que cette dernière correspond désormais à une égalité en valeur (C. civ., art. 826). Elle constitue seulement une dérogation aux modalités du partage en réalisant, au profit de l'auteur du prélèvement, une attribution préférentielle conventionnelle. Le prélèvement s'analyse comme une opération de partage. La valeur des biens prélevés s'impute sur la part dans la communauté de l'époux bénéficiaire de la clause. Le paiement de l'indemnité en numéraire n'intervient, *via* le versement d'une soulte, que si la valeur des biens excède celle de la part de l'époux dans la communauté (C. civ., art. 1514, al. 1er). Les époux peuvent convenir, par ailleurs, qu'en cas de décès, l'indemnité due par l'auteur du prélèvement s'imputera subsidiairement sur ses droits dans la succession du prédécédé (C. civ., art. 1514, al. 2). 629

La valeur des biens prélevés s'apprécie, en principe, au jour du partage. Les époux disposent de la faculté de déroger à cette règle d'évaluation (C. civ., art. 1511). Le contrat de mariage peut fixer notamment les bases d'évaluation et les modalités de paiement de la soulte éventuelle due par le bénéficiaire de la clause (C. civ., art. 1512). En ce cas, la valeur des biens est déterminée par le juge compte tenu de ces clauses, à défaut pour les parties de parvenir à un accord. 630

La clause de prélèvement moyennant indemnité n'est pas l'apanage des seuls biens communs. Elle peut être stipulée également sur les biens propres ou, sous un régime séparatiste, sur les biens personnels de l'époux prédécédé. Elle prend alors le nom de *« clause commerciale »*Q en raison de son objet qui s'identifie le plus souvent à un fonds de commerce. Contrairement à la clause visée aux articles 1511 et suivants, la clause commerciale ne joue qu'en cas de dissolution du régime matrimonial par décès et ne bénéficie, par suite, qu'au seul conjoint survivant. Avant la loi du 13 juillet 1965, la validité de cette clause était controversée car la Cour de cassation l'avait analysée comme un pacte sur succession future prohibé. En 1965, le législateur a brisé cette jurisprudence en validant expressément la clause. L'article 1390, alinéa 1er, autorise les époux à « stipuler qu'à la dissolution du mariage par la mort de l'un d'eux, le survivant [aura] la faculté d'acquérir ou, le cas échéant, de se faire attribuer dans le partage certains biens personnels du prédécédé, à charge d'en tenir compte à la succession, d'après la valeur qu'ils ont au jour où cette faculté sera exercée ». 631

Le texte conduit à distinguer deux hypothèses. Celle d'abord, aujourd'hui marginale, dans laquelle le conjoint survivant ne vient pas à la succession du prédécédé. La clause opère alors une mutation à titre onéreux en conférant au survivant la faculté d'acquérir le bien moyennant le versement d'une indemnité. Celle, ensuite, dans 632 laquelle le conjoint survivant est appelé à la succession. Le prélèvement s'analyse, en pareil cas, comme une opération de partage réalisant une attribution préférentielle d'origine conventionnelle des biens prélevés.

■ 633 La consécration de la validité de la clause commerciale n'a pas réglé toutes les difficultés. La question s'est en effet posée de savoir si, lorsque le bien attribué au survivant est exploité dans un immeuble appartenant à son conjoint, ce dernier peut aussi lui attribuer dans le contrat de mariage le bail nécessaire à l'exploitation. Cette faculté a été d'abord refusée aux époux au motif que l'article 1390 étant une exception au principe de la prohibition des pactes sur succession future, devait recevoir une interprétation stricte. Par souci de pragmatisme, la Cour de cassation n'a pas suivi cette analyse. Elle a décidé, tout au contraire, que « la licéité de la faculté d'attribution en propriété implique celle de la clause du contrat de mariage prévoyant l'octroi d'un bail sur les biens propres de l'époux prédécédé » (Civ. 1re, 29 avr. 1985, *D.* 1986. Jur. 364, note M. Beaubrun ; *JCP* N 1986. II. 75, note Ph. Simler ; *Defrénois* 1985. 33600. 1156, obs. G. Champenois). Cette solution est aujourd'hui expressément consacrée par le législateur. L'article 1390, alinéa 2 – issu de la loi n° 2006-728 du 23 juin 2006 – précise désormais que « La stipulation peut prévoir que l'époux survivant qui exerce cette faculté peut exiger des héritiers que lui soit consenti un bail portant sur l'immeuble dans lequel l'entreprise attribuée ou acquise est exploitée ».

2. *Le préciput (C. civ., art. 1515 à 1519)*

■ 634 L'article 1515 précise qu'« Il peut être convenu, dans le contrat de mariage, que le survivant des époux, ou l'un d'eux s'il survit, sera autorisé à prélever sur la communauté, avant tout partage, soit une certaine somme, soit certains biens en nature, soit une certaine quantité d'une espèce déterminée de biens ». Le *préciput*Q ne peut être stipulé qu'à titre particulier. Il est de ce fait dépourvu, sauf clause contraire, de toute incidence sur les règles de répartition du passif. Au rebours de la clause prévue par les articles 1511 à 1514, *le prélèvement s'opère ici à titre gratuit*. Il s'effectue hors part dans la communauté et, par suite, ne donne lieu au versement d'aucune indemnité. Le préciput ne s'analyse pas, pour autant, comme une donation entre époux. Il s'identifie, tout au contraire, à un *avantage matrimonial*Q résultant du contrat de mariage (C. civ., art. 1516 – v. ss 642 et s.).

■ 635 La clause de préciput constitue un gain de survie. Elle ne peut être stipulée qu'au profit du conjoint survivant ou d'un époux nommément désigné sous réserve de sa survie. En cas de dissolution de la communauté par une autre cause que le décès, la délivrance du préciput est différée à la mort du disposant (C. civ., art. 1518). Les époux peuvent toutefois convenir que la clause ne jouera qu'en de dissolution par décès. Il convient, par ailleurs, de réserver le cas du divorce. L'article 265, alinéa 2 prévoit, depuis la loi n° 2004-439 du 26 mai 2004, la révocation automatique des avantages matrimoniaux qui ne prennent effet qu'à la dissolution du régime matrimonial ou au décès de l'un des époux, sauf volonté contraire de l'époux qui les a consentis (v. ss 653).

■ 636 Étant une opération de partage, le préciput ne fait pas obstacle à ce que les créanciers saisissent les biens qui en sont l'objet. Le bénéficiaire de la clause dispose, en ce cas, d'un recours sur le reste de la communauté qui lui permet de prélever son préciput en valeur (C. civ., art. 1519).

3. La stipulation de parts inégales (C. civ., art. 1520 à 1525)

Le Code civil autorise les époux à « déroger au partage égal établi par la loi » (C. civ., art. 1520). Il leur offre le choix entre deux variétés de clauses : la *clause de partage inégal*[Q], d'une part, et la *clause d'attribution intégrale de la communauté au dernier vivant*[Q], d'autre part. 637

Les époux peuvent stipuler, dans le contrat de mariage, que la communauté ne sera pas partagée entre eux par moitié mais que l'un d'eux, ou ses héritiers, percevra une fraction inférieure de l'actif commun (par exemple, un tiers ou un quart. – v. C. civ., art. 1521). Une telle stipulation emporte des conséquences importantes sur le terrain de la répartition des dettes. Conformément au principe de la corrélation de l'actif et du passif, l'époux dont la part est réduite, ou ses héritiers, ne supporte les dettes de la communauté que proportionnellement à la part qu'ils prennent dans l'actif commun (C. civ., art. 1521, al. 1er). Les époux ne peuvent pas déroger à cette règle, à peine de nullité de la clause contraire (C. civ., art. 1521, al. 2). 638

La *clause d'attribution intégrale de la communauté au dernier vivant*[Q] produit des effets plus radicaux. C'est ici l'ensemble des biens communs qui est attribué, lors de la dissolution de la communauté, à l'un des époux (l'attribution peut être limitée à l'usufruit de la part du prédécédé dans la communauté : v. C. civ., art. 1524, al. 2). Constituant un gain de survie, la clause ne peut être stipulée qu'en faveur du conjoint survivant ou d'un époux nommément désigné sous réserve de sa survie (C. civ., art. 1524, al. 1er). Lorsque la communauté se dissout du vivant des époux, les règles prévues par l'article 1518 pour le préciput sont transposées à la clause (C. civ., art. 1524, al. 3). Celle-ci accompagne généralement l'adoption d'un régime de *communauté universelle*[Q] (v. ss 656 et s.), de telle sorte que son bénéficiaire reçoit l'ensemble du patrimoine du ménage au décès du prémourant. Combinée à ce régime, la stipulation d'une clause d'attribution intégrale de la communauté au dernier vivant interdit aux héritiers du prémourant de faire valoir leurs droits successoraux avant le décès du conjoint survivant. Afin d'éviter que l'adoption d'un tel régime soit le moyen d'exhéréder les enfants non communs, le Code civil reconnaît aux enfants non communs de l'époux prédécédé le droit d'exercer l'action en *retranchement des avantages matrimoniaux*[Q] excessifs. Ils sont ainsi autorisés à exiger leur part de réserve au décès de leur auteur, à moins qu'ils n'aient renoncé à exercer cette action avant le décès du conjoint survivant (C. civ., art. 1527 – v. ss 650 et s.). 639

L'article 1524 alinéa premier *in fine* applique à la clause d'attribution intégrale de la communauté le principe de la corrélation de l'actif et du passif. « L'époux qui retient [...] la totalité de la communauté est obligée d'en acquitter toutes les dettes ». La Cour de cassation lui interdit, sur le fondement de ce texte, la faculté d'invoquer le bénéfice d'émolument (Civ. 1re, 16 mars 2004, *Bull. civ.* I, n° 84 ; *RTD civ.* 2004. 333, obs. B. Vareille ; *JCP* 2004. II. 10090, concl. J. Sainte-Rose, note J. Casey ; *ibid.* I. 176, obs. A. Tisserand-Martin ; *Defrénois* 2004. 38043. 1470, obs. G. Champenois ; *Dr. fam.* 2004. Comm. 108, note B. Beignier. – v. ss 601 et 603). Voilà qui contribue à 640 accroître les dangers, du point de vue du passif, du choix de la communauté universelle assortie d'une telle clause.

■ 641 Le Code civil protège les héritiers du prémourant contre les effets de la clause de partage inégal et de la clause d'attribution intégrale. Après avoir précisé qu'elles s'identifient, non pas à des donations entre époux, mais à des avantages matrimoniaux (v. ss 642 et s.), l'article 1525 reconnaît aux héritiers de l'époux prédécédé la faculté de procéder à la reprise des apports et des capitaux tombés dans la communauté du chef de leur auteur. Ce droit leur permet, sauf stipulation contraire du contrat de mariage, de reprendre les biens qui, étant tombés en communauté du chef de l'époux prédécédé, auraient été qualifiés de biens propres sous le régime légal. Le droit de reprise conduit ainsi à limiter l'inégalité résultant de la clause aux seuls acquêts effectués par les époux. Il confère la qualité de copartageant aux héritiers qui l'exercent.

§ 2 Les avantages matrimoniaux

■ 642 La notion (A) d'« avantage matrimonial » ainsi que sa nature juridique (B) et son sort en cas de divorce (C) méritent d'être successivement précisés.

A. Notion

■ 643 La notion d'« *avantage matrimonial* » correspond, d'après l'article 1527, alinéa 1er du Code civil, aux « avantages que l'un ou l'autre des époux peut retirer des clauses d'une communauté conventionnelle, ainsi [qu'à] ceux qui peuvent résulter de la confusion du mobilier ou des dettes... ». La doctrine précise qu'il s'agit du « profit procuré, en qualité de copartageant, à l'un des époux et résultant du fonctionnement du régime matrimonial » (F. Lucet, *Des rapports entre régime matrimonial et libéralités entre époux*, thèse Paris II, 1987, t. II, n° 432, p. 597). Les clauses relatives au sort des biens à la dissolution de la communauté constituent ainsi le terrain d'élection de cette notion. Un tel avantage peut se nicher dans les stipulations dérogeant à l'égalité du partage, qu'il s'agisse du préciput (v. ss 634 et s.), de la clause de partage inégal (v. ss 638) ou de la clause d'attribution intégrale de la communauté au conjoint survivant (v. ss 639 et s.). Il peut pareillement découler d'une clause écartant le droit à récompense au profit de la communauté ou dérogeant aux règles d'évaluation des récompenses posées par l'article 1469. Enfin, un avantage matrimonial peut naître d'une dérogation à la règle d'évaluation énoncée, au sujet de la clause de prélèvement moyennant indemnité, par l'article 1511 (v. ss 628 et s.) ou de l'*inégalité des apports* respectifs de chaque époux à une communauté conventionnelle. La donation stipulant une clause d'entrée en communauté ne constitue pas, en revanche, un avantage matrimonial pour le conjoint du donataire car le profit ne résulte pas, en pareil cas, des clauses d'une communauté conventionnelle mais de celles de la libéralité (Civ. 1re, 3 déc. 2008, *préc.* n° 268 ; Civ ; 1re, 31 janv. 2006, *D.* 2006. 2073, obs. M. Nicod ; *AJ fam.* 2006. 209, obs. P Hilt).

■ 644 La notion d'« avantage matrimonial » n'est pas sans limites. Un tel avantage ne découle jamais des « simples bénéfices résultant des travaux communs et des économies faites sur les revenus respectifs, quoique inégaux, des deux époux » (C. civ., art. 1527, al. 2). Peu importe que les époux aient contribué de manière inégale à la formation des acquêts de communauté. L'avantage qu'un époux retirerait du partage égalitaire de ces derniers ne correspond pas à un avantage matrimonial car il s'inscrit dans la logique du mariage (I. Dauriac, *préc.*, n° 482). Le régime légal de communauté est, par suite, exclusif de la notion d'avantage matrimonial.

Précisons que tel est encore le cas, sous les communautés conventionnelles, des masses propres. La clause commerciale fixant une règle d'évaluation favorable à l'auteur du prélèvement (C. civ., art. 1390 et 1391) et la clause de prélèvement d'un bien propre sans indemnité s'analysent, non pas comme des avantages matrimoniaux, mais comme de véritables libéralités entre époux.

B. Nature juridique

La nature juridique des avantages matrimoniaux est source d'inépuisables controverses. 645 Celles-ci résultent de la confrontation des deux premiers alinéas de l'article 1527. En effet, si aux termes de l'alinéa 1er de cet article, les avantages matrimoniaux « ne sont point regardés comme des donations », il en va différemment, d'après l'alinéa 2, en présence d'enfants non issus des deux époux. Il convient ainsi de distinguer l'hypothèse de la présence exclusive d'enfants communs (1) et celle de la présence d'enfants non communs (2).

1. *La présence exclusive d'enfants communs*

Lorsque le couple laisse uniquement des enfants issus des deux époux, la règle de 646 l'article 1527, alinéa 1er joue pleinement. Les avantages matrimoniaux ne sont pas regardés, en ce cas, comme des donations. De cette disqualification, découlent des conséquences importantes sur le double terrain du droit civil et du droit fiscal.

Sur le terrain du droit civil, les avantages matrimoniaux échappent à la sévérité du 647 régime juridique des donations. Ils sont affranchis tout à la fois du rapport successoral et de la réduction pour atteinte à la *réserve héréditaire*. Le recours à la technique des avantages matrimoniaux offre ainsi le moyen de priver, au moins temporairement, de leurs droits successoraux les enfants du prémourant. Ceux-ci ne pourront les faire valoir qu'au décès du conjoint survivant, sous réserve que ce dernier n'ait pas dilapidé les biens reçus de son époux au titre du contrat de mariage. N'étant pas des libéralités, les avantages matrimoniaux ne sont pas assujettis aux causes légales de révocation des donations et, notamment, à la révocation pour cause d'ingratitude (Civ. 1re, 7 avr. 1998, *RTD civ.* 1998. 457, obs. B. Vareille et 881, obs. J. Hauser ; *JCP G* 1998. II. 10197, note C. Puigelier ; *Dr. fam.* 1998, comm. 102, obs. B. Beignier). Ils n'encourent pas davantage la déchéance pour cause d'indignité successorale de leur bénéficiaire (Civ. 1re, 7 avr. 1998, *préc.*).

Sur le terrain du droit fiscal, les avantages matrimoniaux esquivent non seulement le 648 paiement des droits de mutation par décès (Civ. 1re, 6 mai 1997, *D.* 1998. Jur. 303, note F. Deboissy) mais aussi celui des droits de mutation à titre onéreux. S'analysant comme un profit procuré à leur bénéficiaire en qualité de copartageant, ils ne sont éligibles qu'aux seuls droits du partage.

Pendant longtemps, cette double faveur civile et fiscale a conduit les couples mariés à 649 délaisser le mécanisme des libéralités au profit de celui — beaucoup plus attractif —

des avantages matrimoniaux. La loi n° 2007-1223 du 21 août 2007 « en faveur du travail, de l'emploi et du pouvoir d'achat » a conduit à reconsidérer la place des avantages matrimoniaux par rapport à celle des libéralités conjugales. Le législateur exonère, en effet, les libéralités à cause de mort entre époux (*testament, donation de biens à venir*[Q]) du paiement des droits de mutation par décès (CGI, art. 796-0 *bis*. Il en est de même de la *clause de réversion d'usufruit*[Q] sur la tête du conjoint survivant : CGI, art. 796-0 *quater*), de telle sorte que la franchise d'impôt n'est plus l'apanage des seuls avantages matrimoniaux.

2. *La présence d'enfants non communs*

650 Le recours au mécanisme des avantages matrimoniaux représente le moyen de priver les enfants du conjoint prédécédé de leurs droits héréditaires dans la succession de leur auteur. Il s'agit, au vrai, moins d'une exhérédation que d'un simple report. Amoindrie voire anéantie lors de l'ouverture de la succession du prédécédé, la vocation successorale des enfants renaît au décès du conjoint survivant, de telle sorte que leurs droits sont globalement préservés. Une telle affirmation ne se vérifie toutefois qu'au sujet des seuls enfants communs. Les enfants non communs sont, pour leur part, dans une situation bien plus délicate. N'ayant pas de lien de filiation avec le conjoint de leur auteur, ils ne seront pas appelés à sa succession. La technique des avantages matrimoniaux pourrait conduire ici à exhéréder les enfants du prédécédé. Afin d'éviter un tel résultat et préserver l'ordre public successoral, l'article 1527 soumet les avantages matrimoniaux à une partie du régime des libéralités. Il accorde aux enfants qui ne sont pas issus des deux époux une action calquée sur l'action en réduction pour atteinte à la réserve, alimentant ainsi la controverse sur la nature juridique des avantages matrimoniaux (sur la controverse, v. not., J. Flour, G. Champenois, *préc.*, n° 718 et s.). En effet, à l'instar de l'action en réduction des libéralités, l'*action en retranchement*[Q] permet aux enfants non communs de demander, au décès de leur auteur, la réduction de l'avantage matrimonial excessif à hauteur de la *quotité disponible spéciale entre époux*[Q].

651 Pendant longtemps, cette action ne fut pas ouverte à tous les enfants. Seuls y étaient éligibles les enfants légitimes issus d'un précédent mariage. L'ancienne rédaction de l'article 1527, alinéa 2 visant les enfants « d'un premier lit », la Cour de cassation en avait exclu les enfants « naturels ». À la suite de la condamnation de la France par la Cour européenne des droits de l'homme en raison des dispositions successorales du Code civil discriminant les enfants adultérins (CEDH 1er févr. 2000, arrêt *Mazurek*, *D.* 2000. Jur. 332, note J. Thierry ; *RTD civ.* 2000. 311, 429 et 601, obs. J.-P. Marguénaud et J. Patarin), la Haute juridiction a opéré un revirement de jurisprudence. Elle accorde désormais le droit d'exercer l'action en retranchement à tous les enfants non communs y compris aux enfants anciennement dits « naturels » (Civ. 1re, 29 janv. 2002, *D.* 2002. 1938, note C. Devers ; *RTD civ.* 2002. 347, obs. B. Vareille ; *Defrénois* 2002. 1330, obs. G. Champenois ; *JCP* 2002. I. 167, obs. A. Tisserand, rendu sous l'empire des dispositions antérieures à la loi n° 2001-1135 du 3 décembre 2001). La solution est aujourd'hui expressément consacrée par l'article 1527, alinéa 2, dans sa rédaction issue de la loi du 3 décembre 2001. L'enfant adopté par le conjoint survivant demeure, quant à lui, exclu de l'exercice de l'action en retranchement puisqu'il est investi dans la succession de ce dernier des mêmes droits qu'un enfant commun. Sont seuls fondés à se prévaloir de la protection spécifique de l'action en retranchement les enfants qui ne sont pas issus des deux époux et qui sont privés de

toute vocation héréditaire dans la succession du conjoint survivant (Civ. 1re, 7 juin 2006, *Bull. civ.* I, n° 295 ; *RTD civ.* 2006. 749, obs. J. Hauser et 810, obs. M Grimaldi ; *JCP* 2007. I. 142, n° 25, obs. A. Tisserand-Martin ; *Defrénois* 2006. 1578, note B. Vareille et p. 1614, obs. G. Champenois ; *Dr. fam.* 2007, comm. 44, note P. Murat ; Civ. 1re, 11 févr. 2009, *JCP* 2009. I. 140, n° 14, obs. A. Tisserand-Martin ; *RJPF* 2009-5. 18, note F. Vauvillé, *AJ fam.* 2009. 179, obs. P Hilt étendant la solution à l'adoption simple).

S'il est vrai que tous les enfants non issus des deux époux sont assurés dorénavant de recueillir au moins leur part de réserve au décès de leur auteur, l'affirmation mérite une double précision. D'une part, l'exercice de l'action en retranchement par les enfants non communs profite à tous les enfants du couple, dès lors qu'ils sont appelés à la succession du prédécédé. D'autre part, la loi du 23 juin 2006 autorise les enfants non communs à renoncer, de manière temporaire, à la protection de leur réserve. L'article 1527, alinéa 3 prévoit désormais qu'ils « peuvent, dans les formes prévues aux articles 929 à 930-1, renoncer à demander la réduction de l'avantage matrimonial excessif avant le décès de l'époux survivant ». Reste à déterminer si cette disposition interdit de recourir, dans le domaine des avantages matrimoniaux, à la renonciation anticipée à l'action en réduction (C. civ., art. 929 et s.). Si – comme l'existence d'un texte spécial pourrait le laisser craindre –, pareille interprétation devait l'emporter, les libéralités retrouveraient, à n'en pas douter, un regain de faveur auprès des couples mariés au détriment des avantages matrimoniaux. 652

C. Sort en cas de divorce

Les anciennes dispositions du Code civil liaient étroitement le sort des avantages matrimoniaux, à l'heure du divorce, aux torts de chaque époux au sein de celui-ci. L'époux fautif et l'époux demandeur à un divorce pour rupture de la vie commune étaient ainsi automatiquement déchus des avantages matrimoniaux, cependant que l'époux innocent et l'époux défendeur à un tel divorce en conservaient le bénéfice (C. civ., art. 267 à 269 anc.). Dans le souci d'apaiser la rupture du lien conjugal, la loi du 26 mai 2004 a modifié l'impact du divorce sur les avantages matrimoniaux, en procédant à la dissociation des torts et des conséquences patrimoniales du divorce. Les anciennes causes légales de révocation sont ainsi remplacées par la double règle contenue dans l'article 265 du Code civil. Celui-ci dispose, en ses deux premiers alinéas, que « Le divorce est sans incidence sur les avantages matrimoniaux qui prennent effet au cours du mariage et sur les donations de biens présents quelle que soit leur forme [al. 1er]. Le divorce emporte révocation de plein droit des avantages matrimoniaux qui ne prennent effet qu'à la dissolution du régime matrimonial ou au décès de l'un des époux et des dispositions à cause de mort, accordés par un époux envers son conjoint par contrat de mariage ou pendant l'union, sauf volonté contraire de l'époux qui les a consentis. Cette volonté est constatée par le juge au moment du prononcé du divorce et rend irrévocables l'avantage ou la disposition maintenus [al. 2] ». Ces dispositions sont applicables aux avantages matrimoniaux consentis avant l'entrée en vigueur de la loi du 26 mai 2004, soit le 1er janvier 2005, pourvu que l'instance en divorce ait été introduite après cette date (Civ. 1re, 1er déc. 2010, *Bull. civ.* I, n° 250 ; *AJ fam.* 2011. 48, obs. S. David ; *RTD civ.* 2011. 112, obs. J. Hauser ; *Defrénois* 2011. 39230. 828, obs. J. Massip ; *JCP N* 2011. 1142, note J. Massip ; Civ. 1re, 18 mai 2011, *D.* 2011. 1157 ; *Dr. fam.* 2011. Comm. 107, note V. Larribau- 653

Terneyre ; *JCP* 2011. 1371, n° 10, obs. A. Tisserand-Martin ; *Defrénois* 2012. 40453. 353, obs. G. Champenois).

■ **654** Le texte a suscité au lendemain de la réforme de 2004 une vive controverse doctrinale tant sur la notion d'« avantage matrimonial » que sur le sort de ce dernier en cas de divorce. Traditionnellement définie comme « le profit procuré, en qualité de copartageant, à l'un des époux et résultant du fonctionnement du régime matrimonial » (v. ss 643), la notion d'« avantage matrimonial » subit, sous la pression de la réforme du divorce, une fracture. La loi de 2004 conduit à réserver cette définition au seul avantage réductible (v. ss 650 et s.) en consacrant, dans le cadre du divorce, l'existence d'avantages matrimoniaux indépendants de tout profit lors du partage. Les avantages matrimoniaux qui produisent leur effet au cours du mariage – tels que la stipulation d'une communauté universelle – forment cette catégorie. Visant à aménager la composition des masses propres et de la masse commune, ces derniers sont maintenus en cas de divorce. Celui-ci emporte, au contraire, la révocation de plein droit des clauses relatives non plus à la composition du régime matrimonial mais à la liquidation et au partage. Sont ainsi automatiquement révoqués, sur le fondement de l'article 265, alinéa 2, le préciput (C. civ., art. 1515 et s.) et la stipulation de parts inégales (C. civ., art. 1520 et s.).

■ **655** Il reste que pareille interprétation de l'article 265 comportait le risque d'entraîner l'inefficacité de la *clause de liquidation alternative*[Q], laquelle est fréquemment stipulée, en pratique, notamment à l'occasion de l'adoption d'une communauté universelle. Également désignée sous le nom de « clause alsacienne » ou de « clause de reprise des apports », cette dernière autorise chaque époux, en cas de dissolution de la communauté par divorce (ou si une instance en divorce est en cours au jour du décès), à reprendre les biens tombés en communauté de son chef et non constitutifs d'acquêts (ce qui vise les biens présents, les biens acquis à titre gratuit au cours du mariage et les biens propres par nature). La stipulation d'une clause de liquidation alternative conduit ainsi, en cas de divorce, à liquider le régime matrimonial suivant les règles du régime légal de communauté sans, pour autant, modifier la qualification du bien apporté à la communauté, lequel ne devient pas, par l'effet de la clause, un bien propre de l'apporteur (v. à propos de l'ancienne révocation de plein droit des avantages matrimoniaux, Civ. 1re, 5 mars 2008, *D.* 2008. 850 ; *JCP* 2008. I. 144, n° 21, obs. A. Tisserand-Martin ; *RJPF* 2008-6. 16, note F. Vauvillé, dont la solution est transposable à la clause de reprise des apports). Jusqu'à récemment, la clause peinait à s'harmoniser avec les dispositions de l'article 265. Apparaissant comme une modalité conventionnelle du partage de la communauté, elle était révoquée de plein droit par l'effet du divorce (sauf à refuser d'analyser la clause comme un avantage matrimonial ainsi que l'avait judicieusement suggéré une partie de la doctrine : Ph. Simler, « La validité de la clause de liquidation alternative de la communauté universelle », *JCP* 2005. I. 160 ; *JCP N* 2005. 1264, dont l'analyse a triomphé depuis devant la Cour de cassation, Civ., 1re, 17 nov. 2010, *Bull. civ.* I, n° 235 ; *D.* 2010. 2836 ; *D.* 2011. 351, note V. Bonnet ; *D.* 2011. 2624, obs. J. Revel, V. Brémond, C. Bourdaire-Mignot et M. Nicod ; *JCP* 2011. 503, n° 14, obs. A. Tisserand-Martin ; *Dr. fam.* 2011. Comm. 21, note B. Beignier ; *Defrénois* 2011. 39206. 390, obs. G. Champenois ; *Defrénois* 2011. 39230. 828, obs. J. Massip ; *JCP N* 2011. 1161, note J. Massip). Le schéma tracé par la réforme du divorce rendait ainsi incertaine l'efficacité de la clause, alors que sa validité au regard du principe de l'immutabilité des conventions matrimoniales était consacrée par la jurisprudence (CA Colmar, 16 mai 1990, *JCP* N 1991. II. 17 (1re esp.), note Ph. Simler ; *Defrénois* 1990. 1361, obs. G. Champenois ; *RTD civ.* 1992. 171, obs. F. Lucet et B. Vareille ; CA Colmar, 20 juin 1990, *JCP N* 1991. II. 17 (2e esp.), note Ph. Simler ; *RTD civ.* 1992. 171, obs. F. Lucet et B. Vareille ; Civ. 1re, 16 juin 1992, *JCP* 1993. II. 22108 (1re esp.), note Ph. Simler ; *Defrénois* 1993. 34, note M.-C. Forgeard ; *D.* 1993. Somm. 220, obs. M. Grimaldi ; *RTD civ.* 1993. 187, obs. F. Lucet et B. Vareille ; Civ. 1re, 17 janv. 2006, pourvoi 02-18794 ; *JCP* 2006. I. 141, n° 20, obs. A. Tisserand-Martin). Afin de mettre un terme à cette insécurité juridique et clore la controverse, la loi du 23 juin 2006 a enrichi l'article 265 d'un troisième alinéa dont les dispositions sont entrées en vigueur le 1er janvier 2007. Ce dernier dispose que « Toutefois, si le contrat de mariage le prévoit, les époux pourront toujours reprendre les biens qu'ils auront apportés à la communauté ». La clause de liquidation alternative fait ainsi son entrée dans le Code civil où elle incarne « la réplique conventionnelle de la faculté de reprise prévue par l'article 1525, alinéa 2 » au profit des héritiers du prémourant (P. Catala, « Variations autour de la communauté universelle », *Defrénois* 1996. 209 ; *Mélanges D. Huet-Weiller,* PUF-LGDJ, 1994, p. 45).

§ 3 La communauté universelle

La *communauté universelle*[Q] double l'union conjugale d'une union patrimoniale. Sous ce régime, la communauté absorbe non seulement la quasi-totalité des biens mais aussi la quasi-totalité des dettes des époux. Conformément à l'article 1413 du Code civil (v. ss 466 et s.), les dettes contractées par l'un des conjoints engagent l'ensemble du patrimoine du couple (à l'exception des gains et salaires du conjoint non débiteur : C. civ., art. 1414 et Décr. du 31 juillet 1992, art. 48 ainsi que des emprunts et des cautionnements unilatéraux : C. civ., art. 1415 – v. ss 482 et s.). 656

Les dangers de la communauté universelle, sur le terrain du passif, devraient rendre ce régime matrimonial exceptionnel. Pourtant, il n'en est rien. Il est fréquent, tout au contraire, que les époux adoptent la communauté universelle sur le tard, dans le cadre d'un changement de régime matrimonial, afin de préserver la situation patrimoniale du conjoint survivant. La mise en commun résultant de la communauté universelle permettra de transmettre au survivant la moitié, voire l'intégralité du patrimoine du couple, et cela hors succession, simplement par application du régime matrimonial. Le choix de ce régime emporte ainsi des conséquences pendant le mariage (A) et lors de sa dissolution (B). 657

A. La communauté universelle pendant le mariage

L'adoption de la communauté universelle affecte tout à la fois la composition de la masse commune (1) et les pouvoirs des époux sur les biens (2). 658

1. *La composition de la masse commune*

Sous le régime de la communauté universelle, la composition de la masse commune est définie par l'article 1526 du Code civil. Le texte règle tout à la fois la composition active (a) et la composition passive (b) de la communauté. 659

a. La composition active

660 D'après l'article 1526, alinéa 1er, la communauté universelle englobe tous les biens « tant meubles qu'immeubles, présents et à venir » (sur le sort sous la communauté universelle du bénéfice d'une assurance-vie, v. Civ. 1re, 5 nov. 2008, *Bull. civ.* I, n° 250 ; *D.* 2008. 2937, obs. G. Bruguière-Fontenille ; *D.* 2009. 2512, obs. J. Revel ; *JCP* 2009. II. 10041, note M. Cannarsa ; *JCP* 2009. I. 140, obs. A. Tisserand-Martin ; *Banque et Droit* janv.-févr. 2009, n° 123, p. 38, obs. P.-G. Marly). L'article 1526, alinéa 1er exclut de la communauté universelle les biens propres par nature visés par l'article 1404 du Code civil (v. ss 310 et s. ; v. par exemple, pour une concession funéraire, CA Bordeaux 20 mars 2008, *JCP* 2008. I. 144, n° 11, obs. Ph. Simler). Il tolère, toutefois, que cette exclusion soit contredite par une stipulation du contrat de mariage. L'article 1526 ne règle pas le sort des biens reçus par un époux par voie de succession ou de libéralité. Il s'ensuit que ces biens tombent en communauté, à moins que le donateur ou le testateur ait stipulé, dans la donation ou le testament, une clause d'exclusion de la communauté. Cette clause s'impose aux époux.

b. La composition passive

661 L'article 1526, alinéa 2 règle la composition passive de la communauté universelle. Cette dernière « supporte définitivement toutes les dettes des époux, présentes et futures ». Les dettes contractées par chaque époux sont communes au plan de la contribution : la communauté n'a pas droit à récompense pour avoir acquitté les dettes souscrites par un époux avant ou pendant la durée du régime (v. pour l'application de l'article 1526, al. 2 à la créance de salaire différé, Civ. 1re, 18 janv. 2012, *D.* 2012.851, avis O. Falletti et 854, note F. Roussel). Ces dettes sont également communes au plan de l'obligation : leur paiement peut toujours être poursuivi sur les biens communs. Tout le patrimoine du couple se trouve ainsi engagé par les dettes d'un époux puisque, par hypothèse, il n'existe pas — ou presque pas — de biens propres.

662 L'article 1415, relatif à l'emprunt et au cautionnement, est applicable aux époux mariés sous le régime de la communauté universelle (Civ. 1re, 3 mai 2000, *Bull. civ.* I, n° 125 ; *Defrénois* 2000. 1185, obs. G. Champenois ; *RTD civ.* 2000. 889, obs. B. Vareille ; Civ. 1re, 28 janv. 2003, *JCP* N 2003. 1603, obs. J. Casey ; *Dr. fam.* 2003, comm. 62, note B. Beignier). Sous ce régime, le texte se révèle tout particulièrement protecteur du patrimoine familial. En cas d'emprunt ou de cautionnement contracté par un époux sans le consentement exprès de son conjoint, le droit de poursuite du créancier se trouve réduit aux *seuls revenus* de l'emprunteur ou de la caution puisque, par hypothèse, il n'y a pas — ou peu — de biens propres.

663 Lorsque la communauté universelle est assortie d'une clause d'attribution intégrale de la communauté au dernier vivant, ce dernier n'est pas autorisé à se prévaloir du bénéfice d'émolument (v. ss 601 et 603). Le principe de la corrélation de l'actif et du passif lui impose d'acquitter toutes les dettes communes, même si leur montant excède les droits qu'il recueille au titre de son régime matrimonial (C. civ., art. 1524, al. 1er – Civ. 1re, 16 mars 2004, *préc.* n° 640 ; Rappr. Civ. 1re, 18 janv. 2012, préc. v. ss 661, pour la prise en compte de la créance de salaire différé, non acquittée lors du prédécès de l'exploitant, dans la succession du conjoint survivant).

2. Les pouvoirs des époux sur les biens

Les règles gouvernant la gestion des biens sous le régime légal s'appliquent sous le régime de la communauté universelle. Les biens communs sont soumis à la règle de la gestion concurrente : chaque époux peut en principe agir seul sur ces biens (C. civ., art. 1421, al. 1er – v. ss 373 et s.). C'est ainsi que, mettant fin à une controverse longue de plusieurs années, la Cour de cassation confère, aujourd'hui, à un époux marié sous le régime de la communauté universelle, partie à une indivision successorale, le droit, en sa double qualité d'administrateur de la communauté et d'héritier, de seul procéder, sans son conjoint, au partage des biens qu'il recueille par succession et qui entrent en communauté (Civ. 1re, 15 mai 2008, *Bull. civ.* I, n° 137 ; *JCP* 2008. I. 202, n° 11, obs. Ph. Simler. *Adde*, Civ. 1re, 2 avr. 2008, *JCP* 2008. I. 144, n° 17, obs. Ph. Simler ; *JCP* 2008. II. 10126, note F. Sauvage ; *JCP* N 2008. 1305, note F. Sauvage ; *D.* 2008. 1146 et 2363, obs. P. Chauvin ; *AJ fam.* 2008. 258, obs. P. Hilt ; *RTD civ.* 2008. 531 et 533, obs. B. Vareille ; *RJPF* 2008-7. 15, note F. Vauvillé). N'ayant pas la qualité d'héritier, l'autre époux est, en revanche, privé du droit de demander le partage des biens successoraux échus à son conjoint. La solution fait prévaloir, de manière cohérente, le droit des successions sur le droit des régimes matrimoniaux en réservant l'action en partage au seul conjoint partie, en tant que successeur universel, à l'indivision successorale (v. antér. *contra*, Civ. 1re, 18 juin 1985, *JCP* 1986. II. 20707, note Ph. Simler, imposant à l'héritier marié sous la communauté universelle de faire intervenir son conjoint au partage des biens héréditaires indivis tombés en communauté ; cette solution est aujourd'hui abandonnée). 664

Il convient de réserver, sous la communauté universelle comme sous la communauté légale, le jeu de la gestion exclusive pour les actes nécessaires à l'exercice, par un époux, d'une profession séparée ainsi que celui de la cogestion pour les actes et les biens visés par les articles 1424 et 1425 (v. ss 394 et s.) et pour les donations de biens communs (C. civ., art. 1422 – v. ss 397 et s.). Les dispositions du régime primaire qui autorisent chaque époux à consentir, sans le concours de son conjoint, une donation de gains et salaires après s'être acquitté des charges du mariage, demeurent, par ailleurs, applicables (C. civ., art. 223 – v. ss 97 et s.). Plus généralement, les actes de disposition, d'administration et de jouissance effectués par un époux sur un bien meuble pourront être validés sur le fondement de l'article 222 du Code civil, dès lors que les conditions en sont réunies (v. ss 108 et s.).

B. La communauté universelle lors de la dissolution du mariage

Il convient de distinguer suivant que la communauté universelle est dissoute par le divorce (1) ou par le décès (2) d'un époux. 665

1. La dissolution par le divorce

L'adoption d'un régime de communauté universelle constitue, souvent, un avantage matrimonial (v. ss 642 et s.). Sous ce régime, un tel avantage peut résulter, par exemple, de l'inégalité des apports de chaque époux ou/et de la stipulation d'une clause d'attribution intégrale de la communauté au dernier vivant. 666

L'article 265 du Code civil prend soin de régler le sort des avantages matrimoniaux en cas de divorce : ce dernier « est sans incidence sur les avantages matrimoniaux qui prennent effet au cours du mariage… ». Ainsi, les avantages matrimoniaux qui 667 découlent de l'adoption d'une communauté universelle ne sont pas révoqués par l'effet du divorce. On appliquera, pour la liquidation et le partage du régime matrimonial, les règles de la communauté universelle. Sous réserve des stipulations contraires du contrat de mariage, la composition de l'actif et du passif sera fixée conformément à l'article 1526 et la communauté sera partagée par moitié entre les époux. Afin d'éviter un tel résultat, la loi du 23 juin 2006, « portant réforme des successions et des libéralités », est venue apporter une précision à l'article 265, alinéa 3. Le texte valide expressément la clause de liquidation alternative (v. ss 655).

■ 668 L'article 265, alinéa 2 décide que « Le divorce emporte révocation de plein droit des avantages matrimoniaux qui ne prennent effet qu'à la dissolution du régime matrimonial ou au décès de l'un des époux [...], sauf volonté contraire de l'époux qui les a consentis. Cette volonté est constatée par le juge au moment du divorce et rend irrévocable [s] l'avantage [...] maintenu [s] ». Cette disposition vise notamment la clause d'attribution intégrale de la *communauté au dernier vivant*. Celle-ci est révoquée automatiquement par l'effet du divorce, sauf volonté contraire de l'époux qui l'a consentie.

2. *La dissolution par le décès*

■ 669 Au décès d'un époux, la communauté universelle se révèle souvent désavantageuse pour les héritiers du *de cujus*. Il en est tout particulièrement ainsi lorsque l'adoption de ce régime est assortie d'une *clause d'attribution intégrale de la communauté au dernier vivant*. Les héritiers du conjoint prédécédé sont alors momentanément privés de leurs droits successoraux puisque, par application de la clause, la totalité des biens est attribuée au conjoint survivant. Les enfants ne recueilleront le patrimoine du couple qu'au décès du conjoint survivant, sous réserve que celui-ci n'ait pas dilapidé les biens. Ce sont, au premier chef, les enfants d'un premier lit du *de cujus* qui se trouvent dans une situation peu enviable. N'étant pas les héritiers du conjoint survivant, la communauté universelle avec clause d'attribution intégrale au dernier vivant conduit à les priver définitivement de leurs droits successoraux (sauf à limiter, dans le contrat de mariage, l'attribution de la communauté à l'usufruit des biens). Ces dangers de la communauté universelle ont conduit le Code civil à organiser la protection des héritiers du conjoint prédécédé (a) et celle des enfants non communs (b).

a. La protection des héritiers du conjoint prédécédé (C. civ., art 1525, al. 2)

■ 670 L'article 1525, alinéa 2 du Code civil reconnaît aux héritiers du conjoint prédécédé (c'est-à-dire, ici, notamment les enfants communs et les enfants non issus des deux époux ainsi que le conjoint survivant : Civ. 1re, 15 janv. 1974, *D.* 1974. Jur. 393 et Rect. p. 438, concl. Blondeau, note G. Cornu ; *JCP* 1974. II. 17808, note H. Thuillier) le droit d'exercer la reprise des apports et des capitaux, dès lors que leur auteur ne les a pas privés de ce droit. Celui-ci ne leur est ouvert que dans l'hypothèse où la communauté universelle est assortie d'une *clause d'attribution intégrale au dernier vivant*[Q] ou d'une *clause de partage inégal*. Le droit de reprise porte alors sur les biens qui auraient été qualifiés de biens propres sous le régime légal *(v. ss 641)*.

b. La protection des enfants non communs (C. civ., art 1527, al. 2 et 3)

■ 671 Les enfants non communs se voient reconnaître une protection spécifique. L'article 1527, alinéa 2 organise à leur profit l'action en retranchement des avantages matrimoniaux excessifs. Les enfants issus d'une précédente union du conjoint prédécédé sont autorisés, au décès de leur auteur, à demander la réduction de l'avantage matrimonial à hauteur de la *quotité disponible*[Q] entre époux et sont ainsi assurés de recevoir leur part de *réserve héréditaire*[Q]. L'action en retranchement leur est ouverte dans tous les cas. Peu importe ici que la communauté universelle s'accompagne, ou non, de la stipulation d'une clause d'attribution intégrale de la communauté au dernier vivant ou d'une clause de partage inégal. Par ailleurs, leur auteur ne peut les priver de manière unilatérale de cette action. Toutefois, depuis la loi du 23 juin 2006 — qui est, sur ce point, entrée en vigueur le 1er janvier 2007 — l'article 1527, alinéa 3 autorise les enfants non communs à renoncer à exercer l'action en retranchement du vivant du conjoint survivant. Le texte prévoit que, dans ce cas, ils bénéficient de plein droit du privilège sur les meubles prévu à l'article 2374, 3° du Code civil et qu'ils peuvent demander, malgré toute disposition contraire, qu'il soit dressé un inventaire des meubles ainsi qu'un état des immeubles.

Il convient de rappeler que la loi n° 2007-1223 du 21 août 2007 « en faveur du travail, de l'emploi et du pouvoir d'achat » conduit à diminuer l'attractivité de la communauté universelle par rapport aux libéralités. Avant cette loi, l'adoption de ce régime matrimonial, combinée avec une clause d'attribution intégrale de la communauté au dernier vivant, remportait la préférence des couples car elle permettait, à la différence des libéralités entre époux, de transmettre au conjoint survivant un capital hors succession, simplement par application du contrat de mariage. Sur le terrain fiscal, le conjoint attributaire de la communauté échappait au paiement des droits de mutation par décès. Cette conséquence n'est plus réservée aux seuls avantages matrimoniaux. La loi du 21 août 2007 exonère les libéralités à cause de mort entre époux du paiement des droits de mutation par décès (CGI, art. 796-0 *bis* et, pour la *clause de réversion d'usufruit*[Q], CGI, art. 796-0 *quater* – v. ss 649). 672

Mémo

Le choix d'un régime conventionnel s'effectue par contrat de mariage. Ce dernier est établi *avant la célébration du mariage* et produit ses effets à la date de celle-ci (art. 1395).

Il existe trois grandes variétés de communautés conventionnelles. Les premières visent à aménager la *composition* de la masse commune et regroupent la *communauté des meubles et des acquêts* ainsi que la *communauté universelle*. Celle-là conduit à faire tomber en communauté, outre les immeubles acquis après la célébration du mariage, tous les biens meubles, cependant que celle-ci y intègre, à quelques exceptions, l'ensemble du patrimoine du ménage. L'aménagement de la communauté se prolonge sur le terrain du passif (art. 1499 à 1501 et 1526, al. 2). Les secondes affectent la *gestion* des biens. Les époux disposent, en ce domaine, d'une liberté moins étendue en raison, notamment du régime primaire. Ce dernier conduit à *prohiber* la clause de représentation mutuelle et la clause d'unité d'administration. La *clause d'administration conjointe*, dont l'objet est d'étendre le périmètre de la cogestion, est en revanche *valable* (art. 1503). Les époux sont tenus solidairement des dettes qu'ils ont contractées ensemble. Les troisièmes tendent à déroger aux règles de *liquidation* et du *partage* de la communauté. La *clause de prélèvement moyennant indemnité* consiste à attribuer à un époux la faculté de prélever un ou plusieurs biens communs déterminés à charge d'en verser la valeur à la masse commune (art. 1511 à 1514). La *clause commerciale*, qui lui confère la même faculté sur les biens propres, est aujourd'hui expressément validée (art. 1390). La *clause de préciput* permet au survivant des époux, ou à l'un d'eux s'il survit, de prélever avant le partage un ou plusieurs biens déterminés ou une certaine somme sur la masse commune. Constitutive d'un *avantage matrimonial*, la clause s'analyse comme un *gain de survie* et une *opération de partage*. La stipulation de parts inégales et la clause d'attribution intégrale de la communauté au dernier vivant dérogent à l'égalité du partage. Cette inégalité se répercute sur le terrain du passif.

Les avantages matrimoniaux ne sont *pas* des *donations*. Toutefois les enfants non communs sont autorisés à exercer l'*action en retranchement* des avantages matrimoniaux excessifs. Lorsqu'ils prennent effet à la *dissolution* du régime matrimonial ou au *décès* de l'un des époux, les avantages matrimoniaux sont *révoqués* de plein droit par l'effet du *divorce* (art. 265). La *validité* de la *clause de liquidation alternative* est aujourd'hui consacrée par le Code civil.

Quid

■ Action en retranchement **n° 639 et 650**

Action ouverte aux enfants non communs dont l'auteur est marié sous un régime de communauté conventionnelle, leur permettant de réclamer au décès de ce dernier la réduction des avantages matrimoniaux excessifs à hauteur de la quotité disponible spéciale entre époux (v. avantages matrimoniaux ; quotité disponible spéciale entre époux).

Avantages matrimoniaux n° 634, 639 et 642 à 655

Désignent « Les avantages que l'un ou l'autre des époux peut retirer des clauses d'une communauté conventionnelle, ainsi que ceux qui peuvent résulter de la confusion du mobilier et des dettes » (C. civ., art. 1527, al. 1er). Les avantages matrimoniaux sont traditionnellement définis comme le profit procuré, en qualité de copartageant, à l'un des époux et résultant du fonctionnement du régime matrimonial.

Clause commerciale n° 631

Clause de prélèvement moyennant indemnité dont l'objet porte sur un ou plusieurs biens propres ou personnels du conjoint (v. clause de prélèvement moyennant indemnité).

Clause d'administration conjointe n° 624

Clause du contrat de mariage aux termes de laquelle les époux soumettent à la cogestion l'ensemble des actes d'administration et de disposition relatifs aux biens communs (C. civ., art. 1503).

Clause d'attribution intégrale de la communauté au dernier vivant n° 639

Clause du contrat de mariage aux termes de laquelle, au décès de l'époux prémourant, l'intégralité de la communauté sera attribuée au conjoint survivant. Les biens communs ne sont donc pas partagés entre ce dernier et les héritiers du conjoint prédécédé. La clause d'attribution intégrale de la communauté constitue un gain de survie : elle ne peut être stipulée qu'au profit d'un époux déterminé sous la condition de sa survie ou au profit de celui qui survivra quel qu'il soit (C. civ., art. 1524, al. 1er).

Clause de liquidation alternative n° 655

Encore appelée, « clause de reprise des apports » ou, en raison de son origine, « clause alsacienne ». Désigne la clause d'un régime de communauté conventionnel stipulant qu'en cas de divorce ou d'instance en divorce au décès d'un époux, la communauté sera liquidée et partagée conformément aux règles du régime légal de la communauté réduite aux acquêts.

Clause de partage inégal n° 637

Clause du contrat de mariage par laquelle les époux dérogent à l'égalité du partage et stipulent que la communauté ne sera pas partagée entre eux par moitié mais suivant une autre proportion (C. civ., art. 1520 et 1521).

Clause de prélèvement moyennant indemnité n° 628 à 633

Clause du contrat de mariage par laquelle l'un des époux se voit attribuer la faculté de prélever en nature un ou plusieurs biens communs déterminés, à charge d'en verser la valeur, estimée au jour du partage, à la masse commune. La clause peut être stipulée au profit du conjoint survivant ou d'un époux nommément désigné. Il peut alors être prévu que celui-ci bénéficiera de la clause quelle que soit la cause de dissolution du régime ou seulement en cas de dissolution par décès (C. civ., art. 1511).

Clause d'unité d'administration n° 623

Clause du contrat de mariage dont l'objet était de confier au mari l'administration des biens propres de sa femme (C. civ., art. 1505, al. 1er anc.) et de restituer à la communauté l'usufruit des biens propres (C. civ., art. 1505, al. 2 anc.). La clause est interdite, depuis la loi du 23 décembre 1985, par les articles 218 et 225 qui impriment à l'administration et à la disposition de ses biens propres par chaque époux un caractère d'ordre public.

■ Clause de représentation mutuelle n° 622

Clause du contrat de mariage autorisant chaque époux, sous une communauté conventionnelle, à représenter son conjoint dans la gestion des biens communs. La clause, qui a perdu son intérêt avec la consécration du principe de la gestion concurrente (C. civ., art. 1421, al. 1er), est interdite par l'article 218 qui prohibe le mandat irrévocable entre époux.

■ Clause de réversion d'usufruit n° 649 et 672

Clause par laquelle un époux, titulaire de l'usufruit d'un bien, stipule qu'à son décès un nouvel l'usufruit s'ouvrira sur la tête de son conjoint. L'usufruit du conjoint survivant est un droit conditionnel et à terme.

■ Communauté universelle n° 639 et 656 à 672

Régime de communauté conventionnelle dans lequel l'intégralité des biens des époux, à l'exception des biens propres par nature, est intégrée à la masse commune et l'ensemble des dettes engagent les biens communs, sous réserve des tempéraments prévus par les articles 1414 et 1415 du Code civil.

■ Donation de biens à venir n° 649

Donation résultant du contrat de mariage ou d'un acte extérieur à celui-ci par laquelle un époux donne à son conjoint tout ou partie des biens qu'il laissera à son décès et qu'il peut librement révoquer jusqu'à cette date. La donation de biens à venir peut être consentie entre époux ou, par contrat de mariage, au profit de ces derniers et des enfants à naître du mariage (C. civ., art. 1082 et 1093).

■ Inégalité des apports n° 643

Hypothèse où un époux apporte davantage de biens que son conjoint lors de l'adoption du régime de communauté universelle. Les biens étant à la dissolution de la communauté partagés par moitié entre les époux, l'autre conjoint en tire un avantage matrimonial.

■ Préciput n° 634

Clause du contrat de mariage autorisant le conjoint survivant ou l'un des époux nommément désignés sous la condition de sa survie à prélever sur la communauté, avant tout partage, soit une certaine somme, soit certains biens en nature, soit une certaine quantité d'une espèce déterminée de biens (C. civ., art 1515).

■ Quotité disponible n° 650

« La quotité disponible est la part des biens et droits successoraux qui n'est pas réservée par la loi et dont le défunt a pu disposer librement par des libéralités » (C. civ., art. 912, al. 2). Le conjoint survivant bénéficie d'une quotité disponible plus étendue que celle des autres gratifiés (C. civ., art. 1094-1, al. 1er).

■ Réserve héréditaire n° 647

« La réserve héréditaire est la part des biens et droits successoraux dont la loi assure la dévolution libre de charges à certains héritiers dits réservataires, s'ils sont appelés à la succession et s'ils l'acceptent » (C. civ., art. 912, al. 1er). Le *de cujus* ne peut exhéréder les réservataires de leur part de réserve.

■ Stipulation de parts inégales **n° 637 à 641**

Clause du contrat de mariage consistant à déroger à l'égalité du partage en stipulant soit qu'un époux ou ses héritiers recevront une part inférieure à la moitié des biens communs, soit que le conjoint survivant ou un époux nommément désigné sous la condition de sa survie recevra l'intégralité de la communauté (C. civ., art. 1520 à 1525 – v. clause de partage inégal ; clause d'attribution intégrale de la communauté au dernier vivant).

■ Testament **n° 649**

Acte par lequel une personne dispose, pour le temps où elle n'existera plus, de tout ou partie de ses biens ou de ses droits et qu'elle peut librement révoquer jusqu'à son décès (C. civ., art. 895).

Documents

1) Le sort sous la communauté universelle du bénéfice d'une assurance-vie

Civ. 1re, 5 nov. 2008

(*D.* 2008. 2937, obs. G. Bruguière-Fontenille ; *D.* 2009. 2512, obs. J. Revel ; *JCP* 2009. II. 10041, note M. Cannarsa ; *JCP* 2009. I. 140, obs. A. Tisserand-Martin ; *Banque et Droit* 2009 ; n° 123, p. 38, obs. P.-G. Marly)

« Sur le moyen unique, pris en ses deux branches :

Attendu que Marcelle X…, veuve Y…, a souscrit auprès de la société Caisse d'épargne Écureuil vie, aux droits de laquelle se trouve la société CNP assurances (la Caisse), un contrat d'assurance-vie en désignant comme bénéficiaires, son conjoint et à défaut ses enfants nés ou à naître et à défaut ses héritiers ; que Marcelle Y… est décédée le 1er octobre 1999 en laissant pour lui succéder ses trois enfants, Bernard, Odette et François ; que François Y… est décédé le 17 janvier 2000 sans avoir accepté le bénéfice du contrat ; que la Caisse ayant versé les capitaux garantis à M. Bernard Y… et à Mme Odette Y… (les consorts Y…), Mme Z…, veuve de François Y…, avec lequel elle avait adopté le régime de la communauté universelle, le contrat stipulant l'attribution intégrale de la communauté au conjoint survivant, a assigné la Caisse en paiement de la part des capitaux qu'elle soutenait revenir à son mari ;

Attendu que Mme Z… fait grief à l'arrêt attaqué (CA Paris, 13 février 2007) de l'avoir déboutée de sa demande en paiement de la part d'assurance-vie revenant à son mari, alors, selon le moyen :

1°/ que les biens échus par succession à l'un des époux sous le régime de la communauté universelle entrent dans la communauté et deviennent communs à son conjoint ; qu'en cas de décès de l'époux du chef duquel les biens sont entrés en communauté, le conjoint survivant exerce sur ces biens des droits qui lui sont propres ; qu'il agit au titre de la communauté et non en tant qu'héritier de son conjoint décédé ; qu'il peut ainsi accepter au lieu et place de son

époux décédé le bénéfice d'une stipulation pour autrui ; que Dominique Z... intervenait à la succession de Marcelle Y... non pas en tant qu'héritière de François Y... mais pour faire valoir ses droits sur des actifs entrés dans la communauté universelle du chef de son époux décédé ; qu'en considérant, pour écarter Mme Dominique Z... du bénéfice de la stipulation, qu'elle agissait en tant qu'héritière, quand elle revendiquait un actif non pas de la succession de son époux mais de la communauté qui la liait à lui, la cour d'appel a violé les articles 1526 et 1121 du Code civil ;
2°/ qu'à titre subsidiaire, l'acceptation du bénéficiaire n'est pas une condition de la stipulation pour autrui ; que l'acceptation ne fait que rendre définitive et irrévocable la stipulation, dont le bénéfice entre dans le patrimoine du bénéficiaire dès sa stipulation ; que le décès du stipulant rend irrévocable la stipulation au même titre que son acceptation ; qu'en retenant, pour écarter Mme Dominique Z... du bénéfice de la stipulation, que son mari était décédé avant de l'avoir acceptée, quand le bénéfice de l'assurance vie était entré définitivement dans le patrimoine de M. François Y... au décès de sa mère, la cour d'appel a violé l'article 1121 du Code civil ;
Mais attendu, d'abord, que le bénéfice de l'assurance-vie n'ayant pas été accepté avant la dissolution du régime, les capitaux garantis ne pouvaient entrer dans l'actif de la communauté ;
Attendu, ensuite, que la cour d'appel a rappelé, à bon droit, que, si le bénéfice d'une stipulation pour autrui est en principe transmis aux héritiers du bénéficiaire désigné lorsque celui-ci vient à décéder après le stipulant mais sans avoir déclaré son acceptation, il en va autrement lorsque le stipulant, souscripteur d'une assurance-vie, a désigné d'autres bénéficiaires de même rang ou en sous-ordre sans réserver les droits des héritiers des bénéficiaires premiers nommés ; qu'ayant constaté que François Y..., décédé après Marcelle Y..., n'avait pas demandé le règlement des sommes dont il était bénéficiaire et n'avait accompli aucun acte qui puisse être considéré comme une acceptation de la stipulation faite en sa faveur, la cour d'appel en a exactement déduit que les capitaux garantis devaient être versés aux consorts Y..., désignés comme bénéficiaires de même rang ;
D'où il suit que le moyen n'est pas fondé ;
PAR CES MOTIFS :
REJETTE le pourvoi... ».

2) Le partage d'une indivision successorale sous la communauté universelle

Civ. 1re, 15 mai 2008
(*Bull. civ.* I, n° 137 ; *JCP* 2008. I. 202, n° 11, obs. Ph. Simler)

« Attendu que Mme Christiane B... et M. Philippe B..., époux mariés sous le régime de la communauté universelle, font grief à l'arrêt attaqué (CA Lyon, 19 avril 2007) de déclarer irrecevable l'intervention volontaire de M. B..., de déclarer irrecevable comme nouvelle leur demande tendant à voir prononcer la nullité du rapport d'expertise, de l'acte de partage et des actes subséquents en raison de l'absence de convocation de M. B... aux opérations de partage et d'homologuer le projet de partage notarié, alors, selon les moyens :
1°/ que tout jugement doit être motivé et qu'en déclarant irrecevable l'intervention de M. Philippe B..., sans fournir aucune motivation sur les causes de cette irrecevabilité, la cour d'appel a entaché sa décision d'un défaut de motif, en violation de l'article 455 du Code de procédure civile ;
2°/ que les prétentions ne sont pas nouvelles dès lors qu'elles tendent aux mêmes fins que celles soumises au premier juge même si leur fondement juridique est différent ; que tendent aux

mêmes fins la demande visant à voir prononcer la caducité d'un acte et la demande de nullité du même acte, ainsi que la demande tendant à se voir attribuer des droits cédés à un tiers et la demande en annulation de l'acte transmettant ces droits au tiers ; qu'en l'espèce, il résulte du jugement déféré que, devant les juges de première instance, Mme Christiane B... avait "fait valoir que les estimations du rapport d'expert en date du 31 janvier 2001 sont caduques", que l'acte de partage devait être écarté en raison du "caractère indéterminé de la masse à partager résultant de l'absence de reddition de comptes" et qu'elle demandait "en plus de l'immeuble Cours d'Herbouville... le local commercial de l'avenue de Saxe" qui a été attribué à ses sœurs par l'acte de partage, sur la base des estimations de l'expert ; que, devant la cour d'appel, les exposants invoquaient la nullité du rapport d'expertise et de l'acte de partage ; que ces demandes tendaient aux mêmes fins de voir écarter ces actes ; qu'en décidant néanmoins que la demande faisant valoir la nullité du rapport d'expertise et de l'acte de partage était nouvelle et donc irrecevable, la cour d'appel a violé l'article 565 du Code de procédure civile ;

3°/ que les parties peuvent soumettre à la cour d'appel de nouvelles prétentions si c'est pour faire écarter les prétentions adverses ; qu'en matière de liquidation et de partage, les parties étant respectivement demanderesses et défenderesses quant à l'établissement de l'actif et du passif et à la fixation de leurs droits, les demandes formées pour la première fois en appel, qui, se rattachant aux bases même de la liquidation, tendent à faire écarter, au moins pour partie, les prétentions adverses, sont recevables par application de l'article 564 du Code de procédure civile ; qu'en l'espèce, la demande des exposants formulée en appel de voir déclarer nul le rapport d'expertise, l'acte de partage et les actes subséquents se rattachaient aux bases mêmes de la liquidation de ce partage et tendait à faire écarter les prétentions de Mmes Madeleine et Aline A... qui sollicitaient la confirmation du jugement déféré ayant homologué le projet de partage ; qu'en déclarant néanmoins irrecevable la demande des exposants, la cour d'appel a violé l'article 564 du Code de procédure civile ;

4°/ que les opérations de partage ne peuvent être valablement faites qu'en présence de tous les indivisaires ; que, si l'un d'entre eux est marié sous le régime de la communauté universelle, ses droits indivis dépendent de ladite communauté, de sorte que son conjoint doit, tout comme lui-même, être présent ou appelé aux opérations de partage, dès lors que l'indivision comprend des biens immobiliers ; que Mme Christiane B... étant mariée depuis 1997 avec M. Philippe B... sous le régime de la communauté universelle, la cour d'appel ne pouvait homologuer un partage portant sur des biens immobiliers en l'absence de M. Philippe B... sans violer les articles 819 et suivants, 1424 et 1526 du Code civil ;

Mais attendu qu'un époux marié sous le régime de la communauté universelle a, en sa double qualité d'administrateur de la communauté et d'héritier, le droit de procéder, sans l'autre, au partage des biens qu'il recueille par succession et qui entrent en communauté ; qu'il en résulte que la cour d'appel a pu homologuer le projet de partage établi par le notaire hors la présence de M. B... ; que, par ce motif de pur droit substitué à ceux justement critiqués, l'arrêt se trouve légalement justifié... ».

Biblio

– B. Beignier, « Qu'est-ce qu'un avantage matrimonial ? », in *Études à la mémoire du professeur Bruno Oppetit*, LexisNexis-Litec, 2010, p. 33.

– P. Catala, « Variations autour de la communauté universelle », *Defrénois* 1996. 209 ; *Mélanges D. Huet-Weiller*, PUF-LGDJ, 1994, p. 45.
– M. Grimaldi, « Catégorie de personnes et vocation successorale », *in* P. Bloch, C. Duvert, N. Sauphanor-Brouillaud (dir.), *Différenciation et indifférenciation des personnes dans le Code civil. Catégories de personnes et droit privé*, Economica, coll. « Études juridiques », 2006, t. 23, p. 61 et s.
– N. Guillaume-Bataille, « Communauté universelle et action en retranchement », *JCP* N 2009. 1210.
– Ph. Malaurie et L. Aynès, « Les clauses du contrat de mariage relatives au partage de la communauté », *Defrénois* 2000. 673.
– N. Peterka, « Les incidences de la réforme des successions et des libéralités sur le droit des régimes matrimoniaux », *AJ fam.* 2006. 358.
– F. Sauvage, « Régime de la communauté universelle : droit de regard du conjoint de l'époux héritier en cas de partage de la succession », note sous Civ. 1re, 2 avr. 2008, *JCP* 2008. II. 10126.
– Ph. Simler, « La validité de la clause de liquidation alternative de la communauté universelle menacée par le nouvel article 265 du Code civil », *JCP* N 2005. I. 160.
– A. Tisserand-Martin, « Réflexions autour de la notion d'avantage matrimonial », in *Études offertes à J. Béguin, Droit et actualité*, LexisNexis Litec, 2005, p. 753.
– B. Vareille, « La loi du 23 juin 2006 et les régimes matrimoniaux », *JCP* N 2007. 1200.

Quiz

1) Sujets corrigés

A) Test de connaissances

Énoncé

1. La communauté des meubles et des acquêts englobe :

a. tous les biens meubles ;

b. seulement les biens meubles acquis pendant le mariage ;

c. tous les biens meubles, à l'exception des biens propres par nature.

2. Sous la communauté des meubles et des acquêts, les créanciers antérieurs et les créanciers successoraux sont autorisés à poursuivre le paiement de leur créance :

a. sans limitation sur les biens propres et les revenus de leur débiteur ;

b. à hauteur de la fraction de leur créance correspondant à la fraction d'actif tombé en communauté, sur les biens communs, à l'exclusion des gains et salaires de leur débiteur ;

c. sans limitation sur les biens meubles ;

d. sans limitation sur tous les biens communs en cas de confusion du mobilier propre dans le patrimoine commun.

3. La clause de représentation mutuelle est :

a. inutile ;

b. valable ;

c. interdite.

4. La clause d'unité d'administration est :

a. valable ;

b. interdite.

5. La clause d'administration conjointe consiste à soumettre à la cogestion :

a. tous les actes relatifs aux biens communs ;

b. tous les actes relatifs aux biens communs et aux biens propres ;

c. tous les actes de disposition et d'administration relatifs aux biens communs ;

d. les actes conservatoires relatifs aux biens communs.

6. La stipulation d'une clause de prélèvement moyennant indemnité impose d'évaluer les biens prélevés :

a. au jour du partage ;

b. au jour du prélèvement ;

c. au jour du partage, sauf stipulation contraire du contrat de mariage ;

d. au jour du prélèvement, sauf stipulation contraire du contrat de mariage.

7. La clause de prélèvement moyennant indemnité :

a. est un gain de survie ;

b. n'est pas un gain de survie.

8. La clause commerciale

a. est un gain de survie ;

b. n'est pas un gain de survie.

9. Les enfants non communs :

a. peuvent renoncer à exercer l'action en retranchement ;

b. peuvent renoncer à exercer l'action en retranchement du vivant du conjoint survivant ;

c. peuvent être privés de l'exercice de l'action en retranchement par leur auteur.

10. Les avantages matrimoniaux :

a. sont révocables pour cause d'ingratitude ;

b. ne sont pas révocables pour cause d'ingratitude.

11. L'action en retranchement peut être exercée :

a. par tous les enfants ;

b. par les enfants non communs ;

c. par les enfants légitimes seulement ;

d. par les enfants anciennement dits « naturels » seulement ;

e. par les enfants du conjoint prédécédé adoptés par le conjoint survivant.

12. La clause d'attribution intégrale de la communauté au dernier vivant :

a. est maintenue en cas de divorce ;

b. est révoquée de plein droit par l'effet du divorce ;

c. est maintenue en cas divorce, si telle est la volonté de l'époux qui l'a consentie.

13. Sous le régime de la communauté universelle :

a. tous les biens sont communs, y compris ceux qui correspondent à la définition des biens propres par nature ;

b. tous les biens sont communs sauf ceux qui correspondent à la définition des biens propres par nature et les biens acquis par succession ou libéralité ;

c. tous les biens sont communs sauf ceux qui correspondent à la définition des biens propres par nature.

14. L'époux marié sous la communauté universelle avec clause d'attribution intégrale la communauté au dernier vivant :

a. est autorisé à se prévaloir du bénéfice d'émolument ;

b. n'est pas autorisé à se prévaloir du bénéfice d'émolument.

15. Le droit de reprise des apports et des capitaux joue :

a. seulement en cas de stipulation de parts inégales ;

b. qu'il y ait ou non stipulation de parts inégales.

16. L'action en retranchement peut être exercée :

a. seulement en cas de stipulation de parts inégales ;

b. qu'il y ait ou non stipulation de parts inégales.

Voir le corrigé en fin de rubrique.

B) Cas pratique

Énoncé

Olga et Oscar sont passés, en 2005, du régime de la séparation de biens à celui de la communauté universelle avec clause d'attribution intégrale de la communauté au dernier vivant. Le contrat de mariage prévoit qu'en cas de divorce ou d'instance en divorce en cours au moment du décès du conjoint prémourant, la communauté universelle sera liquidée suivant les règles du régime légal de communauté. Le couple a trois enfants, Pierre, Paul et Jacques, tous majeurs. Le patrimoine du couple comporte un grand appartement situé à Paris, dans le VIe arrondissement, qu'Oscar a acquis en 2001 ainsi qu'une propriété sur la Côte d'Azur. Celle-ci a été reçue en héritage par ce dernier au décès de sa mère.

Aujourd'hui, Oscar souhaiterait que vous lui indiquiez les droits de chaque époux pour le cas d'une dissolution de la communauté par le divorce ainsi que les droits de chacun de ses héritiers si la communauté venait à se dissoudre par son décès.

Voir le corrigé en fin de rubrique.

2) Corrigés

Test de connaissances

1. c ; 2. a, b, c, et d ; 3. a et c ; 4. b ; 5. c ; 6. c ; 7. b ; 8. a ; 9. b ; 10. b ; 11. b ; 12. b et c ; 13. c ; 14. b ; 15. a ; 16. b.

Cas pratique

Selon l'article 1526 du Code civil, « Les époux peuvent établir par leur contrat de mariage une communauté universelle de leurs biens tant meubles qu'immeubles, présents et à venir. Toutefois, sauf stipulation contraire, les biens que l'article 1404 déclare propres par leur nature ne tombent point dans cette communauté [al. 1er]. La communauté universelle supporte définitivement toutes les dettes des époux, présentes et futures [al. 2] ».

L'appartement acquis par Oscar en 2001 ainsi que la propriété dont il a hérité de sa mère font partie de la masse commune. En application de la clause d'attribution intégrale de la communauté au dernier vivant, la propriété de ces biens sera attribuée à Olga en cas de prédécès d'Oscar. Il convient toutefois de distinguer l'hypothèse de la dissolution de la communauté par le divorce et celle de sa dissolution par le décès.

I. L'hypothèse de la dissolution de la communauté par le divorce

L'article 1524, alinéa 1er dispose que « L'attribution de la communauté entière ne peut être convenue que pour le cas de survie, soit au profit d'un époux désigné, soit au profit de celui qui survivra quel qu'il soit. L'époux qui retient ainsi la totalité de la communauté est obligé d'en acquitter toutes les dettes ». L'alinéa 3 du texte prévoit que « Les dispositions de l'article 1518 sont applicables à ces clauses quand la communauté se dissout par le vivant des deux époux ». Cela signifie que l'époux au profit duquel la clause d'attribution intégrale de la communauté a été stipulée conserve ses droits, lors de la dissolution de la communauté, pour le cas de sa survie (art. 1518). L'article 1518 réserve cependant l'application de l'article 265 du Code civil. D'après ce texte, « Le divorce est sans incidence sur les avantages matrimoniaux qui prennent effet au cours du mariage et sur les donations de biens présents quelle que soit leur forme [al. 1er]. Le divorce emporte révocation de plein droit des avantages matrimoniaux qui ne prennent effet qu'à la dissolution du régime matrimonial ou au décès de l'un des époux et des dispositions à cause de mort, accordés par un époux envers son conjoint par contrat de mariage ou pendant l'union, sauf volonté contraire de l'époux qui les a consentis. Cette volonté est constatée par le juge au moment du divorce et rend irrévocables l'avantage ou la disposition maintenus [al. 2]. Toutefois, si le contrat de mariage le prévoit, les époux pourront toujours reprendre les biens qu'ils auront apportés à la communauté [al. 3] ».

En l'espèce, le divorce d'Oscar et d'Olga aurait pour effet, sauf volonté contraire des époux, de révoquer de plein droit la clause d'attribution intégrale de la communauté au dernier vivant.

Par ailleurs, le contrat de mariage stipule une clause de liquidation alternative aujourd'hui expressément validée par la loi du 23 juin 2006, à l'article 265, alinéa 3. Cette clause autorise les époux à liquider la communauté non pas par application des règles de la communauté universelle mais conformément à celles du régime légal. Chaque époux est ainsi autorisé à reprendre les biens qui auraient été qualifiés de biens propres sous la communauté réduite aux acquêts, de telle sorte que le partage se limite à ces derniers.

En l'espèce, la clause permet à Oscar de reprendre, en cas de divorce, l'appartement du VIe arrondissement ainsi que la propriété sur la Côte d'Azur qui correspondent, sous le régime légal, à des biens propres (C. civ., art. 1405, al. 1er).

II. L'hypothèse de la dissolution de la communauté par le décès d'Oscar

L'article 1525, alinéa 2 dispose que « Sauf stipulation contraire, [la stipulation de parts inégales et la clause d'attribution intégrale] n'empêchent pas les héritiers du conjoint prédécédé de faire la reprise des apports et des capitaux tombés dans la communauté du chef de leur auteur ». Le droit de reprise des apports et des capitaux autorise les héritiers du conjoint prédécédé, en l'absence de stipulation contraire du contrat de mariage, à reprendre les biens qui auraient été qualifiés de biens propres sous le régime légal.

En l'espèce, il n'est pas précisé si le contrat de mariage comporte une clause privant les héritiers du droit de reprise. Les héritiers d'Oscar pourront ainsi, dans le cas du prédécès de ce dernier, reprendre l'appartement parisien ainsi que la villa de la Côte d'Azur. Ce droit appartient à tous les héritiers d'Oscar, c'est-à-dire à ses enfants (Pierre, Paul, Jacques) ainsi qu'à Olga (en ce sens, v. Civ. 1re, 15 janv. 1974, *préc.*). Les biens objets de la reprise feront partie de la succession d'Oscar et seront dévolus, en l'absence de libéralité consentie par ce dernier dans les limites de la quotité disponible, conformément aux dispositions de l'article 757 du Code civil.

Si le contrat de mariage exclut le droit de reprise des apports et des capitaux, Olga récupérera seule l'appartement et la villa au décès de son mari. Cette attribution se fera hors droits de mutation par décès (Civ. 1re, 6 mai 1997, *préc.*).

chapitre 12

Les régimes conventionnels : la séparation de biens et la participation aux acquêts

Plan analytique

section 1

La séparation de biens

§ 1 Le fonctionnement de la séparation de biens

A. La composition des patrimoines

B. La gestion des patrimoines

§ 2 La liquidation de la séparation de biens

A. Le partage des biens indivis

B. La liquidation des créances entre époux

C. La rémunération de l'activité d'un époux

§ 3 La stipulation d'une société d'acquêts

section 2

La participation aux acquêts

§ 1 Le fonctionnement de la participation aux acquêts

A. La soumission aux règles de la séparation de biens

B. L'existence de règles propres à la participation aux acquêts

§ 2 La dissolution de la participation aux acquêts

A. La détermination de la créance de participation

B. Le paiement de la créance de participation

12

Les régimes conventionnels : la séparation de biens et la participation aux acquêts

section 1

La séparation de biens

Le régime de la séparation de biens est régi par les articles 1536 à 1543 du Code civil. C'est peu dire que l'esprit de ce régime se situe à l'extrême opposé de celui de la communauté universelle. Tandis que celle-ci incarne la fusion des êtres et de l'avoir, celui-là en célèbre l'indépendance la plus parfaite, à un tel point que la qualification de régime matrimonial lui a été parfois refusée (en ce sens, R. Savatier, « Des inconvénients du régime conventionnel de séparation de biens », *DH* 1929. Chron. 21). Sous la séparation de biens, chaque époux demeure en effet l'unique propriétaire de ses biens, quels que soient la date et le mode de leur acquisition. Corrélativement, chaque époux répond seul de ses dettes. L'étanchéité des passifs constitue, au vrai, le principal moteur du choix de ce régime. Il séduit les couples dont l'un des membres exerce une profession comportant des risques financiers. L'adoption du régime de la séparation de biens permet, en ce cas, de protéger le conjoint contre le péril résultant, sur le plan du passif, de la profession de son époux. La séparation de biens est sans aucun doute le régime idéal de l'entrepreneur individuel, de l'associé d'une société transparente ou du dirigeant caution du passif d'une société de capitaux. 673

Mais si la séparation de biens préserve le conjoint du passif de son époux, elle le prive aussi de toute participation à l'enrichissement de ce dernier. Ce régime matrimonial peut ainsi conduire à des solutions iniques lorsque l'un des époux a renoncé à toute activité professionnelle afin de favoriser celle de son conjoint. Aussi, dans le souci de parer aux conséquences extrêmes de la séparation de biens, la jurisprudence a-t-elle imaginé plusieurs correctifs. L'indépendance résultant du fonctionnement (§ 1) de ce régime est par suite tempérée à l'heure de sa liquidation (§ 2). Elle peut l'être encore, dès son adoption, par la stipulation d'une société d'acquêts (§ 3). 674

§ 1 Le fonctionnement de la séparation de biens

Le fonctionnement de la séparation de biens garantit aux époux qui optent pour ce régime une pleine indépendance. Celle-ci découle tout à la fois de la composition (A) et de la gestion (B) des patrimoines. 675

A. La composition des patrimoines

676 La séparation des patrimoines se traduit sur le terrain de l'actif (1) et du passif (2).

1. *L'actif*

677 Le régime de la séparation de biens consacre le principe de la propriété individuelle de chaque époux (a) sur ses biens. La portée en est toutefois atténuée par l'existence de présomptions d'indivision (b).

a. Le principe de la propriété individuelle de chaque époux

678 Sous le régime de la séparation de biens, chaque époux conserve en principe la propriété individuelle et exclusive de ses biens. Peu importe ici la date et la nature – gratuite ou onéreuse – de l'acquisition. Peu importe également que celle-ci ait été financée, en tout ou partie, à l'aide de fonds appartenant au conjoint de l'acquéreur (Civ. 1re, 17 juin 2009, *JCP* 2009, n° 44, 391, n° 24, obs. M. Storck). L'acquisition constitue en pareil cas, sous réserve de la démonstration de l'intention libérale, le vecteur d'une libéralité entre époux dont l'objet réside dans les deniers versés (C. civ., art. 1099-1). Les fruits et revenus des biens demeurent, sous ce régime, la propriété personnelle de chaque époux. On ne trouve pas, ici, de disposition équivalente à l'article 1429 qui, sous les régimes de communauté, sanctionne par un retrait de pouvoir l'époux qui met en péril les intérêts de la famille soit en laissant dépérir ses biens propres, soit en dissipant ou en détournant les revenus qu'il en retire (v. ss 450 et s.). Enfin, les mécanismes de la subrogation réelle et de l'accession déploient pleinement leurs effets. Le nouveau bien acquis en remplacement de l'ancien est, de plein droit, la propriété de l'acquéreur sans qu'il y ait à tenir compte de l'origine des fonds investis et de la contribution éventuelle de l'autre époux à l'acquisition ni à procéder à une quelconque formalité de remploi. L'accession s'applique pareillement aux constructions et plantations effectuées par un époux sur un terrain appartenant à son conjoint. Il reste que si l'article 555 fournit le fondement de la solution, le texte ne régit pas l'indemnité due au constructeur. Celle-ci suit, au contraire, le régime spécifique des créances entre époux (v. C. civ., art. 1543, 1479 et 1469, al. 3 – En ce sens, Civ. 1re, 25 avr. 2006,, *préc.* n° 575 ; Civ., 1re, 15 mai 2008, *AJ fam*. 2008. 302, obs. P. Hilt ; Civ. 1re, 8 avr. 2009, *préc.* v. ss 575 – v. ss 590 et s.) et correspond, par suite, au profit subsistant. La jurisprudence évalue ce dernier, en pareille hypothèse, non pas à la valeur du terrain construit mais à la plus-value procurée par la construction au fonds sur lequel elle est édifiée (Civ. 1re, 8 févr. 2005, *JCP* 2005. I. 128, n° 18, obs. M. Storck).

679 Si la séparation de biens consacre la propriété individuelle de chaque époux, ce régime n'est toutefois pas exclusif de l'existence d'une copropriété entre eux. Il en est ainsi notamment lorsque les époux font l'acquisition, à l'aide des deniers du couple ou de ceux de l'un d'eux seulement, d'un bien en commun. Ce dernier est alors soumis aux dispositions du Code civil régissant l'indivision (C. civ., art. 815 et s.), à moins que les époux ne préfèrent en effectuer l'apport à une société (notamment à une société civile immobilière). Le régime de la séparation de biens tempère, par ailleurs, le principe d'indépendance des époux en tolérant l'existence de présomptions d'indivision.

b. L'existence de présomptions d'indivision

La preuve de la propriété exclusive d'un époux devient cruciale au moment de la dissolution du régime par le décès ou le divorce. Elle l'est tout autant lorsque le créancier d'un époux entend saisir un bien qu'il prétend appartenir à son débiteur. Or, la vie en commun entraîne inévitablement une certaine confusion des patrimoines des époux et, notamment, de leur patrimoine mobilier, de telle sorte que la preuve de la propriété exclusive, bien qu'étant libre, est en réalité très difficile à établir. Elle l'est d'autant plus que la présomption de propriété découlant de la règle « En fait de meubles, la possession vaut titre » n'est ici d'aucun secours. En effet, d'une part, la Cour de cassation en refuse l'application sous le régime de la séparation de biens (Civ. 1re, 27 nov. 2001, *D.* 2002. 119, note Y. Chartier ; *JCP* 2002. I. 167, n° 16, obs. M. Storck, et II. 10050, note S. Piedelièvre ; *Defrénois* 2002. 37584. 1019, obs. G. Champenois ; *Dr. fam.* 2002, comm. 9, obs. Beignier). D'autre part, même s'il était ici applicable, l'article 2276, alinéa 1er serait neutralisé par le vice d'équivoque lequel entache, du fait de la cohabitation, le plus souvent la possession. 680

Afin de dissiper les difficultés de preuve, l'article 1538 pose une présomption d'indivision. Après avoir énoncé à l'alinéa 1er que « Tant à l'égard de son conjoint que des tiers, un époux peut prouver par tous les moyens qu'il a la propriété exclusive d'un bien », il reconnaît aux époux la faculté de stipuler dans le contrat de mariage des présomptions d'indivision (al. 2). Celles-ci ont effet à l'égard des tiers aussi bien que dans les rapports entre époux et peuvent être renversées par tous les moyens propres à établir que les biens n'appartiennent pas à l'époux que la présomption désigne, ou même, s'ils lui appartiennent, qu'il les a acquis par une libéralité de l'autre époux (C. civ., art. 1538, al. 2). À défaut pour un époux ou son créancier de rapporter la preuve de sa propriété exclusive, les biens sont réputés appartenir aux deux époux indivisément, à chacun pour moitié. L'article 1538, alinéa 3 pose une présomption d'indivision qui joue, de manière subsidiaire, toutes les fois que la propriété personnelle d'un bien n'est pas établie (v., au sujet de sommes déposées sur un compte joint, lesquelles ne sont présumées indivises qu'à défaut de preuve contraire, Civ. 1re, 2 avr. 2008, *Bull. civ.* I, n° 102 ; *D* 2008. 1792, obs. J.-J. Lemouland et D. Vigneau ; *AJ fam.* 2008. 259, obs. P Hilt). Il incombe ainsi au créancier, qui entend procéder à une saisie-attribution sur un compte-joint ouvert au nom des deux époux, de démontrer par tous moyens que les fonds y étant déposés sont personnels au débiteur (Civ. 1re, 20 mai 2009, *D.* 2009. 1481 ; *AJ fam.* 2009. 536, obs. P. Hilt ; *JCP* 2009, n° 44, 391, n° 25, obs. M. Storck ; *JCP* N 2009. 1286, obs. V. Brémond ; *Dr. fam.* 2009. Comm. 93, obs. B. Beignier ; *RJPF* 2009-7. 16, obs. F. Vauvillé). À défaut d'une telle preuve, la présomption d'indivision a pour conséquence de limiter les effets de la saisie à la moitié indivise des valeurs déposées au compte (Civ. 2e, 10 juill. 1996, *RTD civ.* 1996. 990, obs. R Perrot ; *JCP* 1997. I. 4008, n° 19, obs. M. Storck). Le droit commun de l'indivision commande alors au créancier de provoquer le partage, afin de se faire payer sur la part attribuée à son débiteur (C. civ., art. 815-17, al. 2 et 3). 681

2. *Le passif*

S'il inflige aux époux l'étanchéité de leurs actifs, le régime de la séparation de biens leur garantit symétriquement une pleine autonomie sur le terrain du passif. Sous ce régime, chaque époux reste seul tenu de ses dettes, quelle que soit la date — antérieure ou postérieure à la célébration du mariage — de leur fait générateur (C. civ., 682 art. 1536, al. 2). La séparation de biens fait ainsi, en principe, l'économie des questions liées à la contribution à la dette. Il reste que l'époux qui a payé une dette de son conjoint dispose contre ce dernier d'une créance, dont il peut réclamer le règlement pendant la durée du régime ou à sa dissolution. L'évaluation de son montant est alors calquée sur les règles des créances entre époux communs en biens (C. civ., art. 1543 – v. ss 590 et s.).

■ 683 Le principe de l'indépendance du passif de chaque époux supporte des tempéraments. Ceux-ci sont tantôt d'origine conventionnelle, tantôt d'origine légale. Les époux peuvent ainsi s'engager conjointement ou solidairement au remboursement d'une dette. Ils sont par ailleurs tenus solidairement, sur le fondement de l'article 220 du Code civil, des dettes ménagères (v. ss 170 et s.), ainsi que de l'impôt sur le revenu et de la taxe d'habitation (CGI, art. 1691 *bis*). Le droit des procédures collectives autorise l'administrateur ou le représentant des créanciers à demander que les biens acquis par le conjoint *in bonis* avec les fonds fournis par le débiteur soient réunis à l'actif de la procédure (C. com., art. L. 624-6 – v., par exemple, Com. 10 janv. 2006, *JCP* 2006. I. 141, n° 24, obs. M. Storck ; Com. 16 janv. 2007, *JCP* 2007. I. 142, n° 30, obs. M. Storck). Enfin, les époux peuvent être condamnés solidairement à verser des dommages-intérêts en réparation du préjudice causé du fait de leur enfant mineur (C. civ., art. 1384, al. 4).

■ 684 Ces hypothèses font renaître la question de la contribution à la dette. Chaque époux étant en principe tenu de contribuer à la moitié de celle-ci, le *solvens* dispose d'un recours contre son conjoint s'il en a payé l'intégralité. Il convient toutefois de réserver le cas des charges du mariage. Chaque époux y contribue à proportion de ses facultés respectives, sous réserve des stipulations contraires du contrat de mariage (C. civ., art. 214 et 1537 ; v., par exemple, Civ. 1re, 3 mars 2010, *AJ fam.* 2010. 188, obs. F. Chénedé ; *RTD civ.* 2010. 363, obs. B. Vareille ; D. Autem, « La fonction duale de la clause usuelle relative à la contribution aux charges du mariage des époux séparés de biens. (À propos de Civ. 1re 3 mars 2010) », *Defrénois* 2010. 39137. 1336). La jurisprudence retient, pour les dépenses courantes, une présomption d'affectation aux charges du mariage des sommes versées sur un compte joint (Civ. 1re, 25 janv. 2005, *JCP* 2005. I. 128, n° 19, obs. M. Storck, sol. implicite), de telle sorte que celles-ci ne donnent pas lieu à restitution.

■ 685 Les dettes indivises sont assujetties, pour leur part, aux règles énoncées à l'article 815-17. Ainsi, les dettes nées de la conservation ou de la gestion des biens indivis sont payées sur les biens indivis avant le partage. Les créanciers sont autorisés à en poursuivre la saisie et la vente (C. civ., art. 815-17, al. 1er).

B. La gestion des patrimoines

■ 686 L'indépendance des époux se vérifie sur le terrain des règles de pouvoir. Sous le régime de la séparation de biens, chaque époux « conserve l'administration, la jouissance et la libre disposition de ses biens personnels » (C. civ., art. 1536, al. 1er *in fine*). La règle puise, au demeurant, un puissant soutien dans les dispositions du régime primaire. Ce dernier reconnaît, on le sait, à chaque époux une pleine autonomie de gestion de son patrimoine personnel (C. civ., art. 225), sous réserve qu'il affecte une partie de ses revenus à la contribution aux charges du mariage (C. civ., art. 214, art. 1537).

Il reste que cette indépendance se heurte tantôt à des limites d'origine légale (1) tantôt à des limites d'origine conventionnelle (2). 687

1. *Les limites d'origine légale*

L'indépendance de gestion de chaque époux est, d'abord, contrecarrée par les dispositions du statut impératif. Les présomptions de pouvoir du régime primaire peuvent conduire, sous certaines conditions, à valider les actes accomplis par un époux sur les biens personnels de son conjoint (C. civ., art. 221 et 222 - v. ss 108 et s., n° 127 et s.). De même, les mesures de crise du régime primaire aboutissent, selon les cas, à permettre à l'un d'agir sur les biens personnels de l'autre (C. civ., art. 219 – v. ss 199 et s.) ou, à l'inverse, à lui interdire de faire, sans le consentement de ce dernier, des actes de disposition sur ses biens (C. civ., art. 220-1 – v. ss 221 et s.). Enfin, les mesures du régime primaire imposant aux époux une collaboration entre eux sont applicables, sous le régime de la séparation de biens, aux biens personnels. L'article 215, alinéa 3 s'oppose ainsi, sous réserve des dispositions de l'article 217 du Code civil, à ce que l'époux propriétaire du logement de la famille dispose, sans le concours de son conjoint, des droits qui assurent à la famille la jouissance de son logement. L'article 1751, alinéa 1er du Code civil posant la règle de la cotitularité du bail à usage exclusif d'habitation s'oppose pareillement à ce que l'un des conjoints y mette fin unilatéralement (v. ss 150 et s.). 688

L'autonome de gestion des époux trouve, ensuite, une limite avec l'indivision. Les biens indivis — ou présumés comme tels (C. civ., art. 1538, al. 3 – v. ss 681) — sont assujettis au droit commun de l'indivision. Chaque époux peut ainsi effectuer sans le concours de son conjoint, les mesures nécessaires à la conservation des biens indivis même si elles ne présentent pas un caractère d'urgence (C. civ., art. 815-2). Les actes d'administration obéissent, en revanche, à la règle de la majorité des deux tiers. L'article 815-3, alinéa 1er autorise, dans sa rédaction issue de la loi du 23 juin 2006, le ou les indivisaires titulaires d'au moins deux tiers droits indivis à effectuer les actes d'administration relatifs aux biens indivis, à donner à l'un ou plusieurs des indivisaires ou à un tiers un mandat général d'administration, à conclure ou à renouveler les baux autres que ceux portant sur un immeuble à usage agricole, commercial, industriel ou artisanal. Les indivisaires peuvent, en outre, à la même majorité, procéder à la vente des meubles indivis pour le paiement des dettes et des charges de l'indivision et saisir le juge afin qu'il autorise la vente d'un bien indivis suivant les conditions et les modalités prévues par l'article 815-5-1 (C. civ., art. 815-3, al. 1er, 3° et 815-5-1, réd. L. n° 2009-526 du 12 mai 2009 ; sur ce dernier point, v. J. Lafond, « L'autorisation judiciaire de vendre un bien indivis », *JCP* N 2009. 1180). Les indivisaires majoritaires sont tenus d'informer les minoritaires, à peine d'inopposabilité, des décisions prises et de l'intention d'aliéner le bien (art. 815-3, al. 2 et 815-5-1, al. 7). Il reste que l'application de la règle de la majorité des deux tiers aux époux séparés de biens demeurera sans doute marginale. Elle suppose, en effet, que les époux aient stipulé entre eux une indivision inégalitaire, ce qui disqualifie les biens présumés indivis en vertu de l'article 1538, alinéa 3, lesquels continuent d'obéir à la règle de l'unanimité. Il en est de même, selon l'article 815-3, alinéa 3, des actes qui ne ressortissent pas à l'exploitation normale des biens indivis (baux commerciaux, 689 baux ruraux, par exemple) et des actes de disposition autres que la vente des meubles pour le paiement des dettes et des charges de l'indivision et l'aliénation autorisée sur le fondement de l'article 815-5-1. Les nouvelles dispositions de l'article 815-3 ont été déclarées applicables dès l'entrée en vigueur de la loi du 23 juin 2006 (soit le 1er janvier 2007) aux indivisions existantes et aux successions ouvertes non encore partagées à cette date. Toutefois, lorsqu'une instance a été introduite avant le 1er janvier 2007, l'action est poursuivie et jugée conformément à la loi ancienne. Cette loi s'applique également en appel et en cassation (L. n° 2006-728 du 23 juin 2006, art. 47-II).

2. *Les limites d'origine conventionnelle*

■ 690 Le Code civil valide expressément le mandat entre époux. L'un des conjoints peut ainsi donner à l'autre mandat de gérer son patrimoine personnel. Inscrit dans le régime primaire, l'article 218 soustrait, on le sait, le mandat entre époux au droit commun entre prohibant, ici, qu'il soit stipulé irrévocable (v. ss 89).

■ 691 Les articles 1539 et 1540 fournissent le décalque, sous le régime de la séparation de biens, des articles 1431 et 1432 relatifs au régime légal de communauté (v. ss 443 et s. ; Com. 15 sept. 2009, *préc.* n° 446, pour une illustration concernant l'application de la présomption de mandat tacite à la gestion d'un portefeuille d'instruments financiers). L'article 1539 autorise l'un des époux à confier à son conjoint l'administration de ses biens personnels. L'époux mandataire est dispensé, par dérogation au droit commun, de rendre compte des fruits de sa gestion, à moins que le mandat ne l'y oblige expressément (v., Civ. 1re, 17 juin 2009, *préc.* n° 678, pour un mandat verbal relatif à l'acquisition de parts de SICAV).

■ 692 L'article 1540, alinéa 1er pose, à l'instar de l'article 1432, alinéa premier, une présomption irréfragable de mandat tacite. « Quand l'un des époux prend en main la gestion des biens de l'autre, au su de celui-ci, et néanmoins sans opposition de sa part, il est censé avoir reçu un mandat tacite, couvrant les actes d'administration et de gérance mais non les actes de disposition » (C. civ., art. 1540, al. 1er ; sur l'inapplication de ce texte à l'égard du banquier dépositaire des fonds d'un époux, v. Civ. 1re, 29 juin 2011, n° 10-11683, *Banque et Droit* sept.-oct. 2011. 17, obs. Th. Bonneau ; *JCP* 2011. 1371, n° 14, obs. M. Storck). Ceux-ci pourront être validés sur le fondement de la gestion d'affaires (C. civ., art. 219, al. 2 – v. ss 90), du mandat apparent ou, plus vraisemblablement, des présomptions de pouvoir du régime primaire (C. civ., art. 221, 222 – v. ss 108 et s. et n° 127 et s.). L'époux mandataire n'est comptable que des fruits existants. Pour ceux qu'il aurait négligé de percevoir ou consommé frauduleusement, il ne peut être recherché que dans la limite des cinq dernières années (C. civ., art. 1540, al. 2). Si un époux s'est immiscé dans la gestion des biens de son conjoint, malgré l'opposition de ce dernier, il est responsable de toutes les suites de son immixtion et comptable, sans limitation, de tous les fruits qu'il a perçus, négligés de percevoir ou consommés frauduleusement (C. civ., art. 1540, al. 3). L'acte est entaché de nullité, sous réserve des présomptions de pouvoir des articles 221 et 222. Enfin, dans l'hypothèse où l'époux propriétaire a ignoré l'immixtion de son conjoint dans la gestion de ses biens personnels, les règles de la gestion d'affaires (C. civ., art. 219, al. 2) ainsi que les présomptions de pouvoir sont applicables.

§ 2 La liquidation de la séparation de biens

La dissolution du régime de séparation de biens donne lieu à une liquidation dans l'hypothèse, très fréquente en pratique, où il existe des biens indivis entre les époux. Il convient alors de procéder au partage de ces biens (A) ainsi qu'à la liquidation des créances entre époux (B). C'est également à l'heure de la liquidation du régime qu'est le plus souvent reconnue la rémunération de l'activité d'un époux (C). 693

A. Le partage des biens indivis

L'article 1542 du Code civil, issu de la réforme du divorce du 11 juillet 1975, comporte, à propos du régime de la séparation de biens, une disposition symétrique de l'article 1476 relatif au partage des biens communs sous le régime légal (v. ss 595). Le texte assujettit le partage des biens indivis entre époux séparés de biens pour tout ce qui concerne ses formes, le maintien de l'indivision et l'attribution préférentielle, la licitation des biens, les effets du partage, la garantie et les soultes, aux règles établies au titre « Des successions » pour les partages entre cohéritiers. Ces règles sont applicables même si, comme l'y autorise le droit commun de l'indivision, un époux demande le partage pendant la durée du mariage (C. civ., art. 815, al. 1er – Civ. 1re, 9 oct. 1990, *JCP* 1991. II. 21641, note Ph. Simler ; *RTD civ.* 1991. 380, obs. J. Patarin ; Civ. 1re, 14 nov. 2000, *D.* 2001. 1755, note P. Lipinski). Les créanciers personnels d'un indivisaire peuvent au demeurant pareillement provoquer le partage à tout moment (C. civ., art. 815-17, al. 3). La soumission au modèle du partage successoral connaît une limite dès lors que le mariage est dissous par le divorce ou la séparation de corps. En pareils cas, l'attribution préférentielle n'est jamais de droit et il peut toujours être décidé que la totalité de la soulte éventuellement due sera payable comptant (C. civ., art. 1542, al. 2). 694

En vertu de l'effet déclaratif du partage (C. civ., art. 883), l'époux attributaire est censé avoir eu la propriété exclusive du bien indivis depuis la date de son acquisition. La solution, qui joue aussi bien dans les relations des époux à l'égard des tiers que dans les relations des époux entre eux (Civ. 1re, 5 avr. 2005, *Bull. civ.* I, n° 172 ; *Dr. fam.* 2005, comm. 142, obs. B. Beignier), diffère de celle retenue sous le régime de communauté où la propriété exclusive remonte à la date de la dissolution du régime dans les rapports entre les époux (v. F. Terré, Ph. Simler, *préc.*, n° 714). 695

B. La liquidation des créances entre époux

Le régime de la séparation de biens est propice aux transferts de valeurs entre époux, qu'il s'agisse, par exemple, du financement par un époux d'un bien personnel de son conjoint (Civ. 1re, 17 juin 2009, *préc.* n° 678), d'une construction édifiée par l'un sur le terrain de l'autre, ou du paiement par un époux d'une dette dont le règlement ou la charge définitive incombe, en tout ou partie, à l'autre conjoint (En revanche, le transfert de valeurs pouvant résulter d'un contrat d'assurance-vie, souscrit au profit d'un conjoint séparé de biens, ne fait pas naître une créance entre époux, laquelle conduirait à neutraliser l'avantage recherché par l'époux souscripteur, v. Civ. 1re, 17 nov. 2010, *Bull. civ.* I, n° 239 ; *Defrénois* 2011. 39206. 393, obs. G. Champenois ; *RTD civ.* 2011. 581, obs. B. Vareille ; *D.* 2011. 732, note V. Barabé-Bouchard ; *D.* 2011. 2624, obs. J. Revel). Ces transferts de valeurs donnent naissance à des 696 créances entre époux dont le paiement est, le plus souvent, retardé à la dissolution du régime. Il n'en reste pas moins que leur règlement peut être poursuivi, en principe, à tout moment, tant pendant le mariage qu'après sa dissolution, et cela, conformément au droit des obligations, sans qu'il soit nécessaire de procéder à la liquidation globale des intérêts pécuniaires des époux (Civ. 1re, 15 mai 2008, *préc.* n° 678). C'est là une distinction essentielle du régime des créances entre époux et de celui des récompenses (v. ss 591).

■ 697 L'article 1543 du Code civil calque, *via* un jeu de renvois, le régime des créances entre époux séparés de biens sur celui des créances entre époux communs en biens et, finalement, sur celui des récompenses. Le texte dispose, en effet, que « les règles de l'article 1479 », relatif aux créances entre époux sous le régime légal, « sont applicables aux créances que l'un des époux peut avoir à exercer contre l'autre ». Ainsi, les créances entre époux séparés de biens donnent lieu, en principe, à un paiement en numéraire. Le règlement par prélèvement sur l'actif indivis est ici exclu, à moins que les époux ne tombent d'accord pour y procéder. Les créances portent intérêts du jour de la sommation (C. civ., art. 1479, al. 1er). Rappelons que l'article 1479, alinéa 2 renvoie, pour la liquidation de la créance, à la règle d'évaluation des récompenses posée par l'article 1469, alinéa 3 (v. ss 575 et s.). La créance est ainsi égale au profit subsistant toutes les fois que la dépense faite par le conjoint créancier a permis l'acquisition, l'amélioration ou la conservation d'un bien personnel de l'époux débiteur. Les intérêts courent, dans ces hypothèses, du jour de la liquidation de la créance (C. civ., art. 1479, al. 2 *in fine*). Tranchant la controverse née du renvoi de l'article 1479 à l'article 1469, alinéa 3, la Cour de cassation a précisé qu'en l'absence de profit subsistant, la créance est égale au montant nominal de la dépense faite (Civ. 1re, 24 sept. 2008, *préc.* 592).

C. La rémunération de l'activité d'un époux

■ 698 Le régime de la séparation de biens conduit à des solutions iniques, lorsque l'un des époux a sacrifié sa vie professionnelle au profit de celle de son conjoint, soit en collaborant à l'activité de ce dernier sans percevoir de rémunération, soit en se consacrant au foyer. Lors de la dissolution du régime, cet époux ne participe pas à l'enrichissement de son conjoint, cependant qu'il ne s'est constitué aucun patrimoine personnel pendant la durée du mariage.

■ 699 Afin de remédier aux conséquences extrêmes de la séparation de biens, la jurisprudence a recours à un double correctif, celui de l'enrichissement sans cause (1), d'une part, et celui de la donation rémunératoire (2), d'autre part.

1. *L'enrichissement sans cause*

■ 700 Lorsque l'un des époux collabore à l'activité professionnelle de son conjoint sans percevoir de rémunération ou renonce à toute activité professionnelle pour se consacrer au foyer, la jurisprudence lui reconnaît l'exercice de l'action *de in rem verso*. Il serait, en effet, inéquitable de permettre à un époux de s'enrichir au détriment de son conjoint, lorsque la collaboration de celui-ci ou le sacrifice de sa vie professionnelle ont excédé les devoirs de contribution aux charges du mariage et d'assistance entre époux (C. civ., art. 214 et 212) et que cet excès n'est pas causé par une intention libérale (Civ. 1re, 3 déc. 2008, *JCP G* 2009. I. 140, n° 18, obs. M. Storck ;

Dr. sociétés 2009. Comm. 45, note M.-L. Coquelet). L'indemnité versée sur le fondement de l'enrichissement sans cause est égale à *la plus faible des deux sommes entre l'appauvrissement et l'enrichissement*. Le premier s'évalue en fonction de la rémunération qui aurait dû être perçue en contrepartie du travail fourni. Le second correspond tout à la fois à l'économie résultant de l'absence de rémunération et à la plus-value réalisée (Civ. 1re, 9 janv. 1979, *D.* 1981. Jur. 241 (1re esp.), note A. Breton ; Civ. 1re, 29 mai 2001, *JCP G* 2002. I. 103, n° 22, obs. M. Storck). L'enrichissement, comme l'appauvrissement, s'apprécient *au jour de la dissolution du régime*. L'exercice de l'action *de in rem verso* permet au conjoint appauvri de percevoir soit l'équivalent du salaire qui aurait dû lui être versé soit une fraction des plus-values, déduction faite du montant de la contribution aux charges du mariage (Civ. 1re, 30 mai 1979, *D.* 1981. Jur. 241 (2e esp.), note A. Breton ; *RTD civ.* 1980. 349, obs. R. Nerson et J. Rubellin-Devichi).

Il reste que la jurisprudence semble aujourd'hui s'éloigner, pour dédommager la collaboration non rétribuée du conjoint, du fondement de l'enrichissement sans cause. En effet, d'une part, la Cour de cassation rejette l'action *de in rem verso* toutes les fois que l'époux demandeur disposait d'une autre action, fondée sur la prestation compensatoire, ayant été écartée (Civ. 1re, 23 juin 2010, *JCP* 2010, act. 100, obs. H. Bosse-Platière ; *JCP* 2010. 1027, note V. Bonnet et H. Bosse-Platière). Si elle constitue le rappel clair du principe de subsidiarité de l'enrichissement sans cause, la solution est plus incertaine lorsqu'il s'agit de déterminer si elle condamne le recours à cette action, en cas de rejet de la prestation compensatoire pour absence de disparité de vie commune, alors que la preuve de la collaboration non rétribuée est, par ailleurs, rapportée (obs. préc. H. Bosse-Platière). Laissant subsister un enrichissement sans cause, pareille conclusion souffrirait, à vrai dire, d'iniquité. D'autre part, la Haute juridiction a décidé, par un arrêt du 12 décembre 2007, dans un attendu de principe rendu sous le visa des articles 1469, alinéa 3, 1479, alinéa 2 et 1543 « que, lorsqu'un époux séparé de biens, dont la collaboration à l'activité professionnelle de l'autre a servi à acquérir, conserver ou améliorer un bien figurant dans le patrimoine de ce dernier au jour de la liquidation du régime matrimonial, réclame une partie de la plus-value réalisée par le bien, l'indemnité due doit être évaluée selon les règles prescrites par ces textes » (Civ. 1re, 12 déc. 2007, *préc.* n° 345). La Haute juridiction censure, en conséquence, la cour d'appel qui, en faisant application des règles de l'enrichissement sans cause, avait fixé l'indemnité à la plus faible des deux sommes entre l'appauvrissement et l'enrichissement. L'éviction de la théorie de l'enrichissement sans cause au profit, par la magie des renvois, des règles d'évaluation des récompenses conduit à accorder au collaborateur une indemnité qui ne peut être moindre que le profit subsistant pour le patrimoine ayant bénéficié de cette collaboration (C. civ., art. 1469, al. 3 ; v. dans le même sens, Civ. 1re, 23 févr. 2011, *Bull. civ.* I, n° 39 ; *Defrénois* 2011. 40006. 968, obs. G. Champenois ; *LEFP* avr. 2011. 3, obs. N. Pétroni-Maudière ; *AJ. fam.* 2011. 272, obs. P. Hilt ; *D.* 2011. 2624, obs. J. Revel ; *Dr. fam.* 2011. Comm. 57, note B. Beignier ; *JCP* 2011. 551, note H. Bosse-Platière ; *D.* 2012. 978, obs. J.-J. Lemouland et D. Vigneau ; *JCP* 2011. 551, note R. Le Guidec et H. Bosse-Platière ; *JCP N* 2011. 1217, note R. Le Guidec et H. Bosse-Platière. – v. ss 575 et s.). S'il est vrai que le recours à la théorie des récompenses peut *a priori* surprendre en raison de l'absence de transfert de valeurs d'un patrimoine à un autre, il peut, à la réflexion, se justifier. Il est possible, en effet, de déceler un tel transfert dans l'affectation, par un époux, de l'économie résultant de l'absence de rémunération 701 de son conjoint à des dépenses d'acquisition, de conservation ou d'amélioration d'un bien (en ce sens, obs. M. Storck, obs. Civ. 1re, 12 décembre 2007). S'il perd sa matérialité, le transfert de valeurs n'en conserve pas moins, en pareille hypothèse, sa réalité économique.

Ajoutons que, si elle est parfois sollicitée pour indemniser *a posteriori* l'époux ayant collaboré à l'entreprise de son conjoint sans percevoir de rémunération, la notion de « société créée de fait » reste subordonnée à la démonstration de l'*affectio societatis*, lequel fait l'objet, on le sait, d'un contrôle de qualification par la Cour de cassation (Civ. 1re, 3 déc. 2008, *préc.* nº 700 ; sur ce contrôle, v. ss 79).

2. *La donation rémunératoire*

702 Il est très fréquent, sous le régime de séparation de biens, que l'un des époux consente une donation à son conjoint. Celle-ci revêt rarement la forme notariée prescrite par l'article 931 du Code civil mais endosse plus volontiers le formalisme de substitution des donations atypiques. Il arrive ainsi souvent qu'un époux effectue un achat au profit de son conjoint, soit en lui fournissant les deniers en vue de l'acquisition, soit en procédant directement au paiement du prix d'un bien acquis en indivision ou au seul nom de son conjoint. Dès lors qu'elle est causée par une intention libérale, l'opération s'analyse, dans le premier cas, comme un *don manuel*[Q] de deniers suivi d'un achat et, dans le second, comme une *donation indirecte reposant sur un paiement pour autrui*[Q]. L'un comme l'autre ont toujours été valables entre époux (C. civ., anc. art. 1099, al. 1er). La loi nº 67-1179 du 28 décembre 1967 ayant inséré, dans le Code civil, l'article 1099-1 a mis fin à la théorie de la contraction. Celle-ci consistait, à une époque où les *donations déguisées*[Q] entre époux étaient frappées de nullité absolue (C. civ., anc. art. 1099, al. 2 (abrogé par L. 26 mai 2004) à déceler un déguisement dans la fourniture de deniers suivie de l'acquisition (Civ. 30 avr. 1941, *JCP* 1941. II. 1727, note P. Voirin ; Civ. 27 déc. 1949, *RTD civ.* 1950. 529, obs. R. Savatier ; *JCP* N 1950. II. 5979, note P. Voirin ; Civ. 1re, 30 mai 1951, *D.* 1951. Jur. 617, note R. Lenoan ; *JCP* 1951. II. 6614). La jurisprudence décidait que les deniers et le bien acquis formant un tout indivisible, la donation entre époux avait pour objet, non pas ceux-là, mais celui-ci. Le prononcé de la nullité obligeait ainsi le conjoint bénéficiaire de la donation déguisée à restituer le bien acquis. Les dispositions de l'article 1099-1 ont brisé cette jurisprudence, en mettant fin à la qualification de donation déguisée appliquée à l'achat pour autrui. Aujourd'hui, « quand un époux acquiert un bien avec des deniers qui lui ont été fournis par l'autre à cette fin, la donation n'est que des deniers et non du bien auquel ils ont été employés » (C. civ., art. 1099-1, al. 1er). La Cour de cassation subordonne désormais la qualification de *donation déguisée* à l'existence, dans l'acte d'acquisition, d'une affirmation mensongère quant à l'origine des fonds (Civ. 1re, 26 avr. 1984, *Bull. civ.* I, nº 139 ; *RTD civ.* 1985. 199, obs. J. Patarin ; *Defrénois* 1985. 464, obs. G. Champenois ; *JCP* N 1985. II. 26, note Ph. Rémy ; Civ. 1re, 5 avr. 2005, *Bull. civ.* I, nº 167 ; *D.* 2005. IR. 1176).

703 L'achat pour autrui a été pendant longtemps la source d'un abondant contentieux. Il n'était pas rare, en effet, que le disposant invoque, à l'heure du divorce, une donation entre époux afin d'obtenir, sur le fondement de la nullité des donations déguisées entre époux ou de la révocabilité discrétionnaire des *donations conjugales de biens présents*[Q] (C. civ., art. 1096, al. 1er, réd. 1804), la restitution des deniers versés à son conjoint pendant la durée du mariage. Afin d'y faire obstacle, la jurisprudence retenait la qualification de donation rémunératoire. Cette dernière correspond, on

s'en souvient, à la rémunération par le disposant d'un service – appréciable en argent et d'une valeur inférieure ou au moins équivalente au prix payé – qui lui a été antérieurement rendu par le bénéficiaire (v. ss 307). Ainsi, y a-t-il donation rémunératoire dès lors que la collaboration d'un époux à l'activité de son conjoint ou son activité ménagère au foyer ont dépassé la mesure de la contribution aux charges du mariage ainsi que du devoir d'assistance entre époux (C. civ., art. 214 et 212) et que la prétendue libéralité en est, en réalité, la rétribution (v., par exemple, Civ. 1re, 31 mars 2010, n° 09-14397). Celle-ci s'identifie alors, non pas à une donation, mais à un acte à titre onéreux et échappe, par suite, au régime juridique des libéralités. La qualification de donation rémunératoire permet ainsi d'évacuer la nullité ou la révocation de la donation conjugale et de consolider la libéralité consentie. Le conjoint gratifié est associé à une part de l'enrichissement de son époux au cours du mariage. Il bénéficie pour cela, sur le plan probatoire, d'une présomption d'absence d'intention libérale, dont l'appréciation relève du pouvoir souverain des juges du fond.

Aujourd'hui, le recours à la notion de « donation rémunératoire » ne présente plus guère d'intérêt que pour les donations déguisées antérieures au 1er janvier 2005. En effet, la loi du 26 mai 2004, qui est entrée en vigueur à cette date, a abrogé la règle de la nullité des donations déguisées entre époux, sans régler au demeurant la question du droit transitoire (sur laquelle, v. F. Sauvage, « Des conséquences du divorce sur les libéralités entre époux et les avantages matrimoniaux », *Defrénois* 2004. 38038. 1425 ; B. Beignier, et M. Nicod, « Donations entre époux : d'un droit à l'autre », *Defrénois* 2005. 38104. 265 ; I. Dauriac, « Libéralités conjugales et avantages matrimoniaux : l'épreuve de droit transitoire », in *Mélanges Ph. Jestaz*, Dalloz, 2006, p. 97). La jurisprudence continue d'appliquer, conformément à la règle de la survie de la loi ancienne en matière contractuelle, l'ancien article 1099, alinéa 1er aux libéralités effectuées avant le 1er janvier 2005 (CA Paris, 23 nov. 2005, inédit, RG n° 2004/17325, cité par M. Nicod *in* « Les dispositions transitoires et interprétatives de la loi du 23 juin 2006 », *D.* 2006. 2587, spéc. n° 11, note 24 ; Civ. 1re, 9 déc. 2009, *Bull. civ.* I, n° 242 ; *RTD civ.* 2009. 764, obs. M. Grimaldi). 704

La règle de la révocabilité discrétionnaire des *donations de biens présents*Q entre époux a été pareillement abrogée par la réforme du divorce du 26 mai 2004. La loi du 23 juin 2006 portant réforme des successions et des libéralités a restreint, par la suite, le domaine de l'irrévocabilité aux seules donations à effet pendant le mariage, tout en prenant le soin de régler la question de l'application dans le temps des dispositions nouvelles. « Les donations de biens présents faites entre époux avant le 1er janvier 2005 demeurent révocables dans les conditions prévues par l'article 1096 du Code civil dans sa rédaction antérieure à cette date » (L. n° 2006-728 du 23 juin 2006, art. 47-III). La loi précise que « ces dispositions présentent un caractère interprétatif pour l'application de la loi n° 2004-439 du 26 mai 2004 relative au divorce ». Par ailleurs, les donations qui ne prennent pas effet au cours du mariage, consenties entre le 1er janvier 2005 et l'entrée en vigueur de la loi du 23 juin 2006, soit le 1er janvier 2007, sont librement révocables, sauf clause contraire, dans les conditions prévues par l'article 1096 du Code civil dans sa rédaction antérieure au 1er janvier 2005 (L. n° 2006-728 du 23 juin 2006, art. 46). Les donations à effet différé effectuées depuis le 1er janvier 2007 sont, pour leur part, librement révocables, sans que la clause contraire ne semble ici autorisée dans le silence de la loi (C. civ., art. 1096, al. 2, 705 réd. L. 23 juin 2006). Pour l'ensemble de ces libéralités, le recours à la notion de « donation rémunératoire » conserve donc toute sa pertinence. Il convient de souligner que, s'agissant des donations de biens présents prenant effet au cours du mariage, la Cour de cassation décide, désormais, que les dispositions impératives de l'article 265, alinéa 1er font obstacle à l'insertion, dans la libéralité, d'une clause résolutoire liée au prononcé du divorce ou à une demande en divorce (Civ. 1re, 14 mars 2012, n° 11-13791, *LEFP* mai 2012, p. 1, obs. L. Mauger-Vielpeau ; *Dr. fam.* 2012. Comm. 83, note B. Beignier ; *JCP N* 2012. 1182 et *JCP* 2012. 994, note C. Brenner ; *D.* 2012. 1386, note A. Posez). Il restera à préciser si le caractère d'ordre public de l'article 265, alinéa 1er s'oppose aussi à ce que le disposant utilise, après le prononcé définitif du divorce, la faculté de révocation des donations de biens présents à effet différé que lui accorde l'article 1096, alinéa 2 (*Contra*, Civ. 1re, 28 févr. 2006, n° 03-10245, *Bull. civ.* I, n° 115, rendu sous l'empire des dispositions antérieures à la loi n° 2004-439 du 26 mai 2004). Le débat, qui soulève en creux, la question du maintien du caractère impératif de la révocabilité *ad nutum* des donations de biens présents à effet différé, est déterminant pour l'avenir de ces libéralités, dont il pourrait tarir la source (en faveur du caractère non impératif des dispositions de l'article 1096, v. O. Gazeau, H. Lemaire, F. Vancleemput, « L'annihilation des effets d'une donation entre époux de biens présents », *Defrénois* 2010. 39458. 1981).

§ 3 La stipulation d'une société d'acquêts

■ 706 L'adjonction d'une *société d'acquêts*[Q] à la séparation de biens fournit le moyen d'adoucir la rigueur de la séparation de biens pure et simple. Elle consiste, en effet, à faire coexister en parallèle avec les biens personnels de chaque époux, une masse d'acquêts leur appartenant conjointement. Ce régime matrimonial était particulièrement attractif avant la loi du 13 juillet 1965. Il permettait alors de garantir l'indépendance patrimoniale de chaque époux, tout en associant la femme à l'enrichissement de son mari pendant le mariage. Aujourd'hui, ce modèle hybride a perdu de son intérêt par rapport au régime légal. D'une part, chaque époux conserve l'administration, la jouissance et la libre disposition de ses biens personnels, y compris sous le régime de communauté (C. civ., art. 225 et 1428). D'autre part, l'article 1421 consacrant le principe de la gestion concurrente confère à chaque époux des pouvoirs égaux sur les biens communs. Par ailleurs, le régime de la participation aux acquêts offre un modèle plus judicieux d'hybridation des idées séparatistes et des aspirations communautaires (v. ss 708 et s.).

■ 707 Régime hybride, la séparation de biens avec société d'acquêts est soumise à une application distributive des règles de la séparation de biens et du régime légal de communauté. Si les premières régissent les biens personnels des époux, les secondes gouvernent les acquêts. La composition active et passive de la société d'acquêts (v. pour l'application sous ce régime de l'article 1415 du Code civil, Civ. 1re, 25 nov. 2003, *Bull. civ.* I, n° 236 ; *D.* 2004. Somm. 2335, obs. J. Revel ; *JCP* 2004. I. 129, n° 20, obs. M. Storck ; *RTD civ.* 2004. 335, obs. B. Vareille ; *Defrénois* 2004. 38043. 1467, obs. G. Champenois), la présomption de communauté, les règles de pouvoir, la théorie des récompenses ainsi que les causes de dissolution et les règles de liquidation et de partage de la communauté trouvent ici à s'appliquer. À tel point que le choix de ce régime ne présente, en l'absence de stipulations particulières du contrat de mariage, que peu d'intérêt. Le constat prend tout son relief si l'on songe qu'à défaut d'aménagements conventionnels, non seulement la société d'acquêts absorbe les revenus des biens personnels ainsi que les gains et salaires de chaque époux mais encore le formalisme du remploi des propres n'est ici pas écarté (Civ. 1re, 5 févr. 1985, *Bull. civ.* I, n° 54 ; *Defrénois* 1985. 33560. 858, obs. G. Champenois. – Comp. Civ. 1re, 25 avr. 2006, *JCP* 2006. IV. 2103 écartant les formalités du remploi en se fondant sur l'interprétation souveraine des clauses du contrat de mariage par les juges du fond). L'adoption de ce régime n'offre, au vrai, d'intérêt qu'à la condition que soit reconnue la validité — contestée par une partie de la doctrine (F. Terré, Ph. Simler, *préc.,* n° 808) — des clauses laissant aux époux la faculté de moduler, à leur discrétion, la composition de la *société d'acquêts*Q (J.-L. Fillette, « À propos des récentes tentatives de résurrection de la séparation de biens avec société d'acquêts », *Defrénois* 1996. 897 ; J.-F. Pillebout, « Formules particulières de contrat de mariage. Une séparation de biens limitée », *JCP* N 1993. I. 141).

section 2

La participation aux acquêts

Le régime de la participation aux acquêts incarne, sans conteste, une hybridation des modèles séparatiste et communautaire mieux aboutie que la séparation de biens avec société d'acquêts. Introduit dans le Code civil par la loi du 13 juillet 1965 et retouché par celle du 23 décembre 1985 (C. civ., art. 1569 à 1581), ce régime offre aux époux le moyen de combiner les avantages de la séparation de biens et du régime légal de communauté. Comme sous la première, chaque époux conserve ici sa pleine indépendance patrimoniale. La participation aux acquêts fonctionne, pendant la durée du régime, comme la séparation de biens pure et simple. Les époux conservent, sous réserve des présomptions d'indivision, la propriété et la gestion exclusives de leurs biens personnels. Cette autonomie sur le plan de l'actif est relayée sur le terrain du passif. Chaque époux demeure, en principe, seul tenu des dettes qu'il a souscrites quelle que soit la date de leur naissance. Ce n'est qu'à la dissolution que surgit l'aspect communautaire du régime. Celui des époux qui s'est le plus enrichi pendant la durée de son fonctionnement est tenu de faire participer son conjoint à la valeur des acquêts nets réalisés. Le conjoint qui s'est le moins enrichi bénéficie ainsi d'une créance de participation dont le montant est égal à la moitié de l'excédent des acquêts réalisés par l'autre époux (C. civ., art. 1569, al. 1er). Cette participation n'atteint que les bénéfices ; elle ignore les dettes souscrites par les époux pendant le régime. Aussi, a-t-on pu écrire que les époux mariés sous la participation aux acquêts ne le sont que pour le meilleur (I. Dauriac, *préc.,* n° 516). 708

Il reste que ce régime matrimonial n'est pas exempt d'imperfections. On lui reproche le plus souvent, outre les difficultés inhérentes à sa liquidation, d'être source d'insécurité juridique et de procéder d'une démarche largement utopique. En effet, d'une part, il autorise, dans le souci de préserver la créance de participation, la remise en cause, lors de sa dissolution, de certains actes accomplis par un époux sans son conjoint. D'autre part, le déploiement de ses effets, à la fin du régime, suppose que les 709 époux aient tenu une comptabilité scrupuleuse pendant la durée de son fonctionnement. Ces critiques expliquent sans doute le faible engouement du notariat, et par suite des époux, pour ce régime matrimonial. Dix ans après son introduction dans le Code civil, seuls 2 % des couples mariés l'avaient adopté (*75e Congrès de notaires de France*, t. 2, 1979, p. 1242). La participation aux acquêts fait ainsi figure de régime élitiste, et, cela, bien qu'il ait été érigé, par un accord entre la France et l'Allemagne du 4 février 2010, en régime matrimonial commun optionnel au profit des couples franco-allemands, et, plus largement, de tous les couples vivant en France ou en Allemagne ou auquel est applicable le droit matrimonial allemand ou français, même s'ils vivent dans un pays tiers (ce régime optionnel de la participation aux acquêts ne se confond pas, au demeurant, avec celui prévu par le Code civil, sur ce point, v. Ph. Simler, « Le nouveau régime matrimonial optionnel franco-allemand de la participation aux acquêts », *préc.* n° 535). D'inspiration séparatiste durant son fonctionnement (§ 1) et d'esprit communautaire à sa dissolution (§ 2), la participation aux acquêts combine en réalité les deux modèles à l'occasion de chacune de ces étapes.

§ 1 Le fonctionnement de la participation aux acquêts

■ 710 La soumission de la participation aux acquêts aux règles de la séparation de biens (A) laisse place, de manière subsidiaire, à l'existence de règles qui lui sont propres (B).

A. La soumission aux règles de la séparation de biens

■ 711 La participation aux acquêts obéit aux règles de la séparation de biens en ce qui concerne tout à la fois la composition (1) et la gestion des patrimoines (2).

1. *La composition des patrimoines*

■ 712 À l'instar des époux mariés sous la séparation de biens, les conjoints ayant adopté le régime de la participation aux acquêts conservent la propriété exclusive de leurs biens personnels. Peu importe que les biens aient été acquis avant ou après la célébration du mariage, à titre onéreux ou à titre gratuit. La notion de « bien commun » est étrangère à ce régime matrimonial. Il reste que les époux peuvent être propriétaires de certains biens en indivision. Il en est ainsi lorsque la propriété exclusive de l'un d'eux, bien qu'étant libre, n'est pas rapportée. En pareil cas, les biens sont réputés appartenir aux deux conjoints indivisément par moitié, sous réserve des présomptions de propriété insérées dans le contrat de mariage (C. civ., art. 1538, al 3 – v. ss 681).

■ 713 La soumission aux règles de la séparation de biens se prolonge sur le terrain du passif. Le paiement des dettes souscrites par un époux marié sous le régime de la participation aux acquêts ne peut être poursuivi que sur ses biens personnels. La charge définitive lui en incombe seul. Le principe connaît toutefois plusieurs tempéraments. Ainsi, les époux peuvent-ils souscrire une dette conjointe ou solidaire. Par ailleurs, la loi les oblige solidairement au paiement des dettes ménagères (C. civ., art. 220 – v. ss 170 et s.) ainsi que de l'impôt sur le revenu et de la taxe d'habitation (CGI, art. 1691 *bis*). La contribution à la dette se règle de la même manière que sous la séparation de biens, étant entendu que la contribution aux charges du mariage a lieu, sauf stipulation contraire de la convention matrimoniale, à proportion des facultés respectives de chaque époux (C. civ., art. 214, 1537 et 1569).

2. *La gestion des patrimoines*

La gestion des patrimoines ne fait preuve, sous le régime de la participation aux acquêts, d'aucune originalité. Les règles de la séparation de biens sont ici transposées. Ainsi, chaque époux conserve-t-il « l'administration, la jouissance et la libre disposition de ses biens personnels, sans distinguer entre ceux qui lui appartenaient au jour du mariage ou lui sont advenus depuis par succession ou libéralités et ceux qu'il a acquis pendant le mariage à titre onéreux » (C. civ., art. 1569, al. 1er). 714

Il reste que, comme sous la séparation de biens, le principe de la gestion exclusive des biens personnels se heurte ici aux limites fixées par le régime primaire, soit qu'elles imposent le respect de la cogestion (C. civ., art. 215, al. 3), soit qu'elles permettent à un époux d'agir sur les biens personnels de son conjoint (C. civ., art. 219, 220-1, 221 et 222). La technique du mandat trouve, par ailleurs, à s'appliquer en vertu des articles 218 et 1569, alinéa 1er. Le renvoi global de ce dernier texte au régime de la séparation de biens rend ici applicables les dispositions des articles 1539 et 1540 relatives à l'immixtion d'un époux dans les affaires de son conjoint (v. ss 691 et s.). 715

Rappelons, enfin, que l'indépendance de gestion s'arrête aux frontières de la catégorie des biens personnels. Les biens indivis sont assujettis, pour l'accomplissement des actes d'administration et de disposition, à la règle de la majorité ainsi qu'à celle de l'unanimité posées par les articles 815-3 et 815-5-1 du Code civil (v. ss 689). 716

B. L'existence de règles propres à la participation aux acquêts

Parce que chaque époux a vocation à participer, à la fin du régime, aux acquêts réalisés par son conjoint, la participation aux acquêts n'est pas soumise purement et simplement, durant son fonctionnement, aux règles de la séparation de biens. Elle s'en distingue par deux séries de dispositions. 717

La première frappe la créance de participation d'incessibilité, tant que le régime matrimonial n'est pas dissous (C. civ., art. 1569, al. 2). La disposition repose tout à la fois sur le souci de protéger un conjoint contre lui-même en l'empêchant de céder des droits éventuels et contre les tiers dont l'immixtion dans les relations patrimoniales entre époux n'est pas souhaitable. 718

La seconde série de mesures vise à conserver la créance de participation. 719

L'article 1573 du Code civil réintègre au patrimoine final de chaque conjoint les donations effectuées sans le consentement de son époux ainsi que les biens qui ont été aliénés frauduleusement. Le texte précise que « L'aliénation à charge de rente viagère ou à fonds perdus est présumée faite en fraude des droits du conjoint, si celui-ci n'y a consenti ». Bien qu'ayant vocation à déployer ses effets à la dissolution du régime, l'article 1573 aboutit, en fait, à infléchir l'indépendance de gestion de chaque époux durant le fonctionnement de la participation aux acquêts. Il impose, en effet, de recueillir le consentement du conjoint, sous peine d'une augmentation de sa créance. L'époux créancier est autorisé, par ailleurs, à poursuivre le paiement de celle-ci sur les biens aliénés, sans son consentement, ou en fraude de ses droits

(C. civ., art. 1577). Le défaut de consentement du conjoint conduit ainsi, à l'heure de la dissolution, à lui rendre inopposables les actes visés par les articles 1573 et 1577, de telle sorte que l'époux et les tiers le feront toujours intervenir à l'acte. L'indépendance de gestion de chaque époux s'en trouve indirectement diminuée.

■ 720 L'article 1580 protège, par un passage de la participation aux acquêts à la séparation de biens, un époux dont la créance éventuelle est compromise par son conjoint. Celle-ci fait alors l'objet d'une liquidation anticipée lors de la dissolution du premier régime. L'article 1580 puise, à l'évidence, sa source d'inspiration dans les dispositions de l'article 1443 qui, sous le régime légal, prévoient la séparation de biens judiciaire (v. ss 524 et s.). La liquidation anticipée de la créance de participation peut être demandée dès lors que « Le désordre des affaires d'un époux, sa mauvaise administration ou son inconduite, donnent lieu de craindre que la continuation du régime matrimonial ne compromette les intérêts de l'autre conjoint ».

Ajoutons que le principe de l'immutabilité du régime matrimonial fait obstacle aux conventions entre époux qui auraient pour effet de priver l'un des conjoints de sa créance éventuelle de participation, en altérant l'économie du régime de la participation aux acquêts. Il en est ainsi, par exemple, d'une cession de parts entre époux dont les effets sont reportés après le divorce, une telle clause ayant pour résultat de priver le cédant de sa créance éventuelle de participation sur des acquêts réalisés par le cessionnaire (v. Civ. 1re, 8 avr. 2009, *préc.* n° 251 et 517).

§ 2 La dissolution de la participation aux acquêts

■ 721 Lors de la dissolution du régime, la participation aux acquêts change de philosophie. Elle délaisse les principes séparatistes pour se soumettre à une logique communautaire en associant chaque époux à l'enrichissement de son conjoint. L'époux dont la fortune a la moins prospéré pendant le fonctionnement du régime a vocation à la moitié de l'excédent des acquêts net faits par l'autre conjoint. La mise en œuvre de ce droit impose de procéder à la détermination de la créance de participation (A) puis à son paiement (B).

A. La détermination de la créance de participation

■ 722 La *détermination de la créance de participation*^Q de chaque époux implique que l'on évalue les acquêts faits par chacun d'eux pendant le régime. Cela suppose que soient recherchées, au préalable, la consistance du patrimoine de chaque époux au jour de la célébration du mariage et celle de son patrimoine au jour de la dissolution. La différence entre le patrimoine originaire (1) et le patrimoine final (2) permet, ensuite, de procéder au calcul de la créance de participation (3).

1. *Le patrimoine originaire*

■ 723 Il convient, d'abord, de déterminer la consistance du *patrimoine originaire*^Q (a) avant de procéder à son évaluation (b).

a. La consistance du patrimoine originaire

■ 724 Le patrimoine originaire fournit l'un des éléments de l'étalon de la créance de participation. Plus ce patrimoine absorbe de biens, moins la créance de participation de l'autre conjoint sera élevée. C'est, en effet, la différence entre le patrimoine originaire et le patrimoine final qui incarne l'unité de mesure de l'enrichissement de chaque époux et, par suite, de la dette dont il est tenu.

L'article 1570 alinéa premier du Code civil définit la consistance du patrimoine originaire par référence aux règles du régime légal. Le texte dispose que « Le patrimoine originaire comprend les biens qui appartenaient à l'époux au jour du mariage et ceux qu'il a acquis depuis par succession ou libéralité, ainsi que tous les biens qui, dans le régime de la communauté légale, forment des propres par nature sans donner lieu à récompense ». Figurent ainsi dans le patrimoine originaire les biens qui auraient reçu la qualification de biens propres sous le régime légal, c'est-à-dire les biens présents, les biens à venir acquis à titre gratuit et les biens propres par nature — sous la condition, s'agissant de ces derniers, qu'ils n'auraient pas donné lieu, sous ce régime, à récompense au profit de la communauté (v., par exemple, pour l'action en réparation d'un dommage corporel, Civ. 1re, 28 févr. 2006, *JCP* 2006. IV. 1665). 725

Sont en revanche *exclus* du patrimoine originaire les *fruits des biens visés* par l'article 1570, ainsi que les *biens ayant le caractère de fruits* (al. 1er *in fine*). Sur ce point, le texte est, une nouvelle fois, en parfaite harmonie avec les règles de la communauté. On se souvient que, sous ce régime, les fruits et les revenus des biens propres tombent dans la masse commune (v. ss 296 et s.). Aussi, est-il cohérent qu'ils forment ici des acquêts. Les biens originaires donnés par chaque époux au cours du régime ne sont pas davantage comptabilisés dans le patrimoine originaire (C. civ., art. 1570 al. 1er *in fine*). 726

Reste la question cruciale de la *preuve*. Parce qu'elle influe sur le montant de sa dette de participation, chaque époux a intérêt à majorer son patrimoine originaire. Cela explique que, conformément au droit commun, la preuve de la consistance de ce patrimoine incombe à l'époux qui allègue qu'un bien en fait parti. Cela explique surtout que l'article 1570 fixe minutieusement les modes de preuve. La consistance du patrimoine originaire est prouvée par un état descriptif qui peut être sous seing privé. Ce dernier doit être établi en présence de l'autre conjoint et signé par lui (C. civ., art. 1570, al. 2). À défaut d'un tel état ou s'il est incomplet, la preuve de la consistance du patrimoine originaire ne peut être rapportée que par les moyens de preuve prévus par l'article 1402 (C. civ., art. 1570, al. 3). Le renvoi à cette disposition vaut renvoi à la présomption d'acquêt. Comme sous le régime légal, celle-ci ne peut être renversée que par un écrit préconstitué. À défaut d'un tel écrit, le juge peut tenir compte de tous écrits domestiques ainsi que des documents de banque et des factures. Il peut même admettre la preuve par témoignage ou présomption, s'il constate qu'un époux a été dans l'impossibilité matérielle ou morale de se procurer un écrit. Enfin, la présomption est écartée toutes les fois que le bien porte en lui-même la marque ou la preuve de son origine (C. civ., art. 1402, al. 2 – Sur tout ceci, v. ss 364 et s.). Ces règles s'appliquent, pour le jeu de la subrogation réelle, à la preuve de l'origine des fonds utilisés pour l'acquisition d'un bien. Bien que n'étant pas ici imposée par la loi (comp. C. civ., art. 1434, v. ss 358 et s.), la mention de l'origine des deniers dans l'acte d'acquisition se révélera donc très utile. 727

b. L'évaluation du patrimoine originaire

728 Une fois sa consistance établie, le patrimoine originaire doit être évalué afin d'en opérer la soustraction du patrimoine final. L'opération porte sur l'actif net du patrimoine originaire. Aussi, convient-il, dans un premier temps, d'évaluer l'actif avant d'en déduire, dans un second temps, le passif. L'article 1571 fixe, d'abord, la méthode d'évaluation à suivre. « Les biens originaires sont estimés d'après leur état au jour du mariage ou de l'acquisition et d'après leur valeur au jour où le régime matrimonial est liquidé. S'ils ont été aliénés, on retient leur valeur au jour de l'aliénation. Si de nouveaux biens ont été subrogés aux biens aliénés, on prend en considération la valeur de ces nouveaux biens » (C. civ., art. 1571, al. 1er). La règle de l'état conduit à tempérer la règle de l'évaluation au jour de la liquidation ou de l'aliénation. Elle implique, en effet, de ne pas tenir compte, pour l'évaluation du patrimoine originaire, des améliorations et des plus-values apportées, après la célébration du mariage ou l'acquisition du bien, par l'époux propriétaire. Celles-ci sont considérées comme des acquêts. Elles figurent au patrimoine final et profitent, par suite, à l'autre conjoint. Les plus-values fortuites ou naturelles ne doivent pas, en revanche, lui bénéficier. Elles n'enrichissent que l'époux propriétaire. Symétriquement, les moins-values de même nature n'appauvrissent que ce dernier. Le tribunal peut déroger à ces règles d'évaluation, à la demande d'un époux, si leur application devait conduire à un résultat manifestement contraire à l'équité (C. civ., art. 1579).

729 L'article 1571 indique, ensuite, que « De l'actif originaire sont déduites les dettes dont il se trouvait grevé, réévaluées, s'il y a lieu, selon les règles de l'article 1469, troisième alinéa ». Ainsi y a-t-il lieu de déduire de la valeur de l'actif, déterminée suivant les prescriptions de l'alinéa 1er, le montant des dettes tel qu'il résulte des règles d'évaluation des récompenses. Les dépenses d'amélioration, d'acquisition, de conservation sont prises en compte à hauteur du profit subsistant. Les autres dettes sont déduites pour leur montant nominal. L'article 1571, alinéa 2 *in fine* ajoute que « Si le passif excède l'actif, cet excédent est fictivement réuni au patrimoine final ». Cela signifie que, lorsque les dettes dépassent l'actif, le montant du solde négatif est additionné au patrimoine final, afin de ne pas pénaliser l'autre conjoint. En effet, les dettes originaires ayant été payées en pareil cas à l'aide d'acquêts, il est équitable que leur montant vienne enfler le patrimoine final du débiteur et, par suite, la créance de participation de son conjoint. Ce dernier trouve ainsi un intérêt évident à la démonstration d'un tel passif, ce qui explique que la charge lui en incombe. L'article 1570 le renvoie aux modes de preuve de l'article 1402 (v. ss 364 et s.).

2. *Le patrimoine final*

730 Il convient, d'abord, de déterminer la consistance du *patrimoine final*[Q] (a) avant de procéder à son évaluation (b).

a. La consistance du patrimoine final

731 La consistance du patrimoine final est réglée par l'article 1572, alinéa 1er. D'après ce texte, « Font partie du patrimoine final tous les biens qui appartiennent à l'époux au jour où le régime matrimonial est dissous, y compris, le cas échéant, ceux dont il aurait disposé à cause de mort et sans en exclure les sommes dont il peut être créancier envers son conjoint ». Sont ainsi pris en compte, pour la composition du patrimoine final de chaque époux, l'ensemble des biens existants au jour de la

dissolution du régime matrimonial. Le patrimoine final comprend, autrement dit, outre les biens originaires, les biens acquis par chaque époux à titre onéreux durant le régime et les fruits existants. L'article 1572 ajoute à cette liste les créances qu'un époux détient sur son conjoint. Peu importe que l'époux propriétaire ait disposé de ces biens par testament. Lorsque le régime matrimonial est dissous par le divorce, la séparation de corps ou la liquidation anticipée des acquêts (C. civ., art. 1580 – v. ss 720), la date de la dissolution correspond à celle de la demande (C. civ., art. 1572, al. 1er *in fine*), sous réserve des dispositions de l'article 262-1 qui demeurent applicables dans les deux premières hypothèses (v. ss 519 et s.).

Aux biens existants est réunie la valeur des acquêts dont chaque époux a disposé par donation entre vifs sans le consentement de son conjoint ainsi que celle des acquêts qu'il aurait aliénés frauduleusement. L'aliénation à charge de rente viagère ou à fonds perdus est présumée faite en fraude des droits du conjoint si celui-ci n'y a consenti (C. civ., art. 1573 – v. ss 719). 732

La preuve de la consistance du patrimoine final est rapportée par un état descriptif qui peut être sous seing privé et doit être établi par l'époux ou ses héritiers en présence de l'autre conjoint ou de ses héritiers ou eux dûment appelés. Les époux ou leurs héritiers disposent, pour dresser cet état, d'un délai de neuf mois à compter de la dissolution du régime matrimonial, sauf prorogation par le président du tribunal statuant en la forme des référés. La preuve que le patrimoine final aurait compris d'autres biens que ceux mentionnés dans l'état descriptif peut être démontrée par tous moyens même par témoignages et présomptions (C. civ., art. 1572, al. 2 et 3). L'époux ou l'héritier qui, intentionnellement, omet d'établir l'état descriptif ou produit un état incomplet devrait encourir les peines du recel de communauté. L'article 1572, alinéa 2 déclare, en effet, applicable à la liquidation du régime, demandée en justice, « en tant que de raison, les règles prescrites pour arriver au partage judiciaire des successions et des communautés », parmi lesquelles figurent les articles 778 et 1477 relatifs au recel. (en ce sens v. F. Terré, Ph. Simler, préc., n° 840 ; v. ss 597). Ce n'est pourtant pas la solution que retient la Cour de cassation, laquelle décide d'écarter l'incrimination civile de recel, au motif que l'article 1477 édicte une sanction à l'encontre de l'époux commun en biens coupable d'un recel des effets de la communauté et que, sous le régime de la participation aux acquêts, les biens acquis par les époux, au cours du mariage, constituent des biens qui leur sont personnels et non des biens communs, chacun d'eux ne pouvant prétendre, à la dissolution du régime qu'à une créance de participation (v. Civ. 1re, 4 mai 2011, *D.* 2011. 2005, note L. Mauger-Vielpeau ; sur cet arrêt, v. N. Peterka, « L'éviction du recel de communauté sous la participation aux acquêts », *Sol. Notaires* 2011, n° 2, p. 20 ; D. Autem, « Pas de recel dans le régime de la participation aux acquêts ! », *Defrénois* 2011. 40066. 1226 ; *RTD civ.* 2011. 579, obs. B. Vareille ; *Dr. fam.* 2011. Comm. 100, note B. Beignier ; *JCP N* 2011. 1283, note B. Beignier ; *Defrénois* 2012. 40455. 356, G. Champenois). Approuvée par une partie de la doctrine, la solution peut, il est vrai, se justifier d'un point technique (D. Autem, art. préc.). Fondé sur le souci de faire respecter l'égalité du partage, le recel de communauté n'a pas sa place dans la participation aux acquêts, dont la liquidation se solde par l'attribution au conjoint s'étant le moins enrichi pendant le fonctionnement du régime d'une créance de participation. Pour autant, l'éviction du recel n'en demeure pas moins contestable, si l'on songe qu'elle permet à un époux de minorer 733 frauduleusement l'évaluation de la créance de participation de son conjoint, dont la protection se trouve réduite à la seule prise de mesures conservatoires (C. civ., art. 1572, al. 4) et au droit commun de la responsabilité civile (C. civ., art. 1382. – En ce sens, v. N. Peterka, art. préc. ; G. Champenois, obs. préc. ; B. Vareille, obs. préc.).

b. L'évaluation du patrimoine final

734 Comme précédemment au sujet du patrimoine originaire, l'estimation du patrimoine final succède à la détermination de sa consistance. L'opération a pour finalité de chiffrer l'actif net, ce qui implique d'abord d'évaluer les biens avant d'en déduire les dettes.

735 L'article 1574, alinéa premier pose les règles d'évaluation des biens composant le patrimoine final. « Les biens existants sont estimés d'après leur état à l'époque de la dissolution du régime matrimonial et d'après leur valeur au jour de la liquidation de celui-ci ». Si la date de l'évaluation des biens est la même que celle prévue pour les biens originaires, la règle de l'état diffère. En effet, pour l'évaluation du patrimoine final, les biens sont pris en compte d'après leur état au jour de la dissolution du régime matrimonial. La règle est cohérente puisqu'il s'agit de faire participer le conjoint aux acquêts réalisés par son époux pendant toute la durée du régime. La vocation aux acquêts, et donc aux plus-values et améliorations dont ces derniers ont bénéficié, cesse en toute logique avec la dissolution du régime. Néanmoins, les biens qui ont été aliénés par un époux par donation entre vifs ou en fraude des droits de son conjoint sont estimés d'après leur état au jour de l'aliénation (C. civ., art. 1574, al. 1er *in fine*). Les améliorations apportées aux biens originaires par leur propriétaire entre la célébration du mariage ou l'acquisition et la fin du régime sont constitutives d'acquêts et accroissent le patrimoine final. Tel est encore le cas des plus-values apportées aux biens originaires donnés par un époux sans le consentement de son conjoint. Celles-ci sont évaluées à la date de l'aliénation (C. civ., art. 1574, al. 3). L'article 1579, qui réserve l'équité, permet de déroger à ces règles d'évaluation. Il ne permet pas, en revanche, de déroger à celles prévues par le contrat de mariage (Civ. 1re, 26 sept. 2007, *JCP* 2007. IV. 2931 ; *RJPF* 2008-1. 15, note F. Vauvillé).

736 L'évaluation du passif final obéit à des règles plus simples. Les dettes qui n'ont pas encore été acquittées, y compris les dettes envers l'autre conjoint, sont déduites de l'actif pour leur montant nominal (C. civ., art. 1574, al. 2). La soustraction fournit l'actif net du patrimonial final.

3. *Le calcul de la créance de participation*

737 Le calcul de la créance de participation est le fruit d'une opération simple. Celle-ci consiste à soustraire de l'actif net final de chaque époux le montant de l'actif net de son patrimoine originaire. Le solde positif fournit la valeur des acquêts nets réalisés par chaque conjoint pendant le fonctionnement du régime. L'autre époux peut exercer, sur cette valeur, sa créance de participation. En cas de solde négatif, le déficit est supporté entièrement par l'époux dont les acquêts sont nuls (C. civ., art. 1575, al. 1er).

Actif net final – Actif net originaire = Acquêts nets

738 Si seul un époux présente un solde positif, ce dernier offre la base de calcul de la créance de participation de son conjoint. Celui-ci bénéficie d'une créance d'un

montant égal à la moitié de l'enrichissement de l'autre époux pendant la durée du régime. Si les deux époux se sont enrichis, ils se trouvent réciproquement créanciers l'un de l'autre. Les créances réciproques sont alors compensées à hauteur du plus faible des deux montants. « Seul l'excédent se partage : l'époux dont le gain a été le moindre est créancier de son conjoint pour la moitié de cet excédent » (C. civ., art. 1575, al. 2). La créance de participation correspond ainsi à la moitié de la différence entre le montant des acquêts nets de chaque époux.

Créance de participation = Acquêts nets de l'époux qui s'est le plus enrichi – Acquêts de son conjoint

Le contrat de mariage peut toutefois déroger à la règle du partage par moitié de l'excédent des acquêts nets et stipuler un partage inégal, voire l'attribution intégrale de cet excédent au profit du conjoint survivant ou de l'un des époux sous la condition de sa survie (C. civ., art. 1581, al. 2). 739

Les créances entre époux influent sur le montant de la créance de participation. Celui-ci est minoré, le cas échéant, des créances que l'époux débiteur détient, à un autre titre, sur son conjoint (C. civ., art. 1575, al. 3). 740

B. Le paiement de la créance de participation

Le paiement de la créance de participation a lieu, en principe, en argent (1). À titre exceptionnel, il peut être effectué en nature (2). 741

1. *Le paiement en argent*

L'article 1576, alinéa 1er indique que « La créance de participation donne lieu à un paiement en argent ». Ce dernier est en principe exigible dans son intégralité, dès la clôture des opérations de liquidation. Précisons que l'action en liquidation se prescrit ici par un délai de trois ans à compter de la dissolution du régime matrimonial (C. civ., art. 1578, al. 4 – Le délai de prescription est interrompu par l'établissement d'un procès-verbal de difficultés faisant état de la créance de participation : Civ. 1re, 11 juill. 2006, *JCP* 2006. IV. 2766). Le législateur confère néanmoins à l'époux débiteur qui rencontrerait des difficultés graves à s'acquitter immédiatement de sa créance la faculté de solliciter du juge des délais de paiement. Ceux-ci ne peuvent pas dépasser cinq ans. Ils sont par ailleurs subordonnés à la fourniture de sûretés et donnent lieu au versement d'intérêts (C. civ., art. 1576, al. 1er). 742

D'une manière générale, l'époux créancier peut faire inscrire, pour la sûreté de sa créance de participation, l'hypothèque légale prévue par l'article 2402 du Code civil sur les immeubles de son conjoint. L'inscription peut être prise pendant la durée du fonctionnement du régime. Elle ne produit toutefois d'effet qu'à compter de la dissolution de la participation aux acquêts et à la condition que les immeubles qui en sont grevés existent encore à cette date dans le patrimoine de l'époux débiteur. L'inscription de l'hypothèque légale présente dès lors peu d'intérêt puisqu'elle ne prive pas le débiteur du pouvoir de disposer de son bien ni les tiers des droits qu'ils tiennent de lui. L'inscription peut être prise également dans l'année qui suit la dissolution du régime matrimonial. Elle a alors effet de sa date, conformément au droit commun (C. civ., art. 2402, al. 2 et 3). 743

744 L'époux créancier bénéficie, pour l'exécution de la créance de participation, d'un droit de poursuite élargi. Celui-ci s'étend, en effet, non seulement aux biens existants dans le patrimoine de son conjoint mais aussi, de façon subsidiaire, aux acquêts que ce dernier a donnés sans son consentement ou aliénés frauduleusement (C. civ., art. 1577). L'insolvabilité de son conjoint lui rend ainsi ces aliénations inopposables. L'article 1577 détermine l'ordre dans lequel elles peuvent être atteintes : l'époux créancier peut procéder à l'exécution forcée de sa créance en commençant par les aliénations les plus récentes. L'action en inopposabilité de l'article 1577 est une réplique de l'action paulienne (C. civ., art. 1167). Elle est soumise aux mêmes conditions que cette dernière (C. civ., art. 1578, al. 4). Le créancier doit ainsi établir l'intention frauduleuse de son débiteur et, pour les aliénations à titre onéreux, la complicité de fraude du tiers acquéreur. Cette preuve lui est toutefois épargnée pour les aliénations à charge de rente viagère ou à fonds perdus qui sont présumées frauduleuses (C. civ., art. 1573 *in fine*). Il reste que l'action prévue par l'article 1577 se distingue de l'action paulienne sur le terrain de la prescription. Le créancier ne dispose ici, pour agir, que d'un délai de deux ans à compter de la clôture de la liquidation.

2. *Le paiement en nature*

745 L'article 1576, alinéa 2 prévoit deux cas dans lesquels le paiement de la créance de participation peut avoir lieu en nature.

Un tel règlement peut résulter, d'abord, de l'accord des époux. Ceux-ci peuvent convenir d'un paiement en nature soit lors de la liquidation du régime matrimonial, soit *ab initio* dans le contrat de mariage. Toutefois, en ce dernier cas, le règlement en nature est subordonné à la preuve que le créancier trouve un intérêt essentiel à se faire attribuer certains biens de son conjoint (C. civ., art. 1581, al. 3). Il reste que cette disposition n'interdit pas de conférer au créancier le droit de demander le paiement en nature de sa créance, en toute hypothèse, sans avoir à établir un tel intérêt.

Le paiement en nature peut être, ensuite, autorisé par le juge, « si l'époux débiteur justifie de difficultés graves qui l'empêchent de s'acquitter en argent ». C'est au juge qu'il appartient d'apprécier la gravité des difficultés invoquées par le débiteur et la valeur des biens proposés en règlement.

746 Le législateur a été soucieux de protéger les créanciers du conjoint débiteur dont le droit de gage général est affecté par le paiement en nature de la créance de participation. Afin d'éviter qu'ils aient à en souffrir, l'article 1576, alinéa 4 leur confère, par une disposition peu conforme à l'orthodoxie juridique, une sorte de droit de suite en les autorisant à saisir dans le patrimoine de l'époux créancier les biens qui lui ont été attribués en règlement de sa créance.

747 Le législateur attribue au paiement en nature la qualification d'opération de partage. Il en est ainsi, d'après l'article 1576, alinéa 3, « lorsque les biens attribués n'étaient pas compris dans le patrimoine originaire ou lorsque l'époux attributaire vient à la succession de l'autre ». Si la nature juridique d'opération de partage peut se comprendre lorsque le paiement s'insère dans un règlement successoral, elle surprend davantage lorsque le débiteur n'est pas invité à la succession de son conjoint. En effet, en ce cas, l'attribution intervient en dehors de toute indivision préalable, de telle sorte que la qualification légale consacre un partage sans indivision. À la vérité, la qualification d'opération de partage est avant tout opportuniste. Elle permet de

faire bénéficier le paiement en nature de toutes les conséquences civiles et fiscales attachées à cette qualification. Il reste qu'en dehors des hypothèses visées par l'article 1576, alinéa 3, le règlement en nature de la créance de participation retrouve sa véritable qualification, celle de dation en paiement.

Mémo

Sous le régime de la séparation de biens, chaque époux conserve en principe la *propriété exclusive* de ses biens. Ce principe est tempéré par l'existence de *biens indivis* entre les époux. L'article 1538, alinéa 3 édicte une *présomption d'indivision* qui joue dès lors que la preuve de la propriété exclusive d'un bien n'est pas démontrée. L'indépendance des époux se prolonge sur le plan du *passif*, où elle subit aussi des *tempéraments*, d'origine légale (art. 220 notamment) ou conventionnelle. Les *dettes* nées de la conservation ou de la gestion des *biens indivis* sont payées par prélèvement sur *l'actif indivis* (art. 815-17, al. 1er). Sur le terrain des *pouvoirs*, chaque époux conserve l'administration, la jouissance et la libre disposition de ses biens personnels, sous réserve, d'une part, des limites tirées du régime primaire et, pour les biens indivis, du droit de l'indivision et, d'autre part, de celles résultant du mandat (art. 1539 et 1540). Les règles du partage successoral sont applicables, sous quelques exceptions, au partage des biens indivis. Le *régime des créances entre époux* est calqué sur celui des récompenses. Lorsqu'un époux a fait le sacrifice de sa vie professionnelle au profit de son conjoint, la jurisprudence a recours à l'enrichissement sans cause, à la société créée de fait ou à la donation rémunératoire. Lorsque la participation professionnelle non rétribuée a permis d'acquérir, de conserver ou d'améliorer un bien figurant dans le patrimoine de l'autre époux au jour de la liquidation, la Cour de cassation fait prévaloir les règles relatives aux créances entre époux (art. 1543) pour accorder au collaborateur une indemnité égale au profit subsistant. La rigueur de la séparation de biens peut être adoucie par la stipulation d'une société d'acquêts, laquelle consiste à intégrer certains biens dans une masse commune.

La *participation aux acquêts* fonctionne pendant la *durée* du régime comme une *séparation de biens*. À la *dissolution*, l'époux qui s'est le plus enrichi est tenu de faire participer son conjoint à la valeur des *acquêts nets* réalisés. Pendant le régime, chaque époux conserve la *gestion* de ses biens personnels et se trouve *seul* tenu de ses *dettes*. Ce régime comporte des *limites* à l'indépendance de gestion, dans le souci de préserver la créance de participation (art. 1573). Celle-ci implique la détermination des acquêts faits par chaque époux pendant le régime, ce qui résulte de la différence entre le patrimoine originaire et le patrimoine final. La créance de participation correspond à la moitié de la différence entre le montant des acquêts nets de chaque époux.

Quid

■ Créance de participation n° 722 à 747

Désigne, sous la participation aux acquêts, la créance détenue sur son conjoint, lors de la liquidation, par l'époux dont le patrimoine a le moins prospéré pendant le régime. Le montant de la créance de participation est égal, sans réserve des stipulations contraires du contrat de mariage, à la moitié de la différence entre les acquêts nets de chaque époux.

■ Don manuel n° 702

Variété de donation non notariée dont la validité repose sur le formalisme de la tradition réelle. Cette dernière peut consister en une remise de la main à la main ou, pour les sommes d'argent, en la remise d'un chèque ou un virement.

■ Donation de biens présents n° 703

Donation portant un bien figurant actuellement dans le patrimoine du donateur et dont l'effet peut être reporté à son décès (par exemple, clause de réversion d'usufruit ; donation de somme d'argent payable au décès du donateur).

■ Donation déguisée n° 702

Variété de donation non notariée dissimulée dernière un acte apparent à titre onéreux ou effectuée par personne interposée.

■ Donation indirecte n° 702

Variété de donation non notariée opérée par le truchement d'un acte neutre ne dévoilant pas sa cause (par exemple, le paiement pour autrui).

■ Patrimoine originaire n° 723 à 729

Désigne, sous la participation aux acquêts, les biens qui auraient reçu la qualification de bien propre sous le régime légal, c'est-à-dire les biens présents, les biens acquis par succession ou libéralité pendant le régime et les biens propres par nature. Sont toutefois exclus du patrimoine originaire les biens propres par nature qui auraient donné lieu, sous le régime légal, à récompense au profit de la communauté.

■ Patrimoine final n° 730 à 736

Désigne, sous la participation aux acquêts, les biens existants dans le patrimoine de chaque époux à la dissolution du régime, comprenant les biens originaires (v. patrimoine originaire), les biens acquis à titre onéreux pendant le fonctionnement du régime, les fruits existants ainsi que les créances qu'un époux détient sur son conjoint. Y sont réunies fictivement les donations d'acquêts effectuées par un époux sans le consentement de l'autre conjoint et les aliénations frauduleuses.

■ Société d'acquêts n° 706

Masse de biens communs adjointe à un régime de séparation de biens et obéissant aux règles du régime légal de communauté.

Documents

1) L'indemnisation de l'activité d'un époux à l'épreuve de la société créée de fait et de l'enrichissement sans cause

Civ. 1re, 3 déc. 2008 (*JCP* 2009. I. 140, n° 18, obs. M. Storck ; *Dr. sociétés* 2009. Comm. 45, note M.-L. Coquelet)

« Attendu que M. X… a acquis le 11 avril 1979 un fonds de commerce exploité sous l'enseigne Singer et a épousé Mme Z… le 7 décembre 1981 sous le régime de la séparation de biens ; que leur divorce a été prononcé par jugement du 3 juillet 1998 ; que Mme Z… soutenant qu'elle a collaboré sans rétribution aux côtés de M. X… à l'exploitation du fonds de commerce à compter de son ouverture en 1979 puis pendant toute la durée du mariage, a assigné son ex-époux en liquidation de cette société de fait et sollicité subsidiairement sa condamnation à l'indemniser sur le fondement de l'enrichissement sans cause ;

Sur le premier moyen :

Attendu que Mme Z… fait grief à l'arrêt attaqué (CA Aix-en-Provence, 26 janvier 2006) d'avoir dit qu'il n'y avait pas eu de société de fait entre elle et M. X…, alors, selon le moyen, que la cour d'appel, qui n'a recherché ni si l'affectio societatis ne résultait pas de l'ampleur de l'implication de Mme Z… dans le fonctionnement du commerce alors que cette dernière n'avait pas de moyens pour investir autrement dans la société, ni si l'absence de traduction concrète de participation aux bénéfices, évidente compte tenu de l'implication de l'exposante, ne s'expliquait pas simplement par la communauté de vie stable et encadrée des époux, a ainsi privé sa décision de base légale au regard de l'article 1134 du Code civil ;

Mais attendu que la cour d'appel, qui n'était pas tenue de procéder à la recherche inopérante invoquée par le moyen, a souverainement estimé que si de nombreuses attestations témoignaient de la présence constante de Mme Z… dans le magasin et de son aide efficace, celle-ci ne démontrait pas l'existence d'une volonté commune des époux de s'associer sur un pied d'égalité en partageant les bénéfices et les pertes dès lors que le compte commercial de l'entreprise n'avait fonctionné que sous la signature de M. X…, seul inscrit au registre du commerce et signataire du contrat de franchise, que les tâches accomplies par Mme Z… ne se rapportaient pas à la responsabilité de la gestion du fonds, que les époux s'étaient mariés pendant leur activité sous le régime de la séparation de biens et que M. X… avait acquis sans le concours de son épouse plusieurs biens immobiliers, ce dont il résultait l'absence d'affectio societatis ; qu'elle a ainsi légalement justifié sa décision ;

Sur le second moyen :

Attendu que Mme Z… fait encore grief à l'arrêt attaqué de l'avoir déboutée de sa demande fondée sur l'enrichissement sans cause, alors, selon le moyen :

1°/ qu'en déniant tout droit à indemnisation à Mme Z… bien que sa collaboration sans rémunération à l'activité professionnelle de son époux ait excédé son obligation normale de contribuer aux charges du mariage, la cour d'appel a violé l'article 1371 du Code civil ;

2°/ que le dévouement et les sentiments d'un époux à l'égard de l'autre, qui se développent dans la perspective durable du mariage et de la communauté en résultant, ne peuvent donner, en cas de divorce, de cause à un enrichissement exorbitant de ce dernier ; qu'en statuant par des motifs inopérants, la cour d'appel a privé sa décision de base légale au regard de l'article 1371 du Code civil ;

Mais attendu qu'ayant souverainement estimé que Mme Z... avait agi dans une intention libérale et que son investissement dans le commerce de son mari avait pour cause les liens d'affection qui l'unissaient à M. X..., la cour d'appel a, par ces seuls motifs, légalement justifié sa décision ;

PAR CES MOTIFS :

REJETTE le pourvoi... ».

2) L'immutabilité du régime matrimonial à l'épreuve de l'économie de la participation aux acquêts

Civ. 1re, 8 avr. 2009

(*Bull. civ.* I, n° 50 ; *D.* 2009. 1201, obs. V. Egéa ; *D.* 2009. 2509, obs. J. Revel ; *D.* 2009. 2528, note Th. Pasquier ; *RTD civ.* 2009. 516, obs. J. Hauser ; *ibid.* 769 et 771, obs. B. Vareille ; *AJ fam.* 2009. 219, obs. S. David ; *Dr. fam.* 2009, comm. 59, obs. B. Beignier ; *Defrénois* 2009. 38978. 1483, obs. G. Champenois)

« Attendu que M. X... et Mme Y..., mariés sous le régime de la participation aux acquêts, ont chacun acquis des actions et des parts dans diverses sociétés ; que, par lettre du 22 février 2005, M. X... a proposé à Mme Y... de lui racheter la totalité de ses droits moyennant le paiement d'un certain prix ; que cette offre comportait la stipulation suivante : "Comme condition déterminante de la présente offre, il est convenu que dans le divorce en cours entre M. et Mme X..., la présente cession produira entre eux les effets qu'elle produirait entre étrangers. En d'autres termes, elle sera considérée comme étant réalisée après le commencement des effets du divorce entre eux quelle qu'en soit la réalité" ; qu'après avoir accepté cette offre, Mme Y... a, par acte du 9 juin 2005, assigné M. X... en exécution de la cession et en paiement du prix ; que, par acte du 15 juillet 2005, elle l'a assigné en divorce ; (...)

Mais sur la troisième branche du moyen :

Vu l'article 265-2 du Code civil, ensemble l'article 1396, alinéa 3, du même Code, dans sa rédaction antérieure à la loi n° 2006-728 du 23 juin 2006 ;

Attendu que, pour déclarer valable la cession et condamner M. X... à en payer le prix, après avoir rappelé qu'il résulte de l'article 265-2 du Code civil qu'est nulle toute convention conclue antérieurement à l'instance en divorce introduite par une assignation, l'arrêt attaqué énonce que, contrairement à ce qu'a jugé le tribunal, l'objet de la clause sus-énoncée n'est pas de faire remonter les effets de la liquidation du régime matrimonial à une date antérieure à l'instance en divorce, en méconnaissance du texte précité, mais, au contraire, de reporter les effets de la cession à une date postérieure au divorce, afin de priver Mme Y... de sa créance de participation sur les parts sociales acquises par son conjoint ; qu'il retient que la transaction par laquelle un époux acquiert des parts de société de son conjoint ne s'analyse pas en une opération de liquidation et de partage d'un régime de participation aux acquêts dont la liquidation s'effectue à partir de la détermination des éventuelles créances de participation de chaque époux sur la base des évaluations respectives de leur patrimoine d'origine et de leur patrimoine final et que la cession d'actif litigieuse a pour effet de faire entrer les parts sociales de Mme Y... dans le patrimoine de M. X... et constitue donc pour ce dernier un acquêt dont il devra éventuellement "récompense" au moment de la dissolution du mariage, de sorte que la clause litigieuse ne s'analyse pas en une convention liquidative, mais en une renonciation du cédant à sa créance de participation sur les droits cédés et qu'elle ne saurait par suite affecter la validité de la vente des parts sociales, parfaite en application de l'article 1589 du Code civil en présence de l'accord échangé entre les parties sur la chose et sur le prix, et licite dans la mesure où le régime de la participation aux acquêts fonctionne jusqu'à la dissolution du mariage comme un régime de séparation dans lequel les parties conservent le droit de faire des actes sur leurs biens propres comme sur les biens indivis ;

Qu'en statuant ainsi, alors que la convention litigieuse, qui avait pour objet et pour effet de priver l'épouse de sa créance éventuelle de participation sur des acquêts réalisés par l'époux, ne pouvait s'analyser que comme une convention relative à la liquidation du régime matrimonial et qu'une telle convention était illicite dès lors qu'elle altérait l'économie du régime de participation aux acquêts et que, de surcroît, elle avait été conclue avant l'introduction de l'instance en divorce, la cour d'appel, qui n'a pas tiré les conséquences légales de ses propres énonciations, a violé les textes susvisés ;

PAR CES MOTIFS (...) :

CASSE ET ANNULE... ».

3) L'éviction du recel de communauté sous la participation aux acquêts

Civ. 1re, 4 mai 2011

(*D.* 2011. 2005, note L. Mauger-Vielpeau ; N. Peterka, « L'éviction du recel de communauté sous la participation aux acquêts », *Sol. Notaires* 2011, n° 2, p. 20 ; D. Autem, « Pas de recel dans le régime de la participation aux acquêts ! », *Defrénois* 2011. 40066. 1226 ; *RTD civ.* 2011. 579, obs. B. Vareille ; *Dr. fam.* 2011. Comm. 100, note B. Beignier ; *Defrénois* 2012. 40455. 356, G. Champenois)

Sur le moyen unique, pris en ses trois branches :

Attendu que le divorce de M. X... et de Mme Y..., mariés sous le régime de la participation aux acquêts, ayant été prononcé par un jugement du 1er septembre 1993 homologuant leur convention définitive portant règlement des effets du divorce qui précisait que la liquidation des droits patrimoniaux des époux était sans objet dès lors que ceux-ci n'avaient pas acquis de "biens communs", Mme Y... a, en 2006, demandé la liquidation de sa créance de participation et l'application de la sanction du recel de communauté à l'encontre de son ex-époux ;

Attendu que Mme Y... fait grief à l'arrêt attaqué (Rennes, 24 février 2009) d'avoir déclaré l'action irrecevable comme se heurtant à l'autorité de la chose jugée et à la prescription de l'article 1578 du Code civil, le recel n'étant pas démontré et, en conséquence, de l'avoir déboutée de la totalité de ses demandes, alors, selon le moyen :

1°/ que le recel suppose, en plus d'un élément matériel consistant en tout procédé tendant à priver un époux de sa part de communauté, un élément intentionnel résidant dans la volonté délibérée de porter atteinte à l'égalité du partage ; qu'en se bornant, pour écarter le recel des actions Ekip international, Immocean et Oceanthal, après avoir constaté leur omission matérielle, à relever que Mme Y... connaissait l'existence de ces sociétés et qu'il lui appartenait en conséquence, compte tenu de son diplôme d'école supérieure de commerce, de se renseigner sur la qualité d'actionnaire de ces sociétés revêtue par son mari, la cour n'a pas recherché, comme elle y était invitée, l'existence de l'intention de M. X... de dissimuler, au moment du divorce, sa qualité d'associé de ces sociétés et, partant, a privé sa décision d'un manque de base légale au regard de l'article 1477 du Code civil ;

2°/ que l'élément intentionnel du recel réside dans la volonté délibérée de porter atteinte à l'égalité du partage ; qu'en se bornant à regarder comme une simple erreur de plume ou une simple inexactitude du notaire ayant dressé ces actes, la mention répétée d'une situation ou d'un régime matrimonial sans rapport avec la réalité, dans plusieurs actes relatifs à six sociétés, Thalabaule, Immocean, Oceanthal, Espace tonic, Labiomer et Prospective et finance, sans rechercher, comme elle y était invitée, si l'abstention répétée de M. X... à demander de rectifier ces mentions, qu'il savait erronées, caractérisait une intention de dissimuler les actions de ces sociétés, la cour a privé de base légale sa décision au regard de l'article 1477 du Code civil ;

3°/ que l'élément intentionnel du recel d'actions de sociétés s'apprécie société par société ; qu'en déduisant de la déclaration par M. X..., au titre des revenus de 1991 du foyer fiscal composé alors de Mme Y... et de leur fils, des souscriptions d'actions des sociétés X... consultant et Ekip international, créées avant 1991, la preuve de l'absence d'intention de dissimuler la propriété matériellement omise des actions des sociétés Prospective et finance, Thalabaule et Espace tonic, créées à compter du 1er janvier 1991, la cour a violé par fausse application l'article 1477 du Code civil ;

Mais attendu que l'article 1477 du Code civil édicte une sanction à l'encontre de l'époux commun en biens coupable d'un recel des effets de la communauté ; que, sous le régime de la participation aux acquêts, les biens acquis par les époux, au cours du mariage, constituent des biens qui leur sont personnels et non des biens communs, chacun d'eux ne pouvant prétendre, à la dissolution du régime, qu'à une créance de participation ; qu'il en résulte que les dispositions du texte précité ne leur sont pas applicables ; que, par ce motif de pur droit, substitué, dans les conditions de l'article 1015 du Code de procédure civile, à ceux critiqués, la décision déférée se trouve légalement justifiée ; que le moyen ne peut donc être accueilli PAR CES MOTIFS :

REJETTE le pourvoi...

4) Le sort des donations de biens présents entre époux en cas de divorce

Civ. 1re, 14 mars 2012, n° 11-13791

(*LEFP* mai 2012, p. 1, obs. L. Mauger-Vielpeau ; *Dr. fam.* 2012. Comm. 83, note B. Beignier ; *JCP N* 2012. 1182 et *JCP* 2012. 994, note C. Brenner ; *D.* 2012. 1386, note A. Posez)

Vu l'article 265, alinéa 1er, du Code civil, ensemble l'article 1096, alinéa 2, du même Code ;

Attendu qu'il résulte de ces textes que le divorce est sans incidence sur une donation de biens présents faite entre époux et prenant effet au cours du mariage ;

Attendu, selon l'arrêt attaqué, que, par acte notarié du 28 juillet 2006, M. X... a fait donation à son épouse commune en biens, Mme Y..., d'un droit viager d'usage et d'habitation portant sur un appartement, une cave et un parking lui appartenant en propre, l'acte comportant une clause, intitulée "condition de non divorce", aux termes de laquelle, "En cas de divorce ou de séparation de corps, ou, si une telle instance était en cours au jour du décès du donateur, la présente donation sera résolue de plein droit et anéantie" ; que, le 22 juillet 2008, M. X... a assigné son épouse en divorce pour altération définitive du lien conjugal et en constatation de la résolution de plein droit de la donation ;

Attendu que, pour décider que la clause de non-divorce stipulée à l'acte de donation est licite, que cette libéralité est privée d'effet en raison du prononcé du divorce et ordonner à Mme Y... de libérer les lieux occupés, l'arrêt énonce que si l'article 265 du Code civil, spécifique au divorce, prévoit, dans son premier alinéa, que le divorce est sans incidence sur les donations de biens présents quelle que soit leur forme, il n'interdit cependant pas aux époux de déroger par convention expresse à ce principe général, dont le caractère d'ordre public revendiqué par l'épouse ne ressort d'aucun élément, que s'il est exact que la condition de non-divorce est purement potestative en présence des dispositions des articles 237 et 238 de ce Code instituant comme cause de divorce l'altération définitive du lien conjugal, cette nature ne condamne cependant pas la validité de cette clause qui échappe, selon l'article 947 du Code précité, à la sanction de la nullité édictée par l'article 944 du même Code, envers toutes les donations entre vifs sous des conditions dont l'exécution dépend de la seule volonté du donateur, qu'il résulte, enfin, des termes clairs et sans équivoque de la clause litigieuse que la donation est résolue en cas de divorce ou de séparation de corps, sans que son application soit réservée au seul jour du décès du donateur, que cette clause de non-divorce apparaît licite et que le prononcé du divorce des époux n'étant pas remis en cause devant la cour, la clause résolutoire de la donation est acquise ;

Qu'en statuant ainsi, alors que les dispositions impératives du premier des textes susvisés font obstacle à l'insertion, dans une donation de biens présents prenant effet au cours du mariage, d'une clause résolutoire liée au prononcé du divorce ou à une demande en divorce, la cour d'appel a violé les textes susvisés ;

Et attendu que la cassation entraîne l'annulation par voie de conséquence de la disposition de l'arrêt relative à la fixation du montant de la prestation compensatoire ;

PAR CES MOTIFS, et sans qu'il y ait lieu de statuer sur la première branche du moyen :

CASSE ET ANNULE, mais seulement en ce qu'il a déclaré licite la clause de non-divorce insérée dans l'acte de donation du 8 juillet 2006, dit que cette donation est privée d'effet du fait du divorce des époux…

Biblio

– D. Autem, « Pas de recel dans le régime de la participation aux acquêts ! », *Defrénois* 2011. 40066. 1226.

– S. Becqué-Ickowicz, « La construction sur le terrain d'un époux séparé de biens financée par des sommes indivises. Réflexions sur la dette de valeur », *RTD civ.* 2008. 589 et s.

– P. Catala, « L'indivision entre époux », in *Famille et patrimoine*, PUF, 2000, p. 213 et s.

– S. David, « Le contentieux liquidatif de la séparation de biens », in *Dossier. Liquidation du régime matrimonial (2e partie), AJ fam.* 2010. 206.

– A. Depondt, « La liquidation du régime de la séparation de biens », *JCP* N 2009. 1328 et 1334.

– C. Fénardon, « La participation inégale aux acquêts », *JCP* N 2009. 1117.

– C. Fénardon, « La participation intégrale aux acquêts », *JCP* N 2009. 1137.

– C. Fénardon, « La participation aux acquêts en nature », *JCP* N 2009. 1195.

– C. Fénardon, « La participation aux acquêts élargie : vers une participation universelle en nature », *JCP* N 2009. 1226.

– C. Fénardon, « La participation aux acquêts et la protection des biens professionnels, des billevesées ? », *JCP* N 2009. 1245.

– O. Gazeau, H. Lemaire, F. Vancleemput, « L'annihilation des effets d'une donation entre époux de biens présents », *Defrénois* 2010. 39458. 1981.

– J.-L. Fillette, « À propos des récentes tentatives de résurrection de la séparation de biens avec société d'acquêts », *Defrénois* 1996. 897.

– Th. Le Bars, « Pour une conception autonome du régime de la participation aux acquêts », in *Mélanges G. Wiederkehr*, Dalloz, 2009, p. 487.
– F. Laroche-Gisserot, « Les régimes séparatistes. Un environnement législatif favorable », *JCP* N 2009. 1191.
– H. Lécuyer et L. Taudin, « Utilité, opportunité et actualité de la séparation de biens avec société d'acquêts », *RLDC* avr. 2004, n° 152.
– F. Letellier, « La clause d'exclusion des biens professionnels sous le régime de la participation aux acquêts à l'épreuve du divorce. Quelques éléments de réponse à une question angoissante », *JCP* N 2008. 1150.
– M. Nicod, « Acquisitions indivises entre époux séparés de biens : des conflits en germe. Comment les éviter ? », *Sol. Notaires* 2012, n° 2, p. 21.
– Th. Pasquier, « La vente entre époux et l'économie générale de la participation aux acquêts », note Civ. 1re, 8 avr. 2009, *D.* 2009. 2528.
– N. Peterka, « L'éviction du recel de communauté sous la participation aux acquêts », *Sol. Notaires* 2011, n° 2, p. 20.
– J.-F. Pillebout, « Formules particulières de contrat de mariage. Une séparation de biens limitée », *JCP* N 1993. I. 141.
– F. Rouvière, « Les multiples facettes de la séparation de biens avec société d'acquêts », *Defrénois* 2006. 38413. 1026.
– R. Savatier, « Des inconvénients du régime conventionnel de séparation de biens », *DH* 1929. Chron. 21.
– Ph. Simler, « Le nouveau régime matrimonial optionnel franco-allemand de participation aux acquêts », *Dr. fam.* 2010. Étude 8 ; *JCP N* 2010. 1203.
– B. Vareille, « L'indivision et les couples », in *L'indivision. Journée nationale de l'Association Henri Capitant*, Dalloz, 2005, p. 1.

Quiz

1) Sujets corrigés

A) Test de connaissances

Énoncé

1. Sous la séparation de biens, l'indemnité due à l'époux ayant édifié une construction sur le terrain de son conjoint est soumise aux dispositions de :

a. l'article 555 relatif aux constructions sur le sol d'autrui ;

b. l'article 1543 relatif aux créances entre époux.

2. Sous la séparation de biens, la règle « En fait de meubles, la possession vaut titre » :

a. est applicable à la preuve de la propriété personnelle d'un époux ;

b. n'est pas applicable à la preuve de la propriété personnelle d'un époux.

3. Sous la séparation de biens, les sommes déposées sur un compte joint entre époux sont présumées :

a. indivises parce qu'affectées aux charges du mariage ;

b. affectées aux charges du mariage, sauf preuve contraire ;

c. indivises, à défaut pour un époux de rapporter la preuve de sa propriété personnelle.

4. Les actes de disposition relatifs aux biens indivis sont soumis à :

a. la règle de la majorité des deux tiers ;

b. la règle de l'unanimité ;

c. la règle de l'unanimité, à l'exception de la vente des meubles indivis pour le paiement des dettes et charges de l'indivision.

5. Sous la séparation de biens avec société d'acquêts, le formalisme du remploi :

a. est applicable à l'acquisition d'un bien avec des derniers personnels ;

b. n'est pas applicable à l'acquisition d'un bien avec des deniers personnels.

6. Sous la participation aux acquêts, les donations d'acquêts :

a. figurent à l'actif du patrimoine final de chaque époux ;

b. ne figurent pas à l'actif du patrimoine final de chaque époux ;

c. figurent à l'actif du patrimoine final de chaque époux lorsqu'elles ont été consenties en fraude des droits des créanciers ;

d. figurent à l'actif du patrimoine final de chaque époux lorsqu'elles ont été effectuées sans le consentement du conjoint.

7. Le patrimoine originaire comprend :

a. les biens présents ;

b. les biens acquis à titre gratuit pendant le régime ;

c. les biens propres par nature qui ne donnent pas lieu à récompense ;

d. les fruits et revenus des biens originaires ;

e. les biens originaires donnés par chaque époux pendant le régime.

8. Sous le régime de la participation aux acquêts, la preuve de la consistance du patrimoine originaire et du patrimoine final :

a. est soumise à la présomption d'acquêts ;

b. n'est pas soumise à la présomption d'acquêts.

9. Les biens originaires sont estimés pour leur valeur :

a. au jour de la liquidation ;

b. au jour de la dissolution du régime.

10. Le patrimoine final comporte :

a. les améliorations apportées par un époux aux biens originaires ;

b. les améliorations apportées par un époux aux biens originaires donnés sans le consentement de son conjoint ;

c. la valeur au jour de la liquidation des acquêts donnés par un époux sans le consentement de son conjoint, estimée d'après leur état au jour de l'aliénation.

Voir le corrigé en fin de rubrique.

B) Cas pratique

Énoncé

Aglaé et Paul-Henri se sont mariés le 20 juillet 1995 dans la propriété familiale des parents d'Aglaé. Les époux ont passé un contrat de mariage par lequel ils ont opté pour le régime de la séparation de biens. Aglaé, qui avait pourtant réussi brillamment ses études de droit, a renoncé à toute activité professionnelle pour se consacrer entièrement au foyer et à l'éducation des quatre enfants du couple. Paul-Henri exerce sa profession d'avocat dans un cabinet réputé spécialisé en droit des affaires internationales. Le couple et les enfants ont changé à plusieurs reprises de résidence au cours des dernières années pour les besoins de la profession de Paul-Henri. Après avoir vécu à Shanghai puis à Prague, ils sont de retour à Paris depuis 2003. En 2004, le couple a acheté un grand appartement situé dans le XVIe arrondissement. Le prix en a été intégralement payé par Paul-Henri mais l'acte de vente en attribue la propriété aux deux époux. Paul-Henri détient, par ailleurs, un immeuble dont il a reçu la propriété par donation de ses parents en 2000 ainsi qu'un portefeuille de valeurs mobilières. Le couple possède un compte joint, alimenté par Paul-Henri, sur lequel figure une somme de 20 000 euros.

Aglaé, qui soupçonne son mari de la tromper avec sa secrétaire, envisage d'engager contre lui une procédure de divorce pour faute. Elle voudrait savoir si Paul-Henri pourra récupérer l'entière propriété de l'appartement du XVIe arrondissement ainsi que les autres biens et les sommes qu'elle a prélevées sur le compte joint, ainsi que le lui a soutenu un ami du couple.

Voir le corrigé en fin de rubrique

2) Sujets d'examen

Sujet oral

Le sort des donations de biens présents entre époux séparés de biens en cas de divorce.

3) Corrigés

Test de connaissances

1. b ; 2. b ; 3. b et c ; 4. c ; 5. c et d ; 6. c et d ; 7. a, b et c ; 8. a ; 9. a ; 10. a, b et c.

Cas pratique

La question de savoir si Paul-Henri pourra récupérer les biens du couple suppose, d'une part, qu'il rapporte la preuve de sa propriété exclusive de ces biens et, d'autre part, qu'il puisse révoquer la donation effectuée au profit de son épouse en 2004.

I. La preuve de la propriété exclusive des biens

Sous le régime de la séparation de biens, chaque époux conserve la propriété exclusive de ses biens personnels sans qu'il n'y ait à effectuer de distinction suivant la date et le mode d'acquisition de ceux-ci. L'article 1538 du Code civil dispose que « Tant à l'égard de son conjoint que des tiers, un époux peut prouver par tous moyens qu'il a la propriété exclusive d'un bien [al 1er]. Les présomptions énoncées au contrat de mariage ont effet à l'égard des tiers, aussi bien que dans les rapports entre époux, s'il n'en a été autrement convenu [al. 2]. La preuve contraire sera de droit, et elle se fera par tous moyens propres à établir que les biens n'appartiennent pas à l'époux que la présomption désigne, ou même, s'ils lui appartiennent, qu'il les a acquis par une libéralité de l'autre époux [al. 2]. Les biens sur lesquels aucun des époux ne peut justifier d'une propriété exclusive sont réputés leur appartenir indivisément, à chacun pour moitié [al. 3] ».

S'il souhaite reprendre les biens, Paul-Henri devra démontrer, par tous moyens, qu'il en a la propriété exclusive. À défaut de rapporter une telle preuve, et en l'absence de présomptions de propriété stipulée dans le contrat de mariage, les biens seront réputés indivis, par moitié, entre les époux.

En l'espèce, Paul-Henri n'aura pas de difficulté pour établir sa propriété de l'immeuble reçu de ses parents. Celle-ci résultera de l'acte de donation. La propriété du portefeuille de valeurs mobilières pourra être rapportée notamment à l'aide des documents de banque établis à son nom. En revanche, Paul-Henri ne pourra pas invoquer la règle « En fait de meubles, la possession vaut titre » (C. civ., art. 2276, al. 1er), les dispositions de l'article 1538 étant exclusives de cette règle entre époux séparés de biens (Civ. 1re, 27 nov. 2001, *préc.*).

S'agissant des sommes déposées sur le compte joint, la Cour de cassation a précisé que les sommes versées sur un tel compte ne sont présumées indivises qu'à défaut de preuve contraire (Civ., 1re, 2 avr. 2008, *préc.* ; Civ. 1re, 20 mai 2009, *préc.*). Celle-ci sera plus délicate à rapporter et pourra résulter, notamment, de ce que seul Paul-Henri exerce une activité professionnelle.

L'article 1537 du Code civil énonce que « Les époux contribuent aux charges du mariage suivant les conventions contenues en leur contrat ; et, s'il n'en existe point à cet égard, dans la proportion déterminée à l'article 214 », c'est-à-dire en fonction de leurs facultés respectives. La jurisprudence retient, pour les dépenses courantes, une présomption d'affectation aux charges du mariage des sommes versées sur un compte joint (Civ., 25 janv. 2005, préc.), de telle sorte qu'elles ne donnent pas lieu à restitution. Ce sera donc à Paul-Henri de démontrer, s'il souhaite obtenir la restitution des sommes prélevées par Aglaé, que cette dernière ne les a pas affectées aux charges du mariage ou que ces sommes ne peuvent pas correspondre, eu égard à leur importance, à des dépenses ordinaires de la vie courante.

II. La révocation de la donation

L'achat pour autrui entre époux constitue une donation de biens présents, dès lors qu'il obéit à une intention libérale. L'article 1096, alinéa 2 du Code civil dispose, dans sa rédaction issue de la loi n° 2006-728 du 23 juin 2006, que « La donation de biens présents qui prend effet au cours du mariage faite entre époux n'est révocable que dans les conditions prévues par les articles 953 à 958 », c'est-à-dire pour cause d'ingratitude ou d'inexécution des conditions ou charges. Dans sa rédaction antérieure, issue de la loi du 2004-439 du 26 mai 2004, le texte n'établissait aucune distinction entre les donations à effet au cours du mariage et les donations à effet différé. Toutes les donations de biens présents étaient irrévocables. Avant le 1er janvier 2005, date d'entrée en vigueur de la loi 2004-439 du 26 mai 2004, l'article 1096 énonçait, à l'inverse, la règle de la révocabilité discrétionnaire des donations entre époux. La loi n° 2006-728 du 23 juin 2006 a délimité l'application dans le temps des règles successivement énoncées par le texte. L'article 47-III de la loi énonce que « Les donations de biens présents faites entre époux avant le 1er janvier 2005 demeurent révocables dans les conditions prévues par l'article 1096 du Code civil, dans sa rédaction antérieure à cette date. Ces dispositions présentent un caractère interprétatif pour l'application de la loi n° 2004-439 du 26 mai 2004 relative au divorce ». L'article 46 ajoute que « Sauf clause contraire, les donations de biens présents qui ne prennent pas effet au cours du mariage, consenties entre le 1er janvier 2005 et la date d'entrée en vigueur de la présente loi [c'est-à-dire le 1er janvier 2007], sont librement révocables dans les conditions prévues par l'article 1096 du Code civil dans sa rédaction antérieure au 1er janvier 2005 ».

La loi du 26 mai 2004 a abrogé la règle de la nullité des donations déguisées entre époux (C. civ., art. 1099, al. 2 anc.). La Cour de cassation avait jugé, sous l'empire des dispositions antérieures à cette loi, que la qualification de donation déguisée suppose l'existence, dans l'acte d'acquisition, d'une affirmation mensongère quant à l'origine des deniers (Civ. 1re, 26 avr. 1984, *préc.* ; Civ. 1re, 5 avr. 2005, *préc.*). Les anciennes dispositions de l'article 1099, alinéa 2, ainsi que la jurisprudence relative à l'interprétation de ce texte, demeurent applicables, en vertu de la règle de la survie de la loi ancienne en matière contractuelle, aux donations déguisées antérieures au 1er janvier 2005 (CA Paris, 23 nov. 2005, *préc.* ; Civ. 1re, 9 déc. 2009, *préc.*). Une partie de la doctrine conteste toutefois l'application de cette règle de droit transitoire (B. Beignier et M. Nicod, « Donations entre époux : d'un droit à l'autre », *préc.* ; I. Dauriac, « Libéralités conjugales et avantages matrimoniaux », *préc.*).

En l'espèce, l'achat de l'immeuble a été effectué par Paul-Henri en 2004. Cet achat correspond à une donation de biens présents ayant pour objet les deniers utilisés pour l'acquisition de la quote-part indivise d'Aglaé (C. civ., art. 1099-1). Les données de l'espèce ne permettent pas d'affirmer qu'il y a eu affirmation mensongère dans l'acte quant à l'origine des deniers ayant servi à financer cette acquisition. La qualification de donation déguisée, ainsi que les anciennes dispositions de l'article 1099, alinéa 2, doivent donc être écartées.

Paul-Henri pourra en revanche révoquer la donation consentie à son épouse sur le fondement de l'article 1096, dans sa rédaction antérieure au 1er janvier 2005. Il devra toutefois établir qu'il a été animé d'une intention libérale à l'égard de sa femme.

La jurisprudence fait bénéficier, en effet, d'une présomption d'absence d'intention libérale l'époux qui invoque à son profit une donation rémunératoire (Civ. 1re, 24 oct. 1978, *JCP* 1979. II. 19220, note J. Patarin ; *D.* 1979. IR. 75, obs. D. Martin). Cette dernière correspond à la rémunération par le disposant d'un service appréciable en argent qui lui a été préalablement rendu par le bénéficiaire. La jurisprudence retient la notion de « donation rémunératoire », afin d'adoucir les conséquences extrêmes du régime de séparation de biens, toutes les fois que la collaboration non rémunérée d'un époux à l'activité de son conjoint ou son activité ménagère au foyer ont dépassé la mesure de la contribution aux charges du mariage ainsi que du devoir d'assistance entre époux (C. civ., art. 214 et 212) et que la prétendue donation en est la rétribution. La donation rémunératoire correspond à un acte à titre onéreux. Cette qualification la fait échapper au régime juridique des donations et, notamment, aux anciennes dispositions de l'article 1096 du Code civil.

En l'espèce, après avoir brillamment réussi ses études de droit, Aglaé a suivi son mari dans ses nombreux déplacements professionnels et renoncé à toute activité professionnelle pour se consacrer à son foyer et à l'éducation de ses enfants. Elle pourra en conséquence opposer à Paul-Henri que le financement de sa quote-part indivise de l'appartement correspond à une donation rémunératoire qu'il ne peut pas révoquer. L'immeuble indivis fera l'objet d'un partage dans le cadre de la liquidation de l'indivision existant entre Paul-Henri et Aglaé.

Sujet terminal

Remarque : le sujet fait appel aux connaissances développées dans le présent ouvrage. Il correspond à une épreuve d'une durée de trois heures, effectuée avec le Code civil.

Sujet corrigé : cas pratique

Énoncé

Monsieur Gilles Estout, fiscaliste dans une société de renom, et Mme Olga Lopage, avocate spécialiste des fusions-acquisitions, se sont mariés sans établir de contrat de mariage, le 4 août 2000, à la mairie de Créteil.

Le couple vit avec ses trois enfants, Thomas, Antoine et Lucie, dans une maison à La Varenne. Cet immeuble a été acquis, en 2005, par Olga pour le prix de 2 000 000 d'euros, financé à l'aide de la somme de 1 200 000 euros perçue, la même année, dans la succession de son père et d'un emprunt qu'elle a souscrit pour un montant de 800 000 euros remboursable sur dix ans. L'acte d'acquisition précise l'origine des fonds versés par Olga.

De son côté, Gilles a contracté, auprès d'un organisme de crédit, un prêt de 20 000 euros destiné au financement d'une cuisine entièrement équipée, qu'il a lui-même installée dans la maison de La Varenne pendant ses heures de loisirs.

Aujourd'hui, le couple traverse une période difficile.

Gilles a été licencié en mars 2010. En raison de la crise, les époux ont cessé, depuis novembre 2009, de payer les mensualités de leurs divers emprunts, jusqu'alors prélevées sur leurs revenus. Afin de pourvoir au train de vie de la famille, Gilles a cédé, sans en avertir Olga, un tableau de maître que le couple avait acquis au retour de son voyage de noces. Olga en a été très attristée lorsqu'elle s'est aperçue, la semaine dernière, que ce tableau n'ornait plus l'une des pièces de la villa de La Varenne.

Une amie lui a par ailleurs révélé avoir croisé, à plusieurs reprises, son mari en compagnie de son ancienne stagiaire, étudiante à la faculté de droit de Créteil, alors que celle-ci conduisait un coupé-sport BMW. Olga est furieuse car elle soupçonne Gilles d'avoir offert cette voiture à sa jeune maîtresse à l'aide d'une partie des indemnités versées par sa police d'assurance « perte d'emploi » et de l'indemnité transactionnelle de licenciement payée par son employeur. Elle envisage aujourd'hui de virer le reliquat de cette somme du compte en banque de Gilles ouvert à la BNP à son propre compte à la Société Générale et de céder le yacht que le couple détient, depuis 2007, à Saint-Tropez.

Le 11 juin 2010, Olga vous consulte.

Elle voudrait savoir :

1°) lequel des deux époux est tenu de payer les divers emprunts ;

2°) s'il pourrait, dans l'éventualité d'un divorce, y avoir lieu au versement d'une récompense ;

3°) si elle peut récupérer le tableau et les fonds dépensés par Gilles et empêcher que de pareils agissements se reproduisent à l'avenir ;

4°) Olga voudrait, enfin, que vous lui confirmiez que le virement et la vente envisagés ne posent aucune difficulté.

Corrigé

I. L'obligation des époux aux divers emprunts

Olga et Gilles se sont mariés, en 2000, sans établir de contrat de mariage. Les époux sont donc soumis au régime de la communauté réduite aux acquêts (C. civ., art. 1400). L'article 1413 du Code civil dispose que « Le paiement des dettes dont chaque époux est tenu, pour quelque cause que ce soit, pendant la communauté, peut toujours être poursuivi sur les biens communs, à moins qu'il n'y ait eu fraude de l'époux débiteur et mauvaise foi du créancier, et sauf récompense due à la communauté s'il y a lieu ».

Le principe d'engagement des biens communs souffre une restriction en matière d'emprunts. Aux termes de l'article 1415, « Chacun des époux ne peut engager que ses biens propres et ses revenus, par un cautionnement ou un emprunt, à moins que ceux-ci n'aient été contractés avec le consentement exprès de l'autre conjoint qui, dans ce cas, n'engage pas ses biens propres ».

Le régime primaire soumet les emprunts souscrits pour l'entretien du ménage ou l'éducation des enfants à la solidarité passive. Celle-ci joue de plein droit, dès lors que l'emprunt est conclu du consentement des deux époux ou qu'il porte sur des sommes modestes nécessaires aux besoins de la vie courante (C. civ., art. 220, al. 3).

A. L'emprunt contracté pour le financement de la maison de La Varenne

1. Sur l'article 1415 C. civ.

En l'espèce, Olga a souscrit, en 2005, un emprunt de 800 000 euros remboursable sur dix ans. Il s'agit d'une dette commune née pendant la durée de la communauté. Au vu des faits, aucun élément ne permet d'affirmer que Gilles a consenti, de manière expresse, à cet emprunt. Aussi, Olga en est-elle tenue sur ses seuls biens propres et revenus (C. civ., art. 1415). Ces derniers recouvrent non seulement les fruits et les revenus de ses biens propres mais aussi ses revenus professionnels.

2. Sur l'article 220 C. civ.

Les dépenses d'investissement sont exclues du domaine de la solidarité ménagère (art. 220). Il en est ainsi, notamment, des acquisitions immobilières et des dépenses de construction du logement de la famille (v. en ce sens, Civ. 1re, 11 janv. 1984, *Bull. civ.* I, n° 13 ; *Defrénois* 1984. 933, obs. G. Champenois. Civ. 1re, 4 juill. 2006, *RJPF* 2006-11. 21, obs. F. Vauvillé. Comp. Civ. 1re, 28 sept. 2004, *RTD civ.* 2004. 170, obs. B. Vareille). Seules les dépenses d'entretien déclenchent le jeu de la solidarité légale.

En l'espèce, l'emprunt de 800 000 euros a été conclu pour l'acquisition du logement de la famille. Il n'entre pas dans le domaine de la solidarité ménagère.

B. L'emprunt contracté pour l'acquisition de la cuisine équipée

Selon l'article 220, alinéa 1er du Code civil, « Chacun des époux a pouvoir pour passer seul les contrats qui ont pour objet l'entretien du ménage ou l'éducation des enfants : toute dette ainsi contractée par l'un oblige l'autre solidairement ». Les dettes contractées pour l'entretien du ménage ou l'éducation des enfants engagent les époux

solidairement. Le paiement de la dette souscrite par l'un des conjoints peut être poursuivi, en totalité, à l'encontre de l'autre époux.

La notion de « dette ménagère » englobe toutes les dépenses ordinaires de la vie courante, telles que les dépenses courantes de nourriture, d'habillement, de loyer (Civ. 1re, 9 oct. 1991, *Defrénois* 1991. 1126, obs. G. Champenois ; *JCP* N 1991. II. 57, obs. Ph. Simler), d'installation d'une salle de bains (CA Douai 28 juin 2007, *JCP* 2008. I. 144, n° 2, obs. G. Wiederkehr), celles résultant d'un contrat d'abonnement d'eau (CA Nîmes 10 mars 2009, *JCP* 2009. 391, n° 2, obs. G. Wiederkehr) mais aussi les dépenses de soins médicaux (Civ. 1re, 10 juill. 1996, *Bull. civ.* I, n° 204 ; *JCP* 1997. I. 4008, n° 1, obs. G. Wiederkehr ; Civ. 1re, 10 mai 2006, *D.* 2006. IR. 1484 ; CA Toulouse 23 avr. 2009, *JCP* 2009. 391, n° 2, obs. G. Wiederkehr, pour un contrat destiné à assurer l'accueil d'un époux atteint d'une maladie dégénérative au sein d'un établissement de soins), voire celles de loisirs familiaux (CA Paris 5 juill. 1996, *Dr. fam.* 1997, n° 50, note B. B. : dette contractée pour un voyage d'agrément effectué par l'un des conjoints). Le caractère ménager d'un emprunt ne peut résulter, en revanche, du seul fait qu'il s'agit d'un crédit à la consommation (Civ. 1re, 1er juill. 2009, *JCP* 2009. 391, n° 3, obs. G. Wiederkehr).

En l'espèce, l'emprunt a été contracté par Gilles pour l'installation d'une cuisine équipée au sein du logement de la famille. Son objet ménager n'est pas contestable.

Toutefois, l'article 220, alinéa 3 soumet, en matière d'emprunts, la solidarité ménagère à deux conditions alternatives. Il faut que l'emprunt ait été conclu du consentement des deux époux ou qu'il porte sur des sommes modestes nécessaires aux besoins de la vie courante. Le consentement doit être exprès (Civ. 1re, 17 déc. 2002, *D.* 2003. 1863, obs. V. Brémont ; Civ. 1re, 6 déc. 2005, *Dr. fam.* 2006, n° 13 (1re esp.), obs. B. Beignier).

La modestie de l'emprunt relève du pouvoir souverain des juges du fond (Civ. 1re, 3 janv. 2006, *JCP* 2006. I. 141, n° 2, obs. G. Wiederkehr). Elle s'apprécie eu égard aux revenus du couple et de la somme globale objet du contrat (Caen, 13 sept. 2007, *JCP* 2008. I. 144, n° 3, obs. G. Wiederkehr). Sa constatation ne suffit pas à engager les époux solidairement. Il faut encore que les sommes empruntées aient été nécessaires aux besoins de la vie courante. La modestie et la nécessité de l'emprunt représentent deux conditions distinctes et cumulatives, qui doivent être chacune caractérisées par les juges du fond (Civ. 1re, 27 nov. 2001, *D.* 2002. Jur. 2910, note M.-P. Baudin-Maurin ; *RTD civ.* 2002. 558, obs. B. Vareille ; *Defrénois* 37583, obs. G. Champenois ; Civ. 1re, 3 juin 2003, *D.* 2003. 1863, obs. V. Brémond. Civ. 1re, 22 févr. et 4 juin 2007, *JCP* 2007. I. 207, n° 3, obs. G. Wiederkehr ; Civ. 1re, 1er juill. 2009 (deux arrêts), *préc.* n° 181 ; CA Chambéry 9 déc. 2008, *JCP* 2009. I. 140, n° 4, obs. G. Wiederkehr).

En l'espèce, aucun élément ne permet de retenir le consentement exprès d'Olga au prêt contracté par Gilles.

L'objet du prêt étant l'acquisition d'une cuisine, sa nécessité pour les besoins de la vie courante peut être admise sans difficultés. Sa modestie paraît pareillement pouvoir être retenue, compte tenu du montant de la dépense et des revenus, sans doute confortables, du couple. L'organisme de crédit pourra poursuivre le paiement du prêt sur tous les biens du ménage, qu'il s'agisse des biens propres de Gilles, de ceux d'Olga et des biens communs, y compris sur les gains et salaires de chaque époux (C. civ., art. 1414, al. 1er).

II. Les récompenses en cas de divorce

Trois faits générateurs de récompense sont susceptibles de s'évincer de l'exposé des faits :

- le financement de la maison de La Varenne ;
- le remboursement du prêt de 20 000 euros ;
- et l'utilisation des fonds perçus par Gilles à la suite de son licenciement.

A. Le financement de la maison de La Varenne

La maison de La Varenne a été acquise, en 2005, à l'aide de la somme 1 200 000 euros reçue par Olga dans la succession de son père, la même année, et de l'emprunt de 800 000 euros. Il convient, dans un premier temps, de déterminer la qualification de la somme de 1 200 000 euros et de la maison, puis d'envisager l'éventualité d'une récompense.

1. La qualification de la somme reçue par succession et de la maison de La Varenne

a) La somme reçue par succession

L'article 1405, alinéa 1er dispose que « Restent propres les biens dont les époux avaient la propriété ou la possession au jour de la célébration du mariage ou qu'ils acquièrent, pendant le mariage, par succession, donation ou legs ».

En l'espèce, la somme de 1 200 000 euros perçue par Olga dans la succession de son père en 2005 correspond à un bien propre.

b) La maison de La Varenne

L'article 1401 dispose que « La communauté se compose activement des acquêts faits par les époux ensemble ou séparément durant le mariage, et provenant tant de leur industrie personnelle que des économies faites sur les fruits et revenus de leurs biens propres ». Tombent ainsi en communauté les biens acquis à titre onéreux par un époux, seul ou avec son conjoint, après la célébration du mariage. Peu importe, à cet égard, l'origine des fonds ayant servi à l'acquisition. Il peut s'agir indifféremment de deniers communs ou de deniers propres.

Cependant, en ce dernier cas, l'article 1434 permet de déroger à l'article 1401, par la stipulation dans l'acte d'acquisition d'une clause d'emploi ou de remploi. Le texte énonce que « L'emploi ou le remploi est censé fait à l'égard d'un époux, toutes les fois que, lors d'une acquisition, il a déclaré qu'elle était faite de deniers propres ou provenus de l'aliénation d'un propre, et pour lui tenir lieu d'emploi ou de remploi. À défaut de cette déclaration dans l'acte, l'emploi ou le remploi n'a lieu que de l'accord des époux, et il ne produit ses effets que dans leurs rapports réciproques ».

Le jeu du remploi implique qu'une déclaration de remploi ait été stipulée dans l'acte d'acquisition. Exigée par l'article 1434, cette déclaration doit comporter deux éléments. Elle doit mentionner, d'abord, l'origine des fonds. L'époux doit indiquer dans l'acte si l'acquisition est faite avec des deniers propres ou provenant de la vente d'un bien propre.

La déclaration de remploi doit préciser, ensuite, l'intention de l'époux d'investir des fonds propres dans l'acquisition d'un bien propre qui leur tient lieu d'emploi ou de

remploi. Cette déclaration doit s'ajouter à la première, l'indication de l'origine des deniers étant à elle seule insuffisante (CA Fort de France 28 mai 1999, *JCP* 2000. I. 245, n° 13, obs. Ph. Simler). Mais la double déclaration de l'article 1434 n'implique le respect d'aucune formule sacramentelle (Civ. 1re, 12 juin 1979, *Bull. civ.* I, n° 170 ; *Defrénois* 1980. 32267. 602, obs. G. Champenois). Il suffit que la volonté de l'auteur du remploi soit exprimée de manière suffisamment claire.

L'article 1434 du Code civil précise la sanction de la déclaration d'emploi. À défaut de déclaration dans l'acte d'acquisition, l'époux ne peut pas établir qu'il a utilisé des fonds propres avec l'intention implicite d'en opérer le remploi. La double déclaration prévue par le texte représente ainsi une véritable condition de validité du remploi. Il s'agit d'une règle de fond et non pas seulement d'une règle de preuve de celui-ci (Civ. 1re, 25 févr. 2009, *AJ fam.* 2009. 178, obs. P. Hilt ; *Dr. fam.* 2009. Comm. 45, note B. Beignier ; Civ. 1re, 20 sept. 2006, *RJPF* 2006-12/30, obs. F. Vauvillé ; *RTD civ.* 2007. 621, obs. B. Vareille ; *JCP* 2007. II. 10005, note J.-G. Mahinga. – V. antér. dans le même sens, Civ. 1re, 5 févr. 1985, *Bull. civ.* I, n° 54 ; *Defrénois* 1985. 33560. 859, obs. G. Champenois. – Civ. 1re, 5 mars 1991, *Bull. civ.* I, n° 80 ; *D.* 1994. Jur. 565, note R. Le Guidec ; *RTD civ.* 1992. 439, obs. F. Lucet et B. Vareille ; *Defrénois* 1992. 35220. 400, obs. G. Champenois).

En l'espèce, les conditions de la déclaration de remploi n'ont pas été respectées. L'acte d'acquisition se borne, en effet, à indiquer l'origine des fonds versés par Olga sans préciser si l'acquisition de la maison leur tient lieu d'emploi. La maison de La Varenne intègre ainsi la masse commune. C'est un acquêt de communauté.

2. L'éventualité d'une récompense

a) Au titre du paiement de la somme de 1 200 000 euros

D'après l'article 1433, « La communauté doit récompense à l'époux propriétaire toutes les fois qu'elle a tiré profit des biens propres ». Le texte ajoute qu'« Il en est ainsi, notamment, quand elle a encaissé des deniers propres ou provenant de la vente d'un propre, sans qu'il en ait été fait emploi ou remploi ». D'une manière générale, l'article 1433 consacre un droit à récompense au profit d'un époux, toutes les fois que la communauté s'est enrichie au détriment de son patrimoine propre. Il en est ainsi notamment lorsque les deniers propres d'un époux contribuent à l'acquisition d'un bien commun. Il convient alors de démontrer l'appauvrissement du patrimoine propre de cet époux et l'enrichissement corrélatif de la communauté.

En l'espèce, Olga a financé un bien commun, à l'aide de deniers propres, à hauteur de 1 200 000 euros. Elle pourra invoquer, à la liquidation de la communauté, un droit à récompense à l'encontre de celle-ci. La clause stipulée dans l'acte d'acquisition permettra d'établir le transfert de valeurs intervenu d'un patrimoine à l'autre.

b) Au titre du remboursement de l'emprunt de 800 000 euros

Si le paiement des emprunts et des cautionnements unilatéraux ne peut être poursuivi, aux termes de l'article 1415 du Code civil, que sur les biens propres et les revenus du débiteur, les dettes qui en résultent n'en relèvent pas moins, en principe, du passif définitif de la communauté. Il n'en va différemment que s'il est établi que l'emprunt ou le cautionnement a été souscrit par le débiteur dans son intérêt exclusif (Civ. 1re, 19 sept. 2007, *D.* 2007. 3113, note V. Barabé-Bouchard ; *JCP* 2007. I. 208, n° 13, obs. Ph. Simler ; *Defrénois* 2008. 38854. 2207, obs. G. Champenois ; Civ. 1re,

8 juill. 2010, n° 09-14230, *LEFP* oct. 2010. 6, obs. N. Peterka ; *AJ fam.* 2010. 443, obs. P. Hilt ; *JCP* 2010. 1220, n° 13, obs. Ph. Simler). Il en est ainsi notamment lorsque l'acte a servi au financement de l'acquisition d'un bien propre de l'emprunteur (Civ. 1re, 14 nov. 2007, *D.* 2007. 3013). En pareil cas, la communauté a droit à récompense si elle a remboursé le capital de l'emprunt. Les intérêts de ce dernier demeurent, en revanche, à sa charge (Civ. 1re, 31 mars 1992, *Defrénois* 1992. 35348, obs. G. Champenois ; *RTD civ.* 1993. 401, obs. F. Lucet et B. Vareille ; *JCP* 1993. II. 22003 et *JCP* N 1993. 333, note J.-F. Pillebout. ; Civ. 1re, 20 févr. 2007, *Bull. civ.* I, n° 67 ; *D.* 2007. 1578, note M. Nicod ; *AJ fam.* 2007. 230, obs. P. Hilt ; *RTD civ.* 2007. 618, obs. B. Vareille ; *JCP* 2007. I. 208, n° 11, obs. Ph. Simler ; *Dr. fam.* 2007, n° 88, obs. B. Beignier ; *Defrénois* 2008. 38719. 307, obs. G. Champenois ; Civ. 1re, 3 févr. 2010, *AJ fam.* 2010. 139, obs. P. Hilt ; *JCP* G 2010. 487, n° 10, obs. Ph. Simler ; *JCP* N 2010. 1172, obs. V. Barabé-Bouchard ; *Dr. fam.* 2010, comm. 43, obs. B. Beignier ; *LEFP* 2010-3. 1, obs. N. Peterka ; *RTD civ.* 2010. 612, obs. B. Vareille ; *D.* 2010. 2392, obs. J. Revel, V. Brémond et M. Nicod).

En l'espèce, l'emprunt a été remboursé, jusqu'en novembre 2009, à l'aide des revenus de chaque époux. Ces derniers s'analysent comme des biens communs (Civ. 1re, 8 févr. 1978, *Bull. civ.* I, n° 53 ; *RTD civ.* 1979. 592, obs. R. Nerson et J. Rubellin-Devichi ; Civ. 1re, 31 mars 1992, *préc.* ; Civ. 1re, 20 févr. 2007, *préc.* ; Civ. 1re, 3 févr. 2010, *préc.*). La maison de La Varenne étant un acquêt, aucun droit à récompense n'est ouvert. Il pourrait en être différemment, s'agissant des mensualités restant dues, si elles étaient payées, à l'avenir, à l'aide de biens propres d'Olga.

B. Le remboursement du prêt de 20 000 euros

Selon l'article 1409, « La communauté se compose passivement : (…) - à titre définitif (…) des dettes contractées pour l'entretien du ménage et l'éducation des enfants, conformément à l'article 220 ». La communauté n'a pas droit à récompense pour avoir payé ces dettes. S'il en est incontestablement ainsi pour les dettes ménagères solidaires, l'interprétation du renvoi de l'article 1409 à l'article 220 soulève, en revanche, davantage de difficultés pour les dettes ménagères non solidaires. En la matière, la doctrine estime généralement que le renvoi à l'article 220 englobe toutes les dettes ménagères, y compris celles qui ne sont pas solidaires (en ce sens, v. par exemple, F. Terré et Ph. Simler, *préc.*, n° 403). Bien que n'étant pas solidaires, ces dettes visent, en effet, à satisfaire l'intérêt de la famille et non pas l'intérêt exclusif de l'un des époux.

En l'espèce, le prêt de 20 000 euros s'analyse comme un emprunt ménager. Plus encore, il porte sur des sommes modestes nécessaires aux besoins de la vie courante, ce qui justifie son inscription au passif définitif de la communauté. Les mensualités versées à l'aide des revenus de chaque époux ne donneront pas lieu à récompense.

C. L'utilisation des fonds perçus par Gilles à la suite de son licenciement.

Il convient d'abord de déterminer la qualification des fonds puis d'envisager l'éventualité d'un droit à récompense.

1. Qualification des fonds

Par deux arrêts de la première chambre civile du 3 février 2010, la Cour de cassation a jugé qu'une indemnité, versée au titre d'une police d'assurance « perte d'emploi », et une indemnité transactionnelle de dommages-intérêts s'analysaient comme des biens

communs. Elle a repoussé la qualification de bien propre par nature au motif que ces indemnités ont pour objet, non pas de réparer un dommage affectant la personne du salarié, mais de réparer le préjudice résultant de la perte de son emploi (Civ. 1re, 3 févr. 2010, n° 09-65345, *D.* 2010. 442 ; *AJ fam.* 2010. 192, obs. P. Hilt ; *JCP* 2010. 487, n° 10, obs. Ph. Simler ; *JCP N* 2010. 1195, note Th. Douville ; *LEFP* mars 2010, p. 1, obs. N. Peterka ; Civ. 1re, 3 févr. 2010, n° 08-21054, *JCP* 2010. 487, n° 10, obs. Ph. Simler ; *JCP N* 2010. 1172, obs. V. Barabé-Bouchard, et 1194, note L. Mauger-Vielpeau ; *Dr. fam.* 2010, comm. 43, obs. B. Beignier ; *RTD civ.* 2010. 609, obs. B. Vareille ; Civ. 1re, 29 juin 2011, n° 10-23373, *LEFP* oct. 2011. 6, obs. N. Peterka ; *AJ fam.* 2011. 438, obs. P. Hilt ; *RTD civ.* 2011. 577, obs. B. Vareille ; *Dr. fam.* 2011. Comm. 128, note B. Beignier ; JCP 2011. 1371, n° 5, obs. Ph. Simler ; sur cet arrêt, v. E. Rousseau, « Actif de communauté et indemnité de licenciement », *Defrénois* 2012. 40485. 468).

Ces indemnités représentent, à l'instar de l'indemnité de licenciement et des arrérages des pensions de retraite, des substituts de salaires. Or, ces derniers s'analysent comme des biens communs (Civ. 1re, 8 juill. 2009, *Bull. civ.* I, n° 167 ; *D.* 2010. 2392, note J. Revel ; *AJ fam.* 2009. 405, obs. P. Hilt ; *JCP N* 2009. 1322, note J. Vassaux-Barège ; *JCP* 2009, 391, n° 13, obs. Ph. Simler ; *RTD civ.* 2010. 803 ; *LEFP* nov. 2009. 7, obs. N. Peterka en matière de pensions de retraite).

2. L'éventualité d'une récompense

Récompense est due à la communauté, selon l'article 1417, alinéa 2, « si la dette qu'elle a acquittée avait été contractée par l'un des époux au mépris des devoirs du mariage ».

En l'espèce, le paiement du coupé-sport BMW peut s'analyser, sous réserve de la démonstration de l'intention libérale de Gilles, comme une donation consentie à sa maîtresse, à l'aide de deniers communs, en violation du devoir de fidélité. Par suite, il ouvre droit à récompense au profit de la communauté.

III. La restitution du tableau et des fonds et les mesures restrictives de pouvoirs

A. La restitution du tableau et des fonds

1. Le tableau

Le régime primaire prévoit, à l'article 215, alinéa 3, que « les époux ne peuvent l'un sans l'autre disposer des droits par lesquels est assuré le logement de la famille, ni des meubles meublants dont il est garni. Celui des deux qui n'a pas donné son consentement à l'acte peut en demander l'annulation : l'action en nullité lui est ouverte dans l'année à partir du jour où il a eu connaissance de l'acte, sans pouvoir jamais être intentée plus d'un an après que le régime matrimonial s'est dissous ».

Le texte soumet les meubles meublants garnissant le logement de la famille au double consentement des époux. Le logement de la famille correspond à la résidence effective de la famille. La notion de « meubles meublants » désigne, quant à elle, les « meubles destinés à l'usage et à l'ornement des appartements ». Il s'agit, notamment, des tapisseries, lits, sièges, glaces, tableaux visés par l'article 534 du Code civil. Le législateur prend soin d'exclure ces biens, lorsqu'ils garnissent le logement de la famille, de la présomption mobilière de l'article 222, en faisant prévaloir la protection

du cadre de vie de la famille sur l'indépendance des époux et la sécurité juridique des tiers (C. civ., art. 222, al. 2).

La cogestion est sanctionnée par la nullité relative, fondée sur le souci de protéger le conjoint victime du dépassement de pouvoir contre les initiatives solitaires de son époux. Seule la victime peut invoquer la nullité, laquelle est de droit dès lors que le juge constate que la règle du double consentement n'a pas été respectée.

En l'espèce, le tableau vendu par Gilles décorait l'une des pièces de la maison de La Varenne, laquelle constitue le logement de la famille. Olga n'a pas consenti à cette vente, dont elle ignorait l'existence. Elle s'est aperçue de la disparition du tableau début juin 2010. Elle dispose d'un an à compter de cette date pour réclamer la nullité de la vente, afin d'obtenir la restitution du tableau. Si elle est exercée contre un sous-acquéreur, l'action en revendication risque d'être bloquée par la règle de l'article 2276, alinéa 1er, suivant laquelle « En fait de meubles, la possession vaut titre ».

2. Les fonds dépensés par Gilles

Inscrit au sein du régime primaire, l'article 223 énonce que « Chaque époux peut librement exercer une profession, percevoir ses gains et salaires et en disposer après s'être acquitté des charges du mariage ».

La notion de « gains et salaires » englobe tous les revenus résultant d'une activité professionnelle. Les « salaires » désignent les revenus découlant d'une activité subordonnée. Il s'agit non seulement des salaires proprement dits, mais aussi des substituts de salaires, tels que les indemnités de licenciement, les indemnités de chômage, de départ à la retraite, les indemnités de préavis, de congé, les indemnités et rentes pour accident du travail, ainsi que les arrérages des pensions de retraite (En ce sens, Civ. 1re, 8 juill. 2009, *Bull. civ.* I, n° 167 ; *D.* 2010. 2392, note J. Revel ; *AJ fam.* 2009. 405, obs. P. Hilt ; *JCP N* 2009. 1322, note J. Vassaux-Barège ; *JCP* 2009. 391, n° 13, obs. Ph. Simler ; *RTD civ.* 2010. 803, obs. B. Vareille ; *LEFP* nov. 2009. 7, obs. N. Peterka).

Les gains et salaires incarnent des biens communs dès lors qu'ils rémunèrent un travail effectué avant la dissolution de la communauté (Civ. 1re, 8 févr. 1978, *préc.* ; Civ. 1re, 31 mars 1992, *préc.* ; Civ. 1re, 13 oct. 1993, *JCP* G 1994. I. 3785, III, n° 2, obs. Ph. Simler).

La Cour de cassation a jugé, par deux arrêts du 3 février 2010, que l'indemnité versée au titre d'une assurance « perte d'emploi », ainsi qu'une indemnité transactionnelle de licenciement, s'analysent comme des biens communs dès lors qu'elles ont pour objet de réparer, non pas un dommage affectant la personne du salarié, mais le préjudice subi du fait de la perte de son emploi (v. *ss*). Ces indemnités ont vocation, en tant que substituts de salaires, à relever des pouvoirs de libre perception et de libre disposition consacrés par le régime primaire. Il faut, par ailleurs, pour que la qualification de bien commun soit retenue, que la créance d'indemnité ait pris naissance pendant le fonctionnement du régime (Civ. 1re, 3 févr. 2010, n° 09-65345, *préc.* ; Civ. 1re, 5 mars 2008, *AJ fam.* 2008. 215, obs. P. Hilt, qualifiant de bien propre la créance d'indemnité d'un époux née de la révocation de ses fonctions de directeur général après la dissolution de la communauté ; v. toutefois *contra* concernant le deuxième pilier du régime de prévoyance professionnelle obligatoire suisse, Civ. 1re, 3 mars 2010, *Bull. civ.* I, n° 58 ; *AJ fam.* 2010. 241, obs. P. Hilt ; *D.* 2010. 2392, note J. Revel ; *JCP* 2010. 487, n° 10, obs. crit. Ph. Simler et n° 17, obs. crit. A. Tisserand-Martin ; *RTD civ.* 2010. 806, obs. B. Vareille)

Dans le régime de communauté, les économies sont des biens communs ordinaires. Les gains et salaires, une fois économisés, obéissent non plus au régime spécifique de l'article 223, mais aux textes du régime de communauté. Or, sous ce régime l'article 1422 soumet la donation de biens communs, à la cogestion à peine de nullité relative (C. civ., art. 1422 et 1427). Si tant qu'il y a gain ou salaire, un époux peut librement consentir une donation de somme d'argent sans avoir à recueillir le consentement de son conjoint, l'article 1422 du Code civil lui impose d'obtenir ce consentement dès lors que la donation porte sur des gains ou salaires économisés (Civ. 1re, 29 févr. 1984, *GAJC*, n° 89 ; Civ. 1re, 25 janv. 2005, *Dr. fam.* 2005, n° 95, note V. Larribau-Terneyre).

Par ailleurs, les biens acquis avec les gains et salaires, pendant le durée du mariage, représentent des acquêts de communauté en vertu de l'article 1401 (v. pour des revenus versés sur un compte-titres, Civ. 1re, 14 janv. 2003, *Bull. civ.* I, n° 2 ; *Dr. fam.* 2003, n° 48 (2e arrêt), note B. Beignier ; *Defrénois* 2003. 544, obs. G. Champenois ; *JCP* 2003. II. 10019, concl. J. Sainte-Rose ; *ibid.* I. 124, n° 4, obs. Ph. Simler ; *RTD civ.* 2003. 339, obs. B. Vareille).

En l'espèce, Gilles a utilisé une partie de l'indemnité transactionnelle de licenciement et de l'indemnité versée au titre de son assurance « perte d'emploi » pour offrir une voiture à sa maîtresse. Ces sommes sont inscrites sur son compte bancaire personnel. La Cour de cassation a précisé, il est vrai à propos de l'article 1415, que les fonds versés sur un compte de dépôt conservent leur qualification de revenus, sans qu'il y ait à prendre en considération la durée de leur inscription en compte (Civ. 1re, 14 janv. 2003, *Bull. civ.* I, n° 2 ; *Dr. fam.* 2003, n° 48 (2e arrêt), note B. Beignier ; *Defrénois* 2003. 544, obs. G. Champenois ; *JCP* 2003. II. 10019, concl. J. Sainte-Rose ; *ibid.* I. 124, n° 4, obs. Ph. Simler ; *RTD civ.* 2003. 339, obs. B. Vareille). Ayant été licencié récemment en mars 2010, il est au demeurant peu probable que ces sommes soient considérées, en juin 2010, comme des économies. Les sommes perçues par Gilles, dans le cadre de son licenciement, relèvent ainsi de son pouvoir exclusif (C. civ., art. 223). Olga ne pourra pas remettre en cause l'achat de la voiture, sauf à démontrer que Gilles ne s'est pas acquitté de son obligation de contribuer aux charges du mariage. Elle pourra néanmoins faire valoir un droit à récompense au profit de la communauté (v. *ss*).

La solution serait différente si le véhicule avait été acquis par Gilles avant d'avoir été offert à sa maîtresse. En ce cas, il s'agirait de la donation d'un bien commun soumise à la cogestion, dont la nullité pourrait être invoquée par Olga dans le délai de deux ans à compter de la connaissance de l'acte et le délai butoir de deux ans à compter de la dissolution du régime matrimonial (art. 1427).

B. Les mesures restrictives de pouvoirs

L'article 220-1, alinéa 1er dispose que « Si l'un des époux manque gravement à ses devoirs et met ainsi en péril les intérêts de la famille, le juge aux affaires familiales peut prescrire toutes les mesures urgentes que requièrent ces intérêts ». Le texte organise la restriction des pouvoirs d'un époux sur ses biens propres ou les biens communs. L'article 220-1 apparaît comme une mesure de sauvegarde des intérêts de la famille dès lors qu'un époux manque gravement aux devoirs du mariage et met, de ce fait, en péril ces intérêts. L'urgence signifie qu'on ne peut pas attendre le temps nécessaire à la mise en œuvre des autres mesures du régime primaire (C. civ., art. 219 et 217) ou du régime matrimonial et, notamment, des mesures de retrait de pouvoirs organisées

par le régime de communauté (C. civ., art. 1426, 1429 et 1443) et, cela, en raison de la gravité du dommage qui menace la famille. Le texte permet au juge aux affaires familiales de prescrire des mesures urgentes, avant la mise en œuvre d'une procédure de divorce. Pendant le déroulement de celle-ci, l'article 220-1 se cumule avec les mesures provisoires prononcées par le juge aux familiales (C. civ., art. 257). L'article 220-1 demeure applicable pendant la procédure de divorce (CA Nancy 12 déc. 1968, *D.* 1969. Jur. 300, note C.-I. Foulon-Piganiol) ou de séparation de corps (TGI Dignes-les-Bains, 1er juill. 1972, *D.* 1973. Jur. 259, note C.-I. Foulon-Piganiol ; *JCP* 1973. II. 17443, note D. Mayer ; *RTD civ.* 1974. 391, obs. R Nerson).

En l'espèce, Gilles manque à son devoir de fidélité. Son infidélité met en péril l'intérêt financier de la famille. Olga peut solliciter une mesure restrictive de pouvoirs dans l'attente de la procédure de divorce. Cette mesure pourra continuer de jouer pendant la procédure.

IV. Le virement et la vente envisagés

A. Le virement des fonds

Aux termes de l'article 221 du Code civil, « Chacun des époux peut se faire ouvrir, sans le consentement de l'autre, un compte de dépôt ou de titres en son nom personnel (al. 1er). À l'égard du dépositaire, le déposant est toujours réputé, même après la dissolution du mariage, avoir la libre disposition des fonds et des titres en dépôt (al. 2) ».

Issu du régime primaire, le texte pose une présomption de pouvoirs, laquelle joue exclusivement dans les rapports entre, d'une part, le titulaire du compte et son conjoint et, d'autre part, la banque. Celle-ci engage sa responsabilité civile si elle exécute un ordre de virement, émis à son profit, par l'époux du déposant en l'absence de procuration (Civ. 1re, 3 juill. 2001, *Bull. civ.* I, n° 198 ; *RTD civ.* 2001. 941, obs. B. Vareille ; *JCP* 2002. I. 103, n° 17, obs. Ph. Simler ; *Dr. fam.* 2001, n° 120, note B. Beignier ; *D.* 2002. 1102, note L. Comangès ; *JCP* N 2002. 1206, note V. Brémond ; *Defrénois* 2002. 37508. 397, obs. G. Champenois ; *JCP* E 2003. I. 396, n° 5, obs. J. Stoufflet). La Cour de cassation accorde néanmoins à la banque le bénéfice de la subrogation et, par suite, la faculté d'exercer, contre l'auteur du retrait, les droits de l'époux titulaire du compte dans ses rapports avec son conjoint (Civ. 1re, 8 juill. 2009, n° 08-17300, *Bull. civ.* I, n° 163 ; *D.* 2009. 1790, obs. V. Egéa ; *D.* 2010. 734, obs. J.-J. Lemouland et D. Vigneau ; *D.* 2010. 360, note F. Chénedé ; *AJ fam.* 2009. 404, obs. F. Chénedé ; *JCP* 2009, n° 43, 353, note E. Naudin, *JCP* 2009, n° 44, 391, n° 5, obs. G. Wiederkehr ; *JCP* N 2009. 1329, note Th. Douville ; CA Lyon 20 sept. 2001, *JCP* N 2003. 1008, note V. Brémond). La solution est critiquable car la présomption de l'article 221 est limitée aux seules relations du couple et de la banque. Elle laisse place, dans les rapports entre époux, au jeu de la gestion concurrente. Or, cette dernière confère à chaque époux des pouvoirs égaux sur les biens communs, sauf à répondre de ses fautes de gestion (C. civ., art. 1421, al. 1er). Si bien que le recours subrogatoire de la banque devrait impliquer la démonstration d'une faute du conjoint du titulaire résultant, par exemple, de la dissipation des fonds prélevés dans des dépenses somptuaires (v. E. Naudin, note *préc.* Civ. 1re, 8 juill. 2009).

En l'espèce, la banque s'expose à la mise en œuvre de sa responsabilité civile par Gilles si elle exécute l'ordre de virement d'Olga et, cela, même si les fonds versés en compte s'analysent comme des deniers communs. Ces derniers relèvent, au demeurant, en

tant que substituts de salaires, du pouvoir de libre disposition de Gilles, en vertu du régime primaire (C. civ., art. 223). Olga pourrait faire l'objet, quant à elle, d'un recours subrogatoire de la Banque.

B. La vente du yacht

L'article 1424 du Code civil assujettit au double consentement des époux l'aliénation et la constitution de droits réels sur « les meubles corporels dont l'aliénation est soumise à publicité ». La formule désigne les navires, les bateaux immatriculés et les aéronefs, dont le transfert de propriété est subordonné à l'accomplissement de formalités de publicité, dès lors qu'ils sont l'objet d'un acte d'aliénation volontaire, telle qu'une vente.

La sanction de la cogestion est soumise aux dispositions de l'article 1427 (v. *ss*, sous réserve du jeu de la présomption mobilière de l'article 222 du Code civil).

En l'espèce, le yacht a été acquis à titre onéreux après la célébration du mariage. Il s'agit, en vertu de l'article 1401, d'un acquêt de communauté dont la cession est assujettie, par l'article 1424, à la cogestion. Gilles pourrait agir en nullité de la vente sur le fondement de l'article 1427 ou réclamer des dommages-intérêts à Olga si celle-ci ne sollicitait pas son accord pour procéder à la cession envisagée. La nullité de la vente ne pourrait être écartée, sur le fondement de l'article 222, qu'à la condition que la détention individuelle du yacht par Olga soit établie... Il n'en serait ainsi que si ce meuble était immatriculé au seul nom de celle-ci. L'action en nullité de Gilles ne pourrait, alors, prospérer que s'il rapportait la preuve de la mauvaise foi de l'acquéreur.

Bibliographie générale

– B. Beignier, *Régimes matrimoniaux, PACS, concubinage*, 2e éd., Montchrestien, coll. « Cours », 2010.

– R. Cabrillac, *Les régimes matrimoniaux*, 7e éd., Montchrestien, coll. « Domat droit privé », 2011.

– A. Colomer, *Régimes matrimoniaux*, 12e éd., Litec, 2004.

– J. Flour et G. Champenois, *Les régimes matrimoniaux*, 2e éd., Armand Colin, coll. « U », 2001.

– G. Cornu, *Régimes matrimoniaux*, 9e éd., PUF, coll. « Thémis Droit », 1997.

– I. Dauriac, *Les régimes matrimoniaux et le PACS*, LGDJ, 2010.

– M. Grimaldi (dir.), *Droit patrimonial de la famille*, Dalloz, coll. « Dalloz Action », 2011-2012.

– Ph. Malaurie, L. Aynès, *Les régimes matrimoniaux*, 3e éd., Defrénois, 2010.

– H.L.J. Mazeaud, *Leçons de Droit civil*, t. 4, 1er vol., 5e éd. par M. de Juglart, 1982.

– J. Revel, *Les régimes matrimoniaux*, 5e éd., Dalloz, coll. « Cours », 2010.

– F. Terré et Ph. Simler, *Droit civil, Les régimes matrimoniaux*, 6e éd., Dalloz, coll. « Précis », 2011.

Index alphabétique

Les chiffres renvoient aux numéros en marge des pages du cours.

A

B

C

D

P

Q

R

Table des matières

Table des compléments pédagogiques

Quid (définitions qui renvoient aux numéros de paragraphe du cours), Document(s), Biblio, Quiz (Sujet(s) corrigé(s)), Sujet terminal.

Table des Quiz

Les chiffres envoient aux numéros des pages. Le chapitre de cours concerné est indiqué entre crochets. Sauf indications contraires (pagination italisée), tous les sujets sont corrigés en fin de la rubrique pédagogique.

Tests de connaissances

Commentaire d'articles

Cas pratiques

Cet ouvrage a été composé
par IGS-CP à l'Isle-d'Espagnac (16)

712035 (I) CSB-G 80g IGS (CDR)
Dépôt légal : Septembre 2012
Achevé d'imprimer en France par I.M.E. - 25110 Baume-les-Dames